Unterwegs in Brasilien

Kapitel 1 Der Südosten

Auf einen Blick: Der Südosten	98
Rio de Janeiro	100
Pão de Açúcar (Zuckerhut)	101
Corcovado und Christus-Statue	104
Strände und Strandviertel	105
Copacabana	110
Rundfahrt um die Guanabara-Bucht	113
Rundgang durch das historische Zentrum	117
Aktiv unterwegs: Ruckeltour in Rios alter Tram	124
Künstler- und Musikviertel	125
Parks und Gärten	126
Aktiv unterwegs: Wandern und Klettern in der Floresta da Tijuca	127
Die ärmere Nordzone	129
Die Umgebung von Rio	140
Tagesausflug nach Petrópolis	140
Búzios	142
Costa Verde	147
Ilha Grande	148
Parati	152
Trindade	157
São Paulo	158
Geschichte	158
Rundgang durch das historische Zentrum	159
Wichtige Museen	163
Avenida Paulista	164
São Paulos interessanteste Viertel	165
Parque do Ibirapuera und Jardim Botânico	168
Abstecher zur Ilhabela	174
Minas Gerais	178
Belo Horizonte	178
Die Umgebung von Belo Horizonte	183
Ouro Preto	184
Tiradentes	189

Inhalt

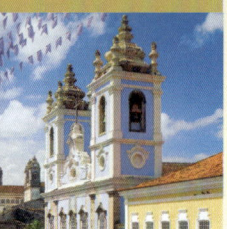

Die Küste von Espírito Santo	192
Vitória	192
Vila Velha	195
Itaúnas	195

Kapitel 2 Bahia

Auf einen Blick: Bahia	200
Salvador da Bahia · Stadt der Schwarzen	202
Die Altstadt Pelourinho	203
Kleiner Rundgang	207
Außerhalb des historischen Zentrums	211
Boa Viagem und Bonfim	212
Aktiv unterwegs: Bootsausflug zur Ilha de Itaparica	220
Morro de São Paulo und Boipeba	222
Praia do Forte	225
Im Recôncavo	227
Bahias Nationalparks	231
Die Chapada Diamantina	231
Aktiv unterwegs:	
Von Lençóis zum Ribeirão do Meio	232
Parque Nacional Marinho dos Abrolhos	235
Porto Seguro, Arraial d'Ajuda und Trancoso	238
Porto Seguro	238
Arraial d'Ajuda	241
Trancoso	243
Caraíva und Monte Pascoal	244
Die Kakaoküste	246
Ilhéus	246
Itacaré	251
Aktiv unterwegs: Strände in Itacaré	254

Kapitel 3 Der Nordosten

Auf einen Blick: Der Nordosten	258
Maceió	260
Maceiós Zentrum	260
Nördlich von Maceió	260
Südlich von Maceió	261

Brasilien

Helmuth Taubald
Nicolas Stockmann

Reise-Handbuch

Inhalt

Wissenswertes über Brasilien

Land der Extreme und Widersprüche	12
Steckbrief Brasilien	14
Natur und Umwelt	16
Wirtschaft, Soziales und aktuelle Politik	22
Geschichte	26
Zeittafel	36
Gesellschaft und Alltagskultur	38
Mischung der Ethnien und Nationalitäten	38
Traditionen und brasilianische Lebensart	39
Religion und Kulte	44
Feste und Veranstaltungen	46
Architektur und Kunst	50
Architektur und Bildende Künste	50
Musikstile	51
Literatur der Gegenwart	55
Comeback des Kinofilms	59
Essen und Trinken	60
Kulinarisches Lexikon	62

Wissenswertes für die Reise

Informationsquellen	66
Reise- und Routenplanung	69
Anreise und Verkehr	72
Unterkunft	77
Sport und Aktivurlaub	79
Einkaufen	81
Ausgehen	82
Gut zu wissen	83
Reisekasse und Reisebudget	86
Reisezeit und Reiseausrüstung	87
Gesundheit und Sicherheit	89
Kommunikation	91
Sprachführer	92

Recife und Umgebung	264
Recife	264
Olinda	273
Porto de Galinhas	278
João Pessoa	280
Stadtrundgang	280
Natal	283
Festungsarchitektur und Innenstadt	283
Strände und Dünen	284
Aktiv unterwegs: Mit den Delfinen baden in Praia da Pipa	288
Fernando de Noronha	290
Naturschutzinsel und Taucherparadies	290
Aktiv unterwegs: Strandwanderung auf Fernando de Noronha	294
Fortaleza	296
Das Touristenviertel Meireles	296
Der Hafen von Mucuripe	296
Das Bohème-Viertel Iracema	296
Rundgang im Zentrum	298
Die Praia do Futuro	301
Ausflüge in die nähere Umgebung	303
São Luís und Umgebung	307
São Luís	307
Der Dünenpark Lençóis Maranhenses	310
Aktiv unterwegs: Historisches Alcântara	312

Kapitel 4 Der Norden

Auf einen Blick: Der Norden	318
Belém	320
Rundgang im Zentrum	320
Aktiv unterwegs: Die Büffelinsel Marajó	326
Manaus	330
Rundgang im Zentrum	331
Museen	333

Inhalt

Amazonas-Touren	336
Per Schiff von Belém nach Manaus	336
Amazonas-Touren ab Manaus	340

Kapitel 5 Der zentrale Westen

Auf einen Blick: Der zentrale Westen	348
Brasília	350
Geschichte	350
Der Regierungsbezirk	352
Parks außerhalb der Stadt	356
Der Pantanal	359
Der größte Zoo Amerikas	359
Zeichen der Zerstörung	360
Touren durch den Pantanal	362
Aktiv unterwegs: Wasserfälle und glasklare Flüsse in Bonito	368

Kapitel 6 Der Süden

Auf einen Blick: Der Süden	372
Foz do Iguaçu	374
Rund um die Cataratas do Iguaçu	374
Der Nationalpark von Iguaçu	375
Wasserkraftwerk und Stausee von Itaipu	377
Porto Alegre und Umgebung	382
Porto Alegre	382
Die Blumenstädte an der Rota Romântica	386
Weinstädte	389
Aparados da Serra und Serra Geral	390
Aktiv unterwegs: Cañons – Rausch der Tiefe	391
Florianópolis und Ilha de Santa Catarina	392
Florianópolis	392
Ilha de Santa Catarina	394
Die Umgebung von Florianópolis	398
Laguna	398
Garopaba · Balneário Camboriú	399
Blumenau	401
Pomerode und Joinville	403
Aktiv unterwegs: Radtour durch ›süddeutsche‹ Täler	405

Curitiba und Umgebung	408
Curitiba	408
Ilha do Mel	413
Aktiv unterwegs: Mit der Gebirgsbahn nach Morretes	405
Register	418
Zitatnachweis	423
Abbildungsnachweis/Impressum	424

Themen

Naturrekorde	20
Leben mit dem Mindestlohn	25
Indianer heute	30
Der Nationalarchitekt Oscar Niemeyer	52
Stefan Zweigs ›schönste Stadt der Welt‹	111
Der Kult des Körpers	114
Favelas – Hanglage mit Meerblick und Drogenkrieg	130
Deutschlands größte Industriestadt	161
Barretos – größtes Rodeo der Welt	173
Olodum – Rhythmus und Rebellion der Schwarzen	208
›Mama Afrika‹ in Bahia	230
Jorge Amados Roman »Gabriela wie Zimt und Nelken«	248
Waldsterben auf Brasilianisch	329
João Ubaldo Ribeiro: »Ein Brasilianer in Berlin«	344
Millionen von Immigranten aus Deutschland und Österreich	406

Alle Karten auf einen Blick

Die sechs Bioräume Brasiliens	17
Der Südosten, Überblick	99
Rio de Janeiro, Großraum: Cityplan	108
Rio de Janeiro, Zentrum: Cityplan	120
Floresta da Tijuca	127
Rio de Janeiro, Copacabana: Cityplan	134

Inhalt

Umgebung von Rio	145
Ilha Grande	149
Parati: Cityplan	154
São Paulo, historisches Zentrum: Cityplan	163
São Paulo, Großraum: Cityplan	166
Ilhabela	175
Minas Gerais	179
Belo Horizonte: Cityplan	180
Ouro Preto: Cityplan	186
Bahia, Überblick	**201**
Salvador, Pelourinho: Cityplan	204
Großraum Salvador: Cityplan	214
Ilha de Itaparica	221
Itacaré und seine Strände	255
Der Nordosten, Überblick	**259**
Recife: Cityplan	267
Recife, Boa Viagem: Cityplan	269
Olinda: Cityplan	272
Praia da Pipa	289
Fernando de Noronha	295
Fortaleza: Cityplan	299
Der Norden, Überblick	**319**
Belém: Cityplan	322
Manaus: Cityplan	332
Ilha de Marajo	327
Der zentrale Westen, Überblick	**349**
Brasília, Großraum: Cityplan	351
Brasília, Zentrum: Cityplan	353
Pantanal	363
Bonito und Umgebung	369
Der Süden, Überblick	**373**
Foz do Iguaçu	376
Porto Alegre: Cityplan	384
Ilha de Santa Catarina	393
Blumenau: Cityplan	402
Blumenau und Umgebung	405
Curitiba: Cityplan	410

▶ Dieses Symbol im Buch verweist
auf die Extra-Reisekarte Brasilien

Baden im Fluss von Barra de São Miguel

Rio bei Nacht – der Strand von Ipanema

Wissenswertes über Brasilien

Land der Extreme und Widersprüche

Zu kaum einem anderen Land der Welt gibt es so unterschiedliche Vorstellungen und Ansichten wie zu Brasilien. In den Reisejournalen erscheint es als verheißungsvolles exotisches Urlaubsparadies, in den Medien als gesetzloses Ghetto der Gewalt. Wie kritisch wir dem Land auch gegenüberstehen mögen, Brasilien bleibt – besonders für uns Europäer – ein ewiger Mythos. Nicht nur die grandiose Natur fasziniert uns, sondern auch die Menschen dieses Landes.

Die Leichtigkeit der Brasilianer zu kommunizieren, zu flirten und Gefühle zu zeigen, ist bewundernswert. Ihre spontane Ausgelassenheit und Lebensfreude steckt an und wirkt auf uns häufig wie ein Jungbrunnen. Es ist, als würde man Energie tanken für ein Überwintern in den heimischen Gefilden. Besonders im stärker afrikanisch geprägten Bahia ist der Mentalitätsunterschied deutlich spürbar, in Salvador, der ›heißesten‹ Stadt Brasiliens, werden so viele Feste gefeiert wie sonst nirgendwo auf der Welt. Im Falle Brasiliens kann man durchaus von einem Mentalitätstourismus sprechen.

Nicht immer wird man gleich mitfeiern, sondern beschränkt sich zunächst auf die Rolle des Voyeurs. Das gemischteste Volk der Erde berauscht unsere Sinne, anfangs kommt man aus dem Staunen und Schauen nicht mehr heraus. Besonders in den großen Städten wie Rio und São Paulo fühlen wir uns wie in einem multikulturellen Freilichttheater, nirgendwo auf der Welt sehen wir so viele Hautfarben und Typen. In anderen Städten fallen ethnisch-regionale Besonderheiten ins Auge, so die Blonden und Blauäugigen in Pomerode und Blumenau, die dunkelhäutige Bevölkerung in Salvador, Menschen indianischer Abstammung in Belém und Manaus oder französische Gesichtszüge in São Luís.

Obwohl wir in Brasilien eher das Andere, Entgegengesetzte suchen, können wir uns hier zugleich ein wenig wiederfinden. Es ist trotz aller Unterschiede, trotz der indianischen Ureinwohner und trotz der Sklaven aus Afrika eine überwiegend europäisch geprägte Kultur. Aus der Zeit der Kolonisierung stammt der portugiesische, holländische und französische Einfluss, aus der Zeit der Immigration der italienische und deutsche. Im 19. Jh. siedelten sich etwa 250 000 deutsche Einwanderer im Süden des Landes an und drückten dieser Region bis heute den Stempel ihrer Kultur auf. Es gibt Kleinstädte wie Pomerode, in denen fast nur Deutsch gesprochen wird, oder Feste wie das Oktoberfest in Blumenau, bei denen germanische Traditionen lebendiger sind als bei uns in der Heimat.

Die meisten Brasilienbesucher kommen jedoch nicht, um sich hier wie zu Hause zu fühlen. Neben dem Interesse an den Menschen und ihrer anderen, spontaneren Lebensart sind es die Superlative der Natur, die uns anziehen. Der wasserreichste Fluss der Welt, die längste Küste der Welt, der größte Regenwald der Welt, die gewaltigsten Wasserfälle der Welt, das größte Feuchtsavannengebiet der Welt und die reichste Flora und Fauna der Welt. Nirgendwo sonst gibt es so viele Arten von Blütenpflanzen, Süßwasserfischen, Säugetieren, Wirbeltieren, Primaten und Insekten. Was wollte man noch mehr? Vielleicht den größten innerstädtischen Urwald der Welt mitten in Rio de Janeiro?

In schwindelnder Höhe – Seilbahnfahrt auf den Zuckerhut in Rio

Die Städte Brasiliens sind ebenso wie die Naturreiseziele starke Anziehungspunkte für Touristen. Im Falle von Rio de Janeiro erlebt man die Sensation einer Megastadt mitten in der Natur, die Wohnbezirke sind von grünen Hügeln durchbrochen, überall sind kleine Parks und Plätze, und die Stadtstrände von Copacabana und Ipanema liegen gleich vor der Haustür. Liebt man Kontraste, so findet man im Landesinnern in Brasília eine ›Kunststadt‹, die als die modernistischste Hauptstadt der Welt gilt. Völlig entgegengesetzter Art sind die kulturellen Reichtümer der anderen, historisch ersten Hauptstadt Salvador da Bahia. Hier findet man Hunderte von bedeutenden Kulturdenkmälern aus der Kolonialzeit, vergleichbar nur mit Ouro Preto und Olinda, sowie eine Altstadt, die man als die lebendigste der Welt bezeichnen könnte. Allgemein wird man sich in den größeren Küstenorten des Nordostens um abendliche Vergnügungsmöglichkeiten keine Sorgen machen müssen, sei es in den Altstädten oder an den vielen Strandbars, in denen häufig auch Live-Musik geboten wird. Im Nordosten findet man zudem leichter Kontakt, die Menschen sind freundlich, aufgeschlossen, überall gibt es populäre Treffpunkte. Das fast konstant tropische Klima dieser Region führt dazu, dass man sich viel unter freiem Himmel, auf der Straße oder am Strand aufhält. Getrunken wird fast überall Bier, es schmeckt gut, ist sehr kühl und erfrischend. Im Norden und Nordosten wird man dazu Fisch und Meeresfrüchte bestellen, im Südosten und Süden ist auch das Fleisch sehr gut, das man am besten in einer der vielen Churrascarias genießt. Boa Viagem!

Steckbrief Brasilien

Daten und Fakten

Name: Brasilien, auf Portugiesisch: Brasil, nach dem Brasil-Holz

Fläche: 8,5 Mio. km², mehr als die Hälfte des Kontinents, fünftgrößtes Land der Erde, 24-mal so groß wie Deutschland

Hauptstadt: Brasília
Amtssprache: Portugiesisch
Einwohner: 191 Mio. (2010)
Bevölkerungswachstum: 1,2 %
Lebenserwartung: 73 Jahre
Analphabetenrate: 10 %

Währung: Real (R$), Plural Reais. 1 Real besteht aus 100 Centavos.

Zeitzonen: Innerhalb Brasiliens gibt es drei verschiedene Zeitzonen, dominierend ist jedoch die Uhrzeit von Brasília. Davon ausgehend ist die Differenz zur MEZ −5 Stunden, während der bras. Sommerzeit −3 Stunden.

Landesvorwahl: +55

Landesflagge: Die Flagge wurde 1889 entworfen und 1968 offiziell eingeführt. Die Farben gelb und grün sind von der alten Flagge von 1822 übernommen. Das Gelb stand für das Kaiserhaus von Habsburg, das Grün für das portugiesische Königshaus von Bragança. Hinzu kam ein blauer Himmel mit 27 Sternen, in der Anordnung entsprechen sie dem Firmament über Rio de Janeiro am Tage der Verkündung der Republik (15.11.1889, 8.30 Uhr). Die Zahl 27 repräsentiert die Bundesstaaten plus Brasília. In der Mitte steht der Wahlspruch *Ordem e Progresso* (Ordnung und Fortschritt).

Geografie

Brasilien besteht zu 51 % aus **Hochplateaus** *(planaltos)* und zu 49 % aus den **Ebenen** Amazoniens, des Pantanal, der Pampa und des 7400 km langen Küstenstreifens. Eine genauere Aufteilung differenziert zwischen **fünf großen Geoäumen:** Südosten (10,85 % des Staatsgebietes), Nordosten (18,27 %), Norden (45,26 %), Mittelwesten (18,86 %) und Süden (6,76 %). Höchster Berg Brasiliens ist mit 3014 m der **Pico da Neblina** an der Grenze zu Venezuela.

Klima

Die Jahreszeiten sind denen in Europa entgegengesetzt. Im brasilianischen **Sommer** (Dez.–März) ist es im ganzen Land tropisch bzw. subtropisch warm. Im **Herbst und Frühling** herrschen allgemein milde Temperaturen. Im **Winter** (Juni–Aug.) kann es im Süden (0–20 °C) und Südosten (10–25 °C) recht kühl werden, im Nordosten und Norden sind wegen der Äquatorialnähe das ganze Jahr über keine größeren Temperatureinbrüche festzustellen.

Geschichte

Offizieller Entdecker Brasiliens war der Portugiese Pedro Álvares Cabral (22.04.1500). In der **Kolonialzeit** dominierte die von Sklaven aus Afrika betriebene Zuckerwirtschaft, ab 1695 wurden zudem riesige Gold- und später Edelsteinvorkommen ausgebeutet. 1822 erklärte Pedro I., Sohn des portugiesischen Königs João VI., das Land für unabhängig und ließ sich zum **Kaiser** krönen. Von 1840 bis 1889 wurde das Kaiserreich von dessen Sohn Pedro II. geführt. Wichtigster Wirtschaftszweig war der Kaffeeanbau und -export. 1889 folgte die **Republik** mit wechselnden Präsidenten. Langsam entstand ein industrieller Kapitalismus, verstärkt ab Mitte des 20. Jh. 1964–1985 wurde Brasilien von Militärgenerälen regiert, trotz wirtschaftlichem Wachstum verschlechterte sich die Lage der Bevölkerung. Nach dem Ende der Militärherrschaft versuchten vor allem Fernando Henrique Cardoso und 2003–2010 der linksgerichtete Präsident Luíz Inácio Lula da Silva das Land aus der Misere zu führen.

Staat und Politik

Brasilien (offizieller Name: República Federativa do Brasil) ist seit 1889 eine **föderative Präsidialrepublik,** aufgeteilt in 26 Bundesstaaten *(Estados)* und einen Bundesdistrikt mit der Hauptstadt Brasília (seit 1960). Die demokratische **Verfassung** von 1988 regelt u. a. die direkte Wahl des Staatspräsidenten sowie die Wahl der Mitglieder des Abgeordnetenhauses und des Senats.

Wirtschaft und Tourismus

Im **Schwellenland** Brasilien dominiert der Dienstleistungssektor (65 % des BIP), gefolgt von Industrie (28 %) und Landwirtschaft (7 %). Wichtigste Exportprodukte sind Industrieerzeugnisse (Metallverarbeitung, Fahrzeuge, Flugzeuge, chemische Produkte, Maschinen, Schuhe und Lederwaren, Papier und Zellulose, Textilien, elektrische und elektronische Erzeugnisse) und Nahrungsmittel. Brasilien ist weltgrößter Produzent und Exporteur von Sojabohnen, Fleisch, Kaffee, Orangensaft, Tabak, Zucker und Ethanol-Treibstoff aus Zuckerrohr.

Der **Tourismus** ist im Weltvergleich (3,6 % des BIP gegenüber durchschnittlich 10 % auf der Welt) noch schwach entwickelt, zeigt aber einen starken Aufwärtstrend. Die Zahl ausländischer Besucher stieg von 3,8 Mio. im Jahr 2002 auf 5 Mio. im Jahr 2010. Die meisten Gäste kommen aus Argentinien, gefolgt von Nordamerikanern und Europäern (darunter jährlich mehr als 250 000 Deutsche). Die Infrastruktur (Flug- und Busnetz, Unterkünfte und Restaurants) ist gut ausgebaut.

Bevölkerung und Religion

Die Einwohner Brasiliens leben überwiegend in Küstennähe, ca. 84 % davon in **Städten,** davon wiederum gut die Hälfte in großstädtischen Ballungsgebieten wie São Paulo oder Rio de Janeiro. Die Population ist mit einem **Durchschnittsalter** von 30 extrem jung. Die **ethnische Gliederung** umfasst 48,1 % Weiße, 44,2 % Mischlinge (Parden) und 6,9 % Schwarze, der Rest der Bevölkerung (0,8 %) sind Asiaten und Indios.

Mit 61 % **Katholiken** ist Brasilien das größte katholische Land der Welt, die übrigen Gläubigen verteilen sich auf evangelische, protestantische, orthodoxe, jüdische und buddhistische Religionsgruppen. Häufig werden neben dem Katholizismus noch afro-brasilianische Kulte gepflegt. Besonders im Nordosten ist der *candomblé* verbreitet, im Süden hat die *umbanda* viele Anhänger.

Natur und Umwelt

In Brasilien lassen sich sechs große Bioräume unterscheiden: das riesige Gebiet Amazoniens, südöstlich davon die an Feuchtsavannen reiche Übergangszone des Cerrado und des tierreichen Pantanal, weiter östlich die einen Großteil des Nordostens einnehmende dürre Caatinga-Region, an der Küste entlang ein wechselnd breiter Streifen Atlantischen Regenwalds und ganz im Süden die gewellte Hochebene der Pampa.

Amazonien

Brasiliens ausgedehntester Bioraum nimmt knapp die Hälfte (49,92 %) der Landesfläche ein. Der brasilianische Regenwald ist der größte und wichtigste der Erde. Seine Existenz erklärt sich aus der besonderen Geschichte seines großen Hauptstroms, des **Rio Amazonas**. Vor Millionen Jahren floss er noch in entgegengesetzter Richtung und mündete in den Pazifik, bis ein Erdbeben diesen Ausgang blockierte und den Fluss schließlich zur Umkehr zwang. Seitdem kommt er mangels Gefälle – nur 26 m zwischen Manaus und Belém – nur noch langsam vom Fleck und überschwemmt riesige Flächen. 75 % seiner Wassermenge verbleiben in einem sich selbst regulierenden Kreislauf, d. h. verdunsten und kehren als Regen in den Fluss zurück.

Nur unter diesen extrem feuchten Bedingungen konnte sich der weltweit einzigartige **Amazonas-Regenwald** entwickeln. Er ist immergrün, äußerst artenreich und in drei Stockwerke bzw. Geländestufen gegliedert: Auf der niedrigsten gedeiht der sumpfige, ständig überschwemmte Igapó-Wald, dort ist die Açaí-Palme am charakteristischsten. Fährt man im Boot auf den Seitenarmen des Amazonas entlang, fällt besonders das Seerosengewächs Victoria regia (*victória amazônica*) auf, dessen Blüten eine Größe von 30–40 cm erreichen. Etwas höher als der Igapó-Wald gelegen ist der Várzea-Wald, der nur in Hochwasserzeiten überflutet wird. Zu den häufigsten Gewächsen gehören hier die Jupati-Palme und die besonders hohe Miriti-Palme.

Noch höher schließlich liegt die Terra Firme, das vor Überschwemmungen sichere Festland, das 98 % der Fläche Amazoniens ausmacht. Hier haben Biologen über 2500 Baumarten nachgewiesen, viele bis zu 60 m hoch. Neuere Studien ergaben bei einzelnen Bäumen ein Alter von bis zu 1000 Jahren. Auch wachsen hier zahlreiche Palmenarten, der Gummibaum (*caucho*), Farb- und Edelhölzer wie Palisander, Fruchtbäume wie der Paranussbaum, Heil- und Gewürzpflanzen, Kakaobäume u. v. m. Besonders beeindruckend sind die ca. 1000 verschiedenen Farn- und Orchideensorten.

In Amazonien leben ca. 1500 Vogelarten, besonders farbenprächtig sind Papageien, Tukane und Kolibris (*beija-flor*). Es gibt etwa 15 000 Insektenarten und farbenprächtige Schmetterlinge mit Flügelspannweiten von bis zu 25 cm. Die größten Waldtiere sind der Tapir, das Wildschwein (*pekari*), der Jaguar (*onça*) und der Puma. Ferner findet man in diesem Lebensraum zahlreiche Arten von Wildkatzen, Affen, Faultieren, Gürteltieren und Ameisenbären. Außerordentlich groß ist der Fischreichtum, über 1500 Arten sind vertreten. Besonders spektakuläre Beispiele sind der Pirarucú, mit 2 m Länge und einem Gewicht von 100 kg der größte bekannte Süßwasserfisch der Welt, dann ein Zitteraal, der elektrische Schläge bis zu 800 V austeilen kann, sowie die gefährlichen, bis zu 30 cm langen Piranhas mit messerscharfen Zähnen. Häufig sieht man auch Flussdelfine.

Feuchtsavannen und tierreicher Pantanal

In Zentralbrasilien schließt sich südostlich des tropischen Regenwaldes ein wechselnd breiter Streifen Übergangsvegetation an, die Cerrado genannt wird. Es ist eine Mischform zwischen Wald und Grasland. Nur 60 % dieser Region sind noch ursprünglich bewachsen. Dennoch finden sich hier ca. 12 000 verschiedene Pflanzenarten und teilweise dichter, Laub abwerfender Feuchtwald mittlerer Höhe. Einen Eindruck davon vermittelt der Parque Nacional de Brasília. Dominierend sind aber **Feuchtsavannen** *(campos cerrados)*, die sich über den größten Teil des zentralbrasilianischen Hochlandes erstrecken.

Die Flora besteht aus 3–8 m hohen knorrigen Bäumen mit groben Rinden und dicken, Wasser speichernden Blättern. Die winterliche Trockenzeit dauert zwischen vier und sechs Monaten, die Savannen nehmen eine gelbliche Färbung an und die Bäume werden kahl. In der Regenzeit entsteht im Unterwuchs eine grüne Grasflora und somit Weidefläche, die von der Landwirtschaft genutzt wird. Auch der in Brasilien stark verbreitete Sojaanbau hat sich auf diese Gebiete konzentriert und zum Teil die traditionelle Vegetation völlig zerstört.

Die Fauna ist durchaus reichhaltig. Unter den Vögeln finden sich Nandus, Geier, Eulen, Papageien, Kolibris u. a.; an Säugetieren trifft man Ameisen-, Nasen- und Waschbären, Stinktiere, Sumpfhirsche, den kleinen Kamphirsch, eine Fuchsart, Mähnenwölfe und sogar Jaguare; zu den Nagetieren gehören Wasserschweine, Pacas und Agutis; unter den Beuteltieren ist der rattenähnliche Gambá zu nennen; häufig sind auch Schlangen, Echsen und eine Vielzahl von Insekten, die längst noch nicht alle registriert sind.

Der tiefer, nur 90–100 m über dem Meeresspiegel gelegene **Pantanal** liegt am westlichen Ende des Cerrado-Streifens. Er ist ebenfalls eine Feuchtsavanne, die größte der Welt sogar, nur dass hier alle Eigenschaften der Cerrado-Landschaft und -Fauna auf kleinerem Raum vereint sind. Es gedeihen zahlreiche Büschelgräser, Schwimmpflanzen und offene Gehölze. Einzigartig ist jedoch der Tierreichtum, der den Pantanal bzw. den Parque Nacional do Pantanal Matogrossense zum interessantesten Naturreservat Lateinamerikas bzw. zur Arche Noah Südamerikas werden lässt. Mehr als 1000 Arten sind hier anzutreffen, 650 davon Vögel. Es wimmelt nur so von Kaimanen, Wasserschweinen, Hirschen, Tapiren, Brüllaffen u. v. m. Die Tatsache, dass man die meisten Tiere gut aus nächster Nähe beobachten kann, macht den Pantanal zu einem bevorzugten Reiseziel für Naturfreunde (s. S. 359).

Caatinga-Halbwüsten

Östlich der zentralbrasilianischen Feuchtsavannen erstreckt sich eine sehr regenarme Zone, die einen Großteil des Nordostens einnimmt. Die Caatinga genannte Vegetation besteht aus mehr oder weniger lichtem, Laub abwerfendem Trocken- und Dornsavannenwald, Dornsträuchern und Sukkulenten. Charakteristisch sind Wasser speichernde Bäu-

Die sechs Bioräume Brasiliens

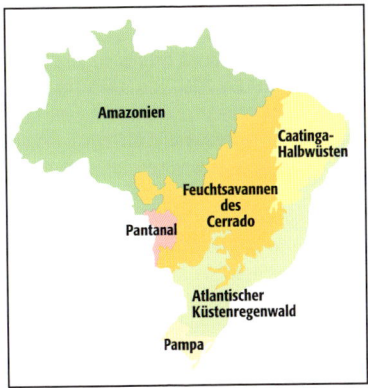

Natur und Umwelt

Landschaft im Pantanal, dem größten Sumpfgebiet der Erde

me, dornige Pflanzen und eine große Vielfalt an Kakteen. Nur genügsamere Tiere wie Nasenbären, Ameisenbären und einige Gürteltiere bevölkern diesen Lebensraum. Auch gibt es Echsen, Schlangen, Fledermäuse und einige Vogelarten. Im extrem trockenen Sertão mit weniger als 300 mm Niederschlag und fast ganzjähriger Dürre sind Sukkulenten-Halbwüsten entstanden, in denen nur eine sehr spärliche Fauna gedeiht. Die dortigen **Nationalparks** sind daher weniger wegen ihrer Flora und Fauna, aber aus anderen Gründen sehenswert. Der riesige Parque Nacional dos Lençóis Maranhenses gilt mit seiner endlosen Dünenlandschaft als die Sahara Brasiliens (s. S. 303). Im Parque Nacional da Chapada Diamantina in Bahia findet sich eine faszinierende Cañon-Landschaft mit Wasserfällen und Höhlen, ein ideales Gebiet zum Wandern.

Atlantischer Küstenregenwald

Obwohl der gesamte Küstenstreifen etwa ab Maceió im Nordosten Brasiliens bis in den Süden bei Porto Alegre heute noch offiziell Atlantischer Regenwald *(mata atlântica)* genannt wird, ist er doch bereits zu 93 % zerstört und kann bis 2050 ganz verschwunden sein. Im Nordosten musste er fast ganz dem Vordringen von Zuckerrohrplantagen und der starken Besiedlung weichen, lediglich einige Mangrovenwälder und weitläufige Palmenhaine sind übrig geblieben. Im Südosten war vor allem der Kaffeeanbau für die Zerstörung verantwortlich, später folgten landwirtschaftliche Monokulturen. Wald- und Weidegebiete mit extensiver Rinderhaltung und Subsistenzwirtschaft wichen dem Dauerfeldbau auf großflächigen Plantagen, mit unkontrollierter

Bioräume

Anwendung von Kunstdünger, Insektiziden und Pestiziden, vor allem im Bereich der Soja-Produktion. Hinzu kam eine exzessive Urbanisierung. Auch die Tierwelt leidet. Von 627 vom Aussterben bedrohten Arten leben 60 % in diesem Bioraum.

Wie es früher einmal aussah, lässt sich heute fast nur noch an der üppigen Vegetation der Grünen Küste (Costa Verde) zwischen Rio und Parati nachempfinden (s. S. 147). Teilweise hat sich auch Sekundärwald und Grasland gebildet. An frei lebenden Tieren trifft man Agutis, Brüllaffen, Weißbüscheläffchen, Ameisenbären und Eulen. Mit etwas Glück begegnet man diesen auch in Rios Nationalpark von Tijúca, dieser ist aber das Ergebnis einer einzigartigen Wiederaufforstungsaktion im 19. Jh. (s. S. 126). Die im Süden liegenden Nationalparks de Aparados da Serra und da Serra Geral beeindrucken neben der Flora und Fauna vor allem wegen ihrer gewaltigen Cañons.

Sehr charakteristisch für das etwas weiter von der Küste entfernte Hinterland sind die häufig noch von intaktem Atlantischem Regenwald überzogenen **Serras**, Hügellandschaften mit einer Höhe von durchschnittlich 800–1000 m. Vom Süden des Landes in nordöstlicher Richtung erstreckt sich zunächst die in Küstennähe befindliche Serra do Mar, in nördlicher Richtung landeinwärts schließt sich die Serra da Mantiqueira an und noch weiter nördlich die Serra do Espinhaço. Die verschiedenen Serras sind oft durch Flüsse getrennt, der größte im Südosten Brasiliens beginnende Fluss ist der Rio São Francisco. Er ist 2900 km lang und führt von Minas Gerais bis in den Nordosten. Ein anderer wichtiger Fluss der Südostregion ist der 1061 km lange Rio Paraíba, der ein großes Stück parallel zur Küstenlinie verläuft.

Pampa

Im Süden Brasiliens wird das Küstengebirge immer flacher und weicht der Campanha Gaúcha, auch Pampa genannt, in der viel Rinderzucht betrieben wird. Für den Naturtouristen hat diese Zone wenig Interessantes oder Neues zu bieten, Landschaft und Klima erinnern eher an süddeutsche Gefilde. Die Region gehört zwar geologisch zum zentralbrasilianischen Hochland, wirkt aber von der Erscheinung her eher wie ein Teil der Paraná-Paraguay-Senke.

Es handelt sich etwa um das Gebiet des Bundesstaates Rio Grande do Sul mit der Hauptstadt Porto Alegre. Die im nördlich angrenzenden Santa Catarina noch teilweise vorhandenen Mangroven- und Bromelienwälder sind hier einem einzigen grünen Wiesenteppich gewichen, der nur manchmal von einigen restlichen Araukarien oder Stielfruchteiben durchbrochen wird. An Tieren sieht man häufiger Waldhunde und Pampa-Katzen, seltener schon Hirsche; der einst verbreitete Jaguar ist heute vom Aussterben bedroht.

Natur und Umwelt

Naturrekorde — Thema

Brasilien ist in vieler Hinsicht ein Land der Extreme. Ginge man das Guinness-Buch der Rekorde durch, würde man Hunderte von Eintragungen finden. Weltmeister ist das Land jedoch mit Sicherheit bei den Schöpfungen der Natur.

Bis zu 12 m Länge erreicht die Sucuri (lat. Eunectes murinus), die größte Schlange der Welt. Sie lebt an den Ufern großer Flüsse im Landesinnern, ist nicht giftig, sondern tötet ihre Opfer (Fische, Vögel) durch Erwürgen.

Der kleinste Affe der Welt, mit 13,6 cm Körper- und 20,2 cm Schwanzlänge, ist der Zwergseidenaffe (port. *mico-leãozinho,* lat. Callithrix pygmae). Er lebt im Amazonas-Gebiet und ist vom Aussterben bedroht.

49 km lang ist die Toca da Boa Vista, die größte Höhle Südamerikas in Laje dos Negros (Bahia). 1143 Höhlen gibt es in Brasilien, davon 437 in Minas Gerais.

Die Ilha do Bananal in Araguaia gilt als die größte Flussinsel der Erde. Die Umrisse dieses 2 Mio. ha umfassenden Eilandes lassen sich selbst vom Flugzeug aus nur schwer ausmachen.

Ca. 55 000 Blumen- und Blütenarten soll es in Brasilien geben – ebenfalls ein Weltrekord.

Der kleinste Frosch der Welt (Bufo pygmaeus) erreicht kaum die Größe eines Streichholzes.

1,8 m bis 2,4 m pro Minute bewegt sich das langsamste Tier Brasiliens voran, es ist natürlich ein Faultier (lat. Bradypus tridactylus).

Der mit ca. 4500 Jahren älteste Baum des Landes (lat. Cariniana legalis) befindet sich in Vassununga im Bundesstaat São Paulo. Mit 55,3 m Höhe überragt er die meisten anderen Wipfel in der obersten Vegetationszone des Regenwaldes.

8400 m² groß ist die Krone des größten Caju-Baumes der Erde. Er ist etwa 130 Jahre alt und befindet sich an der Praia de Pirangi in der Nähe von Natal.

Ca. 3000 Fledermäuse zehn verschiedener Arten, die stärkste Konzentration dieser Tiere in Brasilien, trifft man in der Grotte Upu Muren in Pará (Amazonien).

Die größte Feuchtsavanne der Erde, der Pantanal im Mittelwesten Brasiliens, erstreckt sich über ein Gebiet von 230 000 km². Dort leben über 1000 verschiedene Tierarten.

Brasiliens größter Vogel, der Nandu (lat. Rhea americana), erreicht die stattliche Höhe von 1,70 m.

Der kleinste Vogel Brasiliens, der Kolibri *(beija-flor),* ist nur 6,5 cm lang. Der bunt schillernde Flugkünstler wiegt 1,5–2,8 g.

Der größte Süßwasserfisch des Landes, der Pirarucú (lat. Arapaima glanis), wiegt ca. 70 kg und erreicht eine Körperlänge von bis zu 2 m.

Der längste Strand Brasiliens, die Praia do Cassino, misst 240 km und liegt in Rio Grande do Sul.

Umweltprobleme

Obwohl die entwickelten Industriestaaten die Umwelt mit CO_2-Austoß pro Kopf berechnet sechsmal so stark belasten, ist Brasiliens Rolle auch nicht gerade rühmlich. Die exzessive Wachstumspolitik seit der zweiten Hälfte der 1960er-Jahre hat zu einem ökologisch extrem destruktiven Entwicklungsstil geführt. Erst seit kurzem findet ein Umdenken statt.

Nach wie vor verseuchen Industriewerke, vor allem aus den Wirtschaftszweigen Petroleum, Chemie und Pharmazeutik sowie Kraftwerke, die Umwelt. Auch die steigende Zahl von schweren Lastfahrzeugen und Bussen erhöht den Schadstoffausstoß. Beim Individualverkehr haben serienmäßig eingebaute Katalysatoren zwar Verbesserungen bewirkt, Kontrollen z. B. durch Abgastests sind aber weitgehend wieder aufgehoben worden. Bei der Treibstoffverwendung setzt man große Hoffnungen auf den Zucker-Alkohol (Ethanol), weil dieser Biotreibstoff die Umwelt weniger belastet. Neuwagen sind mit sog. Flexible-Fuel-Technik ausgestattet, welche die Verwendung unterschiedlicher Treibstoffarten ermöglicht.

Neben der Industrie und dem Autoverkehr in den Städten gibt es noch spezifisch brasilianischen Faktoren der Umweltzerstörung. Der frühere Küstenregenwald ist bereits zu 93 % abgeholzt, besonders wegen einer exzessiven Urbanisierung und landwirtschaftlichen Erschließung. Die Vernichtung des Amazonas-Waldes ist allgemein bekannt, auch wenn seit kurzem Fortschritte festzustellen sind (s. S. 329). Große Sorgen bereitet die extreme Abholzung im Bundesstaat Mato Grosso do Sul, vor allem durch den Ausbau von Sojaplantagen und Weidegebieten mit extensiver Rinderhaltung.

Seit 1988 genießt Umweltschutz in Brasilien Verfassungsrang, seit 1989 gibt es die staatliche Umweltbehörde Ibama und seit 2003 ein eigenes Umweltministerium. Das Problem liegt jedoch weder im legislativen noch im institutionellen Bereich, sondern bei den beschränkten Mitteln der staatlichen Kontrolle und der immer noch weit verbreiteten Korruption.

Kleinster Vogel des brasilianischen Regenwaldes – der Kolibri

Wirtschaft, Soziales und aktuelle Politik

Das Schwellenland Brasilien liegt hinsichtlich seines BIP in der Weltrangliste recht weit oben. Seit die große Völkerwanderung vom Land in die Städte begann, nahm die Industrialisierung sprunghaft zu. Doch viele Arbeiter, die zu diesem nationalen Wohlstand beitrugen, mussten sich mit einem Leben in den Randvierteln bescheiden. Die extreme Diskrepanz zwischen Arm und Reich hält an, auch sozialpolitisch engagierte Regierungen konnten diesen Zustand erst graduell verbessern.

Umzug in die Städte

84 % der Bevölkerung Brasiliens leben heute in Städten, davon mehr als die Hälfte in Ballungsgebieten mit über 500 000 Einwohnern. Das explosionsartige Anwachsen der Metropolen, die darauf nicht im Geringsten vorbereitet waren, ist ein historisch recht junges Phänomen aus der zweiten Hälfte des 20. Jh. Im Jahre 1940 waren nur 12,8 Mio. Menschen Stadtbewohner, heute sind es mit ca. 155 Mio. mehr als zwölfmal so viel.

Früher gab es nur wenige urbane Zentren, die sich allesamt an der Küste durch den Handel mit dem kolonialen Mutterland entwickelten. Den Anfang machte Salvador da Bahia, gefolgt von Rio de Janeiro, João Pessoa, São Luís, Recife und Belém. Erst viel später wuchs São Paulo zu einem gewaltigen städtischen Ballungsraum an. Die Megastadt besitzt heute den größten Industriepark Lateinamerikas und hat flächenmäßig etwa die Ausdehnung der Rhein-Ruhr-Region, übertrifft jedoch deren Bevölkerungszahl um 65 %.

Städtewachstum und Landflucht hingen aufs Engste mit der oligarchischen Agrarwirtschaft zusammen, seit Beginn der Kolonialzeit bis heute in Monokulturen auf großen *fazendas* durchgeführt. Nur 2 % der Betriebe bewirtschaften fast 60 % der Anbaufläche. Der Konzentrationsprozess beschleunigte sich in den 1970er-Jahren noch mittels Vergabe staatlicher Modernisierungskredite an die sowieso schon kapitalstarken Mittel- und Großbetriebe (›Grüne Revolution‹) und führte zur Wegrationalisierung zahlreicher Arbeitsplätze sowie zum Ruin vieler Kleinbauern.

Schleppende Landreform

Einer immer kleineren Zahl von auf Exportproduktion und Viehwirtschaft spezialisierten Großgrundbesitzern stand eine stets größere Masse landloser Bauern gegenüber. Deren Organisation *Movimento dos Sem Terra* (Bewegung der Landlosen) steht im gewaltsamen Dauerkonflikt mit den einflussreichen *fazendeiros* und der Militärpolizei. Staatliche Versuche, landlose Bauern im weiten Amazonas-Gebiet anzusiedeln, führten lediglich zu ökologischer Verwüstung und neuem sozialen Elend, da sich die kargen Urwaldböden als unfruchtbar erwiesen. In letzter Zeit hat die Regierung aus diesen Fehlern gelernt, ohne jedoch eine radikale Landreform ins Auge zu fassen. 2009 wurden 55 400 Familien erfolgreich auf dem Lande angesiedelt und mit Böden zur Bewirtschaftung ausgestattet.

Dennoch ist das Elend weiterhin groß und ein Leben am Rande des Hungers keine Seltenheit. Dabei wäre es im ressourcenreichen Brasilien durchaus möglich, alle Bewohner ausreichend mit Nahrungsmitteln zu versorgen. Trotz der Ausrichtung der Agrarwirtschaft auf Exportprodukte hat sich die Anbaufläche für Grundnahrungsmittel seit 1970 um 30 % vergrößert. Gleichzeitig ist jedoch die Bevölkerung seitdem um mehr als 100 % gewachsen. Selbst diese Diskrepanz ließe sich noch ausgleichen, besäßen die ärmeren Schichten eine größere Kaufkraft. Die Agrarunternehmer halten sich bei der Grundnahrungsmittelproduktion für die eigene, zahlungsschwache Bevölkerung eher zurück, ist sie doch gegenüber der staatlich geförderten Exportwirtschaft weniger lukrativ. Brasilien ist heute weltgrößter Exporteur von Fleisch, Soja, Zucker, Orangensaft, Tabak, Kaffee und Álcool-Treibstoff (Ethanol).

Ewiges Schwellenland

Lange schon steht Brasilien, einer der vier BRIC-Staaten, an der ›Schwelle‹ zum Industriezeitalter und schafft doch nicht den Sprung hinüber. Im Volksmund heißt es spöttelnd: »Brasilien ist das Land der Zukunft … und wird es immer bleiben.« In letzter Zeit kommt jedoch Hoffnung auf. Die soziale Misere geht langsam zurück und die fundamentalen ökonomischen Daten sind fast alle positiv. Denn allen Unkenrufen zum Trotz gehört die stärkste Wirtschaftsmacht Lateinamerikas auch zu den größten Volkswirtschaften der Welt, vom Bruttoinlandsprodukt (BIP) her liegt sie mit Italien, Frankreich oder Großbritannien auf gleicher Höhe.

Dynamischer Industriesektor

Trotz des hohen Anteils an Rohstoffen sind die meisten Exportprodukte inzwischen Industrieerzeugnisse, ein wichtiger Indikator für die Klassifizierung als Schwellenland. Der 28 % des BIP ausmachende Industriebereich wächst ständig. Führend sind die Sektoren Petroleum/Erdgas, Fahrzeug- und Flugzeugbau, gefolgt von Chemie, Pharmazie, Maschinenbau, Schuh- und Lederwarenproduktion, Papier und Zellulose, Textilien sowie elektronischen Erzeugnissen. Der mit 65 % des BIP jedoch weiterhin dominierende Wirtschaftssektor Brasiliens ist der Dienstleistungsbereich.

Reichtum und Armut

Verteilte man das beachtliche BIP dieses Landes gleichmäßig auf die Einwohnerzahl, würde es sich hier für jeden recht gut leben lassen. Berücksichtigt man jedoch die krasse Ungleichheit der Vermögen und Einkommen, fällt das Land sogar hinter das ressourcenarme mittelamerikanische Agrarland Costa Rica zurück. Wissenschaftler nennen dieses Phänomen ›Wachstum ohne Entwicklung‹, der Volksmund spricht schlicht vom ›kranken Menschen in der gesunden Wirtschaft‹.

Reichtum und Armut

Wer als Tourist Brasilien bereist und sich in den entsprechenden Luxusvierteln von Rio, Recife oder Fortaleza aufhält, wird nicht glauben, was er vielleicht vorher in den Medien über die schreckliche Armut gelesen hat. Selbst wer jahrelang in Brasilien wohnt, wird das so viel beschworene Elend geradezu suchen müssen, es ist ein Elend, das sich eher versteckt, in den *favelas*, den *morros*, der Peripherie, dem *interior* und dem *campo*.

Soziale Ungleichheit

So ist Brasilien trotz deutlicher Verbesserungen in den letzten Jahren noch eines der Länder mit der ungleichsten Einkommensverteilung der Welt. Während die reichsten 10 % der Bevölkerung monatlich um mehr als 5000 R$ verdienen, erhalten die ärmsten 10 % nur ca. 100 R$. Während 1 % auf mtl. über 10 000 R$ kommt, gibt es viele Armen-Haushalte, die einzig von einer geringen Sozilhilfe *(Bolsa Família)* leben müssen. Es bleibt eines der größten Geheimnisse Brasiliens, wie die Betroffenen damit fertig werden. Im Musterland der Lebensfreude leidet heute schon jeder Vierte an Depression. Die Hauptsorgen der meisten Menschen sind nicht Liebeskummer, sondern Geld und Schulden, hinzu kommen Demütigungen am Arbeitsplatz. Die Arbeitsbedingungen erinnern noch häufig an die Epoche der Sklaverei. So hat fast die Hälfte aller Arbeitnehmer keine Verträge und ist schutzlos den Übergriffen ihres *patrão* ausgeliefert. Auch Kinderarbeit ist trotz Ver-

Wirtschaft, Soziales und aktuelle Politik

bot in den ärmeren Regionen Brasiliens noch weit verbreitet.

Obwohl inzwischen fast alle Kinder die Grundschule besuchen, leidet auch der Bildungssektor unter extremen sozialen Verzerrungen. 75 % sind auf das unzureichende staatliche Schulwesen angewiesen, die recht guten privaten Einrichtungen können fast nur von Kindern der Mittel- und Oberschicht in Anspruch genommen werden. Dieses prozentuale Verhältnis reproduziert sich ebenfalls im Gesundheitssektor, nur eine Minderheit kommt in den Genuss einer guten privaten Versorgung, während die breite Masse vor den kostenlosen, aber unterversorgten staatlichen Kliniken Schlange steht.

Die Regierung ›Lula‹

Mit Amtsantritt (1. Januar 2003) des im Oktober 2002 zum neuen Staatspräsidenten gewählten links gerichteten Kandidaten **Luiz Inácio Lula da Silva**, kurz ›Lula‹ genannt, deutete sich eine radikale Wende in der brasilianischen Sozialpolitik an. Schwerpunkte waren die Bekämpfung der Arbeitslosigkeit sowie höhere Ausgaben für Erziehung und Gesundheit. Lula, Mitbegründer sowohl der Gewerkschaften als auch der links gerichteten Arbeiterpartei (PT), repräsentierte alle Hoffnungen der sozial Ausgeschlossenen und Diskriminierten, kein anderer ließ die Herzen der Armen so hoch schlagen. Er begann sein Amt als beliebtester Politiker in der Geschichte des Landes. Sein Auftreten war freundlich, integer, transparent und ehrlich. Bei Amtsantritt verkündete er: »Erst machen wir das Nötige, dann das Mögliche und dann noch das Unmögliche.«

Vorzeigbare Fortschritte

Bereits nach wenigen Monaten an der Macht entschuldigte er sich für seinen anfänglichen politischen Übermut. Erst wenn man an den Schalthebeln sitzt, erweist sich, wie schwer ein Land wie Brasilien zu ändern ist. Seine Eliten und vor allem die Reichsten tun alles, um von ihrem dicken Kuchen nichts abgeben zu müssen. Die mächtigen Großbanken, Rekordaktiengewinner der letzten Jahre, profitieren weiterhin von der hohen öffentlichen Verschuldung, die zwei Drittel des BIP ausmacht. Die vermögende Oberschicht wurde bislang nicht zur Kasse gebeten, eine Steuerklassen-Progression gibt es kaum. Auch muss man berücksichtigen, dass Lulas PT nicht allein regiert und auf Koalitionen mit diversen Mitte-Rechts-Parteien angewiesen ist.

Dennoch konnte Lula, 2006 mit 60 % der Stimmen im Amt bestätigt, einen Großteil seiner Wahlversprechen erfüllen, nur in den Bereichen Erziehung und Gesundheit konnte er nicht überzeugen. Zwischen Januar 2003 und Ende 2010 wurden ca. 15 Mio. neue Arbeitsplätze geschaffen und der staatliche Mindestlohn wurde mehr als verdoppelt. Nicht ganz unumstrittenes Vorzeigeprojekt der Regierung Lula ist ein Sozialprogramm zur Unterstützung von armen Familien (Bolsa Família), in dessen Genuss inzwischen schon ein Drittel der Bevölkerung kommt. Erstmals in der Geschichte Brasiliens gibt es nun ein soziales Sicherheitsnetz. Bedürftige Brasilianer können abhängig von ihrem Einkommen einen monatlichen Zuschuss beantragen, der an zwei Bedingungen geknüpft ist: Kinder bis sieben Jahre müssen geimpft sein und Kinder bis 15 Jahre müssen eine Schule besuchen.

Alle diese sozialen Fortschritte zusammen haben bewirkt, dass innerhalb von wenigen Jahren 20 Mio. Brasilianer von den ›Klassen‹ D und E nach C aufgestiegen sind. 87 % der Bevölkerung gaben der Regierung ›Lula‹ 2010 die Note gut oder sehr gut. Bei den Neuwahlen im Oktober trat er jedoch nicht mehr an.

Seit dem 1. Januar 2011 hat seine Wunsch-Kandidatin Dilma Rousseff (PT) das Präsidentenamt inne, zum ersten Mal in der Geschichte Brasiliens ist nun eine Frau an der Macht. Gleich im ersten Monat ihrer Regierung, als in den Bergen hinter Rio bei einem Unwetter mehr als 1300 Menschen ums Leben kamen und viele Häuser zerstört wurden, eilte sie persönlich herbei und versprach den Bau von 6000 neuen Wohnungen.

Alltag der Armen

Leben mit dem Mindestlohn

Thema

Der gesetzliche Mindestlohn *(salário mínimo)* wurde im Jahr 1940 unter der Regierung Getúlio Vargas festgelegt und 1946 gar in der brasilianischen Verfassung verankert. Die Kaufkraft war bei seiner Einführung exakt die gleiche wie heute, doch wie damals reichen die jetzigen 545 R$ (2011) kaum für das Nötigste.

MIt dem gegenwärtigen gesetzlichen Mindestlohn muss in Brasilien – unter Einschluss des informellen Sektors – ein Großteil der Bevölkerung zurechtkommen. Bei Preisen, die zumindest in den großen Städten wie Rio oder São Paulo schon europäisches Niveau erreicht haben, fragt man sich zu Recht, ob mit einem solchen Lohn ein Leben überhaupt möglich ist.

Die Antwort lautet »Nein«, das Resultat ist ein ›Leben‹ mit einem Warenkorb, der sich auf Reis, Bohnen und Brot ohne Butter beschränkt. Und so suchen viele Brasilianer verzweifelt nach kleinen Nebenerwerbsquellen oder bieten an Straßenständen Billigwaren aus Paraguay feil. Sogar die ›Arbeit‹ als Straßenkind kann lukrativer sein als die Tätigkeit als Verkäuferin in einem kleinen Laden. So liest man in der Presse von der 17-jährigen Glauciene da Silva de Santana, die an einer Ampelkreuzung in Recife von den Autofahrern 30 R$ pro Tag erbettelt, oder von dem 8-jährigen Vilmar Carneiro, der auf gleiche Art 20 R$ pro Tag erwirtschaftet.

Nur wer auf die Solidarität einer größeren Familie zählen kann, mag auf der Basis eines einzigen Mindestlohnes noch zurechtkommen können. In diesem Falle wohnt man jedoch weit außerhalb, an der Peripherie oder in einem Vorort der Stadt. Die häuslichen Spesen werden reihum bzw. je nach aktueller Liquidität geteilt, und wenn es nicht reicht, wird die öffentliche Stromleitung einfach illegal angezapft. Auf jeden Fall hat Oma immer etwas im Suppentopf.

Zur Arbeit geht es oft stundenlang per Bus mit Tickets vom Arbeitgeber, die man im Falle übrig gebliebener Karten auch verkaufen oder gar zum Bezahlen des Mittagessens verwenden kann. Dadurch spart man wieder das Essens-Ticket, das ebenfalls als Zweitwährung fungiert. Da die Essensportionen in den populären *lanchonetes* stets reichlich bemessen sind, kann eine Mahlzeit gut durch zwei geteilt werden. Für das so eingesparte Ticket reicht der kleine Angestellte des Lokals schon mal ein Sandwich herüber, wenn der Chef gerade nicht hinschaut.

Für Frauen, die auch hier weniger verdienen als Männer, kommt hinzu, dass die Ausgaben für Essen, Trinken und Freizeitvergnügen oft von dem jeweiligen Partner übernommen werden. Und die Kleidung, die im Laden kaum zu bezahlen ist, fertigt nicht selten eine Nachbarin oder Familienangehörige in Heimarbeit an. Die allgegenwärtige Lösung sind aber schlichtweg Ratenkäufe und Schulden, Schulden, Schulden ... Der ärmere Teil der Bevölkerung nutzt die Kreditkarte häufiger als der reichere. Selbst ein einfaches Paar Schuhe zahlt kaum jemand auf einmal. Für die klein gedruckte Gesamtsumme interessiert sich niemand, wichtig sind nur die groß geschriebenen und auf viele Monate verteilten Raten. Brasilianer leben eben heute, morgen ist weit weg ...

Geschichte

Seit seiner offiziellen Entdeckung im Jahre 1500 zog Brasilien viele Expeditionen besonders aus Europa an, es war eine friedliche und von Wissenschafts- und Kunstinteresse geprägte Annäherung. Doch bald folgte die Ausrottung der Urbevölkerung und die wirtschaftliche Ausbeutung der neuen Kolonie unter Einsatz von Sklaven. Nach dem Zuckerzyklus kam der Goldrausch und dann der Aufstieg der Kaffeebarone, die jedoch den Weg bahnten für das neue Industriezeitalter und die Ablösung der Monarchie durch die Republik.

Zeit der Entdeckung

Pedro Álvares Cabral, der offizielle Entdecker des Landes, machte im Jahre 1500 den Weg frei für zahlreiche große Expeditionen durch die Weiten Brasiliens. Die endlose Reihe großer Abenteurer und Forscher, Ausbeuter und Piraten, Künstler und Wissenschaftler kam fast ausschließlich aus unseren Breiten.

Pioniere und Abenteurer

Die ersten europäischen Pioniere des **16. Jh.** wurden hauptsächlich angezogen von den zahlreichen Berichten über die indianischen Ureinwohner des Küstenstreifens. Einer von ihnen war der deutsche Abenteurer **Hans Staden.** Er verbrachte im Jahre 1550 neuneinhalb Monate bei den Tupinambá-Indios zwischen Rio und Santos und verfasste dort – unter ständiger Angst, jeden Moment verspeist zu werden – seine ›Warhaftig historia und beschreybung eyner Landtschafft der Wilden Nacketen Grimmigen Menschenfresser-Leuthen in der Newenwelt America gelegen‹. Darin heißt es u. a.: »… und sofort nehmen die Frauen den Toten, ziehen ihn über das Feuer, kratzen ihm die ganze Haut ab, machen ihn ganz weiß und stopfen ihm den Hintern mit einem Holze zu, damit nichts von ihm abgeht.« Stadens erstem Kannibalismus-Bericht folgten endlose weitere.

Völlig unbeeindruckt von derlei Gräuelgeschichten kam sechs Jahre später der Franzose **Jean de Léry,** um ebenfalls die Lebensgewohnheiten und Sprache der Tupinambá-Indios zu erforschen. Sein Resümee fiel ganz anders aus: »Nach meiner Erfahrung zu urteilen, würde ich mich diesem Volk, das wir als die ›Wilden‹ bezeichnen, mehr anvertrauen und mich bei ihm sicherer fühlen als unter den unverlässlichen und entarteten Bewohnern mancher Gegenden Frankreichs.«

Erste Expeditionen

Im **17. Jh.** galt das Interesse der europäischen Besucher neben den Indianern auch der Erkundung und Darstellung der tropischen Flora und Fauna. Die wichtigste Expedition zwischen 1637 und 1644 bestand aus einer Gruppe von holländischen Wissenschaftlern und Malern, angeführt von **Maurício de Nassau.** Die Landschaftsgemälde von Frans Post, u. a. die Bilder vom Rio São Francisco, den Stränden Paraíbas und den Wasserfällen von Paulo Afonso, gelten als die ersten künstlerischen Darstellungen des neuen ›Tropenparadieses‹. Der Maler Albert Eckhout hingegen konzentrierte sich auf die Darstellung von Ureinwohnern.

Im **18. Jh.** kam es zu einem wahren Boom von Expeditionen, doch die ›Viagem Philosofica‹ des Portugiesen **Alexandre Rodrigues**

Zeit der Entdeckung

Brasilienkarte aus dem ›Atlas Miller‹, um 1519

Ferreira in den Jahren 1783 bis 1792 markierte den Anfang einer Reihe von Reisen in noch unbekannte Gefilde des neuen Riesenkontinents. Seine Gruppe war die erste, die tief in die Amazonas-Region vorstieß und zahlreiche Spezies für das Museu Real da Ajuda in Lissabon zusammentrug. Gegen Ende des Jahrhunderts erweiterte sich das wissenschaftliche Interesse um neue Dimensionen. So unternahm der 1768 von der Londoner

Geschichte

Royal Society entsandte Forscher **James Cook** mehrere Reisen, u. a. entlang der brasilianischen Küste, um mittels der Venusbewegungen die Entfernung zwischen Erde und Sonne zu messen. Mehr noch als die Bahnen des großen Planeten hat ihn jedoch die Bucht von Guanabara in Rio de Janeiro beeindruckt.

Erforschung durch Gelehrte

Als im Jahre 1808 der portugiesische Hof nach Rio übersiedelte, nahm das Interesse der europäischen ›Gelehrten-Abenteurer‹, dieses hoheitliche Land zu erkunden, im **19. Jh.** stark zu. Der auf die Wissenschaften Ethnologie und Botanik spezialisierte deutsche Prinz **Maximilian zu Wied,** ein Freund Alexanders von Humboldt, durchquerte von 1815 bis 1817 den Küstenwald zwischen Rio und Bahia, trat in Kontakt mit den Puni-, Botucado- und Camacã-Indios, malte Hunderte von Aquarellen und schrieb ein zweibändiges Buch mit dem Titel »Reise in Brasilien«.

Die kühnste Mission wurde 1817–21 ebenfalls von Deutschen durchgeführt. **Carl Friedrich Philipp von Martius** und **Johann Baptist von Spix,** eingeladen zur Hochzeit der österreichischen Prinzessin Carolina Leopoldina mit Kaiser Dom Pedro I., nutzten die Gelegenheit zu einer großen Reise durch São Paulo, Minas Gerais, Bahia, Pernambuco, Piauí, Maranhão, Belém und Amazonien und konnten schließlich dem Wiener Museum den bis dahin einzigartigen Schatz von über 6000 neuen Pflanzenarten übergeben.

Die ambitionierteste und bedeutendste Expedition des 19. Jh. stand wiederum unter deutscher Federführung, geleitet von **Georg Heinrich Freiherr von Langsdorff,** einem gebürtigen Deutschen in der Funktion des Generalkonsuls von Russland in Rio de Janeiro. Mit dem Anliegen, in bislang von Weißen noch gänzlich unberührte Gebiete im Innern des Landes vorzustoßen, versammelte er eine Equipe erster Klasse, u. a. den Botaniker Ludwig Riedel, den Astronomen und Kartographen Nester Rubstov, den Zoologen Christian Hasse und die Maler Moritz Rugendas, Hercule Florençe und Adrien Taunay. Mit finanzkräftiger Unterstützung von Zar Alexander I. durchquerte die Gruppe von 1821 bis 1829 das Gebiet zwischen Rio de Janeiro und Amazonien und legte eine Strecke von 17 000 km zurück. Die nach Petersburg überführten Schätze überstiegen alles bisher Dagewesene: Tausende von Pflanzenarten, ausgestopfte Tiere, Edelsteine, ethnografisches Material, 369 Zeichnungen und Aquarelle sowie 1000 Seiten Tagebuchnotizen.

Der vielleicht berühmteste Wissenschaftler, der 1831–36 an Bord des Schiffes ›Beagle‹ den Kontinent bereiste, war der Engländer **Charles Darwin.** Überaus beeindruckt von der Schönheit der brasilianischen Städte, insbesondere von Salvador, sowie von dem Reichtum der tropischen Fauna und Flora, schrieb er später seine revolutionäre »Theorie der Herkunft der Arten«.

Erschließung des Landesinneren

Im **20. Jh.** sammelten die Expeditionen nicht nur Material und wissenschaftliche Entdeckungen, sondern konstruierten Straßen, Dörfer, Telegrafenposten, Eisenbahnlinien und gingen neuen Flusslinien und Bergzügen im unerschlossenen Innern des Landes nach. Am spektakulärsten war die Entdeckungsreise des alternden amerikanischen Ex-Präsidenten **Theodor Roosevelt,** der hier seine letzte Chance sah, »noch einmal Junge sein zu können«. Seine Gruppe, angeführt von dem Brasilianer Cândido Mariano Rondon, entdeckte im Jahr 1914 einen bis dahin noch unbekannten Fluss, zunächst Rio da Dúvida (Fluss des Zweifels) genannt, zeichnete eine Karte von seinem 712 km langen Verlauf und nannte ihn schließlich Rio Roosevelt. Der große Namensvetter ebenso wie manch andere Teilnehmer der Expedition hätten bei diesem Unternehmen beinahe ihr Leben gelassen – sie litten unter Malaria und waren Indianerangriffen ausgesetzt –, doch nur ein Expeditionsteilnehmer musste zurückbleiben in den Fluten des neu entdeckten Flusses.

Den Reigen der großen Entdeckungen des 20. Jh. beendete der bekannte französische Anthropologe **Claude Lévi-Strauss.** Im Jahre 1935 wurde er nach São Paulo berufen, um bei der Gründung der neuen Universität mitzuwirken und dort eine Lehrtätigkeit aufzunehmen. Bei diversen Reisen durch das Landesinnere studierte er die Lebensweise der Bororo-, Caduveu- und Nhambiquara-Indianer. Seine Expeditionen durch São Paulo, Pantanal, Paraná, Mato Grosso und Amazonien trugen bei zu dem größten Klassiker der anthropologischen Literatur, »Traurige Tropen«, sowie zu seinem autobiografischen Fotoalbum »Sehnsucht nach Brasilien«.

Indianische Ureinwohner

Neuere Schätzungen der Archäologin Anna Roosevelt gehen von 5–8 Mio. Indios aus, die Anfang des 16. Jh. in 1175 Stämme gegliedert in Brasilien lebten. Seit Jahrtausenden siedelte die indigene Urbevölkerung vor allem in den Küstenregionen, bis sich ein besonders kriegerischer Stamm, nach seiner Sprache Tupi genannt, hervorhob und allmählich sowohl weite Teile der Küste als auch Gebiete entlang der großen Flüsse einschließlich des Amazonas beherrschte. Als die portugiesischen Kolonisatoren um 1500 zum ersten Mal ›Land sahen‹, gab es mindestens so viele Tupi-Indianer wie Einwohner Portugals (ca. 1 Mio.), wahrscheinlich jedoch mehr.

Die **Tupi-Kultur** befand sich im Übergang von der bloßen Jäger- und Fischerexistenz zur einfachen Agrarwirtschaft mit Landrodungen, Feldbestellungen und vor allem der Nutzbarmachung der giftigen Maniok-Pflanze. Wenn auch kriegerische Auseinandersetzungen um bevorzugte Anbau- und Jagdgebiete zum Alltag gehörten, war das soziale Leben innerhalb der 300 bis 2000 Einwohner zählenden Dörfer eher von altruistischem Solidargefühl gekennzeichnet.

Tödliche Seuchen

Die Portugiesischen Kolonisatoren brachten nicht gleich den Krieg, sondern neben Spiegeln und Glasperlen auch Nützliches wie Angelgeräte, Pferde, Hunde und Rinder sowie die Axt, Messer und Schwerter. Der plötzliche Vorstoß in die Eisenzeit war für die Indios bei den Stammeskriegen (Pfeile mit Metallspitzen), bei der Jagd, beim Kanubau und in der Landwirtschaft von Nutzen. Auch die Viehzucht kam nun auf. Doch bald zeigte sich, dass die weißen Götter nicht nur Segen brachten. Der erste Krieg bedurfte indes auch keiner Waffen, es war ein bakteriologischer. Die Indios wurden stämmeweise durch **Windpocken-, Röteln-, Keuchhusten- und Tuberkulose-Epidemien** hinweggerafft, von den ursprünglich 5–8 Mio. blieben nach einem Jahrhundert Fremdherrschaft nur noch 4 Mio. übrig.

Verschleppung und Versklavung

Im 17. Jh. starben weitere 2 Mio. außer durch Krankheiten nun auch infolge ungewohnter Sklavenarbeit und blutiger Verteidigungskriege. Die mutigen Tupis wehrten sich heldenhaft, doch jedes Volk kämpfte unkoordiniert für sich. Ihre zahlenmäßige Überlegenheit nützte wenig angesichts der besseren Organisation und besseren Waffen der Eroberer. Die Versuche des Jesuiten-Ordens, die Indios zwecks christlicher Umerziehung in **Missionsstationen** zu versammeln und gegen äußere Feinde abzuschirmen, waren nur von begrenztem Erfolg. Sowohl gegnerische Indianerstämme als auch die erbarmungslosen Sklavenjäger *(bandeirantes; von bandeira =* Fahne*)* aus São Paulo überfielen mit Vorliebe diese leicht zu nehmenden Bastionen. Zudem konnten sich hier Epidemien schneller ausbreiten als in den versteckten Dörfern der Eingeborenen, auch der christliche Kleidungszwang bzw. das Tragen schmutziger Wäsche beförderten Krankheiten. Als später die Missionare von der portugiesischen Krone nicht mehr toleriert und sogar des Landes verwiesen wurden, waren die in den ghettoartigen Stationen verbliebenen Indios der **Versklavung** noch schutzloser ausgeliefert als zuvor.

Die Indio-Frauen dienten den weißen Herren aus Lusitanien vor allem als Gebärerinnen, die Männer fungierten als Führer (auch bei Kriegen und Raubzügen), Ruderer, Holzfäller, Jäger, Fischer und Hausdiener, in der Produktion für den Exportmarkt setzte man

Geschichte

Indianer heute

Nach der offiziellen Statistik (IBGE) gibt es in Brasilien, basierend auf der letzten Volkszählung von 2000, ca. 734 000 Indios. Die meisten leben im Norden (29,1 %), gefolgt vom Nordosten (23,2 %), Südosten (22 %), Mittelwesten (14,2 %) und Süden (11,5 %). Noch 1991 zählte man nur 294 000, danach hätte sich die Zahl der Indios in knapp zehn Jahren mehr als verdoppelt.

Der starke statistische Zuwachs der indianischen Bevölkerung geht zwar teilweise auf die Reservate und die verbesserte staatliche Gesundheitspolitik zurück, erklärt sich aber überwiegend aus der neuen Möglichkeit, sich selbst als Indio zu deklarieren. Viele Indios zogen in den letzten Jahren nach Salvador da Bahia, nach São Paulo, Rio de Janeiro, Manaus, Belo Horizonte und Brasília. Entgegen einer verbreiteten Vorstellung lebt heute nach einer starken Migration bereits knapp die Mehrheit in urbanen Regionen. In den Städten sind die Indios jedoch von ihren kulturellen Traditionen abgeschnitten und isoliert und müssen sich oft mit sklavenähnlichen Arbeitsverhältnissen zufrieden geben. 38 % aller Indios,

Kriegstanz der Kayapó-Indianer als Protest gegen ein Staudamm-Projekt

Überlebenskampf der Indianer

Thema

inkl. der in ihren Stämmen lebenden, befinden sich in einer Situation extremer Armut.

Die staatliche Indianerbehörde Funai (Fundação Nacional do Índio) zählt nur die noch in Dörfern und Reservaten lebenden Indios, die vor allem im Amazonas-Gebiet konzentriert sind. Sie verteilen sich auf etwa 225 Stämme mit 180 verschiedenen Sprachen; die mit ca. 25 000 Angehörigen größte Gruppe stellen die Ticunas im Amazonas-Grenzgebiet zu Kolumbien. Zusammen mit der Regierung und vielen NGO's bemüht sich die Funai um die Beschleunigung der Demarkationsprozesse, die jedoch wegen Korruption, Inkompetenz und öffentlichem Desinteresse recht schleppend und konfliktreich verlaufen.

Von insgesamt 615 Reservaten (ca. 13 % des brasilianischen Territoriums) haben noch nicht alle einen rechtsgültigen Status, einige befinden sich erst im Prozess der Identifizierung, einige sind bereits identifiziert, aber noch nicht demarkiert, einige sind erst vorläufig demarkiert usw. Die Ungeduld der Indios gegenüber der offiziellen Verzögerungspolitik ist nur zu verständlich und führte bereits zu demonstrativen Besetzungen ihrer eigenen Gebiete. Eine endgültige Demarkation bedeutet meist schon eine Überlebensgarantie, nicht nur im physischen und wirtschaftlichen Sinn, sondern auch hinsichtlich der Erhaltung der kulturellen Traditionen inklusive Schulunterricht in der Stammessprache, Besuchseinschränkungen für Touristen usw. Manche Stämme wollen nun sogar Mautgebühren für die Durchquerung ihrer Gebiete erheben sowie *royalties* beantragen für die Erhaltung der Biodiversität. Andere streben noch höher und denken an die Gründung einer politischen Partei.

Großgrundbesitzer und *garimpeiros* (Goldsucher) tun alles, um die Besiegelung der In-

dianerrechte zu behindern, und schrecken selbst vor Mordanschlägen nicht zurück, wie der Tod des engagierten Umweltschützers Chico Mendes und das häufige Lynchen von Indios beweisen. Viele Indios, die in ihrem Dorf keine Überlebenschance sehen, aber auch nicht den risikoreichen Weg in die fremden großen Städte gehen wollen, sehen im Suizid den einzigen Ausweg. Unter den 40 000 Guarani-Kaiowás von Mato Grosso do Sul gab es jährlich um die 40 Fälle, die Mehrheit der Opfer war unter 20. Trotz mancher guter Projekte seitens der Regierung (Reservate, Impfkampagnen etc.) hält die Verfolgung durch den ›Weißen Mann‹ an, sechs Stämme stehen vor der Ausrottung oder führen – wie die Yanomami – einen verzweifelten Überlebenskampf. In manchen Schulen können die Kinder der Weißen jedoch inzwischen die Indianersprache Tupi lernen!

Geschichte

ab dem 17. Jh. jedoch die kräftigeren Schwarzen aus Afrika ein. Der Indio wurde zum Sklaven der ›Armen‹, kostete er doch nur ein Fünftel des importierten ›Negers‹. Im 18. Jh. setzte sich der Exodus der stolzen Ureinwohner fort, ihre Zahl reduzierte sich um eine weitere Hälfte von 2 auf 1 Mio. Statt 5–8 Mio. Indios um 1500 sind es heute nur noch 734 000, die weiter um ihre Rechte kämpfen und keinen Frieden finden.

Kolonialzeit

Schon 1494, also noch vor der Entdeckung Brasiliens, war durch einen Schiedsspruch Papst Alexanders VI. im Vertrag von Tordesillas eine Einigung zwischen Portugal und Spanien über die Aufteilung der Kolonialgebiete erzielt worden. Die Trennungslinie entsprach etwa der 48. Grad westlicher Länge. Alles, was östlich davon lag, ging an **Portugal**, was westlich davon lag, an Spanien. Und so wurde Brasilien, von einem Teil im Süden zunächst abgesehen, portugiesische Kolonie.

Doch erst am 22. April des Jahres 1500 erreichte die erste portugiesische Karavellenflotte unter dem Kommando von **Pedro Álvares Cabral,** eigentlich auf dem Weg nach Indien, ›brasilianisches‹ Territorium. Es war der offizielle Beginn der Entdeckung; nicht unwahrscheinlich ist, dass zwei Jahre vorher bereits ein anderer portugiesischer Seefahrer, Duarte Pacheco Pereira, hier angekommen war. Auch die Spanier waren wohl schon vorher hier, doch die Portugiesen zeigten an dem neuen Kontinent größeres Interesse.

Brasilholz und Zucker

Anfangs entzückte sich der Hof in Lissabon hauptsächlich an den bunten Papageien, weshalb das Land zuerst ›Terra Papagalli‹ genannt wurde. Der Name Brasil folgte erst 1503 in Anlehnung an das begehrte **Brasilholz** (urspr. französisch: brésil), mit dem roten Extrakt bemalten schon die Indios ihre Gesichter und in Portugal konnte man damit die königlichen Gewänder in verschiedenen Tönen färben. Die eigentliche Kolonisierung begann erst 1530 mit der Entsendung von Martim Afonso de Souza, der die Franzosen vertreiben, den Einflussbereich der portugiesischen Krone erweitern und ein neues Verwaltungssystem einführen sollte. 1532 teilte König João III. die brasilianische Küste in 15 Zonen, capitanias genannt, und vergab diese als Erblehen an Adlige und Personen aus dem Mittelstand, um die eigenen Kolonisierungskosten gering zu halten. Als dies jedoch bis auf zwei Ausnahmen nicht die gewünschten Resultate erbrachte, wurde 1549 in Salvador da Bahia eine portugiesische Zentralgewalt etabliert, angeführt von dem ersten Generalgouverneur Tomé de Souza.

Die folgenden Jahrzehnte waren gekennzeichnet von einer verstärkten Einwanderung aus Portugal, einer Zunahme des Sklavenimports aus Afrika und einer immensen Ausweitung des **Zuckerrohranbaus.**

Sklavenwirtschaft

Die Portugiesen hatten bereits Erfahrungen mit dem Anbau von Zuckerrohr auf Madeira und den Azoren. Es bedurfte nur noch billiger Sklavenarbeit, fruchtbarer tropischer Erde und des Baus von Zuckermühlen (ab 1520), um Brasilien schon um 1600 zum **Hauptzuckerproduzenten** der damaligen Welt zu machen. Die gigantischen Einnahmen fanden schnell ihren sichtbaren Niederschlag in der kulturellen Blüte von Hafenstädten wie Olinda-Recife im Nordosten und der ersten Hauptstadt Salvador da Bahia (1549), nach Mexiko die damals reichsten Orte Amerikas.

Die Pracht der Kirchen und Herrschaftspaläste der neuen Latifundienbesitzer basierte jedoch im Wesentlichen auf der Ausbeutung **afrikanischer Sklaven:** 30 000 gab es im Jahre 1600, 150 000 im Jahre 1700 und 1,5 Mio. im Jahre 1800. Die ersten Schiffe mit den bis dahin freien Bürgern kamen um 1538. Schon beim Transport wurde streng darauf geachtet, die verschiedenen (Sprach-)Stämme zu vermischen, um jeden kollektiven Widerstand auszuschalten. 18 Stunden Arbeit pro Tag sowie ein ausgeklügeltes System von Bewachungen und Präventivstrafen ließen jeden Gedanken an Flucht sinnlos werden.

Aufstieg durch Gold

Dennoch verlief die Ausbeutung der Kolonie keineswegs reibungslos. Andere europäische Nationen, im Vertrag von Tordesillas nicht berücksichtigt, versuchten, ihre Einflusssphären auf den neuen Kontinent auszudehnen. 1555–65 errichteten die Franzosen in der Baía da Guanabara von Rio de Janeiro ihre kleine Kolonie ›França Antártica‹, konnten sich danach bis 1596 in Paraíba etablieren und zwischen 1612 und 1615 in Maranhão. 1624 attackierten die Holländer Salvador und besetzten zwischen 1630 und 1654 einen Teil der Nordostküste. Viele Zuckerrohrpflanzungen dieser Region wurden von den verängstigten portugiesischen Besitzern aufgegeben, zahlreiche Sklaven nutzten die Gelegenheit zur Flucht und organisierten sich in autonomen Wehrdörfern *(quilómbos),* von denen Palmares legendäre Bedeutung gewann.

Doch weder diese Herrschaftskrisen noch die international zunehmende Schwäche des portugiesischen Mutterlandes bewirkten den Verfall der brasilianischen Kolonie. Es waren die *bandeirantes* aus São Paulo, die auf der Suche nach Gold und Sklaven um 1650 damit begannen, das brasilianische Hinterland zu erschließen. Rekordhalter wurde der *bandeirante* Antônio Raposo Tavares, der 12 000 km zurücklegte und bis Mato Grosso do Sul, Mato Grosso, Rondônia und Pará vorstieß. Das Hauptinteresse galt jedoch dem Gold in **Minas Gerais,** das ab 1695 einen regelrechten Massenzustrom von Goldsuchern bewirkte. Rechtzeitig – der Zuckerhandel war durch die holländische Konkurrenz auf den Antillen in eine Krise geraten – gab es wieder ein Exportprodukt, nach dem in Europa große Nachfrage bestand.

Ein wahrer **Goldrausch** setzte ein: Hunderttausende strömten in noch unerschlossene Gebiete im Innern Brasiliens, nach Goiás und Mato Grosso; viele Plantagenbesitzer sattelten um und ließen ihre Sklaven Gold schürfen. Über die Hälfte aller amerikanischen Edelsteinexporte kam zu dieser Zeit aus Brasilien, der plötzliche Goldregen veränderte schnell das Gesicht wie das Selbstgefühl des Landes. Städte wie Ouro Preto in Minas Gerais erblühten in der Pracht barocker Kultur und eine von dem Zahnarzt (Tiradentes) Joachim José da Silva Xavier angeführte **Unabhängigkeitsbewegung** *(Inconfidência mineira)* legte sich mit dem Kaiser und Portugal an. Rio de Janeiro mit seinem Hafen, der günstig auf der Goldexportroute von Minas Gerais nach Lissabon lag, löste 1763 Salvador als Hauptstadt ab.

Kaiserreich

Das Jahr 1808 war eines der markantesten und wichtigsten der brasilianischen Geschichte. Auf der Flucht vor den Truppen Napoleon Bonapartes siedelte Portugals Prinzregent **Dom João VI.** mit dem gesamten Hofstaat, insgesamt 15 000 Menschen, in das damals nur 50 000 Einwohner zählende Rio de Janeiro um. Es fällt nicht schwer sich vorzustellen, welche wirtschaftlichen und politischen Veränderungen dies im Leben der kleinen brasilianischen Hauptstadt bewirkte. Die frühere Kolonie bekam nun den Status eines gleichberechtigten Mitglieds des Mutterlandes, auf dem Wiener Kongress von 1815 wurde Brasilien mit Portugal gleichgestellt.

Zwei Pedros

Nachdem Dom João VI. 1821 in sein Heimatland zurückgegangen war, erklärte sein Sohn **Dom Pedro I.** am 7. September 1822 die Unabhängigkeit und ließ sich zum ersten Kaiser krönen. Brasilien ist das einzige Land Südamerikas, in dem es eine Monarchie gegeben hat. Der Herrscher verehrte mehr Napoleon Bonaparte als die Französische Revolution, auch lagen ihm Musik und Frauen mehr am Herzen als das mühsame Geschäft der Politik. Als er 1831 nach Portugal zurückkehrte, ging die Kaiserkrone – nach einer Regentschaftszeit bis 1840 – an seinen Sohn **Dom Pedro II.** über, der das Land von 1840 bis 1889 regierte. Er war ein relativ gebildeter und am Fortschritt interessierter Monarch. 1850 wurde in Brasilien die Einfuhr von Sklaven verboten und 1888 – als letztes Land Lateinamerikas – die Sklaverei ganz abgeschafft.

Geschichte

Mächtige Kaffeebarone

Die wirtschaftliche Basis des Kaiserreichs lag weitgehend in der Kaffeegewinnung. Die Gold- und Edelsteinfunde gingen immer mehr zurück und gerade rechtzeitig kam mit dem Kaffee ein neuer rettender Zyklus. Das erste Kaffeepflänzchen wurde versuchsweise 1805 gesetzt, 1831 übertraf der **Kaffee-Export** erstmals die Zuckerausfuhr, 1870 wurden bereits 167,4 Mio. kg exportiert. Doch die ›Kaffeebarone‹ von São Paulo mauserten sich zur Kaffeebourgeoisie und gingen dazu über, in Manufakturen zu investieren, vor allem in die Textilindustrie. An zwei Grundvoraussetzungen fehlte es nicht: Als Rohstoff war Baumwolle zur Genüge vorhanden, und als qualifiziertere Arbeitskräfte bot sich das Millionenheer der Immigranten an, das ab 1850 aus Europa, vor allem aus Italien, hier einströmte.

Föderative Republik

Nach dem Sturz Kaiser Pedros II., der nach der Abschaffung der Sklaverei bei den Fazendeiros keine Basis mehr besaß, war der Weg frei für die Verkündung der Föderativen Republik Brasilien (15. November 1889). Es war auch die Zeit der beginnenden industriellen Revolution und des Kapitalismus. Die ›Kaffeebarone‹ von São Paulo entgingen knapp den Auswirkungen der Weltwirtschaftskrise von 1929/30, indem sie rechtzeitig in die neue Textilindustrie investierten.

Autoritäre Präsidentschaften

Während die meisten der 13 Präsidenten der sog. Alten Republik *(República Velha)* von 1889 bis 1930 politisch noch die Agraroligarchien vertraten *(política do café-com-leite)*, repräsentierte der *Estado Novo* unter **Getúlio Vargas** von 1930 bis 1945 schon die eindustriellen und industriellen Eliten. Das Herrschaftssystem war jedoch zentralistisch und autoritär, politische Repression und Zensur waren an der Tagesordnung. Nach einer Redemokratisierungsphase unter dem vom Volk gewählten Präsidenten Eurico Caspar Dutra (1946–51) konnte Getúlio Vargas 1951 noch einmal durch Wahlen an die Macht gelangen, bis er 1954 Selbstmord verübte.

Die eigentliche Phase ungehemmter industrieller Entwicklungspolitik begann jedoch erst unter dem populistischen Präsidenten **Juscelino Kubitschek** (1956–61). ›Modernisierung‹ war das neue Schlagwort der Zeit, das in der Errichtung der Retorten-Hauptstadt Brasília (1960) Ausdruck fand. Moderne Kunst und Architektur wurden gefördert, eine allgemeine Aufbruchsstimmung machte sich breit. Der Fortschritt wurde jedoch erkauft durch verstärkte Abhängigkeit vom ausländischen Kapitalmarkt, die Inflation nahm zu, soziale Probleme verschärften sich. Der nächste Präsident, Jânio Quadros, regierte nur ein Jahr und übergab das Amt 1961 an seinen bisherigen Vizepräsidenten João Goulart. Dieser unterstützte Massendemonstrationen für wirtschaftliche und soziale Reformen und geriet dadurch in offenen Widerspruch zu den Generälen. Am 31. März 1964 wurde er von der militärischen Oppositionsfront gestürzt und begab sich ins Exil nach Uruguay.

Militärdiktatur

Der **Staatsstreich,** von den Militärs ›Revolution‹ genannt, bildete den Anfang bzw. die Generalprobe weiterer, von den USA unterstützter Putsche in Lateinamerika, die mit dem Gespenst des Kommunismus und dem drohenden Gewerkschaftsstaat aufräumen wollten. Schon bald wurden die Voraussetzungen für eine totalitäre Diktatur geschaffen, die Verfassung aufgelöst, Parteien verboten und das Parlament entmachtet, bis im Jahre 1968 alle Regierungsvollmachten bei der Junta lagen. Obwohl die Repressionsorgane längst nicht so wüteten wie in Chile und Argentinien, sind dennoch schätzungsweise 458 Personen aus politischen Gründen ermordet oder zu Tode gefoltert und etwa 12 000 inhaftiert worden.

Das Perfide an der Situation war, dass der staatliche Terrorismus sich selbst zu rechtfertigen schien durch verblüffende **Wirtschaftserfolge** mit bis zu 11-prozentigen jährlichen Wachstumsraten zwischen 1968 und 1973.

Förderative Republik

Die forcierte Entwicklung einer autarken nationalen Industrie und Infrastruktur mit vielen Großprojekten war jedoch weitgehend mit ausländischen Investitionen finanziert worden und führte zu einer lange andauernden Verschuldungskrise. Die ärmeren Schichten blieben von diesem Wirtschaftswunder gänzlich ausgeschlossen, Gewerkschaftsverbot und Lohnknebel bewirkten sogar eine noch extremere Einkommensverteilung als vorher.

Übergang zur Demokratie

Bereits dem vorletzten Präsidenten der Militärdiktatur, General Geisel, blieb 1974 angesichts der schweren Probleme des Landes keine andere Wahl, als die Öffnung zur Demokratie einzuleiten. Seitens der Bevölkerung gab es breite Zustimmung, die Eliten taten sich mit dem Wandel allerdings schwer. Misstrauisch beäugte man die geläuterten Militärs und eine Regierungskrise folgte der nächsten. 1982 gab es endlich die ersten direkten Gouverneurswahlen, 1985 die erste zivile Zentralregierung unter **José Sarney** und 1989 die erste direkte Präsidentschaftswahl der Geschichte Brasiliens, aus der **Fernando Collor de Mello** als Sieger hervorging.

Mit ihm begann 1990 eine klare Zäsur in der Wirtschaftspolitik, die Brasilien in das Zeitalter der Globalisierung einzuführen versuchte. Die Macht der alten, konkurrenzlosen Kartelle mit ihren übertueuerten, minderwertigen Waren sollte endlich durch ein neoliberales, weltmarktorientiertes Marktmodell aufgebrochen werden. Ein als Volksbetrug gewerteter Korruptionsskandal bereitete jedoch dem nationalen Hoffnungsträger Collor ein vorzeitiges, unrühmliches Ende. Seine Nachfolger **Itamar Franco** und **Fernando Henrique Cardoso** verfolgten ein ähnliches Wirtschaftsprogramm weiter. Staatsbetriebe wurden privatisiert, Schutzzölle reduziert, vor allem wurde die Inflation gebremst. Hohe Leitzinsen behinderten jedoch das Wirtschaftswachstum, sodass die Arbeitslosigkeit weiter zunahm. Ab Januar 2003 wurde mit Amtsantritt des links gerichteten Präsidenten **Luiz Inácio Lula da Silva** eine neue Ära eingeleitet, begleitet von berechtigten Hoffnungen, das Land ein großes Stück aus der sozialen Misere herauszuführen. Bis zum Ende seiner Amtszeit im Dezember 2010 gelang ›Lula‹ sowohl die wirtschaftliche Konsolidierung als auch die Reduzierung der Armut.

Der ›Platz der drei Gewalten‹ in Brasília repräsentiert die brasilianische Demokratie

Zeittafel

ab 29 000 v. Chr.	Radiokarbonmessungen an Felsmalereien in den Höhlen von Piauí belegen frühestes menschliches Leben in Brasilien (Paläo-Indianer).
100 v. Chr.	Im Amazonasraum entwickelt sich die Keramikkultur.
1494	Vertrag von Tordesillas (7. Juni) – Einigung zwischen Spanien und Portugal über die künftige Aufteilung der Kolonien. Es beginnt der Handel mit dem Brasil-Holz und ab 1520 der Zuckerrohranbau.
1534	König João III. teilt die brasilianische Küste in 15 Zonen, *capitanias*, ein und vergibt sie an Adlige und Personen aus dem Mittelstand.
1538	Aus Afrika werden Sklaven als Plantagenarbeiter eingeführt.
1549	Salvador da Bahia wird erste Hauptstadt der portugiesischen Kolonialregierung.
ab 1600	Um 1600 ist Brasilien der größte Zuckerproduzent der Welt. Die *bandeirantes* von São Paulo drängen auf der Suche nach Gold und Sklaven ins Hinterland vor.
ab 1695	Goldrausch in Minas Gerais.
1763	Rio de Janeiro wird neue Hauptstadt.
1792	Der mineirische Unabhängigkeitskampf gegen Portugal endet mit der Hinrichtung von Tiradentes. Ab 1805 gewinnt der Kaffeeanbau an Bedeutung.
1808	Der portugiesische Hof flüchtet vor Napoleon nach Brasilien und erklärt die Kolonie zum Regierungssitz für Portugal.
1822	Pedro I., Sohn des portugiesischen Königs João VI., erklärt die Unabhängigkeit Brasiliens und lässt sich zum Kaiser krönen.
1888/89	Ein Gesetz vom 13. Mai 1888 bereitet der Sklaverei ein Ende. Kaiser Pedro II. wird gestürzt und am 15. November 1889 die Föderative Republik Brasilien verkündet.
1930–1945	Getúlio Vargas ergreift die Macht und regiert als Diktator bis 1945. 1942 tritt Brasilien in den Krieg gegen Deutschland und Italien ein.

Unter dem vom Volk gewählten Präsidenten Enrico Caspar Dutra tritt am 16. September 1946 eine neue demokratische Verfassung in Kraft. Die Regierung unter Juscelino Kubitschek forciert 1956–61 die Industrialisierung Brasiliens. Brasília wird 1960 neue Hauptstadt.	**1946–1963**
Staatsstreich des Militärs und Militärdiktatur. Die Verfolgung Oppositioneller wird ab 1969 verschärft. 1979–85 setzt sich eine langsame Demokratisierung durch.	**1964–1985**
Tancredo Neves wird von Wahlmännern zum Präsidenten gewählt, stirbt jedoch kurz vor seinem Amtsantritt am 21. April 1985; Präsident der ›Neuen Republik‹ wird nunmehr José Sarney.	**1985**
Die neue demokratische Verfassung mit umfassenden Bürgerrechten, erstmals auch für Indios, tritt am 5. Oktober in Kraft.	**1988**
Bei der ersten direkten Präsidentenwahl am 17. Dezember siegt Fernando Collor de Mello.	**1989**
Collor tritt wegen Korruption zurück. Fortsetzung der neoliberalen Wirtschaftspolitik und Inflationsbekämpfung durch seine Nachfolger.	**1992**
Einführung der neuen Währung Real am 1. Juli. Bei den Präsidentschaftswahlen vom 3. Oktober gewinnt der Neoliberale Fernando Henrique Cardoso. Der Plano Real bewährt sich, die Inflation geht von ca. 50 % auf 1–2 % zurück. Verstärkte Öffnung zum Weltmarkt.	**1994**
Der Kandidat der gewerkschaftlich orientierten Arbeiterpartei (PT), Luiz Inácio Lula da Silva, genannt ›Lula‹, wird am 27. Oktober mit großer Mehrheit zum Präsidenten gewählt.	**2002**
›Lula‹ wird im Amt bestätigt und regiert für weitere vier Jahre.	**2006–2010**
Brasilien wird zum Austragungsort der Fussball-WM 2014 und Río de Janeiro für die Olympischen Spiele 2016 ernannt.	**2009**
Bei den Wahlen im Oktober wird die von ›Lulu‹ unterstützte Kandidatin Dilma Rousseff zur neuen Präsidentin gewählt.	**2010**
Schwere Regenfälle in den Bergen hinter Rio führen zum Tod von mehr als 1300 Menschen.	**2011**

Gesellschaft und Alltagskultur

Was dem Fremden in Brasilien schnell auffällt, ist die einmalige Vielfalt und Vermischung der Hautfarben und Ethnien. Trotz bestehender Rassendiskriminierung hat sich das Multikulturelle meist positiv auf alle Lebensbereiche ausgewirkt. Nur so wird man das besondere Temperament und die vielen Ausprägungen der Alltagskultur begreifen. Es liegt nicht nur am Wetter, dass hier gerne gefeiert, geflirtet und gespielt wird.

Mischung der Ethnien und Nationalitäten

Wer zum ersten Mal nach Brasilien kommt, wird vielleicht enttäuscht sein, was die Farben der Natur betrifft, ein ›eintöniges‹ Grün beherrscht die Landschaft. Ganz anders ist das Bild, wenn es um die ›Farben der Menschen‹ geht. Besonders in den Metropolen von Rio und São Paulo werden die Sinne schier erschlagen von der Vielfalt der Hautfarben und Kulturen. Einfach nur das ›bunte‹ Treiben auf der Straße zu beobachten ist oft interessanter als manche organisierte Sightseeing-Tour. Was die Besonderheit Brasiliens ausmacht, zeigt sich auf der Straße. Was man hier sieht, ist lebendige Geschichte, lebendiger Beweis der gewaltigsten Nationalitätenvermischung aller Zeiten und aller Länder.

Das am stärksten gemischte Volk der Erde

Offiziell unterscheidet man in Brasilien nur vier **ethnische Gruppen:** 48,1 % Weiße (*brancos*), 44,2 % Mischlinge (*pardos*), 6,9 % Schwarze (*negros*) und 0,8 % Indios und Asiaten. Doch inoffiziell gibt es Klassifizierungen, die über 20 verschiedene Haut- und Menschentypen beschreiben. Unter den ehemals europäischen Einwanderern bildeten die Portugiesen (1,7 Mio.) die größte Gruppe, gefolgt von den Italienern (1,6 Mio.), den Spaniern (700 000) und den Deutschen (250 000, s. auch Thema S. 406). Aus Asien wanderten ca. 229 000 Japaner nach Brasilien ein. Der europäische und asiatische Einfluss ist im Süden und Südosten Brasiliens am stärksten sichtbar, dort leben heute 83 % bzw. 63 % der Weißen, deren Hautfarbe jedoch zahlreiche Nuancierungen zeigt.

Die meisten Mischlinge (*pardos*) stammen aus Verbindungen zwischen Weißen und Indios, man nennt sie *mamelucos* oder *caboclos*. Besonders im Landesnorden liegt der Anteil der *pardos* an der Bevölkerung mit 67 % sehr hoch. Die indianische Herkunft vieler Brasilianer ist dort leicht zu erkennen. Mischlinge weißer und schwarzafrikanischer Abstammung heißen *mulatos*. Sie bilden bis heute eine kleinere Gruppe und sind regional im Bundesstaat Bahia konzentriert. Dort ist auch der Anteil der Schwarzen am höchsten.

Rassen- oder Klassendiskriminierung

Je dunkler die Hautfarbe, desto niedriger sind soziales Prestige und sozialer Status. Auch wenn der Ausleseprozess eher subtil vonstatten geht, wirkt das Erbe der Sklaverei bis heute nach. Bislang konnte nur eine einzige Mulattin in Brasilien Schönheitskönigin werden, und auch die Fernsehwerbung zeigt fast nur Weiße. Schwarze Arbeiter bilden nach wie vor das Subproletariat, sie ›erledigen mit Leichtigkeit schwere körperliche Arbeit‹, wie

Viele Brasilianer leben unterhalb der Armutsgrenze

es der Direktor des Industrieverbandes von São Paulo, Carlos Uchoa Fagundes, auszudrücken beliebte. Die viel beschworene *democracia racial* (Rassendemokratie), Schlagwort der offiziellen Regierungspropaganda und Verfassungsgrundsatz seit 1946, ist in der Praxis keineswegs realisiert. Und wenn ein Schwarzer doch einmal den Aufstieg schafft, wie z. B. der frühere Fußballstar und ehemalige Sportminister Pelé, dann ist es ›ein Neger mit weißer Seele‹.

Überwiegend ist Rassendiskriminierung in Brasilien jedoch eher **Klassendiskriminierung,** Dunkelhäutige werden weniger ihrer Hautfarbe wegen benachteiligt als wegen ihrer geringeren Bildung, ihrer höheren Beteiligung an kriminellen Delikten und vor allem wegen ihrer Armut. Von den 1 % Reichsten der Bevölkerung sind 86 % Weiße, 12,6 % Mischlinge und 1,4 % Schwarze. De facto ist das Hauptproblem Brasiliens eher die extreme Kluft zwischen Arm und Reich (s. S. 23).

Traditionen und brasilianische Lebensart

»Der herzliche Mensch«

Es fällt nicht leicht, *die* Brasilianer zu charakterisieren. Was vielleicht hilft, ist die Eindrücke ins Auge zu fassen, die *jeder* Besucher von diesem Land und seinen Menschen hat: Brasilien ist offen, zugänglich, spontan, verspielt, natürlich und freundlich. Woher dies kommt, darüber zerbrechen sich Brasilianer kaum den Kopf. Eine der wenigen Ausnahmen ist **Sérgio Buarque de Holanda,** der Vater des berühmteren Sängers Chico Buarque. 1936 bereits erschien sein Essay »Raízes do Brasil«, seit 1995 auch auf Deutsch erhältlich unter dem Titel »Die Wurzeln Brasiliens« (edition suhrkamp, z. Zt. nur antiquarisch).

Das Buch ist eine wahre Fundgrube gelungener **Mentalitätserklärungen,** besonders das Kapitel ›Der herzliche Mensch‹. Da heißt es: »Freundlichkeit und Natürlichkeit im Umgang, Gastfreundschaft, Großzügigkeit –

Gesellschaft und Alltagskultur

Brasilianische Städterinnen sind selbstbewusst und emanzipiert

Tugenden, die von Ausländern, die uns besuchen, gepriesen werden – sind tatsächlich typische Merkmale des brasilianischen Charakters.« Ein Schlüsselbegriff ist die Formulierung ›Auf-den-anderen-hin-leben‹. Ein simples Beispiel: Man sucht nie den einsamsten, sondern immer den vollsten Strand. Brasilianer sind eigentlich auf sich gestellte Individualisten, die fast wie Kinder Angst vor dem Allein- und Verlassensein haben und daher immer den anderen suchen, besonders aber die Nestwärme der **Familie**. Elias Canetti sprach einmal von den italienischen ›Nesthockern‹, für die Brasilianer gilt das genauso.

In Zeiten allgemeiner Volksfeste wie dem Karneval oder bei Fußballweltmeisterschaften wird die Familie zur ganzen Nation ausgeweitet. Der Wunsch nach Intimität ist so stark, dass sogar die mit Misstrauen beäugten Politiker und Präsidenten stets nur beim Vornamen genannt werden (z. B. ›Lula‹). In der Alltagssprache ist der Diminutiv *(-inho)* ein häufig gebrauchtes Hilfsmittel, um sich mit dem Fremden, Anderen vertraut zu machen. Selbst wer nur auf Kundenfang geht, versucht sein Gegenüber erst einmal zum *amigo* zu machen, selten kommt man gleich unverblümt zur Sache. Sogar die verbreitete Gottesverehrung ist eher sinnlich-konkret, intim und familiär als streng, respektvoll und ritualisiert, man geht zu einem Gottesdienst wie zu einem Fest.

Die natürliche Hinwendung der Brasilianer zur Gemeinschaft hat freilich mit kollektiver Disziplin wenig zu tun. Sich für große, überindividuelle Belange einzusetzen oder staat-

Traditionen und brasilianische Lebensart

Frauen – das unterdrückte Geschlecht?

Wer Brasilien nicht kennt, wird leicht dem verbreiteten Vorurteil von einer traditionellen Macho-Kultur auf den Leim gehen. In Wahrheit kann, von ländlichen und kleinstädtischen Regionen abgesehen, längst nicht mehr von einem männlich beherrschten Land gesprochen werden. Brasilianerinnen sind stolze, starke und selbstbewusste Persönlichkeiten. Feminismus ist hier ein Fremdwort, **Frauenemanzipation** jedoch allerorten zu spüren. Immer mehr Angehörige des ›schwachen Geschlechts‹ versuchen ihre Identität unabhängig vom Mann zu definieren. Während noch bis Anfang der 1970er-Jahre die große Mehrheit der Frauen der Meinung war, vollständig in der Rolle als Gattin, Mutter und Hausfrau aufgehen zu können, sind heute nur 45 % verheiratet und jede Frau hat im Durchschnitt nur noch zwei Kinder.

Am meisten abgelehnt wird die Rolle als Hausfrau, viele halten einen **Beruf** für notwendig, selbst wenn keine finanzielle Notlage besteht. 45 % der Stellen sind bereits von Frauen besetzt, die zudem mit einem durchschnittlich höheren Bildungsniveau als die Männer antreten (61 % mit Oberschulabschluss gegenüber 53 % bei den Männern).

Ein Großteil der arbeitenden Frauen lebt nicht mit einem Mann zusammen. Schon 33 % der Familien werden allein von einem weiblichen Haushaltsvorstand ausgehalten. Viele Frauen wurden nach der Schwangerschaft im Stich gelassen und blieben mit der **Versorgungslast** für die Kinder allein. Heute reichen mehr Frauen als Männer die Scheidung ein; insgesamt nahm die Scheidungsrate in den letzten zehn Jahren um 35 % zu.

Trotz dieser Emanzipationstendenzen ist der **Gleichheitsgrundsatz** der Verfassung von 1988 längst nicht realisiert. So erhalten Frauen nur 73 % des Gehaltes von Männern. Am deutlichsten wird die Diskriminierung bei Frauen dunklerer Hautfarbe, 80 % von ihnen sind in niedrig bezahlten Stellungen tätig, vor allem als Dienstmädchen und Putzfrauen (mit 6 Mio. die größte Berufssparte Brasiliens), der allerletzte Ausweg ist die Prostitution.

lichen Programmen und Insitutionen zu huldigen liegt den meisten Menschen fern. Rebellion, Aufruhr, kollektiver Widerstand ist den Brasilianern trotz der schreienden Misere in vielen Bereichen eher fremd. Selbst Rassendiskriminierung, die unterschwellig allenthalben existiert, wird von der breiten Masse der Unterprivilegierten schon aus Gewohnheit resignativ hingenommen.

Das wahre **Glück** liegt nicht im System oder Staatsgebilde, auch nicht im Beruf und in der Arbeit, sondern im Privaten und Emotionalen. Sérgio Buarque de Holanda resümiert ebenso treffend wie kritisch: »In dem so offensichtlichen Primat der privaten Vorteile gegenüber den kollektiven Interessen zeigt sich deutlich die Vorherrschaft des Gefühls über den Verstand.«

Gesellschaft und Alltagskultur

Leben vor dem Fernseher

Nichts hat den brasilianischen Alltag so verändert wie das Fernsehen. Der Flimmerkasten, wichtiger noch als Kühlschrank oder Herd, hat dazu beigetragen, dass immer mehr Brasilianer ihre Freizeit statt auf der Straße in ihren vier Wänden verbringen. Der ununterbrochen laufende Apparat ist geradezu zum Markenzeichen eines intakten Familienlebens geworden. Ist man als Gast geladen, darf man nie erwarten, dass sich die Hauptaufmerksamkeit auf einen selbst richtet, es bleibt einem keine andere Wahl, als das störende Nebengeräusch nebst unscharfem Flimmerbild auf stoische Weise zu ertragen. Und die Qualität des Programms – selbst wenn man alles verstehen würde – bietet leider auch keinen Ersatz für das erwartete Gespräch mit den brasilianischen Freunden.

Die große Mehrheit der Bevölkerung sieht **TV Globo**, das zu 90 % aus Unterhaltung und Werbung bestehende Programm eines der größten Medienkonzerne der Welt. Die hohen Einschaltquoten lassen 70 % aller Fernseh-Werbeeinnahmen an diesen einen Sender fließen. Der **Kanal 4**, anfangs staatlich, wurde unter der Regierung Kubitscheks Rádio Globo unterstellt, einem privaten Zeitungs- und Rundfunkunternehmen im Besitz von Roberto Marinho, dem bald sowohl zweitreichsten als auch – nach dem Präsidenten – zweitmächtigsten Mann des Landes, was die meinungsbildende Potenz des Senders betrifft. Sowohl Collor de Mello als auch Fernando Henrique Cardoso wären ohne die Unterstützung des sog. ›Präsidenten-Machers‹ schwerlich an die Macht gekommen. Im Volksmund hieß es denn auch: »Die Präsidenten gehen, aber Roberto bleibt.« Doch 2004 segnete auch er das Zeitliche und überließ sein Imperium den Söhnen.

Der Aufstieg des Medienmultis mit über 100 Gesellschaften (mehrere Zeitungen, sieben Fernseh- und 35 Radiosender, Immobilien etc.) begann 1962 mit staatlicher Finan-

Fußball-WM vor dem Fernseher an der Copacabana

Traditionen und brasilianische Lebensart

zierung der Infrastruktur, amerikanischem Kapital und Know-how des damaligen Partners Time-Life sowie Subventionen des Militärs, das 1964 mit Unterstützung von Globo an die Macht kam. Viele talentierte Künstler und Techniker liefen vom Theater, Film oder Rundfunk zum Fernsehen über. 1961 hatte noch die Regel Gültigkeit, dass ausländische und brasilianische Filme im Verhältnis 2 : 1 gesendet werden mussten, und 15 Künstlergruppen produzierten relativ niveauvolle brasilianische Filme. Später kam nur noch ein brasilianischer Beitrag auf 56 amerikanische Produktionen.

Doch es waren bald nicht mehr die bekannten *soap operas* aus Hollywood, die das Publikum in den Bann von Kanal 4 zogen. Als sichere Quotenbringer erwiesen sich die **telenovelas,** brasilianische Fortsetzungsserien mit Endlosschleife, die von Montag bis Samstag immer zur gleichen Zeit ausgestrahlt werden und die Nation über Monate in Bann halten können. Anfangs waren es nur 40 Folgen à 20 Min., heute sind es im Durchschnitt 180 Folgen von bis zu 50 Min.

Zwischen 18 und 22 Uhr, wenn bei Globo die Fortsetzungskapitel dreier verschiedener *novelas* laufen, kann man sich mit Brasilianern nur schwer verabreden. Nimmt man alle Sender zusammen, sind es täglich 14 Stunden, von Wiederholungen und mexikanischen oder argentinischen Serien ganz abgesehen. Ob Indianer am Amazonas, Slumbewohner in Rio, Mittelschicht-Hausfrau in Ipanema oder Universitätsprofessor an der Medienfakultät, niemand stellt sich außerhalb der großen TV-Gemeinde. Die drehtechnische Qualität der *novelas* ist höchst professionell, die schauspielerische Leistung passabel, der Inhalt mitunter beachtenswert. Trotz extremer Dramatisierung und Theatralisierung gibt es gute historische Serien, gegenwartsbezogene Stoffe thematisieren nicht selten in aufklärerischer Absicht und mit einigem Erfolg soziale Probleme wie Drogen, Gewalt, Homosexualität u. a. 2009 gewann »Caminho das Índias« sogar den internationalen Emmy-Preis für die weltbeste Telenovela. Auch wenn der Blickwinkel mittelschichtorientiert ist, versuchen die *novelas* doch alle sozialen Gruppen anzusprechen und sind ›offen‹ konzipiert, d. h. die einzelnen Folgen werden nach und nach produziert und richten sich dabei nach den jeweiligen Publikumsreaktionen. Das Konzept ist aufgegangen, auch im Ausland. *Novelas made in Brazil* werden in über 70 Länder der Welt exportiert. In Deutschland, wo seit der ZDF-Produktion »Bianca – Wege zum Glück« *telenovelas* im Erfolgstrend liegen, werden die brasilianischen Lizenzverkäufer nun auch mehr Abnehmer finden. SAT.1 machte den Anfang, als man das Gerüst von »Verliebt in Berlin« bei Globo einkaufte und nur an deutsche Lebensumstände anpasste.

Allgegenwärtiger Fußball

Lange Zeit konnte ein einziger Pelé der Welt zeigen, wer die besten Kickerbeine hat. Seitdem ging die Bedeutung der Einzelartisten auf dem Fußballfeld immer mehr zurück, von 1990 bis heute verlor der populärste Sport der Welt überall an Verspieltheit und Magie. Die Fifa kürt immer noch den jeweils besten Spieler des Jahres, wobei Brasilien gar nicht schlecht wegkommt (1994 Roário, 1996/97 und 2002 Ronaldinho Gaúcho und 2007 Kaká). Aber inzwischen besiegt ein Team mit Technik, Nerven und Elan auch Favoriten mit Starspielern, wie es z. B. Holland beim Viertelfinalsieg 2010 in Südafrika über Brasilien gezeigt hat.

Wie schon 2006 war die Schmach im Volk schnell vergessen und verdrängt: König Fußball regiert weiter, wenn die Lokalvereine, allen voran Flamengo aus Rio de Janeiro, wieder antreten. Deren Spieler kennt man schließlich, während das Nationalteam fast nur aus fremden Namen besteht, die fernab von ihren Fans irgendwo im Ausland kicken. Der brasilianische Fußball lebt von den lokalen Spielen und dem Traum, darüber berühmt und reich zu werden.

Überall in den Armenvierteln des Landes rollt ständig auf allen Plätzen die runde Lederkugel, bietet doch der Fußball die einzigartige Möglichkeit, alle Welt auszutricksen, selbst die Fallstricke der armen Geburt. Man

Gesellschaft und Alltagskultur

muss nur mit viel Dynamik, Schnelligkeit und verwirrenden Dribbel-Attacken die starre Ordnung der Gegner auflösen und durchdringen.

»Der Fußball zeigt einen ganz wichtigen Aspekt des brasilianischen Subjekts, nämlich die Kreativität«, schreibt der brasilianische Psychoanalytiker Claudio Bastidas. Diese Kreativität gehört zu einem Lebensprinzip, das mit dem Begriff *jeitinho brasileiro* umrissen wird. Gemeint ist so etwas wie ein Trick oder gerissener Kniff, mit dem man sich durchs Leben boxt. Sei es im Fußball oder im Alltag, der *jeitinho* soll helfen, die vielen kleinen und großen Bedrohungen des Daseins auf kreative Weise zu ›umdribbeln‹.

Der oft gesetzliche oder bürokratische Grenzen überschreitende *jeitinho* gehört zum Überlebensinstinkt in einem sozial sehr ungleichen Land wie Brasilien. Ein Beispiel aus dem Fußball ist die Geschichte von Sandro Hiroshi aus São Paulo, der als Kind seine Geburtsurkunde manipulieren ließ und nur so der Armut entfliehen und seine frühe Karriere starten konnte. Auf dem grünen Rasen bedeutet *jeitinho,* den Gegner zu täuschen, zu verwirren, zu umdribbeln und schließlich überraschend zu besiegen. Und alles fein gewürzt mit einem Hauch *malandragem* (Schlitzohrigkeit), Verspieltheit und guter Laune. Alles Gewaltsame ist ihm fremd, auch im Fußball.

Claudio Bastidas mag Recht haben mit seinem Resümee:»Der Fußball sagt viel darüber aus, was wir sind. Er ist die perfekteste Übersetzung unserer Mentalität.« Doch repräsentiert dieser populäre Sport nicht nur die nationale Identität, er ist auch ein bedeutender **Wirtschaftsfaktor.** Es gibt in Brasilien 800 Clubs, 13 000 Amateurvereine und mehr als 300 Stadien, in denen jedes Jahr 32 Mio. US-$ umgesetzt werden. Auch ist er ein wichtiges Kommunikationsvehikel, das alle gesellschaftlichen Schichten umgreift und selbst Wildfremde sofort in jedes Gespräch integriert. Bei der WM 2014 werden sich viele davon überzeugen können. Gespielt wird in zwölf Städten des Landes, Details erfährt man im Internet unter www.copa2014.org.

Religion und Kulte

Katholizismus light

Immer wieder liest man, Brasilien sei mit **61 % Katholiken** das katholischste Land der Welt. Die Kirche spielt zwar eine ungeheuer wichtige Rolle, aber die Evangelisierung verlief hier seit Beginn der Kolonisierung eher oberflächlich und nicht so philosophisch oder streng-dogmatisch wie in Europa. Die Religiosität der Brasilianer ist sehr emotional, Gott (in welchem Gewand auch immer) ist der liebevolle Vater, der das gequälte Individuum trotz aller Sorgen und Nöte nicht im Stich lässt. Sicher würde man stets Befremden hervorrufen, wenn man ein atheistisches Bekenntnis ablegt, denn an Gott *(deus)* glaubt hier bis auf 5 % Atheisten fast jeder. Dabei bleibt es jedoch, insgesamt gehen nur 8 % der Bevölkerung regelmäßig zur Kirche. Die mahnenden Worte des Papstes greifen schon längst nicht mehr, genauso wenig wie die zehn Gebote. Die konkrete Umsetzung der christlichen Moral im Alltag lässt sehr zu wünschen übrig.

Die Gründe für diesen Wandel liegen hauptsächlich in dem rasanten Verstädterungsprozess der letzten Jahrzehnte, der zunehmenden Auflösung der traditionellen Familienstrukturen sowie in dem hohen Anteil von Jugendlichen an der Bevölkerung. Zudem hat die traditionelle katholische Kirche nach dem Ende der ›Theologie der Befreiung‹ ziemlich deutlich an Anziehungskraft verloren. Ab 1985 wurden die progressiven religiösen Schulen vom Vatikan geschlossen. Der Preis hierfür ist ein weiterer **Vertrauensschwund;** unerfüllte Bedürfnisse der Gläubigen nach Nähe und Sinnlichkeit, Zuwendung und Heilserfahrung sowie die jüngsten Enthüllungen von Pädophilie lassen sie zu den verschiedensten protestantischen und evangelischen Sekten abwandern. Diese Glaubensgemeinschaften beginnen den alleinigen Führungsanspruch der katholischen Kirche nun vehement infrage zu stellen und hatten 2010 schon eine recht große Gemeinde von ca. 30 % der Bevölkerung hinter sich. Im Jahr 1950 waren es nur 2,6 % gegenüber 95 % Katholiken.

Religion und Kulte

Umbanda-Altar für die *exús*, die bösen Geister

Protestantismus

Obwohl der Katholizismus bis zur Ausrufung der Republik im Jahre 1889 offizielle brasilianische Staatsreligion blieb, entwickelte sich bereits im Kaiserreich eine zweite Religion, der ab 1824 von den **Deutschstämmigen** eingeführte Protestantismus. Da man die Deutschen eher der ›Religion der Arbeit‹ zuordnete, wurde deren lutherisches Mitbringsel kaum als wirkliche Konkurrenz angesehen. Wenn sie nur an ihren Kultgebäuden auf Turm, Glocke und Kreuz verzichteten, durften sie unbehelligt ihren Glauben ausüben und sich ebenso unbehelligt an der Ausrottung der indianischen Urbevölkerung beteiligen. »Die indianerfeindliche Haltung der protestantischen Siedler unterscheidet sich nicht wesentlich von derjenigen der katholischen Portugiesen seit dem 16. Jahrhundert.« (Prien 1989). Außerdem entwickelte sich ab 1855 ein bis heute vorhandener Einfluss des Freimaurertums sowie ab 1873 des Spiritismus.

Theologie der Befreiung

Das 20. Jh. war geprägt von bedeutenden Veränderungen innerhalb der katholischen Kirche Brasiliens, verbunden mit dem Namen des 1909 in Fortaleza geborenen Priesters **Dom Hélder Cámara Pessoa,** bis heute der bekannteste Vertreter der ›Theologie der Befreiung‹. Alle Formen gesellschaftlicher Ungerechtigkeit wurden von nun an als ›strukturelle Sünde‹ betrachtet, aus einer Kirche *für* die Armen sollte eine Kirche *mit* den Armen oder gar *der* Armen werden. Die Basisgemeinden im armen Milieu gewannen ab den 1950er-Jahren sprunghaft an Bedeutung und machten von sich reden nicht nur durch den Kampf

Gesellschaft und Alltagskultur

gegen Analphabetismus, sondern auch durch das Engagement gegen soziale Missstände. Die Protestgeneration der 1960er-Jahre war der Befreiungstheologie gegenüber ebenfalls aufgeschlossen, bis die Militärs zusammen mit dem Vatikan deren ›sozialistischen Machenschaften‹ den Garaus machten. Die wortgewandten einstigen Leitfiguren sind inzwischen tot. Dom Hélder Cámara wurde seinerzeit in seinem Amt als Erzbischof von Olinda von der römischen Kirche durch den ultrakonservativen José Cardoso Sobrinho ersetzt.

Synkretismus

Etwa 2 % der Bevölkerung ordnen sich afrobrasilianischen Religionen zu, besonders im ›schwarzen‹ Bahia. Während der Christianisierungsphase der Kolonialepoche hüllten die Sklaven aus Afrika ihre Gottheiten in das Gewand von Heiligen des iberischen Volkskatholizismus, um so an ihren Traditionen festhalten zu können. Es entstanden zahlreiche Formen synkretistischer Religionen, in Bahia **candomblé** genannt, in Pernambuco **xangô** und in Rio de Janeiro **umbanda.**

Die Vermischung verschiedener Religionen ist in Brasilien nicht untypisch. Viele Menschen kreieren und manipulieren ihre eigene Glaubenswelt gemäß den individuellen Bedürfnissen. Die Vielfalt der Religionen und die allgemeine Toleranz korrespondiert mit der Vielfalt der ethnischen Bevölkerungsgruppen sowie dem allgemeinen gesellschaftlichen Chaos. Da – wie man hier sagt – Gott Brasilianer ist, wird er wohl diesem ›Religionsbabel‹ gegenüber ein Nachsehen haben.

Feste und Veranstaltungen

Karneval

Fleisch heißt auf Portugiesisch *carne,* und aus diesem Wortstamm leitet sich auch der Begriff *carneval* (›Abschied vom Fleisch‹) ab. Historisch, während des europäischen Karnevals des 16. und 17. Jh., stand das ganz ordinäre ›Fressen‹ im Vordergrund. Fleisch zu essen war zu dieser Zeit noch etwas Besonderes und nur zu bestimmten festlichen Anlässen geboten, zudem wollte man die letzten Tage vor Beginn der Fastenzeit am Aschermittwoch noch voll auskosten. Geht man noch weiter in die Geschichte zurück bis zu den alten Griechen und Römern, trifft man auf die orgiastischen Feste des *Bacchanal, Saturnal* und *Lupercal,* die ebenso zu den Vorläufern des späteren Karnevals gehören wie die Narrenfeste und Maskentänze des Mittelalters.

Nach Brasilien eingeführt wurde der Karneval von den Portugiesen wahrscheinlich schon im 17. Jh., sicher jedoch im Jahre 1723, unter der alten Bezeichnung *entrudo.* Er war ursprünglich ein ausgelassenes und mitunter ausartendes Treiben, bei dem man sich mit Wasser, Puder, Kalk und allem, was gerade zur Verfügung stand, gegenseitig bespritzte und beschmutzte. Später wurden weniger aggressive Spielformen eingeführt wie das Bewerfen mit Konfetti und Papierschlangen. Ab 1840 setzte allmählich eine Verbürgerlichung ein, mit Festveranstaltungen in noblen Ballhäusern und der Entstehung von finanzkräftigen Karnevalsgesellschaften. 1928 entstand in Rio de Janeiro die erste Sambaschule, 1935 fanden die ersten Umzüge statt.

Bis heute ist der Karneval von dieser historischen Ambivalenz zwischen spontanem Volksfest und organisierter Bürgerveranstaltung geprägt, bis heute stehen diese Formen nebeneinander, vermischen sich bisweilen und grenzen sich anschließend wieder aus. Seit Mitte des 20. Jh. jedoch präsentiert sich der Karneval in Brasilien, besonders in Bahia und im Nordosten des Landes, verstärkt afrobrasilianisch und führte zu einer Wiederbelebung des populären Straßenkarnevals, lediglich in Rio blieben der traditionelle Salon- und Clubkarneval weiter erhalten.

Eigentliches Rückgrat des Karnevals von **Rio de Janeiro** sind die etwa 50 aus den verschiedenen Stadtteilen erwachsenen Sambaschulen *(escolas de samba).* Es sind vom Staat unabhängige Vereine mit eigener Satzung und einem Dachverband. In der 2006 eröffneten Sambastadt (Cidade de Samba, s. S. 115) wurden von der Stadt Räumlichkeiten für den Bau der Festwagen bereitgestellt. Das

Feste und Veranstaltungen

ganze Jahr über bereiten sich die 12 Spitzengruppen der 1. Liga (Grupo Especial) auf ihren großen Auftritt im Sambódromo vor, ein eigens von dem Architekten Oscar Niemeyer entworfenes und 1984 eingeweihtes Karnevalsstadion mit Tribünen und abgeschirmten Logen, Sicherheitseinrichtungen und recht hohen Eintrittspreisen. In zwei Nächten ziehen hier etwa 60 000 Teilnehmer hindurch, immerhin 3000 bis 6000 pro Sambaschule. Auch Nichtmitglieder sowie Touristen sind zugelassen, wenn sie sich rechtzeitig anmelden, je nach Kostüm eine Gebühr von ca. 500 R$ bezahlen, ein paar Tanzbewegungen einüben und das Themenlied erlernen.

Einmal sollte man vielleicht an diesem Umzug teilnehmen oder sich die farbenprächtige Kostümshow aus der Nähe ansehen. Die überwiegend aus dem einfachen Volk stammenden Teilnehmer sind trotz der spürbaren Vermarktung und einer kritischen Jury mit Leib und Seele dabei. Das Fernsehen überträgt den Umzug live, die Zeitungen zeigen tagelang die spektakulärsten Bilder und das Radio spielt wochenlang die verschiedenen Sambamotive der jeweiligen Siegerclubs. Alles ist wie beim Fußball, es gibt drei verschiedene Ligen, mit Auf- und Abstieg, sowie Punktrichter, die nach einem akribischen Kriterienkatalog Originalität, Rhythmus, Choreografie, Tänzer, Kostüme, die Allegoriewagen und das Sambathema bewerten.

Doch selten verläuft alles reibungslos, denn es geht um viel Geld, um Eintrittserlöse, Kostümverkäufe, Siegerprämien, Übertragungs- und Werberechte. Schließlich gibt jede der großen Schulen der 1. Liga jährlich ein Vermögen für die Gestaltung der Umzugswagen und die Herstellung der Kostüme aus, ein durchaus wichtiger Beitrag zur Lösung des Arbeitslosenproblems.

Die zweite Karnevals-Hochburg Brasiliens ist **Salvador da Bahia.** 2,5 Mio. Menschen feiern und tanzen hier eine ganze Woche lang nach dem Rhythmus der zahlreichen, auf ungetümen Lautsprecherwagen spielenden *trios elétricos* – besonderes Kennzeichen des bahianischen Karnevals. Früher dominierte auch hier der Salon- und Clubkarneval, bis im

Gesetzliche Feiertage
1. Januar
Faschingsdienstag
Karfreitag
21. April (Tiradentes-Gedenktag)
1. Mai
Fronleichnam
7. September (Unabhängigkeitstag)
12. Oktober (Tag der Schutzheiligen N. S. da Aparecida)
2. November (Allerseelen)
15. November (Tag der Proklamation der Republik)
25. Dezember

Jahre 1950 zwei Musiker namens Dodô und Osmar zusammen mit dem Fahrer Aragão auf einem alten Ford 29 zwei Lautsprecher montierten und dem Straßenkarneval neue (dröhnende) Impulse gaben. Das alte Vehikel ist heute Museumsstück in der Casa da Música am Lagoa do Abaeté, doch der Siegeszug der *trios elétricos* war fortan nicht mehr aufzuhalten. Ihre Zahl geht bereits in die Hunderte, jedes Jahr sind sie aufwendiger ausgestattet. Und die Schar der hüpfenden Gefolgschaft nimmt ebenfalls beständig zu.

Der traditionellste Umzug *(circuito)* verläuft von der Praça Campo Grande bis zur Praça Castro Alves (7 km) und wieder zurück, die Teilnehmer sind überwiegend aus der schwarzen Unterschicht. Der zweite, wichtige Umzug führt vom Farol da Barra bis Ondina am Meer entlang (4,5 km), das Publikum besteht eher aus der weißen Mittelschicht und vielen Touristen. Hier spielen die besseren und bekannteren Bands (www.carnaval.salvador.ba.gov.br).

Wirkliche Konkurrenz zum bahianischen Karneval gibt es außer in Fortaleza vor allem in **Recife,** der traditionellen Karnevalshochburg des Nordostens. Hier feiert man den längsten Karneval südlich des Äquators, nämlich bis zum Ende des Monats. 1995 wurde der *Bloco Galo da Madrugada* (Umzug am Samstag) wegen einer Gefolgschaft von damals 1 Mio. Menschen ins Guinness-Buch der

Feste und Veranstaltungen

Rekorde aufgenommen, heute sind es schon mer als 2 Mio. Die Karnevalsfeste finden an ca. 50 Punkten statt, vor allem jedoch auf der Praça do Marco Zero im historischen Zentrum. Besonderes Markenzeichen sind die traditionellen *frêvo-blocos* mit ihrer eigenartigen Vermischung von Polka, Quadrille, *maxixe* und afrikanischem *lundu*.

Im Kolonialstädtchen **Olinda** kann man neben dem Frêvo auch den eigenartigen *Maracatú*-Karneval ruralen Ursprungs erleben. Hier bewegen sich mehr als 300 Grüppchen mit kleinen Blasorchestern ohne die sonst üblichen Lautsprecherwagen gemütlich durch die engen und steilen Gassen *(ladeiras)*. Eine besondere Tradition ist der Umzug der ca. 100 Riesenpuppen. Das närrische Treiben ist voller Magie, Folklore und Fantasie und repräsentiert mit Sicherheit den eigenartigsten Straßenkarneval Brasiliens. Man sollte jedoch vor- oder nachmittags hingehen (Praça do Carmo), am Abend wechselt ein Großteil des Völkchens von Olinda nach Recife.

Ein ganz nüchterner Hinweis zum Schluss: Im Karneval Brasiliens, vor allem Bahias, tummeln sich nicht nur Narren und lustige Gesellen, sondern häufig auch versierte Taschendiebe, die ein geübtes Auge für Touristen und noch geübtere lange Finger besitzen!

Festas juninas

Wer zwischen dem 12. und 29. Juni den Nordosten Brasiliens bereist, wird allerorten auf ein **Volksfest** treffen, das nach dem Karneval das zweitgrößte Fest darstellt und inzwischen auch in den anderen Landesregionen gefeiert wird. Die aus der portugiesischen Tradition herrührenden *Festas juninas* ranken sich um die populären Feierlichkeiten zu Ehren des Santo Antônio (12./13. Juni, St. Antonius), São João (23./24. Juni, St. Johannes) und São Pedro (29. Juni, St. Peter und Paul).

Das Besondere an diesen Festen sind jedoch weder die verschiedenen religiösen Zeremonien und Prozessionen zu Ehren der drei Heiligen noch die üblichen Forró-Klänge. Die eigentliche Attraktion ist ein Tanzspiel mit dem seltsamen Namen **bumba-meu-boi,** was man am ehesten noch als ›Ochsenspiel‹ übersetzen kann. Die ersten belegten Aufführungen fanden im Jahre 1840 in Recife statt, 1873 wurde das Spektakel zur führenden Folklore-Richtung in Maranhão. Es ist eine spezifisch brasilianische, mestizische Kreation, wenn auch einige Bezüge zum portugiesischen *Monólogo do Vaqueiro* von Gil Vicentes (1502) oder zum angolanischen *Boi-de-gero-a*-Kult herstellbar sind. Das **Tanzspiel** – vorgeführt in den Rollen von armen Landarbeitern und Sklaven – reflektiert das Verhältnis von Herr und Knecht in der Zeit der Zuckerrohr- und Viehwirtschaft, häufig vermischt mit religiös-mystischen und satirisch-karnevalesken Elementen.

Die dramatische Farce um Tod und Rettung eines Ochsen erzählt die Geschichte der schwangeren Hirtenfrau Catirina. Sie will die Zunge des prächtigsten Ochsen der Fazenda verspeisen. Sie überredet ihren Gatten Chico, das auserwählte Tier zu erlegen. Der Grundbesitzer *(capitão)* empört sich, der Mörder wird angeklagt, der Pfarrer Matéus betet zu Gott und ein Arzt und Wunderheiler macht das Vieh wieder lebendig. Alles löst sich in einen Freudentanz auf, es wird vergeben und vergessen. Im Landesinnern werden die religiösen Bezüge dieses Arme-Leute-Märchens stärker herausgespielt, in den großen Städten dagegen mehr die sozialen und satirischen Elemente. Vor allem die große Gruppe der stets präsenten Viehhirten *(vaqueiros)* übernimmt den Part der ironischen Kommentierung des Geschehens, oft ins Groteske oder in den schwarzen Humor abgleitend.

Die Aufführungen finden auf öffentlichen Plätzen statt und faszinieren vor allem durch die spektakulären Bewegungen sowie die Farbenpracht und **Fantasie der Kostüme,** etwas, was im Straßenkarneval z. B. zunehmend verschwindet. So ist es auch kein Versäumnis, wenn man die Bedeutung der einzelnen Handlungselemente nicht vollständig versteht, entscheidend ist die optische und tänzerische Inszenierung, die zudem je nach Spielzeit und Region variiert.

Parade der 1. Liga im Karneval in Rio

Architektur und Kunst

Wieder einmal zeigt sich Brasilien als Land der Extreme und Widersprüche. Da ist einerseits Ouro Preto mit dem größten Ensemble barocker Architektur und Kunst der Welt und auf der anderen Seite Brasília mit den modernistischsten, 1960 eingeweihten Regierungsgebäuden des Erdballs. Bei den ›Schönen Künsten‹ steht die Musik an erster Stelle, auch gibt es einen nicht unbedeutenden Literaturbetrieb. Der Kinofilm hat in den letzten 14 Jahren ein phänomenales Comeback erlebt.

Architektur und Bildende Künste

Kolonialbarock

Der Kolonialbarock ist überwiegend geprägt vom damaligen europäischen Barockstil. Ab der Mitte des 17. Jh., etwa seit Errichtung der monumentalen Jesuitenkirche von Salvador (1657), der späteren Catedral Basílica, beginnt die Blütezeit der brasilianischen Architektur. Die meisten Bauten entstanden im Auftrag der Jesuiten-, Franziskaner- und Benediktinerorden, die **prunkvolle Ausstattung** der Kirchen nahm mit den reichen Goldfunden ab 1695 weiter zu, besonders in Minas Gerais. Die Kirchen von Ouro Preto sind neben denen von Salvador da Bahia (s. Abbildung S. 56) das architektonisch Wertvollste, was Brasilien bis heute zu bieten hat. Viele sind verbunden mit dem Namen des bedeutenden Bildhauers Antônio Francisco Lisboa, liebevoll ›Aleijadinho‹, kleiner Krüppel genannt (s. S. 183).

Auf dem Gebiet der **Malerei** war Minas Gerais ebenfalls führend, besonders wertvoll sind die Kirchengemälde von Manuel da Costa Ataíde. Lediglich in Rio de Janeiro entstanden durch Frei Ricardo do Pilar, den bekanntesten Maler der zweiten Hälfte des 17. Jh., ähnlich bedeutende Kunstwerke. Zu besichtigen sind sie u. a. im Kloster von São Bento (s. S. 123).

Klassizismus und Jugendstil

Insgesamt stand die Kunst des Kolonialbarock lange im Zusammenhang mit dem religiösen Leben, dies änderte sich erst im 19. Jh. Im Jahre 1816 kam eine Gruppe französischer Künstler unter Führung von Joachim Le Breton (Missão Artística Francesa) auf der Suche nach neuen Arbeitsmöglichkeiten nach Rio de Janeiro und trug wesentlich zu einer Bereicherung und **Akademisierung** des Kunstbetriebes bei. 1820 entstand die erste Kunstakademie (Escola Real das Artes), 1826 die Akademie der Schönen Künste (Academia Imperial das Belas-Artes), 1830 fanden die ersten Ausstellungen plastischer Kunst statt. Stilistisch setzte sich zunehmend der Klassizismus durch, später auch der Jugendstil. Besonders nach Ausrufung der Republik im Jahre 1889 entstanden zahlreiche neue Bauten, die häufig vom Jugendstil geprägt waren, z. B. in Manaus das Teatro Amazonas, der Mercado Municipal und die Alfândega (Zollamt) oder in Belém das Teatro da Paz.

Modernismus

Das 20. Jh. war geprägt vom Modernismus. Im Februar 1922 fand in São Paulo im Teatro Municipal eine viel beachtete ›Woche der modernen Kunst‹ statt, die wesentlich zum Bruch mit den Traditionen des akademischen Konventionalismus beitrug. Die Ausstellung zeigte bedeutende Werke der ›Futuristen‹ genannten Gruppe von modernen Malern und Bildhauern wie Anita Malfatti, Emiliano Di Cavalcanti, Vítor Brecheret, Vicente do Rego Monteiro und John Graz. Der Maler, der ab 1930 sowohl in Brasilien als auch im Ausland die stärkste Anerkennung fand, war Candido Portinari (1903–62). Bevorzugte Themen seiner Bilder sind ärmere, meist dunkelhäutige Menschen in ihrem harten sozialen Alltag. In der Architektur wurde die Moderne vor allem durch **Oscar Niemeyer** (geb. 1907) repräsentiert. Seit seiner maßgeblichen Beteiligung am Bau der Hauptstadt Brasília (1958–60) entstand bis in die Gegenwart ein Bauwerk nach dem andern nach seinen Plänen. Stilmerkmale seiner eher skulpturalen Bauweise sind stark geschwungene Formen und parabolisch gewölbte Dächer, deutlich erkennbar an den Konturen der von ihm entworfenen Regierungsgebäude in Brasília (s. S. 353, s. auch Thema S. 52). Im Bereich der Landschaftsarchitektur taucht immer wieder der Name **Roberto Burle Marx** (1909–94) auf, der den modernistischen Beton- und Glaskonstruktionen mit Gärten und Parks frisches Grün und Farben beimischte.

Musikstile

Brasilien ist vielleicht das musikbesessenste Land der Welt. Fast überall und ständig ist man mit Klängen und Rhythmen der verschiedensten Stilrichtungen konfrontiert. Die Texte sind im Unterschied zum deutschen Schlager recht anspruchsvoll und decken ein weites Themenspektrum ab, angeführt von Liebe und Leid, doch greifen sie auch Probleme und Nöte des Alltags und sozialen Lebens auf.

Wie beim Karneval ist die Ventil- und Verdrängungsfunktion stark ausgeprägt, doch verarbeiten viele Texte auch konkrete Erfahrungen und Probleme der breiten Masse und bieten praktische Lebenshilfe an. Nicht nur die Jugend, sondern die gesamte Bevölkerung wird angesprochen. Nur so lässt sich die einzigartige Identifikation der Brasilianer mit ihrer Volksmusik und ihren Idolen erklären. Wer einmal eines der vielen Live-Konzerte besucht – ein Muss für jeden Europäer –, wird schnell die engagierte, mitgehende Haltung des Publikums bemerken. Kaum jemand verharrt bewegungslos an seinem Platz, getanzt wird spontan und einfach dort, wo man gerade steht. Fast ständig wird mitgesungen, nirgendwo auf der Welt kennt man so viele Texte auswendig.

Eine Beschreibung der zahlreichen Musikrichtungen ist natürlich schwierig, dennoch ragen einige Strömungen deutlich heraus. Im Ausland dürften die Samba und der Bossa Nova am bekanntesten geworden sein, obwohl diese Richtungen nur einen geringen Teil der brasilianischen Musik ausmachen.

Samba, Bossa Nova und MPB

Die im Jahr 1917 in den Vorstädten von Rio de Janeiro geborene **Samba** lebt vor allem zum Karneval immer wieder auf. Historisch und begrifflich geht sie auf einen angolanischen Tanz namens *semba* (Bauchnabel) zurück. 1928 wurde die erste Karnevals-Sambaschule Rios gegründet, gefolgt von einer reichen Differenzierung in verschiedene Richtungen, wie z. B. die schnelle *samba carnevalesco* oder die langsame, liedartige *samba canção*. Diese ruhigere Version hört man neben dem älteren *choro* oder *chorinho* das ganze Jahr über.

Der international ähnlich bekannte **Bossa Nova,** ebenfalls in Rio geboren, ist eine Musikform und nicht wie häufig angenommen eine Tanzform. Letztere war eine Erfindung des Amerikaners Lennie Dale, die in Brasilien wenig Resonanz fand. Obwohl der aus der langsamen Samba abgeleitete Bossa Nova ursprünglich durch einen Rhythmusfehler des Gitarristen João Gilberto entstanden sein soll, gilt er doch als die musikalisch anspruchsvollere Variante. Er wurde besonders geprägt von dem 1994 verstorbenen Antônio Carlos Tom Jobim, mit über 300 Kompositionen der bedeutendste Musiker Brasiliens. Das von ihm gespielte, von seinem Freund Vinícius de Moraes geschriebene und von João Gilberto gesungene »Chega de Saudade« avancierte Ende 1958 zum ersten großen Bossa-Nova-Hit in Brasilien. International bekannt wurde

Architektur und Kunst

Der Nationalarchitekt Oscar Niemeyer

Als Präsident Juscelino Kubitschek 1958 die uralte Idee wieder aufnahm, in der Mitte des Landes eine neue Hauptstadt zu bauen, war Oscar Niemeyer einer der Ersten, der das leere Ödland betrat und zunächst eine Holzbaracke für Besuche seines Auftraggebers in Angriff nahm. Brasílias Architektur ist ganz mit seinem Namen verbunden, als sein Meisterwerk empfindet er noch heute den Congresso Nacional.

Nicht alle sahen Oscar Niemeyers Walten in Brasília mit Ungeduld und Entzücken zu. Als der Kriegsminister die bange Frage stellte, ob seine Gebäude denn modern oder klassisch aussehen würden, fragte der Baumeister zurück, ob er im Krieg denn lieber moderne oder klassische Waffen einsetze. Als 1964 die Militärs an die Macht kamen, zogen sie nur ungern in die noch vom Hauch demokratischer Ideen und Konzepte beseelte Retorten-Hauptstadt ein.

Der bis heute unbeirrte Alt-Kommunist und Fidel-Castro-Verehrer Niemeyer musste sich in der Zeit der Militärdiktatur nach Frankreich ins Exil begeben, doch später hatte ihn die Heimat wieder. Er liebt Brasilien und seine Geburtsstadt Rio, auch wenn seine familiären Ursprünge deutsche, portugiesische und arabische Wurzeln haben. An der Copacabana besitzt er das Privileg, von seinem Büro im 10. Stock der Avenida Atlântica 3940 (natürlich das einzige Haus mit runden Fassaden) einen weiten Panoramablick auf den Strand und den Zuckerhut genießen zu können. Manchmal malt er den ersten Entwurf eines neuen Projektes im Sand, doch meistens sitzt er in einem winzigen, mit Büchern voll gestopften und künstlich beleuchteten Hinterzimmer, wo er vormittags die Post durchschaut, alte Freunde oder Journalisten empfängt und sich nachmittags strikt bis 21 Uhr abends über Karten und Pläne beugt.

Der agile und kampflustige 103-Jährige, der mit zittrigen Fingern einen kubanischen Zigarillo nach dem anderen raucht und die Sekretärin ständig *cafezinhos* bringen lässt, hat noch viele Projekte am Laufen, doch verfolgt er deren Fortgang wegen seiner Flugangst nur per Videokonferenz. Am einfachsten fällt Niemeyer die Überwachung der Bauarbeiten auf dem Niemeyer-Weg *(Caminho Niemeyer)* im nahe gelegenen Niterói auf der anderen Seite der Bucht von Guanabara. Am bekanntesten ist das bereits 1997 fertig gestellte Museu de Arte Contemporânea, das schon zu den sieben Weltwundern der modernen Architektur gezählt wurde.

Auch hier sieht man wieder die berühmten Rundungen, das Museum erinnert stark an eine fliegende Untertasse. Neben einer rundherum gezogenen schrägen Glasfront dominiert der Stahlbeton. Dieser Stoff hat den Vorzug, formbar zu sein; Niemeyers Verdienst ist es, die gerade Linie und den rechten Winkel zumindest in seiner Architektur fast ausgerottet zu haben. Von seinen Bauten im Ausland entzücken den Meister bis heute der Sitz der Kommunistischen Partei Frankreichs in Paris (1969), die Costantina-Universität in Algerien aus demselben Jahr und das Bürohaus des Mondadori-Verlags in Mailand (1970er-Jahre). 2010 wurde noch das von ihm entworfene Auditorium von Ravello in Italien eingeweiht.

Oscar Niemeyer

Thema

Woher die Faszination Niemeyers für die Rundungen kommt, ist nicht ganz klar. Sein schweizerischer Lehrmeister Le Corbusier (1887–1965) meinte, er hätte sich wohl außer von ihm durch Rios Hügellandschaft inspirieren lassen. Der brasilianische Freund lehnt diese Sichtweise nicht ganz ab, verweist aber gern auf die Rundungen des weiblichen Körpers. Letztendlich hält er sich für den Erfinder der ›freien und sinnlichen Kurve‹.

Meistens wirken diese Formen in der Architektur sehr harmonisch, auch wenn viele das Übermaß an Beton als bedrückend empfinden und manche Bauten zudem nicht gerade praktisch sind. In Niteróis Ufo-förmigem Kunstmuseum beispielsweise lassen sich an den schrägen Wänden der runden Scheibe keine Bilder anbringen. Aber Niemeyer, selbstbewusst auf mehr als 400 Projekte in acht Hauptstädten Brasiliens und mehr als 30 Städten im Ausland zurückblickend, fällt es nicht schwer zu kontern: »Hätte man mich denn dann mit immer weiteren Aufträgen betraut?« Und: »Vielleicht gefällt es Ihnen, vielleicht auch nicht – aber haben Sie so ein Bauwerk schon mal gesehen?«

Meisterwerk von Oscar Niemeyer: Museu de Arte Contemporânea in Niterói bei Rio

Architektur und Kunst

Samba an der Praia de Forte, Salvador

der Bossa Nova dann durch die Musik zu dem Film-Klassiker »Orfeu Negro«. Um die ganze Welt schließlich ging Tom Jobims Song »A Garota de Ipanema« (1962/63) bzw. die erfolgreichere Version »The Girl from Ipanema« von Astrud Gilberto, Stan Getz und João Gilberto aus dem Jahre 1964.

Als es im selben Jahr schon wieder abwärts ging mit dem Bossa Nova in Brasilien, wurde er in den USA gerade erst zur Modeströmung. 23 Jahre später noch ›beklagte‹ sich Jobim, in jedem Aufzug New Yorks ständig sein Lied hören zu müssen. 180 Versionen mit Frank Sinatra, Nat King Cole, Ella Fitzgerald u. a. wurden bereits produziert und allein in den USA über 1,2 Mio. Platten aufgelegt, übertroffen nur noch von den großen Erfolgen der Beatles.

Ab 1967 entwickelte sich die ebenso international erfolgreiche **Música Popular Brasileira** (MPB), in der Anfangszeit auch *tropicalismo* genannt. Deren Alt-Stars füllen bis heute die Konzertsäle, die wichtigsten Vertreter sind Gilberto Gil, Djavan, Milton Nascimento, George Ben Jor, Caetano Veloso, Chico Buarque, Raimundo Fagner, Gal Costa u. a.

Pagode und Axé

Seit 1995 kam besonders in Rio und São Paulo die **Pagode** in Mode. Angefangen hat es mit der erfolgreichen Gruppe Raça Negra, danach folgte eine Band nach der anderen. Der Stil besitzt Ähnlichkeit mit der Samba, ist jedoch simpler, mit repetitiven Melodien und recht banalen Herz-Schmerz-Texten. Nur die Lieder des populären Sängers und Textschreibers Zeca Pagodinho, der trotz seines Namens stärker der Samba als der Pagode verpflichtet ist, heben sich wohltuend von dem sonstigen Einheits-Singsang ab.

Im schwarzen, afrikanisch geprägten Salvador da Bahia, dem musikalischen Herzen Brasiliens, entwickelte sich zeitlich parallel die **Axé**-Musik, kreiert durch die unermüdliche Daniela Mercury. Man könnte ihren Stil als hochvoltigen Samba-Reggae charakterisieren, geprägt von einer markanten, schneidigen Gesangsstimme und begleitet von einer Misch-Percussion aus elektronischen Pop-Rock-Instrumenten und traditionellen afrikanischen Elementen wie *tambor, cuíca, berimbau* und *timbau*. Bei Live-Konzerten bebt der Boden und die Verbindung von perfekter Tanz- und Musikshow macht die Interpretin zum bahianischen Gesamtkunstwerk. Heute gibt es schon eine ganze Reihe ähnlich talentierter Sängerinnen, vor allem Ivete Sangalo, die in den letzten Jahren zu Brasiliens Gesangsstar Nr. 1 aufgestiegen ist.

Aus den Reihen der regionalen Musiktraditionen konnte sich nur der **Forró** aus dem Nordosten ähnlich der Pagode und dem Axé einen festen Platz im ganzen Land erobern. Diese ursprünglich recht hinterwäldlerische Richtung begann in den 1940er-Jahren mit Luiz Gonzaga, wurde dann aber rhythmischer, schneller und melodischer. Einen wahren Siegeszug durch die neueren Hitparaden erlebte die Forró-Gruppe Calypso aus Belém.

Funk, Jazz und Klassik

Bemerkenswert ist noch der brasilianische **Funk,** der nur wenig Ähnlichkeit mit dem nordamerikanischen besitzt. Er entstand in den Favelas von Rio und São Paulo und stellte anfangs zusammen mit den berühmt-berüchtigten Funk-Bällen *(baile funk)* eine Art Gegenkultur zum bürgerlich-kommerziellen Musikbetrieb dar. Die Melodien sind ohrenbetäubend schrill, peitschend und aggressiv, die Texte sexistisch, brutal und niemals jugendfrei, der Tanzstil exhibitionistisch bis vulgär. Inzwischen haben die Medien und die Mittelschicht-Jugend diesen Stil assimiliert und seines sozialen Sprengstoffs beraubt.

Last but not least sei erwähnt, dass Brasilien auch kunstvollere Musikstile entwickelt bzw. bereichert hat, so z. B. den **Jazz** durch die Interpreten Egberto Gismonti und Leo Gandelmann und die **klassische Musik** durch den großen Komponisten Hector Villa-Lobos (1887–1959).

Literatur der Gegenwart

»Ich verstehe immer noch nicht, warum die Deutschen 1994 ›Brasilien‹ zum Thema der Frankfurter Buchmesse gemacht haben. Unsere Literatur ist so bedeutend nicht. Wie viele annehmbare Schriftsteller haben wir denn? Vier? Fünf? Im Grunde gab es keinen Anlass, einen ganzen Pavillon dafür bereitzustellen. Unsere Bücher hätten wirklich Platz gehabt in der Toilette des 1. Stocks.« So schrieb ein Literaturkritiker in der renommierten brasilianischen Wochenzeitung VEJA. Bescheidenheit in Ehren, aber so ärmlich ist die Literatur dieses Landes nun doch nicht. Knapp die Hälfte aller in Lateinamerika erscheinenden Einzeltitel stammen von brasilianischen Autoren, jährlich sind es ca. 7000 Neuerscheinungen.

In Deutschland nehmen allerdings nur wenige Verlage übersetzte brasilianische Titel ins Programm. Einige Empfehlungen finden sich in diesem Kapitel sowie unter Lesetipps (s. S. 67). In einer schönen Ausgabe neu aufgelegt wurden die gesammelten Werke von **Machado de Assis** (1839–1908), des bedeutendsten brasilianischen Dichters des 19. Jh. Mit seinen psychologisch-realistischen Romanen und Erzählungen begann eigentlich die moderne Literaturgeschichte Brasiliens. Bis heute spannende Romanklassiker sind »Der Irrenarzt«, »Dom Casmurro«, »Quincas Borba« und vor allem »Die nachträglichen Memoiren des Brás Cubas«.

Nicht alle wissen, dass der auch in Deutschland viel gelesene **Paulo Coelho** (geb. 1947) Brasilianer ist, nur handeln seine esoterisch ausgerichteten Romane (z. B. »Der Alchimist«) kaum von seinem Land und gelten trotz ständiger Bestseller-Platzierung nicht als anspruchsvolle Literatur.

Bahia-Geschichten

Der erfolgreichste und international bekannteste Romancier Brasiliens, der sein Land am besten porträtiert hat, ist **Jorge Amado** (1912–2001). Die Werke des ehemaligen Kommunisten sind trotz der Schilderung sozialer Probleme auf den Kakaoplantagen voller Witz und strotzen vor sinnlich-erotischen Szenen. Besonders die Romane »Gabriela wie Zimt und Nelken« und »Dona Flor und ihre zwei Ehemänner« begründeten seinen Weltruhm. Mehr als 20 seiner Romane wurden in 47 Sprachen übersetzt, mit einer Auflage von ca. 30 Mio. So viel Ruhm erntet auch Kritik, nicht selten sind die Stimmen, die sein Werk als ›Sozialkitsch‹, die Darstellung der

In der Altstadt von Salvador

Architektur und Kunst

Frau als ›sexistisch‹ und die Sprache als ›schlampig‹ verurteilen. Er selbst hält seinen Stil für ›barbarisch‹, vielleicht die treffendste Bezeichnung für sein ganzes Werk, das von deftigen Szenen, beißendem Humor und fabulierenden Geschichten nur so überquillt und dennoch die nackte, oft brutale Realität nie aus den Augen verliert.

Ebenfalls in Bahia, auf der Insel Itaparica, spielt der große Epochenroman »Viva o povo brasileiro« (dt. »Brasilien, Brasilien«, 1988) von **João Ubaldo Ribeiro** (geb. 1941). Er ist die brasilianische Variante von »100 Jahre Einsamkeit«. 300 Jahre brasilianischer Geschichte werden hier ausgebreitet, dem Autor überliefert durch die Erzählungen seines Großvaters. Hauptthema ist das Leben und der Kampf der Sklavenbevölkerung sowie die Intrigen der herrschenden weißen Oberschicht. ›Die Helden des Alltags‹ – wie der Autor es ausdrückt – sollen wieder ins Rampenlicht der Geschichte zurückgeholt werden.

Die Autorin **Ana Miranda** (geb. 1951) veröffentlichte 1989 ebenfalls einen historischen Bahia-Roman, »Boca do Inferno« (dt. »Höllenmaul«, 1992), als literarische Entdeckung des Jahres gefeiert und in zahlreiche Sprachen übersetzt. Detailgenau recherchiert ersteht vor den Augen des Lesers das 17. Jh., ausgehend von einem politisch motivierten Mord im Jahre 1683. Der damals in Salvador lebende Satiriker Gregório de Matos, bekannt als das »Höllenmaul«, verhöhnte die kirchliche und weltliche Obrigkeit mit beißendem Spott. Die Autorin vermittelt ein authentisches Bild vom Alltag der Stadt und den Machenschaften der Herrschenden.

Amazonas-Themen

In die Tiefen des Urwalds um Manaus entführt der Roman »Galvez, Kaiser von Amazonien«. Der talentierte Autor **Márcio Souza** (geb. 1941) beschreibt sehr kritisch und ironisch die Inkompetenz der staatlichen und militärischen Erschließung der Regenwälder im Norden des Landes. In »Mad Maria und das Klavier am Fluss« beschreibt er ebenso zynisch die Baugeschichte einer Eisenbahnlinie durch den Amazonas.

Ebenfalls in das Gebiet von Manaus entführt »Emilie oder Tod in Manaus« (Piper 1992) von **Milton Hatoum** (geb. 1952), Sohn libanesischer Einwanderer. Bekannt wurden auch »Zwei Brüder« (Suhrkamp 2002) und die »Asche vom Amazonas« (Suhrkamp 2008). Hauptthema des Autors ist das Aufeinandertreffen verschiedener Kulturen, besonders in den Immigrationsstädten, aber auch die Kritik an der Militärdiktatur und skrupellosen Wirtschaftseliten.

Die Großstadt

Ein häufiges Thema der modernen Literatur ist die Großstadt, wohnen doch inzwischen schon mehr als 80 % der Bevölkerung in Städten. Bereits ein Klassiker ist das vor über 30 Jahren erschienene »Tagebuch der Armut« (dt. 1989) von **Carolina Maria de Jesus** (1914–77), in dem sie eindrucksvoll ihren Alltag in der Favela schildert. Viele Romane konzentrieren sich auf die Lebensprobleme in der Megastadt São Paulo.

Von dem gescheiterten Versuch eines jungen Zuwanderers aus dem armen Nordosten, sich in São Paulo eine Existenz zu schaffen, berichtet der Roman »Essa terra« (dt. »Diese Erde«, 1986) von **Antônio Torres** (geb. 1940). Einen ähnlichen Fluchtversuch in die Stadt, jedoch aus der Frauenperspektive geschrieben, stellt der beeindruckende Roman »A hora da estrela« (dt. »Die Sternstunde«, 1985) von **Clarice Lispector** (1925–77) dar. Ein apokalyptisches Zukunftsbild von São Paulo nach dem Jahr 2000 zeichnet **Loyola Brandão** (geb. 1936) in seinem Roman »Não verás país nenhum« (dt. »Kein Land wie dieses«, 1986). Die Stadt platzt mit 60 Mio. Einwohnern aus allen Nähten, das öffentliche Leben ist extrem reglementiert, die Psyche der Menschen deformiert und die Natur zerstört.

Das Leben bzw. die Gewalt in einer vom Drogenhandel beherrschten Favela Rios beschreibt der Roman »Cidade de Deus« (auf Deutsch »Die Stadt Gottes«, Blumenbar 2004) von **Paulo Lins** (geb. 1958) mit äußerst eindringlichen Bildern. Die Kinoverfilmung »City of God« erregte 2002 weltweites Aufsehen.

Comeback des Kinofilms

Anfang der 1950er-Jahre versuchten die brasilianischen Filmemacher mit großen Studios und aufwendigen Streifen den Erfolg von Hollywood zu imitieren, bis auf Lima Barretos Räubergeschichte »O Cangaceiro« (1953) ein gescheitertes Experiment. Aus der Not eine Tugend machend, folgte von 1955 bis 1969 das *Cinema Novo*. Mit sparsamen Mitteln und handlicher Kameratechnik produzierte man nach dem Vorbild des italienischen Neorealismus sozialkritische Filme, die durchaus berühmt wurden und sogar Preise erhielten, heute jedoch nur noch zum Kult-Genre zählen (»Rio, vierzig Grad«, »Nach Eden ist es weit«, »Gott und Teufel im Land der Sonne«, »Macunaíma«). Die breite Masse der Bevölkerung erkannte sich in diesen Filmen nicht wieder, richtig populär wurden sie nie.

Danach versuchte man, das ästhetische Defizit des *Cinema Novo* durch viel Erotik zu kompensieren. 1976 sahen mehr als 10 Mio. Brasilianer die Verfilmung von Jorges Amados »Dona Flor e seus dois maridos«. Die größten internationalen Erfolge feierten das Road-Movie »Bye bye Brasil« (1979) und die Gefängnis-Story »Der Kuss der Spinnenfrau« (1985). Doch dann folgte, besiegelt durch die Liquidierung der Embrafilme unter Präsident Collor (1990), der Bankrott. Nur noch zwei bis drei Filme pro Jahr wurden gedreht.

Das neuerliche **Comeback** mit heute um die 50 Produktionen jährlich leiteten ein staatliches Förderungsgesetz von 1994 und später unter der Regierung Lula verstärkte Investitionen ein. Das Land wurde überflutet von einer nicht abreißenden Welle guter Streifen, viele erhielten sogar Oscar-Nominierungen. »Carlota Joaquina« (1994) von Carla Camurati zeigt die peinliche Rolle einer spanischen Prinzessin und Gattin des portugiesischen Prinzregenten Dom João VI. bei der Übersiedlung des Hofstaates von Lissabon nach Rio. Bruno Barretos »O que É Isso Companheiro« (1998) berichtet die Geschichte der 1969 erfolgten Entführung des amerikanischen Botschafters in Brasilien durch die linksradikale Gruppe.

Einen weiteren Sprung nach vorne brachten die Filme von **Walter Salles.** »Terra Estrangeira« (1995) zeigt das Leben eines brasilianischen Immigranten in Portugal und gewann den Preis des besten Films in Brasilien sowie sieben internationale Auszeichnungen. Noch berühmter wurde »Central do Brasil« bzw. »Central Station« (1998), die Odyssee eines Straßenkindes von Rio auf der Suche nach seinem (Stief-)Vater, prämiert mit dem Goldenen Bären von Berlin für den besten ausländischen Film. Das folgende Werk von Salles, »Diários de motocicleta«, hätte fast den Preis von Cannes gewonnen. Es ist eine eindrucksvolle Verfilmung der großen Südamerika-Reise des jungen Che Guevara und seines besten Freundes auf einem alten Motorrad. 2008 folgte der viel gelobte Film »Linha de passo«. Er zeigt den Alltag einer armen Familie in São Paolo, die Kinder versuchen das Leben über Fußball zu meistern. Sandra Corveloni in der Rolle der Mutter gewann den Cannes-Preis für die beste Schauspielerin.

Drei weitere erfolgreiche Filme der jüngsten Zeit zeugen ebenfalls vom Aufwärtstrend des brasilianischen Kinofilms. Der talentierte Regisseur **Fernando Meirelles** porträtierte mit Laienschauspielern aus der Favela ›Cidade de Deus‹ (Die Stadt Gottes) auf realistische Weise die um den Drogenhandel wuchernde Gewalt in einem Elendsviertel am Rande von Rio, die englische Version »City of God« (2002) machte den Film weltberühmt. Misere, Gewalt und Tyrannei sind auch Thema von »Carandiru« (2004), das von **Hector Babenco** detailgetreu nachgezeichnete ›Leben‹ in einem Horror-Gefängnis von São Paulo.

Größter Kinoerfolg 2007 und Gewinner des Berliner Goldenen Bären 2008 war »Tropa de Elite« von **José Padilha.** Der schauspielerisch gute Film mit Wagner Moura in der Hauptrolle zeigt ebenso schockierend wie realistisch die brutalen Einsätze einer Polizei-Elitetruppe (BOPE) in den Favelas von Rio. Vorlage war ein Buch ähnlichen Titels, zur rekordhaften Massenverbreitung des Films trug eine vorab auf den Straßen verkaufte Raubkopie bei. Teil 2 des Films (2010) war noch erfolgreicher. Brasiliens bisheriger Kinopublikumsrekord.

Essen und Trinken

Essen und Trinken gehören in Brasilien neben dem Strandvergnügen zu den wichtigsten gesellschaftlichen Ereignissen. Die Restaurants sind trotz Krise und Armut stets voll und von zwölf bis Mitternacht durchgehend geöffnet. Am meisten wird Fleisch gegessen, doch es gibt auch köstliche Fische und Meeresfrüchte. Obwohl die einfachen Lokale überwiegen, kommen auch Feinschmecker auf ihre Kosten.

Restaurant-Typen

Am häufigsten und beliebtesten sind die einfacheren **populären Lokale,** in denen man in ungezwungener Atmosphäre schon ab 10 R$ speisen kann. Das Angebot ist jedoch fast überall gleich (Fleisch, Fisch, Nudelgerichte, kaum interessante Salate, wenig Gemüse). Ein dickes Filet mit Pommes frites gilt hier als Inbegriff guten und gesunden Essens. Die Gerichte sind eher quantitäts- als qualitätsorientiert ausgerichtet, eins reicht fast immer für zwei Personen, man bestellt einfach *um para dois*. Gern und häufig besuchen die Brasilianer auch preiswerte **Pizzerien,** der dicke fette Teig ist jedoch für europäische Mägen zu schwer, es sei denn, er wurde im Steinofen *(a lenha)* zubereitet.

Zu empfehlen sind die sehr in Mode gekommenen **Self-Service-Lokale,** in denen man sich aus einem großen Angebot seine Lieblingsspeisen auf den Teller tut und nach Gewicht *(à kilo)* abrechnen lässt. Für den kleinen Hunger stehen noch die zahlreichen **Lanchonetes** zur Verfügung, Steh-Imbisse mit einem leckeren Angebot diverser gefüllter Teigtaschen usw. Auch der **Feinschmecker** wird sich in Brasilien nicht beklagen können, besonders in São Paulo und Rio de Janeiro fehlt es nicht an nobleren Etablissements. Zu empfehlen sind die Sushi-Bars der millionenstarken japanischen Kolonie, ein Muss ist jedoch der Besuch einer **Churrascaria.** Für einen Fixpreis bedient man sich am reichhaltigen Buffet und lässt sich von langen Spießen eine zarte und magere Fleischsorte nach der anderen auf den Teller schneiden.

Wenn die **Rechnung** kommt, ist die Prüfung der einzelnen Posten keineswegs ein Zeichen von Kleinlichkeit, sondern in Brasilien ganz übliche Demonstration von Selbstbewusstsein und gesundem Misstrauen. Das **Trinkgeld** ist meistens mit 10 % im Preis enthalten, mehr zu geben ist nicht üblich.

Streifzug durch die Küche

Brasiliens **Nationalgericht** ist die *feijoada,* ein Eintopf aus diversen Fleisch- und Wurstsorten, Speck, schwarzen Bohnen, grünem Kohl, Maniokmehl und einer Orange. Ursprünglich war sie nur ein Reste-Essen der Sklaven, wurde jedoch später verfeinert und bereichert. In manchen Lokalen und Luxushotels wird daraus ein wahres kulinarisches Ereignis. Um das viele Fett zu verdauen, darf eine Caipirinha nie fehlen.

Während der brasilianische Süden und Südosten bis nach Rio eher Fleischlichem *(churrascos)* zugeneigt sind, stehen nördlich von Rio immer häufiger **Fisch und Meeresfrüchte** auf den Speisekarten, sie passen auch eher zu Strand und Palmen. In Espírito Santo und Bahia sollte man unbedingt eine *moqueca* probieren. Bahias afrikanisch ge-

Getränke

prägte Küche mit dem von Sklaven eingeführten Dendê-Öl gilt als die reichhaltigste und zugleich würzigste Brasiliens. Probiert man *acarajé*, das sind frittierte Teigtaschen mit Krabben und viel Pfeffer, verbrennt man sich fast die Zunge. Wird man gefragt, ob man sein Essen eher warm oder kalt *(quente ou frio)* möchte, heißt dies, ob man es eher mit viel oder wenig Pfeffer bevorzugt.

In den nördlicheren Küstenregionen liegt dann das wahre Paradies der Meeresfrüchte-Liebhaber. An jeder Strandbar bekommt man günstig Austern, Langusten, Krabben oder Krebse, die man allerdings häufig noch mit einem Holzknüppelchen aufschlagen muss. Je weiter man ins Landesinnere in die Amazonas-Region kommt, desto indianischer wird die Küche und desto weniger durch europäische oder afrikanische Einflüsse geprägt. Die hiesigen Leckerbissen sind vor allem delikate Süßwasserfische.

Will man schließlich nach dem Urlaub ein paar deutsche Freunde versammeln und beim Betrachten der Schnappschüsse etwas Brasilianisches reichen, empfiehlt sich das **Kochbuch** von Moema Parente Augel, »Brasilianisch kochen, Gerichte und ihre Geschichte«, Verlag Edition diá.

Getränke

In unzähligen kleinen Stehbars *(lanchonetes)* werden bis zu 50 verschiedene frisch gepresste **Fruchtsäfte** *(sucos)* angeboten. Man sollte außer Orangensaft auch einmal weniger Bekanntes ausprobieren, z. B. *acerola* oder *acaí,* beides Früchte aus dem Norden.

Zwei Drittel der Brasilianer bevorzugen jedoch Alkoholisches. Nationalgetränk Nr. 1 ist **Bier,** stets eiskalt serviert, sehr süffig und erfrischend. Die besten Marken sind Bohémia, Skol, Antártica und Brahma, allesamt im Lande produziert, auch wenn manche Ursprünge aus deutschen Landen stammen. Das andere typische Nationalgetränk, die **Caipirinha** aus Zuckerrohrschnaps *(cachaça)*, Limonenstückchen, Zucker und Eis, trinken allerdings häufiger die Touristen – ja, man erkennt sie fast daran. Ärmere Brasilianer, vor allem im Nordosten, genehmigen sich den billigen **Cachaça** eher pur.

Frisch zubereitete Leckereien – Imbiss-Stand am Porto da Barra, Salvador

Kulinarisches Lexikon

Allgemeines

Restaurant	restaurante
Snack-Bar	lanchonete
Café	café
Frühstück	café da manhã
Mittagessen	almoço
Abendessen	jantar
Vorspeise	entradas
Salz/Pfeffer	sal/pimenta
Guten Appetit!	Bom apetite!
Prost!	Saúde!
Weinkarte	carta de vinhos

Peixe / Fisch

anchova	Anchovis
peixe vermelho	Rotbarsche
bacalhau	Stockfisch
piranha/pirarucu/ surubim/tucunaré	leckere Süßwasserfische
poraquê	Zitteraal
salmão	Lachs
truta	Forelle

Frutos do mar / Meeresfrüchte

camarões	Krabben/Shrimps
carangnejos	Taschenkrebse
lagosta	Languste
lula	Tintenfisch
ostras	Austern

Carne / Fleisch

boi/porco	Rind/Schwein
cabrito	Ziege
carne de sol/ carne seca	Trockenfleisch
churrasco	gegrilltes Fleisch
filé mignon	Filet mignon
mal passado	blutig
ao ponto	medium
bem passado	durchgebraten

Aves / Geflügel

codorna	Wachtel
frango	Hähnchen
galinha	Huhn
pato	Ente

Massas / Nudeln

espaguete	Spaghetti
penne/ravioli	Penne/Ravioli
lasanha	Lasagne

Legumes / Gemüse

abóbora	Kürbis-Art
aipim	Maniokwurzel-Art
beringela	Auberginen
cenoura	Möhre
couve mineira	grüner Kohl aus Minas Gerais
feijão preto	schwarze Bohnen
mandioca	Maniokwurzel
milho	Mais
palmito	Palmherz
pimentão	Paprikaschote
quiabo	Okraschote

Guarnições / Beilagen

arroz	Reis
batatas cozidas	gekochte Kartoffeln
batata frita	Pommes frites
farofa	Maniokmehl (trocken)
pirão	Brei aus Maniokmehl
puré	Kartoffelpüree
salada (alface/ tomate)	Salat (Kopfsalat/ Tomaten)

Sopas / Suppen/Eintöpfe

caldo verde	Brühe aus Kartoffeln, Grünkohl, Räucherwurst, Olivenöl
canja	Hühnersuppe mit Gemüse
cozido	gekochter Eintopf aus Fleisch/Gemüsen
sopa de legumes	Gemüsesuppe
sopa de cebola	Zwiebelsuppe
sopa de ervilhas	Erbsensuppe
sopa de aspargos	Spargelsuppe

Petiscos / Snacks

bolinhos de bacalhau	frittierte Bällchen aus Stockfisch und Püree
casquinha de siri	Krebsfleisch und Püree
empada	gefüllte Pastete
frango à passarinho	frittierte Hähnchenteile mit viel Knoblauch
linguiça	fette Bratwurst vom Schwein
provolone à milanesa	frittierte Käsebällchen

Sobremesas / Nachspeisen

pudim	Pudding
sorvete	Eis
torta	Torte

Frutas / Obst

abacate	Avocado
abacaxi	Ananas
açaí und acerola	Beerenfrüchte aus Amazonien
ameixa	Pflaume
banana	Banane
cajá	Frucht aus dem Nordosten
caju	Cashewnuss-Frucht
caquí	Kaki
carambola	Karambole/Sternfrucht
goiaba	Guave
kiwi	Kiwi
laranja	Orange
limão	Limone
mamão	Papaya
maracujá	Maracuja
morango	Erdbeere
manga	Mango
melão	Melone
pêra	Birne
pêssego	Pfirsich
tangerina	Mandarine

Bebidas / Getränke

água (com/sem gás)	Mineralwasser (mit/ohne Kohlensäure)
água de coco	Wasser der Kokosnuss (keine Kokosmilch)
água tônica	Sodawasser
cachaça	Zuckerrohrschnaps
café (com leite/sem açúcar)	Kaffee (mit Milch/ohne Zucker)
cafezinho	kleiner Kaffee in Mokka-Tässchen
campari	Campari
cerveja	Bier (Flasche)
chá	Tee
champanhe	Sekt
chope	Bier (Glas)
coca	Cola
conhaque	Cognac
guaraná	koffeinhaltiger Saft einer Amazonas-Frucht, auch als süße Limonade
licor	Likör
saidera	Absacker
suco natural de …	frisch gepresster Fruchtsaft aus …
usíque	Whisky
vinho (tinto/branco/taça/jarra/garafa)	Wein (rot/weiß/Glas/Krug/Flasche)
vitamina de frutas	Mixgetränk aus Milch und Früchten

Wichtige Redewendungen

Die Speisekarte, bitte!	O cardápio, por favor!
Was möchten Sie essen?	O que gostaria de comer?
Was möchten Sie trinken?	O que gostaria de beber?
Ich möchte gerne …	Eu gostaria (quero)…
Noch etwas?	Mais alguma coisa?
Die Rechnung bitte!	A conta, por favor!
Trinkgeld inbegriffen?	Gorjeta includia

Touristisches Highlight: auf einer Bootstour die Landschaft des Amazonas kennenlernen

Wissenswertes für die Reise

Informationsquellen

Brasilien im Internet

Landeskunde
www.suedamerikaportal.de: Umfassende Seite mit vielen Tourangeboten, Infos, Adressen von Hilfsprojekten, Onlineshops.
www.topicos.de: Anspruchsvolle Seite der Deutsch-Brasilianischen Gesellschaft e.V., Pflege der deutsch-brasilianischen Beziehungen; Herausgeber der Zeitschrift »Tópicos«.
www.suedbrasilien.com: Deutsche Seite mit Tourangeboten und Tipps für den Süden.
www.inwent.org/v-ez/lis/brasil/index.htm: Umfassende Landesinformationen mehrerer Entwicklungshilfeeinrichtungen.
www.ahkbrasil.com: Seite der Deutsch-Brasilianischen Außenhandelskammer, auf Deutsch. Überwiegend Wirtschaftsinformationen, aber mit Links zu Geschichte, Kultur und Tourismus.
www.brasilieninitiative.de: Politischer Verein, der seit 1978 u. a. soziale Projekte in Brasilien unterstützt.
www.kultbrasil.de: Gute Seite zur brasilianischen Kultur mit vielen Infos, Videos und Interviews.
www.in-brasilien.de: Liebevoll gemachte Seite mit Landesinfos, Nachrichten, Reisetipps, Fotos, Videos und Shop.
www.brasilianische-botschaft.de: Infos zu Einreise, Visum etc.; landeskundliche Infos.

Tourismus
www.embratur.gov.br: Seiten der brasilianischen Tourismusbehörde, auch auf Deutsch. Informationen zu Reisezielen, Touren, Sehenswürdigkeiten sowie Karten und Fotos.
www.travel-friends.com: Private Tourismusprojekte von Aussteigern auf vier Kontinenten, darunter auch Südamerika/Brasilien.
www.gateway-brazil.de: Erfahrener Reiseveranstalter, mit Bausteinen, die sich individuell kombinieren lassen, auch Familien- und Themenreisen sowie umfangreiches Pantanal-Programm.
www.pantanal-pocone.net: Deutscher Spezialist für individuelle Reisen ins nördliche Pantanal (ab Cuiabá) mit Naturexkursionen und Übernachtung auf Fazendas.
www.brasilien.ag: Deutsche Agentur für Brasilienreisen, viele Aktivurlaubsangebote von Abseiling bis Whalewatching.
www.rio-insider.com: Private Rio-Touren und Hotelvermittlung durch Autor Helmuth Taubald.

Tipps zu **weiteren Webseiten** findet man u. a. in den Rubriken »Anreise und Verkehr«, »Reise- und Routenplanung« sowie »Unterkünfte«.

Fremdenverkehrsämter

In Deutschland
Brasilianisches Fremdenverkehrsamt
Börsenplatz 4, Raum 320
D-60313 Frankfurt am Main
Tel. 069-21 97 12 76
Fax 069-96 23 87 33
ebt.de@embratur.gov.br
www.braziltour.com

In Brasilien
Embratur
SCN, Quadra 2, Bloco G
70712-907 Brasília-DF
Tel. 061-34 29 77 77
Fax 061-34 29 77 10
www.turismo.gov.br

Diplomatische Vertretungen

In Deutschland
Botschaft der Föderativen Republik Brasilien
Wallstr. 57
D-10179 Berlin
Tel. 030-726 28-0

Fax 030-726 28-320
www.brasilianische-botschaft.de

In der Schweiz
Brasilianische Botschaft
Monbijoustr. 68
CH-3007 Bern
Tel. 031-371 85 15
Fax 031-371 05 25

In Österreich
Brasilianische Botschaft
Pestalozzigasse 4/1
A-1010 Wien
Tel. 01-512 06 31
Fax 01-513 83 74

In Brasilien
Botschaft der Bundesrepublik Deutschland
Avenida das Nações,
Quadra 807, Lote 25
70415-900 Brasília-DF
Tel. 061-34 42 70 00
Fax 061-34 43 75 08
www.brasilia.diplo.de

Deutsche Generalkonsulate
Porto Alegre, Recife, São Paulo
und Rio de Janeiro (Rua Presidente
Carlos de Campos 417,
Laranjeiras,
Tel. 021-25 54 00 04)

Botschaft der Schweiz
Avenida das Nações
Quadra 811, Lote 41
70 448-900 Brasília-DF
Tel. 061-34 43 55 00
Fax 061-34 43 57 11
www.eda.admin.ch/brasilia.ch

Schweizerische Generalkonsulate
São Paulo und Rio de Janeiro
(Rua Cândido Mendes 157,
11. Stock, Gloria,
Tel. 021-22 21 18 67)

Botschaft der Republik Österreich
Avenida das Nações
Quadra 811, Lote 40
70426-900 Brasília-DF
Tel. 061-34 43 31 11
Fax 061-34 43 52 33
www.bmeia.gv.at

Karten

In Deutschland erhält man gutes Kartenmaterial zu Brasilien bei **Dr. Götze Land & Karte**, zu empfehlen ist die Landkarte Collins Brazil, www.mapshop-hamburg.de (mit Online-Versand). In Brasilien findet man an den meisten Zeitungskiosken diverse Großkarten und Stadtpläne, hauptsächlich vom Verlag **Quatro Rodas**, www.guia4rodas.com.br. Er bringt auch jährlich einen aktualisierten Hotel- und Restaurantführer heraus, den »Guia 4 Rodas Brasil« mit vielen Adressen und mehr als 200 Karten und Plänen, in denen auch die lokalen touristischen Sehenswürdigkeiten eingezeichnet sind. Ebenfalls von Quatro Rodas stammt der »Guia Estradas«, ein umfangreicher Straßenführer, ferner der »Guia Brasil – Mapa Rodoviário« mit einer großen Straßenkarte von ganz Brasilien.

Lesetipps

Die folgenden Titel ergänzen die bereits im Literaturkapitel (s. S. 55) vorgestellten Werke.

Romane und Erzählungen
Amado, Jorge: Jubiabá, 1935; gilt als sein bestes Buch, bekannter wurden »Herren des Strandes« (Rowohlt-Tb., 2002), »Gabriella wie Zimt und Nelken« (nur antiquarisch) und »Dona Flor und ihre zwei Ehemänner« (Piper, 2005).

Boff, Leonardo: Haus aus Himmel und Erde. Erzählungen der brasilianischen Urvölker, Patmos, 2003. Sammlung von Texten der brasilianischen Mythen- und Märchenwelt, »zum Lachen, Weinen und Lernen«, wie Boff meint.

Goerdeler, Carl D.: Die Luftschlösser von Rio, Geschichten aus Brasilien, Gardez! Verlag, 2000. Der kleine Band des in Rio lebenden deutschen Journalisten und Schriftstellers ist ein wahrer Lesegenuss. Die Sinnlichkeit, die Farben und Facetten des riesigen tropischen Landes sind darin eingefangen.

Grainville, Patrick: Zorn, Klett-Cotta, 1994 (franz. Original 1992); spannender und noch recht authentischer Roman eines Ausländers über Rio de Janeiro.

Lins, Paulo: Die Stadt Gottes (Cidade de Deus), Blumenbar, 2004; actionreicher Roman über die Gewalt in der gleichnamigen Favela in Rio de Janeiro, auch als Film (»City of God«) bekannt geworden.

Ribeiro, João Ubaldo: Ein Brasilianer in Berlin, Suhrkamp, 2007; köstlich-ironische Essaysammlung des berühmten Schriftstellers über die ›seltsamen‹ Deutschen.

Updike, John: Brasilien, Rowohlt, 1997; aus dem Brasilienaufenthalt des Erfolgsautors erwachsener Roman (vergnügliche Lektüre, aber mit recht vielen Klischees belastet).

Berichte und Reportagen

Lévi-Strauss, Claude: Traurige Tropen, Suhrkamp, 2006; Hauptwerk des großen französischen Ethnologen und Anthropologen über seinen Aufenthalt in Brasilien und seine Indianerstudien in den 1930er-Jahren.

Obermeier, Franz: Wahrhaftige Historia. Zwei Reisen nach Brasilien (1548–1555), Westensee-Verlag, 2007; die grausigen Protokolle des deutschen Abenteurers Hans Staden als Gefangener bei den Tupinamba-Indios, erstmals in einer kritischen Ausgabe und ins heutige Deutsch übertragen.

Schneider, Sylk: Goethes Reise nach Brasilien – Gedankenreise eines Genies, Weimarer Taschenbuchverlag, 2007. Goethe beschäftigte sich mit Literatur über Brasilien, korrespondierte mit führenden Wissenschaftlern zu brasilianischen Themen und empfing regelmäßig Forschungsreisende in Weimar. Das Buch verarbeitet die vielen Briefäußerungen Goethes zu Brasilien und beweist dessen Faszination für dieses Land.

Zweig, Stefan: Brasilien – ein Land der Zukunft, Insel-Verlag, 1997; Reisebuch und Liebeserklärung an das Brasilien der Jahre 1940 und 1941 – recht schwärmerisch-harmonisierend, jedoch von sehr hohem sprachlich-literarischen Wert.

Sachbücher

Bellos, Alex: Futebol, Fischer-Taschenbuch, 2005; spannend geschriebenes Buch, das am Beispiel der Fußballgeschichte (ab 1894) zugleich das Land Brasilien erklärt.

Bernecker/Pietschmann/Zoller: Eine kleine Geschichte Brasiliens, Edition Suhrkamp, 2000; auch für Laien verständlicher und genau recherchierter geschichtswissenschaftlicher Abriss.

Holanda, Sérgio Buarque de: Die Wurzeln Brasiliens, Suhrkamp 1995 (z. Zt. nur antiquarisch). Der 1936 erstmals publizierte Essay ist bis heute die beste Analyse eines Brasilianers zum Verständnis des Landes sowie der Lebensart und Mentalität seiner Bevölkerung.

Staden, Hans: In der Gewalt der nackten Menschenfresser, M.-G. Schmitz Verlag 2004. Der deutsche Söldner landete 1547 als Schiffbrüchiger in Brasilien und wurde 1553 von Indios gefangen genommen. Was er sah und erlebte dokumentierte er 1557 sehr detailgetreu in einem viel übersetzten Bericht.

Stockmann/Taubald/Österreicher/Rudhart: Brasilien, Stefan Loose Travel Handbuch, Berlin, 2011; bester deutschsprachiger Reiseführer für jüngere Individualreisende und Backpacker, höchst aktuelle Infos, zahlreiche Detaildaten, viele Karten, eine optimale Ergänzung zu dem vorliegenden Werk von DuMont.

Reise- und Routenplanung

Brasilien als Reiseland

Schon immer hatte Brasilien für Europäer und besonders Deutsche eine ganz besondere Anziehungskraft. Trotz der portugiesischen Kolonialgeschichte haben sich in diesem südamerikanischen Land eine spezifische Kultur und Mentalität herausgebildet, die immer wieder als komplementär zum europäischen Lebensstil angesehen worden ist. Der Besucher staunt und erfreut sich an der oft infantilen Leichtigkeit des Seins. Hier geben sich die Menschen spontaner, natürlicher, direkter und verspielter. Man merkt es auf Schritt und Tritt, ganz besonders jedoch bei den vielen Festen und Musikveranstaltungen. Auch bietet das Land zahlreiche Möglichkeiten für einen Erholungsurlaub an paradiesischen tropischen Stränden sowie für den naturnahen, ökologisch ausgerichteten Tourismus. Der an Kunst und Kultur interessierte Gast kommt besonders im Bereich der Architektur auf seine Kosten, in vielen Städten finden sich barocke Prachtbauten und intakte Altstädte.

Strandurlaub

Mit 7400 km Küste bietet Brasilien eine reiche Auswahl an Stränden. Im brasilianischen Winter ist es im Süden des Landes jedoch zu kalt. Erst ab Rio aufwärts kann man ganzjährig einen Badeurlaub planen. Im Südosten ist die Lufttemperatur im Sommer am höchsten, das Wasser aber oft am kältesten, an manchen Tagen nur 18 °C. Sicherer und ausgeglichener ist das Klima in Bahia und wegen der Äquatornähe noch mehr im oberen Nordosten. Dort befinden sich auch die schönsten und saubersten Strände.

Naturerlebnisse

Die meisten Urlauber zieht es zu drei spektakulären Reisezielen. Da sind das riesige Amazonien, der größte Regenwald der Welt mit seinem einzigartigen Artenreichtum, das Pantanal, die ausgedehnteste Feuchtsavanne der Welt mit der weltweit höchsten Konzentration von Fauna, und der Foz do Iguaçu, die wasserreichsten Fälle der Welt. Es mangelt also nicht an Superlativen. Zusätzlich hat sich in letzter Zeit ein breites Angebot an lokalen ökologischen Exkursionen und sportlichen Naturabenteuern entwickelt, sowohl auf dem Wasser als auch auf dem Lande.

Kunst- und Kulturgenuss

Wer nach Ouro Preto und zu den anderen historischen Kleinstädten von Minas Gerais fährt oder nach Olinda bei Recife, wird entzückt sein von der Pracht und dem Reichtum der barocken (Kirchen-)Kunst in Brasilien, übertroffen nur noch von den Palästen in Salvador da Bahia. Auch die moderne Architektur, verbunden mit dem Namen Oscar Niemeyer, lässt sich vielerorts, vor allem jedoch in der Hauptstadt Brasília bewundern.

Desgleichen ist die Volkskunst reich entwickelt, sei es im Kunsthandwerk oder bei den zahlreichen populären Festen, die sowohl von den Tänzen und der Musik her als auch durch farbenfreudige Umzüge, fantasievolle Festwagen und traditionelle szenische Inszenierungen beeindrucken (»Festas juninas«, s. S. 49). Auch die ›hohe‹ Kunst ist in Brasilien in zahlreichen Theatern, anspruchsvollen Ballett-Stücken und bedeutenden Symphonie-Orchestern präsent.

Vorschläge für Rundreisen

3–4 Wochen: Die klassische Brasilien-Tour

Brasilien ist 24-mal so groß wie Deutschland. Unmöglich kann man bei einem Besuch alles kennenlernen. Die meisten Gäste wählen die folgende Tour mittleren Umfangs mit Rundreisecharakter. Obwohl es auch Direktflüge von Europa aus in den Nordosten gibt, ist Rio de Janeiro immer noch das Haupteintrittstor.

Für längere Inlandflüge empfiehlt sich der Erwerb eines Airpasses oder Mercosur-Passes (s. S. 74).

Los geht die Reise also meistens in **Rio de Janeiro**, wo man drei Tage verweilen sollte. Von dort geht es per Flugzeug weiter zu den Wasserfällen von **Foz do Iguaçu**, dort reichen zwei bis drei Tage. Wer an der Fauna interessiert ist, sollte sich danach für knapp eine Woche ins **Pantanal** begeben. Wer jedoch Urwald erleben will (ohne dabei viele Tiere zu sehen), fliegt nach **Manaus** und fährt von dort in nur wenigen Bootsstunden zu einer der vielen Lodges mitten im Regenwald. Hier mag man ebenfalls einige Tage verweilen. Nächste Station kann ein Küstenort im Nordosten sein, die meisten fliegen jedoch gleich nach **Salvador da Bahia**. Hier lässt sich das Baden gut mit Kulturerlebnissen und dem Kennenlernen der reichen afrobrasilianischen Tanz-, Musik- und Festwelt verbinden. In der nahen Umgebung befinden sich der kleine Küstenort Praia do Forte sowie die hübsche Insel Tinharé mit dem alten Fischerdorf Morro de São Paulo.

1–3 Wochen: Kreuzfahrten – Küste und Amazonas

Eine sich stark zunehmender Beliebtheit erfreuende Option sind die großen Kreuzfahrten auf Luxusdampfern *(cruzeiros)*. Schon 1 Mio. Gäste bzw. 20 % aller Brasilienbesucher wählen diese bequeme und relativ preiswerte Reiseform. Man ist jedoch auf die Hochsaison von November bis März beschränkt, muss mit dem Flugzeug anreisen und dann von Santos oder manchmal auch von Rio de Janeiro aus starten. Die Plätze sind oft schon Monate vorher ausgebucht, bei Reservierungen bis Ende August erhält man günstige Sondertarife. Die normalen Preise liegen im Schnitt bei 100 US-$ pro Tag und Person inkl. Verpflegung, die aktuellen Daten erfährt man über die Reisebüros.

Die meisten Schiffe benutzen die Küstenroute (3–13 Nächte, Fahrten zu mehreren Häfen, teils auch anderer südamerikanischer Länder), nur **Iberostar Grande Amazon** befährt ab Manaus Amazonasflüsse.

Die Gesellschaft Ibero (www.iberocruzeiros.com.br) bietet drei Optionen: **Grand Holiday,** 1985 (2010 renoviert), 1848 Passagiere, Route (7 Nächte) Rio–Salvador da Bahia–Maceió, Vitória, Búzios, Rio. **Grand Mistral,** 1999, 1700 Passagiere, Route Santos–Buenos Aires–Punta del Este–Porto Belo–Santos (8 Nächte). **Grand Celebration,** 1987, 1896 Passagiere, Route Rio–Búzios–Ilhabela–Punta del Este–Buenos Aires–Rio (8 Nächte).

Die Gesellschaft CVC (cvc.com.br) bietet fünf Optionen: **Zenith,** 1992 (1999 renoviert), 1440 Passagiere, Route Santos–Búzios–Mangaratiba–Santos (3 Nächte). **Bleu de France,** 1981 (2008 renoviert), 989 Passagiere, Route Recife–Fernando de Noronha–Natal–Recife (4 Nächte). **Horizon,** 1990 (2009 renoviert), 1800 Passagiere, Route Santos–São Francisco do Sul–Vitória–Rio–Santos (6 Nächte). **Imperatriz,** 1990 (2004 renoviert), 2020 Passagiere, Route Santos–Itajaí–Montevideo–Buenos Aires–Santos (7 Nächte). **Soberano,** 1988 (2008 renoviert), 2800 Passagiere, Route Santos–Rio–Salvador da Bahia–Búzios–Santos (7 Nächte).

Die Gesellschaft Royal Caribbean (www.royalcaribbean.com.br) bietet drei Optionen: **Splendour of the Seas,** 1996, 2076 Passagiere, Route Santos–Buenos Aires–Montevideo–Punta del Este–Santos (7 Nächte). **Mariner of the Seas,** 2003, 3835 Passagiere, Route Santos–Rio–Salvador da Bahia–Santos (6 Nächte). **Vision of the Seas,** 1998, 2435 Passagiere, Route Santos–Rio–Salvador da Bahia–Búzios–Ilhabela–Santos (7 Nächte).

Die Gesellschaft Costa (www.costacruzeiros.com.br) bietet drei Optionen: **Costa Serena,** 2007, 3780 Passagiere, Route Santos–Rio–Salvador da Bahia–Ilhéus–Ilhabela–Santos–Rio (7 Nächte). **Costa Fortuna,** 2003, 3470 Passagiere, Route Santos–Rio–Buenos

Aires–Punta del Este–Porto Belo–Santos–Rio (9 Nächte). **Costa Victoria,** 2007, 2370 Passagiere, Route Rio–Ilhabela–Punta del Este–Buenos Aires–Angra dos Reis–Rio (8 Nächte).

1–2 Wochen: Rio de Janeiro und Umgebung

Nur wenige wissen, dass man in der Nähe des traumhaft schönen Rio de Janeiro zahlreiche Ziele findet, die zusammen mit einigen Tagen Aufenthalt in der Großstadt einen sehr abwechslungsreichen Urlaub garantieren. Da ist einmal das in 2,5 Std. per Bus zu erreichende **Búzios**, eine Halbinsel mit 23 herrlichen Stränden und schickem Nightlife. In der anderen Richtung erreicht man nach einer zweistündigen Busreise an der Costa Verde (Grüne Küste) bis Angra dos Reis und einstündigen Bootsfahrt die **Ilha Grande**, eine der schönsten Inseln Brasiliens mit viel Atlantischem Regenwald. Von Angra dos Reis aus nur zwei Busstunden weiter südlich folgen das hübsche Kolonialstädtchen **Parati** und 20 km weiter die Traumstrände von **Vila de Trindade**. Wer zwei Wochen Zeit hat, kann noch in einem Tagesausflug von Rio aus die Kaiserstadt **Petrópolis** in den Bergen besuchen und evtl. in einer achtstündigen Busreise das reiche Barockstädtchen **Ouro Preto**.
Insider-Touren: Helmuth Taubald, der Autor dieses Buches, führt Sie individuell und im eigenen Pkw durch Rio. Näheres über die Tourenprogramme finden Sie im Internet unter www.rio-insider.com (s. S. 101).

Reisen mit Kindern

Brasilien ist ein sehr kinderfreundliches Land. Über die Kinder bekommt man zudem noch leichter Kontakt zu den ohnehin sehr offenen und gastfreundlichen Einheimischen. Für die Allerkleinsten ist jedoch der lange Flug ein Hemmnis, ebenso die intensive Sonnenstrahlung und die oft hohen Temperaturen.

Für etwas ältere Kinder und Jugendliche gibt es jedoch genügend Attraktionen. Außer Strandvergnügen, Schildkröten-, Delfin- und Walbeobachtung, Abenteuersport, Fazenda-Ferien, zoologischen Gärten (São Paulo und Rio), Aquarien (u. a. São Paulo), Safari-Parks (São Paulo), dem hiesigen Disneyland ›Beto Carrero World‹ (bei Penha, Santa Catarina) und der ›Minimundo‹ (Welt im Miniaturformat) in Gramado (Rio Grande do Sul) mit über 100 detailgetreuen Miniaturrepliken von europäischen Schlössern, Eisenbahnen, Werften, Schwebebahnen usw. locken riesige Beachparks in Arraial d'Ájuda, Recife und Fortaleza/Aquiraz. Last not least: Die Begegnung mit der wilden Natur im Pantanal und in Amazonien ist auch für Kinder immer spannend und aufregend.

Bei den Hotelbuchungen sollte man auch anfragen, inwieweit kleine Kinder mitbezahlen müssen. Oft werden sie nicht berechnet oder erhalten einen erheblichen Rabatt.

Frauen allein

Natürlich gibt es immer wieder Berichte von grausigen Ereignissen innerhalb der eigenen vier Wände, doch insgesamt werden die recht emanzipierten brasilianischen Frauen (s. S. 41) – und erst recht Europäerinnen – von den Männern respektiert und verehrt. Bewundernde Blicke und Hinterherschauen auf der Straße gehören in Brasilien allerdings zum Alltag. Gleichzeitig bleibt *mann* jedoch diskret, allzu aufdringliche Annäherungsversuche, wie *frau* sie beispielsweise aus Italien kennt, sind selten. Wer das Land allein bereist, hat bestimmt nicht mehr zu befürchten als anderswo. Und gelegentliche Flirts gehören ja ebenso zum Urlaub wie zur brasilianischen Lebensart. Falls doch einmal etwas passieren sollte, bekommen Frauen seit Ende 2005 über den speziell dafür eingerichteten Notruf 180 Hilfe.

Anreise und Verkehr

Einreisebestimmungen

Reisedokumente
Für Besucher aus Westeuropa besteht keine Visumpflicht. An der Grenze bzw. während des Fluges füllt man eine Einreisekarte aus, die zusammen mit einem noch mindestens 180 Tage gültigen Reisepass vorgelegt und bis zur Ausreise aufbewahrt werden muss. Im Kinderpass ist (unabhängig vom Alter) ein Lichtbild vorgeschrieben. Nach 90 Tagen Aufenthalt kann man bei der Polícia Federal eine Verlängerung um weitere 90 Tage beantragen. Voraussetzung ist der Besitz eines Rück- oder Weiterflugtickets, um den temporären Zweck der Reise zu dokumentieren. Ein mehrjähriger ununterbrochener Aufenthalt *(visto temporário)* ist nur über eine spezielle berufliche Tätigkeit möglich, ein unbefristeter Daueraufenthalt *(permanência)* über Heirat, Vater-/Mutterschaft, eine Geschäftsinvestition in Höhe von 50 000 US-$ oder – bei Personen ab 50 – mittels Nachweis einer Rente von mind. 2000 US-$ aus dem Ausland.

Zollbestimmungen
Bei der Einreise sind Gegenstände des persönlichen Bedarfs zollfrei. Für die Eigennutzung können die üblichen elektrischen Geräte, 12 l alkoholische Getränke, 200 Zigaretten und 25 Zigarren mitgenommen werden. Geschenke sind bis zum Wert von 500 US-$ zollfrei (bei Einreise auf dem Land- oder Wasserweg nur bis 300 US-$) und zusätzlich Duty-free-Artikel im Werte von ebenfalls bis zu 500 US-$ (jedoch nur drei elektronische Geräte, 20 Schachteln Zigaretten usw.). Der Geld- oder Scheckfreibetrag liegt bei 10 000 R$. Verboten ist die Einfuhr von Früchten, Samen und Pflanzen.

Wer nichts zu deklarieren oder zu verzollen hat, geht direkt zu dem Ausgang, der mit »nada a declarar« gekennzeichnet ist.

Bei der Rückreise müssen mitgebrachte Geräte wieder ausgeführt werden. Im Falle eines Diebstahls zeige man das Polizeiprotokoll *(boletim de ocorrência)*. Ausfuhrverbot besteht für lebende Tiere (z. B. Papageien) wie für Tierhäute und Felle, für Rohedelsteine, Fossilien und natürlich für Waffen und Drogen. Einige Souvenirs sind aus seltenen Tier- und Pflanzenarten gefertigt, es kann Probleme bei der Ausfuhr geben. Man sollte schon aus ethischen Gründen darauf verzichten. Zu beachten sind auch die Einfuhrbestimmungen des Heimatlandes (www.zoll.de).

Anreise

... mit dem Flugzeug
Folgende Flughäfen können von Europa aus direkt angeflogen werden: Rio de Janeiro, São Paulo, Salvador, Recife, Natal und Fortaleza. Haupteintrittstor (und meistbesuchte Stadt) ist jedoch Rio de Janeiro (bei der Anreise außer mit Air France Zwischenstopp in São Paulo). Die Flugzeit beträgt 9–12 Stunden. Die meisten Flüge beginnen in Frankfurt/Main, einige auch in München und Zürich.

Die wichtigsten **Linienflug-Gesellschaften** sind:

Air France (www.airfrance.com/de, ab Paris non stop nach Rio),

British Airways (www.britishairways.com, ab London nach Rio über São Paulo),

Condor (www.condor.de, 1 x wöchentl. Frankfurt – Salvador und 1 x wöchentl. Frankfurt–Recife, Möglichkeit von Gabelflügen, Kooperation mit der brasilianischen Airline Gol, sodass man von Salvador da Bahia aus zu 18 verschiedenen Orten weiterfliegen kann – das Gepäck geht durch),

Iberia (www.iberia.com, ab Madrid tgl. nach Rio und São Paulo),

KLM (www.klm.com, tgl. Amsterdam – São Paulo)

Lufthansa (www.lufthansa.de, Flüge nach Rio und São Paulo),

Anreise und Erkundung des riesigen Landes: ohne Flugzeug undenkbar

TAM (www.tam.com.br, tgl. Frankfurt–São Paulo, 5 x wöchentl. Frankfurt–Rio, akzeptiert gesammelte Meilen von Lufthansa und umgekehrt),
TAP Portugal (www.flytap.com, Direktflüge ab Lissabon u. a. nach Rio, Recife, Salvador und Fortaleza mit der Möglichkeit von Gabelflügen; auch günstige Jahrestickets),
Swiss (www.swiss.com, ab Zürich nach Rio und São Paulo).

Einen sog. **Brasil Airpass** für Inlandflüge (s. S. 74, »Inlandflüge«) bietet TAM an, zusammen mit dem Transatlantikflug zu erwerben. Wer diesen bei einer anderen Gesellschaft gebucht hat, zahlt nur einen geringen Aufpreis. **STA Travel** bietet spezielle Jugend-

und Studententarife, die in der Regel ein Jahr lang gültig sind und gegen eine Gebühr vor Ort umgebucht werden können (genauere Infos unter www.statravel.de).

Charterflüge vermitteln u. a. TUI, Thomas Cook und My Travel Scandinavia, man fliegt mit diesen Fluglinien oft in einer Linienmaschine, aber deutlich günstiger. Last-minute-Flüge findet man bei www.suedamerika-lastminute.de.

... mit dem Kreuzfahrtschiff

Viele Besucher kommen mit dem Flugzeug nach Brasilien und steigen erst dort in ein Kreuzfahrtschiff um, die wichtigsten Linien und Schiffe sind weiter oben im Kapitel »Reise- und Routenplanung« beschrieben (s. S. 69), inkl. Preisangaben. Doch andere Gäste überqueren den Atlantik gleich in ihrem schwimmenden Luxushotel. Es gibt eine stetig zunehmende Zahl von Anbietern, über die man sich am besten zu Hause im Reisebüro oder im Internet informiert. Termine, Preise und Routen ändern sich von Jahr zu Jahr.

Ein besonderer Tipp ist das Segelschulschiff ›Humboldt‹ aus Bremerhaven, es fährt gelegentlich auch nach Brasilien und Argentinien, und man lernt zudem noch ganz nebenbei die ›aussterbende‹ Kunst des Hochseesegelns.

Von der Mitfahrt mit Frachtschiffen ist sehr abzuraten, höchstens für die preiswertere Überfahrt mit Auschecken am ersten Hafen.

Verkehrsmittel im Land

Inlandflüge

Die wichtigsten nationalen Fluggesellschaften sind TAM (größtes Streckennetz) und Gol/Varig mit zusammen 85 % Marktanteil. Kleinere Gesellschaften sind Avianca, Trip, Azul und Webjet.

Die Preise für Inlandflüge sind in der Regel recht hoch, weshalb man bei mehreren größeren Langstrecken vorher in der Heimat bei TAM und Condor einen **Brasil-Airpass** erwerben sollte. Er berechtigt meist innerhalb von 21 Tagen zu 4–9 Inlandflügen beliebiger Reichweite, dabei darf keine Strecke zweimal in einer Richtung geflogen werden. Der Pass rechnet sich jedoch nicht immer. Plant man in Brasilien nur zwei bis drei kürzere Flüge, erweist es sich meist als günstiger, vor Ort Tickets zu kaufen, auch gibt es oft attraktive Nachttarife.

Mitunter noch preiswerter als der Brasil-Airpass ist der **Mercosur-Pass**. Den obligatorischen Flug in ein Nachbarland kann man auch nur pro forma buchen und verfallen lassen. Über die vielen und sich stets ändernden Details unterrichten die Reisebüros. Mit dem **All America Airpass** können Strecken in ganz Amerika kombiniert werden (ausführliche Infos unter www.allairpass.com).

Bus

Das **Fernbusnetz** ist gut ausgebaut und komfortabel, besonders in den mit Schlafliegen bzw. verstellbarer Rückenlehne ausgestatteten *leitos* oder *semi-leitos*. Zu empfehlen sind diese Busse aber nur für kürzere Strecken, Fernreisen sind – abgesehen von der chronischen Unterkühlung – eine ungeheure Strapaze und vor allem sehr zeitraubend. Eine Fahrt von Rio nach Salvador dauert beispielsweise 29 Stunden! Oft sind Flüge sogar billiger oder nur wenig teurer. Von Vorteil ist jedoch, etwa bei Überlandstopps, der unmittelbare Kontakt mit dem brasilianischen Alltagsleben.

Die **Fahrkarten** kauft man am besten vorher in einem Reisebüro oder direkt beim Busbahnhof *(Rodoviária)*. Es gibt zahlreiche Busunternehmen, die den Markt und die Fahrtrouten unter sich aufgeteilt haben. Welche Gesellschaft welche Strecke bedient, ist jeweils im Serviceteil der einzelnen Orte vermerkt. Trotz vieler Linien gibt es ein System mit Einheitspreisen. Die Tickets sind ein Jahr gültig, Umbuchungen ohne zusätzliche Gebühr möglich; bei Stornierung muss der entrichtete Betrag innerhalb von 30 Tagen erstattet werden.

Während der **Fahrt** halten die Busse alle drei bis vier Stunden an einer Tankstelle mit Imbiss. Die Pausen sind nur kurz, man merke sich die Busnummer, um anschließend nicht falsch einzusteigen. Beim Rasten lasse man keine Wertgegenstände oder Papiere im Bus zurück. Das Reisegepäck bleibt in den seitlichen Kofferabteilen verstaut (Quittung aufbewahren).

Bahn

Das nur rudimentär ausgebaute brasilianische Eisenbahnnetz dient fast ausschließlich dem Gütertransport. Eine Ausnahme bilden besondere, oft ebenso nostalgische wie abenteuerliche **Touristenzüge**. Diese Linien verzeichnen einen wahren Boom, in den letzten Jahren hat sich die Zahl der Gäste fast verdoppelt.

Ausgehend von den besonders positiven Erfahrungen mit der **Zahnradbahn hinauf zum Corcovado/Cristo in Rio**, der **Maria Fumaça** zwischen São João del Rei und Tiradentes in Minas Gerais, dem **Trem da Uva** in der Serra Gaúcha (48 km) und der Bahn von **Curitiba nach Morretes** in Paraná entstanden immer neue Routen. Heute existieren bereits 19 Bahnstrecken, auf denen jährlich ca. 4 Mio. Fahrgäste befördert werden.

Ganz neu ist der **Trem do Pantanal**, der die 460 km lange Strecke zwischen Campo Grande und Corumbá zurücklegt. 2006 wurde eine Linie eröffnet, die die beiden historischen Städte **Ouro Preto** und **Mariana** verbindet.

Fähren und Schiffe

In **Amazonien**, vor allem zwischen Belém, Santarém und Manaus, ist die Fluss-Schifffahrt besonders gut entwickelt und kann eine willkommene touristische Abwechslung darstellen. Passagierschiffe verkehren auch auf dem **Rio São Francisco** (Minas Gerais, Bahia, Pernambuco) sowie auf einigen Abschnitten des **Rio Paraná** (Mato Grosso und Mato Grosso do Sul). An Deck gibt es Hängematten zum Schlafen (2. Klasse), Passagiere der ersten Klasse lassen sich in einer recht engen Kajüte nieder. Bequemer sind natürlich die **Luxus-Kreuzfahrtschiffe**, die während der Saison an der Küste entlangfahren (s. S. 70).

Mietwagen

Ein Mietwagen ist nur dann ratsam, wenn man einen kurzen Abstecher vom Urlaubsort in die nähere Umgebung plant. Längere Strecken legt man am besten per Flugzeug zurück und mittlere im modernen Fernbus. In Brasilien gibt es 2340 Autoverleihfirmen, die kleinen regionalen sind oft preiswerter, besitzen jedoch ältere Wagen und bieten einen schlechteren Service.

Empfehlenswerte Firmen sind (in folgender Reihenfolge): Localiza (www.localiza.com.br), Hertz (www.hertz.com.br), Avis (www.avis.com.br), Unidas (www.unidas.com.br), LocarAlpha, Yes, Europcar, Ampla, Interlocadora, Rental One, Lokamig und Locarauto. Die ersten vier bieten ihren Service auch an den Flughäfen an, gegen eine (hohe) Gebühr ist zudem eine Rückgabe in einer anderen Stadt möglich.

Der Tagespreis für den einfachsten Kleinwagen mit fixem km-Limit liegt bei 100 R$, ohne km-Begrenzung wird es etwas teurer, hinzu kommt die stets zu empfehlende Versicherungsgebühr; man informiere sich auch über oft preiswerte Mehrtages- und Wochenendtarife. Lokale Adressen und Telefonnummern finden sich bei den Service-Infos zu den Orten.

Voraussetzung für die Anmietung eines Leihwagens ist ein Mindestalter von 21 Jahren, eine mindestens seit zwei Jahren bestehende Fahrerlaubnis, der Internationale Führerschein (sicherheitshalber auch der nationale) und eine Kreditkarte.

Verkehrsregeln

Es ist zu beachten, dass in ganz Brasilien Anschnallpflicht herrscht.

Seit 1998 gibt es ein neues Verkehrsgesetz, das hinsichtlich der Strafen zu den härtesten der Welt zählt. An vielen Ampeln wird geblitzt und Geschwindigkeitskontrollen sind immer zahlreicher. Die Promillegrenze beträgt 0,1, es gibt häufig Kontrollen (ab 21.30 Uhr) und harte Strafen (955 R$).

Autofahren

Ein Problem sind nicht nur die Kontrollen. Der Straßenzustand ist häufig schlecht und das Verkehrsverhalten oft rüde bis fahrlässig. Ständig wird ohne zu blinken die Fahrspur gewechselt, rechts überholen ist normal, und Regeln wie rechts vor links sind praktisch unbekannt. Andererseits ist der Fahrstil selten aggressiv, auch wird kaum gehupt. Es herrscht eine große Toleranz, alles schiebt sich hin und her, man muss sich nur stets vorsichtig ein wenig durchsetzen.

Die wichtigste Regel ist, im Verkehr mitzufließen, wenn nötig auszuweichen oder sich auch einmal langsam aber entschieden hineinzudrängeln. Nie sollte man abrupte, nervöse Richtungsänderungen vornehmen. Abzuraten ist von Nachtfahrten über Land. Falsch eingestellte Scheinwerfer entgegenkommender Fahrzeuge sowie unangekündigte Schlaglöcher machen die Reise zum gefährlichen Abenteuer.

Nahverkehr

Für den innerstädtischen Transport empfiehlt sich in der Regel das **Taxi**. In den großen Städten Brasiliens ist es eines der Hauptverkehrsmittel, in Rio bestimmen die gelben Wagen mitunter das Straßenbild. Die Preise sind bedeutend niedriger als bei uns. Leider versuchen manche Taxifahrer, unerfahrene Touristen zu betrügen; unbedingt abzuraten ist von den vor großen Hotels stehenden Taxis. Absolut zuverlässig sind die speziellen Radio-/Funktaxis an den Flughäfen, sie sind allerdings ca. 50% teurer. Bei normalen Taxis achte man darauf, dass das *taxímetro* eingeschaltet ist. Häufig entspricht der Preis nicht exakt dem auf dem Taxameter angezeigten Wert; es gibt Korrekturtabellen, die die Inflation und diverse Zulagen registrieren. Der Aufschlag ist in der Regel jedoch nicht höher als 10%. Am Tage gilt der Tarif 1, später am Abend, nachts sowie an Sonn- und Feiertagen der Tarif 2. Ein chronisches Problem ist das Fehlen von Wechselgeld. Es empfiehlt sich, stets kleinere Scheine bei sich zu haben. Trinkgelder sind nicht üblich, man runde lediglich den geforderten Betrag auf.

Stadtbusse und **Vans** gibt es in Brasilien reichlich, in den großen Städten auch nachts. Die Zielstadtteile sind oben an der Frontseite angeschrieben. Nicht immer gibt es genau auszumachende Haltestellen, man muss sich bei Einheimischen erkundigen. Oft halten die Busse auch spontan und lassen vor roten Ampeln Fahrgäste zusteigen. Meistens betritt man den Bus hinten (manchmal auch vorne), geht durch eine Drehtür, zahlt beim Schaffner einen relativ geringen, am Bus angeschriebenen Einheitspreis (ohne Fahrschein) und steigt bei Ankunft vorne wieder aus.

Während der Fahrt ist es ratsam, sich stets gut festzuhalten, der Fahrstil weicht stark von mitteleuropäischen Standards ab. Linien in Peripheriebezirke hinein sollte man wegen der Gefahr von Überfällen oder Diebstählen eher meiden. In vielen Städten werden inzwischen auch Fahrscheine abgeboten, die mehrere Verkehrsmittel integrieren.

Die **U-Bahn** ist im Vergleich zum Bus meistens etwas sicherer, auch sauberer und moderner. Nur wenige Städte besitzen jedoch ein nennenswertes U-Bahn-Netz, darunter São Paulo, Rio, Recife, Porto Alegre und Belo Horizonte.

Unterkunft

Preise und Reservierung

Insgesamt liegen die Preise für Unterkünfte noch unter dem europäischen Niveau. Oft sind Reservierungen von der Heimat aus – über Reisebüros oder per Internet – genauso günstig oder sogar preiswerter als Buchungen vor Ort, zumindest bei größeren Hotels. Bei vorzeitiger Reservierung wird – besonders in der Saison – eine Anzahlung (depósito) oder die Übermittlung der Kreditkartendaten verlangt, außer bei Buchung über www.rio-insider.com. Die in diesem Buch angegebenen Preise beziehen sich gewöhnlich auf ein DZ mit Frühstück außerhalb der Hochpreisphase während der Hauptsaison.

Hotels und Pensionen

In den Großstädten ist man stärker auf Hotels angewiesen; das Angebot ist groß und umfasst alle Kategorien. Fast immer ist das Frühstück im Preis inbegriffen. Zur Hauptreisezeit im Januar/Februar sowie teilweise im Juli empfiehlt sich unbedingt eine vorherige Reservierung. In kleineren Küstenorten werden Unterkünfte häufig in Pensionen (pousadas) angeboten. Sie sind zumeist preiswerter als Hotels und bieten ein stimmungsvolleres Ambiente mit Terrassen- oder Gartenanlage. In den entsprechenden Regionen sind die Betten mit Moskitonetzen ausgestattet.

Hotel-Fazendas/Lodges

Eine besondere Attraktion stellen die so genannten Hotel-Fazendas dar, größere Anlagen inmitten der Natur mit kleinen Chalets (chalés), Sauna und Schwimmbad, vielen Wander-, Reit- und Sportmöglichkeiten sowie guter Verpflegung. Immer beliebter werden auch die Lodge-Unterkünfte im Regenwald (s. S. 341).

Schwimmende Lodges bieten ein spektakuläres Ambiente für die Übernachtung

Apartments

Überlegenswert ist auch das Anmieten eines Apartments. Die Preise sind günstiger, man hat mehr Platz und die individuellen Freiheiten sind größer. Speziell in Rio und Florianópolis bieten die Reisebüros eine große Auswahl.

Motels

An den Ein- und Ausfallstraßen der Vororte großer Städte und manchmal auch im Zentrum sieht man immer wieder bunt beleuchtete Motels, die weniger der Übernachtung als der intimen Begegnung dienen. Andererseits sollte einen nichts davon abhalten, hier gelegentlich für max. 12 Stunden ein Zimmer zum Schlafen zu nehmen. Diese Häuser sind preiswert, nie belegt (auch nicht zum Karneval oder über Silvester) und bieten einen ganz speziellen Komfort wie private Sauna, Whirl-Pool, Musikanlage, Fernseher und Bestellservice. Bezahlt wird erst hinterher bei Übergabe des Etablissements. Normalerweise treffen sich hier brasilianische Liebespaare, solange sie noch nicht verheiratet sind. Da mann/frau i. d. R. bis zur Hochzeit bei den Eltern wohnt, ist das zärtliche Einverständnis wegen der räumlichen Enge gewissen Einschränkungen unterworfen. Zudem tauschen Paare gern die Bescheidenheit des häuslichen Ambientes gegen ein paar Stunden im französischen Luxusbett unter einer glitzernden Spiegeldecke.

Jugendherbergen/Hostels

Jugendherbergen und Hostels werden in Brasilien immer beliebter, die meisten befinden sich im Nordosten und Südosten des Landes. Sie sind schon recht komfortabel und fast immer preiswerter als Hotels, einfache Pousadas können allerdings manchmal noch günstiger sein.

Wer in diesen Jugendherbergen *(albergues da juventude)* – seit 2004 auch offiziell *hostels* genannt – übernachten will, kann entweder online reservieren (www.hostel.org.br, www.hihostels.com) oder sich die Adressen über die Federação Brasileira de Albuerges da Juventude (FBAJ) besorgen, Rua da Assembleia 10, Sala 1617, Rio de Janeiro, Tel. 021-25 31 10 85, www.hostel.org.br.

HI-Hostels sind in einem weltweiten Verband organisiert, der Hostelling International Association. Mit dem internationalen Jugendherbergsausweis (HI-Card) und/oder dem internationalen Studentenausweis (ISIC- Card) bekommt man hier Ermäßigungen, die HI-Card kann ohne Altersbegrenzung auch in den HI-Hostels erworben werden (40 R$) und gilt für ein Jahr. Nach wenigen Übernachtungen hat sich diese kleine Investition bereits bezahlt gemacht.

Camping

Campingplätze befinden sich meist in der näheren Umgebung der Küstenstädte. Sie sind zahlreich vorhanden und gut ausgestattet, dennoch mit europäischen Standards nicht zu vergleichen. Der Camping Clube do Brasil (CCB), Tel. 021-25 32 02 03, www.campingclube.com.br (dort Adressen), verfügt über mehr als 40 Campingplätze in zehn verschiedenen Bundesstaaten.

Besitzer eines internationalen Campingausweises bekommen 50 % Ermäßigung auf den offiziellen Tagespreis, der pro Person und Nacht um 15 R$ liegt. Freies/wildes Campen ist in Brasilien eher unüblich und auch gefährlicher, zudem sollte man der Umwelt zuliebe davon absehen.

Insgesamt sind Pousadas dem Campen jedoch eher vorzuziehen. Es gibt sie schon sehr preiswert und recht komfortabel.

Sport und Aktivurlaub

Die Insel Itaparica bietet zahlreiche Möglichkeiten, Spaß und Sport zu verbinden

Angeln

Sehr beliebt und verbreitet ist der Angelsport im Mittelwesten des Landes, besonders in **Bonito** und im **Pantanal**. Zu bestimmten Zeiten sind jedoch diverse Auflagen und Einschränkungen zu beachten. Ein echter Geheimtipp für die Amazonasregion ist **Alter do Chão**. Das traumhaft schöne Gebiet gegenüber der Mündung des Rio Arapiuns besticht durch einzigartige Strände (bei Niedrigwasser), eine weitläufige Dünenlandschaft und einen besonderen Fischreichtum. Im Bereich der großen Sandbänke sind Rekord-Stachelrochen bis zu 30 kg zu erwarten, die nachts mit Köderfisch gefangen werden. An den tiefen Stellen befinden sich große Schwärme von Tucunarés *(Cichla spec. Tapajós),* als Köder dienen gängige Kunstköder. In Alter do Chão gibt es einige Pousadas und Privatunterkünfte. Von Santarem benötigt man 1 Std. mit dem Bus/Auto und gut 4 Std. per Boot.

Buggytouren

Mit Vollgas geht es durch die Dünen von Genipabu in Natal, vorzugsweise mit Fahrer (zahlreiche Anbieter vor Ort, auch über die Hotels). Die Frage des Fahrers, ob eine Tour *com ou sem emoção* (mit oder ohne Emotion) gewünscht wird, bezieht sich nicht auf romantische Gefühle, sondern auf die gewünschte Umdrehungszahl des Motors. Neulinge sollten sich mit der emotionsloseren Tour bescheiden (s. S. 284).

Chartersegeln

Eine gute Möglichkeit besteht ab Angra dos Reis im Bundesstaat Rio de Janeiro. Dort lässt sich z. B. über ›Brasil Yacht Charter‹, www.byc.com.br, ein Boot mieten. Es empfiehlt sich, nicht direkt anzureisen, sondern sich zuvor einige Tage in Rio zu akklimatisieren. Von dort ist man in ca. 2 Std. am Jachthafen von Angra. Die Schiffe sind in relativ gutem Zustand, die Ausstattungsliste entspricht allerdings nicht europäischen Standards. Das Segelrevier ist anspruchsvoll, bei Nacht wegen der Untiefen gefährlich. Die Infrastruktur ist nur bedingt auf Chartersegeln ausgelegt. Wer die Natur liebt, weite Strände mag und auch beim Segeln mit den landestypischen organisatorischen Unzulänglichkeiten umgehen kann bzw. über etwas Improvisationstalent verfügt, kommt jedoch bei diesem Abenteuer voll auf seine Kosten. Nähere Infos mit Tipps und Tricks erteilt gerne der deutsche Hobbysegler Jens Hagedorn, jens@hagedorn-net.de.

Drachenfliegen

Asa Delta-Flüge und Paragliding im Tandem werden bereits in zahlreichen Orten Brasiliens angeboten. Sehr schön ist dieses Erlebnis auch in **Rio de Janeiro** (São Conrado, Praia do Pepino), ein nicht gerade preiswertes, aber bestimmt unvergessliches Abenteuer. Die grüne Berglandschaft am Meer ist von besonderem Reiz (s. S.138).

Surfen

In **Rio de Janeiro** gibt es zwei beliebte Surf-Spots, in Arpoador zwischen Copacabana und Ipanema sowie etwas außerhalb der Stadt an einem traumhaft schönen Strand namens Prainha. In **Saquarema**, 100 km nordöstlich von Rio, erreichen die Wellen gar eine Höhe von 3 m, hier werden häufig internationale Wettbewerbe ausgetragen. Weitere Surf-Paradiese sind Fernando de Noronha (Pernambuco), Florianópolis (Santa Catarina), Itacaré (Bahia), die Praia da Guarda in **Garopaba** (Santa Catarina) und Itamambuca in **Ubatuba** (São Paulo).

Tauchen

Brasiliens bestes Tauchgebiet ist die Insel **Fernando de Noronha** im Nordosten. Die Sichtweite ist wegen des klaren Wassers sehr hoch und die Meeresfauna mit rund 230 Fisch- und über 100 Korallenarten einzigartig (s. S. 291).

An zweiter Stelle im brasilianischen Ranking liegt der **Parque Nacional Marinho dos Abrolhos** in Bahia. Die Sichtweite ist mit 8 bis 15 m etwas geringer, dafür findet man hier die artenreichste Fauna der ganzen Küste, darunter 18 verschiedene Arten von Korallen (s. S. 235). Weitere Reviere sind **Búzios/Arraial do Cabo**, 179 km nordöstlich von Rio gelegen, mit mehreren guten Tauchschulen (s. S. 146) und Ilha Grande (s. S. 148).

Wandern

Brasilien besitzt viele Nationalparks, in denen man stunden- und tagelang wandern kann. Eine beliebte Option ist der **Parque Nacional da Floresta de Tijuca** in Rio de Janeiro, der größte städtische Regenwald der Welt. In den nordwestlichen Regionen gibt es ein großes, gut ausgeschildertes Wegenetz (s. S. 126). Wer in Salvador da Bahia ist, kann im Hinterland den **Parque Nacional da Chapada Diamantina** aufsuchen. Er besitzt nur wenig Grünflächen, dafür aber viele Cañons, Höhlen und Wasserfälle. Es gibt zahlreiche Wanderrouten, z. T. auf alten Goldsucherpfaden.

Einkaufen

Edelsteine und andere Souvenirs

Brasilien gehört bis heute zu den Ländern mit den größten Edelsteinvorkommen. Von Smaragden, Saphiren, Rubinen, Opalen und Topasen bis zu 18-karätigem Gold kann man hier fast alles preisgünstiger erwerben als zu Hause. Am seriösesten sind die beiden großen Marktführer ›Stern‹ und ›Amsterdam Sauer‹. Sehenswert sind die von ihnen unterhaltenen Edelsteinmuseen in Rio (Ipanema). Die Häuser bieten kostenlos und ohne Kaufverpflichtung Taxi-Transfers vom Hotel zum Geschäft und zurück. Beim Kauf auf der Straße oder einem offenen Markt findet man bestenfalls einfache Halbedelsteine. Diese können jedoch auch schön sein und ihren Zweck als kleines Souvenir erfüllen.

Außer Edelsteinprodukten trifft man in Brasilien auf ein reichhaltiges Angebot an Mitbringseln. Im Norden und Nordosten, vor allem in Fortaleza, Belém und Santarém, sind **Hängematten** *(redes)* besonders zu empfehlen, die zugleich bei einem Urwaldaufenthalt von Nutzen sein können. Auf den Märkten werden preiswerte **Lederwaren, Spitze** und gehäkelte **Tischdecken,** aus Holz geschnitzte **Tierfratzen** *(carrancas)* und in Flaschen und Gläser gefüllte farbige **Sandmischungen** feilgeboten. Im Amazonasgebiet gibt es ein reiches Angebot an **indianischem Kunsthandwerk.** Das typischste Mitbringsel aus Salvador ist der **berimbau**, ein afrobrasilianisches Musik- und Begleitinstrument zum *capoeira*-Tanz. Wer in den Süden reist, wird vielleicht das seltsam anmutende Tee-Trinkgefäß der Gaúchos, den so genannten **chimarrão,** mitbringen. Ansonsten findet man in jedem Touristenort **T-Shirts** mit speziellen Motiven der Region. Fast obligatorisch im Rückreisegepäck sind **Musik-CDs.**

Kunsthandwerklicher Markt vor der Kirche São Francisco de Assis in Ouro Preto

Ausgehen

Brasilianer gehen gern und häufig aus. Am beliebtesten ist der Familien- und Gruppentreff im Restaurant (s. S. 60). Gern sitzt man auch vor einer einfachen Kneipe *(cervejaria)* an der Straßenecke und trinkt reichlich Bier in geselliger Runde. Im Südosten des Landes sind zudem Kinobesuche sehr *in,* die Filme laufen im Original (meist Englisch) mit portugiesischen Untertiteln. In den Küstenorten des Nordostens gibt es weniger Kinos, dafür aber viele, oft riesige Strandbars *(barracas),* die abends Live-Musik *(música ao vivo)* anbieten. In den Hauptstädten und Metropolen kann man sich über fehlendes Nightlife kaum beklagen, die Zahl der Tanzlokale *(danceterias, boates),* Discos *(discotecas)* und Clubs *(clubes)* ist beachtlich. Besonders in São Paulo ist das Angebot größer als in allen anderen Städten Lateinamerikas. In Rio de Janeiro wurde im Stadtteil Lapa nahe dem Zentrum ein heruntergekommenes Viertel revitalisiert, in vielen schönen Villen und sogar Antiquitätenläden spielen die besten Samba- und Choro-Bands der Stadt zum Tanz. In Salvador und Recife fand die Restaurierung der Altstädte schon früher statt, im Zentrum der Hauptstadt Bahias pulsiert das Nachtleben ohne Unterbrechung.

Auch sollte man in manchen Orten die vielfältigen Programmangebote der Konzerthäuser und Theater beachten, Brasilien bietet nicht nur Samba und Axé. Im Theatro Municipal von Rio de Janeiro finden beispielsweise anspruchsvolle Ballettvorführungen und Konzerte statt. Ein besonderes Erlebnis ist ein Besuch der Sala São Paulo, einer der modernsten Kunstmusiktempel der Welt (www.salasaopaulo.art.br).

Rio de Janeiro am Abend: Sambashow im Nachtclub ›Plataforma‹

Gut zu wissen

Bademode

Topless und Nacktbaden ist, von einigen FKK-Stränden abgesehen, in ganz Brasilien verpönt und provozierend, man sollte sich den hiesigen Bräuchen nicht entgegenstellen. Angehörige beiderlei Geschlechts finden es hier aufregender, wenn nicht gleich alles zu sehen ist und der knappe Zahnseiden-Bikini der Damen *(fio dental)* noch ein wenig vom Geheimnis lässt. Neben Bikinis besteht die Bademode aus Strandlatschen (z. B. *havaianas*) und einem leichten Strandtuch *(canga)*, das man überall preiswert erwerben kann (auch ein schönes Andenken).

Reisen mit Handicap

In einem Land wie Brasilien haben Behinderte nicht unbedingt Vorrang im öffentlichen Leben. Die Bevölkerung ist zwar stets hilfsbereit, auch gibt es keine Vorurteile oder Diskriminierungen. Behinderte, ob im Rollstuhl oder nicht, sind eine normale und häufige Erscheinung im Straßenbild. In größeren Städten werden allmählich die Bürgersteige den Bedürfnissen Behinderter angepasst, auch die besseren Hotels stellen sich immer mehr auf Behinderte ein. Probleme bereiten jedoch die meist überfüllten Omnibusse, auch hinsichtlich des rabiaten Fahrstils.

Drogen

Brasilien ist bekannt als großer Drogenumschlagplatz. Die heiße Ware kommt vor allem aus Kolumbien und wird später über die Verteilerorganisationen in den Favelas an die Konsumenten innerhalb und außerhalb Brasiliens weitergeleitet. Trotz staatlicher Verfolgungsmaßnahmen ist der Drogenhandel und Drogengebrauch – vor allem Marihuana *(maconha)*, Kokain *(cocaina, pó)* und Crack – stark angestiegen. Die scharfen Kontrollen an den Grenzen, vor allem zu Bolivien, sowie an den Flughäfen führen nur zu sporadischen Erfolgen. Man kann schon beim Besitz kleinster Mengen die größten Probleme bekommen und sogar einen Gefängnisaufenthalt riskieren. Wer Drogen kauft oder – oft unbemerkt – zugesteckt bekommt, läuft auch Gefahr, in eine Falle zu geraten und an der nächsten Ecke von Polizisten abgefangen zu werden. Anschließende Lösegeldforderungen sollte man ablehnen und sich ausschließlich an die Touristenpolizei wenden. Auf keinen Fall sollte man für Unbekannte irgendwelche Päckchen mit über die Grenze nehmen, man könnte als Drogenkurier missbraucht werden.

Eintrittspreise

Schnell wird man bemerken, dass die Eintrittspreise für Museen, Kirchen usw. in Brasilien äußerst gering sind. Häufig zahlt man gar nichts oder nur einen kleinen Tribut zwischen 2 und 5 R$. Aus diesem Grunde wurde im Reiseteil meist auf entsprechende Angaben hinter den Öffnungszeiten verzichtet. Lediglich etwas aus dem Rahmen fallende höhere Eintritte wurden vermerkt.

Elektrizität

Die elektrische Stromspannung in Brasilien schwankt je nach Region zwischen 110 und 220 Volt, im Zweifel erkundige man sich vor Ort. Große Hotels haben oft beide Anschlüsse.

Fotografieren und Filmen

Brasilianer/innen lassen sich im Allgemeinen gern fotografieren oder filmen, dennoch sollte man anstandshalber vorher fragen. Das Foto kann auch ein bewährtes Mittel der Kontaktaufnahme sein. Mitunter, wie in Salvador, verlangen speziell für Touristen kostümierte Frauen ein kleines Entgelt. In Armenvierteln ist, von der erhöhten Diebstahlgefahr abgesehen, ein besonderes Taktgefühl angebracht. In Museen und Kirchen ist Fotografieren mit Blitz in der Regel nicht erlaubt. Bei Fotoaufnahmen im Urwald ist ein Stativ oder ein hoch empfindlicher Film erforderlich. Allgemein bieten der Morgen und der späte Nachmittag weichere Lichtverhältnisse.

Gays und Lesben

Seit einiger Zeit ist Brasilien, besonders Rio de Janeiro und São Paulo, auch ein beliebtes Reiseziel von Homosexuellen. Beim so genannten Gay-Tourismus liegt Rio inzwischen weltweit an erster Stelle. Die lokale LGBT-Gemeinde ist recht groß, umschließt sie doch Lesben, Gays, Bisexuelle und Transvestiten. Man trifft sich beim Posto 8 am Strand von Ipanema oder in den dortigen Bars der Rua Farme do Amoedo (z. B. in der Bofetada). Zum Karneval gibt es Umzüge und viel Spektakel der hiesigen Transvestiten, die ihr Revier besonders in den Stadtteilen Lapa und Ipanema haben. Die Gay-Paraden von Rio und São Paulo gehören inzwischen zu den größten der Welt. Homosexuelle Brasilienbesucher sind offiziell willkommen, geben sie doch im Durchschnitt 40 % mehr aus als andere Gäste.

Notruf

Nationale Notruf-Telefone (24 Std.): **Ambulanz** 192, **Feuerwehr** 193, **Polizei** 190. Seit Ende 2005 gibt es auch einen Notruf für **misshandelte Frauen**: 180.

Öffnungszeiten

Die **Banken** *(bancos)* öffnen Mo–Fr durchgehend 10–16, manche auch 9–17 Uhr (Wechselstuben oft noch länger), **Postämter** *(correios)* Mo–Fr 9–17 und Sa 9–12 Uhr. Die **Geschäftszeiten** sind nicht einheitlich geregelt. Im allgemeinen ist Mo–Fr 9–19 und Sa 9–13 Uhr geöffnet. Manche **Supermärkte**, **Einkaufscenter**, **Drogerien**, **Apotheken** und **Bäckereien** schließen jedoch erst um 22 Uhr bzw. sind in den größeren Städten sogar Tag und Nacht sowie So geöffnet. Die meisten **Restaurants** sind ab mittags durchgehend geöffnet. An den zahlreichen **Kiosken** *(bancas)* bekommt man oft rund um die Uhr Zeitungen, Landkarten, Stadtpläne etc.

Polizei und Kontrollen

Leider ist die Polizei in Brasilien, von Ausnahmen abgesehen, alles andere als ›dein Freund und Helfer‹. Die Rekrutierung aus den untersten Schichten, die Nähe zum organisierten Verbrechen und die unzureichende Bezahlung haben zu einer weitgehenden Korrumpierung des Polizeiapparates geführt. Kontrollen dienen weniger dem Erhalt der Sicherheit, sondern mehr dem Zweck der privaten Bereicherung. Man sollte stets eine Ausweiskopie dabei haben und sich bei Problemen nur an die Touristenpolizei wenden.

Rauchen

17 % der Brasilianer sind Raucher, es gibt eine recht starke Anti-Rauch-Front und entsprechende Kampagnen. Auf den Zigarettenschachteln sind schreckliche Bilder von Krankheiten zu sehen, in öffentlichen Gebäuden besteht weitgehend Rauchverbot, ebenfalls auf den Flughäfen. In Rio, São Paolo sowie in den meisten anderen Bundesstaaten

wurde das Rauchen auch in Restaurants, Bars und Clubs verboten. Geplant ist ein entsprechendes Gesetz für ganz Brasilien.

Trinkgeld

In den meisten Restaurants ist es inzwischen üblich, bei der Rechnung gleich 10 % Bedienungsgeld aufzuschlagen (sonst findet sich der Hinweis *gorjeta não incluida*). Zusätzliche Trinkgelder werden nicht erwartet. Dem Zimmerpersonal oder Gepäckträger gebe man mindestens 5 R$, aber nicht jeden Tag, sondern nur bei der An- und Abreise. Viele Hotels berechnen auf den Endpreis eine Gebühr *(taxa)* von 5–15 %. Bei Taxifahrern sollte man den Preis lediglich ein wenig aufrunden.

Verständigung

Landessprache ist Portugiesisch. Englisch sprechen leider wenige, lediglich in größeren Hotels oder bei manchen Reiseagenturen. Deutsch wird nur in einigen Kleinstädten des Südens (Blumenau, Pomerode, Joinville) gesprochen. Mit Spanisch kann man sich z. T. behelfen, doch gibt es viele Begriffe und Redewendungen, die man auf Portugiesisch bzw. in der brasilianischen Form kennen sollte. Sehr zu empfehlen ist die Mitnahme eines Wörterbuches (z. B. Langenscheidts »Brasilianisch«) und für die Basiskommunikation das Bändchen »Brasilianisch – Wort für Wort« aus der Reihe Kauderwelsch im Reise-Know-How-Verlag. Wer die Sprache richtig erlernen will, kann mit dem bewährten Lehrwerk von Claus Metzger beginnen: Langenscheidts Praktisches Lehrbuch Brasilianisch.

Wasser

Das Wasser in Hotels und Pousadas ist nirgendwo im ganzen Land zum Trinken geeignet, zum Zähneputzen lässt es sich jedoch benutzen.

Verständigungsprobleme gibt es nicht, hier weiß man, was schmeckt

Reisekasse und Reisebudget

Währung

Brasilien hat seit 1994 eine neue Währung, den Real (R$), der sich bisher als recht stabil erwiesen hat und kaum inflationär entwertet wurde. Im Umlauf sind Geldscheine im Wert von 1, 2, 5, 10, 20, 50 und 100 Reais. Ab 1 R$ abwärts kursieren auch Münzen, die *centavos,* die wegen chronischer Wechselgeldprobleme Gold wert sein können. Grundsätzlich sollte man möglichst mit kleineren Geldnoten bezahlen bzw. in nobleren Etablissements jede Gelegenheit nutzen, die von den Bankautomaten ausgegebenen 50-R$-Scheine in Kleingeld umzuwandeln.

> **Sperrung von EC-und Kreditkarten bei Verlust oder Diebstahl*:**
>
> **0049-116 116**
>
> oder 0049-30 4050 4050
> (* Gilt nur, wenn das ausstellende Geldinstitut angeschlossen ist, Übersicht: www.sperr-notruf.de)
> Weitere Sperrnummern:
> – MasterCard: 0049-69-79 33 19 10
> – VISA: 0049-69-79 33 19 10
> – American Express: 0049-69-97 97 2000
> – Diners Club: 0049-69-66 16 61 23
> Bitte halten Sie Ihre Kreditkartennummer, Kontonummer und Bankleitzahl bereit!

Geldwechsel und Kreditkarten

Am sinnvollsten ist es, für den Anfang einen kleinen Teil des benötigten Geldes in **Euro** mitzubringen und dann nur in **Wechselstuben** *(casas de câmbio)* zu tauschen, die häufig Reisebüros angegliedert sind und deren Öffnungszeiten meistens den normalen Geschäftszeiten entsprechen. (US-$ braucht man fast nicht mehr, außer in sehr abgelegenen oder ländlichen Gegenden, wo der Dollar eher gefragt ist als der Euro). Zusätzlich braucht man ein oder zwei internationale **Kreditkarten**, die sowohl zur Bezahlung als auch zur Barabhebung bei Bankautomaten verwendet werden können.

Am allerbesten kommt man mit Visa durch. Bei den meisten Banken kann man auch mit der einfachen EC-Karte/Maestro gebührengünstig Bargeld abheben. Die Automaten sind am Abend nur bis 22 Uhr zugänglich.

Reisebudget

Die im Buch angegebenen Preise sind stets in der Landeswährung angegeben (R$= Real/Reais). Der **Wechselkurs** war Anfang 2011: 1 € = 2,29 R$. Die Hotel- und Restaurantpreise liegen – bei vergleichbaren Leistungen – noch etwas unter dem europäischen Niveau. Abseits der touristischen Hochburgen ist es spürbar billiger als in der Heimat.

Kostenbeispiele: Essen & Trinken: Mineralwasser 1–2 R$, Tasse Milchkaffee 1–3 R$, frisch gepresster Fruchtsaft 3 R$, Glas Bier 3–5 R$, Caipirinha 3–8 R$, Essengehen ab 10 R$ pro Pers., Sandwich 3–6 R$, Fleisch-Rodízio (Churrascaria) 25–80 R$ pro Pers., Schachtel Zigaretten 4–5 R$. **Unterkunft:** Bett in Jugendherberge/Hostel 20–45 R$ p. P., DZ in einfacher und mittlerer Unterkunft 50–150 R$, in gehobener Unterkunft 150–250 R$, in Luxusunterkunft 250–500 R$. **Service:** Wäsche waschen (5 kg) 10–15 R$. **Verkehrsmittel:** öffentliche Nahverkehrsmittel 2–4 R$, Taxifahrt Startpreis ca. 4 R$, jeder km ca. 1 R$, Taxi Flughafen–Zentrum 30–80 R$, Busfahrt (500 km) 75 R$, Inlandsflug 150–700 R$, Mietwagen ab 100 R$/Tag. **Sonstiges:** Eintrittsgelder für Museen, Kirchen usw. 2–8 R$, Kinobesuch 8–15 R$, Musik-CDs ab 25 R$, Musik-Shows ab 15 R$, T-Shirts ab 15 R$.

Reisezeit und Reiseausrüstung

Reisezeit

Brasilien kann im Prinzip ganzjährig bereist werden, man sollte jedoch unbedingt einige klimatische, regionale und saisonale Besonderheiten berücksichtigen. Vor allem ist zu beachten, dass die Jahreszeiten gegenüber der nördlichen Erdhalbkugel vertauscht sind.

Im europäischen Winter

Die meisten Gäste aus Europa besuchen das warme Tropenland während der heimatlichen Wintermonate. Auch lockt der Karneval. Die Zeit von Mitte Dezember bis zum Karneval ist jedoch auch die Hauptreisezeit der Brasilianer. Einerseits ist dann alles voller und teurer, gleichzeitig aber belebter und unter Umständen interessanter. Außerhalb der Saison können nämlich die Stadtstrände (von Rio de Janeiro einmal abgesehen) befremdlich menschenleer und öde sein, nur sonntags verändert sich dann das Bild. Während des brasilianischen Sommers ist das Klima im ganzen Land wärmer, im Norden (Amazonien) und Nordosten (Belém und São Luís) wird es jedoch zwischen Dezember und April recht schwül und regnerisch (Regenzeit). Die Einheimischen nennen diese Zeit mangels echter Jahreszeiten gar ›Winter‹.

Im europäischen Sommer

Die zweite Hauptreisezeit ist der eigentliche ›Winter‹-Monat Juli, Ferienmonat in Brasilien. Wer die Sonne sucht, sollte den Süden des Landes zwischen Juni und September meiden. Dort kann die Temperatur bis unter den Gefrierpunkt fallen, bei fehlender Zentralheizung keine angenehme Erfahrung. Auch im Südosten (São Paulo und Rio de Janeiro) sind zu der Zeit Temperaturen zwischen 10 und 15 °C keine Seltenheit. Je weiter man jedoch nach Norden in Äquatornähe kommt, desto geringer sind die jahreszeitlichen Temperaturschwankungen. Der Nordosten ist zu dieser Zeit sicherlich das ideale Reisegebiet, auch wegen der im Juni/Juli stattfindenden ›Festas juninas‹.

Im Herbst und Frühling

In den anderen Jahreszeiten, also dem brasilianischen Herbst und Frühling (jeweils umgekehrt zu Europa), ist Nebensaison. Die Ferienorte sind weniger belebt und die Preise niedriger. Im Nordosten bleibt das Klima konstant tropisch, im Süden und Südosten ist es jedoch Glückssache, wie viele schöne Sonnentage man genießen kann.

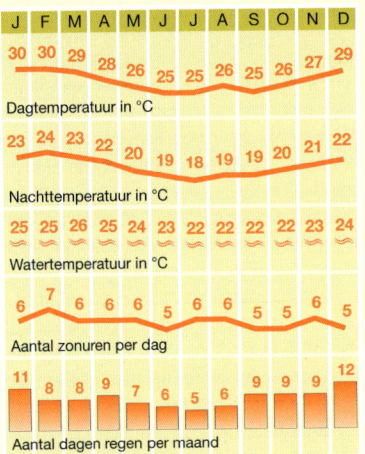

Klimadaten Rio de Janeiro

	J	F	M	A	M	J	J	A	S	O	N	D
Dagtemperatuur in °C	30	30	29	28	26	25	25	26	25	26	27	29
Nachttemperatuur in °C	23	24	23	22	20	19	18	19	19	20	21	22
Watertemperatuur in °C	25	25	26	25	24	23	22	22	22	22	23	24
Aantal zonuren per dag	6	7	6	6	6	5	6	6	5	5	6	5
Aantal dagen regen per maand	11	8	8	9	7	6	5	6	9	9	9	12

Kleidung

Das sicherste Mittel, nicht nur einen Hitzschlag zu erleiden, sondern auch Opfer eines Taschendiebstahls zu werden, ist unangemessene Kleidung. Der unerfahrene Neuankömmling outet sich häufig durch lange Hosen, dicke Socken und bunte Hemden. Brasilianer kleiden sich jedoch eher dezent und sportlich. Üblich sind (auch für Senioren) Tennisschuhe, Shorts und T-Shirts. In Strandnähe reichen sogar oft die Badehose bzw. der

Nur nicht oben ohne – sonst darf am Strand getragen werden, was gefällt

Bikini sowie einfache Sandalen, womit man selbst für viele Restaurants ausreichend bekleidet ist. Frauen binden höchstens noch ein spezielles Strandtuch *(canga)* um, das man hier überall kaufen kann.

Am Abend ist in Tanzbars und Clubs dann allerdings eine etwas feinere Garderobe angebracht. Wer Zeit hat, kauft sich noch ein paar Kleidungsstücke vor Ort, man sieht dann gleich einheimischer aus und begeht so auch keinen modischen Fauxpas.

Alles in allem legen die Brasilianer viel Wert auf ein gepflegtes Äußeres; unabhängig vom Einkommen versucht fast jeder, sich so hübsch wie möglich zu präsentieren. Ein schmuddeliges Outfit, ungewaschene Haare oder eine zerrissene Hose werden dagegen mit stiller Ablehnung quittiert. Besonders vom ›reichen‹ Touristen erwartet man ein rundum adrettes Erscheinungsbild. Was in Europa bei vielen wahrscheinlich gerade noch als ›Traveller-Mode‹ akzeptiert wird, stößt in Brasilien leicht auf Unverständnis.

Im Winter (also von Juni bis September) braucht man sowohl in den höher gelegenen Regionen (z. B. Ouro Preto oder Petrópolis) als auch im südlichen Teil des Landes wärmere Kleidung, zumindest noch einen Pullover und eine Jacke. Für den Amazonas sollte man eine Regenjacke dabeihaben.

Gesundheit und Sicherheit

Vorsorge

Die privatärztliche Versorgung in Brasilien ist recht gut, auch Apotheken sind zahlreich vorhanden. Sofern man nicht auf bestimmte Medikamente angewiesen ist, braucht man also im Grunde nichts mitzunehmen, außer höchstens einem Mückenschutzmittel, einem Durchfallmittel sowie Sonnencreme mit hohem Lichtschutzfaktor. Als Vorsichtsmaßnahme gegen Magen-Darm-Infektionen und Cholera ist dringend zu empfehlen, nur abgekochtes Leitungswasser zu trinken und in hygienisch nicht einwandfreien Restaurants Getränke ohne Eis *(sem gelo)* zu bestellen. Auch Speiseeis kann Bakterien enthalten. Rohes Gemüse, Obst und Salate sollte man vor dem Verzehr gründlich waschen bzw. schälen. Wichtig ist häufiges Händewaschen.

Impfungen

Impfungen sind bei der Einreise nicht vorgeschrieben, ratsam ist jedoch neben den auch in der Heimat üblichen Maßnahmen eine Vorsorge gegen Hepatitis A und bei einem Aufenthalt von mehr als drei Monaten auch gegen Hepatitis B. Eine Gelbfieber-Impfung ist sehr zu empfehlen für längere Reisen in den Norden und Mittleren Westen, in die Bundesstaaten Maranhão und Minhas Gerais, in den Süden von Pianí, den Westen und Süden von Bahia, den Norden von Espírito Santo, den Nordwesten von São Paolo sowie den Westen von Paraná, Santa Catarina und Rio Grande do Sul. Die brasilianischen Fluggesellschaften machen sich strafbar, wenn sie nicht geimpfte Reisende aus Risikogebieten in andere Landesteile fliegen lassen, dies gilt auch für Veranstalter von Kreuzschifffahrten auf der Route Amazonien – Rio de Janeiro. Überprüfungen sind jedoch eher selten. Dennoch sollte man ggfs. den Internationalen Impfausweis mitnehmen. Eine Malaria-Prophylaxe z. B. mit Lariam oder Malarone ist dringend zu empfehlen beim Besuch der Bundesstaaten Rondônia, Acre und Roraima. Im zentralen Westen und in den Amazonas-Staaten reicht im Infektionsfall eine Standby-Therapie mit den gleichen Medikamenten. Ratschläge für Tropenreisende gibt es u. a. bei: **www.dtg.org, www. crm.de** und **www. die-reisemedizin.de**.

Tropenmedizinische Institute
Berlin: Spandauer Damm 130, Haus 10, 14050 Berlin, Tel. 030-30 11 66, www.charite.de/tropenmedizin
Düsseldorf: Moorenstr. 5, 40225 Düsseldorf, Tel. 02 11-811 70 31, Fax 811 87 52, www.uniklinik-duesseldorf.de
Hamburg: Bernhard-Nocht-Str. 74, 20359 Hamburg, Tel. 040-42 81 80, Fax 42 81 83 40, www.gesundes-reisen.de
Heidelberg: Im Neuenheimer Feld 324, 69120 Heidelberg, Tel. 062 21-56 29 05, www.tropenmedizin-heidelberg.de
Leipzig: Delitzscher Str. 141, Haus 12, 04129 Leipzig, Tel. 03 41-909 26 19, www.sankt georg.de
München: Leopoldstr. 5, 80802 München, Tel. 089-218 01 35 00, www.klinikum.uni-muenchen.de
Rostock: Ernst-Heydemann-Str. 6, 18057 Rostock, Tel. 03 81-494 75 11, www.tropen.med.uni-rostock.de
Tübingen: Keplerstr. 15, 72074 Tübingen, Tel. 070 71-298 23 65, www.medizin.uni-tuebingen.de/tropenmedizin
Wien: Lenaugasse 19, 1080 Wien, Tel. 01-40 26 86 10, tropeninstitut@gmx.at, www.tropeninstitut.at
Basel: Socinstr. 57, 4002 Basel, Tel. 061-284 81 11, Fax 271 81 01, www.sti.ch

Notfälle im Reiseland

Im Falle der Inanspruchnahme privater Behandlungen in Brasilien zahlt man in bar und lässt sich für die Reisekrankenversicherung eine Quittung ausstellen mit Angabe der Krankheit und Therapieform. In allen größeren Städten gibt es auch Deutsch sprechende Ärzte (**Arzt-Tipp für Rio**: Dr. Rolf Strattner, Av. N. S. Copacabana 1018/602, Tel. 021-25 21 37 23). Bei kleineren Problemen kann man auch direkt in der Apotheke Hilfe suchen. Die zahlreichen *farmácias* bzw. *drogarías* sind oft rund um die Uhr geöffnet.

HIV (Aids)

Insgesamt wurden von 1980 bis 2009 in Brasilien 544 846 Erkrankungsfälle registriert. Die heutige Zahl der HIV-Positiven wird auf 630 000 geschätzt, auf ca. 300 Einw. kommt eine infizierte Person. Die Mann-Frau-Verteilung ist 2 : 1. Die Übertragungsformen sind heterosexuelle Beziehungen (42 %), homo- oder bisexuelle Beziehungen (35 %) und Drogeninjektionen (23 %). Dank Aufklärungskampagnen bleibt die Zahl der Neuerkrankungen seit 2000 stabil. Anteilsmäßig ist bei Weißen sogar ein Rückgang zu verzeichnen, gegenüber einer besorgniserregenden Zunahme bei Farbigen, in den ärmeren Regionen des Nordens und Nordostens sowie bei Jugendlichen. Der Gebrauch von Kondomen ist immer häufiger und vor allem bei Prostituierten inzwischen fast die Regel. Insgesamt sind die Zahlen weniger alarmierend als in vielen Ländern Afrikas, Asiens sowie Russland – der Prozentsatz der Infizierten ist sogar niedriger als in den USA.

Sicherheit

Traditionell am ungefährlichsten ist der Aufenthalt in den europäisch geprägten, wohlhabenden Bundesländern des **Südens**. Geringere Risiken tragen auch Reisen durch den **Mittelwesten** (Pantanal) und den **Norden** (Amazonas). Im **Nordosten** hält sich trotz größter Armut die Zahl der Überfälle in Grenzen, nur in Salvador (besonders in der Nähe des Aufzugs) und in Fortaleza (Praia do Futuro) hat sich die Situation verschlechtert. Recht häufig sind Diebstahldelikte in den großen städtischen Ballungszentren des **Südostens** (Rio und São Paulo). Rio-Besucher sollten besonders an der Copacabana, in Lapa und in Santa Teresa verstärkt aufpassen. Insgesamt hat sich die Situation in Rio jedoch bedeutend verbessert, allein zwischen 2009 und 2010 ist die Kriminalität um 17 % zurückgegangen. Die Stadtwache ist fast überall präsent und sorgt für einen sogenannten *Choque de ordem* (Ordnungs-Schock).

Man sollte folgende Verhaltensregeln beherzigen: Fast am wichtigsten ist es, keine Angst zu zeigen, sich natürlich zu bewegen und dennoch die Augen offen zu halten. Auffällige, unangemessene Kleidung sowie Rucksäcke, offen umgehängte Fotoapparate und Videokameras, Schmuck und teure Armbanduhren können provozierend wirken, ebenso die Geldbörse in der Gesäßtasche. Geld sollte man nur in kleineren Mengen lose in der Vordertasche mit sich führen und bei einem Überfall sofort ohne Gegenwehr herausgeben, um eine Eskalation zu vermeiden (auch wenn die Täter nur Kinder oder Jugendliche sind). An unbeleuchteten Orten, in Tunneln sowie in dichtem Gedränge (Karneval!) ist das Überfallrisiko bedeutend höher. An der Copacabana in Rio darf man bei Dämmerung oder Dunkelheit nie bis direkt ans Wasser gehen. Tagsüber sollte man am Strand seine Sachen niemals unbeaufsichtigt lassen.

Geraubte Wertgegenstände gibt man bei der **Delegaçia de Atendimento ao Turista** an (Rio de Janeiro, Av. Afrânio de Mello Franco 159, Leblon, Tel. 021-33 99 71 70). Dort erhält man eine Bescheinigung für die Versicherung. Im Falle eines Hoteldiebstahls reicht eine Bescheinigung der Hoteldirektion.

Kommunikation

Post

Das brasilianische Postwesen funktioniert relativ zuverlässig, von nicht registrierten Wertsendungen sollte man jedoch absehen. Postämter (*correios*) finden sich in fast jedem Stadtteil (Mo–Fr 9–17, Sa 9–12 Uhr). Das Frankieren geschieht direkt bei der Post. Man kann seine Ansichtskarten auch an der Hotelrezeption zwecks Weiterleitung an die Post abgeben. Im Durchschnitt benötigt eine Briefsendung zwischen Brasilien und Europa 1–2 Wochen.

Telefonieren

Das Telefonnetz und Funk-Relais-System sind gut ausgebaut und modern, es existieren drei Koaxial-Tiefsee-Kabel, auch das Satellitensystem funktioniert gut. Leider wechseln innerhalb Brasiliens die Nummern recht häufig. Über die **Auskunft 102** erfährt man alle Nummern im ganzen Land. Das **Handy** *(celular)* ist in Brasilien sehr verbreitet. Das Betriebssystem ist GSM und erlaubt die Nutzung europäischer Handys. Sie sind im lokalen Einsatz nur wenig teurer, bei Gesprächen ins Ausland jedoch sehr kostspielig. Man sollte sich vor Reiseantritt bei seiner Mobilfunk-Gesellschaft nach Roaming-Angeboten erkundigen. Notfalls kann man sich auch in Brasilien (gegen Vorlage des Reisepasses plus – geborgter – CPF-Steuernummer) einen lokalen Chip plus Karte einsetzen lassen.

Seit der Privatisierung der staatlichen Telebras ist bei Fern- und Auslandsgesprächen stets nach der 0 bzw. 00 die **Kenn-Nummer der gewünschten Telefongesellschaft** mitzuwählen (CTBC: 12, Brasil Telecom: 14, Telefónica: 15, Transit: 17, Embratel: 21, Intelig: 23, GVT: 25, Oi: 31, TIM: 41). Bei Handy-Ferngesprächen sind diese Nummern ebenfalls erforderlich, bei mitgebrachten Geräten (auch *prepaid*) stellt man jedoch nur auf die richtige Gesellschaft ein (s. Internetliste ›Roaming‹).

Für **Auslandsgespräche** suche man einen Posto Telefónico, ein Internet-Café (2 R$/Min.) oder eine öffentliche Telefonzelle auf (mit brasilianischer oder internationaler Telefonkarte/*Cartão telefónico pré-pago*), falls man nicht bedeutend teurer vom Hotel aus telefonieren will. Interessant ist auch der Erwerb der **T-Card** von der deutschen Telekom. Die **Vorwahl** für **Deutschland** lautet 00 xx 49, für die **Schweiz** 00 xx 41 und für **Österreich** 00 xx 43 (anschließend die 0 bei der Ortsnetzkennzahl weglassen). Von Europa aus ist die Vorwahl nach Brasilien 00 55.

Für **Orts- und Inlandsgespräche** stehen auch die zahlreichen öffentlichen Telefonzellen (*orelhão* = großes Ohr) zur Verfügung, die mit Prepaid-Telefonkarten (*cartão telefónico pré-pago*) bedient werden; diese kann man an Zeitungskiosken käuflich erwerben. An vielen *orelhões* kann man auch Telefongespräche empfangen.

Internet-Cafés

Inzwischen findet man in allen Touristen-Orten sowie in sämtlichen mittleren und großen Städten Internet-Cafés (hier LAN-house genannt), häufig auch mit Telefonkabinen. Meistens wird man die nächstgelegenen bei der Hotel-Rezeption erfragen können. Die Hotels bieten jedoch inzwischen auch fast alle kostenlose oder günstige Internetnutzungen an.

Zeitungen

An der Copacabana in Rio findet man den »Spiegel« oder die »FAZ« in einigen wenigen Zeitungskiosken, in anderen Großstädten Brasiliens ausschließlich in größeren Verkaufsstellen oder in den Buchläden der Flughäfen.

Sprachführer

Aussprache/Betonung
Im Unterschied zum europäischen Portugiesisch ist die brasilianische **Aussprache**, vor allem in Rio und Bahia, weicher und melodischer. So werden **x, z, ch** und **g** (vor hellen Vokalen: e, i) wie ›sch‹ gesprochen, **j** wie jsch, **ç** und **c** (vor hellen Vokalen) wie ein stimmloses ›s‹. Harte Konsonanten werden oft vokalisiert, z. B. wird **l** nach einem Vokal wie ›u‹ ausgesprochen (Brasiu = Brasil), **lh** wie ›ij‹, **nh** wie ›nj‹. Das harte **h** bleibt am Anfang eines Wortes stumm. Am Wortende wird **e** häufig wie ›tschi‹ ausgesprochen (vor allem in Rio). Die **Betonung** liegt bei fast allen Wörtern auf der vorletzten Silbe, falls nicht Akzentzeichen (á, â) etwas anderes verlangen.

Redeweisen
Man legt sich nicht gern fest in Brasilien, statt ›ja, nein‹ *(sim, não)* hört man viel häufiger ›vielleicht‹ *(talvez)* oder ›kann sein‹ *(pode ser)*. Vieles wird auf morgen verschoben *(amanhã)*. Ebenso locker geht es bei den Anredeformen zu. Außer bei älteren Leuten oder bei Respektspersonen *(a Senhora, o Senhor)* gilt wie im Englischen das intimere ›Du‹ *(você)*. Üblich ist auch, selbst bei Fremden, sich gleich mit ›Liebe, Lieber‹ *(amor)* anzureden.

Entgegen einem verbreiteten Vorurteil sind Brasilianer äußerst höflich, bei jeder Kleinigkeit entschuldigt man sich *(desculpe)*, bittet um Erlaubnis *(com licença)* oder bescheinigt seine Anteilnahme *(sinto muito* = Tut mir leid!). ›Bitte‹ heißt *por favor*, ›danke‹ *obrigado/a* (sie sagt -a, er sagt -o). Fast ständig hört man nach dem einleitenden *oi* (Hallo!) die Frage nach dem Befinden *(tudo bem?* = Alles klar, alles o. k.?). Eine ernsthafte Antwort darauf wird nicht erwartet, lediglich *tudo bem*, bei aller Herzlichkeit bleibt man in Brasilien gleichzeitig stets an der Oberfläche. Im schlimmsten Falle kommt die Erwiderung *mais ou menos* (mehr oder weniger, es geht so). Man sollte nicht alles wörtlich nehmen, schon gar nicht Einladungen oder Versprechungen. Ein freundliches *tschau, te ligo* (tschüs, ich ruf dich an) zum Abschied bedeutet in den meisten Fällen, dass sich die nette Person nie wieder meldet. Insistierendes Nachfragen (wann, wo: *quando, onde*) nützt wenig. Leider *(infelizmente)* oder: Wie schade *(que pena)*!

Allgemeines
Guten Tag	Bom dia
Guten Tag	Boa tarde (ab Mittag)
Guten Abend	Boa noite
Wie geht's, alles o. k.?	Como vai, tudo bem?
Auf Wiedersehen!	Até logo!
Es war mir ein Vergnügen!	(Muito) prazer!
Ich spreche Englisch und Deutsch	Eu falo inglês e alemão
Ich bin	Eu sou
Deutsche(r)	alemã(o)
Österreicher(in)	austríaco(a)
Schweizer(in)	suíço(a)
Ich hätte gern	gostaria
Teuer/billig	caro/barato
Mehr/weniger	mais/menos
Mit/ohne	com/sem
Heute/gestern	hoje/ontem

Im Hotel
Einzel-/Doppelzimmer	quarto solteiro/casal
Toilette/Bad	banheiro
Zimmerschlüssel	chave
Gepäck	bagagem
Treppe/Aufzug	escada/elevador
Stockwerk	andar
Frühstück bis zehn Uhr	Café da manha até dez horas
Bett	cama
Moskitonetz	mosquiteiro

Unterwegs
Flugzeug	avião
Flughafen	aeroporto

Omnibus	ônibus	Woche	semana
Busbahnhof	rodoviária	Monat	mês
Fähre, Boot	balsa	Jahr	ano
Autovermietung	autolocadora	Sonntag	domingo
Mietwagen	carro de aluguel	Montag	segunda-feira
Führerschein	carteira de motorista	Dienstag	terça-feira
Touristeninfo	Informação turística	Mittwoch	quarta-feira
Stadtplan	mapa	Donnerstag	quinta-feira
Straße	rua	Freitag	sexta-feira
Platz	praça	Samstag	sábado
Kirche	igreja		
Brücke	ponte		

Zahlen

0	zero
1	um/uma
2	dois/duas
3	três
4	quatro
5	cinco
6	seis
7	sete
8	oito
9	nove
10	dez
20	vinte
30	trinta
40	quarenta
50	cinquenta
60	sessenta
70	setenta
80	oitenta
90	noventa
100	cem
1000	mil

Hafen	porto
Strand	praia
Insel	ilha
See	lagoa
Fluss	rio

Gesundheit

Hilfe!	Socorro!
Arzt	médico
Krankenhaus	hospital
Apotheke	farmácia
Medikament	remédio
Erste Hilfe	Pronto socorro
Notfall	emergência
Unfall	acidente
Schmerzen	dor
Schlangenbiss	mordida de cobra

Zeit

Stunde	hora
Tag	dia

Die wichtigsten Fragen/Sätze

Wie heißen Sie?	Como se chama? / Qual é seu nome?
Wie viel kostet es?	Quanto custa? / Quanto é?
Wieviel kostet das Zimmer?	Quanto é a diária?
Haben Sie ein Zimmer frei?	Tem um quarto livre? / Tem vaga?
Wo (befindet sich)?	Onde (fica)?
Links, rechts, geradeaus	À esquerda, à direita, direto
Wann?	Quando?
Um wie viel Uhr?	Que horas?
Wie lange dauert es?	Quanto tempo demora?
Warum?	Por quê?
Ich spreche kein Portugiesisch	Eu não falo português

Koloniales Kleinod: Parati an der Costa Verde

Unterwegs in Brasilien

Strandszene in Rio

Kapitel 1
Der Südosten

Der Südosten, die bevölkerungsreichste Region des Landes, besteht aus den vier Bundesstaaten Rio de Janeiro (RJ), São Paulo (SP), Minas Gerais (MG) und Espírito Santo (ES). Er ermöglicht einen höchst abwechslungsreichen Urlaub.

Haupteintrittstor für ausländische Brasilienbesucher ist nach wie vor Rio de Janeiro. Von der topografischen Lage her wird man auf der ganzen Welt nichts Vergleichbares finden. In einem Tagesausflug gelangt man zu der früheren Kaiserstadt Petrópolis. Drei andere in der Umgebung liegende Reiseziele, der noble Badeort Búzios, die grüne Insel Ilha Grande und das denkmalgeschützte Kolonialstädtchen Parati, zählen zu den absoluten Highlights Brasiliens.

Die weniger anheimelnde und verkehrsreiche Megacity São Paulo wird seltener besucht, obwohl sie das größte Freizeit-, Kultur- und Nightlife-Angebot des Landes bietet und als Stadt aufregend und überraschend ist. Der Bundesstaat wartet mit einigen netten Küstenorten auf, am reizvollsten ist jedoch die grüne Ilhabela.

Im hügeligen Hinterland von Minas Gerais liegen die meisten barocken Kolonialstädte Brasiliens, kontrastiert durch die moderne Hauptstadt Belo Horizonte. Besuchermagnet Nr. 1 ist das barocke Kleinod Ouro Preto. Kleiner und musealer ist das hübsche Tiradentes, ruhiger und authentischer Diamantina.

Der Bundesstaat Espírito Santo führte bisher ein touristisches Schattendasein, hat aber besonders für Naturfreunde einiges zu bieten. Die sympathische Hauptstadt Vitória und das nahe Vila Velha lohnen einen Zwischenstopp auf dem Weg nach Bahia, ebenso das schon dicht an der Grenze gelegene Strand-, Dünen- und Ökoparadies Itaúnas.

Auf einen Blick
Der Südosten

Sehenswert

1 Rio de Janeiro: ›Cidade maravilhosa‹ (wunderbare Stadt) mit Zuckerhut, Corcovado und Christus-Statue sowie der legendären Copacabana (s. S. 100).

2 Búzios: mondäner Badeort mit internationalem Flair, regem Nachtleben und vielen traumhaften Stränden (s. S. 142).

3 Ilha Grande: grüne Regenwaldinsel mit idyllischen Badebuchten, alten Indianerpfaden und Segeltörns im großen Piratenschiff (s. S. 148).

4 Parati: museales Kolonialstädtchen aus dem 17. Jh., vom alten Gold- und Sklavenhafen starten die Ausflugsboote zu den Inseln der Bucht (s. S. 152).

5 Ouro Preto: Barockstädtchen aus der Goldgräberzeit mit noblen Herrenhäusern und prunkvollen Kirchen (s. S. 184).

Schöne Route

Costa Verde: An der ›Grünen Küste‹ zwischen Rio und Parati reicht der ursprüngliche Atlantische Regenwald noch bis ans Meer, zudem gibt es 2000 Strände und viele vorgelagerte Inseln. Es ist einer der üppigsten und reizvollsten Küstenabschnitte Brasiliens. Von Rio aus fahren Busse in 4 Std. bis zu dem Kolonialstädtchen Parati bzw. in 2,5 Std. bis Angra dos Reis, von wo aus man mit Fährschiffen in 1 Std. auf die sehr grüne Ilha Grande übersetzen kann (s. S. 147).

Unsere Tipps

Private Citytouren: Helmuth Taubald, der in Rio lebende Autor dieses Buchkapitels, bietet interessante Privattouren im eigenen Pkw an (s. S. 101).

Musikbars: In Lapa gleich neben dem Zentrum pulsiert das musikalische Nachtleben Rios. Dort finden sich zahlreiche Musikbars, wo die besten Bands der Stadt Samba, Chorinho und Bossa Nova spielen (s. S. 125).

Zuckerrohrschnaps: In Parati erhält man mit die besten Cachaças Brasiliens, mal etwas anderes als den billigen, in Deutschland verbreiteten Pitu-Fusel. Verschiedene Verkaufsstellen bieten alle Marken an (s. Einkaufstipp S. 156).

Naturnaher Abenteuer-Touismus: Die besten Optionen zu Fuß, im Boot, per Pferd oder mit dem Jeep bietet die Agentur Casinha de Aventuras in Itaúnas (s. S. 196).

aktiv unterwegs

Ruckeltour in Rios alter Tram: Vom Zentrum zockelt die Tram bis nach Santa Teresa und man kann sich so gemütlich in Rio fortbewegen (s. S. 124).

Wandern in der Floresta da Tijuca: Es gibt viele Wege und Pfade, besonders lohnend ist der Aufstieg zum Pico da Tijuca, dem höchsten Gipfel von Rio (s. S. 127).

1 Rio de Janeiro ▶1, Q/R 9

Die Cariocas – die Einwohner von Rio – nennen sie *Cidade maravilhosa,* die ›Wunderbare Stadt‹. Zahlreiche ›Zuckerhüte‹, viel Grün und weite Strände durchbrechen überall das Häusermeer. Oft glaubt man nicht, in einer Sechs-Millionen-Metropole zu sein. Stefan Zweig schrieb einmal: »Überall ist die Natur eine überschwengliche und doch harmonische, und inmitten der Natur die Stadt selbst. Es gibt keine schönere auf Erden.«

Tief unter uns erstreckt sich das endlose Lichtermeer der erwachenden Stadt, erheben sich die idyllisch wirkenden Hügel der Armen, die Christus-Statue und der Zuckerhut.

Wer zum ersten Mal diese außergewöhnliche Stadt besucht, wird ihr mit reichlich gemischten Gefühlen begegnen. Zu vieles hat man schon gehört oder gelesen, als dass man ihr noch gelassen gegenüberstehen könnte. Im Flugzeug nach New York, so heißt es, werde man zuerst durch die Freiheitsstatue, in Paris durch den Eiffelturm, in Rio aber durch den Verlust der Armbanduhr auf die baldige Ankunft vorbereitet. Es nützt nichts zu sagen, dass es hier so gefährlich nicht ist. Wenn etwas passiert, dann zumeist am ersten Tag.

Und so verlegen wir noch vor der Landung unsere Kostbarkeiten in den Halsbeutel oder die Gürteltasche, am Ausgang steigen wir eiligst in das nächste Taxi und hoffen nur noch, die letzte Hürde der Ankunft ebenfalls heil zu überstehen. Doch alles verläuft ganz reibungslos, kein Überfall, kein Unfall, kein Verkehrschaos und noch nicht einmal die erwarteten Ärgernisse beim Bezahlen.

Endlich im Hotel angekommen, fühlen wir uns wieder frei und sicher, abgeschirmt von dem vermeintlichen ›Feindgebiet‹, das uns umzingelt. Aus dem Zimmer fällt der Blick auf einige Armensiedlungen an den Hügelhängen, beängstigend nahe bei unserer Zufluchtsstätte und den benachbarten Luxuswohnungen der Reichen. Zur anderen Seite hin öffnet sich der Blick auf das Meer und den Strand, häufig der einzige Ort, an den wir uns weniger verschüchtert am ersten Tage hingetrauen.

Doch unsere vornehme Blässe und oft seltsame Strandgarderobe weist uns schnell als frisch eingetroffene Touristen aus. So streift mancher Neuankömmling seine Jeans und Wollsocken erst dicht am Wasser ab, auch der geschlossene Badeanzug wirkt im Land der knappen Bikinis recht befremdlich. Oft unterschätzt man auch das Ozonloch oder die Kraft der tropischen Sonne und trägt die Brandzeichen des ersten Tages den ganzen Urlaub mit sich herum.

Am Nachmittag stellt sich erfahrungsgemäß Ermüdung ein, das Zuckerhut- und Corcovado-Programm wird nach guter brasilianischer Sitte auf morgen verschoben. Statt-

Tipp: Sicherheit

Die Gefahr, in Rio Opfer eines Raubüberfalls zu werden, ist leider hoch, besonders an der Copacabana sowie in Lapa und Santa Teresa. Man sollte so wenig wie möglich mitnehmen, keine Rucksäcke tragen, nicht bei Dunkelheit direkt ans Wasser gehen und Tunnel nicht zu Fuß durchqueren. Im Ernstfall gebe man alles ohne Widerstand heraus. Ratsam ist für die ersten Tage auch ein ortskundiger (Privat-)Guide (s. Citytouren S. 138).

dessen wagt man sich vielleicht ein paar Schritte auf die Straße, neugierig und ängstlich-verhalten zugleich. Doch das multikulturelle Freilichttheater zieht uns schnell in den Bann, ein buntes Treiben von Menschen aller Herkunft und Hautfarbe lässt uns aus dem Staunen nicht mehr herauskommen. Sambatanzende Paare auf den Straßen sieht man zwar nicht, doch der ganz normale Alltag ist für den Neuling bereits aufregend genug. Leider werden auch schockierende Szenen unsere berauschte Freude trüben. Der ungewohnte Anblick schlafender Straßenkinder mitten auf den sonst so sauberen Bürgersteigen oder bettelnde Obdachlose vor Luxusgeschäften und Banken machen die ersten Streifzüge oft zu einem beklemmenden Erlebnis. Wenn man dann jedoch abends in einer der großen *churrascarias* sitzt und sich von langen Spießen eine edle Fleischsorte nach der anderen auf den Teller schneiden lässt, ist die Welt wieder in Ordnung. Gestärkt und gespannt kann das große Abenteuer Brasilien nun endlich beginnen.

Pão de Açúcar 1 (Zuckerhut)

Cityplan: S. 108/109

Der weltberühmte **Pão de Açúcar** (Zuckerhut) besteht aus ca. 570 Mio. Jahre altem Gneis, ebenso wie die meisten anderen Erhebungen in Brasiliens ›Hauptstadt der Berge‹. Durch die geologische Aufspaltung Südamerikas und Afrikas vor ca. 250 Mio. Jahren kamen diese Gneis-Schichten der ursprünglichen südamerikanischen Erdplatte an die Oberfläche. Danach bildeten sich durch Erosion die heute bekannten Formen.

Pão de Açúcar bedeutet wörtlich übersetzt Zuckerbrot. Als im 16. Jh. in Rio Zuckerrohr angebaut und verarbeitet wurde, schien der Rohzuckerbarren Ähnlichkeit mit dem auffälligen Felsen an der Einfahrt zur Bucht von Guanabara zu haben. Er war stets Markstein und Erkennungszeichen für die Schifffahrt und bis heute ist er das bekannteste Symbol der Stadt. Viele Besucher glauben gar, dass

Tipp: Private Rio-Touren mit Helmuth Taubald

Der Autor lebt seit 20 Jahren in Rio und bietet hier private Citytouren im eigenen Pkw an. Zur Auswahl stehen zwei verschiedene Tagestouren, ein Ausflug in die Kaiserstadt Petrópolis sowie ein Abendprogramm. Viele Ziele werden von den Bussen der Reiseragenturen gar nicht angesteuert, einige sind noch echte Geheimtipps. Nähere Infos: www.rio-insider.com; Kontakt und Buchung: heltau@ig.com.br oder Tel. 021-92 41 37 82.

dies der einzige Felsen Rios sei, und stellen später überrascht fest, dass es noch viele weitere gibt.

In zwei Etappen geht es hinauf mit einer **Seilbahn** *(bondinho)*, die bereits für sich eine Attraktion darstellt. Der erste Streckenabschnitt bis zum Morro da Urca wurde 1912, der zweite bis zum Pão de Açúcar 1913 fertig gestellt. Das Werk der Firma Poligh Heckel aus Köln war ein für damalige Zeiten gewagtes Projekt – nur in Spanien und der Schweiz gab es Ähnliches –, was dem für rückständig angesehenen Brasilien einiges internationales Prestige einbrachte. Als die Konzession 1969 auslief, wurde drei Jahre später eine ganz neue Verbindung konstruiert, die bis heute statt bisher 124 Fahrgäste 1360 pro Stunde hinaufbefördert. Die Kabine ist seitlich transparent und ermöglicht damit schon bei der Auffahrt einen herrlichen Blick.

Die steilen Drahtseile erlangten jedoch erst Weltruhm durch zwei große artistische Abenteuer. 1967 fuhr ein Deutscher mit einem Motorrad darüber, und 1977 balancierte der nordamerikanische Drahtseiltänzer Steven McPeak vom Morro da Urca bis zur Spitze des Pão de Açúcar. Weltweit 200 Mio. Menschen verfolgten das Schauspiel über die Medien. Zwei Jahre später erlangte die Seilbahn erneut Aufsehen durch den James-Bond-Film ›Moonraker – Streng geheim‹.

Von oben eröffnet sich aus 394 m Höhe ein bezaubernder **Ausblick**. Zur Linken sieht

Arpoador: Hier kann man den faszinierendsten Sonnenuntergang von Rio bestaunen

Rio de Janeiro

Blick auf Rio mit Corcovado und Zuckerhut

man die Strände von Copacabana, Ipanema und Leblon bis hin zum Felsen von Gávea, zur Rechten die Bucht von Guanabara mit den angrenzenden Stadtvierteln Botafogo, Flamengo, Gloria. Dann folgt das Zentrum und jenseits der langen Brücke die Nachbarstadt Niterói. In der Mitte dieses Panoramas erhebt sich majestätisch der Corcovado-Felsen mit der Figur des Cristo Redentor. So viel Erhabenheit mag die vielfältigsten Wirkungen auf unser Gemüt haben. In einem alten Gästebuch findet sich, in zittriger Schrift verfasst, der Eintrag: »Ich kam hierher mit dem Gedanken, meinem Leben ein Ende zu setzen. Oben angelangt, war ich so ergriffen, dass ich mein Vorhaben wieder aufgab.« (Seilbahn: Tel. 021-25 46 84 00, www.bondinho.com.br, tgl. 8–19.50 Uhr, am besten vormittags oder gegen Abend bei Sonnenuntergang, 44 R$, nur in bar, Anfahrt von Copacabana oder Ipanema mit Bus 511 bis Urca, sonst Taxi, nicht weit).

Corcovado und Christus-Statue [2]

Cityplan: S. 108/109

Die gigantische Christus-Statue ist neben dem Zuckerhut das bekannteste Symbol Rio de Janeiros und seit 2007 auch eines der »neuen sieben Weltwunder«. Von allen Standorten in Rio aus sieht man, selbst nachts, die wie ein Leuchtturm auf dem 704 m hohen **Corcovado** stehende Figur. Vom Gipfel aus erschließt sich die ganze Anlage der Stadt in einem einzigartigen Rundblick.

Die Idee für die Christus-Figur entwickelte der französische Priester Pierre Marie Bos schon 1859 während eines Rio-Aufenthalts.

Doch erst 1922 wurde der Grundstein gelegt, dann – nach heutiger Währung – eine Summe von 6 Mio. Reais gesammelt und schließlich fünf Jahre lang gebaut. Am 12. Oktober 1931 fand endlich die Einweihung statt. Der damalige Präsident Getúlio Vargas sprach bewegende Worte und von Kardinal Dom Sebastião Leme Cintra stammte der fromme, aber bis heute ungehört gebliebene Bittspruch an die Betonfigur, das Land zu leiten und von allen Übeln zu befreien.

Auch der nicht-religiöse Besucher wird ergriffen sein von der schlichten Erhabenheit dieses Monuments. 38 m erhebt sich die Figur in die Höhe und die Arme breiten sich über 29 m aus. Sie ist vor allem das Werk des Brasilianers Heitor da Costa Silva, dessen Entwurf bei einem Architektenwettbewerb siegte. Nur für die Modellierung des Kopfes und der Hände wurde der französische Bildhauer Paul Landowski hinzugezogen.

Den Zugang zur Spitze des Corcovado erschließt entweder eine Asphaltstraße, die sich spiralförmig durch den Bergwald schlängelt (man nimmt am besten ein Taxi bis Paineras oder ebenfalls dorthin einen Bus ab Largo do Machiado und danach einen offiziellen Kleinbus für 17–24 R$ bis hoch zum Christus, Rentner ermäßigt, tgl. 8–17 Uhr), oder eine Zahnradbahn (Fahrtzeiten s. rechts). Die steile Trasse wurde bereits 1885 von einer schweizerischen Firma gebaut und bis 1911 von Dampfloks aus den USA sowie einer aus Esslingen und ab 1975 von alten E-Loks aus Winterthur befahren. Heute bedienen aus der Schweiz stammende moderne Triebwagen die Strecke.

Oben angelangt, muss man nur noch in einen Aufzug steigen, dann zwei Rolltreppen betreten und schon genießt man den erhabensten **Panoramablick** über ganz Rio de Janeiro. Einen besseren ›Reiseführer‹ als diesen ›Christusberg‹ kann sich der Besucher gar nicht wünschen. Das Auge schweift über den Zuckerhut, die Bucht von Guanabara mit der 14 km langen Brücke nach Niterói, links daneben sieht man die Hochbauten des Zentrums, angrenzend den alten Stadtteil Santa Teresa, dahinter Teile der ärmeren Nordzone sowie die Schatten der Vorstädte der Baixada Fluminense. Am deutlichsten zeichnen sich die Viertel der reicheren Südzone am Fuße des Corcovado ab, die Wohnbezirke und Strände von Leblon, Ipanema und Copacabana sowie der große Binnensee Rodrigo de Freitas mit der Pferderennbahn und dem Botanischen Garten in der Nähe. In entgegengesetzter Blickrichtung, vom Rücken des Christus aus, erstreckt sich der größte städtische Urwald der Welt, der Parque Nacional da Tijuca (Zahnradbahn: Estação Trem Corcovado, Rua Cosme Velho 513, Tel. 021-25 58 13 29, www.corcovado.com.br, tgl. 8.30–18.30 Uhr, 36 R$, Bus 583 ab Copacabana, Ipanema, Leblon; nachmittags besseres Licht zum Fotografieren).

Strände und Strandviertel

Cityplan: S. 108

Eine Besonderheit Rios besteht darin, dass die meisten Strände nicht außerhalb, sondern gleich vor der Haustür liegen. Man muss vom Hotel aus nur die Straße überqueren und kann trotz der urbanen Lage an vielen Stellen bedenkenlos baden. Auf gefährliche Strömungen wird durch rote Warnschilder hingewiesen. Die meisten Brasilianer können

Tipp: Wolkenfreies Stadtpanorama

Sollte der Himmel bedeckt und der Christus auf dem Corcovado von Wolken eingehüllt sein (was häufig vorkommt), gibt es die Alternative, auf halber Strecke zum Corcovado am Aussichtspunkt **Dona Marta** (Anfahrt nur per Taxi) anzuhalten. Der Aussichtspunkt liegt unterhalb der Wolkengrenze und bietet einen ähnlich schönen Blick auf die Stadt. Auch ist es dort ruhiger und es wird kein Eintritt verlangt. Vom Parkplatz aus auf der anderen Seite der Hauptaussichtsplattform liegt ein **Heliponto** für Hubschrauberrundflüge, der Blick von dort ist ebenfalls schön.

Rio de Janeiro

ohnehin nicht schwimmen und aalen sich nur stundenlang in der Sonne. Schirme und Strandstühle kann man überall ausleihen, oder man bleibt einfach in einer der vielen Strandbars sitzen (mit WLAN gratis). Abzuraten ist vom Baden an den verschmutzten Stränden der Bucht von Guanabara (Botafogo, Flamengo, Ilha de Paquetá usw.).

Praia do Leme 3

Die Strandtour beginnt am Ende der Av. Atlântica bzw. in Leme, dem kleinen und ruhigeren Nachbarviertel der Copacabana. Besonders schön ist ein Spaziergang am Sonntag, wenn von der **Praia do Leme** bis Leblon eine Seite der Strand-Avenida für den Autoverkehr gesperrt ist. Zunächst sollte man beim Morro do Leme ein Stück um den Felsen herumgehen, den Anglern zusehen und den weiten Blick auf die Bucht genießen, eine der schönsten Aussichten der ganzen Stadt.

Praia de Copacabana

Nach 1 km, auf der Höhe der Avenida Princesa Isabel, gelangt man schon zur legendären **Copacabana,** die in einem eigenen Kapitel vorgestellt wird (s. S. 110). Am Ende dieses Strandes, nach etwa 3 km, sieht man einige altertümliche Fischerboote sowie eine Landzunge mit einer Festung (Forte de Copacabana), die einen herrlichen Blick auf den gesamten Strandabschnitt bietet; dort befindet sich auch eine Filiale der Konditorei Confeitaria Colombo, sogar mit Tischen im Freien (Di–So 10–20 Uhr). Früher stand hier die Kirche Igreja de N. S. de Copacabana, von daher rührt der Name des Viertels.

Praia de Arpoador 4

Danach verschwindet das Meer für ein paar kurze Augenblicke aus dem Blickfeld, bis nach Durchquerung des Parque Garota de Ipanema die bezaubernde kleine **Praia de Arpoador** erscheint. Von der Anhöhe einiger Felsen aus sieht man die ganze Meeresbucht von Arpoador über Ipanema bis nach Leblon. Im Sommer bietet sich von hier der faszinierendste ›Sundowner‹ der ganzen Stadt. Sehr schön sitzt man in der Bar draußen vor dem Arpoador Inn Hotel. Sonn- und feiertags kommen wegen diverser Buslinien viele Badegäste aus der ärmeren Nordzone hierher (etwas gefährlich).

Praia de Ipanema

Der Promenadenweg führt nun in Ipanema an der noblen Avenida Vieira Souto entlang, bis heute eine der teuersten Adressen Rios. Irgendwann fallen auch an der **Praia de Ipa-**

Strände und Strandviertel

Badespaß an der Praia de Ipanema

nema 5 die durchnummerierten Strandposten aus Beton auf, sie dienen nicht nur der Lebensrettung oder Hygiene, sondern auch als Referenzpunkte für Verabredungen. Am Strandabschnitt des Posto 8 versammeln sich gern Gays und Transvestiten und am Posto 9 treffen sich die Studenten der Mittelschicht (bekannter Marihuana-Point).

Weiter geht es an der kürzeren, zum Baden weniger geeigneten **Praia do Leblon** 6 vorbei – der gleichnamige Stadtteil ist ebenfalls ein nobleres Viertel der Mittel- und Oberschicht. Weithin sichtbar erhebt sich der oft mit dem Zuckerhut verwechselte Morro ›Dois Irmãos‹ (zwei Brüder), das inoffizielle Wahrzeichen der Region.

Praia de São Conrado 7

Nach einigen Kilometern über die Av. Niemeyer (hier sollte man einen Bus, Van oder

Rio de Janeiro, Großraum

Sehenswert

1. Pão de Açúcar (Zuckerhut)
2. Corcovado/Christus-Statue
3. Praia do Leme
4. Praia de Arpoador
5. Praia de Ipanema
6. Praia do Leblon
7. Praia de São Conrado
8. Praia da Barra
9. Prainha
10. Copacabana
11. Copacabana Palace Hotel
12. Parque do Flamengo
13. Igreja de N. S. da Glória do Outeiro
14. Museu Histórico Nacional
15. Palácio da Ilha Fiscal
16. Cidade de Samba
17. Brücke zwischen Rio und Niterói
18. Niterói
19. São Francisco
20. Jurujuba
21. Ilha de Paquetá
22. –31. s. Cityplan S. 120/121
32. Lapa
33. Santa Teresa
34. Parque Nacional da Tijuca
35. Jardim Botânico
36. Maracanã-Stadion
37. Jardim Zoológico
38. Museu Nacional
39. Feira de São Cristóvão

Übernachten

1 – 9 s. Cityplan S. 134/135

Essen & Trinken

1. s. Cityplan S. 134/135
2. Porcão Rio's
3. Porcão
4. Casa da Feijoada
5. s. Cityplan S. 134/135
6. Real Astória
7. s. Cityplan S. 134/135
8. s. Cityplan S. 134/135

Fortsetzung s. S. 110

Rio de Janeiro, Großraum

9 Espírito Santa
10–12 s. Cityplan S. 134/135

Einkaufen
1 Rio Sul Shopping Center
2 Feira do Hippie
3 s. Cityplan S. 134/135

Abends & Nachts
1 s. Cityplan S. 120/121
2 Astor
3 s. Cityplan S. 120/121

4 s. Cityplan S. 120/121
5 Conversa Fiada
6 s. Cityplan S. 120/121
7 Hard Rock Café
8 s. Cityplan S. 120/121
9 Citibank Hall
10 Canecão
11 Plataforma
12 Vivo Rio
13 s. Cityplan S. 120/121

Aktiv
1 s. Cityplan S. 134/135
2 s. Cityplan S. 134/135
3 Marina da Gloria
4 Surf-Spot Arpoador
5 Surf-Spot Prainha
6 Surf-Spot Praia do Pepê
7 Limite Vertical
8 Centro Excursionista Bras.
9 Gávea Golf & Country Club
10 Helisight
11 Escola de Vôlei

ein Taxi nehmen), vorbei an der Favela do Vidigal und einigen Motels, gelangt man zur **Praia de São Conrado.** Dieser Strand ist etwas verschmutzt und vegetationslos. An seinem Ende, der Praia do Pepino, landen die Drachen- und Ultraleichtflieger, die von dem nahe gelegenen Felsen ›Pedra Bonita‹ starten. Manche wagen das Abenteuer, im Tandem mitzufliegen. Stadteinwärts, an den Hängen eines immensen Hügels, erstreckt sich die Favela Rocinha, mit mehr als 100 000 Bewohnern die bevölkerungsreichste Armensiedlung Brasiliens, die man sogar mit speziellen Guides besichtigen kann (s. Favela-Touren S. 138).

Praia da Barra 8

Zwei Kilometer weiter folgt Barra da Tijuca, ein erst seit den 1970er-Jahren erschlossenes weitläufiges Neureichen-Viertel mit vielgeschossigen Apartmenthäusern, die mit allen möglichen Sicherheitsanlagen ausgestattet sind. Dieses eher künstlich wirkende Wohnviertel, oft mit Miami oder Kalifornien verglichen, erfreut sich bei brasilianischen Angestelltenfamilien mit Kindern zunehmender Beliebtheit. Es gibt viele große Geschäftsgalerien, einen Vergnügungs- und einen Waterpark, Fitness-Center, Fast-Food-Lokale und ein Hard-Rock-Café, alles in allem herrscht hier der *american way of life*. Die 12 km lange, recht saubere **Praia da Barra** ist inzwischen, zumindest am Wochenende, einer der beliebtesten Badeorte der Cariocas und ein Tummelplatz der Surfer und Kitesurfer.

Prainha 9, Abricó und Grumari

Ruhiger zu geht es erst nach einer weiteren halben Fahrstunde (Busse/Vans bis Recreio, von dort kurze Wegstrecke per Taxi) an der entzückenden kleinen **Prainha,** Rios beliebtestem Surfer-Treff. Dieser Strand in einer lieblichen, naturgeschützten Bucht ist nur wenige 100 m lang, das Wasser ist glasklar, im Hintergrund liegt ein von dichtem Regenwald überzogener Berghang, und eine große Strandbar ganz am Ende bietet kühles Bier und köstlichen Fisch. Kurz vor der Prainha kann man in Recreio dos Bandeirantes noch die **Casa do Pontal** besuchen, Rios größtes Volkskunstmuseum mit 4500 Objekten, überwiegend Miniaturen aus Ton, Gips und Holz (Do–So 9.30–17 Uhr, 10 R$). Ein paar Kurven hinter der Prainha folgt die kleine **Praia do Abricó,** Rios einziger FKK-Strand. Nur durch ein paar Felsen getrennt beginnt die lange **Praia de Grumari,** ganz am Ende bei den Felsen ist es am schönsten, dort gibt es auch einige Strandbars. Von einem Besuch an Sonn- und Feiertagen sollte man jedoch wegen der häufigen Verkehrsstaus absehen.

Copacabana 10

Cityplan: S. 134/135
Nirgends soll die Sonne so groß aufgehen wie am Strand von **Copacabana,** dem berühmtesten Stadtstrand der Welt. An der 3,2 km langen, halbrunden Bucht leben heute dicht gedrängt 147 000 Menschen, von ihrer so-

Lektüre: Stefan Zweig

Stefan Zweigs ›schönste Stadt der Welt‹

Thema

Der in Wien geborene Stefan Zweig war 1941 vor den Nationalsozialisten nach Brasilien geflohen. Von seiner neuen südamerikanischen Heimat begeistert, verfasste er das Werk »Brasilien. Ein Land der Zukunft«, dessen schwärmerische Beschreibung von Rio de Janeiro noch heute Gültigkeit hat.

»Vor fast vierhundert Jahren, 1552, schreibt Tomé de Souza, da er in Rio landet: ›Tudo é graça que dela se pode dizer‹ (Alles, was man hierzu sagen kann, ist Anmut). Man kann es eigentlich nicht besser ausdrücken als dieser raue Kriegsmann. Die Schönheit dieser Stadt, dieser Landschaft lässt sich wirklich kaum wiedergeben. Sie versagt sich dem Wort, sie versagt sich der Fotografie, weil sie zu vielfältig, zu unübersichtlich, zu unerschöpflich ist; selbst ein Maler, der Rio in seiner Gänze darstellen wollte mit all seinen tausend Farben und Szenen, käme in einem einzigen Leben nicht zu Ende. Denn hier hat die Natur in einer einmaligen Laune von Verschwendung von den Elementen der landschaftlichen Schönheit alles in einen engen Raum zusammengerückt, was sie sonst sparsam auf ganze Länder verteilt und vereinzelt. Hier ist das Meer, aber Meer in allen seinen Formen und Farben, grün anschäumend am Strand von Copacabana von der unendlichen Ferne des Atlantischen Ozeans, bei Gávea wieder grimmig aufspringend an einzelnen Felsen und dann wieder in Niterói glatt und blau an den flachen Sandstrand sich schmiegend oder die Inseln zärtlich umschließend. Da sind Gebirge, aber jeder Gipfel und Hang anders geformt, schroff, grau und felsig der eine, umgrünt und weich der andere, spitz gesteilt der Pão de Açúcar und wie von einem gigantischen Hammer flach geschlagen die Höhe von Gávea, hier zerrissen und zerzackt die Bergkette des Dedo de Deus, des Fingers Gottes. Jeder seine eigene Form eigenwillig bewahrend und doch alle in brüderlichem Kreise sich verbindend. Da sind Seen wie die Lagoa Rodrigo de Freitas und der von Tijúca, die die Berge, die Landschaft und gleichzeitig die elektrischen Linien der Stadt spiegeln, da sind Wasserfälle, kühl und schäumend aus den Felsen fallend, da sind Bäche und Flüsse, Wasser in allen seinen unfassbaren Formen. Da ist Grün in allen Farben, Urwald bis knapp heran an die Stadt mit wuchernden Lianen und undurchdringlichem Dickicht, da sind Parks und gepflegte Gärten, die jeden Baum, jede Frucht, jeden Strauch der Tropen in scheinbarem Durcheinander und doch weiser Ordnung vereinen. Überall ist die Natur eine überschwengliche und doch harmonische, und inmitten der Natur die Stadt selbst, ein steinerner Wald, mit ihren Wolkenkratzern und kleinen Palästen, mit ihren Avenuen und Plätzen und farbig orientalischen Gässchen, mit ihren Negerhütten und gigantischen Ministerien, mit ihren Badestränden und Kasinos – ein Alles-Zugleich, eine Luxusstadt, eine Hafenstadt, eine Geschäftsstadt, eine Fremdenstadt, eine Industriestadt, eine Beamtenstadt. Und über dem allen ein seliger Himmel, tiefblau des Tags wie ein riesiges Zelt und nachts besät mit südlichen Sternen; wo immer der Blick in Rio hinwandert, ist er von neuem beglückt.

Es gibt – wer sie einmal gesehen, wird mir nicht widersprechen – keine schönere Stadt auf Erden.«

Rio de Janeiro

zialen und kulturellen Herkunft wohl nirgendwo in Brasilien so unterschiedlich wie hier, laut Journal Globo eine ›Mischung aus Nizza und Bangladesch‹. Auf den ersten Blick möchte man wirklich an die viel beschworene These von der klassenlosen Copacabana-Gesellschaft glauben, zumindest was das relativ unbekümmerte Nebeneinander von Arm und Reich, Schwarz und Weiß, Jung und Alt betrifft. Nur wenige wissen, dass die Copacabana das Viertel mit den meisten Rentnern Brasiliens ist (27,5 % gegenüber 10 % im Landesdurchschnitt). Die am Strand entlangführende Avenida Atlântica, eine der nobelsten Adressen Rios, ›teilen‹ sich Millionäre und Prominente in videoüberwachten Luxuswohnanlagen mit Bettlern, Straßenkindern und Prostituierten.

Lange Zeit war die Copacabana fast unentdeckt geblieben, bis die Straßenbahnen kamen und ab 1892 vom Zentrum her Tunnel gebaut wurden. Als 1923 das mächtige **Copacabana Palace Hotel** 11 entstand, gab es erst wenige kleine Villen in der Nachbarschaft. Als jedoch die Reichen ab Mitte der 1940er-Jahre aus Santa Teresa wegzogen, wählten viele ein neues Zuhause direkt am Meer. In den 1950er- und 1960er-Jahren war das Viertel schon das nobelste der Stadt. Bei den Bällen der High Society spielten die bedeutendsten Musiker Brasiliens.

Doch dann setzte in den 1970er-Jahren die Invasion der unteren Mittelschicht ein, die herrschaftlichen Villen wurden abgerissen und durch Hochbauten mit Kleinstwohnungen ersetzt. In den folgenden Jahrzehnten verfiel der Stadtteil zunehmend. Der Tiefpunkt war erreicht, als das Viertel 1992 seinen 100. Geburtstag feierte und Überfälle, Einbrüche, Lynchjustiz und Drogenkriege das Straßenbild beherrschten. Die Mittelschicht hatte schon länger die Flucht ins benachbarte Ipanema oder nach Barra da Tijuca angetreten und das Viertel den Armen und Kriminellen überlassen.

Als die Besucherzahlen aus dem Ausland drastisch zurückgingen, war die Zeit reif für eine radikale Wende. Das Comeback der Copacabana wurde von dem damaligen Bürgermeister César Maia, auch ›Architekt der Reichen‹ genannt, mit den Worten eingeleitet: »Wir müssen den öffentlichen Raum für die Bürger zurückerobern.«

Die Copacabana – Rios beliebteste Sonnenbank

Inzwischen ist das Viertel kaum wiederzuerkennen. Der Strand ist hell beleuchtet und die Promenade mit Kameras überwacht. Moderne Strandbars mit unterirdischer Küche laden zum Verweilen ein, es gibt sogar WLAN gratis. Zahlreiche Parkplätze mussten einem durchgehenden Fahrradweg weichen, der auch von flotten, auf dem Zweirad patrouillierenden Politessen wie von zahlreichen Joggern und Rollschuhfahrern genutzt wird. Überhaupt gleicht die Copacabana heute einem einzigen Sportplatz, überall wird Fuß- und Volleyball gespielt oder an Turngeräten trainiert.

Am Abend bietet die Copacabana weniger als erwartet, nur viele Straßenrestaurants, aber keine Samba-Lokale wie im Stadtteil Lapa (s. S. 125). Dafür befinden sich hier die meisten Night-Clubs.

Ungeachtet aller Ressentiments der Cariocas gegenüber diesem sündigen Viertel lösen sich einmal im Jahr alle Berührungsängste auf und der Traum von der klassenlosen Gesellschaft verwirklicht sich. Beim traditionellen **Silvesterfest** treffen sich hier bis zu 2 Mio. Menschen, um im weißen Dress das größte Feuerwerksspektakel der Welt zu verfolgen, der Meeresgöttin Iemanja Blumen und sonstige Opfergaben zu überreichen und danach bis zum Morgengrauen ein karnevalähnliches Fest zu feiern. *Feliz ano novo!*

Rundfahrt um die Guanabara-Bucht

Cityplan: S. 108/109

Jeder staunt über die gewaltige Ausdehnung dieser Bucht. Bei der Einfahrt am Zuckerhut ist sie nur knapp 2 km breit, dehnt sich aber auf 24 km aus und reicht 26 km tief ins Land hinein. Als der portugiesische Seefahrer Gaspar de Lemos hier am 1. Januar 1502 mit seinem Geschwader hineinfuhr, glaubten alle, den Garten Eden entdeckt zu haben. Die geschützte Lage der Bucht machte die Region auch strategisch interessant. Zumindest war sie es wert, einen Namen zu bekommen. ›Rio de Janeiro‹ heißt auf Deutsch ›Bucht des Januars‹. Im 16. Jh. bedeutete das portugiesische Wort ›Rio‹ sowohl Bucht als auch Fluss.

In der ersten Zeit erkundeten überwiegend Franzosen die Region, vor allem wegen des begehrten Brasil-Holzes, mit dem man endlich verschiedene Rottöne für die königlichen Gewänder erzeugen konnte. 1555 entstand nahe beim Zuckerhut die erste französische Siedlung namens Henriville. 1565 wurde die von Nicolas Durand de Villegaignon angeführte kleine Kolonie ›France Antarctique‹ von den portugiesischen Truppen unter Estácio de Sá erobert und an deren Stelle die Stadt Rio de Janeiro gegründet.

Gegen Ende des 16. Jh. ging die Hälfte des gesamten Holzexports nach Portugal über Rio. Im 18. Jh. kam die Verschiffung des Goldes von Minas Gerais hinzu und machte Rio zum ökonomischen Zentrum Brasiliens sowie 1763 zu dessen Hauptstadt. Um die westliche Seite der Bucht herum entwickelten sich das historische Zentrum und die wichtigsten Stadtteile, lange bevor die Copacabana und andere Viertel der Südzone Gestalt annahmen. Dort liegt auch die heute bedeutende Hafen (die ganze Bucht gilt als der größte natürliche Hafen der Welt), transportiert werden vor allem Autos, Petroleum, Chemikalien, Textilien und Nahrungsmittel. In der Werft der Nachbarstadt Niterói werden Schiffe und sogar Ölbohrinseln gebaut und gewartet.

Leider ist die Bucht trotz eines 1995 begonnenen Sanierungsprogrammes immer noch verschmutzt, besonders die Praia de Botafogo.

Wenn man also an den Buchtstränden eher nicht baden sollte, gehört der viel besungene Meeresbusen doch zu einer der faszinierendsten Landschaften der Welt. Den besten Rundblick genießt man vom Zuckerhut aus sowie bei der Umrundung der ganzen Bucht. Dabei kommt man an folgenden Sehenswürdigkeiten vorbei.

Parque do Flamengo [12]

Der am Strand von Flamengo gelegene **Parque do Flamengo** zählt zu den besonderen Leistungen des berühmten Landschaftsarchitekten Burle Marx (1909–94). Der Sohn ei-

Rio de Janeiro

Der Kult des Körpers — Thema

Vor ein paar Jahren wollte man sie verbieten, die berühmten Rio-Postkarten mit den knappen Zahnseiden-Bikinis *(fio dental)* und den knackigen Pos. Die damalige Gouverneurin und andere Statthalter der Moral sahen darin einen Ansporn zum Sextourismus. Doch viele Brasilianerinnen protestierten, denn sie sind stolz auf ihre Körper und sehen nichts Verwerfliches an der öffentlichen Zurschaustellung. Schließlich hat es doch einigen Aufwand gekostet, solche Formen zu gewinnen.

Während die Herren der Schöpfung mehr um die Aneignung kleiner Muskelpakete bemüht sind, sorgen sich die Damen besonders um die Ausformung eines perfekten Brazilian Body, der im Zahnseiden-Bikini überzeugt. Unerlässlich für dieses Schönheitsideal sind ein runder, glatter Po, straffe Oberschenkel und ein flacher Bauch. Schwierigere Fälle übergeben Brasilianerinnen ohne Scham einem Chirurgen, seit Ivo Pitangui gilt Rio als das Mekka des Schönheitstourismus. Brustvergrößerungen mit Silikon gelten als die natürlichste Sache der Welt, Medienstars nutzen solche Eingriffe sogar offen als Marketing-Strategie.

Mehrere Magazine beschäftigen sich ausschließlich mit dem Thema plastische Chirurgie: Corpo & Plástica titelt mit »Narkose ohne Angst!«, und die Konkurrenz von Plástica & Beleza rät eindringlich, zur Konsultation über die Fettabsaugung unbedingt den Lieblingsbikini mitzunehmen. Die unablässige Propaganda zeigt Wirkung: In Brasilien werden jährlich mehr als eine halbe Million Schönheitsoperationen vorgenommen, vor sieben Jahren waren es noch 200 000. Das Durchschnittsalter der Patientinnen liegt bei 35 Jahren, die Anzahl der Mädchen zwischen 15 und 18, die etwas an sich haben ›machen‹ lassen, steigt aber ständig. Einheimischen Ärzten zufolge wird Brasilien den Rekordhalter USA in der Zahl der Schönheits-OPs in Kürze überholen.

Von den 20 000 Fitness-Studios in Brasilien, ein Weltrekord, konzentrieren sich viele in den Strandvierteln der besseren Südzone von Rio. Dort kämpft man nicht nur um die Befriedigung der Eitelkeit und um einen Konkurrenzvorteil gegenüber den Geschlechtsgenossinnen, sondern auch gegen die immer häufiger sichtbaren Auswirkungen kalorien- und fettreicher Ernährung und einer grassierenden Fastfood-Kultur. Kaum einem Besucher wird es entgehen, dass die schlanke Mulattin eher Geschichte, Legende und Mythos geworden ist.

Doch selbst wenn die Formen immer rundlicher werden – auch bei den Männern –, legen die Cariocas größten Wert auf Körperpflege und Erscheinung. In keiner Stadt der Welt wird so viel geduscht wie in Rio, nämlich dreimal täglich. Der Kosmetikmarkt hat seinen Umsatz in den letzten zehn Jahren verdoppelt und schicke Mode-Boutiquen werden immer zahlreicher. Auch die Frauen der Unterschicht kleiden sich sehr modebewusst, besonders bei Schuhen und Taschen wird nicht gespart. Ein Bauchnabel-Piercing ebenso wie eine kleine Tätowierung kann sich sogar jede(r) leisten. Und wenn alle Stricke reißen, gibt es kostenlos am Strand die obligatorische dezente Bräune und vor allem die *marcinha de praia*, die kleinen hellen Hautstreifen unter dem knappen Bikini.

Rundfahrt um die Guanabara-Bucht

nes deutschen Juden und einer Brasilianerin war auch maßgeblich an der Gestaltung Brasílias beteiligt. Der Boden des 120 ha großen Parks wurde erst 1961 dem Wasser abgerungen und ist heute ein beliebter Freizeitpark, leider auch etwas gefährlich.

Igreja de N. S. da Glória do Outeiro 13

Zwischen Flamengo und dem Zentrum erhebt sich wie ein Leuchtturm auf einer Anhöhe links von der Straße die hübsche kleine Kirche **Igreja de N. S. da Glória do Outeiro** von 1739, eines der bedeutendsten historischen Monumente der Stadt im brasilianisch-lusitanischen Barockstil. Das Gotteshaus besitzt einen achteckigen Grundriss, im eher schlichten Inneren sind die Wände mit alten Azulejos verziert.

Die von José Cardoso Ramalho entworfene Prozessionskirche hatte schon gleich nach Ankunft der portugiesischen Krone im Jahre 1808 die ganze Königsfamilie in Entzücken versetzt und diente seitdem als Prestigekirche der herrschenden Eliten (Kindstaufen, Hochzeiten usw.). Sie erscheint auf fast allen alten Bildern von Rio, am Abend ist sie weithin sichtbar dank einer schmuckvollen Außenbeleuchtung (Ld. de Glória 135, Glória, Mo–Fr 9–12, 13–17, Sa/So 9–12 Uhr).

Gegenüber der Kirche an der rechten Seite der Straße erhebt sich ein mächtiges **Mausoleum zu Ehren der Toten des Zweiten Weltkriegs,** im Volksmund auch ›Die Soldatenkrücken‹ genannt. Brasilien war 1942 den Alliierten beigetreten, mehrere brasilianische Kriegsschiffe wurden vor der italienischen Küste von deutschen U-Booten versenkt.

Museu Histórico Nacional 14

Nach wenigen Metern sieht man auf der rechten Seite das Museu de Arte Moderna (Museum für moderne Kunst), ein kleines Stück weiter folgt der Nahverkehrsflughafen Santos Dumont und kurz darauf links an der Praça Mal. Âncora das **Museu Histórico Nacional** (Historisches Nationalmuseum). Das interessante große Museum war früher eine Festungsanlage, heute beherbergt es einen reichen Schatz an Gemälden, Möbeln, Uniformen, Waffen, Kutschen, Münzen usw. Seit der Umgestaltung im Jahr 2005 dokumentiert hier eine modern aufgemachte Ausstellung die gesamte Geschichte Brasiliens von der Prähistorie über die Ureinwohner bis in die heutige Gegenwart (Di–Fr 10–17, Sa/So 14–18 Uhr).

Palácio da Ilha Fiscal 15

Weiter geht es über eine Hochstraße *(Perimetral),* von der aus man links das Zentrum und rechts die Bucht sieht. Auf einer kleinen Insel (Ilha Fiscal), die 19. Jh. der Zollabfertigung der Schiffe diente, sieht man den **Palácio da Ilha Fiscal,** ein grünliches neogotisches Schlösschen wie aus ›Tausendundeiner Nacht‹. Hier wurde am 9. November 1889 der letzte Ball des Kaiserreiches ausgetragen. Während der Feierlichkeiten rief Pedro II., nachdem er gestolpert war, der Kaiser könne mal hinfallen, aber das Reich falle nie. Kurz darauf wurde die Republik ausgerufen und der traurige Monarch starb ein Jahr später im französischen Exil (Do–So um 13, 14.30 und 16 Uhr per Boot ab Espaço Cultural da Marinha, Centro, 8 R$).

Cidade de Samba 16

Ein kleines Stück weiter sieht man von der Hochstraße die alte Hafenregion *(Zona portuária),* deren Lagerhallen und -plätze seit dem Aufkommen der Container verfielen und verwaisten. Seit kurzem macht sich die Stadtverwaltung Gedanken um die Nutzung dieses verlassenen Geländes auch im Hinblick auf die Fußball-WM 2014 und die Olympischen Spiele 2016. Ein erster Schritt war die 2006 erfolgte Einweihung der riesigen **Cidade de Samba** (Sambastadt) im Viertel Gamboa, das Projekt verschlang 100 Mio. R$. Dort bauen die Sambaschulen der 1. Liga in den großen Hallen ihre Festwagen (Di–Sa 10–17 Uhr, 5 R$, Nov.–Febr. Do ab 21 Uhr Musik- und Tanzshow, 190 R$ inkl. Getränke und Snacks).

Die Brücke Rio–Niterói 17

Kurz danach ist man auf der 14 km langen **Brücke zwischen Rio und Niterói,** offiziell

Rio de Janeiro

Ponte Presidente Costa e Silva. Das imposante Bauwerk aus Stahlbeton, früher die längste Brücke der Welt entstand während der Militärdiktatur als ›Symbol der Entscheidung des brasilianischen Volkes, alle Hindernisse auf dem Weg zur vollen ökonomischen und sozialen Entwicklung zu beseitigen‹. Schon bald nach der Einweihung 1974 gab es Stauprobleme, heute ist das Verkehrsaufkommen in Stoßzeiten fünfmal höher als vorgesehen.

Niterói [18]

Nach Überqueren der Brücke gelangt man in die Nachbarstadt **Niterói** (477 000 Einw.). Kurz vor dem Zentrum liegt rechts etwas versteckt in einer Halle der **Mercado São Pedro,** der größte Fischmarkt im ganzen Bundesstaat. In zahlreichen Läden bietet je eine Fischereigruppe ihren Fang an, im Durchschnitt werden pro Woche 50 t Fisch verkauft, zu Ostern gar 150 t. Im 1. Stock befinden sich mehrere einfache, aber beliebte Fischrestaurants (Di–Sa 6–17, So 6–12 Uhr).

3 km weiter sieht man das 1996 eingeweihte, an eine fliegende Untertasse erinnernde **Museu de Arte Contemporânea** (Museum für zeitgenössische Kunst). Es ist die größte Touristenattraktion von Niterói und weit über die Grenzen des Bundesstaates Rio hinaus bekannt. In einem einzigen Januar verzeichnete das Museum 22 000 Besucher, die Hälfte davon aus dem Ausland. Im Innern werden Wechselausstellungen unterschiedlicher Qualität gezeigt; das eigentliche Kunstwerk ist der futuristische Bau selbst, eine der überzeugendsten Leistungen des Architekten Oscar Niemeyer und bereits offizielles Emblem der Stadt (Di–So 10–18 Uhr).

Von der langen **Praia de Icaraí,** Niteróis bestem Viertel, bietet sich eine der herrlichsten Aussichten auf Rio überhaupt. In perfekter Harmonie erscheint die gesamte Hügellandschaft der Nachbarstadt (Zuckerhut, Dois Irmãos, Pedra da Gávea, Corcovado, Pico da Tijuca u. a.), besonders bei Sonnenuntergang ein überwältigendes Szenarium. Die Cariocas versteigen sich zu der recht hochmütigen Behauptung, dieser Blick sei das Einzige, was Niterói zu bieten hätte. Doch die Stadt belegt nach einer UN-Studie zur Lebensqualität einen der vorderen Plätze in ganz Brasilien und lässt damit den berühmten Nachbarn weit hinter sich. Nicht wenige Prominente sind aufgrund dieser Tatsache bereits auf die andere Seite der Bucht umgezogen.

São Francisco [19] und Charitas

Das nächste Stadtviertel eißt **São Francisco,** links befinden sich viele noble Restaurants und schicke Bars, am besten isst man in dem italienischen Self-Service-Lokal Família Paludo. In der Nähe führt eine Straße zum **Parque da Cidade** hinauf (Taxi!), der Blick von dort auf Rio ist unübertrefflich (auch Drachenflüge und Paragliding). Nach der nächsten Linkskurve geht es durch **Charitas,** an dessen populärem Strand mit vielen rustikalen Bars sich an warmen Wochenenden eher einfaches Publikum versammelt.

Fortaleza de Santa Cruz

Zuletzt kommt man durch das Fischerdörfchen **Jurujuba** [20]. Im Restaurant Berbigão bekommt man exzellenten gegrillten Fisch (anchova grelhada). Von dort kann man noch zu Fuß zur **Fortaleza de Santa Cruz** am äußersten Ende der Bucht von Guanabara gehen.

Den Grundstein zu dieser mächtigen Festungsanlage legten 1555 die Franzosen, 1567 wurde sie von den Portugiesen erobert und später mehrfach ausgebaut. Mit Guides der Militärverwaltung kann man sie besichtigen, die Erklärungen sind jedoch nur in der Landessprache abgefasst. Faszinierender ist vielleicht der Ort selbst, aus beträchtlicher Höhe schweift der Blick über den Atlantik, über die Buchteinfahrt mit dem gegenüberliegenden Zuckerhut und die Baía de Guanabara. Hier wurde Rio entdeckt, erobert und umkämpft, mehrere rostige Kanonen zeugen noch von dieser unruhigen Vergangenheit (Di–So 9–16 Uhr).

An- und Abreise

Entweder mittels einer Privattour (s. S. 101) oder per Bus 740D oder 741D ab Leme/Av.

Tipp: Karneval in Rio

Karneval in Rio ist ein Erlebnis. Nirgendwo auf der Welt wird er luxuriöser und erotischer gefeiert. Kurz nach Silvester schon beginnt sich die Stadt auf dieses Fest einzustimmen. Ab Anfang Januar kann man jedes Wochenende (Fr/Sa/So, meist 19–23 Uhr) ohne Eintritt im offenen Sambódromo-Stadion zuschauen, wie sich Rios beste Sambaschulen auf den Karneval vorbereiten. Trainiert und gefeiert wird auch (meist Samstagabend ab 22 Uhr) in den so genannten *quadras*, die oft weit entfernt in den jeweiligen Stadtteilen liegen; bei Interesse sollte man über die Hotels einen organisierten Gruppenbesuch buchen (auch aus Sicherheitsgründen), z. B. zu der Sambaschule Mangueira (Rua Visconde de Niterói 1072, Mangueira, Tel. 021-25 67 46 37, www.mangueira.com.br, Sa ab 22 Uhr, 20 R$). Höhepunkt des Karnevals ist der Umzug der Grupo Especial im **Sambódromo** an der Av. Presidente Vargas im Zentrum. An zwei Nächten ziehen hier 12 Sambaschulen mit je ca. 4000 Teilnehmern hindurch.

Auch als Tourist kann man mitmachen, wenn man ein Kostüm erwirbt (600–800 R$). Informationen zum Kartenvorverkauf über Riotur oder www.carnaval.com. Die besten Plätze befinden sich in dem Touristen vorbehaltenen Sektor 9 (550 R$). Preiswerter sind Karten für den Umzug der Siegergruppen am Samstag darauf.

Ausgelassen gefeiert wird auch in **Clubs.** Der **Straßenkarneval** konzentriert sich in Ipanema, Lapa, Santa Teresa und im Zentrum vor dem Teatro Municipal. 2010 gab es 465 Umzüge *(blocos)* mit ca. 25 Mio. Teilnehmern. Ein Weltrekord!

Atlântica bis Charitas, von dort Bus 33 bis Jurujuba. Zurück kann man ab Charitas auch ein Schnellboot zur Praça 15 de Novembro im Zentrum von Rio nehmen (Mo–Fr, letzte Fahrt 20.30 Uhr, 10 R$). Hält man sich an einem Wochenende hier auf, fährt man im Bus 33 bis zum Centro von Niterói und nimmt dort die einfache Fähre *(balsa)* zur Praça 15 de Novembro (tgl. rund um die Uhr, während des Tages in kurzen Abständen, ab 24 Uhr nur stdl., 3 R$).

Ausflug zur Insel Paquetá [21]

Zu empfehlen ist ein Tagesausflug zu der hübschen kleinen **Ilha de Paquetá** in der Bucht von Guanabara, statt Autos gibt es hier nur Fahrräder und Pferdekutschen. Schon der portugiesische König Dom João VI. residierte hier während seiner Brasilienaufenthalte im kleinen Palart Solar del Rei. Einige Herrschaftsvillen erinnern noch an damals, ebenso die Kapelle São Roque von 1698. Auch die Strände sind reizvoll, besonders Moreninha und José Bonifácio, inzwischen sogar zum Baden geeignet (Boote ab Estaçao das Barcas, Praça 15 de Novembro, Centro, tgl. 10.30 und 13.30 Uhr, 70 Min., hin und zurück 9 R$).

Rundgang durch das historische Zentrum

Cityplan: S. 120/121

Man sollte das Zentrum von Rio an einem Werktag oder notfalls am Samstagvormittag besichtigen, sonntags ist es dort wie ausgestorben und zudem gefährlich.

Praça Floriano [22]

Der Rundgang beginnt an der **Praça Floriano,** dem Hauptplatz des Zentrums von Rio, wegen der vielen Kinos, die hier in den 1920er-Jahren entstanden, auch Cinelândia genannt (zugleich Name der Metrostation). Ins Auge fällt sogleich die Fassade des berühmten **Theatro Municipal,** des 1909 eröffneten Städtischen Theaters im Stil der Pariser Oper. Es ist der prachtvollste Bau Rios, im Innern reich ausgestattet mit Kristallglas, Carrara-Marmor und kunstvollen Deckengemälden. Seit 2010 strahlt alles nach einer To-

Rio de Janeiro

Historisches Zentrum

talrestaurierung in neuem Glanz. Achten Sie auch auf das aktuelle Theaterprogramm (März–Dez.), häufig gibt es Konzerte mit klassischer Musik und Ballettvorführungen (geführte Besichtigung nur nach telefonischer Voranmeldung, Tel. 021-23 32 92 20).

Vom Theatro Municipal aus gesehen erhebt sich am selben Platz schräg rechts noch der weiße **Palácio Pedro Ernesto** von 1923, heute Sitz des Stadtrats (Câmara Municipal) und Zielort zahlreicher Demonstrationen. Links daneben ist die traditionsreichste Bar der Stadt, das durch seine ockergelbe Farbe auffallende **Amarelinho,** ein idealer Ort, um das Treiben auf dem Platz zu beobachten.

Auf der anderen Seite der großen Av. Rio Branco steht das eindrucksvolle klassizistische Gebäude der **Bibliotéca Nacional** [23] von 1910. Es ist mit einem Archivbestand von mehreren Mio. Titeln die größte Bibliothek Lateinamerikas bzw. die achtgrößte der Welt. Die Bücher sind zwar nicht zu sehen, doch lohnt ein Blick in die riesige Foyerhalle mit den hohen klassizistischen Säulen (Mo–Fr 9–20, Sa 9–15 Uhr). 100 m links daneben befindet sich das **Museu Nacional de Belas Artes** (Nationalmuseum der Schönen Künste) aus dem Jahre 1908 mit einer Sammlung europäischer Malerei des 17. und 18. Jh. und Werken brasilianischer Künstler des 19. und 20. Jh. (Di–Fr 10–17, Sa/So 12–17 Uhr, 5 R$).

Catedral Metropolitana [24]

Wir verlassen nun die Praça Floriano, gehen durch die links am Teatro Municipal vorbeiführende Av. Treze de Maio und dann nach links bis zu dem modernistischen Bau der **Catedral Metropolitana** (1964–76), die Platz für mehrere tausend Menschen bietet. Nur wenige Cariocas mögen die hässliche Betonpyramide, die ein wenig an einen Kühlturm erinnert. Im Inneren der Kathedrale (tgl. bis 17 Uhr geöffnet) beeindrucken jedoch die vier in Kreuzform angeordneten bunten Glasfensterzeilen, auch die Dimension des Raumes ist überwältigend. Trotz der Größe, cha-

Das Theatro Municipal in Rio

Rio de Janeiro, Zentrum

Sehenswert
- `1`–`21` s. Cityplan S. 108/109
- `22` Praça Floriano (Cinelândia)
- `23` Bibliotéca Nacional
- `24` Catedral Metropolitana
- `25` Largo da Carioca
- `26` Praça Tiradentes
- `27` Real Gabinete Português de Leitura
- `28` Confeitaria Colombo
- `29` Igreja de N. S. da Candelária
- `30` Mosteiro de São Bento
- `31` Praça 15 de Novembro
- `32`–`39` s. Cityplan S. 108/109

Übernachten
- `1`–`9` s. Cityplan S. 134/135

Essen & Trinken
- `1`–`12` s. Cityplan S. 108/109 und 134/135

Einkaufen
- `1`–`3` s. Cityplan S. 108/109 und 134/135

Abends & Nachts
- `1` After Work Party
- `2` s. Cityplan S. 108/109
- `3` Café Cultural Sacrilégio
- `4` Carioca da Gema
- `5` s. Cityplan S. 108/109
- `6` Estrela da Lapa
- `7`–`12` s. Cityplan S. 108/109
- `13` Theatro Municipal

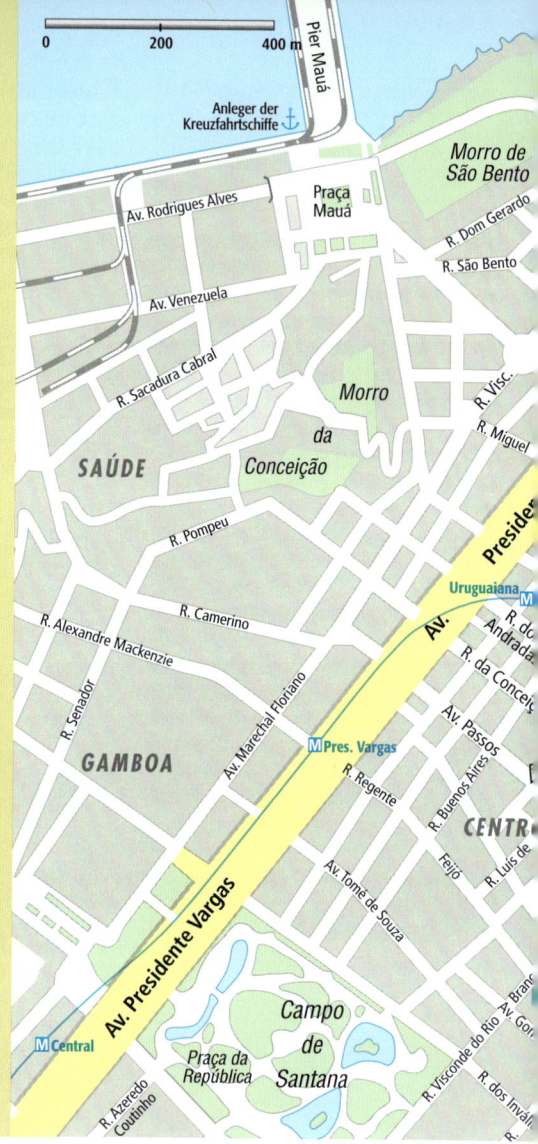

rakteristisch für alle repräsentativen Gebäude aus der Zeit der Militärdiktatur, ist die Kirche fast immer leer. Niemand wohnt im Zentrum, nur wenn der Papst kommt, wird es voll.

Largo da Carioca `25`

Wieder bis zur Av. Treze de Maio zurückgehend, liegt linker Hand ein großer Platz, der **Largo da Carioca.** Mit seinen angrenzenden Bürohochhäusern ist er das Geschäftszentrum der Stadt.

Als kontrastreiches historisches Relikt erhebt sich auf einer Anhöhe der Komplex **Igreja e Convento de Santo Antônio,** dessen Kirche (1608–1620) zu den ältesten der Stadt zählt. Ins Auge fallen der prunkvolle gol-

dene Altar, die Azulejos an den Seitenwänden und die links und rechts im Kirchenschiff angebrachten Orgelanlagen aus Deutschland (Mo–Fr 8–18, Sa 8–10.30, So 9–11 Uhr). Ein besonders sehenswerter Prachtbau Rios ist die angrenzende **Igreja da Ordem Terceira de São Francisco da Penitência** (1657–1747). In der Franziskanerkirche lässt sich fast kein Millimeter Zedernholz finden, der nicht mit Blattgold verziert wurde. An ihrem Bau waren drei der wichtigsten Künstler Brasiliens beteiligt: der Holzschnitzer Manuel de Brito, der Bildhauer Francisco Xavier de Brito und der Maler Caetano da Costa Coelho. Das von letzterem stammende Deckengemälde (Heiligsprechung des Franziskus von Assisi) stellt

Rio de Janeiro

die erste Perspektivmalerei Brasiliens dar (Di–Fr 9–12, 13–16 Uhr).

Rua da Carioca

Wir gehen nun weiter bis ans Ende des Platzes und von dort nach links in die Rua da Carioca, eine der ältesten Straßen Rios, die beinahe von den Militärs abgerissen worden wäre. Hier wimmelt es nur so von Menschen unterschiedlichster Couleur, es gibt eine Vielzahl skurriler Läden und Bars. Eine Besonderheit stellt das **Cine Iris** (Nr. 49) dar, das älteste Kino der Stadt aus dem Jahre 1909 mit schönen, gusseisernen Aufgängen. Leider laufen hier heute nur noch billige Porno- und Striptease-Programme.

Die bereits im 17. Jh. angelegte **Praça Tiradentes** 26 am Ende der Rua da Carioca ist ebenfalls ein Stück Altstadt voller Atmosphäre. Ehemals eines der wichtigsten kulturellen und politischen Zentren des Landes, wurde der Platz 1996 nach fast 100-jährigem Verfall restauriert. In seiner Mitte erhebt sich die Reiterstatue von Kaiser Pedro I., Rios ältestes öffentliches Monument.

Real Gabinete Português de Leitura 27

Eine der Hauptattraktionen des historischen Zentrums von Rio – der **Real Gabinete Português de Leitura** – liegt etwas abseits der Praça Tiradentes in der Rua Luis de Camões 30 rechts vorbei an dem Teatro João Caetano (Vorsicht: Taschendiebe). Nach dem Eintreten in die Bibliothek fühlt man sich wie in einem faszinierenden und gleichzeitig erdrückenden Kafka-Szenarium, angesichts der etwa 350 000 in offenen Regalen hochgetürmten Bücher. Es handelt sich überwiegend um wertvolle und bis zu 500 Jahre alte Bände portugiesischer Herkunft, viele davon gingen 1837 als Geschenk Portugals an das verbündete Kaiserreich über. Das im manuelinischen Stil Portugals errichtete und 1887 eingeweihte Gebäude, dessen Grundstein im Jahr 1880 von Kaiser Pedro II. gelegt wurde, sollte die Freundschaft und Sprachengleichheit der beiden Länder unterstreichen (www.realgabinete.com.br, Mo–Fr 9–18 Uhr, Fotografieren erlaubt, lautes Reden und Herumlaufen vermeiden, da an den Tischen studiert wird).

Confeitaria Colombo 28

Von der Praça Tiradentes aus geht es zurück über die Apothekenstraße Rua Sete de Setembro, sehenswert vor allem wegen der historischen Häuserfassaden. Nach Überquerung der Rua Uruguaiana treten wir nach links in die kleine Rua Gonçalves Dias und gelangen gleich bei Nr. 32 zu der traditionsreichen **Confeitaria Colombo,** Rios schönstem und fast einzigem Café-Restaurant. 1894 von zwei Portugiesen gegründet, wurde es zum überwiegenden Teil im europäischen Jugendstil errichtet mit einem großen Oberlicht und ornamentalen Verzierungen an Lampen und Spiegelrahmen. Am beeindruckendsten sind die acht gewaltigen, aus Belgien importierten Spiegel, die den Raum ins Unendliche weiten. Viele bedeutende Dichter – u. a. Machado de Assis – und wichtige Staatsmänner gingen hier ein und aus. Die Confeitaria ist eher ein repräsentativer als populärer Ort, bei allgemeinem Geschäftsschluss, wenn die Innenstadt ausstirbt, schließt auch das Café. Tagsüber wird es jedoch stark von Touristen frequentiert, die Törtchen sind hervorragend (Mo–Fr 9–20, Sa 9.30–17 Uhr).

Igreja de N. S. da Candelária 29

Wir gehen nun wieder ein kleines Stück zurück und dann nach rechts in die Rua Uruguaiana. Sie ist eine der belebtesten Fußgänger- und Einkaufsstraßen der Stadt, mit vielen historischen Häuserfassaden. Kurz vor dem Ende sieht man links den Eingang des Mercado Popular, eines quirligen Basars, in dem gefälschte und geschmuggelte Waren angeboten werden.

Wenige Meter weiter trifft die Straße auf die große Av. Presidente Vargas, nach rechts gehend (Vorsicht Taschendiebe) fällt sogleich die gewaltige **Igreja de N. S. da Candelária** (1775–1877) ins Auge, die größte historische Kirche Rios. Ihre Architektur, inspiriert vom Petersdom in Rom, ist stilistisch nicht einheitlich: Die Fassade mit kunstvollen Bronze-

Historisches Zentrum

Bücher aus fünf Jahrhunderten im Real Gabinete Português de Leitura

portalen trägt Barockzüge mit Renaissance-Elementen, das Innere ist klassizistisch und mit Marmor in verschiedenen Färbungen, Malereien und Skulpturen geschmückt. Besonders beeindruckend ist die 70 m hohe Kuppel, sie wiegt 630 t und besteht aus 1400 Steinen (Mo–Fr 8–16, Sa 9–12, So 9–13 Uhr).

Igreja do Mosteiro de São Bento 30

Wer sich noch eine weitere prachtvolle Kirche ansehen will, gehe in Richtung Praça Mauá noch 500 m auf der Av. Rio Branco, dann nach rechts in die Rua D. Geraldo und nach 100 m links eine steile Zufahrt hoch. Das Kloster **Mosteiro de São Bento** wurde 1590 von zwei Benediktinermönchen gegründet und 1596 fertig gestellt, es ist innen nicht zu besichtigen. Angrenzend befindet sich die Kirche, deren Bau 1633 begann und erst 1798 abgeschlossen war.

Die schlichte Fassade steht in deutlichem Kontrast zur inneren Pracht. Die filigranen Holzschnitzereien datieren aus der Zeit von 1694–1734. Fast alle Holzarbeiten wurden mit feinem Blattgold überzogen. Besonders prunkvoll sind der Hauptaltar und die acht Seitenaltäre. Wegen der spärlichen Beleuchtung wirkt das Kircheninnere etwas düster; für 20 R$ schalten die Mönche aber für 5 Min. die Lichter an (tgl. 8–18 Uhr, Messen mit gregorianischen Gesängen nur So 10 Uhr).

Praça 15 de Novembro 31

Die Av. Rio Branco führt zurück zur Rua do Ouvidor, die von 1808 bis 1905 die wichtigste Geschäftsstraße Rios war. Hier und in der kleinen Travessa do Comércio treffen sich viele Angestellte zur After-Work-Party bzw. Happy Hour (Mo–Fr 19–24 Uhr).

Hinter dem bogenförmigen Ausgang der Travessa liegt die **Praça 15 de Novembro.** Dort fällt der Blick gleich auf ein großes weißes Bauwerk, den **Paço Imperial.** Hier residierte ab 1808 die portugiesische Krone, die aus Angst vor Napoleon Bonaparte ins brasilianische Vizekönigreich geflüchtet war. Bis 1889 blieb es das wichtigste Regierungsgebäude des Kaiserreiches, heute dient

Rio de Janeiro

aktiv unterwegs

Ruckeltour in Rios alter Tram

Tour-Infos
Start: Station am Largo do Carioca, Terminal dos Bondes, Rua Prof. Lélio da Gama
Länge und Dauer: Linie Paula Matos 5 km, 20 Min.; Linie Dois Irmãos 7 km, 30 Min.
Wichtige Hinweise: tgl. 8–21 Uhr, alle 20 Min., Fahrpreis weniger als 1 R$

Für die Fahrt von Rios Zentrum nach Santa Teresa benutzt man vorzugsweise eine alte Straßenbahn *(bonde)*, gewissermaßen das Wahrzeichen dieses über 260 Jahre alten Stadtteils. Es ist der letzte Überrest eines bis 1970 noch 400 km ausmachenden Schienennetzes in Rio. Früher war eine Fahrt wegen der vielen Favelas in der Umgebung etwas gefährlich, doch Anfang 2011 wurden diese fast alle von der Polizei besetzt und weitgehend von Kriminalität und Drogenhandel befreit. Meistens fährt auf der Bahn auch ein Polizist mit, man kann die Kamera jedenfalls getrost mitnehmen! Vom Terminal dos Bondes starten die Bahnen mit der Aufschrift ›Paulo Matos‹ oder ›Dois Irmãos‹ Richtung Santa Teresa.

Beide Linien führen zunächst über den früheren Aquädukt **Arcos da Lapa,** dann steil hoch an schönen alten Villen vorbei (rechts schauen) und verzweigen sich erst am **Largo dos Guimarães** im Herzen von Santa Teresa. Dort sollte man sich auf jeden Fall ein wenig umschauen. An der Straße vor und hinter dem Platz gibt es viele Kunstlädchen und Restaurants, am beliebtesten ist das Szene-Lokal **Bar do Mineiro** (Mo geschl.), am schönsten das künstlerisch dekorierte **Espírito Santa** mit Außenterrasse (Mo geschl.). Wer noch ein Stück weiter in Richtung Paula Matos fährt, sollte unbedingt in der Bar do Gomez einkehren, es ist das populärste Lokal des Viertels.

Bei der Fahrt wird man auch merken, dass in Rio vieles lockerer und großzügiger abläuft als daheim. Zudem bekommt man einen lebendigen Eindruck von der eigentlichen Bedeutung des Wortes ›Trittbrettfahrer‹. Wer an der Seite auf den Trittbrettern steht oder hängt, braucht nämlich nichts zu bezahlen.

Schnell aufgestiegen: mit der *bonde* durch Rio

es als Kulturzentrum. Dahinter erhebt sich der mächtige klassizistische **Palácio Tiradentes** (1926). Er beherbergte bis 1960 das Parlament Brasiliens und ist seitdem Sitz des Landesparlaments von Rio de Janeiro. Man kann den Palast besichtigen und gelangt sogar bis an den Plenarsaal (Mo–Sa 10–17 Uhr).

Künstler- und Musikviertel

Cityplan: S. 108/109

Lapa 32

Zwischen dem Centro und Santa Teresa liegt das alte Bohème-Viertel **Lapa,** in dem in den letzten Jahren eine Vielzahl von Kneipen und Musikbars eröffnet hat. Der Hauptplatz unter den **Arcos da Lapa,** einem ab 1723 für die Wasserversorgung der Stadt erbauten, 270 m langen Aquädukt aus 42 Bögen, über den heute die alte Tram fährt, war bis Anfang der 1940er-Jahre so etwas wie der Place Pigalle in Paris. Als immer mehr Homosexuelle und Transvestiten (Madame Satã) das Nachtleben beherrschten, ließ der damalige Polizeichef auf Drängen der konservativen Mittelschicht zwischen 1942 und 1943 alle Cabarets schließen. Als 1946 noch das für ganz Brasilien geltende Verbot von Spielkasinos hinzukam, begann der Niedergang des Stadtteils, zumal inzwischen die Copacabana in Mode gekommen war. Seit einigen Jahren jedoch erlebt Lapa ein fantastisches Comeback und gilt heute wieder als das wichtigste Ausgehviertel Rios. Am Wochenende kommen Tausende von Gästen aus der Südzone und Barra, die große Mehrheit sind Singles unter 35 mit höherer Ausbildung.

Alles begann in der **Rua do Lavradío,** als diverse vom Konkurs bedrohte Antiquitätenläden Samba- und Chorinho-Bands zum Tanz aufspielen ließen.

Das nächtliche Treiben konzentriert sich jedoch in der nahe gelegenen **Rua Mem de Sá** (Fr/Sa 22–5 Uhr autofrei), in der sich ein gutes Lokal an das andere reiht, stets mit hervorragender brasilianischer Live-Musik. Am traditionellsten ist das kleine Carioca da Gema (Nr. 79, Tel. 021-22 21 00 43, Mo–Sa ab 19 Uhr, Fr/Sa Tisch reservieren, ab 18–23 R$).

Santa Teresa 33

Das nahe dem Zentrum auf Hügeln gelegene frühere Reichenviertel **Santa Teresa** konnte seine Ursprünglichkeit bis heute bewahren und ist ein idealer Fluchtpunkt für Liebhaber des Pittoresken. Hier wohnen heute viele Künstler und Intellektuelle sowie die meisten der von Europa nach Rio umgezogenen Aussteiger. Auch der englische ›Posträuber‹ Ronald Biggs fühlte sich hier lange zu Hause. Das Viertel ist geprägt von steil ansteigenden, gewundenen Gassen mit altem Kopfsteinpflaster, 100-jährigen leicht morbiden Häuschen und Villen, diversen Bars und Restaurants sowie einigen netten Kunstlädchen. Überall herrscht ein Klima der Muße und Zeitvergessenheit.

Nicht versäumen sollte man in Santa Teresa einen Besuch des **Museu da Chácara do Céu** (zu Fuß zu bewältigen, gut ausgeschildert). In der von einem tropischen Park (angelegt von Burle Marx) umgebenen Villa wohnte einst der Unternehmer, Diplomat und Kunstsammler Raymundo Ottoni de Castro Maya (1894–1968). Neben kostbarem, u. a. aus Frankreich und China importiertem Mobiliar des 18. und 19. Jh. sind Gemälde ausländischer und brasilianischer Künstler zu sehen (v. a. Portinari, Di Cavalcanti). Beeindruckend sind die Bilder vom alten Rio im oberen Teil der Ausstellung (Mi–Mo 12–17 Uhr).

Neben dem Museum liegt der **Parque das Ruinas** mit einem restaurierten Ruinenhaus, in dem bis 1946 die elegante Aristokratin Laurinda Santos Lobo Empfänge für die kulturelle Elite veranstaltete. Von der Dachterrasse der Ruine genießt man einen herrlichen Panoramablick auf die Bucht von Guanabara und das Zentrum von Rio, u. a. auf die Arcos da Lapa, die Kathedrale, das Hauptgebäude von Petrobras, den Flughafen Santos Dumont und die Brücke nach Niterói (Zugang unten von der Straße aus oder ab 12 Uhr über einen Steg vom Gelände des Museu da Chácara do Céu, Mo geschl.).

Rio de Janeiro

Tipp: Escadaria do Selarón

Diese Treppe, deren 215 Stufen der chilenische Künstler Jorge Selarón seit 1988 unermüdlich mit auserlesenen Kacheln aus bisher ca. 140 Ländern verfliest, ist inzwischen eine große Attraktion. Selarón freut sich immer, wenn Gäste ihm ein neues Mosaikstück mitbringen. Meist sitzt er auf der Treppe neben seinem Atelier und malt gerade wieder eine schwangere Frau – mehr als 30 000 Bilder mit immer demselben Motiv hat er schon geschaffen.

Ebenfalls sieht man rechts am Hang den **Convento de Santa Teresa** aus dem Jahre 1751, eines der ältesten Karmeliterklöster Brasiliens. Der wuchtige, äußerlich schlichte Bau gleicht mit seinen vergitterten Fenstern einem Gefängnis. Eine Besichtigung ist nicht möglich; die Nonnen (Karmeliterinnen) leben dort in der strengen Glaubenstradition der spanischen Heiligen Teresa Sanchez de Ahumada aus Ávila, kurz Santa Teresa D'Ávila genannt. Von ihr stammt auch der Name dieses Stadtteils.

Parks und Gärten

Cityplan: S. 108/109
Fast 20,5 % der Fläche Rios bestehen aus üppiger Flora. Die Stadt kann mit 1105 Parks und grünen Plätzen aufwarten, auch mit dem größten innerstädtischen Regenwald der Erde, dem 3200 ha einnehmenden Nationalpark Floresta da Tijuca. Der erste öffentliche Park Brasiliens war der 1783 eingeweihte Passeio Público in Rio, 1808 folgte der riesige Botanische Garten. Als Charles Darwin 1832 Rio besuchte, kam er aus dem Staunen nicht mehr heraus: »Jede Form, jede Schattierung übertrifft an Pracht so vollkommen alles, was ein Europäer jemals in seinem heimischen Erdteil gesehen hat, dass er nicht weiß, wie er seinen Gefühlen Ausdruck geben soll.« Was er sah, war indes noch der ursprüngliche Atlantische Regenwald (mata atlântica), der schon bald danach den sich ausbreitenden Kaffeeplantagen weichen musste, bis nichts mehr von ihm übrig blieb als eine kahle, zerfressene Felsenlandschaft. Doch ab 1861 wurde vieles wieder aufgeforstet, auch in den ersten Jahren der Republik und dann – nach einer Phase der Destruktion während der Militärherrschaft – in den 80er-Jahren des 20. Jh.

Neben den zahlreichen Parks und Gärten gibt es in Rio auch kaum eine Straße, die nicht von prächtigen Baumalleen gesäumt ist. 2010 wurden insgesamt 554 041 Bäume gezählt. Am häufigsten, besonders an den Strandpromenaden, spenden Amendoeira-Bäume, die ursprünglich aus Malaysia kommen, viel Schatten, gefolgt von Flamboyant-Bäumen aus Madagaskar mit roten bis orangefarbenen Blüten (Okt.–Jan.) und von Kasuarinen aus Australien. Insgesamt sind nur 16 % der Baumarten brasilianischer Herkunft, am stärksten vertreten ist der Ipé-Baum, dessen auffällige Blüten (Juni–Sept.) gelb, rosa oder violett sein können. Inzwischen wurde ein Gesetz erlassen, das bei Neuanpflanzungen nur heimische Arten vorsieht.

Parque Nacional da Tijuca 34

Der Kahlschlag der ursprünglichen Regenwälder in der Umgebung von Rio besonders während des Kaffeezyklus ab dem 19. Jh. hatte der Stadt das Wasser entzogen, sodass schließlich der Minister Almeida Torres im Auftrag von Kaiser Pedro II. das Land von den Kaffeebaronen zurückkaufte und ab 1861 die Wiederaufforstung anordnete. Man wollte den ursprünglichen Zustand weitgehend wiederherstellen, und so pflanzten elf Sklaven innerhalb von 13 Jahren etwa 80 000 Bäume neu an, u. a. Mahagoni, Palisander, Paranuss, Eukalyptus und Araukarien. Das Resultat war überwältigend und überstieg alle Erwartungen, der Wald wurde dichter und üppiger als der Regenwald des Amazonas, doch nur wenige wussten diesen Naturreichtum am Rande der großen Stadt wirklich zu schätzen.

Floresta da Tijuca

aktiv unterwegs

Wandern und Klettern in der Floresta da Tijuca

Tour-Infos
Start: ab Parkeingang Praça Afonso Viseu, Alto da Boa Vista, tgl. 9–18 Uhr, Bus 454 ab Copacabana
Länge: 6 km hin und zurück
Dauer: 6 Std., mittlerer Schwierigkeitsgrad
Wichtige Hinweise: Tour ist auch ohne Guide zu bewältigen; gut ausgeschildertes Wegenetz; 50 R$ mit Guides, weitere Infos unter Klettertouren, s. S. 138

Dieser Teil des Nationalparks Tijuca ist mit 15 km² der größte und eignet sich gut für Aktivurlauber. Nach Durchschreiten eines Eingangsportals ist bald das Rauschen von Rios mächtigstem Wasserfall zu hören, die Kaskaden des **Cascatinha do Tauney** stürzen 40 m in die Tiefe. Auf der anderen Straßenseite befindet sich ein kleiner Laden, in dem man sich mit Wasser und Proviant für die kleine Bergtour eindecken sowie Souvenirs kaufen kann.

Auf der asphaltierten Straße ist nun eine leichte Steigung zu bewältigen, auf 461 m Höhe geht es links an der kleinen **Capela Mayrink** von 1863 vorbei bis zu einem Besucherzentrum (Centro do Visitantes) mit interessanten Fotos der Flora und Fauna. Es geht nun weiter geradeaus, später folgt man der Ausschilderung bis **Bom Retiro** (660 m), betritt dann einen schmalen Wanderpfad *(trilha)* und muss zuletzt 117 in Felsen gehauene, steil aufstrebende Treppenstufen bis zum 1021 m hohen Gipfel des **Pico da Tijuca** bewältigen. Der Ausblick auf die **Guanabara-Bucht** bis hin zum ›Finger Gottes‹ bei Petrópolis ist überwältigend.

Auf dem Rückweg mag man noch in dem am Weg gelegenen Wald-Restaurant **A Floresta** einkehren, um sich von dem kleinen alpinistischen Abenteuer zu erholen.

Rio de Janeiro

Erst in den 60er-Jahren des 20 Jh. begann das öffentliche Interesse an dem begrünten Gelände im Herzen der Stadt zu wachsen, was 1967 zur Gründung des **Parque Nacional da Tijuca** führte. Er besteht aus drei Teilen: Im Südosten liegen der bei Kletterern beliebte Tafelberg **Pedra da Gávea** und der Felsen **Pedra Bonita** mit der Startrampe der Drachenflieger. Im Osten befindet sich die bewaldete und zum Wandern einladende Serra da Carioca mit dem **Corcovado**, der Paineras-Straße und vielen Aussichtspunkten, u. a. der Vista Chinesa.

Jardim Botânico [35]

Der **Jardim Botânico** aus dem Jahre 1808 im gleichnamigen Stadtteil nahe der Lagoa Rodrigo de Freitas ist mit mehr als 6000 tropischen Pflanzenarten und einer Fläche von 137 ha einer der größten Botanischen Gärten Südamerikas. Gegründet wurde er durch Dom João VI. gleich nach der Übersiedlung des Lissaboner Hofstaates. Der Park ist eine grüne Oase des Schattens und der Ruhe mitten in der pulsierenden Großstadt. Manche Besucher sind jedoch etwas enttäuscht, hier steht alles fein säuberlich in ordentlichen Abständen und erinnert so gar nicht an das, was man von einem geheimnisvollen tropischen Dschungel erwartet.

Beim Gang durch die berühmte **Baumallee** mit den 30 m hohen Königspalmen stellt sich dennoch ein erhabenes Gefühl ein, sehenswert sind auch die **Gewächshäuser** mit Orchideen und Bromelien. Die Flora repräsentiert die wichtigsten der in Brasilien vorkommenden Bioräume (Atlantischer und Amazonas-Regenwald, Cerrado u. a., s. S. 17/18), die meisten Pflanzen und Bäume sind jedoch ausländischer Herkunft. 2006 wurde noch der **Jardim dos Beija-Flores** angelegt, in dem Blütenpflanzen die Vogelwelt anziehen sollen. Außer Vögeln, die hier mit 140 Arten vertreten sind, wird man häufig ganze Horden von Schwarzen Brüllaffen antreffen. Ein ebenfalls neu eröffnetes **Kulturzentrum** ist dem Bossa-Nova-Komponisten Antônio Carlos Tom Jobim gewidmet. Der Botanische Garten war nämlich sein liebster Rückzugsplatz.

Kurioserweise sind auf dem Gelände noch die Ruinen einer alten **Schießpulverfabrik** zu besichtigen, im Innern zeigt ein Museum den Produktionsvorgang. Am Eingang ist ein Lageplan mit 53 eingezeichneten Attraktionen und englischen Erläuterungen erhältlich, unter den Bäumen finden sich stets Namens- und Erklärungstafeln. Nach dem Rundgang kann man sich in einem netten Café niederlassen, im Nebengebäude wartet ein Kunstladen auf Besucher (Di–So 9–17

Ragen 30 m in die Höhe: die Königspalmen im Jardim Botânico

Uhr, Eingänge Rua Jardim Botânico 920 und 1008, 5 R$, Busse mit der Aufschrift ›Jardim Botânico‹).

Die ärmere Nordzone

Cityplan: S. 108/109

Beim Anflug auf Rio sieht man ein grenzenloses Lichtermeer, ewig scheint der Flieger über Vorstadtzonen hinwegzugleiten, die man – einmal in der Südzone angelangt – nie wieder zu sehen bekommt. Kaum ein Tourist wagt sich weiter vom Zuckerhut weg als bis ins Zentrum oder nach Lapa und Santa Teresa. Die nördlicheren Stadtteile liegen auch weiter vom Meer entfernt, haben keine touristische Infrastruktur und gelten als hässlich, arm und gefährlich. All dies stimmt jedoch nur zum Teil, richtig ist in jedem Fall, dass das normale, authentische Brasilien nicht in Ipanema oder Copacabana zu finden ist, son-

Rio de Janeiro

Favelas – Hanglage mit Meerblick und Drogenkrieg

Mit einer Pflanze aus Bahia fing es an, dann hießen so die Elendsviertel der Armen und Ausgestoßenen. Wie Knospen brachen sie hervor und wie Geschwüre wucherten sie schließlich an den grünen Berghängen Rios dicht bei den Wohnvierteln der Reichen. Anfangs waren die Bewohner noch willkommene Billiglohnarbeiter, doch mit der Zunahme wirtschaftlicher Krisen kamen der Drogenhandel und die Gewalt.

20 R$ kostete die allererste ›Karte‹ (Dez. 2005) der Favela Rocinha, nicht die Stadt oder die Bewohner haben sie erstellt, sondern der sozial engagierte Maler Jorge de Salles. Die mit gut 100 000 Einwohnern größte Favela Brasiliens galt lange als harmlos, es gab und gibt sogar Sightseeings für Touristen, dennoch ist sie einer der größten Drogenumschlagplätze der Stadt.

Die heiße Ware stammt meist aus Kolumbien, Bolivien und Peru, kommt über Paraguay und die Flusswege Amazoniens nach Brasilien in die Favelas der großen Städte, wird dort zu kleinen Päckchen verarbeitet und an die lokalen Abnehmer in den umliegenden Vierteln der Mittel- und Oberschicht weitergeleitet. Ein nicht geringer Teil geht per Schiff nach Europa, vor allem nach Italien und Spanien. Vom Umsatz her ist der Drogenhandel einer der bedeutendsten Wirtschaftszweige des Landes. In Rio werden jährlich zwischen 316 und 633 Mio. R$ umgesetzt, 30 000 Dealer sind involviert, davon 7000 schwer bewaffnete.

Dabei fing alles ganz anders an. Der Name Favela geht auf eine Blütenpflanze in Bahia zurück, die auf dem Morro da Favela genannten Hügel des Feldlagers der kaiserlichen Truppen während des Krieges von Canudos gegen eine separatistische religiöse Sekte wuchs. Die siegreichen Soldaten blieben jedoch wegen der kriegsgebeutelten Staatskassen ohne Sold und hausten ab 1897 in Holzhütten an einem Hang im Zentrum Rios, den sie zuerst Morro da Favela nannten. Auch befreite Sklaven siedelten sich an solchen Hügeln an sowie Obdachlose, deren vorherige Unterkünfte den Urbanisierungsprojekten des Bürgermeisters Pereira Passos weichen mussten. Ab den 1930er-Jahren entstanden immer mehr Favelas, häufig gefördert durch die Stadtverwaltung. Der größte Migrantenzustrom erfolgte in den 1950er und 1960er-Jahren, als verstärkt billige Arbeitskräfte benötigt wurden. Heute besitzt Rio 1020 Favelas mit 283 306 Behausungen und 1,2 Mio. Einwohnern.

Die Häuser bestehen inzwischen alle aus Ziegelstein und sind meist gar nicht so ärmlich eingerichtet, vom Hügel aus bietet sich oft ein herrlicher Meerblick. Nur bei starken Regengüssen besteht Abrutschgefahr, auf statische Sicherheit wurde beim Bau kein Wert gelegt. 2010 wurden in Rio und Niterói Hunderte von Menschen unter herabstürzenden Schlammmassen begraben. Inzwischen kümmern sich die Behörden etwas mehr um die lange vernachlässigten Armenviertel. Es werden nun nach einem Projekt der Regierung Lula alle Grundstücke und Häuser erstmals per Grundbucheintrag registriert und legalisiert. Die Stadt sorgt für Strom, Wasser und Kanalisation, nicht zuletzt um einen Fuß in das von Drogenbossen beherrschte Niemandsland zu setzen. Der Staat und viele Ini-

Favelas

Thema

tiativen versuchen die Jugendlichen in Freizeit- und Kulturangebote einzubinden, um sie dem Einfluss der Drogenwelt zu entziehen. Internationale Beachtung erzielte die in Rios Favelas engagierte Musik- und Tanzgruppe AfroReggae, die seit 1993 mit großem Erfolg Konflikte schlichtet, bereits 2000 Adepten um sich schart und sogar schon Drogenhändler zu Sozialarbeitern ›umgeschult‹ hat.

Doch einfach ist es nicht. Die allgemeine Arbeitslosigkeit trifft die Unterschicht und die dunkelhäutigen Favelabewohner am stärksten. Kaputte Familienstrukturen behindern eine normale Entwicklung der Kinder, die bald in den Sog von Gewalt und Kriminalität gezogen werden. Manche arbeiten für wenig Lohn in einfachen Dienstleistungsberufen und versuchen ein bescheidenes, aber anständiges Leben zu führen. Doch bei Problemen müssen auch sie sich statt an die Polizei an ›ihren‹ Drogenboss wenden. Die staatliche Autorität hält sich meist fern, bis auf polizeiliche Großeinsätze, bei denen wild in die Gegend geschossen wird und ein paar Banditen vorübergehend festgenommen werden.

Seit jedoch Rio als Schauplatz zweier Mega-Events, der Fußball-WM 2014 und der Olympischen Spiele 2016, dienen wird, kommt Hoffnung auf. Polizeieinheiten (UPP's) befreien und befrieden eine Favela nach der anderen, viele Sozialinitiativen arbeiten auf Hochtouren und der Staat dehnt ein grandioses Programm zur Ankurbelung des Wirtschaftswachstums (PAC) auch auf die Favelas aus. Und dort gibt es inzwischen einen regen Tourismus.

Favela Rocinha: Die mehr als 100 000 Einwohner leben zumeist in Ziegelsteinhäusern

Rio de Janeiro

dern abseits von den ausgetretenen Pfaden des Massentourismus.

Genauer gesagt besitzt der Großraum Rio *(Região Metropolitana)* nicht nur eine Süd- und Nordzone, sondern auch noch eine West- und Ostzone sowie die weiter nördlich gelegenen Vorortstädte der Baixada Fluminense. Insgesamt leben hier mehr als 10 Mio. Menschen, verteilt auf 30 Verwaltungsregionen und 153 Stadtteile. Wir beschränken uns bei unserem Abstecher ins Ungewisse jedoch auf die Nordzone, ist sie doch hinsichtlich Bevölkerungszahl und Wirtschaftskraft die bedeutendste der Stadt. Zum Eingewöhnen geht es noch nicht so tief hinein, lediglich zu zwei benachbarten Stadtteilen gleich hinter dem Zentrum, wo sich auch noch drei touristische Attraktionen befinden.

Maracanã-Stadion 36

Dieses Ziel ist weltbekannt, unzählige Busse mit der Aufschrift ›Maracanã‹ fahren dorthin, auch gibt es eine Metro-Station. Das **Maracanã-Stadion** war einmal das größte Fußballstadion der Welt, die beim Bau (1948–50) verwendeten 500 000 Säcke Zement entsprechen der Masse zweier Felsen von den Ausmaßen des Zuckerhuts. Die offizielle Rekordpublikumszahl von 183 341 wurde am 31. August 1969 bei einem Spiel zwischen Brasilien und Paraguay erreicht. Seit Januar 2006 gibt es keine Stehplätze mehr, sondern nur noch 76 000 Sitze. Doch ruhig sitzen bleibt hier kaum jemand. Wer die hiesige Fußballbegeisterung kennt, gepaart mit dem sprichwörtlichen Temperament der Brasilianer, wird sich vorstellen können, in welch einen Hexenkessel sich dieser Ort verwandeln kann. Leider haben auch hier gewaltsame Ausschreitungen zwischen den Fanclubs in den letzten Jahren erschreckend zugenommen. Ab September 2010 wurde das Stadion jedoch für 2–3 Jahre wegen einer Totalreform geschlossen, schließlich sollen hier 2014 WM-Spiele und das Endspiel stattfinden. Ob bis dahin eine Besichtigung möglich ist, sollte man vorher im Hotel erfragen (ggf. tgl. 9–17 Uhr, 20 R$, Anfahrt per Taxi oder Metro oder Bus mit der Aufschrift ›Maracanã‹).

Jardim Zoológico 37

In dem Park Quinta da Boa Vista im Stadtteil São Cristóvão liegt der **Jardim Zoológico** nur wenige Taximinuten vom Stadion entfernt. In dem Zoo, historisch der älteste Brasiliens (1888), leben ca. 2000 Tiere, darunter 200 Reptilien, 300 Säugetiere und fast 1500 Vögel aus aller Welt (Di–So 9–16.30 Uhr, 6 R$). Die nicht ganz ungefährliche Quinta da Boa Vista ist einer der schönsten und mit 155 000 m² zudem größten Parks Rios mit Grotten, Seen und einer Kleinbahn, die Besucher durch die Anlage fährt.

Museu Nacional 38

Nur wenige Schritte entfernt, ebenfalls innerhalb des Parks, befindet sich das **Museu Nacional.** Von 1808 bis 1889 residierten in dem Gebäude die Königsfamilien von Pedro I. und Pedro II., daher auch ›Palast der zwei Pedros‹ genannt. 1891 wurde hier die erste republikanische Verfassung Brasiliens verkündet, ein Jahr später machte die neue provisorische Regierung, die nichts von Imperialbauten wissen wollte, ein Museum daraus. Heute sind hier mehr als 4000 Ausstellungsstücke zu besichtigen. Die Sammlung im zoologisch-botanischen Teil gilt als äußerst wertvoll, der archäologisch-ethnologische Teil zeigt u. a. ägyptische Mumien sowie Objekte von zahlreichen Indianerstämmen. Weltweit geachtet ist auch eine Raritäten-Bibliothek mit über 1800 Bänden. Insgesamt ist das Museum jedoch schlecht geordnet, es mangelt an Erläuterungen und relevante Teile des Gebäudes sind baufällig oder gar geschlossen (Di–So 10–16 Uhr).

Centro de Tradições Nordestinas Luiz Gonzaga

Im selben Stadtteil befindet sich in einem aufwendig restaurierten Stadion ein großer Tanzmarkt, bekannter unter dem Namen **Feira de São Cristóvão** 39 oder Feira Nordestina. Hier in São Cristóvão wohnen viele ärmere Migranten aus dem Nordosten Brasiliens, die im Stadion ihre Waren anbieten oder die Gelegenheit nutzen, um günstig einzukaufen. Doch ist dies nicht nur ein Markt, sondern

Die ärmerer Nordzone

mehr ein Volks- und Begegnungsfest der *nordestinos,* die hier ihre kulturellen und musikalischen Traditionen pflegen. Auf zwei riesigen Bühnen spielen am Wochenende Forró-Bands und davor wird kräftig getanzt. Um die 100 Restaurants servieren preiswert die Spezialitäten der Nordost-Küche, ein Gericht reicht übrigens immer für zwei (Fr/Sa 19 Uhr bis spät in die Nacht, So 12–22 Uhr, Eintritt nur 1–3 R$, ungefährlich).

Infos

Riotur: Av. Princesa Isabel 183 (Copacabana), Tel. 021-25 41 75 22; Mo–Fr 9–18 Uhr auch am internationalen Airport, sowie in einem Strandkiosk gegenüber der Rua Hilário de Gouveia (Copacabana), tgl. 8–20 Uhr.

Computer-Informationssäulen: vor den großen Hotels und an strategisch wichtigen Punkten der Stadt.

Alô Rio: telefonischer Infoservice auf Portugiesisch und Englisch, Tel. 021-25 42 80 80, Mo–Fr 9–18 Uhr.

Internet: www.rioguiaoficial.com.br (große Seite der Tourismusämter, auch auf Englisch).

Übernachten

Fast alle Gäste wählen zu Recht ein Hotel an der Copacabana oder strategisch noch günstiger in Arpoador, einem kleinen Viertel zwischen Copacabana und Ipanema. Wer hier wohnt, ist gleich am Strand, auch gibt es viele Restaurants. Der in Rio lebende Autor dieses Buches hilft gern bei der Auswahl und Reservierung von Unterkünften, Angebote in www.rio-insider.com.

Mondän ▶ **Copacabana Palace** 11: Av. Atlântica 1702 (Copacabana), Tel. 021-25 48 70 70, Fax 021-22 35 73 30, www.copacabanapalace.com. br. Traditionsreichstes Grand-Hotel (223 Zimmer) am Strand mit illustrer Gästeliste. Großer Wellness-Bereich. 972–4525 R$, Frühstück extra.

Luxus mit Traumblick ▶ **Sofitel** 1: Av. Atlântica 4240 (Copacabana), Tel. 021-25 25 12 32, Fax 021-25 25 12 00, www.accorhotels.com.br. Sehr gute Kategorie, 388 Zimmer, meist mit Veranda und Panoramablick über die ganze Copacabana, ruhige Lage am Ende des Strandes und nahe Ipanema. 605–2605 R$.

Hübsche Dachterrasse ▶ **Astoria Palace** 2: Av. Atlântica 1866 (Copacabana), Tel. 021-25 45 95 50, Fax 021-22 35 44 16, www.astoriapalace.com.br. Modernes Hotel von 2007 an der Strandstraße mit 116 komfortablen und geräumigen Zimmern, die vorderen mit Meerblick; mit Pool und Bar. 310–620 R$.

Solide ▶ **Golden Tulip Regente** 3: Av. Atlântica 3716 (Copacabana), Tel. 021-35 45 54 00, Fax 021-35 45 54 01, www.goldentulipregente.com.br. 225 großzügige Zimmer, am Strand mit schönem Blick. Ab 330–440 R$.

Direkt am Strand ▶ **Arpoador Inn** 4: Rua Francisco Otaviano 177 (Arpoador), Tel. 021-25 23 00 60, Fax 25 11 50 94, www.arpoadorinn.com.br. Kleines Hotel mit 50 Zimmern zwischen Ipanema und Copacabana, frühzeitig reservieren. Zur Straße hin laut, zum Meer hin jedoch eine der schönsten Unterkünfte Rios. Dort ruhig, kein Autoverkehr zwischen Hotel und Strand, herrlicher Blick auf die Praia de Ipanema, auch vom (Frühstücks)- Restaurant, bester Sundowner der Stadt. 440 R$ (zum Meer), 212–300 R$ (andere).

Günstige Lage ▶ **Atlantis Copacabana Hotel** 5: Rua Bulhôes de Carvalho 61 (Arpoador), Tel. 021-25 21 11 42, Fax 021 22 87 88 96, www.atlantishotel.com.br. Mittelklassehotel mit 87 Zimmern in ruhiger Seitenstraße, günstig zwischen den Stränden von Copacabana und Ipanema gelegen (je 5 Min. zu Fuß). Nette Dachterrasse mit Bar, kleinem Pool, Sauna und Fernblick auf die Praia de Ipanema. 210–260 R$.

Altbau mit Flair ▶ **Imperial Hotel** 6: Rua do Catete 186 (Catete), Tel. 021-21 12 60 00, www.imperialhotel.com.br. Schöner Altbau mit 80 Zimmern. Keine Nobelunterkunft, aber gepflegt und anheimelnd; auch Bar, Pool, Sauna und Fitness-Center sowie Garage. In belebter Gegend unweit von einem großen Park und direkt bei der Metro-Station Catete gelegen. 170–200 R$.

Familiär ▶ **Hotel Santa Clara** 7: Rua Décio Vilares 316 (Copacabana-Peixoto), Tel. 021-22 56 26 50, Fax 021-25 47 40 42, www.

Rio de Janeiro, Copacabana

Sehenswert
- **1**–**21** s. Cityplan S. 108/109
- **22**–**31** s. Cityplan S. 120/121
- **32**–**39** s. Cityplan S. 108
- **11** Copacabana Palace

Übernachten
- **1** Sofitel
- **2** Astoria Palace
- **3** Golden Tulip Regente
- **4** Arpoador Inn
- **5** Atlantis Copacabana Hotel
- **6** Imperial Hotel
- **7** Hotel Santa Clara
- **8** Ché Lagarto Hostel (HI)
- **9** Camping Clube do Brasil-10

Essen & Trinken
- **1** Marius
- **2**–**4**, **6** s. Cityplan S. 108/109
- **5** Churrascaria Palace
- **7** Carretão
- **8** Shirley
- **9** s. Cityplan S. 108
- **10** El Cid
- **11** Cervantes
- **12** Siqueira Grill

Einkaufen
- **1** s. Cityplan S. 108/109
- **2** s. Cityplan S. 108/109
- **3** Modern Sound

Abends & Nachts
- **1**–**13** s. Citypläne S. 108/109 und 120/121

Aktiv
- **1** Piranello
- **2** Special Bike
- **3**–**11** s. Cityplan S. 108/109

---

hotelsantaclara.com.br. Nettes kleines familiäres Hotel mit nur 25 Zimmern und geschmackvollem Ambiente; in einer sehr ruhigen Seitenstraße gelegen, nur das Frühstück, das man im Zimmer serviert bekommt, lässt zu wünschen übrig. 175 R$.

Party ▶ Ché Lagarto Hostel (HI) 8: Rua Anita Garibaldi 87 (Copacabana), Tel. 021-22 56 27 76, Fax 021-22 56 27 77, www.chelagarto.com. Bei jungen Leuten äußerst beliebtes Party-Hostel von 2004, 11 Zimmer (z. T. Meerblick), 64 Betten. Schöne Lage in ruhiger Seitenstraße, laut sind nur die häufigen Partys (Bar Code, DJs Lounge). DZ mit Bad 115 R$, Dorms für 4–10 Pers. 40 R$ pro Pers. Ein zweites, etwas ruhigeres Haus liegt in der Rua Paul Redfern 48 (Ipanema), Tel. 25 12 80 76, DZ 130 R$, Dorms 40–45 R$.

Privat ▶ Ferienwohnungen: Agência Heidelberg, Av. Prado Junior 48 (Copacabana), Tel. 021-22 95 49 99, www.agencia-heidelberg.com.br (auf Deutsch). Große Auswahl an Apartments in Leme, Copacabana und Ipanema, darunter auch rollstuhlgerechte für behinderte Menschen.

Sportlich ▶ Camping Clube do Brasil-10 9: Estrada do Pontal 5900 (Recreio), Tel. 021-24 90 05 84, www.campingclube.com.br. Sehr schöne schattige Lage gleich beim reizvollen Strand von Recreio, aber weit südwestlich der Stadt, Direktbusse zur Copacabana (1 Std.) und ins Zentrum (1,5 Std.). 9–15 R$ pro Pers.

Essen & Trinken
Brasilianische Küche

Tolles Ambiente ▶ Marius 1: Av. Atlântica 290 (Leme), Tel. 021-21 04 90 00, tgl. 12–24 Uhr. Schöne Rodízio-Churrascaria mit Gourmet-Büfett (Fixpreis 92 R$, Fleisch plus Meeresfrüchte 150 R$). Die Qualität der Speisen ist dagegen nicht besser als bei der preiswerteren Konkurrenz Porcão (s. u.), zudem wirkt das Lokal in der Hochsaison recht touristisch (oft Gruppen).

Filiale der Top-Kette ▶ Porcão Rio's 2: Av. Enfante Dom Henrique (Aterro do Flamengo), Tel. 021-34 61 90 20, tgl. 12–0.30 Uhr. Edel-Churrascaria direkt an der Bucht von Guanabara mit Blick aufs Wasser, viele Gruppen (Fixpreis 81 R$).

Top-Fleischtempel ▶ Porcão 3: Rua Barão da Torre 218 (Ipanema), Tel. 021-32 02 91 58, tgl. 12–0.30 Uhr. Edel-Churrascaria, auch riesiges Beilagen- und Salat-Büfett (Fixpreis 73 R$).

Nationalgericht ▶ Casa da Feijoada 4: Rua Prudente de Morais 10, Loja B (Ipanema), Tel. 021-22 47 27 76, tgl. 12–24 Uhr. Der Feijoada-Tag ist Samstag, doch hier bekommt man Brasiliens Nationalgericht jeden Tag. 58 R$ pro Pers.

Fleisch mit Stil ▶ Churrascaria Palace 5: Rua Rodolfo Dantes 16 (Copacabana), Tel. 021-25 41 58 98, tgl. 12–24 Uhr. Bessere Fleisch-Churrascaria, am Büfett werden auch Salate und Meeresfrüchte (Fixpreis 50 R$)

Rio de Janeiro

angeboten, geschmackvolles rustikal-schickes Ambiente.

Fisch am Wasser ▶ Real Astória 6: Av. Nestor Moreira 11 (Botafogo), Tel. 021-22 44 62 39, tgl. 12–24 Uhr. Einziges Lokal direkt an der Bucht von Guanabara; kurz vor 20 Uhr kommen, um einen Platz am Wasser mit Blick auf den Zuckerhut zu erhalten; gute Fisch- und Meeresfrüchteküche, nur überteuert (um 45 R$).

Fleisch preiswert ▶ Carretão 7: Rua Siqueira Campos (Copacabana), zweites größeres Lokal in der Rua Ronald de Carvalho 55 A und dritte, noch schickere Filiale in der Rua Visconde de Piraja 112 (Ipanema), tgl. 12–24 Uhr. Churrascaria mit Rodízio und Sushi-Büfett, günstiger Fixpreis um 40 R$.

Uriges Fischlokal ▶ Shirley 8: Rua Gustavo Sampaio 610 (Leme), Tel. 021-22 75 13 98, tgl. 12–24 Uhr. Alteingesessenes Fisch- und Meeresfrüchtelokal, die frische Ware kann man selbst auswählen. Nur wenige Tische, zwanglose Atmosphäre. Gerichte um 35 R$ (reicht für 2 Pers.).

Kunstdekor und Freiterrasse ▶ Espírito Santa 9: Rua Almirante Alexandrino 264 (Santa Teresa), Tel. 021-25 08 70 95, www.espiritosanta.com, Mi–Mo 12–24 Uhr. Neueres Lokal an der Tram-Linie, Terrasse mit herrlichem Blick auf das alte Santa Teresa, künstlerisch dekoriert, kreative Gerichte ab 30 R$ (Tipp: Vorspeisenmenü Belisquetes für 4 Pers).

Alteingesessen ▶ El Cid 10: Rua Ministro Viveiros de Castro 15/ Ecke Av. Princesa Isabel (Copacabana), Tel. 021-22 75 45 97, 12–4 Uhr. Einfaches, kleines Lokal, aber berühmt für die Qualität seiner Fleischgerichte, z. B. Filet mignon und Picanha für 40 bzw. 48 R$ (reicht für 2 Pers.).

Sandwiches ▶ Cervantes 11: Av. Prado Junior 335 (Copacabana), Tel. 021-22 75 61 47, Di–Do 12–4 Uhr, Fr–So 12–6 Uhr. Die besten Fleisch-Sandwiches der Stadt (7–15 R$), gut für den kleinen Hunger im Morgengrauen.

Klasse Self-Service ▶ Siqueira Grill 12: Rua Siqueira Campos 16-B (Copacabana), Tel. 021-22 55 34 46, 11–24 Uhr. Eines der besten Self-Service-Lokale Rios mit großem, variationsreichem Buffet und delikatem Fleisch vom Spieß. Zweites Lokal namens Catete Grill in der Rua do Catete 239 (Catete), Tel. 021-22 85 34 42. 4 R$/100 g.

Internationale Küche

Rio bietet exzellente Lokale der ausländischen Küche. Da jedoch die meisten Brasiliengäste eher die einheimische Landesküche kennenlernen möchten, hier nur ein paar Kurztipps (das zuerst angegebene Lokal ist stets das noblere und teurere).

Italienisch ▶ Caprcciosa: Rua Vinícius de Morães 134 (Ipanema), tgl. 18–2 Uhr. 30 R$. La Trattoria, Rua Fernando Mendes 7-A (Copacabana), tgl. 12–1 Uhr. 25 R$.

Japanisch ▶ Sushi Leblon: Rua Dias Ferreira 256 (Leblon), tgl. 12–16 und ab 19 Uhr. 40 R$.

Thailändisch ▶ Nam Thai: Rua Rainha Guilhermina 95 (Leblon), Di–Fr 12–16 und 19–1, Sa–Mo ab 19 Uhr. 35 R$. **Zazá Bistrô Tropical:** Rua Joana Angélica 40 (Ipanema), Mo–Sa ab 19.30 Uhr. 35 R$.

Einkaufen

Schicke Shopping Mall ▶ Rio Sul Shopping Center 1: Rua Lauro Müller 116 (Botafogo, von der Copacabana/Av. Princesa Isabel aus gleich rechts hinter dem Tunnel), Tel. 021-35 27 70 00, www.riosul.com.br, Mo–Sa 10–22, So 15–21 Uhr. Europäischen Standards entsprechendes großes Kaufhaus mit vielen Boutiquen und Läden auf vier Etagen; auch Bars, Restaurants und Kinos. Zumindest bei Regen eine gute Freizeitoption.

Kunsthandwerk ▶ Feira do Hippie 2: Praça General Osório (Ipanema), So 9–17 Uhr. Früher ein echter Hippie-Treff, heute ein gehobener Kunsthandwerksmarkt. Sehr besuchens- und sehenswert, aber nicht gerade billig. Lederwaren, Kleidung, Schmuck, Keramik, Bilder, Möbel u. a.

CD-Laden ▶ Modern Sound 3: Rua Barata Ribeiro 502 (Copacabana), Tel. 021-25 48 50 05, www.modernsound.com.br, Mo–Fr 9–21, Sa 9–20 Uhr. Größtes und bestsortiertes Angebot an CDs in Brasilien, auch internationale Titel, die in der Heimat nur schwer

Adressen

erhältlich sind. Hierher kommen nur Kenner, die wissen, was sie wollen – Reinhören ist leider nicht gestattet.

Abends & Nachts

Im **Musikviertel Lapa** konzentriert sich Rios Nachtleben, ständig entstehen neue schöne Bars mit guter brasilianischer Live-Musik (Adressen siehe unter Lapa, S. 125).

Altstadtfest ▶ After-Work-Party 1: Rua do Ouvidor/Travessa do Comércio, die schönsten Altstadtgassen der Stadt nahe Praça 15 (Centro), mit Tischen im Freien und Tanz in diversen Bars, belebt vor allem Mi–Fr ab 19 Uhr.

Retro-Chic ▶ Astor 2: Av. Vieira Souto 110 (Ipanema), Tel. 021-25 23 00 85, Di–Do 18–1, Fr–Sa 12–3, So 12–22 Uhr. 2010 eröffnete schöne Bar mit großer Freiterrasse und etwas Blick auf den Strand, auch Restaurant (ein Dutzend Austern 36 R$), die einzige Potion an der Strand-Avenue von Ipanema.

Sakrileg ▶ Café Cultural Sacrilégio 3: Av. Mem de Sá 81, Tel. 021-22 22 73 45, Di–Fr ab 19, Sa ab 20.30 Uhr, Fr/Sa Tisch reservieren, 12–20 R$, je nach Wochentag.

Traditionell gut ▶ Carioca da Gema 4: Av. Mem de Sá 79, Tel. 021-22 21 00 43, Mo–Sa ab 19 Uhr, Fr/Sa Tisch reservieren, ab 12 R$.

Schicke Kneipen ▶ Conversa Fiada 5: 1. Rua Vinicius de Moraes 75 (Ipanema), Tel. 021-25 22 18 09, Di–So 12 Uhr bis letzter Gast am Abend. 2. Av. Ataúfo de Paiva 900, Lj. B, Tel. 021-25 12 97 67, Mo–Do ab 17 Uhr, Fr–So ab 12 Uhr bis zum letzten Gast. Zwei Bars einer neueren Kette, typische Bierkneipen gehobenen Stils, Mittelschichtpublikum und Ausländer.

Edler Club ▶ Estrela da Lapa 6: Av. Mem de Sá 69 (Nähe Arcos da Lapa), Tel. 021-25 07 66 86, Di–Sa ab 21 Uhr, Eintritt ab 20 R$, je nach Band.

Fan-Club ▶ Hard Rock Café 7: Shopping Città America, Av. das Américas 700, 3. St. (Barra da Tijuca), Tel. 021-21 32 80 00, www.hardrockcafebrasil.com.br, Rock-Shop tgl. 12–24 Uhr, Fr/Sa ab 22 Uhr Disco oder Live-Bands, die Dekoration entspricht dem weltbekannten Muster. Eintritt (nur abends): Männer 30 R$, Frauen 20 R$.

Kultig ▶ Rio Scenarium 8: Rua do Lavradio 20 (Nähe Praca Tiradentes), Tel. 021-38 47 90 05 , www.rioscenarium.com.br, Di–Sa 19–2 Uhr, lebendig ab 22.30 Uhr, am Wochenende wegen großen Andrangs vor 22 Uhr hingehen, Di–Do 20 R$, Fr/Sa 30 R$. Das Rio Scenarium ist inzwischen das beliebteste Musik- und Tanzlokal der Stadt.

Modernes Showhaus ▶ Citibank Hall 9: Av. Ayrton Senna 3000 (Barra da Tijuca), Tel. 021-21 56 73 65. Rios modernstes und größtes Showhaus mit Platz für 8000 Gäste, Spitzenbands, Programm s. Tageszeitung.

Älteres Showhaus ▶ Canecão 10: Av. Venceslau Brás 215 (Botafogo, beim Shopping-Center Rio Sul, nahe Copacabana), Tel. 021-21 05 20 00, www.canecao.com.br. Große Konzerthalle mit vielen Tischen, häufig Auftritte großer Stars der brasilianischen Populärmusik. Karten an der Abendkasse, 25–50 R$. Das Haus ist von der Schließung bedroht.

Karnevals-Shows ▶ Plataforma 11: Rua Adalberto Ferreira 32 (Leblon), Tel. 021-22 74 40 22, tgl. 22 Uhr. Samba-Shows für Touristen mit Karnevalskostümen, Capoeira-Darbietungen und indianischen Tänzen. Eintritt 130 R$ (über die Hotels 150 R$ inkl. Transfer und Essen).

Zentrumsnahe Shows ▶ Vivo Rio 12: Av. Infante Dom Henrique 85 (beim Museu de Arte Moderna, Parque Flamengo), Tel. 021-40 03 12 12, www.vivorio.com.br. Neueres Showhaus mit 2600 Sitzplätzen und Top-Bands.

Klassisches ▶ Theatro Municipal 13: Praça Floriano, Tel. 021-23 32 91 91 www.theatromunicipal.rj.gov.br Fast jeden Abend (außerhalb der Sommerpause) Tanz-, Ballett-, Konzert- oder Theaterprogramm, Infos über die Internetseite oder die Tageszeitungen, Karten an der Abendkasse.

Aktiv

Citytouren ▶ Helmuth Taubald: Handy 92 41 37 82 (Vorwahl von Europa aus 00 55 21, innerhalb Brasiliens von Orten außerhalb Rios

Rio de Janeiro

0 21 21), www.rio-insider.com, heltau@ig.com.br. Der in Rio lebende Autor dieses Buches bietet individuelle Touren an, die ein authentisches Bild der Stadt vermitteln.

Favela-Touren ▶ **Marcelo Armstrong:** Tel. 021-33 22 27 27, Handy 021-99 89 00 74, www.favelatour.com.br. Besuch der Favelas Rocinha und Vila Canoa inkl. Sozialprojekte, Dauer ca. 3 Std. Marcelo spricht Englisch, Französisch und Spanisch, 65 R$ pro Pers.

Fahrradverleih ▶ **Special Bike 1**: Rua Teixeira de Melo 53, Lojas J/K (Ipanema), Tel. 021-25 13 39 51; Rua Barata Ribeira 458/Loja D (Copacabana), Tel. 021-25 39 39 80, www.specialbikebotafogo.com.br. Für Mountain Biking durch den Nationalpark von Tijuca, Paineras und hoch zum Aussichtspunkt Vista Chinesa. Verleih (15 R$/Std., 35 R$/Tag). Ansonsten gibt es Fahrradwege lediglich an den Stränden entlang.

Drachenflüge ▶ **Konrad Heilmann:** Tel. 021-98 43 90 06, www.airadventures.net; perfekt Deutsch sprechender Asa-Delta-Pilot, ehemaliger brasilianischer Meister. **Ricardo Lima:** Tel. 021-78 14 41 03, www.flytourbrazil.com; sehr professioneller Pilot, der die Windverhältnisse maximal ausnutzt. Viele weitere Anbieter an der **Praia do Pepino** (São Conrado), Start von der Rampe des Pedra Bonita (nur bei Aufwind vom Meer). Tandemflug (auch Paragliding) 240 R$.

Wandern ▶ **Rio Hiking:** Tel., 021-25 52 92 04, www.riohiking.com.br. Im Parque Nacional da Tijuca gibt es ein ausgedehntes, ausgeschildertes Wegenetz. Am Parkeingang kann man im Souvenirladen Kartenmaterial erwerben. Längere Wanderungen nur mit Guide, man kann sich verlaufen oder Opfer eines Überfalls werden.

Bootstouren ▶ **Marina da Glória 3: Macuco Rio,** Tel. 021-22 05 03 90, www.macucorio.com.br, Start tgl. 10 und 14 Uhr ab Marina da Glória, 2 Std., 100 R$. Mit dem Schlauchboot durch die Bucht von Guanabara oder an den Atlantikstränden und -inseln vorbei. **Saveiros Tour,** Tel. 021-22 25 60 64, www.saveiros.com.br, tgl. 9.30–11.30 Uhr, ab Marina da Gloria, Aterro do Flamengo, 35 R$. Touren im langsamen Schoner. **Pink Fleet,** Tel. 021-25 55 40 63, www.pink fleet.com.br. Touren durch die Bucht von Guanabara in modernster Luxusjacht, Dauer 2 Std., ab Marina da Gloria. 80 R$ inkl. Drink.

Surfen/Windsurfen/Kiting ▶ Die beliebtesten Surf-Spots befinden sich in **Arpoador 4** und etwas außerhalb der Stadt am traumhaft schönen Strand **Prainha 5** (Bus oder Van bis Recreio und kurzes Stück per Taxi). Am Anfang des Barra-Strandes bei der **Praia do Pepê 6** ist in letzter Zeit auch das Wind- und Kite-Surfen in Mode gekommen. Juli–Dez. Windstärken bis 50 km/h. Kurse und Ausrüstung am Kiosk K-08, 1200 R$ (10 Std.).

Klettertouren ▶ **Centro de Escalada Limite Vetical 7**: Rua Bambina 141, nach hinten (Botafogo), Tel. 021-21 92 86 27 30, www.escaladarj.com.br. **Centro Excursionista Brasileiro 8**: A. Almirante Barroso 2, 8. OG (Centro), Tel. 021-22 52 95 44, www.ceb.org.br/site. Kletterziele: Morro da Urca (ohne Guide), Morro da Babilônia (Guide und Ausrüstung), Zuckerhut (Guide und Ausrüstung), Corcovado (Guide ohne Ausrüstung), Pedra da Gávea (Guide und Ausrüstung, 842 m hoch, nur für Fortgeschrittene, Aufstieg 6 Std.).

Golfen ▶ **Gávea Golf & Country Club 9**: Estr. da Gávea 800 (São Conrado), Tel. 021-33 23 60 50, www.gaveagolf.com.br. Sehr schöner 18 Loch-Platz mit oft engen Fairways sowie eher kleineren Greens und Roughs. Eine Runde mit Caddy 380 R$. Bei Handicap unter 24 auch für Nicht-Mitglieder.

Tauchen ▶ Für Taucher mit Zertifikat Start **Marina da Glória 3** (Glória, nahe Centro), Sa/So 8 Uhr, ab 120 R$ inkl. Ausrüstung. **Diversquest:** Tel. 021- 25 38 04 13, www.diversquest.com.br.

Hubschrauber-Rundflüge ▶ **Helisight 10**: Tel. 021-25 11 21 41, www.helisight.com.br. Start tgl. ohne Voranmeldung zwischen 9 und 17 Uhr von den drei Helipontos Morro da Urca (erster Felsen beim Zuckerhut), Lagoa und Morro Dona Marta, dort Infotafel zu den Routen und Preisen (z. B. 7 Min. 150 R$ pro Person).

Stand-Volleyball ▶ Rios Strände sind ein Eldorado der Volleyballfans. Wegen vieler in-

Adressen

ternationaler Erfolge steht der Sport in der Beliebtheitsskala nach dem Fußball bereits an zweiter Stelle. An den meisten Stränden sind Tag und Nacht Teams in Aktion, oft kann man sich einfach anschließen und mitspielen. Wer ein paar Stunden nehmen will, wendet sich an die **Escola de Volei Sandra & Elaine** 11: Praia de Leblon, nahe Posto 12, Tel. 021-99 59 87 59 (Sandra), 021-97 78 40 37 (Elaine), www.voleipraia.com/treinamento.html.

Termine

Karneval (Febr.): Größte und sehenswerteste Karnevalsparaden der Welt, s. S. 117).
Grande Prêmio Brasil (Aug., Datum variabel): wichtigstes internationales Pferderennen Brasiliens, Jockey-Club, Gávea.
Dia do Samba (2. Dez.): Vom Hauptbahnhof Central do Brasil im Zentrum fährt ein Samba-Zug bis in den Vorort Oswaldo Cruz. In jedem Wagen spielt eine Samba-Band, am Ziel geht das Fest noch weiter.
Réveillon (31. Dez.): Größtes Silvesterfest der Welt an der Copacabana, 2 Mio. überwiegend weiß gekleidete Besucher, gewaltiges 20-minütiges Feuerwerk, mehrere Musikbühnen und Tanz.

Verkehr

Flugzeug: Aeroporto Internacional Antônio Carlos Jobim, kurz Galeão genannt, liegt auf der Ilha do Governador 15 km nördl. des Zentrums, Tel. 021-33 98 50 50. Über diesen Flughafen mit 2 Terminals werden alle Auslands- und auch die meisten Inlandsflüge abgewickelt. Lediglich nach São Paulo und zu wenigen anderen Städten fliegt man von dem zentral gelegenen Regional-/Inlandsflughafen Aeroporto Nacional Santos Dumont, Tel. 021-38 14 70 70. Von beiden Flughäfen verkehren alle 30–40 Min. komfortable Flughafenbusse der Gesellschaft *Real* (roter Streifen an der Frontseite) zu den Strandvierteln und -hotels (7 R$).
Bei den Taxis, die vom Flughafen in die Stadt fahren, kann man wählen zwischen den teureren Spezialtaxis, für die man in der Halle an Schaltern einen angeschlagenen Fixpreis (je nach Zielstadtteil) entrichtet (Coopertramo, Cootramo, Transcoopass u. a.), oder den draußen wartenden gelben Normal-Taxis, die 30 % billiger sind (man kann den Preis selbst kalkulieren, indem man sich erst an den Schaltern informiert und dann 30 % abzieht).
Taxis: Bei den normalen Taxis sollte man darauf achten, dass das *taximetro* stets eingeschaltet ist (Mo–Sa von 6–21 Uhr gilt der Tarif 1, ca. 1,40 R$/km; nachts sowie an Feiertagen, im ganzen Dez. sowie auf Bergstraßen der 20 % teurere Tarif 2). Wer in besseren Hotels gebucht hat, sollte sich erkundigen, ob ein kostenloser Transfer zum Flughafen im Service enthalten ist.
Bus: Die Fernbusse starten an der Rodoviária Novo Rio in São Cristóvão, nördl. des Zentrums nahe beim Hafen, Tel. 021-32 13 18 00, www.novorio.com.br, dort auch alle Fahrzeiten. Häufige, meist tgl. Verbindungen in alle wichtigen Städte Brasiliens, z. B. Belo Horizonte (7 x tgl.), Ouro Preto (tgl. 23.30 und 23.45 Uhr), São Paulo (13 x tgl.), sowie zu vielen Zielen innerhalb des Bundesstaates Rio de Janeiro, z. B. Angra dos Reis (19 x tgl.), Búzios (7 x tgl.), Mangaratiba (4 x tgl.), Parati (9 x tgl.), Petrópolis (alle 30 Min.). Bei längeren Fernreisen empfehlen sich Nachtbusse mit Liegen *(leito)* oder Halbliegen *(semi-leito)*.
Mietwagen: Die seriösen Verleihfirmen besitzen alle einen Schalter an den Flughäfen sowie in der Av. Princesa Isabel an der Copacabana, z. B. Unidas, Av. Princesa Isabel 166, Tel. 021-22 95 36 28, www.unidas.com.br, und Avis, Av. Princesa Isabel 350, Tel. 021-25 43 84 81, www.avis.com.br.

Stadtverkehr

Linienbusse: Es gibt reichlich und fast überallhin Linienbusse, auch nachts; die Fahrtziele bzw. Zielstadtteile sind vorne angezeigt; beim Einsteigen geht man durch eine Drehtür und zahlt beim Schaffner einen recht geringen Fahrpreis.
Vans: Van-Transporter verkehren häufig auf den gleichen Strecken wie die Linienbusse.
U-Bahn: Es gibt zwei Linien, die Ipanema und Copacabana mit dem Zentrum und der Nordzone verbinden; modern, sicher und sauber; tgl. 6–23 Uhr.

Die Umgebung von Rio

Nicht nur die Hauptstadt Rio, sondern der ganze Bundesstaat ist ein Reiseziel der Superlative. Nirgendwo sonst finden sich so viele touristische Highlights in direkter Nachbarschaft. Von Rio aus nach Norden erreicht man schnell die Kaiserstadt Petrópolis und an der Küste den mondänen Badeort Búzios. In südwestlicher Richtung liegt die Ilha Grande, eine der schönsten und grünsten Inseln des Landes. Und nur ein kurzes Stück weiter folgt das malerisch am Meer gelegene Kolonialstädtchen Parati.

Tagesausflug nach Petrópolis ▶ 1, R 9

Karte: S. 145

Diesen Ausflug sollte man nicht an einem Montag planen, die meisten Sehenswürdigkeiten sind dann geschlossen. Die Anreise nach **Petrópolis** 1 ab Rio geschieht mit Bussen der Gesellschaft *Unica-Fácil* (Tel. 021-22 63 87 92, ab Rodoviária Novo Rio, alle 30 Min. bis 24 Uhr, Fahrzeit 1,5 Std., 16 R$). Sie können auch eine private Tour mit Helmuth Taubald buchen (www.rio-insider.com). Nach 68 km ist man in einer völlig anderen Welt, der Serra de Petrópolis, einer der beliebtesten Sommerfrischen der großstadtmüden Cariocas. Geschätzt wird diese Region von der weißen Mittel- und Oberschicht Rios wegen ihrer zahlreichen komfortablen Pousadas und Hotel-Fazendas, wegen ihrer vielen Wander-, Radfahr- und Reitsportmöglichkeiten inmitten einer bezaubernden Natur und frischer, klarer Luft und nicht zuletzt wegen ihrer Sicherheit.

Schon Kaiser Dom Pedro I. wusste die Reize dieser Berglandschaft zu schätzen, als er hier, auf der Hälfte der damaligen Goldroute nach Minas Gerais, 1830 von dem deutschen Siedler Friedrich Köler eine Fazenda kaufte, die später unter Dom Pedro II. zur Sommerresidenz der brasilianischen Kaiserfamilie wurde.

1843 wurde daraus eine neue Stadt nach ihrem Ahnherrn Dom Pedro ›Petrópolis‹ benannt. Von Anfang an eine Kolonie der Europäer, folgten bald Italiener, Franzosen, Engländer, Schweizer und schließlich die Touristen aus aller Welt. Hier lebten und starben – durch einen Doppelsuizid – auch der österreichische Dichter Stefan Zweig und seine Frau, das damalige Wohnhaus, die **Casa de Stefan Zweig,** liegt in der Rua Gonçalves Dias 34 (Valparaíso). Seit 2006 wird es in ein Museum zu Leben und Werk des Dichters umgestaltet. Empfehlenswert für Zweig-Interessierte ist auch das auf Deutsch erschienene Buch »Tod im Paradies – Die Tragödie des Stefan Zweig« (Edition Büchergilde, 2006) des brasilianischen renomierten Journalisten Alberto Dines. Zum gleichen Thema erscheint im Mai 2011 der Roman »Vorgefühl der nahen Nacht« (Blessing-Verlag) von Laurent Seksik.

Kaiserpalast und Museu Imperial

Hauptattraktion der Stadt ist der Kaiserpalast, erbaut 1845–64 nach Plänen von F. Köler. Äußerlich wirkt das Bauwerk in neo-klassizistischem Stil eher bescheiden, in seinem Innern jedoch, dem heutigen Museu Imperial, verbergen sich große Schätze: Gemälde vom alten Rio und der königlichen Familie, festliche Gewänder, Schmuck, vor allem jedoch die goldene, mit 639 Brillanten und 77 Perlen

Petrópolis

Petrópolis – Siedlerhaus aus dem 19. Jahrhundert

besetzte Kaiserkrone aus dem Jahre 1841. Ein Rundgang durch die prachtvollen Säle vermittelt ein anschauliches Bild vom kaiserlichen Lebensstil der Epoche, das Mobiliar ist fast vollständig erhalten. Anschließend sollte man noch in das Nebengebäude mit alten Kutschen und der Dampflok ›Leopoldina‹ schauen (Rua da Imperatriz 220, Tel. 024-22 45 55 50, www.museuimperial.gov.br, Di–So 11–17.30 Uhr, Eintritt 8 R$).

Catedral de São Pedro de Alcântara

Vom Museum aus sind es nur wenige Schritte nach rechts und dann ein Stück nach links, bis man die Kathedrale erblickt. Die von 1884 bis 1939 im Stil der französischen Neugotik erbaute Kirche mit ihrem 70 m hohen schlanken Spitzturm sowie den vielen farbenfrohen Fensterbildern ist ein architektonisches Meisterwerk. Dank des starken Lichteinfalls, der im Kircheninneren eine angenehme Atmosphäre verbreitet, und der nicht so überladenen Innenausstattung wirkt sie sehr hell und freundlich. In der Capela Imperial sind die sterblichen Überreste von Dom Pedro II. und seiner Gattin Teresa Cristina Maria sowie von Prinzessin Isabel und ihrem Gatten Graf D'Eu aufbewahrt (Rua São Pedro de Alcântara, tgl. 8–12, 14–18 Uhr).

Die Umgebung von Rio

Palácio de Cristal

Die dritte Attraktion schließlich, wieder nur ein paar Schritte entfernt in der Rua Alfredo Pachá, ist der 1884 eingeweihte Kristallpalast (ausgeschildert). Die Metallstruktur und die Gläser wurden 1879 in Frankreich angefertigt. Ursprünglich für Blumen- und Vogelausstellungen sowie höfische Festakte vorgesehen, feiern dort nun die deutschstämmigen Serra-Bewohner Ende Juni/Anfang Juli ihr alljährliches ›Bauernfest‹. Während des Sommerfestes im Jan./Febr. werden hier (wie an anderen Orten) Konzerte und Theaterstücke aufgeführt. Am letzten Donnerstag im Monat kann man um 20 Uhr einem romantischen Seranden-Konzert beiwohnen (Di–So 9–17 Uhr, Eintritt 5 R$).

Museu Casa de Santos Dumont

Von der Kathedrale führt die Allee Av. Koeler an einem Bach entlang vorbei an vielen sehenswerten Herrschaftsvillen, darunter die Casa da Princesa Isabel (Nr. 42) und der Palácio Rio Negro (Nr. 255), heute Sommerresidenz der brasilianischen Präsidenten. Der kurze Weg passiert die grüne Praça da Liberdade (dort ist auch das Tourismusbüro), bis man weiter geradeaus das Gebäude der Universidade Católica mit der Blumenuhr davor erreicht. Rechts davon am Hang steht das seltsame Sommerhäuschen des brasilianischen Flugpioniers Santos Dumont (1873–1932) von 1918.

Heute beharren vor allem seine Landsleute darauf, dass er und nicht die Gebrüder Wright das Fliegen erfunden habe. 1906 erhob sich sein Doppeldecker ›14Bis‹ in Paris vor den Augen zahlreicher Zeugen in die Luft und flog 220 m in 21 Sek. Die Wrights hatten aber schon seit 1903 mehrere kurze Flüge absolviert, nur vor weniger illustren Zeugen. Auf jeden Fall zeugt vieles in dem von Dumont selbst entworfenen Haus vom unermüdlichem Erfindungsgeist seines Besitzers, so etwa eine Spar-Treppe und eine originelle Duschvorrichtung. Das ganze Haus im französischen Alpenstil ist einfach kurios. Im Wohn- und Arbeitszimmer befinden sich Pläne, Zeichnungen, Modelle und Trophäen, oben liegen Schlafdeck und Bad. Eine Küche brauchte er nicht, das Essen wurde vom benachbarten Palace Hotel geliefert, in dem heute die Katholische Universität untergebracht ist.

1932 nahm sich Santos Dumont das Leben. Er litt an diversen Krankheiten und zunehmend auch an Depressionen, weil er auf der Weltbühne des Fliegens immer weniger hofiert wurde. Der Luftfahrtpionier wurde auf dem Cemitério São João Batista in Rio begraben (Rua do Encanto 22, Di–So 9.30–17 Uhr, 5 R$).

2 Búzios ▶ 1, S 9

Karte: S. 145

Búzios (Armação dos Búzios), ein kleiner Ort auf einer nur 8 x 2 km großen Halbinsel mit 23 Stränden, liegt 191 km östlich von Rio und ist *der* internationale Badeort Brasiliens. Das ehemalige Fischerdorf lebt heute zu 80 % vom Tourismus, der über 2000 Menschen beschäftigt. In der Saison kommen auf jeden der 28 000 Einheimischen zwei Besucher aus ca. 50 verschiedenen Ländern, vor allem aus Europa und den Vereinigten Staaten, nur etwa die Hälfte sind Brasilianer. 6 % aller ausländischen Touristen kommen um Búzios nicht herum. 210 Sonnentage im Jahr und eine Durchschnittstemperatur von 26 °C garantieren einen wahren Bilderbuchurlaub an herrlichen Stränden.

Geschützte Umwelt

Trotz des starken Tourismus wirkt Búzios jedoch ganz und gar nicht wie eine brasilianische Ausgabe von Saint-Tropez. Auch wenn seit 40 Jahren eine Partnerschaft mit dem französischen Badeort besteht, ist Búzios doch anheimelnder und natürlicher geblieben. Dank umweltschützerischer Initiativen konnte die Entwicklung zu einer Hotel- und Bettenburg rechtzeitig verhindert werden, z. B. darf kein Haus mehr als zwei Stockwerke haben, und auf jedem Grundstück darf nur eine begrenzte Fläche bebaut sein. So konnte das ehemalige weltabgeschiedene Fischerdorf

Búzios

viel von seinem ursprünglichen Charme bewahren, der auch nach der grandiosen touristischen Vermarktung des größten Sexidols der 1960er-Jahre nicht ganz verloren ging.

Die große Promotion-Lovestory

Brigitte Bardot, das inoffizielle Wahrzeichen von Búzios, lächelt den Besuchern von fast jedem Prospekt entgegen, schließlich war sie es, mit der 1964 der ganze Rummel begonnen hat – oder genauer gesagt: mit einer Marketing-Idee des damals in Paris lebenden und mit einer Französin verheirateten Finanziers Luis Reis. Nachdem er halb Búzios aufgekauft hatte, brauchte er nur noch die Bardot dorthin in bezahlten Urlaub zu schicken, um das internationale Tourismusgeschäft kräftig auf Touren zu bringen und auch die Hippies endlich von der Halbinsel zu vertreiben, zumal der Filmstar dank einer Liebesaffäre mit dem in Búzios lebenden Marokkaner Bob Zagury gleich mehrere Monate blieb.

Rua das Pedras und Orla Bardot

Am Abend flaniert eine endlose Besucherschar die schicke Rua das Pedras auf und ab. Auch Pelé, Gisele Bündchen, Nina Hagen, Mick Jagger und Bill Gates gaben sich hier schon ein Stelldichein. In und um die zentrale Promeniermeile mit den großen Kopfsteinquadern findet man viele selbst sonntags geöffnete Boutiquen und zahlreiche noble Restaurants, Bars und Musiklokale, zunehmend auch an der Orla Bardot und der Bucht von Mauguinhos (Porto da Barra).

Die schönsten Strände

Man könnte viel aussetzen an Búzios, zu teuer, zu snobistisch, zu unbrasilianisch, zu voll usw. Was jedoch bis heute über alle Kritik erhaben ist und trotz Massentourismus nicht zerstört wurde, sind die herrlichen Strände, als Gruppe betrachtet vielleicht die schönsten Brasiliens. Selbst FKK ist möglich (Praia Olho de Boi).

Vom Zentrum aus bequem zu Fuß zu erreichen sind die landschaftlich entzückenden Strände von **Azeda** und **Azedinha**. Das ruhige und saubere Meer ist ideal zum Schnorcheln. Sehr reizvoll ist der nächste Strand von **João Fernandes**. Palmen, feiner Sand und ein paar Bars und Fischlokale laden zum Verweilen. Es ist am Tage der internationalste Treffpunkt der ganzen Halbinsel. Nur wenige Meter weiter folgt die kleinere und abgeschiedenere Praia de **João Fernandinho**. Ebenfalls ortsnah, nur in der Gegenrichtung, liegt der schöne Strand von **Tartaruga** mit viel wild wachsender Vegetation, Felsen und vorgelagerten Korallenriffs. Bei Ebbe bilden sich Natur-Pools.

Auf der anderen Seite der Halbinsel gehört die Praia do **Forno** zu den schönsten Stränden. Sie liegt an einer kleinen Bucht mit Riffen und eignet sich gut zum Tauchen. Sehr reizvoll ist die wie eine große Lagune wirkende Bucht von **Ferradura,** ein beliebter Platz zum Schwimmen, Schnorcheln und Segeln. An einer Stelle der Bucht liegen zahlreiche große Strandbars nebeneinander. Der von der Rua das Pedras aus weiter abgelegene und dennoch belebteste Strand ist **Geribá,** reizvoll durch die Weitläufigkeit und den breiten Sandstreifen. Hier trifft sich in den Sommermonaten mit Vorliebe die Jugend, besonders an der Party-Bar ›Fishbone‹. Die kräftige Brandung zieht viele Surfer an. Geribá ist das ganze Jahr über belebt, während die anderen Strände in der Nebensaison, besonders an Wochentagen, leer bleiben und die wenigen Gäste dort von Strandverkäufern unangenehm belästigt werden.

Ganz in der Nähe, von Geribá aus über einen kleinen Trampelpfad zu erreichen, liegt ein besonderes Kleinod, der abgeschiedene Mini-Strand von **Ferradurinha** mit Felsen und ruhigem Meer. Die 8 km lange Bucht von **Manguinhos** wird weniger zum Baden als für Strandwanderungen aufgesucht, abends ist hier jedoch viel los.

Nahe Umgebung

Die Region um Búzios, wegen der vielen Lagunen Região dos Lagos sowie wegen der vielen Sonnentage Costa do Sol genannt, ist das beliebteste Ausflugsgebiet der Cariocas

Die Umgebung von Rio

aus Rio. Wegen der moderateren Preise strömen die meisten ins 155 km entfernte **Cabo Frio** (181 000 Einw.) oder ins benachbarte **Arraial do Cabo** (27 000 Einw.). Man kann die in schöne Dünenlandschaften eingebetteten Orte in einem Tagesausflug per Boot von Búzios aus besuchen (s. Bootstouren S. 146).

Infos
Pórtico: Tourismusbüro, Trevo de Cem Braças, Tel. 022-26 33 62 00, tgl. 8–18 Uhr.
Infostand: Praça Santos Dumont, Centro, tgl. 10–22 Uhr.
Internet: Eine informative Seite ist www.buziosturismo.com (auch auf Deutsch).

Übernachten
Hinweis: In der Hauptsaison unbedingt rechtzeitig reservieren!

Wellness ▶ **Le Relais La Borie Hotel:** Rua das Gravatás 1374 (Geribá), Tel. 022-26 20 85 04, Fax 022-26 23 23 03, www.laborie.com.br. Großzügige resortähnliche Anlage am Strand mit Garten, Pool, Restaurant und Bars, gepflegte Zimmer. 600–780 R$.

Exclusiv ▶ **Villa Três Marias:** Rua Três Marias 40, Tel. 022-26 23 15 40, Fax 022-26 23 17 40, www.brasilien-geheimtipp.de. Sehr schönes gepflegtes Anwesen am Strand von Manguinhos, dort mehrere gute Restaurants; nur 3 Zimmer unterschiedlicher Größe und Qualität, z. T. mit großen Terrassen und herrlichem Meerblick; von einem deutschen Inhaber geführtes Haus (2. Haus s. u.: Pousada Santa Fé). 450–500 R$.

Top-Lage ▶ **Pousada Byblos:** Alto do Humaitá 8, Tel./Fax 022-26 23 11 62, www.byblos.com.br. Gut ausgestattetes Haus in Strandlage, Meerblick, Terrasse, Pool, 10 Min. zu Fuß bis zur Rua das Pedras, deutscher Besitzer. 364–485 R$.

Boutique-Hotel ▶ **Pousada do Martin Pescador:** Enseada do Gancho, lote 15-A (Manguinhos), Tel. 022-26 23 14 49, Fax 022-26 23 25 47, www.martinpescador.com.br. Romantische Anlage im Kolonialstil. Sehr ruhige Lage an einem Hang mit Meerblick, auch Wintergarten. Mit Pool, Billardraum. Englischsprachig. 220–295 R$.

Familiär ▶ **Casa da Gárca:** Av. José Bento Ribeiro Dantas 1354, Casa 25, ca. 80 m von der Praia dos Ossos, Tel./Fax 022-26 23 14 62, www.buzios.at. Hübsche rustikale Anlage mit geräumigen Suiten und eigener Terrasse, einige mit Meerblick; Pool, Barbecues, Kabel-TV mit internationalen Programmen; geführt von älterem österr. Ehepaar, sehr aufmerksame und nette Betreuung, Transfers mit dem eigenen Fischerboot von Bucht zu Bucht. 200 R$.

Sehr zentral ▶ **Pousada Santa Fé:** Praça Santos Dumont 300, Tel. 022-26 23 64 04, www.pousadasantafe.com. Geschmackvoll dekorierter Altbau in zentraler Lage nahe der Rua das Pedras an einem belebten Platz (in der Hochsaison manchmal laute Musik bis spätnachts, Zimmer nach hinten nehmen), 9 größere Zimmer (auch 3- oder 4-Bett, teils mit Veranda), sowie Apartments für 5–8 Pers. Der Inhaber ist Deutscher (zweites Haus s. o.: Villa Três Marias). 150–300 R$.

Stilvoll ▶ **Brigitta's Guest House:** Rua das Pedras 131, Tel./Fax 022-26 23 61 57, www.brigittas.com.br. Nur 4 komfortable Zimmer, zentrale Lage zwischen Rua das Pedras und dem Ortsstrand, mit hübschem Restaurant (Meeresfrüchte und Grillspezialitäten). Man spricht auch Deutsch und Englisch. Ab 150–180 R$.

Gemütlich ▶ **Búzios Hostel:** Rua Marisol 35 (zwischen Manguinhos und Geribá), Tel. 022-26 23 60 24, www.buzioshostel.com.br. Per Bus von Rio an der Hauptstraße beim Shopping 5000, Ecke Rua Marisol aussteigen. Einfaches, aber nett dekoriertes HI-Hostel mit 10 Zimmern und Gemeinschaftsküche. DZ 70–100 R$, Mehrbett-Dorms 30–42 R$ pro Pers.

Essen & Trinken
Fleisch-Tempel ▶ **Estância Don Juan:** Rua das Pedras 178, Tel. 022-26 23 21 69 (in der Saison reservieren), Do–Di 12–23, Mi 18–23 Uhr. Bestes Grillhaus vor Ort, auch gute Salate, modern-rustikales Ambiente, aufmerksamer Service.

Self-Service ▶ **Boom:** Rua Manoel Turíbio de Farias 110, Tel. 022-26 23 62 54, tgl. 12–

Umgebung von Rio

23 Uhr. Beliebtes Selbstbedienungsrestaurant mit breitem Angebot an gegrilltem Fleisch, Nudeln, Sushi, Gemüse und Salaten. Geschmackvolles Ambiente, professionell geführt (100 g/5 R$). Ein weiteres gutes Self-Service-Lokal sowie Pizzeria namens **Buzin** befindet sich in derselben Straße Nr. 273, tgl. 12–24 Uhr.

Solide ▶ **Mineiro Grill:** Rua Manoel Turíbio de Farias 233 (Centro), tgl. 12–24 Uhr. Gehobene brasilianische Küche zu moderaten Preisen, Tipp: *Filet mignon grelhado ao molho roquefort c/espaguete no alho e óleo* (44 R$, reicht für 2 Pers.). Zum Essen gibt es gratis eine gute Caipirinha.

Leckeres beim Porto da Barra ▶ Beim Pier des Fischerhafens in Manguinhos haben sich in letzter Zeit zahlreiche Lokale angesiedelt, alle am Strand oder in Strandnähe. Zu empfehlen sind **Captain's Sushi Bar** (romantisch teils im Freien unter Bäumen auch thailändisch und chinesisch), die **Bar Mangue** (hervorragende Filetsteaks) sowie recht noble Lokale wie das **Zuza** (mit Tischen im Freien), **O Hedonista** (spezialisiert auf portugiesischen Stockfisch) und die beiden Italiener **Quadrucci** (mit Meerblick von einem Panoramadeck) und **Primitivo**. Alle Lokale öffnen zumindest in der Hochsaison tgl. bis spät abends.

Abends & Nachts

Das Nachtleben konzentriert sich in und um die Rua das Pedras und an der Orla Bardot, in der Nebensaison sind jedoch manche Lokale geschlossen. Ständig entstehen neue Clubs und andere verschwinden.

Top-Club ▶ **Privilege:** Orla Bardot, Tel. 022-26 20 85 85. Absolutes Highlight, gehört zu Brasiliens Top Ten, riesige Räume, Veranda und Freibereich, gute Shows und Performance, verschiedene Musikstile, sehr attraktives Publikum, Programm s. www.privilegebuzios.com.br oder Ankündigungstafel neben dem Eingang, Eintritt 60–80 R$, wer vor 24 Uhr kommt, kann davon die Hälfte verkonsumieren.

Tropical-Bar ▶ **Crêperie Chez Michou:** Rua das Pedras 90, tgl. 12–2 Uhr (Jan./Febr. bis 5 Uhr). Openair-Musikbar, beliebtester traditioneller Treffpunkt im Tropical-Stil.

Touristen-Shows ▶ **Pátio Havana:** Rua das Pedras 101, tgl. ab 19 Uhr (in der NS Mo/Di keine Show). Sehr schönes großes, aber recht touristisches Musiklokal mit Topbands, die Salsa, Samba, Bossa Nova und Jazz spielen. Eintritt frei.

Jazz-Bar ▶ **Morgan's:** nahe Praça Santos Dumont neben Programmkino Cine Bardot. Intellektuellen- und Künstlertreff von Búzios mit Jazz-Livemusik Mi–Mo ab 22.30 Uhr.

Die Umgebung von Rio

Grün und Blau sind die Farben von Búzios

Oldies und Altrocker ▶ **The House of Rock & Roll:** im Shopping Center hinter dem Ende der Rua das Pedras. Tgl. ab 21 Uhr spielen hier schräge Revival-Bands Klänge von Elvis, den Stones und den Beatles, dazu kippt man natürlich coolerweise Bier aus der Flasche.

Aktiv

Bootstouren ▶ Per Schoner **Interbúzios**, **Queen Lory** oder **buziana tour** geht es mehrmals täglich an verschiedenen Stränden vorbei, mit ausgedehnten Badestopps und Schnorcheltauchen. Startpunkt ist der Kai zwischen der Rua das Pedras und der Orla Bardot.

Strandtouren ▶ Im seitlich offenen Lkw (Trolley) an 12 Stränden und 2 Aussichtspunkten vorbei, 2,5 Std., Start um 9, 12 und 15 Uhr, Orla Bardot, 40 R$ pro Pers.

Tauchen ▶ **Casamar:** Rua das Pedras 242, Tel. 022-98 17 62 34, www.casamar.com.br. Internationaler Standard mit Briefing auch auf Englisch, Ausfahrten ab 10 Uhr, 30 Min. Tauchen, 110–180 R$. U. a. Tauchausflüge zu den interessantesten Tauchgebieten bei den Inseln Gravatás, Filhote und Âncora (deutsche Tauchlehrer über tauchen@pousadas antafe.com).

Segeln ▶ **Búzios Vela Clube:** Av. José Bento Ribeiro Dantas 303 (Manguinhos), Tel. 022-26 23 05 08, www.buziosvelaclube.com.br.

Costa Verde

Festival Internacional de Jazz & Blues (Juli): Internat. Musikfestival in den Bars Pátio Havana und Chez Michou, gratis.
Festival Internacional de Cinema (Dez.): internationales Filmfestival.

Verkehr
Bus: Busstation an der Estrada da Usina Velha 444, (Tickets gegenüber im Büro von *1001*). *Viação 1001,* Tel. 021-40 04 50 01, fährt 7 x tgl. nach Rio, 2,5 Std., 30,50 R$.

Costa Verde ▶ 1, P–R 9

Karte: S. 145
Die Costa Verde zwischen Rio de Janeiro und Parati (265 km) wird zu Recht als *riveira* oder *caribe brasileira* gerühmt. Eine Fahrt auf der Küstenstraße BR 101 führt meistens dicht an üppigem Atlantischem Regenwald entlang. Nirgendwo sonst in Brasilien, wo bereits 92 % der Küstenwälder vernichtet sind, ist er noch so intakt. An der Strecke liegen viele idyllische Buchten, reizvolle, kleine Ortschaften und zahlreiche vorgelagerte Inseln. Am meisten besucht werden die Ilha Grande und das bezaubernde Kolonialstädtchen Parati (s. S. 152).

Nach einer Reihe weniger attraktiver Vorstädte Rios erreicht man nach etwa 90 Min. **Itacuruçá** 2 (82 km) mit der gleichnamigen vorgelagerten Insel in der Sepetiba-Bucht. Nächster Ort ist **Mangaratiba** 3 (105 km) mit einem Club Méditerranée und einem herrlichen Ferien-Resort. **Angra dos Reis** 4 (151 km) gilt als Mini-Monaco Brasiliens. In dem schon früher wohlhabenden Ort (Bananen-, Zuckerrohr- und Kaffeeplantagen sowie Cachaça-Brennereien) finden sich heute Prachtvillen, Jachthäfen und luxuriöse 5-Sterne-Hotels. Dennoch ist die Stadt weder in architektonischer noch in landschaftlicher Hinsicht besonders reizvoll, und an den Hügeln fressen sich die Armensiedlungen in den Wald hinein. In der Nähe befinden sich zudem die einzigen Atomkraftwerke Brasiliens, die 50–65 % der im Bundesstaat Rio benötigten Energie produzieren. Wenn die

Windsurfen ▶ **Happy Surf:** Praia da Ferradura, Tel. 022-92 29 74 93. Surfschule eines Deutschen, Anfängerkurse (6 Std.) 200 R$.
Kitesurfen ▶ **Kitepower:** Praia Rasa, Tel. 022-78 35 97 31. Intensivkurs (ab 6 Std.) 500 R$.
Golfen ▶ **Búzios Golf Club & Resort:** Campo, Tel. 022-26 29 12 40, www.buzios golf.com.br. Brasiliens bester und anspruchsvollster Golfplatz (18 Loch/ Par 72). Schwieriges Spiel wegen ständigem Nordwestwind. Greenfee 165 R$ pro Tag.

Termine
Búzios Sailing Week (April): Segelwoche unter Beteiligung von Gästen aus St.-Tropez.

Die Umgebung von Rio

Brasilianer von Angra dos Reis schwärmen, ist damit eher die ganze Region mit den vorgelagerten Inseln gemeint, vom Hafen Angras dos Reis ist man in ca. 80 Min. auf der Ilha Grande.

Übernachten
... in Itacuruçá:
Resort ▶ **Hotel Pierre:** Praia da Bica (Inselstrand), Reservierung Tel./Fax 021-26 88 15 60, www.hotelpierre.com.br. Herrliche Resort-Anlage mit zwei Privatstränden, Pools, Sauna, Sportplätzen und diversen Wassersportangeboten. 51 Zimmer mit Veranda zum Meer hin. DZ 400 R$ (mit VP).

... in Mangaratiba:
Luxus ▶ **Portobello Resort Safari:** Tel. 0800-2 82 08 68, Fax 021-27 89 80 00, www.hotelporto bello.com.br. Luxuriöses Resort am Strand, 152 Zimmer, geschmackvolle Dekorationen, weitläufiges Grüngelände und Safari-Park mit exotischen Tieren, Wassersportangebote und Bootsausflüge. DZ ab 680–840 R$ (mit VP).

Ibiza ▶ **Club Méditerranée:** Village Rio das Pedras, Tel. 021-40 02 25 82, www.clubmed.com.br. In der Saison oft überbucht, riesige Anlage der berühmten französischen Kette mit zahlreichen Sport- und Freizeitangeboten, 324 Zimmer, DZ 680–815 R$ (mit VP).

Verkehr
Bus: Komfortable Reisebusse der Gesellschaft *Costa Verde* fahren in kurzen Abständen von Rios Busbahnhof (Rodoviária Novo Rio) entlang der Küste bis Parati.

3 Ilha Grande ▶ 1, Q 9

Karte: rechts; S. 145
Von den vielen Inseln in der Bucht von Angra dos Reis wird die Ilha Grande (Große Insel) am meisten besucht. Sie ist mit 6700 Einwohnern, ca. 150 km Küstenlinie und 106 Stränden die größte Insel der Region und zugleich die touristisch erschlossenste. Dennoch hat sie in mehrfacher Hinsicht ihren ursprünglichen Charakter bewahren können, was strengen Naturschutzbestimmungen (auch Autoverbot) sowie einer ungewöhnlichen Geschichte zu verdanken ist.

Jahrhundertelang lebten hier die Tupinambá-Indianer, deren Pfade heute noch bei Wanderungen benutzt werden. Obwohl die Portugiesen die Insel schon 1502 entdeckten, begann die eigentliche Kolonisierung erst 1725. Bis dahin kamen nur Piratenschiffe aus Frankreich, England, Holland, Spanien, Portugal und Argentinien. Von 1903 bis 1994 diente die Insel fast ausschließlich als Gefängnissitz. Die berüchtigte Strafkolonie Cândido-Mendes gelangte vor allem unter der Militärdiktatur zu grausiger Berühmtheit.

Infolge ihrer Abgeschiedenheit blieb die Insel bis heute relativ dünn besiedelt. Ihre üppige Vegetation geht auf die speziellen klimatischen Bedingungen zurück, vor allem die sintflutartigen Regengüsse begünstigen den Wuchs des Atlantischen Regenwaldes. Schon von der Fähre aus sieht man einen einzigen grünen Teppich, ein Stück ›Amazonien‹ mitten im Ozean.

Vila do Abraão
Der Hauptort (3300 Einw.) der Ilha Grande liegt zwischen Hügeln umgeben von üppiger Natur, besteht aber fast ausschließlich aus Pousadas und Restaurants. Mit einigen Ausnahmen sind die meisten Unterkünfte eher rustikal, besonderen Luxus darf man nicht erwarten. Auch gibt es noch keine Bankautomaten. Das Zahlen mit Kreditkarte ist jedoch fast überall möglich. Das Publikum besteht zu einem großen Teil aus internationalen Backpackern.

Es empfiehlt sich, die Insel an verlängerten Ferienwochenenden zu meiden, vor allem im brasilianischen Sommer. Zu der Zeit gibt es auch häufiger Probleme bei der Infrastruktur (Wasser, Strom, Müllabfuhr), die man jedoch allmählich in den Griff bekommt.

Strandausflüge
Eine erste kurze Wanderung führt an den kleinen Stränden von Júlia, Bica, Comprida und Crena vorbei sowie auf holprigem Pfad ein

Ilha Grande

Stück durch den Regenwald bis hin zum malerischen **Strand von Abraãozinho** (ca. 40 Min. zu Fuß). Der andere kurze Ausflug führt in entgegengesetzter Richtung bis zur **Praia Preta** mit dem charakteristischen schwarzen Heilsand und den Ruinen eines Lazaretts für Leprakranke aus dem Jahr 1800 (ca. 25 Min. zu Fuß). Auf dem Weg lohnt es sich, noch ein paar Schritte hinaufzugehen, um einen Wasserfall *(cachoeira)* und einen alten Aquädukt zu sehen.

Inseltörns im Schoner

Die meisten Attraktionen der Ilha Grande erschließen sich nur per Boot, zahlreiche Touren stehen zur Auswahl. Am beliebtesten sind eintägige Ausflüge, die mehrere Buchten ansteuern und dort jeweils Gelegenheit zum Baden oder Schnorcheln/Tauchen geben. An der **Nordseite** der Insel sind besonders die Ziele **Lagoa Azul** (geschützte Bucht mit ruhigem Meer) und **Lagoa Verde** (Bucht mit smaragdgrünem Wasser und vielen Korallen) zu empfehlen. An der **Südseite** werden am meisten besucht die Praia de Lopes Mendes, mit 3 km Länge der größte Strand der Insel, sowie die Praia Dois Rios mit zwei Süßwasserflussmündungen und einigen Trümmerruinen des ehemaligen Zuchthauses. Das Gefängnis wurde erst 1994 stillgelegt, früher saßen hier Schwerkriminelle und Drogenbosse ein, aber auch politische Gefangene. Es ist vielleicht der unheimlichste Abschnitt der Insel. Seit 2009 befindet sich dort auch ein Kerkermuseum, das **Museo do Carcere** (So 10–16 Uhr).

Wanderungen

Mindestens 16 Wanderpfade überziehen die Ilha Grande, der längste führt in einer Woche

Die Umgebung von Rio

um die ganze Insel herum. Von Vila do Abraão gelangt man in jeweils 2,5 Std. (nur Hinweg) entweder zur **Praia de Lopes Mendes** (Weg mit Steigungen) oder zur Bucht **Saco Dois Rios** (Sandstraße). Andere steilere Pfade erklimmen den 982 m hohen **Pico do Papagaio** eher etwas für Bergsteiger und nur mit Guide. Bis zur 50 m breiten Spitze sind es knapp 4 Std., erst auf einer Sandstraße, dann auf schmalen, gestrüppumsäumten Pfaden mit starker Steigung, auch sind einige Flüsse zu durchqueren. Vom Gipfel lassen sich bei gutem Wetter die Grenzen von São Paulo, der Gavea-Felsen in Rio und die Serra dos Orgãos bei Petrópolis/Teresópolis in der Ferne erkennen. Die Ausschilderung der meisten Pfade ist relativ gut, dennoch empfiehlt es sich, bei schwierigeren Strecken einen Guide mitzunehmen. Die besten Monate für Wanderungen sind wegen der milderen Temperaturen und geringeren Niederschläge Mai/Juli und Oktober/November.

Tauchtrips

Die Insel zählt zu den besten Tauchgebieten Brasiliens. Das klare Wasser der Region sowie der außergewöhnliche Reichtum an Fischarten *(badejo, peixe agulha, carapau, parati, robalo* u. v. m.), Korallen, Schwämmen, Seesternen, Seeigeln, Quallen und Tintenfischen machen das Tauchen zu einem faszinierenden Erlebnis. Die bevorzugten Tauchgebiete sind **Praia de Fora** nahe der Enseada do Saco do Céu, **Enseada das Palmas, Lagoa Azul** sowie die Inseln **Pau a Pino, dos Meros, do Abraão** und **do Jorge.**

Ein besonderer Anziehungspunkt ist die berühmte **Grotte von Acaiá,** die von erfahrenen Tauchern durch einen 15 m langen Unterwasserkorridor erreicht werden kann. Eine Herausforderung sind auch die vielen Schiffswracks auf dem Meeresgrund, 16 sind bereits entdeckt. Vor allem die Überreste des 1966 gesunkenen ›**Pingüino**‹ vor der Bucht von Sítio Forte ziehen viele Besucher an, das Wrack liegt 19 m tief, die Sichtweite beträgt 8 m. Ein ungewöhnlicher Tauchgang führt zum nur 8 m tief gelegenen Wrack eines Helikopters.

Infos

Informações turísticas: Rua da Praia (Vila do Abraão, kleiner Kiosk gleich beim hinteren Bootsanleger), Tel. 024-33 61 55 08, Hauptsaison: tgl. 9–12, 15–18 Uhr, Nebensaison: 9–11, 15–17.30 Uhr.
Internet: www.ilhagrande.com.br und www.ilhagrande.com (mit vielen Pousadas).

Übernachten

Hinweis: In der Hauptsaison rechtzeitige Reservierung unbedingt zu empfehlen.
Wellness ▶ **Sagú Mini Resort:** Praia da Bica, Tel. 024-33 61 56 60, www.saguresort.com. Traumlage am Meer vor einem flachen Hang mit 8 ha dichtem Regenwald, die 9 Zimmer gehören zu den schönsten der Insel, ein Whirlpool auf einem Freideck garantiert Wellness pur. Mit Restaurant. Zum Ort Vila do Abraão sind es 15 Min. zu Fuß oder 5 Min. per Boot (Transfer im Preis enthalten). 360 R$.
Traumblick ▶ **Pousada Tagomago:** Rua da Praia (Vila do Abraão), Tel. 024-33 61 51 98, www.ilhagrandetagomago.com. Traumhafte ruhige Anlage von 2005 mit 6 sauberen und komfortablen Zimmern in einem tropischen Hanggarten 100 m oberhalb des Ortsstrandes mit herrlichem Blick. Ökologisch sehr korrekt, deutsche Besitzerin. 150–170 R$.
Zentrale Lage ▶ **Pousada Solar da Praia:** Rua da Praia 32 (Vila do Abraão), Tel./Fax 024-33 61 50 43, www.solardapraia.com.br. 12 angenehme Zimmer, am Ortsstrand nahe Bootsanleger, anheimelnde Anlage mit viel Grün. 90–140 R$.
Alternativ ▶ **Pousada D'Pillel:** Rua do Bicão 51 (Vila do Abraão), Tel. 024-33 61 50 75, in Rio: 021-25 92 46 79, www.ilhagrandedpillel.com.br. Hübsche Anlage mit viel Grün; einfache Zimmer mit Ventilator, Kühlschrank und je 2 Verandas; Frühstück in überdachtem Garten; nur 5 Min. vom Strand; der Besitzer spricht gut Englisch und Spanisch, gibt viele Tipps und kümmert sich gut um seine Gäste (vorwiegend jüngere Leute). 90 R$.
Backpacker ▶ **Holandês Hostel** (HI): Rua da Assembléia (Vila do Abraão), Tel. 024-33 61 50 34, www.holandeshostel.com.br. Gut geführte Herberge mit 28 Betten, Küchenbe-

Ilha Grande

Ab ins Wasser – Schonertour um die Ilha Grande

nutzung und Wäscherei, Gemeinschaftsraum und Grillbereich, in einer ruhigen Waldlage weiter oberhalb des Ortes, etwas mühsamer Treppenaufstieg. DZ 70 R$, 4er/8er-Dorms 30 R$.

Zentral ▶ **Camping:** Die Insel besitzt 13 offiziell anerkannte Campingplätze, wildes Campen ist verboten. Gut ausgestattet ist der große, schattige Platz **Toca do Guaiamum**, Rua Getúlio Vargas 351 (Vila do Abraão, 50 m vom Strand), Tel. 024-33 61 53 14, 20 R$ pro Pers.

Essen & Trinken

Qualität ▶ **O Pescador:** Rua da Praia 647 (Vila do Abraão), tgl. 17–23.30 Uhr. Schönes Ambiente und exzellente Fisch- und Fleischgerichte um 30 R$.

Romantisch ▶ **Café do Mar:** Praia do Canto, tgl. 12–24 Uhr. Stimmungsvolle Strandbar eines Deutschen, dezente Jazz-, Soul- und Reggae-Klänge, Snacks (z. B. Ziegenkäse und Oliven), Salate, Gegrilltes (Mo/Mi/Sa), Fruchtsäfte, Kaffee, guter argentinischer Wein.

Vom Steinofen ▶ **Pizzaria Marbella:** Jardim Buganville, kleiner Galerieweg ab Rua da Praia (Vila do Abraão), tgl. 15.30–24 Uhr. 40 verschiedene Steinofen-Pizzas um 20 R$ und Nudelgerichte, farbenfrohes Ambiente, Innen- und Außenbereich.

Aktiv

Incoming-Agentur ▶ **Island Travel:** Rua da Praia 653 (Vila do Abraão), Tel. 024-33 61 95 82, www.islandtravel.com.br. Professionell geführt, Vermittlung von Unterkünften, Transfers, Ausflügen, Bootstouren und Trekkingexkursionen.

Schonertouren ▶ **Phoenix Turismo:** Rua da Praia 703 (Vila do Abraão), Tel. 024-33 61 58 22, www.phoenixturismo.com.br. Im großen und schattigen Schoner geht es zur Lagoa Azul und Lagoa Verde, ohne Zeit raubende Mittagspause wie bei anderen Veranstaltern, Abfahrt tgl. 10 Uhr, 45 R$.

Tauchen ▶ **Sudoeste SW Turismo:** Buganville, Loja 2A nahe Rua da Praia (Vila do Abraão), Tel. 024-33 61 55 16, www.sudoestesw.com.br. Ausrüstungsverleih und gute englischsprachige Lehrer.

Wandern/Trekking ▶ Guides für Trekking- und Wandertouren kann man über **Sudoeste SW Turismo** buchen (s. Tauchen).

Die Umgebung von Rio

Termine
São Sebastião (20. Jan.): Kirchenfest zu Ehren, des hl. Sebastian.
São Pedro (29. Juni): Bootsprozession auf, dem Meer.
Musikfest (Juli): im Zelt mit bekannten Interpreten, (MPB, Samba u. a.).

Verkehr
Direkt-Transfers mit dem Kleinbus oder Schnellboot Zwischen Rio de Janiero und der Ilha Verde gibt es bei www.islandtravel.com.br.
Bus: Ab Rio de Janeiro mit *Costa Verde,* Tel. 021-36 22 31 00, nach Angra dos Reis (169 km, 19 x tgl. bis 21 Uhr, 3 Std., 26 R$; vom Busbahnhof zur Fähre durchfragen oder bei viel Gepäck Taxi nehmen.
Fähren: Die Daten können sich ändern, aktuelle Infos über www.barcas-sa.com.br oder Tel. 0800-704 41 13 (gratis). Ende 2010 galten folgende Fahrtzeiten:
Ab Angra dos Reis (Caís da Lapa) Mo–Fr 15.30 Uhr (7 R$), Sa/So 13.30 Uhr (15 R$), 80 Min. Dauer, Rückfahrt tgl. 10 Uhr. Auch gibt es schnelle Katamaranboote (Cais Santa Luzia), tgl. 8, 10.45 und 16 Uhr, 45 Min., 25 R$.

Zusätzlich ganzjährig private Transfers (15 R$ pro Pers.) ab Caís do Turismo und Caís da Lapa, z. B. mit Água Viva, Tel. 024-33 61 51 66, oder Ilha Grande Turismo, Tel. 024-33 65 64 26.

4 Parati ▶ 1, P 9

Cityplan: S. 154/155; **Karte:** S. 145
Parati (35 000 Einw.) liegt am südlichen Ende des Bundesstaates Rio de Janeiro. Das seit 1966 unter Denkmalschutz stehende Kolonialstädtchen ist neben Ouro Preto in Minas Gerais und Olinda in Pernambuco einer der wenigen gut erhaltenen Schauplätze historischer Architektur. Schon bei Ankunft fühlt man sich in die Vergangenheit versetzt. Nicht umsonst wurden vor dieser Kulisse schon 35 Filme, 21 Telenovelas und diverse Videoclips gedreht, u. a. von Parati-Fan Mick Jagger.

In erster Linie kommt man nach Parati wegen seiner alten Villen, Gassen und Plätze, seiner Kirchen und der verträumt-romantischen Altstadtatmosphäre (470 neue Laternen im *old style*). In den verkehrsberuhigten Straßen mit den großen Kopfsteinquadern

Regenwald-Idylle auf der Ilha Grande

Parati

locken neben Folklore- und Andenkenläden viele interessante Bars und Restaurants. Die Einwohner leben fast ausschließlich vom Tourismus, es gibt viele schöne Pousadas, ein reiches Angebot an Bootsfahrten zu einigen der 65 vorgelagerten Inseln und Öko-Touren durch den nahen Atlantischen Regenwald.

Geschichte

›Aquilo é para ti‹ (Das da ist für dich), beschreibt die Legende die Namensgebung des Ortes. Bei der Aufteilung der Erde zwischen Gott und dem Teufel überließ Ersterer diesen Landstrifen geringschätzig seinem Widersacher. Doch dies erwies sich als großer Fehler. Anfangs lebten hier die Guaianá-Indios noch ganz bescheiden vom Fischfang – Parati war in ihrer Sprache der Name eines Fisches –, doch dann verbreitete sich die Nachricht vom gesunden Heilklima der Region, ein kranker Indio brauchte sich nur dorthin zu begeben, um schnell zu genesen. Bald folgten die Reichen aus São Paulo und ganz Brasilien, um hier Gesundung zu suchen. 1646 kam es schließlich zur Ortsgründung, später erwies sich der günstig gelegene Hafen als weiterer Vorteil. Über ihn wurde das neu entdeckte Gold aus Minas Gerais nach Rio de Janeiro und Lissabon verschifft.

Der spätere Bau einer Verbindungsstraße zwischen den beiden brasilianischen Bundesstaaten im Jahre 1725 ließ den ›Goldhafen‹ von Parati jedoch plötzlich unbedeutend werden und leitete vorübergehend eine Phase des Niedergangs ein, bis im 19. Jh. eine erneute Blütezeit einsetzte. Es begann die Ära des Kaffees aus Vale do Paraíba und des Zuckerrohrs bzw. des aus ihm destillierten Cachaça mit bereits 150 Schnapsbrennereien im Jahre 1863. In einer von ihnen, der 8 km entfernten Engenho da Boa Vista, wohnten damals die Großeltern von Heinrich und Thomas Mann sowie bis zum siebten Lebensjahr die Mutter. Das Haus (Casa Mann) ist nur von außen zu besichtigen und macht einen recht verkommenen Eindruck.

Das Parati des 19. Jh. wurde zu einem belebten Umschlagplatz. Im Jahr der Unabhängigkeit Brasiliens (1822) passierten hier nach einer alten Chronik ›160 914 cabeças de homens e animais‹, wörtlich übersetzt ›160 914 Menschen- und Tierköpfe‹. Heute sind es nur noch Touristen, 250 000 im Jahr. 1820 konnte man sich – eine Rarität zu dieser Zeit – bereits Straßenpflasterung leisten, und der Ort besaß schon 400 meist einstöckige Kolonialhäuser mit Ornamenten und Ziergittern sowie den charakteristischen bunten Fenstern und Fassaden. 1844 wurde Parati zur Stadt erklärt, die Zahl der Häuser und Kirchen nahm weiter zu, bis um die Wende vom 19. zum 20. Jh. eine neuerliche Phase des Niedergangs einsetzte, wieder bedingt durch den Verlust der strategischen Bedeutung des Hafens. Bis auf gerade einmal 600 Seelen, meist ältere Leute, verließen die Menschen den ehemals so prosperierenden Ort.

Parati drohte als Stadt in der Bedeutungslosigkeit zu versinken, bis man in den 1950er-Jahren endlich ihren historischen und touristischen Wert entdeckte. 1966 wurde es sogar zum historischen Nationalerbe erhoben. Gewachsene wirtschaftliche Aktivitäten gibt es heute keine mehr, was dem Ort einen recht künstlich-musealen Charakter verleiht.

Sehenswertes

Unbedingt besuchen sollte man die **Casa da Cultura** 1 in der Rua Dona Geralda, Ecke Samuel Costa. Bis Ende des 19. Jh. diente das zweistöckige Kolonialgebäude als Wohnsitz, Lager, Schule und Club, bis es 2004 zu einem Kulturzentrum umgestaltet wurde. Im Untergeschoss werden kleinere Kunstausstellungen präsentiert, im Obergeschoss hängen Fotos von Parati-Bewohnern und Acrylkästen mit gespendeten Objekten, die man mittels einer Kordel auf Augenhöhe herunterziehen kann. Ferner gibt es einen Kunsthandwerksladen, ein Café, eine Buchhandlung und Computer, die die Stadtgeschichte und die wichtigsten Sehenswürdigkeiten zeigen (Mi–Mo 10–18.30 Uhr, 5 R$).

Eine viel fotografierte Gasse ist die kleine, pittoreske **Rua do Fogo** 2, den reizvollsten Blick auf den Ort mit der Igreja de Santa Rita genießt man vom **Hafen** 3 aus und als architektonisch schönster Platz gilt die **Praça**

da Matriz 4. Die 1722 von ›freien‹ Sklaven errichtete **Igreja de Santa Rita** mit Barock- und Rokoko-Stilelementen im Inneren ist die älteste und prunkvollste des Ortes. Neben der Jesuitenkirche befindet sich das Museu de Arte Sacra. Parati besitzt noch weitere Kirchen, darunter die **Igreja de N. S. das Dores** 5 aus dem Jahre 1800 für die damalige Aristokratie, die neoklassizistische **Igreja Matriz de N. S. dos Remédios** 6 in der dritten Neukonstruktion von 1873 für das weiße Bürgertum und die ab 1725 errichtete kleine **Igreja do Rosário** 7 für die den afrobrasilianischen Misch-Kulten zugewandten Sklaven, die auch an ihrem Bau beteiligt waren. Trotz ihrer vergoldeten Altäre wirkt sie recht schlicht (Eintritt in jeder Kirche 2 R$).

Bei einem Gang durch das Zentrum wird man immer wieder einzelne Häuser sehen, die durch ihre besonders stilvollen Fassaden herausragen, z. B. die Sobrados dos Bonecos, dos Abacaxis und do Príncipe.

Parati

Sehenswert
1. Casa da Cultura
2. Rua do Fogo
3. Hafen
4. Praça do Matriz
5. Igreja de N. S. das Dores
6. Igreja Matriz de N. S. dos Remédios
7. Igreja do Rosário
8. Fortaleza Defensor Perpétuo

Übernachten
1. Casa Turquesa
2. Pousada do Sandi
3. Pousada Pardieiro
4. Pousada do Ouro
5. Pousada Canoeiro
6. Casa do Rio Hostel

Essen & Trinken
1. Banana da Terra
2. Punto Di Vino
3. Arpoador

Einkaufen
1. Empório da Cachaça
2. Porto da Pinga

Abends & Nachts
1. Café Paraty
2. Che*bar
3. Paraty33
4. Teatro Espaço

Aktiv
1. Paraty Tours
2. Paraty Adventure

Etwa 1 km vom Zentrum entfernt beim Morro do Forte (20 Min. zu Fuß) liegt die Stadtfestung **Defensor Perpétuo** 8. Sie wurde 1703 erbaut, um Parati vor Piratenüberfällen zu schützen. Heute kann hier neben den Festungsanlagen auch das Museu de Artes e Tradições Populares besichtigt werden (Mi–So 10–12, 14–17 Uhr).

Infos

Informação turística: Av. Roberto Silveira 1 (am Ortseingang), Tel. 024-33 71 18 97, tgl. 9–21 Uhr.

Internet: www.paraty.com.br (umfangreiche Internetseite zu Geschichte, Ökologie, Kultur und Tourismus; viele Pousadas mit Fotos; auch auf Englisch).

Übernachten

Die Nr. 1 vor Ort ▶ Casa Turquesa 1: Rua Doutor Pereira 50 (Centro histórico), Tel. 024-33 71 10 37, www.casaturquesa.com.br. Die schönste und beste Unterkunft der Region, äußerst geschmackvoll eingerichtetes Haus mit 9 Suiten, King-Size-Betten, Whirlpool im Hof, edle Bar. Ruhige Lage, alles wird durch sehr aufmerksamen Service abgerundet. 790–1152 R$.

Mondän ▶ Pousada do Sandi 2: Largo do Rosário 1 (Centro histórico), Tel./Fax 024-33 71 21 00, www.pousadadosandi.com.br. Stilvolles Kolonialhaus aus dem 18. Jh. mit 26 Zimmern, tropischem Garten und Pool, eine der nobelsten Adressen am Ort, mit Restaurant. 385 R$.

Gemütlich ▶ Pousada Pardieiro 3: Rua do Comércio 74 (Centro histórico), Tel. 024-33 71 13 70, www.pousadapardieiro.com.br. Von außen unauffälliges Kolonialhaus, im Innern jedoch sehr hübsch. Die 27 komfortablen Zimmer liegen alle zum Patio mit Garten, Hängematten, Pool und Bar. 255–320 R$.

Prominenz ▶ Pousada do Ouro 4: Rua Dr. Pereira 145 (Centro histórico), Tel./Fax 024-33 71 20 33, www.pousadaouro.com.br. Stilvolles Kolonialhaus aus dem 18. Jh., 26 komfortable Zimmer, Innenhof mit tropischem Garten und Pool. Hier wohnten schon Mick Jagger, Tom Cruise und andere Größen. 205 R$.

Günstige Chalets ▶ Pousada Canoeiro 5: Av. Otavávio Gama, Tel. 024-33 71 13 22, www.pousadacanoeiro.com.br. Schöne gepflegte Anlage mit viel Grün und einem Pool, netter als die 10 Zimmer im Haupthaus sind die 18 Chalets. Etwas abseits gelegen (nur wenige 100 m zum historischen Zentrum) und daher sehr ruhig. Chalet 100 R$.

Backpacker ▶ Casa do Rio Hostel 6: Rua Antonio de Oliveira Vidal 120, Tel. 024-33 71 22 23, www.paratyhostel.com. Gutes HI-Hostel mit 70 Betten; Gemeinschaftsküche, Wäscherei-Service, Frühstück; Jeeps und Boote für Ausflüge; 5 Min. zu Fuß ab Busbahnhof. DZ 70 R$, 6-Bett-Dorms 30 R$ pro Pers.

Die Umgebung von Rio

Essen & Trinken

Gediegen ▶ Banana da Terra 1: Rua Dr. Samuel Costa 208, Mo/Mi/Do 18–24, Fr–So 12–16, 19–24 Uhr. Leckere ausgefallene Fisch- und Meeresfrüchte-Spezialitäten mit regionalen Zutaten wie Bananen und Cachaça. 45 R$.

Gourmet ▶ Punto Di Vino 2: Rua Marechal Deodoro 129 (nahe Praça da Matriz), tgl. 12–24 Uhr, Di nur abends. Exzellentes italienisches Gourmetlokal; frischer Fisch und Meeresfrüchte, Fleisch, leckere Spaghetti und Steinofenpizza.

Anheimelnd ▶ Arpoador 3: Rua da Matriz 7, tgl. 12–23, Mi ab 17 Uhr. Das nette kleine Lokal ist mit bunten Gemälden ausgestattet, berühmt für *Moquecas,* aber auch Meeresfrüchte, Gegrilltes, Nudelgerichte, Salate und Weine zu mittleren Preisen kommen auf den Tisch.

Einkaufen

Parati ist bekannt für guten **Zuckerrohrschnaps** *(cachaça),* angeboten werden neben den fünf vor Ort hergestellten Marken weitere 300 aus ganz Brasilien; Verkaufsstellen (nur zwei von vielen):

Zuckerrohrschnaps ▶ Empório da Cachaça 1: Rua Dr. Samuel Costa 145 (Centro histórico), tgl. 10–23 Uhr. **Porto da Pinga 2:** Rua da Matriz (Centro histórico), tgl. 10–12, 14–23 Uhr.

Abends & Nachts

Live-Klänge ▶ Café Paraty 1: Rua do Comércio 253, tgl. 9–23 Uhr. Große Bar mit Live-Musik (MPB, Jazz und Bossa Nova). Man zahlt Couvert für die Band, Getränke und Sancks recht teuer.

Kubanisch ▶ Che*bar 2: Rua Marechal Deodoro 241, Mo–Sa ab 18 Uhr. Urige bunte Bar mit Hippie-Touch, Latino-Klängen und oft auch Live-Musik. Man kann drinnen oder draußen sitzen und zudem gut und preiswert essen.

Cocktailbar ▶ Paraty33 3: Rua Maria Jácome de Melo 357, tgl. 12–24 Uhr, ähnlich wie Café Paraty (s. o.), tgl. ab 19 Uhr Live-Musik, Couvert für die Band.

Theater ▶ Teatro Espaço 4: Rua Dona Geralda 327, Tel. 024-33 71 15 75, Vorstellungen Mi und Sa 21 Uhr, Jan., Febr. und Juli auch Fr. Berühmtes Puppentheater für Erwachsene und Jugendliche ab 14 Jahre, Eintritt 40 R$.

Aktiv

Bootstouren ▶ Paraty Tours 1: Av. Roberto Silveira 11, Tel. 024-33 71 13 27, www.paratytours.com.br. Beste Agentur für Ausflüge im Schoner durch die Bucht von Parati, mit Besuch der Inseln Sapeca, Catimbau, Algodão wie der Strände Lula und Vermelha, Dauer 5 Std., 30 R$ pro Pers. inkl. Erfrischungsgetränken und leckeren Früchten.

Öko- und Abenteuertouren ▶ Paraty Adventure 2: Av. Roberto Silveira 80, Tel. 024-33 71 61 35, www.paratyadventure. com. Neben Bootsausflügen auch Tauchen, Kajakfahrten, Reiten etc.; kompetente englischsprachige Guides.

Wasserrutsche im Wald ▶ Cachoeira do Tobogão: 30 m breiter Felsen mit 10 m Höhenunterschied, über dessen ›Buckel‹ das Wasser in einem dünnen Film fließt. Der Fels ist leicht mit Moos und Algen bewachsen, sodass man wirklich gut und sanft hinabrutschen kann. 200 m von der Straße Parati–Penha. Anfahrt von Parati per Taxi (40 R$) oder per Bus ab Rodoviária (9, 11.15 und 13.40 Uhr).

Termine

Bourbon Festival (ein Wochenende Fr–So im Febr.): Jazz-Festival in einem Zelt bei der Praça da Matriz, Programm s. www.bourbonfestivalparaty.com.br.

Festa do Divino Espírito Santo (2. Maihälfte): religiöses Fest portugiesischen Ursprungs, typische Tänze und Prozession, Feier in der Matriz de N. S. dos Remédios.

Procissão Marítima de São Pedro (So nach dem 29. Juni): Meeresprozession von São Pedro zur Ilha do Araújo.

Festa Literária Internacional de Parati (5 Tage Anfang August): www.flip.org.br. Internationales Literaturfestival an zahlreichen Or-

In Parati kann man exzellenten Cachaça (Zuckerrohrschnaps) kaufen

ten der Stadt mit Lesungen, Diskussionen, Filmvorführungen, Musik-Shows und einem *OffFlip* genannten Multimedia-Alternativ-Event.

Festa da Pinga (Aug., 3. Wochenende): Traditionelles Volksfest rund um den Zuckerrohrschnaps.

Festa de N. S. dos Remédios (Ende Aug./ Anfang Sept.): Fest zu Ehren der Schutzheiligen des Ortes.

Festival Internacional de Cinema (Okt.): Filmfestival.

Festa de São Benedito (Nov., 2. Woche): Volksfest zu Ehren des Schutzheiligen der Sklaven, verschiedene Prozessionen und Kirchenfeiern.

Verkehr

Bus: Die Rodoviária liegt außerhalb des Zentrums in der Rua Manoel S. Pádua, von dort Verbindungen nach Angra dos Reis (*Colitur*, Tel. 024-33 71 12 24, 28 x tgl., 2 Std., 7 R$), Rio de Janeiro (*Costa Verde*, Tel. 024-33 71 11 77, 9 x tgl., 4 Std., 50 R$) und São Paulo (*Reunídas Paulista*, Tel. 024-37 71 11 96, 4 x tgl., 5 Std., 40 R$).

Trindade ▶ 1, P 10

Karte: S. 145

Wer bei Parati schöne Strände auf dem Festland sucht, muss ein Stück aus dem Ort herausfahren. Das reizvollste Ziel ist **Vila de Trindade** 5, 25 km südlich von Parati (stdl. Busse von 5–22 Uhr). In den 1970er-Jahren war das Dorf ein Hippie-Redukt und Geheimtipp, heute gibt es schon mehr als 20 Pousadas sowie einige Restaurants und Bars, jedoch keine Geldautomaten. Die inzwischen asphaltierten Straßen ziehen immer mehr Besucher an, trotzdem finden sich unter den fünf Stränden zumindest in der Nebensaison noch Oasen der Ruhe und Abgeschiedenheit. Zuerst gelangt man an den bei Surfern beliebten Strand von **Cepilho**. Danach folgt die **Praia de Fora** mit der besten touristischen Infrastruktur. Hier verlässt man den Bus und kann sich in einem Strandlokal stärken. Danach ist man in wenigen Minuten zu Fuß bei der landschaftlich sehr reizvollen **Praia do Meio.** Von dort geht es per Boot (5 R$) zu dem von Felsen geschützten Naturbecken **Piscina Natural do Caxadaço.**

São Paulo ▶ 1, N 10

São Paulo ist eine unübersichtliche, chaotische, verkehrsreiche und hässliche, aber zugleich spannende, aufregende und überraschende Stadt. Hier, im New York der Südhalbkugel, sind mehrere Manhattans zusammengelegt, nur ragt das Häusermeer nicht ganz so hoch in den Himmel. Strände und grüne Berge wie in Rio gibt es nicht, dafür aber das reichhaltigste Angebot an Kunst, Architektur, Gastronomie und Nachtleben von ganz Lateinamerika.

In Brasiliens Metropolis brodelt es rund um die Uhr. Der Bevölkerungsriese steht angeblich ständig vor dem Kollaps. 11 Mio. Menschen leben hier, im Großraum gar 19 Mio. Knapp ein Viertel davon haust in Favelas und Elendsquartieren, Erblast der Zuwanderungswelle in den 1980er-Jahren, die nicht von entsprechenden Maßnahmen im Wohnungsbau und in der Infrastruktur begleitet war. Dabei handelt es sich hier um die reichste Stadt Brasiliens, aus dem Wirtschaftsraum Groß-São-Paulo stammen ein Viertel der nationalen Industrieproduktion bzw. 11,6 % des gesamten BIP, auch die meisten deutschen Firmen sind hier ansässig (s. S. 161). Es ist die Stadt der Arbeit, zumindest am Tage liefert São Paulo allerorten den Beweis dafür. Etwas zu Unrecht jedoch gilt in Brasilien das Sprichwort, dass man in São Paulo arbeitet und in Rio de Janeiro lebt. Die Paulistas kompensieren das fehlende Strandvergnügen durch Kultur und Gastronomie. Es gibt 121 Theater, 272 Kinos, 70 Museen und mehr als 12 000 Restaurants mit Spezialitäten aus aller Welt.

Geschichte

Warum nicht Rio mit seinem Hafen, warum nicht Vitória mit seinem Erz, warum nicht Recife mit dem Zuckerrohr oder Belém mit dem Reichtum des Amazonas-Beckens? Was unterscheidet die Geschichte São Paulos von anderen möglichen Weltstadt-Kandidaten? Der Anfang war alles andere als ungewöhnlich. Recht spät, im Januar 1554, auf Initiative des obersten Jesuiten in Brasilien, Manuel da Nóbrega, kam eine Gruppe von Jesuiten, unter ihnen José de Anchieta, hierher, baute eine kleine Kapelle und begann mit der Christianisierung der Indios im nahe gelegenen Dorf Piratininga. Die erste Messe fand am 25. Januar statt, dem Tag der Bekehrung des São Paulo. Und so hieß das Dorf fortan São Paulo de Piratininga.

Den Jesuiten wollte jedoch nichts so recht gelingen. Während der Nordosten Brasiliens im Jahre 1600 bereits größter Zuckerrohrproduzent der Welt war, führten die ca. 2000 Paulistas (1580) ein bescheidenes Leben, basierend auf Ackerbau und Subsistenzwirtschaft. Und so unternahm schließlich eine Gruppe von Abenteurern, die sogenannte *baandeirantes,* Expeditionen ins Landesinnere, um Gold zu suchen und Indios zu versklaven – nicht ohne dabei von anderen Indios tatkräftig unterstützt worden zu sein.

Die Nomadenexistenz der *bandeirantes* ließ jedoch die Stadt, ehemals Ausgangspunkt ihrer Raubzüge, noch unbedeutender werden. Als die Goldfunde in Minas gegen Ende des 18. Jh. zurückgingen, versuchten

Megalopolis São Paulo

Kolumne

es die Paulistas mit Zuckerrohranbau. Die Ernte war dürftig, das Experiment vorübergehender Natur, doch wurden Erfahrungen gesammelt, die dem folgenden großen Kaffee-Jahrhundert zugute kommen sollten.

Das erste Kaffeepflänzchen wurde versuchsweise im Jahre 1805 gesetzt, 1850 wurden 2250 t Kaffee exportiert, 1870 3400 t und 1893 bereits 167 400 t. Die zweite Hälfte des 19. Jh. war zugleich die Zeit der großen Immigration aus Europa mit insgesamt 1 Mio. Einwanderern, die Hälfte davon – überwiegend Italiener – ging nach São Paulo. Während andere Städte, wie z. B. Rio de Janeiro, mit der Abschaffung der Sklavenarbeit in eine wirtschaftliche Krise gerieten, profitierten die Fazendeiros in São Paulo von dem massenhaften Zustrom arbeitswilliger und qualifizierter Lohnarbeiter aus Europa. Die Gewinne stiegen sprunghaft, und das Gesicht der Stadt veränderte sich rasant: Eisenbahnen (bis zum Hafen von Santos), Straßenbahnen, Elektrizität, Handelshäuser, Banken, kulturelle Stätten und vor allem Fabriken.

Die ›Kaffeebarone‹ nutzten die technischen Möglichkeiten der beginnenden industriellen Revolution und investierten in die Textilindustrie, zumal der Rohstoff Baumwolle zur Genüge vorhanden war. Immer mehr Immigranten strömten nun in diesen neuen Sektor. Es begann das Jahrhundert der Industrie, der Verfall der Kaffeepreise im Zusammenhang mit der Weltwirtschaftskrise von 1929/30 forcierte noch diesen Trend. Ab 1950 kam eine weitere große Immigrationswelle mit Lohnarbeitern aus dem brasilianischen Nordosten, Impuls zum Aufbau eines neuen Wirtschaftszweiges, der Automobilindustrie, gefördert von der Regierung Kubitschek (1956–1961).

Heute ist in dem gigantischen Industriepark von Groß-São-Paulo (ABC) fast alles vertreten: Metallverarbeitung, Chemie, Elektrizität, Kommunikation, Transport u. a. Die Vorherrschaft im Kaffeeanbau hat São Paulo an Minas Gerais abgegeben, doch die Kaffeebourgeoisie und die Arbeiter aus Italien haben die Weichen gestellt für den Aufstieg der Stadt zur größten Metropole Südamerikas (s. S. 161).

Rundgang durch das historische Zentrum

Cityplan: S. 162/163

Edifício Itália 1

Einen ersten Überblick verschafft man sich am besten vom Restaurant ›Terraço Itália‹ im 41. Stock des **Edifício Itália,** eines der höchsten Gebäudes Brasiliens in der Av. Ipiranga 344, Metrostation República (tgl. 12–24 Uhr, Mindestverzehr 15 R$, Mo–Fr 15–16 Uhr gratis). Aus 165 m sieht man ein endloses Häusermeer, schön auch am Abend wegen der angehenden Lichter. Besonders auffällig ist das S-förmige **Edifício Copan,** ein 1966 unter Oscar Niemeyer errichteter 38-stöckiger Wohnkomplex mit 1160 Apartments.

Praça da Republica 2

Schon vom Edifício Itália aus kann man die **Praça da República** sehen, einen der markantesten Orte im historischen Zentrum. Zu Beginn des 19. Jh. diente der Platz noch als Raststätte für Vieh- und Lasttierherden, heute finden auf dem parkartigen Gelände Märkte und Veranstaltungen statt. Auf der Av. Ipiranga geht es ein Stück am Platz entlang und dann nach rechts in die Fußgängerzone der Rua Barão de Itapetininga.

Teatro Municipal 7

Am Ende dieser Avenida steht links das prunkvolle **Teatro Municipal,** das Stadttheater. Wie in Rio erinnert es ein wenig an die Oper von Paris. Ab 1896 erbaut, 1911 eingeweiht und 1992 restauriert, enthält es außer pompösen Vergoldungen sowie Freskenmalereien an den Decken und Wänden noch Skulpturen von italienischen Meistern des 19. Jh. sowie kostbares Mobiliar und große Kronleuchter aus Europa (Praça Ramos de Azevedo, Tel. 011-33 97 03 00, Führungen nach Voranmeldung Di und Do 13, Sa 10 Uhr).

Viaduto do Chá und Palácio do Anhangabaú

Weiter geradeaus führt der Weg über die 1892 aus Deutschland importierte Metallbrü-

Deutsche Firmen in São Paulo

Deutschlands größte Industriestadt

Thema

São Paulo ist nicht nur die größte Industriestadt Lateinamerikas, sondern auch die größte ›deutsche‹ Industriestadt im Ausland, und das nicht nur aufgrund der häufig anzutreffenden Aktienanteile an brasilianischen Gesellschaften, sondern auch wegen der zahlreichen deutschen Tochterfirmen mit den Namen Siemens do Brasil, Volkswagen do Brasil, Mercedes do Brasil, Hoechst do Brasil u. v. a.

In Lateinamerika liegt Brasilien hinsichtlich des Umfangs deutscher Direktinvestitionen an erster Stelle. Die ungefähr 1200 deutschen Unternehmen (davon allein ca. 800 in São Paulo) mit über 250 000 Arbeitsplätzen stehen für etwa 15 % aller ausländischen Kapitaleinlagen in Brasilien und machen über 7 % der industriellen Wertschöpfung des Landes aus.

Begonnen hatte diese Entwicklung bereits in den 1920er-Jahren, doch der wesentliche Impuls ging von der Ausweitung der brasilianischen Kraftfahrzeugproduktion in den 1950er-Jahren aus. VW do Brasil war über Jahrzehnte das umsatzstärkste Privatunternehmen Brasiliens. Insgesamt wurden in dem VW-Werk in São Bernardo do Campo bei São Paulo bis 1986 über 3 Mio. ›Käfer‹ *(fuscas)* produziert. 1980 brachte VW den noch erfolgreicheren ›Gol‹ (ohne f) auf den Markt, er war in den letzten Jahrzehnten das meistverkaufte Auto des Landes. Heute liegt VW bei den Marktanteilen hinter Fiat, aber noch vor GM auf Platz 2. Ein anderer deutscher Gigant, Siemens do Brasil, beschäftigt in elf Werken ca. 12 000 Arbeiter und Angestellte und war am Bau großer Wasserkraftwerke wie Itaipu sowie am Bau des Atomreaktors Angra II beteiligt.

Die meisten deutschen Firmen in Brasilien sind sehr erfolgreich. Das liegt zum einen an der langen Tradition und Erfahrung, zum anderen an den Besonderheiten des Arbeitsmarktes. Hubertus von Mohr, deutscher Generalkonsul in São Paulo, erklärt: »Ich höre hier von großen deutschen Unternehmen, beispielsweise im Chemie- und Automobilsektor, dass die brasilianischen Arbeiter fleißig, gut ausgebildet, motiviert sind und dass ihnen die Arbeit große Freude macht.« Zu ergänzen wäre nur, dass hier viel (und vielleicht auch gern) gearbeitet wird für nur wenig Lohn, wobei man allerdings berücksichtigen muss, dass die einheimischen Firmen noch schlechter zahlen.

Nicht zu leugnen ist, dass viele Unternehmensführungen deutscher Niederlassungen sich auch um das Soziale kümmern. Die pharmazeutische Hexal-Niederlassung z. B. bringt massiv die auch für Ärmere erschwinglichen Generika-Medikamente auf den Markt. Und die Allianz-Versicherung finanziert einen Kindergarten am Rande einer Favela.

Auch das Multikulturelle von São Paulo kommt den deutschen Firmen zugute. Karlheinz Lessing, Geschäftsführer von Katrein-Mobilcom, vergleicht die Stadt mit dem US-amerikanischen ›Schmelztiegel New York‹. In seiner Firma gibt es leitende Angestellte mit sowohl deutscher und österreichischer, als auch russischer und italienischer Herkunft. »Und das Ganze hier verträgt sich auf eine sehr positive Art.«

São Paolo, historisches Zentrum

Sehenswert
1. Edifício Itália
2. Praça da República
3. Viaduto do Chá
4. Palácio do Anhangabaú
5. Catedral da Sé
6. Capela de Anchieta
7. Basílica de São Bento
8. Edifício Martinelli
9.–15. s. Cityplan S. 166/167

Übernachten
1., 2. s. Cityplan S. 166/167
3. Pergamon
4. s. Cityplan S. 166/167

5. Gran Hotel Corona
6. s. Cityplan S. 166/167
7. São Paulo Hostel

Essen & Trinken
1.–3. s. Cityplan S. 166/167
4. Famíglia Mancini
5. Bar Brahma

Einkaufen
1. Mercado Municipal Paulistano (Mercadão)
2. Rua 25 de Março
3. s. Cityplan S. 166/167

Abends & Nachts
1.–3. s. Cityplan S. 166/167
4. Vegas Club
5. Café Piu Piu
6. s. Cityplan S. 166/167
7. Teatro Municipal
8. s. Cityplan S. 166/167

Aktiv
1.–5. s. Cityplan S. 166/167

cke **Viaduto do Chá** 3. Der Name *(chá = Tee)* rührt von früheren Versuchen (1820) her, in der darunter liegenden Senke von Anhangabaú Tee zu kultivieren. Rechts sieht man den gewaltigen **Palácio do Anhangabaú** 4. Der in den 1940er-Jahren von italienischen Architekten errichtete Palast dient heute als Sitz der Stadtverwaltung.

Catedral da Sé 5

Auf der an den Viadukt anschließenden Rua Direita gelangt man bald zur neu gestalteten und verschönerten Praça da Sé. Zwischen hochragenden Palmen nähert man sich dem Eingang der neogotischen und z. T. byzantinischen **Kathedrale** (1913–54), in der 8000 Menschen Platz finden. 400 t Marmor waren nötig, um diesen 111 m langen und 46 m breiten Kirchenpalast mit seiner 65 m hohen Kuppel und den beiden 92 m aufragenden Türmen zu vollenden. Im Innern sehen wir hohe Säulen, eine italienische Orgel mit 10 100 Pfeifen, riesige Kronleuchter und farbige Glasfenster (tgl. 8–18 Uhr).

Capela de Anchieta 6

Am unteren Ende des Platzes führt die kleine Rua Pátio do Colégio zur **Capela de Anchieta** (mit historischem Museum und dem schön im Freien gelegenen Café do Pátio). Hier nahm die Geschichte der Stadt ihren Ausgang, als der Jesuitenmönch José de Anchieta 1554 von Indios eine Kapelle bauen ließ. Sie fiel 1896 zusammen und wurde durch eine originalgetreue Replik ersetzt (Di–So 9–17 Uhr).

Basílica de São Bento 7

Der Rundgang führt nun durch die kleine Rua Anchieta bis zur Fußgängerstraße Rua 15 de Novembro, dort nach rechts bis zur Praça Antônio Prado und dann noch ein kleines Stück durch die Rua São Bento bis zum gleichnamigen Largo mit der **Basílica de São Bento** (1650 errichtet, später abgerissen und 1910–14 wieder aufgebaut). Ein besonderes Detail der byzantinischen Fassade ist die älteste Uhr der Stadt von 1921. Der Innenraum wirkt wegen der warmen Braun- und Ockertöne besonders harmonisch. Die Deckenmalereien stellen Szenen aus der Geschichte der Kirche und aus dem Klosterleben von São Bento dar. Die erst 1954 eingeweihte Orgel besitzt 6000 Pfeifen und stammt ebenso wie das Fensterglas aus Deutschland (Mo–Fr 6–18.30, Do 14–18.30, Sa/So 6–12 und 16–18 Uhr; jeden So um 10 Uhr Messe mit gregorianischen Gesängen).

Edifício Martinelli 8

Ein Stück die Rua São Bento bis zur Av. São João zurückgehend fällt rechts die neoklassizistische rosafarbene Fassade des **Edifício Martinelli** ins Auge. Dieser 130 m hohe ›Wol-

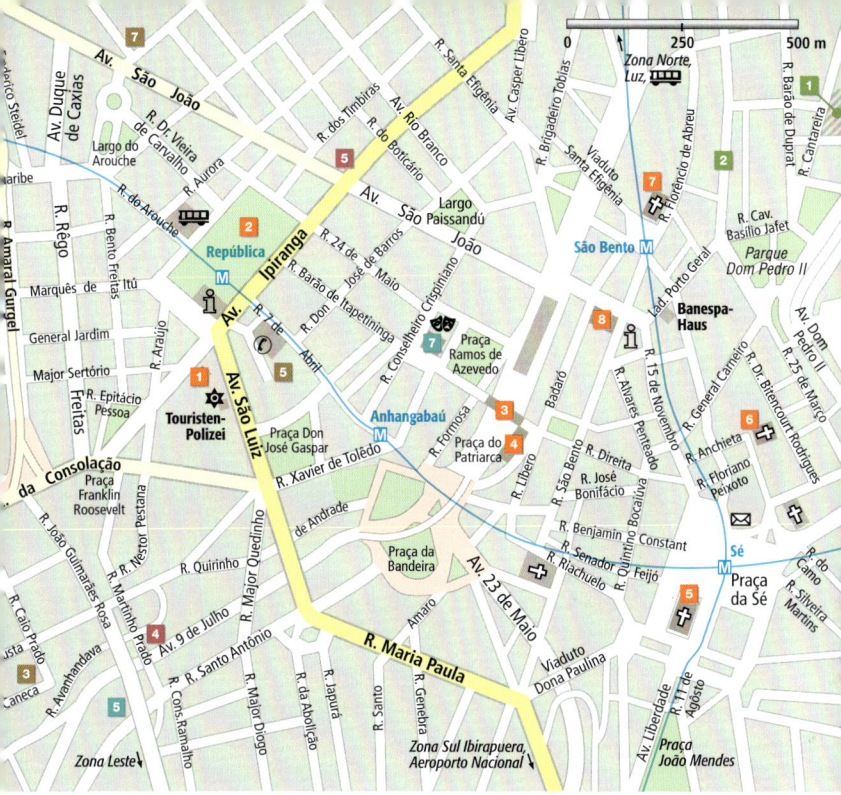

kenkratzer‹ mit 30 Stockwerken war bei Fertigstellung 1925 das höchste Gebäude Brasiliens. Es wurde zuerst als Spielkasino, Luxushotel, Ballhaus und Kino genutzt, verfiel jedoch in den 1950er-Jahren und wurde nach einer Restaurierung 1992 unter Denkmalschutz gestellt. Zum Abschluss des Rundgangs kann man noch die in Av. São João 677 liegende **Bar Brahma** aufsuchen, eines der traditionsreichsten alten Lokale der Stadt (Adresse s. Essen & Trinken, S. 170).

Wichtige Museen

Cityplan: S. 166/167

Pinacoteca do Estado 9

Die **Pinacoteca do Estado** (1896) nördlich des alten Zentrums zeigt die permanente Ausstellung ›Vistas do Brasil – Coleção Brasiliana‹ mit brasilianischen Landschaftsporträts des 19. Jh.; außerdem 1200 weitere Objekte, darunter Skulpturen und wertvolle Gemälde, u. a. von Cândido Portinari und Di Cavalcanti; ebenfalls wechselnde Ausstellungen moderner Kunst internationalen Ranges (Praça da Luz 2, Di–So 10–17 Uhr, Eintritt 4 R$).

Museu Paulista 10

Weit außerhalb südöstlich des Zentrums liegt der Palácio do Ipiranga (1890), der das sehenswerte **Museu Paulista** mit zahlreichen Ausstellungsstücken aus mehreren Jahrhunderten brasilianischer Geschichte beherbergt. Von dem davor befindlichen französischen Garten aus wurde 1922 durch Pedro I. die Unabhängigkeit von Portugal ausgerufen. Dessen sterbliche Überreste beherbergt die Capela Imperial (Parque da Independência, Ipiranga, Di–So 9–17 Uhr, Eintritt 6 R$).

São Paulo

Auf dem Platz vor der Kathedrale treffen sich in São Paulo die Armen

Avenida Paulista

Cityplan: S. 166/167

In dieser bekanntesten Straße ganz Brasiliens konzentriert sich aller Reichtum der Stadt. Die großen Bürohäuser, Geschäfte und Banken erinnern an die Wall Street, die Architektur an die Fifth Avenue und die verkehrsstrategische Lage an den Broadway. In den ersten Jahrzehnten nach der Einweihung 1891 verlief die Entwicklung zunächst gemächlicher. Die Kaffeebarone und das aufkommende Bürgertum bauten inmitten von Bananenhainen langsam ihre eklektizistischen Palästchen. Doch mit der rasanten wirtschaftlichen Entwicklung der 1950er-Jahre kam alles, was Geld hatte, vom alten Zentrum in die neue, prestigereiche Nobelstraße. Nostalgiker und Romantiker hatten das Nachsehen, der Vertikalisierungsprozess der Avenida mit ihren Hochhaustürmen aus Glas und Beton war nicht mehr aufzuhalten. Alle wichtigen Unternehmen und Banken haben inzwischen hier eine Vertretung, auf knapp 3 km reiht sich ein Bürohaus an das andere. Der Verkehrsstrom am Tage ist ununterbrochen, und nachts kommt alles hier hin-

Interessanteste Viertel

Skulpturen auf den oberirdischen Kunstgenuss eingestimmt. Das Museum besteht schon seit 1947, wurde jedoch erst im Jahre 1968 in die Avenida Paulista verlegt. Geleitet wurde es von 1947 bis 1987 vom renommierten italienischen Kunstkritiker Pietro Maria Bardi, der nach Kriegsende unermüdlich Telegramme um den ganzen Globus jagte, um schnell und preisgünstig mehr als 5000 Kunstwerke zu ersteigern. Am bedeutendsten ist die Dauerausstellung in der 2. Etage mit ca. 100 Gemälden von der Renaissance bis zum Impressionismus, u. a. von Rafael, Tizian, Cranach, Rembrandt, Velazquez, Goya, Monet, Renoir, Cézanne, Van Gogh, Gauguin und Toulouse-Lautrec. Sehenswert sind auch die brasilianischen Landschaften von Debret, Di Cavalcanti, Eckhout, Portinari, Post, Segall und Taunay (Av. Paulista 1578, Tel. 011-32 51 56 44, www.masp.art.br, Di–So 11–18 Uhr, Eintritt 15 R$, Di gratis).

São Paulos interessanteste Viertel

Cityplan: S. 166/167

São Paulo besteht aus 96 Distrikten, ständig wandeln sie ihr Gesicht, ständig wechseln die Moden und Bewohner. Es fällt nicht leicht, die besuchenswertesten Viertel herauszustellen. Zu den touristischen Highlights zählt auf jeden Fall das japanische Liberdade. Das schicke bis alternative Vila Madalena bietet viele Ateliers, Galerien, Buchläden, Bars und Cafés. In den Jardins befinden sich die edelsten Geschäfte und Nobelrestaurants, vor allem im Sushi Yassu in der Rua Tomás Gonzaga 98.

Liberdade 12

In São Paulo leben 465 000 Menschen japanischer und 50 000 koreanischer Abstammung, fast die Hälfte davon in **Liberdade,** der größten Gemeinde außerhalb Japans. Das **Museu Histórico da Imigração Japonesa** in der Rua São Joaquim 381 dokumentiert mit zahlreichen Fotos und Gegenständen die Geschichte dieses in den 1940er-Jahren entstandenen Viertels. Vor allem die an To-

durch, um zu den umliegenden noblen Nightlife-Revieren zu gelangen. Auch zahlreiche Events finden hier statt, so der Marathonlauf, das Silvesterfest und die Parada Gay.

Museu de Arte (MASP) 11

Wer am Tage einen Bummel über die Avenida Paulista macht, kommt nicht vorbei an einem Besuch des **Museu de Arte,** des bedeutendsten Kunstmuseums Lateinamerikas mit ca. 8000 Exponaten. Steigt man an der Station Trianon-MASP aus der U-Bahn, wird man schon unterirdisch durch einige ausgestellte

São Paolo, Großraum

Sehenswert

1 – 8 s. Cityplan S. 162/163
9 Pinacoteca do Estado
10 Museu Paulista
11 Museu de Arte
12 Liberdade
13 Vila Madalena
14 Jardins
15 Parque do Ibirapuera

Übernachten

1 Hotel Unique
2 Renaissance
3 s. Cityplan S. 162/163
4 Pousada Dona Zilah
5 s. Cityplan S. 162/163
6 Formule 1
7 s. Cityplan S. 162/163

Essen & Trinken

1 D.O.M.
2 Fasano
3 A Figueira Rubaiyat
4, 5 s. Cityplan S. 162/163

Einkaufen

1, 2 s. Cityplan S. 162/163
3 Feira de Artesanato

Abends & Nachts

1 Bourbon Street Music Club
2 Show Bar Lounge
3 São Cristóvão
4, 5 s. Cityplan S. 162/163
6 Sala São Paulo
7 s. Cityplan S. 162/163
8 Credicard Hall

Aktiv

1 Jardim Botânico
2 Zoo
3 Schlangenmuseum
4 Check Point Citytouren
5 Helimarte

kio erinnernde Laternenstraße **Rua Galvão Bueno** ist eine einzige rote Farben- und Lichterpracht. Die ganze Woche herrscht hier ein reges wirtschaftliches Treiben. In vielen kleinen Läden werden asiatische Produkte aller Art, besonders Elektro- und Bekleidungsartikel sowie kunstvoll bemalte Porzellanwaren angeboten. Sonntags findet auf der **Praça da**

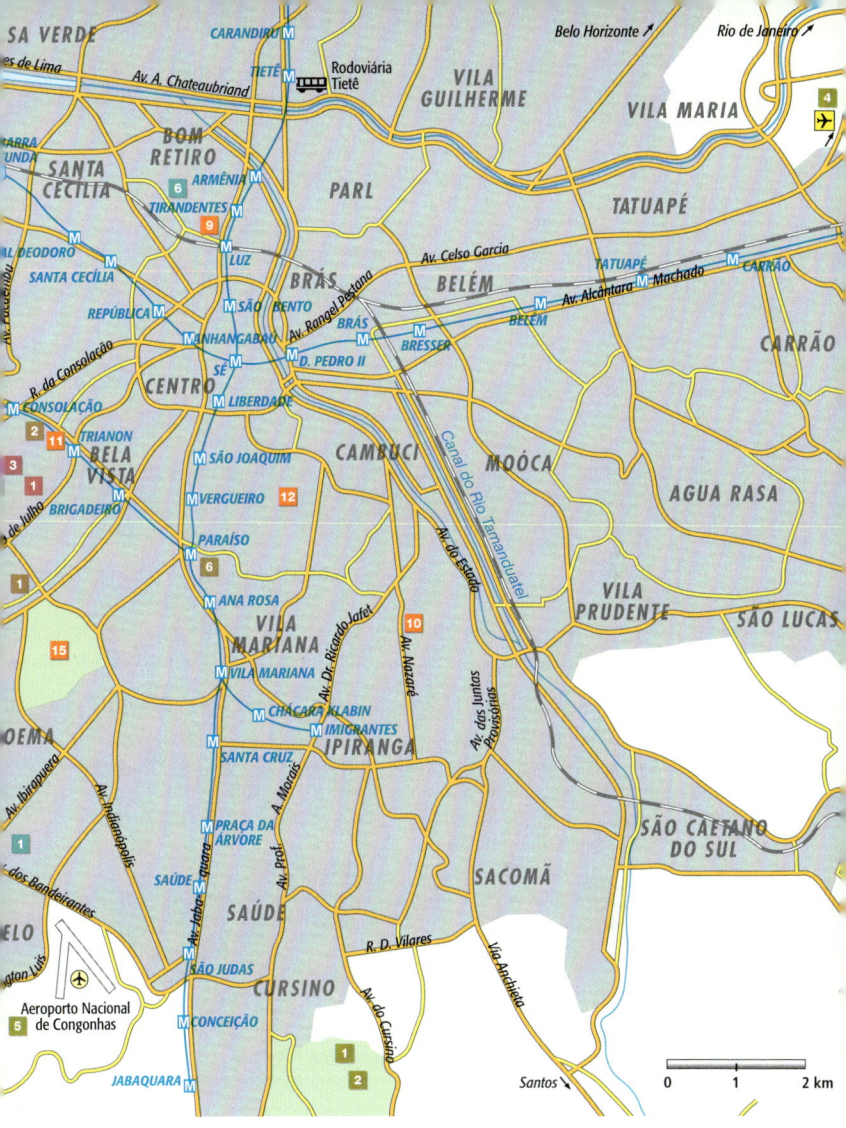

Liberdade ein großer Kunsthandwerksmarkt statt. Auch gibt es viele Massage-, Akupunktur-, Karate- und Judo-Studios. Und dann kann man in Liberdade natürlich gut Sushi und Sashimi essen.

Vila Madalena [13]

In den 1960er- und 1970er-Jahren wohnten hier wegen der Nähe zur Universität von São Paulo noch zahlreiche Studenten, bis sich in **Vila Madalena** ein Schickeria-Viertel etablierte, das heute gekennzeichnet ist von Immobilienspekulation und noblen Bars (am Wochenende überlaufen). Angeblich trifft man hier auf die höchste Konzentration ›schöner Menschen‹ – natürlich mit weißer Hautfarbe. Ein wenig ist von der früheren Kunst- und Alternativszene jedoch noch er-

São Paulo

halten geblieben. Es gibt zahlreiche Ateliers, Designläden, Galerien, Buchläden, Cafés und auch einfache Bars, Kneipen und Restaurants. Am besten schlendert man an einem Samstagvormittag zuerst durch die **Rua Fradique Coutinho** (Nr. 934: Ateliê Piratininga, Nr. 953: Galeria Gravura Brasileira, Nr. 1111: H Presentes), geht dann rechts in die **Rua Aspicuelta** (Nr. 87: Marcenaria Baraúna, Nr. 121: Möbel-Designer Carlos Motta, Nr. 644: Posto 6, beliebte Kneipe) und danach links in die **Rua Harmónia** (Nr. 233: Marcenaria Trancoso, Nr. 478: Satiko).

Anschließend kann man noch den Antiquitäten- und Trödelmarkt auf der nahen **Praça Benedito Calixto** besuchen. Dort wundere man sich jedoch nicht über die vielen Gays, es ist ein traditioneller Treffpunkt.

Jardins 14

Jardins ist das schickste Viertel von São Paulo mit den meisten Luxusgeschäften und Nobelrestaurants. Die **Rua Oscar Freire** lässt sich mit der Madison Avenue in New York vergleichen. Wenn der Geldbeutel es erlaubt, empfiehlt sich die Einkehr in eines der berühmtesten Lokale der Stadt, sei es das italienische **Fasano** 1, das stilvoll moderne **D.O.M.** 2 oder das **Figueira Rubaiyat** 3 mit dem ins Ambiente integrierten 300-jährigen Feigenbaum (s. S. 170). Ansonsten gehe man einfach nur in die Kneipe Frevo.

Parque do Ibirapuera und Jardim Botânico

Cityplan: S. 166/167

Der 1954 eingeweihte **Parque do Ibirapuera** 15 (tgl. 6–22 Uhr) ist São Paulos größte Parkanlage, die jedoch meist überlaufen ist und bietet weder Ruhe noch saubere Luft. Sehenswert sind aber die von Oscar Niemeyer entworfenen acht (Kunst-)Pavillons. Am bedeutsamsten ist das **Museu de Arte Moderna**, Lateinamerikas erstes Museum moderner Kunst (1948, erst 1968 in den Park transferiert) mit ca. 3700 Ölgemälden, Gravuren und Skulpturen europäischer und lateinamerikanischer Maler des 20. Jh. (Zutritt über Portão 3 des Parks, Tel. 011-50 85 13 00, www.mam.org.br, Di–So 10–18 Uhr).

Ein architektonisches Meisterwerk ist der 1951 eingeweihte Pavilhão Lucas Nogueira Garcez, kurz **OCA** genannt. Der sehenswerte Innenraum ist voller Kurven und Rampen mit natürlichem Lichteinfall durch zahlreiche Bullaugen, genutzt für gelegentliche Ausstellungen plastischer Kunst (Mo–Fr 9–17 Uhr). Im **Pavilhão da Bienal** (1962) finden die Kunst- und Architektur-Biennalen statt sowie die Fashion Week. Um schließlich ruhige Natur, alte Bäume und auch einige Tiere zu finden, begebe man sich in den sehr schönen **Jardim Botânico** 1 (Di–So 9–17 Uhr).

Infos
Central de Informações Turísticas (CIT): Av. São João 473 (Centro) tgl. 9–18 Uhr; weitere Büros am Flughafen Guarulhos, am Busbahnhof Tietê, an der Av. Paulista 1853 (gegenüber Parque Trianon) u. a.

Programmheft: Monatlich erscheint auf Englisch der gute Stadtführer ›São Paulo This Month‹, erhältlich an Zeitungskiosken und in Hotels.

Internet: www.cidadedesaopaulo.com

Übernachten
Star der Stadt ▶ **Hotel Unique** 1: Av. Brigadeiro Luís Antônio 4700 (Jardim Paulista), Tel. 011-30 55 47 10, www.hotelunique.com.br. Architektonisch hoch interessantes (Bootsform mit Bullaugen) Designhotel von 2003 mit 95 High-Tech-Zimmern; die Dachterrasse der Skye-Bar mit Pool und Restaurant bietet einen fantastischen Blick über die Stadt. Großzügiger Fitnessbereich mit Personal Trainer. Ab 880–1150 R$.

Business-Design ▶ **Renaissance** 2: Alameda Santos 2233 (Jardins), Tel. 011-30 69 22 33, Fax 011-30 64 33 44, www.marriott.com.br. Dieses 1998 eröffnete Hotel der bekannten Marriott-Kette gilt als eines der besten bzw. interessantesten der Stadt, an modernstem Design mangelt es nicht. 834 R$.

Kunstvoll gestylt ▶ **Pergamon** 3: Rua Frei Caneca 80 (Consolação), Tel. 011-31 23 20

Parque do Ibirapuera und Jardim Botânico

Das japanische Viertel Liberdade

21, www.pergamon.com.br. Modernes, puristisch gestyltes Designhotel aus dem Jahre 1999 mit 123 Zimmern, zeitgemäßes Mobiliar aus den Werkstätten einheimischer Künstler, trotz Größe und kosmopolitischer Atmosphäre nicht unpersönlich; exzellentes Restaurant. 300 R$.

Charmant ▶ **Pousada Dona Zilah** 4: Alameda Franca 1621 (Jardim Paulista), Tel. 011-30 62 14 44, www.zilah.com. Das liebevoll renovierte alte Privathaus wird familiär geführt, 18 zwar einfache, aber freundlich eingerichtete Zimmer; in einer ruhigen Wohnstraße nahe der belebten Av. Rebouças. 184–190 R$.

Komfortabel ▶ **Gran Hotel Corona** 5: Rua Basílio da Gama 101 (nahe Praça da República), Tel. 011-32 14 00 43, www.grancorona.com.br. Ruhiges Mittelklassehotel mit 100 komfortabel ausgestatteten Zimmern, gutes Restaurant mit brasilianischer und internationaler Küche. 162 R$.

Budget-Kette ▶ **Formule 1** 6: Rua Vergueiro 1571 (Metrostation Paraíso), Tel. 011-50 85 56 99, Fax 011-50 85 56 94, www.formule1.com.br. Neueres Hotel der erfolgreichen Kette Accor. Sehr kleine (12 m²), aber höchst komfortable Zimmer. In der Nähe zwei weitere Adressen: Rua da Consolação 2303, Tel. 011-31 23 77 55, und Av. 9 de Julho

São Paulo

3597, Tel. 011-38 86 46 00. Ein viertes Hotel von 2006 befindet sich in der Av. São João 1140 im alten Zentrum. Nur 115 R$ (1–3 Pers.).

Backpacker ▶ **São Paulo Hostel 7**: Rua Barão de Campinas 94 (nahe der Metrostation República), Tel. 011-33 33 08 44, Fax 011-33 38 14 14, www. hostelsp.com.br. Exzellentes HI-Hostel in einem restaurierten Gebäude; 146 Betten in 45 Zimmern. DZ 76–88 R$, 4-Bett-Dorms 35–43 R$ pro Pers.

Essen & Trinken

Südamerikas Nr. 1 ▶ **D.O.M. 1**: Rua Barão de Capanema 549 (Cerqueira César), Tel. 011-30 88 07 61 (reservieren!), Mo–Sa 19–1 Uhr. Mehrfach prämierter Trendtempel des Ex-DJ's und heutigen Spitzenkochs Alex Atala, zeitgemäß interpretierte und kreativ variierte brasilianische Küche, z. B. *rabalo com tucupi* für 80 R$.

Italienischer Gourmettempel ▶ **Fasano 2**: Rua Vittório Fasano 88 (Jardins), Tel. 011-30 62 40 00 (reservieren!), Mo–Sa ab 19.30 Uhr. Elegantes Restaurant des gleichnamigen Luxushotels, eines der nobelsten Schickerialokale der Stadt mit exzellenter, raffinierter italienischer Küche (ab 70 R$) und edlen Weinen.

Unterm Feigenbaum ▶ **A Figueira Rubaiyat 3**: Rua Haddock Lobo 1738 (Cerqueira César), Tel. 011-30 87 13 99, tgl. 12–0.30 Uhr. Brasilianische Küche mit mediterranem Einschlag, gute *Picanha argentina* (69 R$); aufmerksamer Service; man sitzt schön unter einem Glasdach rund um einen 14 m hohen und 300 Jahre alten Feigenbaum *(Figueira)*.

Bunter Italiener ▶ **Famíglia Mancini 4**: Rua Avanhandava 81 (Bela Vista), Tel. 011-32 56 43 20, tgl. 11.30– 2 Uhr. Traditionelles In-Lokal mit guter süditalienischer Küche (ab 40 R$) und der buntesten Dekoration der Stadt, am Wochenende Warteschlangen.

Nostalgische Kneipe ▶ **Bar Brahma 5**: Av. São João 677 (Centro), Tel. 011-33 33 08 55, tgl. 11.30–2 Uhr. Eines der traditionsreichsten Lokale der Stadt im Stil der 1960er-Jahre (2001 renoviert) mit deutschem Einschlag, sowohl Kneipe als auch Restaurant (Filét Chateaubriand: 35 R$). Abends Live-Musik (man zahlt Couvert für die Band), gemischtes Publikum, idealer Abschluss des oben beschriebenen, sicherlich anstrengenden Zentrumsrundgangs. Man sitzt auch schön im Freien.

Einkaufen

Markthalle ▶ **Mercado Municipal Paulistano (Mercadão) 1**: Rua da Cantareira 306 (Parque D. Pedro II.), Tel. 011-33 13 13 26, Mo–Sa 6–18, So 6–16 Uhr. 300 Verkaufsstände, auch preiswerte Imbisse (z. B. am Stand von Mané mit seinen Riesen-Mortadella-Sandwiches). Das 1933 eingeweihte Gebäude ist ebenfalls eine Attraktion, besonders die 55 farbigen Glasfenster aus Deutschland.

Populär ▶ **Rua 25 de Março 2**: Auf dieser beliebtesten Einkaufsmeile der Stadt shoppt der Bär.

Kunsthandwerksmarkt ▶ **Feira de Artesanato 3**: Embu (31 km von São Paulo), jeden Sonntag. Berühmter großer Kunsthandwerksmarkt mit preiswerten Lederwaren, Bildern, Holzschnitzereien u. v. m.

Abends & Nachts

São Paulo besitzt das reichhaltigste Nachtleben Brasiliens. Die schickersten Clubs konzentrieren sich in den Vierteln **Vila Olímpia** und **Vila Madalena,** überwiegend jüngere Gäste der konservativen Mittel- und Oberschicht. São Paolos neuestes Nightlife-Quartier nennt sich **Beixo Augusto.**

Die aktuellen Programme der **Theater und Konzerthäuser** finden sich in den Tageszeitungen, vor allem im ›Folha de São Paulo‹.

Jazz und Blues ▶ **Bourbon Street Music Club 1**: Rua dos Chanés 127 (Moema), Tel. 011-50 95 61 00, Di–So ab 21 Uhr, Live-Musik um Mitternacht. Bestes Jazz-, Soul- und Blues-Lokal der Stadt mit Platz für 400 Gäste, inspiriert von New Orleans und eingeweiht durch B. B. King. Sehr schönes Ambiente. Das Publikum ist älter als 25. Eintritt 30 R$.

Disco ▶ **Show Bar Lounge 2**: Rua Cardeal Arcoverde 1393 (Pinheiros), Tel. 011-30 32 31

Adressen

Tipp: Jardim Zoológico, Zoô Safári und Schlangenmuseum

São Paulos **Zoo** 2 ist der fünftgrößte der Welt. Er liegt in einem schönen, 824 000 m² großen Park mit viel Atlantischem Regenwald. Dort leben ca. 3200 Tiere bzw. mehr als 400 Arten, u. a. Schlangen, Krokodile, Raubtiere, Affen (mico-leão-dourado), Papageien (arara azul), Elefanten und Giraffen (Av. Miguel Stéfano 4241, Água Funda, nächste Metrostation Jabaquara, Tel. 011-50 73 08 11, www.zoologico.sp.gov.br, Di–So 9–17 Uhr, 15 R$).

Nur 2 km weiter (es gibt auch einen Weg und Zugang vom Zoo aus) befindet sich das **Zoô-Safári-Gelände.** Man fährt in einem Kleinbus hindurch und kann auf einer Strecke von etwa 4 km bis zu 380 frei lebende Tiere aus nächster Nähe betrachten, u. a. ganze Affenhorden, die sich gierig auf die Wagen stürzen, um eine Banane zu ergattern (Av. do Cursino 6338, Vila Morães, nächste Metrostation São Judas, Tel. 011-23 36 21 31, Di–So 10–16 Uhr, 13–15 R$).

Viel besucht ist auch das **Schlangenmuseum** 3 von Butantan, in dem man hinter Glas wie im Freien mehr als 60 der giftigsten Schlangen der Welt besichtigen kann. In dem dazugehörigen Institut werden zahlreiche Medikamente hergestellt, vorwiegend Anti-Seren (Instituto Butantan, Av. Vital Brasil 1500, Butantan, Tel. 011-37 26 72 22, www.guiabutanta.com, Di–So 9–16.30 Uhr, 3 R$).

07, www.showbarlounge.com.br, Do–Sa. Eine der beliebtesten Clubs der Stadt mit Pop-Rock, E-Musik und Forró. Eintritt 15–30 R$.

Fußballkneipe ▶ São Cristóvão 3: Rua Aspicuelta 533 (Vila Madalena), tgl. 12–2.30 Uhr. Mitten im schicken Vila Madalena eine einfache populäre Bar, die berühmt wurde durch die Fußballdekoration; an den Wänden ist alles voll mit Fotos, Trikots und Zeitungsartikeln.

Casino Casino ▶ Vegas Club 4: Rua Augusta 765 (Cerqueira César), Tel. 011-32 31 37 05. Der In-Club des Beixo-Augusta-Viertels für jüngere Leute, schwerpunktmäßig E-Musik, großer Schuppen im Stil der Las-Vegas-Casinos der 1950er-Jahre. Di–Sa ab 23 Uhr, Eintritt ab 15 R$.

Pop-Rock-Oldies ▶ Café Piu Piu 5: Rua Treze de Maio 134 (Bela Vista, nahe Centro), Tel. 011-32 58 80 66. Di–So abends. Sehr schöne Bar mit Rock-Musik live.

Klassische Konzerte ▶ Sala São Paulo 6: Praça Júlio Prestes s/n (Bom Retiro), Tel. 011-32 23 39 66, www.salasaopaolo.art.br, Kartenschalter Mo–Sa 10 Uhr bis Konzertbeginn, So ab 2 Std. vor Konzertbeginn. Einer der modernsten Konzertsäle der Welt für 1501 Gäste, im Innenbereich des alten Eisenbahnhofes Júlio Prestes (1938), 1999 eröffnet. 15 bewegliche Platten garantieren eine perfekte Akustik. Die Sala ist Sitz des Orquestra Sinfônica do Estado de São Paulo. Auch wer Kunstmusik nicht genießt, sollte sich diesen Tempel ansehen (Führungen Mo–Fr 13 und 16.30, Sa 13.30 Uhr).

Stadttheater ▶ Teatro Municipal 7: Praça Ramos de Azevedo (Centro), Tel. 011-33 97 03 27. Klassischer Rahmen für hochkarätige Konzerte, Choräle, Ballett; Karten an der Kasse, tgl. 10–19 Uhr.

Showhaus ▶ Credicard Hall 8: Av. das Nações Unidas 17 955 (Santo Amaro), Tel. 011-40 03 55 88, www.credicard.com.br. Showhaus für 12 000 Gäste, Kartenverkauf tgl. 12–20 Uhr.

Aktiv

Mal ausspannen ▶ Jardim Botânico 1: s. S. 168.

Citytouren ▶ Check Point 4: Rua Jacques du Cerceau 84 (Penha), Tel. 011-27 91 13 16, www.checkpointtours. com.br. Die Agentur bietet 3- und 6-stündige Touren, auch auf Englisch.

Hubschrauberrundflüge ▶ Helimarte 5: Campo de Marte (Startplatz), Tel. 011-22

São Paulo

51 04 69, www.helimarte.com.br. 30 Min. für 400 R$/Pers.

Termine

Geburtstag der Stadt (25. Jan.): Festlichkeiten an diversen Orten.
Karneval (Febr.): Fr und Sa nachts Umzüge der Grupo Especial im Sambódromo, fast so prachtvoll wie in Rio.
SP Arte (Ende April): Größte Kunstmesse Brasiliens mit ca. 2500 Exponaten in 80 Galerien, Pavilhão da Bienal.
Virada Cultural (Mitte Mai), Kulturfestival mit Veranstaltungen an fast 100 verschiedenen Orten in der Stadt, vieles findet auch im Freien statt.
Parada do Orgulho GLBT (Anfang Juni): Seit 2004 größter Gay- und Lesben-Umzug der Welt mit ca. 3 Mio. Teilnehmern und viele *trios elétricos*. Av. Paulista (beim Masp) bis Rua da Consolação (Infos: Tel. 011-33 62 23 61, Mo–Fr 10–18 Uhr).
Bienal de São Paulo (Sept.–Dez.), größte Ausstellung bildender Kunst in Lateinamerika, Parque do Ibirapuera, Pavilhão da Bienal.
Mostra Internacional de Cinema (Okt.): Internationales Filmfestival mit vielen Independent-Streifen in wechselnden Programmkinos (s. www.mostra.org).
Corrida de São Silvestre (jeweils am letzten Tag des Jahres): traditioneller Dauerlauf ab Av. Paulista, www.saosilvestre.com.br.

Verkehr

Flugzeug: Der Aeroporto Internacional de São Paulo liegt in Guarulhos, 30 km nordöstl. des Zentrums, Tel. 011-24 45 29 45. Transfer in die City per Flughafenbus, Tel. 011-37 75 38 61, www.passaromarron.com.br, ca. alle 40 Min., ca. 1 Std., 30 R$ (Linien zur Praça da República, zum Busbahnhof und zum Flughafen von Congonhas) oder per Taxi. Die Airline TAN bietet den Transfer zum Flughafen von Congonhas gratis. Wer vom internationalen Flughafen direkt mit dem Überlandbus weiterreisen möchte, ohne ins Zentrum von São Paulo zu fahren, kann den Busbahnhof in dem Ort Guarulhos – ca. 14 km vom Flughafen entfernt – nutzen. Die Hauptdestinationen sind (neben Zielen innerhalb des Bundesstaates São Paulo) Goiás, Maranhão, Mato Grosso, Minas Gerais, Pará, Paraná und Rio de Janeiro.

Der Aeroporto de Congonhas in Santo Amaro, 14 km vom Zentrum, Tel. 011-50 90 90 00, bedient viele Inlandsflüge, auch Shuttle nach Belo Horizonte, Brasília, Curitiba, Rio de Janeiro und Porto Alegre.
Bus: São Paulo besitzt drei große Busbahnhöfe. Info-Tel. für alle Terminals 011-32 35 03 22. Die meisten Städtelinien gehen über die Rodoviária Tietê (Metrostation Tietê); tgl. Verbindungen in alle großen Städte, z. B. Belo Horizonte (*Cometa,* Tel. 011-40 04 96 00, 13 x tgl., 7 Std., 77 R$), Brasília (*Real Expresso,* Tel. 0800-600 11 55, 6 x tgl., 14 Std., 144 R$), Curitiba (*Cometa,* Tel. s. o., 15 x tgl., 6 Std., 62 R$), Florianópolis (*Catarinense,* Tel. 011-22 21 16 95, 8 x tgl., 11 Std. 92 R$), Porto Alegre (*Itapemirim,* Tel. 011-21 21 75 00, tgl. 14 und 22.50 Uhr, 18 Std., 152 R$), Rio de Janeiro (*Viação 1001,* Tel. 011-22 21 95 96, 12 x tgl., 6 Std., 65–83 R$). Die Busse nach Foz do Iguaçu starten von der Rodoviária Barra Funda (*Expresso Kaiowa,* Tel. 011-33 92 76 06, um 16, 19.15 und 22 Uhr, 16 Std., 155 R$), ebenfalls die Linien nach Mato Grosso. Vom Terminal Intermunicipal Jabaquara, fahren die Busse zum südl. Küstenabschnitt von São Paulo, beginnend bei Santos.
Mietwagen: Zahlreiche nationale und internationale Verleihfirmen haben Niederlassungen direkt an den Flughäfen und Busbahnhöfen, darunter beispielsweise Avis, Budget, Hertz, Localiza Rent a Car, Interlocadora, Sixt und Unidas Rent a Car.

Stadtverkehr

Stadtbusse und Vans: 1335 Linien werden von 15 000 Fahrzeugen bedient, spätnachts jedoch nicht mehr, daher – auch aus Sicherheitsgründen – ein Taxi nehmen.
U-Bahn: Das Netz ist im Verhältnis zur Größe der Stadt noch schwach ausgebaut, im zentrumsnahen Bereich jedoch lückenloser und die beste Alternative zum überlasteten Straßenverkehr, tgl. 4.40–24, Sa bis 1 Uhr (Fahrkartenschalter 6–22 Uhr).

Brasilianische Cowboys

Barretos – größtes Rodeo der Welt

Thema

Der Koloss stampft, stößt, stöhnt. Er rammt die Hörner in das Holz, presst die Flanken an die Planken, spannt den Körper bis zum Platzen an, keilt und kocht vor Wut. Eine Tonne Muskeln, Hufe, Horn und Zorn. Über seinem Schädel dröhnt und brummt ein Bienenschwarm. Irgendwer will ihm ans Fell, reizt ihn bis aufs Blut. Der Stier tobt. Rodeo: Das sind Rinder, Rösser, Reiter, Churrasco, Machos, Mädchen und Macheten.

In Barretos, 422 km nordwestlich von São Paulo, findet alljährlich das größte Rodeo der Welt statt, es hat sogar die Texaner von Las Vegas auf den zweiten Platz verdrängt. Die Festa do Peão de Boiadeiro mit einer Million Gästen verwandelt die Provinzstadt (104 000 Einw.) zwischen dem 20. und 31. August in einen riesigen Ameisenhaufen. Seit 1956 gibt es diese Tradition, eigentlich kein Wunder in einem Land, das inzwischen die meisten Rinder der Welt züchtet. Als 1913 in Barretos die erste Fleischfabrik Lateinamerikas gebaut wurde, gab es hier überhaupt keine Freizeit- und Vergnügungsangebote, bis die Arbeiter das Rodeo erfanden.

Heute treten hier 400 Cowboys und Stiere und dreimal so viele Pferde an. Cowboy-King aller Rodeos ist der mehrfache Weltmeister Adriano Moraes aus dem südbrasilianischen Nest Matão. Die in Hufeisenform angelegte Kampfarena, der von Oscar Niemeyer entworfene Parque do Peão, ist mit einer Fläche von 4000 Fußballfeldern und 35 000 Sitzplätzen Größenweltrekord. Alle international anerkannten Disziplinen – vom Bullriding über das Zureiten wilder Pferde bis zum Einfangen junger Rinder mit dem Lasso – werden hier prämiert. Aber es ist nicht nur eine Reitershow. Auf den Bühnen spielen pausenlos Spitzen-Bands aus dem ganzen Land, 300 Stunden waren es im letzten Jahr. Doch am liebsten hört das Volk hier die sentimentalen Schnulzen der *musica sertaneja*. Hinzu kommt bei diesem Rodeo-Rummel noch etwas ganz speziell Brasilianisches. Wie der brasilianische Fußball hat alles seinen eigenen, ebenso ausgelassenen wie pompösen Stil: mit Pausenclowns, der Mutter Maria, dem reitenden Padre Pedro, dem zahnlosen Lachen von der Sonne gegerbter Gesichter, den breitgängigen Machos vom Lande, den schwarzen Köchinnen und den kühlen Wasserstoff-Blondinen, die sich bei der Wahl der Miss Cowboy wie Milchkühe vorführen lassen.

Das alles geschieht gleichzeitig und nebenher. Während hier geflirtet, getanzt, getrunken oder gegessen wird, tobt wenige Meter weiter ein Kampf um Leben und Tod: Der Stier steigt und stürzt, bockt und buckelt, schlägt die Hufe in die Luft, schleudert, schäumt und schüttelt. Dann liegt der Toureiro im Staub und glaubt noch, er sei Sieger. Die begeisterte Menge brüllt los und schwenkt die Sombreros und Schnapsflaschen. Und die Nachtluft kocht von Kuhdung, Pferdemist, Schweiß, Urin und Cachaça.

Besonders im Süden des Landes finden zahlreiche weitere Rodeos statt, am berühmtesten sind die von Uruguaiana (Rio Grande do Sul, 1. Märzhälfte) und Balas Nova (Paraná, Anfang Mai). Doch auch in den nordöstlichen Städten Surubim und Caruaru (beide in Pernambuco, September) zeigen die Cowboys ihre Künste.

São Paulo

Abstecher zur Ilhabela ▶ 1, O/P 10

Karte: rechts

São Paulos Küstenreiseziele sind insgesamt weniger reizvoll als die Rio de Janeiros oder des Nordostens. Hier ist es kühler, weniger tropisch und zudem teurer. Die wohlhabenden Paulistas, darunter viele Familien und Jugendliche, lassen viel Geld in den überlaufenen Modebadeorten Guarujá, Maresias und Camburi. Ein zu empfehlendes Highlight ist trotz des Saint-Tropez oder Ibiza-Flairs lediglich die grüne Ilhabela ca. 190 km von São Paulo entfernt.

Auf Deutsch heißt sie zu Recht ›Schöne Insel‹. Sie besitzt um die 40 saubere Strände, wird aber nicht nur von Badegästen, sondern auch gern von Seglern, Surfern, Tauchern, Kletterern und Wanderern besucht. Mit 332 km² und 180 km Umfang ist sie die größte Meeresinsel Brasiliens, 85 % der Fläche sind mit Atlantischem Regenwald überzogen und stehen unter Naturschutz. In der Saison kann es recht voll werden, wenn sich zu den 26 000 Einwohnern noch ein Mehrfaches an Besuchern hinzugesellt. Nur die besonders im Sommer überaus lästigen *Borrachudo*-Mücken und der ständige Schnakengesang veranlassen manche wieder zum vorzeitigen Verlassen der Insel. Ihr richtiger Name lautet Ilha de São Sebastião, eingebürgert hat sich jedoch die Bezeichnung nach ihrem Hauptort Ilhabela, der im Volksmund wiederum einfach Vila genannt wird.

Vila

Im wichtigsten Ort der Insel finden sich einige Kolonialgebäude wie die **Prefeitura** (Stadtverwaltung), das **Fórum** (Gericht), die **Cadeia Pública** (Gefängnis) und die barocke **Igreja N. S. D'Ajuda** mit Deckenmalereien von Santini (›do Italiano‹). Die beliebteste Straße ist die pittoreske **Rua do Meio** mit bunt bemalten Häuschen, vielen Bars, Restaurants, Läden und dem Kulturzentrum Casa de Cultura mit wechselnden Ausstellungen. Am **Pier** liegen zwei nette Restaurants und ein Azulejo-Kunstwerk zeigt alte Ansichten der Stadt.

Die Strände

Will man die ganze Insel kennenlernen, empfiehlt sich eine zweitägige Umrundung per Boot. Die touristisch am besten erschlossenen Strände liegen an der dem Festland zugewandten **Westseite**. Am südlichsten Punkt, zugleich Ende der Asphaltstraße, liegt die Praia dos Frades. Weiter nordwestlich folgen die reizvollen Buchten von Veloso und Curral, letztere ist eine der beliebtesten und meistbesuchten der Insel. Es gibt viele Musikbars, besonders beliebt ist der Hippie Chic Club eines Deutschen. Näher zur Vila hin wird es immer urbaner, wie an den Stränden von Engenho d'Água mit seinem Fahrradweg und Ponta da Pequeã mit seinen Sportplätzen.

Ganz im **Norden** liegen die berühmten Strände von Pinto und Armação, an denen man ein wenig die Welt mit ihren Problemen vergessen kann. Nach Fome und Saco do Poço sind Bootsfahrten sehr beliebt. Zu vielen Stränden kann man wandern, ansonsten gibt es fast überallhin Bus-, Jeep- und Bootsverbindungen, auch zu den entfernteren Stränden der **Ostseite,** die ganz unter Naturschutz steht. Von besonderem Reiz ist die Bucht von Castelhanos mit ihrer wilden Brandung, ideal zum Surfen. Dorthin führt auch eine Straße (22 km), die aber nur per Jeep zu meistern ist (1 Std.). Von dort gelangt man noch in 45 Min. zu Fuß zur Cachoeira do Gato, dem bekanntesten Wasserfall von insgesamt 300 auf der Insel (gut ausgeschildert, Eintritt 5 R$).

Aktivurlaub

Populärster **Wanderpfad** ist die nur 2100 m lange und gut ausgeschilderte *Trilha da Água Branca,* unterwegs kann man sich unter Wasserfällen erfrischen (Start am Wachhäuschen des Parque Estadual an der Estrada dos Castelhanos). Mühsamer ist die 13 km lange waldreiche *Trilha do Bonete* ab Ponta de Sepituba, hin 3–4 Std., evtl. übernachten oder per Boot zurückfahren (abhängig vom Seegang). Für **Bergsteiger** locken 14 größere Erhebungen, vor allem die Gipfel von São Sebastião (1379 m), Papageio (1309 m) und

Ilhabela

Baepi (1025 m), man braucht jedoch trockenes Wetter, einen Guide und z. T. eine Ausrüstung. Es ist auch meistens ratsam, sich noch die Genehmigung der Parkverwaltung einzuholen.

Segler finden um die Insel die idealsten Bedingungen, nicht umsonst trägt sie den Beinamen ›Capital da Vela‹. Im Juli findet die *Semana Internacional da Vela* statt. Die besten Stellen sind Ponta das Canas im Norden und die Strände von Pinto, Armação und Feiticeira. **Taucher** können lediglich mit Schnorchel bei den Stränden da Fome, de Jabaquara und do Poço gut zahlreiche Fischschwärme beobachten.

Professionellere Sportler suchen vor allem die Ilha das Cabras auf. Auch kann man sich auf die Suche nach den Wracks von mehr als 50 hier gesunkenen Schiffen machen – ein wahres Tauch-Eldorado. Am dramatischsten war das Unglück des spanischen Überseekreuzers ›Princípe de Astúrias‹, der in der Karnevalsnacht des Jahres 1916 in der Mitte zerbrach und 455 Passagiere mit in die Tiefe

Abstecher zur Ilhabela

riss, zusammen mit den Goldreserven zahlreicher jüdischer Flüchtlingsfamilien aus Europa.

Infos

Secretaria de Turismo: Praça Ver. José L. dos Passos (am Kreisverkehr nach dem Fähranleger), Barra Velha, Tel. 012-38 95 72 00 www.ilhabela.sp.gov.br, tgl. 8–18 Uhr.

Übernachten

Traumhaft ▶ **Mercedes:** Av. Leonardo Reale 2222 (Praia do Viana), Tel. 012-38 96 10 71, www.hotelmercedes.com.br. Schöne parkähnliche Anlage am Meer nahe dem Hauptort; 49 komfortable Zimmer; 2 Pools, gutes Restaurant und Bootsanleger. 200–450 R$.

Solide ▶ **Pousada Casa Amarela:** Av. Almirante Tamandaré 376 (Itaguaçu), Tel. 012-38 96 19 93, www.hotelcasaamarela.com.br. Hübsches Hotel mit Pool in direkter Strandlage, 26 Zimmer, ca. 4 km von der Vila. Ab 160 R$.

Ökologisch ▶ **Ecoilha:** Rua Benedito Garcês 164, Tel. 012-38 96 30 98, www.ecoilha.com.br. Nahe dem Parque Estadual, inmitten üppigster Vegetation. 7 Zimmer mit Veranda bwz. Balkon, Pool, deutschsprachige Besitzer. 100–140 R$.

Camping ▶ **Palmar:** Av. Princesa Isabel 2150 (Barra Velha), Tel. 012-38 95 83 19, www.palmar.com.br. Rasenplatz für 100 Zelte, viel Schatten, 500 m vom Strand. 25 R$ pro Pers., auch Suiten.

Essen & Trinken

Fisch und Meeresfrüchte ▶ **Ilha Sul:** Av. Riachuelo 287 (Feiticeira), Tel. 012-38 94 94 26 (reservieren sinnvoll), in der Saison tgl. 12–23 Uhr, März-Dez. nur Fr-So. Gutes Fischlokal (z. B. *anchova*: 70 R$) mit nautischem Ambiente und sehr charmantem Service.

Sundowner ▶ **Nova Iorqui:** Av. Mario Covas Junior 18 322 (Frades). Sehr beliebtes Fisch- und Meeresfrüchtelokal (50 R$) mit dem schönsten Sundowner im äußersten Süden; auch Pousada und Chalets.

Röstis ▶ **Batatas:** Rua da Padroeira 12 (Vila, im Mini-Shopping Villa da Vila), tgl. 18–23 Uhr. Spezialität sind gefüllte Kartoffel-Röstis (20 R$), auch Thailändisches, dazu Gitarrenklänge eines alteingesessenen Musikers.

Aktiv

Hochseilgarten ▶ **Eco Point:** Rua dos Carijós 1956 (Barra Velha), Tel. 012-38 95 10 17, www.ecopoint.com.br. Über 20 m hohe Hängebrücken geht es in 11 Etappen von Baumkrone zu Baumkrone, auch Schwimmen, Sauna, Wandern und Klettern, Tagespreis 35 R$.

Radfahren ▶ **Juninho Bike Shop:** Av. Princesa Isabel 217, Perequé, Tel. 021-38 96 28 47. Verleih von Stadt-, Touren- und Geländerädern (30–50 R$/Tag).Es gibt keine Anbieter von Radtouren auf der Insel, aber Juninho gibt Routen-Tipps.

Segeln ▶ **BL-3:** Praia da Amaçao, Tel. 012-38 96 12 71, www.bl3.com.br. 4 Std. Segeln mit Dingi, 160 R$.

Tauchen ▶ **Colonial Driver:** Av. Brasil 1751, Pedras Miudas, Tel. 012-38 94 94 59, 2 Std. 220 R$ inkl. Ausrüstung und Lehrer, Kurse 580–800 R$.

Verkehr

Bus: Die Anreise auf dem Festland führt zunächst bis zu dem Küstenort São Sebastião. Dorthin verkehren 6 x tgl. Busse von São Paulo (*Litorânea*, 4 Std., 42 R$) und 2 x tgl. über Parati Busse von Rio de Janeiro (*Útil*, 7 Std.,76 R$).

Fähren: Von São Sebastião auf die Insel fahren alle 30 Min. bzw. ab 24 Uhr jede Stunde Autofähren, Tel. 012-38 92 15 76, Fahrtdauer 15 Min., 6 R$, Fußgänger gratis.

Inselverkehr: Von der Busstation Ilhabela, Rua Dr. Carvalho 136, Tel. 012-38 95 87 09 bestehen gute Verbindungen zu den verschiedenen Inselorten. Nur muss man zu den Zielen südlich von Barra Velha oft 30–60 Min. warten. Taxis fahren ohne Taxameter, daher Festpreis aushandeln.

Rote Aras leben auf Ilhabela in großen Schwärmen

Minas Gerais

Gold, Silber, Diamanten und Smaragde – das war der Stoff, aus dem die Träume der *bandeirantes* des 17. und 18. Jh. waren, das war auch der Stoff, aus dem ganz neue Reichtümer entstanden, die in Brasilien noch immer ihresgleichen suchen. Minas Gerais bedeutet ›Allgemeine Minen‹. Die zahlreichen Barockstädtchen, die in dieser Region entstanden, sind an architektonischer Pracht kaum zu überbieten.

Belo Horizonte ▶ 1, Q 5/6

Cityplan: S. 180; **Karte:** S. 179
Belo Horizonte (2,4 Mio. Einw.) wurde erst 1897 gegründet und ganz auf dem Reißbrett entworfen. Die modern wirkende Stadt besitzt eine hohe Lebensqualität und beeindruckt durch einige imposante Bauten, 27 öffentliche Parks, zahlreiche Museen und viel Nightlife. Dennoch ist sie kein touristisches Highlight, sondern eher verkehrstechnischer Ausgangspunkt für den Besuch der Barockstädtchen in der näheren Umgebung.

Praça da Liberdade 1

Auf der im 19. Jh. nach französischem Vorbild angelegten parkartigen **Praça da Liberdade** treffen sich gern die Einheimischen, treiben Sport (Jogging), veranstalten Demonstrationen, halten Märkte ab oder versammeln sich zu Live-Konzerten (oft So). Eine lange Palmenallee führt direkt auf den neoklassizistischen **Palácio da Liberdade** zu, in dem heute Staatsbesucher empfangen werden. Um den Platz herum stehen weitere imposante Gebäude, darunter die moderne, von Oscar Niemeyer entworfene **Bibliotéca Pública** (Stadtbibliothek), das ebenfalls von ihm stammende kurvenförmige Wohnhaus **Edifício Niemeyer** aus den 1950er-Jahren, und das interessante **Museu de Mineralogia Professor Djalma Guimarães**. In seinen Räumen kann man 800 verschiedene Mineralien bewundern und sogar fotografieren (Di–So 10–17 Uhr). In der Nähe zeigt das neue **Museo das Minas e do Metal** in 18 Sälen die Geschichte der Mineraliengewinnung (Di–So 12–18 Uhr)

Pampulha 2

Hauptattraktion von Belo Horizonte sind die Sehenswürdigkeiten im 8 km nordwestlich des Zentrums gelegenen **Pampulha** (Anfahrt mit Bus 2004 von Av. Afonso im Zentrum; Mo vieles geschlossen). In den 1940er-Jahren beauftragte der damalige Bürgermeister und spätere Präsident Juscelino Kubitschek den noch ziemlich unbekannten Oscar Niemeyer mit der architektonischen Gestaltung eines Wohnparks. Für die Landschaftsplanung um den künstlichen See (Lagoa da Pampulha) zeichnete Burle Marx verantwortlich. An der 18 km langen Uferpromenade Avenida Otacílio Negrão de Lima entstanden mehrere Bauwerke, die ihren Schöpfer bald über Brasilien hinaus berühmt werden ließen. Kurvenförmig der Lagoa angepasst wurde die **Casa do Baile**. Das Haus diente zunächst als Tanzdiele und später als Spielkasino, heute fungiert es als Kulturzentrum mit Architektur-, Urbanistik- und Designausstellungen (Nr. 751, Tel. 031-32 77 74 43, Di–So 9–19 Uhr, Eintritt frei). Im **Museu de Arte da Pampulha** (auch Palácio de Cristal), finden wechselnde Kunstausstellungen statt (Nr. 16 585, Tel. 031-34 43 45 33, Di–So 9–19 Uhr, Eintritt frei).

Minas Gerais

Architektonisches Highlight ist jedoch die futuristisch anmutende **Igreja de São Francisco de Assis**. Nach der Einweihung 1943 blieb diese Kirche, deren parabolische Form spätere Projekte in Brasília vorwegnahm, zunächst für 14 Jahre geschlossen. Die Kirchenobrigen sahen in dem Bauwerk ein Symbol des Kommunismus, denn die Linien von Glockenturm und Fassade ließen angeblich Assoziationen mit Hammer und Sichel aufkommen. Heute kann man in der renovierten Kirche kunstvolle Azulejos sowie die 14 Kreuzwegstationen von Cândido Portinari bewundern (Di–Sa 9–17, So 11–17 Uhr, 2 R$).

Am anderen Ende der Lagoa befindet sich an derselben Uferpromenade bei Nr. 8000 der **Jardim Zoológico e Botânico,** sowohl ein Zoo mit etwa 1200 Tieren bzw. 240 Arten als auch ein botanischer Garten (Di–So 8.30–16 Uhr, 2 R$).

Bei Nr. 7111 beginnt der **Parque Ecológico da Pampulha,** mit 300 ha die zweitgrößte Grünanlage der Stadt. Dort werden zahlreiche Pflanzen und Bäume aus unterschiedlichen Ökosystemen (Atlantischer Küstenregenwald, Cerrado und Amazonas-Wald) gezüchtet. Auf dem Gelände gibt es markierte Fahrrad- und Wanderwege (Tel. 031-32 77 72 89, Fr–So 8.30–17 Uhr).

Fußballfans kennen das Pampulha-Viertel vor allem wegen des mächtigen und sehr schönen **Mineirão-Stadions.** Seit 2010 wird es unter Beteiligung eines deutschen Architekturbüros für die WM 2014 umgebaut.

Infos

Belotur: Rua Pernambuco 284 (Centro), Tel. 031-32 77 97 54, www.belotur.com.br, Mo–Fr 8–18 Uhr. Hauptstelle der städt. Tourismusbehörde mit Infos, Prospekten und Karten, Nebenstellen an den beiden Flughäfen und dem Busbahnhof.

Guia Turístico Belo Horizonte: empfehlenswerter monatlich erscheinender Stadtführer (auch auf Englisch), kostenlos erhältlich an Zeitungskiosken und Infostellen.

Secretaria de Estado de Turismo de Minas Gerais: Praça da Liberdade, Tel. 031-32 70 85 01, www.turismo.mg.gov.br, Mo–Fr 8–18 Uhr. Staatl. Tourismusbüro für den ganzen Bundesstaat Minas Gerais.
Internet: www.guiabh.com.br

Übernachten

Apart-Hotel ▶ BH Platinum 1: Av. Olegário Maciel 1748 (Lourdes), Tel. 031-21 25 38 00, Reservierung Tel. 0800-702 33 20, www.promenade.com.br. Eines der modernsten

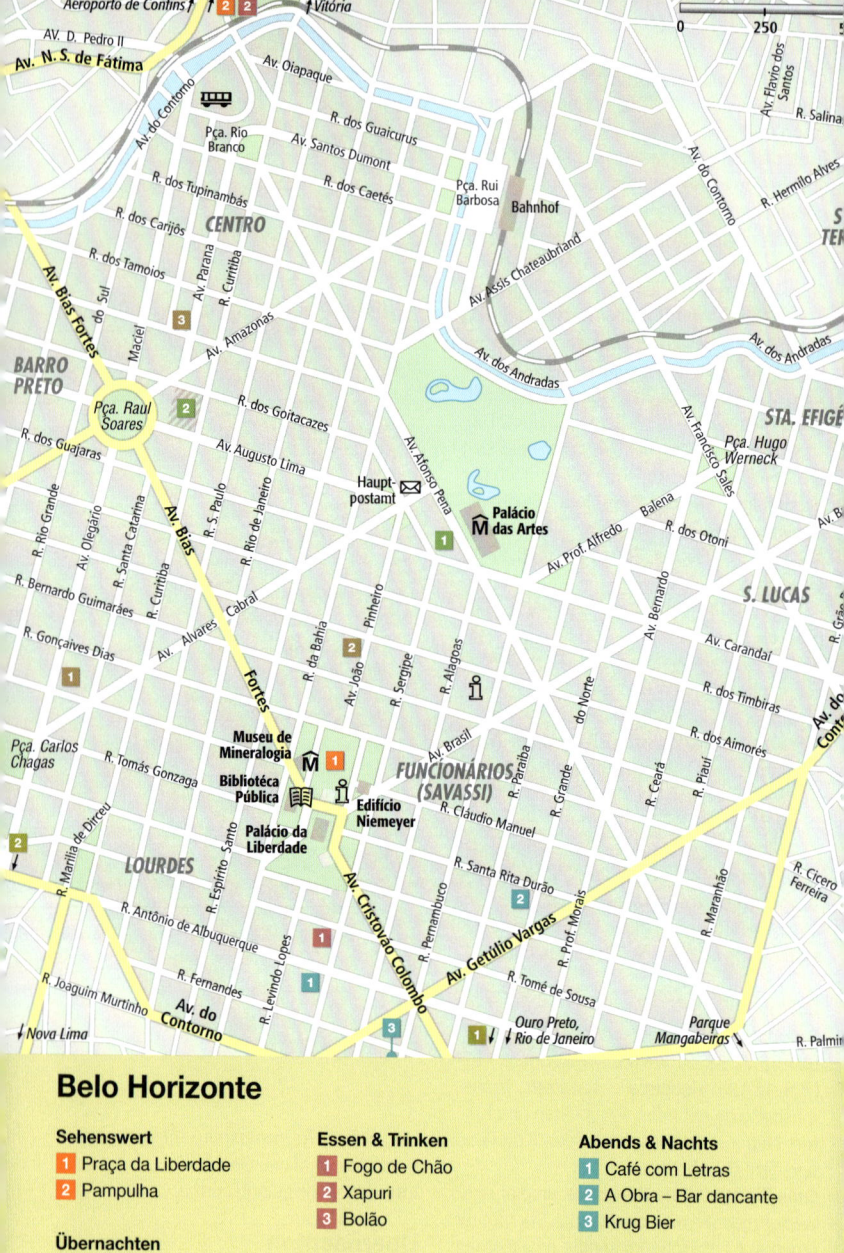

Belo Horizonte

Sehenswert
1 Praça da Liberdade
2 Pampulha

Übernachten
1 BH Platinum
2 Ibis
3 Pampulha Palace
4 Chalé Mineiro Hostel

Essen & Trinken
1 Fogo de Chão
2 Xapuri
3 Bolão

Einkaufen
1 Feira de Arte e Artesanato
2 Mercado Central

Abends & Nachts
1 Café com Letras
2 A Obra – Bar dancante
3 Krug Bier

Aktiv
1 Verde Folhas
2 Instituto Cultural Inhotim

Belo Horizonte

Hotels der Stadt in ruhigem Viertel nahe bei den Attraktionen. 70 komfortable Zimmer, Sauna, Fitnessraum, Restaurant. 415 R$.

Bequem und preiswert ▶ Ibis 2: Av. João Pinheiro 602 (Lourdes), Tel. 031-21 11 15 00, www.ibis.com.br. 2003 eröffnetes Hotel mit 130 komfortablen Zimmern, günstige Lage nahe Praça da Libertade. 149 R$, Frühstück optional (11 R$).

Konventionell ▶ Pampulha Palace 3: Rua Tupis 646 (Centro), Tel. 031-32 70 01 20, www.hotelpampulha.com.br. Älteres Haus von 1959, 88 komfortable Zimmer verschiedener Größe, 150 m vom Mercado Central. 149 R$.

Backpacker ▶ Chalé Mineiro Hostel 4: Rua Santa Luzia 288 (Santa Efigênia), Tel./Fax 031-34 67 15 76, www.chalemineirohostel.com.br. Ordentliches HI-Hostel mit 54 Betten, Pool, Grill, TV-Saal, Gemeinschaftsküche. 2 km östl. vom zentralen Parque Municipal, nahe dem belebten Savassi. Anfahrt mit Bus 9801 (Saudade/Santa Cruz) von der Rua dos Caetés nahe der Rodoviária (dorthin Flughafenbusse von *Unir*). Kein Einlass nach 22 Uhr. 60–70 R$ (DZ), 20–25 R$ (Dorm), Frühstück nicht inkl.

Essen & Trinken

Fleischtempel Nr. 1 ▶ Fogo de Chão 1: Rua Sergipe 1208 (Savassi), Tel. 031-32 27 27 30, Mo–Fr 12–16 und 18–23, Sa/So 12–24 Uhr. Berühmte Churrascaria-Kette (USA und Brasilien) mit dem besten Fleisch und besten Service, rustikales Ambiente, Fixpreis 77 R$.

Regionale Spezialitäten ▶ Xapuri 2: Rua Mandacaru 260 (Pampulha), Tel. 031-34 96 61 98 (am Wochenende unbedingt reservieren!), Di–Do 12–23, Fr und Sa 12–2, So 11–18 Uhr. Sehr großes Lokal mit Fazenda-Atmosphäre, lange Holztische im Grünen unter Palmendächern. Bestes Lokal der Stadt für die spezielle Küche von Minas Gerais, z. B. *lombinho com tutu* für 50 R$.

Spaghetti-König ▶ Bolão 3: Praça Duque de Caxias 288 (Santa Tereza), fast durchgehend 24 Std., So bis 18 Uhr. Pastagerichte zwischen 12 und 20 R$, zwanglose Atmosphäre; einfach, aber originell, viele Tische auf dem Bürgersteig.

Einkaufen

Kunsthandwerk ▶ Feira de Arte e Artesanato 1: Av. Afonso Pena (Centro), sonntags 8–14 Uhr. Größter Straßen-Kunsthandwerksmarkt Lateinamerikas, 3000 Verkaufsbuden auf 1 km mit 60 000 Besuchern pro Sonntag.

Markthalle ▶ Mercado Central 2: Av. Augusto de Lima 744 (Centro), Mo–Sa 7–18, So 7–13 Uhr. An 400 Verkaufsständen gibt es fast alles, von Obst und Gemüse über Blumen und medizinische Pflanzen bis hin zu Kunsthandwerk und religiösen Artikeln. Auch gute und preiswerte Cachaças, die man gleich probieren oder kaufen kann, am besten bei Ronaldo (Nr. 34).

Abends & Nachts

Das rege Nachtleben der Stadt konzentriert an der **Praça Diogo de Vasconcelos** sowie in der **Rua Pernambuco/Rua Tomé de Souza** im Stadtteil Funcionários. Die ganze Region wird populär **Savassi** genannt, Name einer traditionsreichen Konditorei am Platz.

Buchladen-Café ▶ Café com Letras 1: Rua Antônio de Albuquerque 781 (Savassi), tgl. 12–24 Uhr. Sehr beliebt zur Happy Hour, mit künstlerischem Touch, Live-Musik und leckere Snacks.

Alternativer Tanzschuppen ▶ A Obra – Bar dancante 2: Rua Rio Grande do Norte 1168 (Savassi), Tel. 031-32 15 80 77, Mi–Sa ab 22 Uhr, 8–18 R$. Beliebte moderne Tanzbar in einem als Baustelle dekorierten Keller mit Rock, Jazz, Black Music, Flashbacks und Samba, je nach Tag Disco oder Live-Bands. Programm s. www.aobra.com.br.

Deutsche Brauereikneipe ▶ Krug Bier 3: Rua Major Lopes 172 (São Pedro), Mo–Fr 18–1, Sa 12–1, So 12–18 Uhr. In-Kneipe mit eigenen Braukesseln direkt im Lokal und Bier nach deutscher Rezeptur. Nach Feierabend (Happy Hour) gut besucht (max. 500 Gäste), auch Musik und Tanz.

Aktiv

Freizeitpark ▶ Verde Folhas 1: Rua 7 Nr. 170, Recanto da Aldeia, Brumadinho, 35 km von Belo Horizonte, Anfahrt ab Rodoviária Belo Horizonte mit Bus 008, Gesellschaft

Minas Gerais

Casa Branca, 3 x tgl. um 8, 15.30 und 20 Uhr, Tel. 031-35 75 31 29, www.verdefolhas.com.br. Freizeitpark mit Wasserfall (15 m), Badesee und Hochseilgarten (600 m) etc., Eintritt ohne Aktivitäten frei, mit Aktivitäten (Hochseil, Rafting, Rapel, Wandern und Klettern) 20–85 R$ pro Pers.

Kunst im Garten ▶ **Instituto Cultural Inhotim** 2: Brumadinho (60 km von Belo Horizonte), www.inhotim.org.br, Do–Fr 9.30–16.30, Sa–So 9.30–17.30 Uhr, Eintritt 15 R$. Bedeutendstes Museum für zeitgenössische Kunst Brasiliens in einem großen Garten-/Parkgelände mit fünf Seen und über 2000 Pflanzenarten. Der Mäzen und Bergbauunternehmer Bernardo Paz präsentiert unter freiem Himmel oder in speziellen Galerien ca. 100 Werke, hauptsächlich große Installationen, z. B. den ufo-förmigen gläsernen Sonic Pavillon des US-Amerikaners Doug Aitken. Die einzigartige Mischung aus botanischem Garten und Kunstmuseum rühmte die New York Times bereits als »neues Weltwunder«. Abfahrt: Do/Fr ab Rodoviária mit *Saritur,* ab Busstation in Brumadinho, Rest per Taxi (3 km, 18 R$); Sa/So 9 Uhr Bus direkt bis zum Museum (zurück 16 Uhr), 2 Std., 26 R$ (hin und zurück).

Termine
Feste und Veranstaltungen

Campanha de Popularização do Teatro e da Dança (Jan./Febr.): Mehr als 100 Theater- und Tanzvorführungen an 53 Tagen und 34 Plätzen, größter Event dieser Art von Minas Gerais, um 200 000 Besucher.

Axé Brasil Extra (Anfang April): Größtes Axé-Fest Brasiliens mit vielen Bands aus Bahia, 2 Tage lang liefern sie heiße Rhythmen von einer Riesenbühne im Estádio Independência (Horto).

Feira Internacional da Cachaça (Ende Mai/Anfang Juli): Großer Schnaps-Markt, die Stadt ist berühmt für die besten Cachaças Brasiliens, Centro de Convenções.

Arraial do Belô (3 Tage in der 2. Juliwoche): Folklore-Tanzfest im Rahmen der Festas Juninas, Praça da Estação, Centro.

Basílica Bom Jesus do Matosinhos in Congonhas

Die Umgebung von Belo Horizonte

Verkehr

Flugzeug: Es gibt zwei Flughäfen, den Aeroporto Internacional Tancredo Neves (Confins), Tel. 031-36 89 27 00, und den Aeroporto de Pampulha, Tel. 34 90 20 01. Für kleine regionale Airlines.

Bus: Der Fernbusbahnhof Rodoviária liegt an der Praça Rio Branco s/n, Tel. 031-32 71 30 00. Von dort (bzw. von der dahinter liegenden Station für Busse zu den näheren Orten) Verbindungen nach Ouro Preto (*Pássaro Verde,* Tel. 031-32 80 94 10, 17 x tgl., knapp 2 Std., 20 R$), Tiradentes (*Viação Sandra,* Tel. 031-32 01 25 12, direkt nur 1 x pro Woche Fr 17 Uhr, 4 Std., 46 R$; sonst Bus nach São João del Rei nehmen, von dort häufige Anschlüsse), Diamantina (*Pássaro Verde,* Tel. s. o., 6 x tgl., 9 Std., 63 R$) und Rio de Janeiro (*Útil*, 6 x tgl., 10 Std., ab 70 R$).

Die Umgebung von Belo Horizonte

Karte: s. S. 179

Congonhas ▶ 1, Q 6

In der früheren Goldgräberstadt **Congonhas** 1 (82 km von Belo Horizonte) gibt es heute fast nur noch eine einzige Attraktion, die jedoch Scharen von Besuchern aus aller Welt anzieht. Es sind die von Aleijadinho (s. rechts) und seinen Mitarbeitern geschaffenen Werke auf dem Gelände der Basílica do Senhor Bom Jesus do Matosinhos (Di–So 8–18 Uhr). Auf der Treppenbrüstung vor der Kirche sieht man gleich die Speckstein-Statuen der zwölf Apostel (*Doze Profetas*, 1796–1805). Darunter befinden sich sechs kleine Pavillons oder Kapellen *(Capelas dos Passos)* mit 66 Zedernholz-Skulpturen (1796–1799) mit den Kreuzwegstationen (ständig geöffnet).

Verkehr

Bus: Anreise von Belo Horizonte ab Estação Rodoviária an der Praça Rio Branco mit Bussen der Gesellschaft *Viação Sandra* (16 x tgl., 80 Min., 20 R$).

Circúito das Grutas ▶ 1, Q 5

Von den insgesamt 3000 Grotten Brasiliens befinden sich 2000 in Minas Gerais, 500 davon in einer ›Circúito das Grutas‹ genannten Region nahe bei Belo Horizonte, die zwölf Gemeinden umschließt. Zu den meistbesuchten (Tropfstein-)Höhlen gehören die **Gruta da Lapinha** 2 (50 km), die **Gruta Rei do Mato** 3 (76 km) und die sehr schöne **Gruta de Maquiné** 4 (126 km) mit sieben Kammern, die man in Gruppen besichtigen kann.

Verkehr

Bus: Zu allen oben genannten Zielen fahren mehrmals tgl. Busse ab Belo Horizonte, Es-

---

Tipp: Aleijadinho

Die Hauptattraktion von Ouro Preto sind die Kirchen, die fast alle mit dem Namen eines einzigen Künstlers verbunden sind, Antônio Francisco Lisbôa, zärtlich ›**o Aleijadinho**‹ (der kleine Krüppel) genannt. Brasiliens bedeutendster Bildhauer und Holzschnitzer des Barockzeitalters wurde vermutlich am 29. August 1730 als Kind des portugiesischen Baumeisters Manuel Francisco da Costa Lisbôa und der afrikanischen Sklavin Isabel geboren und verbrachte sein ganzes Leben bis zu seinem Tode 1814 in einem unermüdlichen Schaffensprozess. Trotz seiner wegen einer lepraähnlichen Erkrankung verkrüppelten Hände, entstanden unzählige, zumeist in Holz oder Sandstein gehauene Meisterwerke.

Die ungewöhnliche Vielzahl dieser Werke veranlasste jedoch diverse Historiker, die Urheberschaft mehreren Künstlern zuzuschreiben, darunter auch Gehilfen und Schüler des Meisters. Die Zuordnung zu einem einzigen Bildhauer wäre demnach eine Erfindung unter der Diktatur von Getúlio Vargas (1930–45) mit dem Zweck, die kulturelle Identität Brasiliens aufzuwerten. Heute gibt es dagegen sogar Forscher, die selbst die Existenz Aleijadinhos anzweifeln. Für sie ist er lediglich die brasilianische Version des Glöckners von Nôtre Dame.

Minas Gerais

tação Rodoviária an der Praça Rio Branco, alle örtlichen Reisebüros organisieren Ausflüge (z. B. Pampulha Turismo, Av. Teresa Cristina 650, Stadtteil Carlos Prates, Belo Horizonte, Tel. 031-30 57 11 11, www.pampulha turismo.com.br).

5 Ouro Preto ▶ 1, R 6

Cityplan: S. 186/187; **Karte:** S. 179
Wer nur wenig Zeit hat und nicht übermäßig an historischer Architektur interessiert ist, sollte wenigstens Ouro Preto (Schwarzes Gold) nicht auslassen (2 Tage). Von Rio de Janeiro aus erreicht man das Städtchen über Nacht in sieben Busstunden (398 km).

Ouro Preto (69 000 Einw.) liegt 1179 m hoch in einem Tal und gehört zu den kunsthistorisch interessantesten Reisezielen des Landes, noch vor Parati und Olinda. Hier findet sich das homogenste und kompletteste Arsenal barocker Kunst Brasiliens. Seit 1933 unter Denkmalschutz stehend, 1980 von der UNESCO zum Weltkulturdenkmal erklärt, stellt Ouro Preto wahrhaftig ein einziges historisches Freilichtmuseum dar.

Die steile kulturelle Karriere begann mit dem ersten Goldfund von 1699, zwölf Jahre vor der Gründung der damaligen Vila Rica (Reiches Dorf) durch den Bandeiranten Antônio Dias, und endete kaum 100 Jahre später mit der Erschöpfung der Goldvorkommen, heute lebt die Stadt zu 80 % vom einfachen Bergbau. In diesem einzigen Jahrhundert entstand jedoch eine gewaltige Fülle barocker Kultur, Architektur und Kunst. Auf einen kleinen Raum zusammengedrängt finden sich zahlreiche historische Gassen mit dem typischen abgerundeten Kopfsteinpflaster (leider auch mit vielen Autos), reihenweise gut erhaltene Herrenhäuser mit den berühmten schmiedeeisernen Balkongeländern sowie weißen Fassaden und eine Vielzahl prächtiger Kirchen und Museen. Insgesamt sind ca. 2000 Gebäude von historischem Wert. Viele davon werden als Studenten-WG's, den sogenannten Repúblicas, genutzt. Am Abend fasziniert Ouro Preto vor allem durch die ro-

mantische Laternenbeleuchtung seiner Gassen und Plätze, das studentisch-alternativ geprägte Nachtleben in der Rua Conde de Bobadella sowie durch die anheimelnden, rustikalen Restaurants.

Praça Tiradentes 1

Fast jede Stadtbesichtigung beginnt an der malerischen **Praça Tiradentes**, in deren Mitte ein **Denkmal** an den Namensursprung dieses Platzes erinnert. Im Jahre 1792 wurde in Rio de Janeiro auf grausige Weise einer der größten Nationalhelden Brasiliens hingerichtet, der für die Unabhängigkeit von Portugal kämpfende Tiradentes (›Zahnzieher‹), eigentlich Joaquim José da Silva Xavier. Sein abgeschlagenes Haupt wurde öffentlich auf

Ouro Preto

Das ehemalige Rathaus an der Praça Tiradentes beherbergt heute ein Museum

dem Hauptplatz von Ouro Preto zur Schau gestellt. Spärliche Zeugnisse von diesem großen Unabhängigkeitskampf gibt das **Museu da Inconfidência,** ebenfalls an der Praça Tiradentes im früheren Rathaus, dem Palácio Municipal, untergebracht. Das nachts wunderschön beleuchtete Gebäude beherbergt Graburnen von zwölf erhängten Freiheitskämpfern, Möbel, Porzellan und Silberobjekte, aber auch Heiligenfiguren und Holzstatuen von Aleijadinho (Nr. 139, Di–So 12–17.30 Uhr, 6 R$). An der anderen Seite des Platzes befindet sich das interessante **Museu de Sciência e Técnica** mit der größten Edelstein- und Kristallsammlung Brasiliens und vielen alten Fördermaschinen (Di–So 12–17 Uhr, 5 R$).

Aleijadinho-Tour

Der Platz Praça Tiradentes dient auch als Ausgangspunkt für eine kleine Aleijadinho-Tour (s. auch S. 186), *Circúito Aleijadinho* genannt. Mit einem einzigen Eintrittsticket (6 R$) kann man ein Museum und zwei Kirchen besichtigen. Die wichtigste, die **Igreja de São Francisco de Assis** [2] (1776–1812) liegt am Largo de Coimbras etwas unterhalb der Praça Tiradentes. Diese ausnehmend schöne Kirche, für den französischen Kunstgelehrten Germain Bazin »eines der vollkommensten Kunstdenkmäler der westlichen Welt«, ist stark von Aleijadinho bzw. seinen Gesellen und Schülern geprägt, vor allem die Pläne mit dem achteckigen Grundriss, die Skulpturen am Fassadenportal sowie die Holzschnitze-

Ouro Preto

Sehenswert
1. Praça Tiradentes
2. Igreja de São Francisco de Assis
3. Igreja de N. S. das Mercês e dos Perdões
4. Igreja Matriz de N. S. da Conceição de Antônio Dias
5. Igreja Matriz de N. S. do Pilar
6. Casa dos Contos
7. Mina do Chico Rei

Übernachten
1. Solar do Rosário
2. Pousada do Mondego
3. Hotel Pousada do Arcanjo
4. Hotel Colonial
5. Brumas Hostel

Essen & Trinken
1. Bené da Flauta
2. O Passo

Einkaufen
1. Kunsthandwerksmarkt

Abends & Nachts
1. Bar Barroco
2. Bar Satélite
3. Centro Acadêmico da Escola de Minas

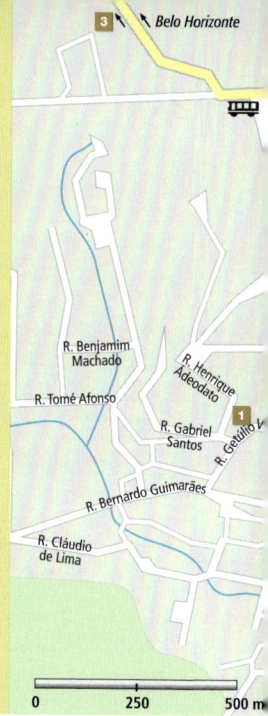

reien der Chorkapelle und der sechs übrigen Altäre der Hauptkapelle. Das prachtvolle, nur etwas verblasste Deckengemälde stammt von Manoel da Costa Athayde (Di–So 8.30–11.45, 13.30–16.45 Uhr).

Hinter der Kirche gelangt man über die Rua das Mercês zur **Igreja de N. S. das Mercês e dos Perdões** 3 (1740–73). Die Gestaltung des Innenraums wird ebenfalls Aleijadinho zugeschrieben, bedarf jedoch einer Restauration (Di–So 8.30–12, 13.30–17 Uhr). Ein paar Schritte weiter findet man in der **Igreja Matriz de N. S. da Conceição de Antônio Dias** 4 (1727–60) die Grabstätten des großen Meisters und seines Vaters. Die Innenausstattung ist bis auf den Hauptaltar und die acht Seitenaltäre nicht besonders prunkvoll. Atmosphärisch beeindruckend ist im Kircheninneren jedoch das Licht- und Farbenspiel: Die durch die blauen Fensterscheiben im Eingangsportal einströmenden Lichtstrahlen treffen auf die rote Farbe der Wandbehänge. In der angrenzenden Sakristei ist das **Museu do Aleijadinho** mit einigen seiner Skulpturen untergebracht (Di–Sa 8.30–11.45, 13.30–16.45, So 12–16.45 Uhr).

Weitere Sehenswürdigkeiten

Eine weitere, unbedingt zu besichtigende Kirche, an deren Bau Aleijadinho jedoch nicht beteiligt war, liegt weiter unten auf der entgegengesetzten Seite der Praça Tiradentes. Die **Igreja Matriz de N. S. do Pilar** 5 (1730–41) mit einem zehneckigen Grundriss gilt als eine der am reichsten bestückten Kirchen Brasiliens. 434 kg reines Gold, 400 kg Silber und 472 Engelskulpturen wurden bei ihrer Ausstattung verwendet – nur ist heute alles verstaubt. Die meisten Werke, besonders die Holzschnitzereien der Chorkapelle, stammen von Francisco Xavier de Brito, einem der Lehrer von Aleijadinho. Im Untergeschoss befindet sich das **Museu de Arte Sacra** (Di–So 9–10.45, 12–16.45 Uhr, 4 R$).

Nun geht es zurück durch die Rua Dr. Getúlio Vargas bis zur nahen Rua São José. Bei Nr. 12 steht der schöne Profanbau **Casa dos Contos** 6, in dem früher die Goldfunde ein-

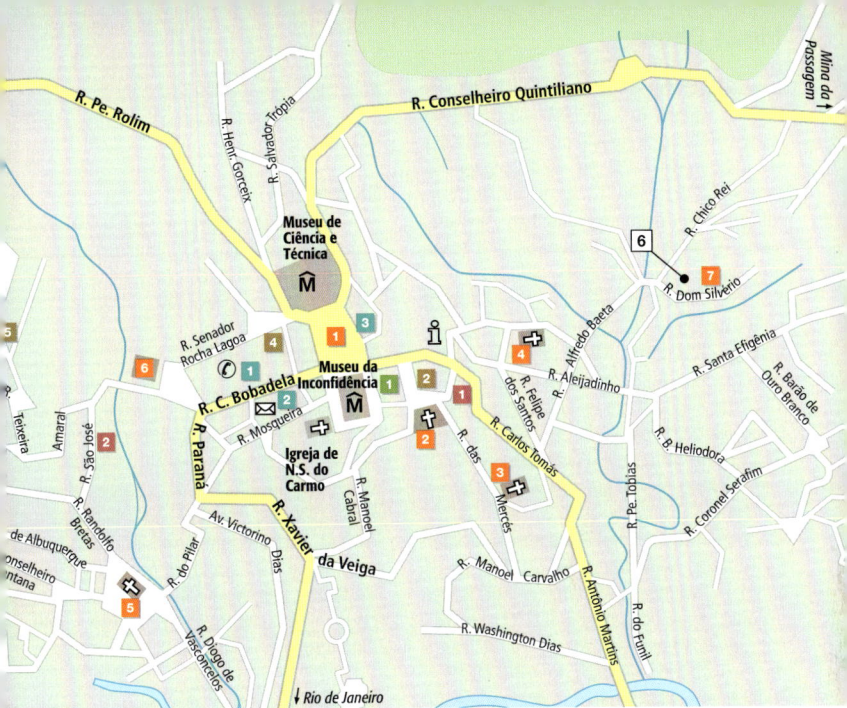

geschmolzen, gewogen und versteuert wurden. Heute sieht man im Obergeschoss Münzen und Noten, im Untergeschoss Arbeits- und Strafwerkzeuge sowie Säbel und Pistolen der Epoche (Mo 14–18, Di–Sa 10–18, So 10–16 Uhr). In der **Mina do Chico Rei** 7, einer 1888 stilgelegten Goldmine bei der Rua Dom Silvério 108 (Antônio Dias), kann man sich einen noch besseren Eindruck von den schwierigen Goldgräberzeiten verschaffen (tgl. 8–17 Uhr, 10 R$). Zu empfehlen ist auch ein Besuch der Mina de Ouro da Passagem etwas außerhalb des Ortes (s. u.).

Ausflüge in die Umgebung

Die **Mina de Ouro da Passagem** (5 km von Ouro Preto, 4 km von Mariana entfernt) ist die größte zur Besichtigung freigegebene Mine der Welt. Seit der Stilllegung 1985 kann man das 120 m tiefe und 315 m lange Bergwerk besichtigen (Tel. 031-35 57 50 00, www.minasdapassagem.com.br, tgl. 9–17 Uhr, 24R$).

Die 18 km entfernte historische Kleinstadt **Mariana** (53 000 Einw.) ist der älteste Ort von Minas Gerais (ab 1711 Dorf und später Hauptstadt). Er wird vor allem besucht wegen der deutschen Arp-Schnitger-Orgel von 1701, ein Geschenk des portugiesischen Königs João V. Freitag um 11 und jeden Sonntag um 12.15 Uhr kann man in der prachtvollen Catedral Basílica da Sé (1711–60) den gewaltigen Klängen dieser Anlage lauschen. Anreise: Von Ouro Preto nach Mariana fährt Fr–So ein nostalgischer Zug mit der Dampflok »Maria Fumaça«, 30 R$ (hin und zurück).

Infos

Secretaria de Turismo: Largo de Coimbra, Tel. 031-35 59 32 87, www.ouropreto.org.br, tgl. 8–18 Uhr. Ein weiteres Büro befindet sich am Ortseingang von Ouro Preto, Rua Padre Rolim, Tel. 031-35 51 26 55, dort auch Zimmervermittlung, tgl. 8–18 Uhr.

Übernachten

Hinweis: Über Ostern und während des Winter-Festivals (1.–31. Juli) sollte man seine Unterkunft unbedingt vorher reservieren!

Minas Gerais

Luxus ▶ Hotel Solar do Rosário 1: Rua Getúlio Vargas 270, Tel. 031-35 51 52 00, www.hotelsolardorosario.com.br. Beste Unterkunft am Ort, herrlicher neokolonialer Profanbau aus dem 19. Jh. mit 41 Zimmern. Sehr ruhig am Rand des historischen Zentrums gelegen, auch Wellnessbereich und Gourmet-Restaurant. Ab 300 R$.

Fürstlich ▶ Pousada do Mondego 2: Largo de Coimbra 38 (nahe Praça Tiradentes), Tel. 031-35 51 20 40, www.mondego.com.br. Gut erhaltenes Kolonialhaus von 1747 mit 24 Zimmern; mit historischem Mobiliar und Kunstobjekten dekoriert; Restaurant; trotz zentraler Lage sehr ruhig mit schönem Blick ins Tal und auf die Igreja do Carmo. 287 R$.

Museumsreif ▶ Hotel Pousada do Arcanjo 3: Rua São Miguel Arcanjo 270, Tel. 031-35 51 41 21, www.arcanjohotel.com.br. Erstes historisches Aufklärungshotel (2000) von Minas Gerais, Wandtafeln zeigen die Ereignisse der *Inconfidência Mineira* und selbst das Personal schmückt sich mit alten Accessoires; 24 sehr komfortable Zimmer. 198 R$.

Zentral-solide ▶ Hotel Colonial 4: Travessa Padre Camilo Veloso 26 (Nähe Praça Tiradentes), Tel. 031-35 51 31 33, www.hotelcolonial.com.br. Unter Denkmalschutz stehendes Haus aus dem 18. Jh. mit 18 Zimmern. 140 R$.

Backpacker ▶ Brumas Hostel 5: Rua Padre José Marcos Pena 68, Tel. 031-35 51 29 44, www.brumashostel.com.br. Nettes HI-Hostel mit 58 Betten, Küchenbenutzung und Waschmaschinen (8 R$); herrliche Aussicht über Ouro Preto; nur 150 m vom Busbahnhof. DZ 80–90 R$, Dorms 25–32 R$.

Essen & Trinken

Schönes Ambiente ▶ Bené da Flauta 1: Rua São Francisco de Assis 32, Tel., 031-35 51 10 36, tgl. 12–23 Uhr. Gepflegtes und hübsch dekoriertes Lokal mit herrlichem Rundumblick; gute Fleisch-, Fisch und Nudelgerichte zwischen 20 und 60 R$, große Weinkarte.

Im Freien mit Musik ▶ O Passo 2: Rua São José 56, tgl. 12–24 Uhr. Guter Italiener, à la carte, abends Pizza. Auf der schönen Terrasse oft Jazz und Bossa Nova live. Akzeptable Preise.

Einkaufen

Kunsthandwerksmarkt ▶ 1: Viel **Kunsthandwerk** unter freiem Himmel am Largo de Coimbra, tgl. von 9–18 Uhr. Zahlreiche Objekte aus Stein und Marmor.

Abends & Nachts

In Ouro Preto leben viele Studenten, entsprechend gibt es mehr einfache Kneipen, darunter das **Barroco 1** in der Rua Conde de Bobadela 106 und gegenüber das ähnlich zwanglose **Satélite 2** mit guten und preiswerten Pizzas. Größter und beliebtester Schüler- und Studententreff ist das **Centro Acadêmico da Escola de Minas 3**, Praça Tiradentes, alle brasilianischen Musikstile, nur noch sehr unregelmäßig und eher am Wochenende, nach Mitternacht übervoll.

Termine

Procissão dos Passos (Ostern): berühmte Prozessionen, Messen und Blumenteppiche, 30 000 Gäste aus Brasilien und aller Welt.

Semana da Inconfidência Mineira (16.–21. April): Gedenkwoche zur mineirischen Unabhängigkeitsbewegung.

Festival de Inverno (Juli): www.fetivaldeinverno.ufop.br (mit Programm). Winterfestival, Studententreff von Minas Gerais mit 40 000 Gästen, unbedingt Zimmer reservieren, auch in WGs (Repúblicas).

Festival de Jazz (Wochenende nach dem 7. Sept.): Jazz-Festival mit brasilianischen und ausländischen Interpreten, Centro de Artes e Convenções (Pilar), Programm siehe www.ouropreto.com.br/festivaldejazz, 100 R$/Tag, 3 Tage 240 R$. In einigen Bars wie auf Straßen und Plätzen auch Gratis-Konzerte.

Semana do Aleijadinho (14.–18. Nov.): Festwoche zu Ehren des Bildhauers António Francisco Lisbôa.

Verkehr

Bus: Der Busbahnhof Rodoviária 8 de Julho liegt in der Rua Padre Rolim 661, von dort u. a.

Verbindungen nach Belo Horizonte (*Pássaro Verde*, Tel. 031-35 51 10 81, 12 x tgl., 2 Std., 22 R$) und Rio de Janeiro (*Útil*, Tel. 031-35 51 31 66, tgl. um 22 Uhr, 7 Std., 70–110 R$).

Tiradentes 5   ▶ 1, Q 7

Karte: S. 179

Das charmante **Tiradentes** mit nur 6859 Einw. gilt als das besterhaltene Städtchen von ganz Minas, sodass man sich wie in einem kolonialbarocken Museum fühlt. Es entstand in kürzester Zeit während des Goldrausches und hat sich seitdem kaum verändert. So bildet Tiradentes die ideale Kulisse für viele Telenovelas mit historischen Themen aus der Sklavenzeit. Alles ist liebreizend, aufgeräumt, getüncht und sorgfältig konserviert. Der stark museale Charakter mag manchen abschrecken, die meisten Besucher kommen jedoch gerade deswegen. Im Ortskern macht sich der florierende Tourismus negativ an überteuerten Pousadas und Restaurants sowie an zahllosen Kunsthandwerksläden bemerkbar. Im Hinterland liegen die Hügel und Wälder der Serra de São José, die seit 1990 unter Naturschutz stehen und anders als bei Ouro Preto nicht bebaut werden dürfen. Die Bergregion lädt zu sportlichen Aktivitäten wie Wandern, Reiten und Radfahren ein.

Sehenswürdigkeiten

Am Largo das Forras im Zentrum stehen viele Kutschen (40 Min.-Tour zu den Attraktionen, 40 R$ für 4 Pers.). Empfehlenswerter ist es jedoch, den kleinen verkehrsberuhigten Ort gemächlich bei einem Spaziergang zu erkunden. Ausgangspunkt ist der Largo das Forras, von wo aus man in die Rua Direita einbiegt. Hier befinden sich viele Souvenirläden, auf dem Weg liegt die **Igreja N. S. do Rosário dos Pretos,** die 1708 von und für Sklaven erbaute älteste Kirche der Stadt. In den beiden Seitenaltären sind Bilder schwarzer Heiliger zu sehen (Di–So 9–12 und 14–17 Uhr). Hinter der Kirch geht es schräg bergan zum Largo do Sol mit der **Casa de Padre Toledo,** hier fand 1788 die erste Versammlung der mineirischen Unabhängigkeitskämpfer statt (Di–Fr 9–11.30, 13–17, Sa und So 9–17 Uhr).

Die Rua Padre Toledo hinauf kommt man zu der sehr sehenswerten **Matriz de Santo Antônio** (1710, 2002 renoviert), wegen ihrer vergoldeten Altäre eine der reichsten Kirchen des Landes. Eine halbe Tonne Gold wurde hier verarbeitet. Ein Schmuckstück ist die bunt bemalte portugiesische Orgel von 1788 (Fr 20.30 Uhr Konzerte, 15 R$). Die Fassade und das Portal zählen zu den letzten Werken Aleijadinhos (tgl. 9–17 Uhr).

Zurück geht es bergab durch die Rua da Câmara vorbei am **Sobrado Ramalho,** einem der ältesten Häuser der Stadt, in dem heute das *Instituto do Patrimônio Histórico e Artístico Nacional (Iphan)* untergebracht ist und gelegentlich Ausstellungen stattfinden. Wieder bei der Rua Direita angelangt trifft man noch auf die alte **Cadeia** (Gefängnis), heute **Museu de Arte Sacra.** Die Rua da Cadeia führt hinab bis zum Bach **Córrego Santo Antônio,** den man bei der Rua do Chafariz überqueren kann. Am anderen Ufer steht der malerische Brunnen **Chafariz de São José** von 1749. Er ist stets umsäumt von Touristen, die hier ihre Wasserflaschen auffüllen.

Ausflug in die Umgebung

Mit der noch aus Kaiserzeiten stammenden und ältesten in Betrieb befindlichen Dampflok der Welt geht es 12 km bzw. eine halbe Stunde durch die Serra de São José bis nach **São João del Rei.** Der Ort (85 000 Einw.) gehörte nicht zu den reichsten und vornehmsten, nur im historischen Zentrum finden sich noch einige Straßen mit altem Kopfsteinpflaster, gut erhaltene Herrschaftsvillen, Kirchen und Brücken aus dem 18. Jh. So ist bei diesem Ausflug mehr der Weg das Ziel (Maria Fumaça, Fr–So 13 und 17 Uhr, Rückfahrt 10 und 15 Uhr, einfache Fahrt 15 R$, Hin- und Rückfahrt 25 R$).

Infos

Secretaria Municipal de Turismo: Rua Resende Costa 71/Largo das Forras, Centro, Tel. 031-33 55 12 12, www.tiradentes.mg. gov.br, tgl. 9–17 Uhr.

Minas Gerais

Tipp: Diamantina ▶ 1, R 4

Karte: S. 179

Die alte Diamantenstadt **Diamantina** 6 am anderen Ende der Goldroute nach Rio de Janeiro ist zwar architektonisch nicht so reich wie Ouro Preto und nicht so museal wie Tiradentes, aber ein Geheimtipp für Reisende, die sich auf weniger ausgetretenen Pfaden bewegen wollen. Hier ist das Leben noch ganz normal und auch preiswerter, es gibt keinen Massentourismus und auch nur wenige Gäste aus dem Ausland. Zum Teil liegt dies auch an der ungünstigen Lage weiter im Hinterland, 298 km nördlich von Belo Horizonte (6 x tgl. Busse). Doch die Strecke ist von großem landschaftlichen Reiz, besonders auf dem Abschnitt zwischen Curvelo und den Hängen der Serra do Espinhaço.

Der studentisch geprägte Ort mit seinen 46 260 Einwohnern wirkt ruhig und beschaulich. Für seine einstige Blüte waren vor allem Diamanten verantwortlich, einen guten Eindruck vermittelt das **Museu do Diamante** in der Rua Direita 14. Man sieht Proben von Mineralien, Dokumente über den Bergbau und Folterinstrumente für Sklaven (Di–Sa 12–17.30, So 9–12 Uhr). Der imposanteste und prachtvollste Religionstempel von Diamantina ist die **Igreja do Carmo** (1758–65) in der Rua Bonfim. Sie besitzt eine kostbare vergoldete Orgel mit 600 Pfeifen.

In den Kirchen der Stadt finden häufig Barockkonzerte statt und in der Rua da Quitanda gibt es Vesperata genannte Serenaden-Umzüge (Juli–Okt. an zwei Samstagen im Monat). Eine schöne, zentral gelegene Unterkunft ist die Pousada Pouso da Chica (Rua Macau de Cima 115, Tel. 038-35 31 61 90, www.pousodachica.com.br (Restauriertes Haus aus dem 18. Jh., Mobiliar der Epoche, 4 Zimmer und 7 Chalets, 174 R$).

Übernachten

Hinweis: Die Unterkünfte im Ortskern sind oft deutlich teurer als die außerhalb gelegenen.

Nobler Charme ▶ **Pousada Pequena Tiradentes:** Av. Governador Israel Pinheiro 670, Tel. 032-33 55 12 62, www.pequenatiradentes.com.br. Eine der schönsten und besten Pousadas der Region; 62 Zimmer, auch Suiten mit Badewanne und Kamin; im oberen Stock mehr Privatsphäre. 2 Pools (mit Wasserfall), Barservice, Sauna und Thermalbad für 20 Pers. mit Whirlpool. 590–677 R$.

Zentrumspalast ▶ **Solar da Ponte:** Praça das Mercês s/n, Tel. 032-33 55 12 55, Fax 032-33 55 12 01, www.solardaponte.com.br. Schöne koloniale Anlage im historischen Zentrum von Tiradentes, antik dekoriert, 18 Zimmer, ruhig, Gartenanlage, großer Pool. 558–804 R$.

Fazenda ▶ **Villa Paolucci:** Rua do Chafariz, Tel. 032-33 55 13 50, www.villapaolucci.com.br. Eine der charmantesten Pousadas der Region im Gebäude einer alten Fazenda von 1740, zwischen alten Bäumen an einem See, 200 m vom Zentrum. Ab 328 R$.

Solider Komfort ▶ **Pousada Quinta do Conde:** Rua Padroeiro Santo Antônio 80, Cascalho (10 Min. vom Zentrum), Tel. 032-33 55 15 23, www.quintadoconde.com.br. Die 10 Zimmer schmücken folkloristische Dekoration. Pool, Grill und ein Brunnen, um den ab 16 Uhr der traditionelle Tee serviert wird. 130–200 R$.

Essen & Trinken

Speisen mit Stil ▶ **Tragaluz:** Rua Direita 52, Mi–Mo 19–23 Uhr. Eines der besten Lokale der Stadt in restauriertem Kolonialhaus; großer, schön dekorierter Speisesaal; exzellente und kreative Gerichte der Minas-Küche um 40 R$.

Italienische Taverne ▶ **Sapore d'Italia:** Rua Ministro Gabriel Passos 23 (Centro), Mo–Do 11–23, Sa/So 11–24 Uhr. Beliebter Treff am Largo das Forras mit Italo-Schnulzen und guten Nudelgerichten um 30 R$.

Einkaufen

Kunsthandwerk ▶ **Ateliê do Zé Damas:** Rua do Chafariz 130, Tel. 032-33 55 15 78,

Tiradentes

tgl. 8–17 Uhr. Bunt bemaltes Kunsthandwerk der Region.
Kunst aus Abfall ▶ **Oficina de Agosto:** im 6 km von Tiradentes entfernten Dorf Vitoriano Veloso (populär Bichinho genannt, Distrikt Prado), Rua São Bento 419, Tel. 032-33 53 70 80, www.oficinadeagosto.com.br. Anfahrt von Tiradentes aus per Bus der Gesellschaft *Viação Presidente,* Mo–Fr 4 x tgl., Sa/So 2 x tgl. Ateliers, Werkstätten und Läden, in denen Kunst aus Abfall (Stoff, Holz, Metall oder Pappe) hergestellt wird, eine interessante Alternative zu dem Folklore-Kitsch der Souvenirläden.

Aktiv

Trekking, Reiten, Radtouren ▶ **Uai Trip:** Rua dos Inconfidêntes 462, Tel. 032-33 55 1161, www.uaitrip.com. Touren durch die Serra de São José (Trilha do Carteiro, 3,5 Std.; Cachoeira do Mangue, 2 Std.; Travessia do primeiro Paredão da Serra, 4,5 Std.). Trekking am Fuß der Berge, 1,5 Std.; Vitoriana Velloso/Bichinho, 3 Std.).

Termine

Aniversário da Cidade (19. Jan.): Geburtstagsfest der Stadt.
Festival de Cinema (Jan.): Kino-Festival.
Descendimento da Cruz (Karfreitag abends) und **Festa da Ressurreição** (Ostersonntag): religiöse Schauspiele und Prozessionen.
Encontro de Motos Clássicas (letztes Juni-Wochenende): Fantreffen, das alte Pflaster bebt von schwersten Harley-Maschinen.
Festival de Gastronomia (Aug.): Küchenchefs aus ganz Brasilien zeigen ihre Künste.
Festival de Jazz (3–4 Tage im Nov.): Viele Veranstaltungen.

Verkehr

Bus: Die Fernlinien beginnen fast alle im benachbarten São João del Rei. Dorthin gelangt man mit Bussen von *Viação Presidente,* Tel. 032-33 71 65 68, tgl. alle 30 Min. von 5 bis 22 Uhr, 40 Min., 2,60 R$. Nur nach Belo Horizonte gibt es einmal pro Woche (Mo ca. 9.30 Uhr) einen Direktbus ab Tiradentes (Vição Sandra, Tel. 032-33 71 76 46.

Kirche im Goldrausch – die Igreja Matriz de Santo Antônio in Tiradentes

Die Küste von Espírito Santo

Das kleine Espírito Santo führte lange ein touristisches Schattendasein, holt aber in letzter Zeit kräftig auf. An der 400 km langen Küste finden sich viele Dünen, Lagunen, Flussmündungen, Atlantischer Regenwald, grüne Hügel- und Berglandschaften sowie mehrere Nationalparks. Die interessantesten Orte sind die Hauptstadt Vitória, die Nachbarstadt Vila Velha und das Strand- und Ökoparadies Itaúnas.

Vitória ▶ 1, U 6

Die Hauptstadt des Bundesstaates Espírito Santo ähnelt in manchem dem 521 km südlich gelegenen Rio de Janeiro. Bei einem Panorama-Blick von der Ilha do Boi oder der Pousada da Praia aus (nahe Praia do Canto) drängt sich dieser Vergleich schnell auf. Die Miniaturausgabe der großen Schwesterstadt mit 325 000 Einwohnern, Capixabas genannt, liegt ebenfalls eingebettet zwischen Küste und Bergen (ist jedoch – kaum merklich – eine von 34 Inseln eines Archipels) und besitzt wie Rio viele Parks (Parque Moscoso, da Fonte Grande, dos Olhos) und Wälder (Horto de Maruípe), einen an den Zuckerhut erinnernden 296 m hohen Felsen (Pedra dos Olhos), eine große Brücke zur Nachbarstadt (Terceira Ponte nach Vila Velha) sowie eine lange Strand-Promenade mit Joggern und Radfahrern à la Copacabana. Nur ist das Leben in Vitória ruhiger, geregelter, niemand fährt z. B. bei Rot über die Ampel. Vitória ist eine relativ wohlhabende Stadt.

Geschichte

Die Besiedlung der Insel durch die Portugiesen begann im Jahre 1551, blieb jedoch fast 100 Jahre lang gefährdet aufgrund von zahlreichen Überfällen sowohl durch die indianischen Ureinwohner als auch die Engländer, Franzosen und Holländer. 1823 zur Stadt erklärt, zählte Vitória immer noch nicht mehr als 5000 Einwohner. Die ökonomische Wende kam erst mit der Expansion des Kaffeeanbaus, der sich ab 1830 von Rio aus in den Nachbarstaat ausbreitete, später 95 % der regionalen Wirtschaft ausmachte und schließlich Vitórias Hafen während des Ersten Weltkrieges zum zweitwichtigsten Kaffee-Exporthafen Brasiliens werden ließ. Aus dieser Zeit stammt ein Großteil der Urbanisierungsprojekte wie Straßenpflasterung und -beleuchtung, Viadukte und vor allem die 3,3 km lange und 70 m hohe Brücke zum Festland, deren Bau ganze elf Jahre in Anspruch nahm. Ab 1942, mit dem Ausbau der alten Eisenhandelsstraße nach Minas, wurde Vitória dann auch noch Hauptexporthafen von Eisenerz. Von der wirtschaftlichen Blüte zeugt heute einer der modernsten Häfen der Welt (Porto de Tubarão), im Norden der Stadt bei der Tubarão-Brücke neu errichtet (1966). Ein exzessiver Bauboom folgte der ökonomischen Expansion: Bei einem Skyline-Ranking im Jahr 2005 lag Vitória mit einem Wolkenkratzer pro 1146 Einw. auf Platz zehn in der Welt.

Rundgang im historischen Zentrum

Um einen Eindruck vom historischen Teil der Stadt zu gewinnen, empfiehlt sich ein Spaziergang durch die Oberstadt *(Cidade alta)*. Der Ortskern erschließt sich leicht zu Fuß, alle touristischen Sehenswürdigkeiten sind – für

Vitória

brasilianische Verhältnisse recht ungewöhnlich – durch Hinweisschilder angezeigt. Ausgangspunkt des Rundgangs ist eine Treppe (Escadaria Bárbara Lindemberg) beim alten Hafen (Av. Jerônimo Monteiro) in der Unterstadt *(Cidade baixa)*. Beim Aufstieg sieht man schon den monumentalen **Palácio Anchieta**, seit 1551 Jesuitenkolleg und seit dem 18. Jh. Regierungspalast. Über die Rua Comandante Duarte oder die Rua São Gonçalo gelangt man zur **Igreja de São Gonçalo** (1707–15) und danach über die Rua Carneiro Araújo zur **Capela de Santa Luzia,** einer im Kolonialstil mit Barockelementen konstruierten Kapelle aus dem Gründungsjahr des Ortes (1551), heute mit Kunstgalerie. Dort eröffnet sich ein schöner Blick über die Bucht von Vitória. Gegenüber der Kapelle beginnt die Rua José Marcelino, die zur **Catedral Metropolitana** (1918–70) führt, einem mächtigen Kirchenbau im neugotisch-byzantinischen Stil mit sehr kunstvollen Fensterglasern (So–Fr 6–11 und 14–17.30 Uhr). Um den Platz herumgehend und die älteste Treppe der Stadt (Escadaria São Diogo) hinabsteigend gelangt man schließlich zur schönen **Praça Costa Pereira,** einem in den 1920er-Jahren geschaffenen Platz, umsäumt von acht gewaltigen, mehr als 100-jährigen Palmen. An der Praça befindet sich das älteste Schauspielhaus von Espírito Santo, das mit 500 Sitzen ausgestattete **Teatro Carlos Gomes** von 1927, eine Replik der Mailänder Scala, mit Stilelementen der Neoklassik des Jugendstils. Im Innern beeindrucken Lüster aus Kristall und prachtvolle französische Spiegel.

Strände

An der schönen, 6 km langen **Praia do Camburi,** dem wichtigsten Stadtstrand, versammeln sich sonntags gern die Capixabas, hier liegen die meisten Hotels, viele Restaurants sowie zahlreiche Strandbars. Die Wasserqualität ist wegen der Nähe zum Hafen jedoch schlecht. Weiter südlich, an der **Praia do Canto,** bestehen günstige Bedingungen für den Wassersport, auch wegen des dortigen Jachthafens. Die besten Bade- und Tauchstrände liegen auf den Inseln **do Frade** (Praia das Castanheiras) und **do Boi** (Praias da Direita und da Esquerda, klein, sauberes Wasser) sowie im Nachbarort Vila Velha (Praia da Costa, s. S. 195).

Infos

Secretaria de Turismo (Setur): Rua Marília de Resende S. Coutinho 194, Tel. 027-33 24 60 74, Mo–Fr 9–18 Uhr.
Internet: www.vitoria.es.gov.br (Website der Regierung, nur auf Portugiesisch)

Übernachten

Tolle Strandlage ▶ **Canto do Sol:** Av. Dante Michelini 3957 (Praia de Camburi), Tel. 027-33 95 17 00, www.hphoteis.com.br. 169 komfortable Zimmer; Pool, Sauna, Tennisplatz, Bar, Restaurant; günstige Lage am Hauptstrand. 160 R$.

Nightlifenähe ▶ **Ibis Vitória:** Rua João da Cruz 385 (Praia do Canto), Tel. 027-21 04 48 50, www.ibis.com.br. Komfortables Hotel der bewährten französischen Accor-Kette, 140 Zimmer (die geraden Nummern mit Totalblick auf den Strand von Camburi). 155 R$, Frühstück 11 R$.

Im Grünen ▶ **Pousada Oriundi:** Rodovia Clioriolano Guilherme Stein (Parajú, 12 km außerhalb), Tel. 027-32 49 10 18, www.oriundi.com.br. Hübsche Anlage mit preiswerten Zimmern und Chalets, gute Option für Wanderer und Besucher der Umgebung, exzellentes italienisches Restaurant. 150–200 R$.

Preiswert ▶ **Hotel Capital Vitória:** Rua Dona Maria Rosa 425 (Santa Luzía), Tel. 027-32 11 31 00, www.hotelcapitalvitoria.com.br. Moderneres Haus mit nur 28 Zimmern (z. T. mit Veranda) nahe dem Ausgehviertel Praia do Canto. 75 R$.

Essen & Trinken

Gourmet ▶ **Aleixo:** Rua Aleixo Neto 1204 (Praia do Canto), Mo–Sa 12–15, 19–24 Uhr. Eines der renommiertesten Restaurants der zeitgenössischen Küche, auch gute Weinkarte.

Die besten Moquecas ▶ **Pirão:** Rua Joaquim Lírio 753 (Praia do Canto), Tel. 027-32 27 11 65, Mo–Fr 11–16, 18–23, Sa/So 11–

Die Küste von Espírito Santo

17 Uhr. Bestes Lokal der regionalen Küche in Vitória; hauptsächlich Fisch und Meeresfrüchte, vor allem *moquecas* für 100 R$ (reicht für 2–3 Pers.). Moderneres Ambiente mit Fotografien illustrer Gäste, darunter Präsident Lula.

Einkaufen
Kunsthandwerk ▶ **Feira de Artesanato:** an der Praça dos Namorados (nahe der Praia do Canto), an jedem Wochenende.
Kaufhaus ▶ **Shopping Vitória:** größtes Kaufhaus der Stadt.

Abends & Nachts
Die meisten Lokale liegen im sogenannten ›Bermuda-Dreieck‹ (Triângulo das Bermudas) im Viertel Praia do Canto, darunter **Casa Clube** (Rua Manoel Gonçallves Carneiro 21), **Escritório** (ebd. Nr. 65) und **Spírito Jazz** (Rua Madeira de Freitas 244). In Santa Lúcia empfiehlt sich der **Club São Firmino** (Av. N. S. da Penha 1297). In Vila Velha (s. S. 195) konzentriert sich das Nachtleben am Strand von **Itapuã**.

Termine
Festa da Penha (8 Tage nach Ostersonntag): Prozession bis Vila Velha.
Procissão marítima de São Pedro (Ende Juni): Bootsprozession ab Praia do Suá.
Vital (3 Tage im Nov.): Großer Sonderkarneval, Praia do Camburi.

Aktiv
Bootsfahrten ▶ zu den Inseln do Boi und do Frade (saubere Strände), ab late Clube nahe Praça dos Namorados (Praia do Canto), dort diverse Anbieter.

Verkehr
Flugzeug: Der Aeroporto de Vitória/Eurico de Aguiar Salles liegt 10 km nordöstl. des Zentrums, Tel. 027-30 83 63 00; Transfer per Flughafenbus oder Taxi.
Bus: Der Busbahnhof (Terminal Rodoviária) liegt auf der Ilha do Príncipe, 1 km westl. des Zentrums, Tel. 027-32 22 33 66. Verbindungen u. a. nach Belo Horizonte (*Itapemirim*, Tel. 027-33 22 84 00, tgl. 8.45, 13, 21.30 und 22.30 Uhr, 9 Std., 62 R$), Rio de Janeiro

Von Vitória bis Vila Velha reiht sich ein schöner Strand an den anderen

Itaúnas

(*Águia Branca,* 7 x tgl. bis 22.50 Uhr, 8 Std., 72 R$), Salvador (*Águia Branca,* tgl. 17 Uhr, 18 Std., 215 R$).

Vila Velha ▶ 1, U 6

10 km südlich von Vitória, zu erreichen über drei verschiedene Brücken zum Festland, liegt das 1535 gegründete und heute 408 000 Einwohner zählende Vila Velha. Die 23 km lange Küste von Vila Velha säumen schöne und saubere Strände, darunter die stark frequentierte **Praia da Costa,** die zu den besten von Espírito Santo gehört. Im Sommer kommen viele Gäste aus dem Hinterland. Ähnlich beliebt und belebt ist der gleichfalls urbane Strand von **Itapuã.** Von der Rodoviária in Vitória fahren ständig Busse mit der Aufschrift ›Vila Velha‹ zur Praia da Costa nahe dem Konvent sowie Busse mit der Aufschrift ›Itapuã‹ zur Praia de Itapuã, wo ein reges Nachtleben herrscht. Vergleichsweise ruhig sind dagegen die südlich gelegenen und sehr weitläufigen Strände von **Barra do Jucu** und **Ponta da Fruta.**

Convento da Penha

Das Eremitenkloster von 1558 ist das bedeutsamste religiöse Monument von Vila Velha. Zwischen 1639 und 1643 wurde die alte Kapelle erneuert und vergrößert, im 18. Jh. kamen weitere Gebäude hinzu, und 1945 wurde der ganze Komplex restauriert. Im Innern befinden sich viele portugiesische Heiligenfiguren und wertvolle Malereien, darunter die älteste Lateinamerikas, ein Bildnis der N. S. da Penha. Das Kloster liegt idyllisch auf einem 154 m hohen Felsen mit einem grandiosen Blick auf Vila Velha und die ganze Bucht von Vitória (Tel. 027-33 29 04 20, tgl. 6–16 Uhr).

Museu Vale do Rio Doce

Im schön restaurierten Gebäude des alten Bahnhofs werden sowohl die Geschichte der Bahnlinie zwischen Vitória und Minas Gerais dokumentiert als auch viel zeitgenössische Kunst aus dem In- und Ausland geboten (Gemälde, Skulpturen und Fotos). Monatlich kommen mehr als 5000 Besucher (Antiga Estação Ferroviária, Argolas, Vila Velha, Tel. 027-33 32 24 84, Di–Do 10–18, Fr 12–20, Sa/So 10–18 Uhr). Das Café do Museu öffnet Fr und Sa auch abends (Live-Musik).

Itaúnas ▶ 1, V 4

Das 270 km nördlich von Vitória und dicht an der Grenze zu Bahia liegende Itaúnas (2807 Einw.) gilt mit seinem Umland als die schönste touristische Region des ganzen Bundesstaates. Die ursprüngliche, über 300 Jahre alte Siedlung auf der anderen Seite des Rio Itaúnas wurde in den 1970er-Jahren von Wanderdünen begraben. Dort trafen sich noch viele Hippies und Alternative auf der Flucht vor der Zivilisation.

Der neue Ort, der nur zwei Hauptstraßen und einen zentralen Platz mit der Igreja de São Sebastião besitzt, wirkt jedoch kaum weniger ursprünglich. In der Nebensaison ist es hier recht einsam, im Sommer wie im Juli kommen fallen Tausende von jüngeren Gästen in die sogenannte Hauptstadt des Forró ein. Immer mehr Fischer streben daher nun ins aufsteigende Tourismusgeschäft. Natürliche Grenzen verhindern jedoch eine exzessive Urbanisierung, denn der kleine Ort liegt eingeschlossen zwischen Dünen, einem großen Eukalyptuswald und einem weitläufigen Park.

Parque Estadual de Itaúnas

Der Park beheimatet diverse Ökosysteme wie die karge Restinga-Vegetation, Atlantischen Regenwald, Mangrovenwälder, Dünen und Feuchtsavannen. Die Fauna der Überschwemmungsgebiete kann man auf dem Weg zu den Dünensträndern und von der schmalen Brücke über den Rio Itaúnas beobachten. Der Park lässt sich zu Fuß, zu Pferd, per Fahrrad, im Kanu oder im Buggy bzw. Jeep durchqueren. Sämtliche Aktivitäten und Ausflüge sind über die Agentur ›Casinha de Aventuras‹ (s. u.) organisierbar, auch Besuche entfernterer Strände.

Die Küste von Espírito Santo

Strände

Die endlose **Praia de Itaúnas** mit 30 m hohen Sanddünen sowie der 16 km nordöstlich an der Grenze zu Bahia gelegene Flussmündungsstrand **Riacho Doce** zählen zu den schönsten Brasiliens. Letzteren erreicht man über eine Sandstraße mitten durch Eukalyptus-Pflanzungen oder auch am Strand entlang, besonders in Vollmondnächten ein faszinierendes Erlebnis. Überall an den weiten einsamen Stränden trifft man auf *pedras negras* (schwarze Steine), die dem Wasser oft eine dunkle Färbung verleihen. In der Sprache der Tupi-Indios heißen diese Steine ›Itaúnas‹, von daher stammt der Name des Ortes. Von September bis März wird die Küste von vier der fünf brasilianischen **Meeresschildkrötenarten** aufgesucht. Deren Schutz wird überwacht durch das staatliche ›Projeto Tamar‹.

Infos

Casinha de Aventuras: Rua Paulino Guanandy s/n, nahe Parkeingang, Tel. 027-37 62 50 81, www.casinhadeaventuras.com.br. Wichtigste Tourismus-Agentur des Ortes (s. u., Aktiv/Touren).

Übernachten

Rusikaler Komfort ▶ **Pousada das Araras:** Rua Manuel Joaquim A. Jr., Tel. 027-37 62 52 73, www.pousadadasararas.tur.br. 12 Zimmer, einige für bis zu 5 Pers.; vom Pool schöner Blick auf den Parque Estadual de Itaúnas; Bar mit Snacks und Suppen. Organisation von Ausritten, Wanderungen und Kanutouren. 140 R$.

Robuster Charme ▶ **Pousada Zimbauê:** Rua Teóphilo Cabral da Silva 6, Tel. 027-37 62 50 23, www.guiaitaunas.com.br/zimbaue.html. Geschmackvoll dekorierte und farbenfrohe Anlage aus 2002 mit 13 komfortablen Suiten, Veranden und Wintergärten. 100 R$.

Ökologisch ▶ **Sol das Dunas Pousada:** Rua Honário Pinheiro da Silva, Tel. 027-37 62 53 34. Große Anlage mit Garten, Veranden und Hängematten; Zimmer mit Bad und Ventilator; der Inhaber ist Englisch-Lehrer und Mitglied der Vogelschutz-NGO AMAR. 60 R$.

Essen & Trinken

Alteingesessen ▶ **Dona Tereza:** Rua Denerval Leite da Silva s/n, tgl. 12–22 Uhr. Eines der ältesten und traditionellsten Lokale des Ortes, neben Fleisch gute Fischgerichte, z. B. *moqueca* für 48 R$ (reicht für 2 Pers.).

Preiswerte Spezialitäten ▶ **Restaurante do Cizinho:** Rua Adolfo Pereira Duarte s/n, tgl. 12–23 Uhr. Regionale und internationale Fisch-, Fleisch- und Nudelgerichte; auch Spezialitäten wie *Filet com queijo e banana* für 28 R$ oder *Penne shoyo* für 24 R$. Sehr anheimelndes rustikales Ambiente, aufmerksame Bedienung.

Aktiv

Touren ▶ **Casinha de Aventuras:** Rua Paulino Guanandy s/n, nahe Parkeingang,

Itaúnas

An der Küste von Espírito Santo kommen Surfer auf ihre Kosten

Tel. 027-37 62 50 81, www.casinhadeaventuras.com.br, tgl. 9–12, Sommer auch 13.30–18.30 Uhr. Reitausflüge am Strand bis Riacho Doce (3 Std., 30 R$), ganztägige Buggytouren über die Strände der Costa Dourada und Riacho Doce (4 Pers., 280 R$), Kajak- oder Kanufahrten auf dem Rio Itaúnas bis zum Rio Angelim (2,5 Std., 20 R$ pro Pers.), Mountainbiking (25 R$) sowie diverse Reit-, Jeep- und Wanderausflüge durch den Park von Itaúnas.

Termine
Festa de São Sebastião (2. Januarhälfte): Religiöses Folklorefest.
Festival Nacional de Forró (2. Julihälfte): Es spielen bekannte Bands aus dem ganzen Land.

Abends & Nachts
Zahlreiche Bars und Clubs bieten Forró-Musik und Tanz. Los geht es am frühen Abend (Matinee) im ganzjährig geöffneten **Forró do Coco** in der Av. Bento Danher (klein, einfach, preiswert, populär). Danach zieht man entweder – die Lokale öffnen abwechselnd – zum **Buraco do Tatu** (Rua Ítalo Vasconcelos) oder zur etwas teureren **Bar do Forró** (Rua Denerval Leite da Silva). Diese beiden Lokale schließen jedoch nach der Saison.

Verkehr
Bus: Die Fernbusse nach Vitória starten am Bahnhof des 30 km entfernten Conceição da Barra. Dorthin fahren je nach Saison 4–7 x tgl. Busse der Gesellschaft *Viação Mar Aberto*, Tel. 027-37 62 16 66, 45 Min., 5 R$.

Gigantische Puppen beim Karneval von Salvador da Bahia

Kapitel 2
Bahia

Salvador ist heute, nach Restauration der historischen Altstadt (Pelourinho), das nach Rio de Janeiro interessanteste städtische Reiseziel Brasiliens. Die frühere Hauptstadt bietet eine reiche historische Architektur, eine sehr kreative, afrikanisch beeinflusste Musikszene und Lebensfreude pur z. B. bei seinen zahlreichen Festen, insbesondere zu Karneval.

In der näheren Umgebung gibt es aber auch Optionen für ein ruhigeres Kontrastprogramm. Die südlich von Salvador gelegene Insel Morro de São Paulo bietet intakte Natur und einsame Strände, abends wird sie zu einer großen Freiluft-Disco. Weitaus ruhiger geht es auf der ursprünglichen Nachbarinsel Boipeba zu. Nicht weit nördlich von Salvador liegt der idyllische Küstenort Praia do Forte, berühmt durch ein Projekt zur Rettung der Meeresschildkröten. Im Hinterland befinden sich die alten Tabakstädtchen Cachoeira und São Felix.

Noch tiefer in den Bergen liegt der an Cañons und Höhlen reiche Nationalpark Chapada Diamantina, ein ideales Gebiet zum Wandern. Ein anderer Nationalpark, der Archipel von Abrolhos, gilt als zweitbestes Tauchrevier Brasiliens.

Für einen Strand- und Badeurlaub bietet Bahia besonders an der Südküste alles, was das Herz begehrt. Am lebendigsten ist es im kleinen Porto Seguro. Ein wenig ruhiger und landschaftlich reizvoller sind die angrenzenden Orte A'rraial d'Ajuda und Trancoso.

Ein weiteres lohnendes Ziel ist die noch nicht so überlaufene Küstenstadt Ilhéus, in Brasilien bekannt durch die Romane Jorge Amados und als ein Zentrum des Kakaoanbaus. Nördlich davon hat sich der kleine Badeort Itacaré zu einem beliebten Revier für Surfer entwickelt.

Auf einen Blick
Bahia

Sehenswert

Salvador: Bahias Hauptstadt mit lebendigem historischen Zentrum, reicher afrobrasilianischer Kultur, tropischen Stränden und dem heißesten Karneval der Welt (s. S. 202).

Morro de São Paulo und Boipeba: Auf den beiden herrlichen Inseln nahe Salvador lässt sich gut die Hektik der Großstadt vergessen (s. S. 222).

Chapada Diamantina: Im wichtigsten Nationalpark von Bahia locken gewaltige Cañons, Höhlen und Wasserfälle – ein ideales Gebiet zum Wandern (s. S. 231).

Arraial d'Ajuda: Im vielleicht buntesten Badeort Brasiliens tummeln sich Rucksacktouristen neben berühmten Musikgrößen oder weltbekannten Schauspielern – abends ist hier immer etwas los (s. S. 241).

Schöne Routen

Estrada de Coco: Die ›Straße der Kokospalmen‹ führt von Salvador an der Küste entlang zu dem 60 km entfernten, anheimelnden kleinen Ort Praia do Forte, vorbei an den traumhaften Stränden Praia de Guarajuba und Praia de Itacimirim (s. S. 225).

Wandern an Traumstränden: Von Arraial d'Ajuda aus sollte man (bei Ebbe) eine Strandwanderung bis nach Trancoso unternehmen, vorbei an einsamen Traumstränden mit Kokospalmen und rosa-violettfarbenen Felswänden (s. S. 243).

Von Trancoso nach Caraíva: Südlich von Trancoso liegt eingebettet zwischen Atlantik und einem von Mangroven umwucherten Fluss das archaische Dorf Caraíva – schon der Weg dorthin ist ein Abenteuer (s. S. 244).

Unsere Tipps

Praia do Forte: Der idyllische Küstenort ist zugleich Hauptsitz des staatlichen Projektes zur Rettung der Meeresschildkröten (s. S. 226).

Imbassaí: Das authentische Dorf verzückt seine Besucher durch einen wilden Strand mit daneben verlaufendem Flüsschen sowie idyllischen Sandstraßen und tropischer Vegetation (s. S. 227).

Lençóis: Das Diamantensucherstädtchen ist noch eine wahre Idylle: halb verfallene Monumente, schöne Lage im Grünen und nur wenig Tourismus als Ausgangsort für Exkursionen durch die Chapada Diamantina (s. S. 231).

Porto Seguro: In der historischen Oberstadt gewinnt man einen Eindruck von der frühesten Besiedlung Brasiliens, in der Unterstadt ist der Cocktail *Capeta* in der ›Passarela do Álcool‹ ein unbedingtes Muss (s. S. 238).

aktiv unterwegs

Bootsausflug zur Ilha de Itaparica: Die Überfahrt auf der einfachen Holzfähre bietet einen schönen Blick auf Salvadors Hochhaus-Skyline, anschließend besucht man das historische Zentrum der Insel oder legt sich an den Strand (s. S. 220).

Von Lençóis zum Ribeirão do Meio: Der Spaziergang zu dem idyllisch gelegenen Flussbecken ist eine der wenigen Touren in der Chapada Diamantina, die man vollkommen selbständig durchführen kann (s. S. 232).

Strände in Itacaré: Die von dichtem Regenwald umgebenen Badebuchten bei Itacaré gehören zu den spektakulärsten Stränden in Bahia und Brasilien – eine traumhafte Wanderung führt nach Engenhoca, Havaizinho und Itacarezinho (s. S. 254).

6 Salvador da Bahia ▶ 3, D/E 7

Bahias Hauptstadt (2,7 Mio. Einw.) bietet nicht nur tropische Strände wie die meisten anderen Küstenorte des Nordostens, sondern auch die reichste Kolonialarchitektur, Kirchenmalerei und Goldschmiedekunst Brasiliens. Hinzu kommen lebendige afrobrasilianische Traditionen mit vielen Festen, Ritualen, Tänzen und der rhythmischsten Musik des ganzen Landes. Wer die dynamischen Menschen Salvadors erlebt, wird bald glauben, dass es nirgendwo auf der Welt lebendiger und temperamentvoller zugeht als hier.

Stadt der Schwarzen

Die Mehrheit der Bevölkerung von Salvador ist schwarz, im übrigen Land sind es dagegen nur 7 %. Ihre Vorfahren kamen zwischen dem 16. und 19. Jh. aus Afrika und arbeiteten als Sklaven auf den Plantagen. Es war Schwerstarbeit, für welche die Indios als untauglich galten und die die afrikanischen Sklaven im Durchschnitt auch nur neun Jahre durchhielten. Die benachteiligte soziale Position der Schwarzen hat sich trotz der Sklavenbefreiung von 1888 bis heute nicht grundsätzlich verändert.

Die kulturelle und religiöse Identität ist ebenfalls ungebrochen. In den mehr als 1000 Kultstätten *(terreiros)* werden afrobrasilianische Rituale wie der **Candomblé** gepflegt, Höhepunkte sind die Feste zu Ehren der Meeresgöttin Iemanjá oder des Hauptgottes Oxalá. Charakteristisch ist der aus der Zwangschristianisierung herrührende Synkretismus. Aktive Candomblé-Anhänger besuchen auch katholische Messen. Ihre Sklavenvorfahren hatten einerseits die Religion ihrer Herren übernommen, parallel jedoch ihre eigenen Kulte gepflegt und zur Tarnung jedem ihrer Götter, den 15 *orixás*, den Namen eines katholischen Heiligen gegeben.

Bei den Tänzen und der Musik sind die afrikanischen Traditionen ebenfalls bis heute lebendig. Die damaligen Sklaventänze wie *caxambú, congada, cambaquerê, alujá, jongo, samba* und *lundú* haben mit der Zeit jedoch manche Modifizierungen erfahren. In den letzten Jahren sind im Sinne der Internationalisierung schwarzer Kulturidentität verstärkt Einflüsse aus der Karibik integriert worden. So entstanden viele Mischrhythmen wie *samba-reggae, afoxé, fricote, deboche, levada* u. v. m. Jedes Jahr entstehen neue Stile und Tänze. Auch politische Ausdrucksformen schwarzer Identität haben sich verstärkt bemerkbar gemacht, angeführt von der Gruppe Olodum, Salvadors populärstem *bloco afro*.

Auch der Kampftanz **capoeira** stammt aus der Tradition der Sklavenzeit. Sein Ursprung geht zurück auf ein Pubertätsritual des Macupe-Stammes im Süden Angolas, bei dem die männlichen Jugendlichen den *N'golo*-Tanz aufführten. Das damals verwendete Begleitinstrument *m'bolumbumba* weist Ähnlichkeiten auf mit dem später in Brasilien verwendeten *berimbau*, bestehend aus einem hölzernen Bogen, einer Drahtsaite und einem Klangkörper.

Kunsthistorischer Reichtum und soziale Armut

São Salvador da Bahia de Todos os Santos (die Stadt des Erlösers an der Allerheiligenbucht) wurde am 1. November 1503 von Amerigo Vespucci entdeckt und 1549 von Tomé de Souza, dem ersten portugiesischen Generalgouverneur, zur Hauptstadt Brasiliens erklärt. Begleitet von ca. 1000 Personen landete seine Flotte am 29. März 1549 im heutigen Hafen von Barra. Wider Erwarten gab es kaum Widerstand, die Franzosen waren schon wieder abgezogen, und die Indios vom Stamm der Tupinambás halfen sogar bei der Errichtung des ersten Forts. Vier Jahre später, als Tomé de Souza nach Portugal zurückkehrte, war Salvador schon eine kleine Stadt, mit einem Platz, zwei Regierungsgebäuden und sechs Straßen.

Zucker, Gold und Diamanten

Wirtschaftlich war das erste Jahrhundert vom Zuckerrohranbau geprägt, der sich an den Flüssen entwickelte, die in die Bucht von Todos os Santos mündeten. Der günstig gelegene Exporthafen vergrößerte sich und die wirtschaftliche Blüte der Region fand Ende des 17. Jh. ihren Niederschlag im Bau von Palästen, Kirchen und Klöstern. Nachdem 1763 Rio de Janeiro neue Hauptstadt geworden war, verringerte sich zwar das wirtschaftliche Wachstum Bahias bzw. Salvadors, aber noch im 18. Jh. wurden im Hinterland Chapada Diamantina Gold und Diamanten entdeckt und dann über Salvador exportiert. Neben den traditionellen Produkten Zucker, Tabak und Leder war der Hafen Anfang des 19. Jh. auch Umschlagplatz für Edelsteine.

Industrie, Migration und soziale Probleme

Eine stärkere Industrialisierung fand jedoch erst ab 1960 statt und zog schon bald mehr Arbeitssuchende an, als die Stadt verkraften konnte. Unter den zehn größten Städten Brasiliens ist nur Fortaleza noch schneller gewachsen. Ein neuer Trend in der Binnenwanderung verschärfte das Problem zusätzlich. Früher, bis zum Ende der 1970er-Jahre, bewegte sich der Migrantenstrom aus dem armen Nordosten in die beiden großen Metropolen São Paulo und Rio de Janeiro. Seit die dortigen Armenviertel ›überfüllt‹ sind, sucht man Arbeit in der Hauptstadt des jeweiligen Bundeslandes. Die sozialen Probleme sind enorm: In Salvador gibt es mehr als 500 Favelas, fünfmal so viele wie vor 25 Jahren. Die Löhne liegen deutlich unter dem Niveau von São Paulo, viele Haushalte verfügen weder über Wasser noch Kanalisation und die Analphabetenrate liegt weit über dem brasilianischen Durchschnitt.

Die Altstadt Pelourinho

Cityplan: S. 204/205
Anfang der 1990er-Jahre war Salvadors kulturgeschichtlich bedeutendstes Viertel zugleich das gefährlichste und heruntergekommenste. Selbst eine kurze Sightseeingtour mit dem Taxi am hellichten Nachmittag führte bei den Fahrern sichtlich zu Schweißausbrüchen. Aber seit Bahia bzw. der konservative, 2007 verstorbene Ex-Gouverneur Antônio Carlos Magalhães sich verstärkt um den Tourismus bemühte, hat sich auch das Gesicht des Pelourinho spürbar verändert.

Die Restaurierung

Seit August 1992 wurden viele der 3000 historischen Gebäude aus dem 17.–19. Jh. farbenfreudig restauriert, dunkle Gassen und Plätze beleuchtet und ständige Polizeiposten aufgestellt. Erst jetzt kann man ohne größere Sicherheitsrisiken den historischen Reichtum dieses ehemaligen Aristokratenviertels, 1985 von der UNESCO zum ›Kulturerbe der Menschheit‹ erklärt, angemessen würdigen.

Leider wurde die 30 Mio. US-$ teure Restaurierung, die von der UNESCO, der Weltbank und auch durch Mittel aus Deutschland mitfinanziert wurde, auf recht dilettantische Weise ausgeführt. Was hässlich war, wurde einfach überstrichen, und manche Kritiker sehen in dem neuen Pelourinho kaum mehr als eine Hollywood-Attrappenstadt. Die Farben halten gerade ein Jahr und bis zum nächsten Anstrich ›restauriert‹ sich wieder das alte, dekadente Erscheinungsbild dieses Viertels, so als wollte es sich nicht der touristischen Vermarktung ergeben.

Salvador, Pelourinho

Sehenswert
1. Largo do Pelourinho
2. Igreja N. S. do Rosário dos Pretos
3. Igreja do Carmo
4. Igreja da Ordem Terceira do Carmo
5. Casa de Jorge Amado
6. Largo Quincas Berro d'Água
7. Terreiro de Jesus
8. Museu Afro-Brasileiro
9. Catedral Basílica
10. Igreja e Convento de São Francisco
11. Elevador Lacerda
12. Standseilbahn – Plano Inclinado Gonçalves
13. Mercado Modelo
14. Igreja N. S. da Conceição da Praia
15. Museu de Arte Moderna
16. Solar do Unhão
17. Museu de Arte Sacra
18. Museu de Arte da Bahia
19. Museu Carlos Costa Pinto
20.–22. s. Cityplan S. 214/215

Übernachten
1. Hotel Villa Bahia
2. Hotel Casa do Amarelindo
3. s. Cityplan S. 214/215
4. s. Cityplan S. 214/215
5. Bahia Café Hotel
6.–8. s. Cityplan S. 214/215
9. Laranjeiras Hostel

Essen & Trinken
1. Maria Mata Mouro
2. Uauá
3. Dona Chika-ka
4. Jardim das Delícias
5. O Coliseu
6. La Figa
7. Le Glacier Laporte
8.–10. s. Cityplan S. 214/215

Fortsetzung s. S. 207

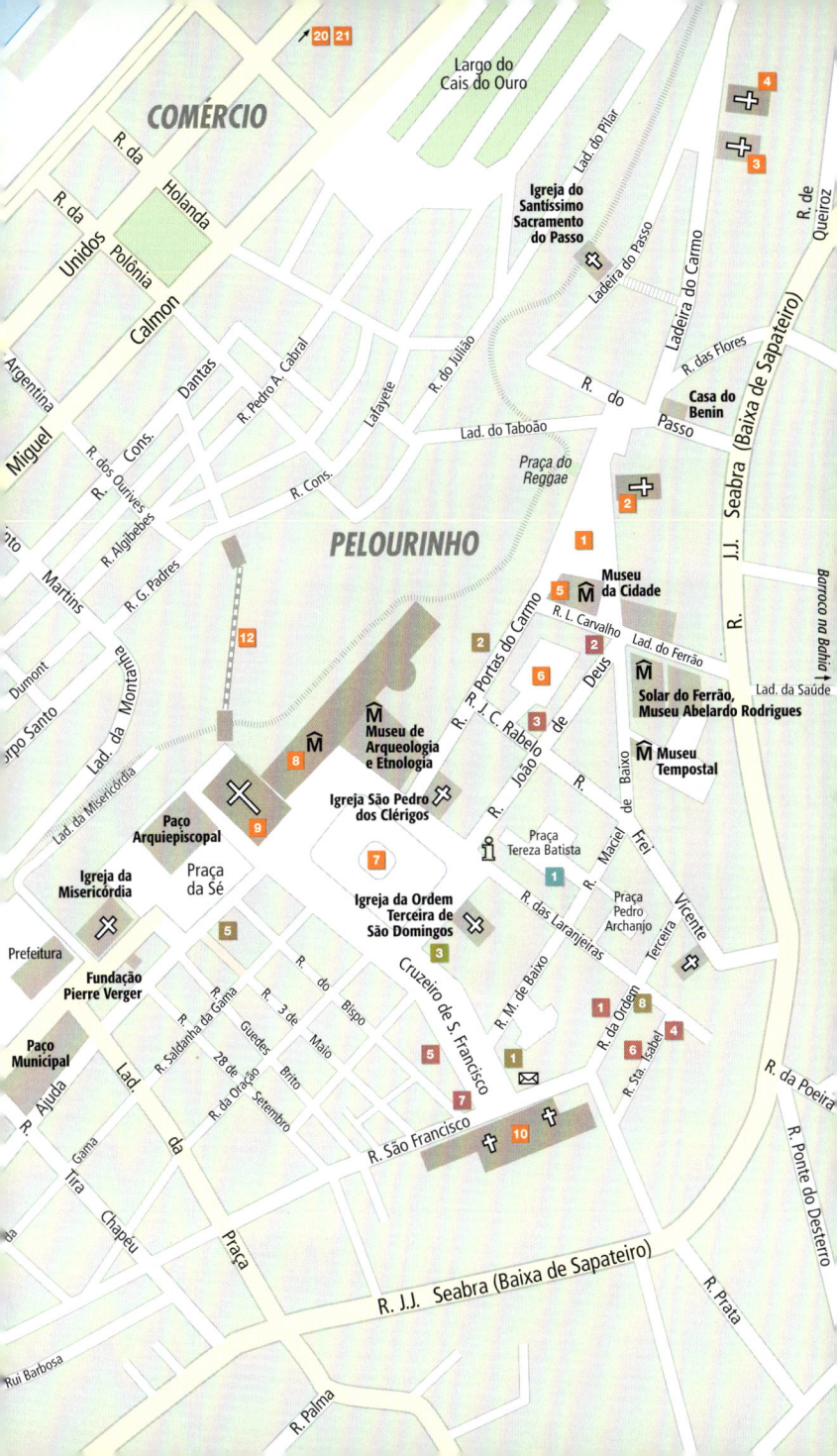

Salvador, Pelourinho

Einkaufen
1 Mercado Modelo

Abends & Nachts
1 Praça Tereza Batista
2 – 5 s. Cityplan S. 214/215

Aktiv
1 Bootsabfahrt nach Itaparica
2 s. Cityplan S. 214/215
3 Tours Bahia

Kleiner Rundgang

Cityplan: S. 204/205

Largo do Pelourinho 1

Wir beginnen unseren Rundgang an dem berühmten Hauptplatz, **Largo do Pelourinho,** im Herzen des Viertels. ›Pelourinho‹ heißt Strafpranger, bis 1834 stand hier eine Säule, an der Sklaven ausgepeitscht wurden. Es ist ein ungewöhnlicher Platz, schon von seiner Struktur her, dreieckig und abschüssig.

Igreja N. S. do Rosário dos Pretos 2

Unterhalb des Platzes fällt eine blau bemalte und abends stimmungsvoll angestrahlte **Kirche** ins Auge. Sie wurde zwischen 1704 und 1781 von Sklaven und Freigelassenen bzw. der ›Bruderschaft der Schwarzen aus Kongo und Angola‹ in zusätzlicher Nachtarbeit erbaut und ermöglichte ihnen die Pflege ihrer heimischen religiösen Traditionen (Candomblé). Heiligenstatuen schwarzer Hautfarbe in den Seitenaltären dokumentieren diesen Hintergrund. Noch heute wird hier jeden Dienstag um 18 Uhr eine afrobrasilianische ›Messe‹ abgehalten. Die perspektivischen Malereien an der Decke stammen von dem Maler José Joaquim da Rocha, der sich auf die Seite der Unterdrückten stellte und seinen Standpunkt in manchen Motiven durchschimmern ließ (tgl. 9–18 Uhr, Eintritt 2 R$).

Igreja da Ordem Terceira do Carmo 3

Die unweit des Platzes steil ansteigende Ladeira do Carmo führt hinauf zu einer 1636 errichteten und nach einem Brand 1789–1806

In ganz Bahia verschmelzen afrikanische und christliche Traditionen

wieder aufgebauten Karmeliterkirche **Igreja da Ordem Terceira do Carmo.** Am interessantesten sind hier, außer einem großen Deckengemälde im Stile Michelangelos und einigen arabischen Einflüssen in der Architektur, die Werke des dunkelhäutigen Bildhauers Francisco das Chagas, eines ehemaligen Sklaven. Sein Lepraleiden findet künstlerischen Ausdruck in den Gesichtern der Statuen mehrerer Heiligenaltäre. Auch die Patronin der Kirche in einer Nische auf dem Hochaltar wurde von ihm geschnitzt. Während der Jesusknabe nach einem lebendigen Modell gearbeitet wurde, musste der Künstler die Muttergottes nach einer Bildvorlage erstellen – kein weißes Mädchen hätte damals einem Schwarzen Modell gestanden. Sein Hauptwerk ist jedoch die Christusfigur in einem Raum neben der Sakristei. Bei dieser Schnitzarbeit (1758) legte er größten Wert auf Realitätsnähe. Die Figur ist lebensgroß, die Wunden wirken erstaunlich echt und die Blutstropfen bestehen aus Hunderten von Rubinsplittern (tgl. 9–17.30 Uhr, Eintritt 2 R$).

Im restaurierten **Convento do Carmo** 4 gleich neben der Kirche befindet sich seit einigen Jahren ein Luxushotel.

Casa de Jorge Amado 5

Wir gehen nun in einem leichten Bogen durch die Ladeira do Passo, die Parallelstraße zur Ladeira do Carmo, zurück und passieren dann den Largo do Pelourinho aufwärts.

Oberhalb des Platzes steht neben dem weniger interessanten Museu da Cidade die dem bekanntesten brasilianischen Schriftsteller gewidmete **Casa de Jorge Amado.** Er verbrachte sein Leben überwiegend in Salvador und war stets ein glühender Verehrer seiner Heimat. »Ich bin ihr dankbar. Alles, was ich weiß – oder fast alles – habe ich gelernt von dem Volke dieser Stadt.«

Salvador da Bahia

Olodum – Rhythmus und Rebellion der Schwarzen — Thema

Ursprünglich nur eine Karnevalsgruppe im damals heruntergekommenen Viertel Pelourinho, wurde der Bloco Afro von Olodum bald zu einer gewichtigen Kulturinstitution, die heute wesentlich zur Verbreitung und Kommerzialisierung schwarzer kultureller Identität und Tradition beiträgt. Kaum jemand hätte bei der Gründung am 25. April 1979 an eine solche Zukunft geglaubt.

Die organisatorischen Anfangsschwierigkeiten waren so groß, dass schon vier Jahre später der Bloco wieder aus dem Karneval verschwand und die Auflösung der ganzen Gruppe bevorstand. Doch die große Krise wurde zur großen Wende. Militante Vertreter der Schwarzenbewegung machten 1983 aus der Karnevalsgruppe eine Kulturinstitution mit dem Ziel der Wiedereroberung, Anerkennung und Verbreitung afrikanischer Traditionen in Brasilien. Die neue Ideologie basierte vor allem auf drei Prinzipien: Kampf gegen Rassismus, gegen Gewalt und für die soziale Reintegrierung des Pelourinho. Jedes Jahr wählte der Bloco ein wechselndes Leitthema aus der Geschichte der Schwarzen aus.

1987 kam der Durchbruch mit dem Thema Ägypten bzw. dem schnell stadtbekannten Faraó-Lied von Luciano Gomes. Die weiße Mittelschicht und die Medien horchten auf, als die Pharaonen und selbst die Pyramiden der schwarzen Kulturgeschichte einverleibt wurden. Sogar der Sprung in die Weltöffentlichkeit gelang, als Olodum begann, an internationalen Kongressen regierungsunabhängiger Organisationen teilzunehmen.

Der für politische Kontakte und soziale Projekte zuständige Teil der Gruppe machte von sich reden durch den Einsatz für die Menschenrechte der Schwarzen und der Frauen sowie durch die Arbeit mit Straßenkindern (Escola Olodum, Projeto Axé, Banda Mirim, Bando de Teatro Olodum).

Der andere, kommerziell ausgerichtete Teil der Gruppe schafft die notwendige ökonomische Basis für die politisch-sozialen Aktivitäten der ersten Gruppe. Die 2000 Mitglieder des Bloco zahlen jährlich einen Tribut für die Beteiligung am Umzug und für die Bereitstellung der Kostüme. Die 150 Mitglieder starke Banda Olodum produziert CDs und ist häufig auf Tournee im Ausland. Erklärtes Ziel der Gruppe ist die Verbreitung des Samba-Reggae zusammen mit der Bewusstmachung der afrikanischen Tradition dieser Musik.

Der Weltruhm der Banda Olodum beruht weitgehend auf einem höchst effektiven Deal mit dem nordamerikanischen Popstar Paul Simon. Olodum verzichtete auf das Honorar für die Percussion-Begleitung auf einer seiner Platten und erbat sich im Gegenzug einen Auftritt von Paul Simon in Bahia mit der Überlassung der Einnahmen an Olodum. Der Sänger kam 1991 und gab daraufhin mehrere Konzerte in den USA gemeinsam mit Olodum, einmal gar vor über 100 000 Besuchern im Central Park von New York. Das 1995 mit Michael Jackson in den Gassen des Pelourinho aufgenommene und weltberühmt gewordene Musikvideo zu »They don't care about us« tat ein Übriges. Ein besseres Marketing konnte sich die Gruppe gar nicht wünschen, für die nächsten Tourneen durch Kanada, Europa, Afrika und Südamerika brauchte man die Hilfe des großen Bruders schon nicht mehr.

Kleiner Rundgang

Ungeschminkte brasilianische Lebensfreude beim Karneval des Bloco Afro

Sehenswert ist vor allem die große Fotosammlung, die den Dichter mit bekannten Persönlichkeiten aus aller Welt zeigt, u. a. mit Jean Paul Sartre, Simone de Beauvoir, Gabriel García Marquez, Fidel Castro, Pierre Verger, Harry Belafonte, Yves Montand, Marcello Mastroianni, Sophia Loren und Lina Wertmüller (www.jorgeamado.org.br mit Infos auf Englisch, Mo–Do 10–18, Fr/Sa 10–16 Uhr).

Schräg gegenüber dem Museum, am Anfang der Rua Alfredo de Brito, befindet sich bei Nr. 20 das einfache **Hotel Pelourinho,** in dem der Dichter eine Zeit lang wohnte und das Schauplatz war für seinen Roman »Suor«.

Terreiro de Jesus

Auf halber Höhe der Rua Alfredo de Brito machen wir einen Abstecher (zweimal nach links) zum **Largo Quincas Berro d'Água** 6. Der sorgfältig restaurierte Platz besticht durch seine architektonische Struktur, viele urige Bars laden zum Verweilen ein und auf einer Bühne finden regelmäßig Live-Veranstaltungen statt (s. S. 218). Anschließend setzen wir unseren Weg auf der Rua Alfredo de Brito fort bis zu einem großen Platz, dem **Terreiro de Jesus** 7, erkennbar an einem alten französischen Brunnen in der Mitte, dessen Figuren die vier großen Flüsse Bahias symbolisieren. Dort befindet sich das **Museu Afro-Brasileiro** 8. Es ist sehenswert, obwohl die Erwartung, mehr über die sozialgeschichtlichen Aspekte der Sklaverei zu erfahren, leider enttäuscht wird. Dafür sind umso reicher religionsgeschichtliche Exponate zum Candomblé und zur Götterwelt vertreten. Besondere Beachtung verdienen die 27 großen Zedernholztafeln des bahianischen Künstlers Carybé mit der Darstellung der afrobrasilianischen Gottheiten, der *orixás* (Mo–Fr 9–17.30, Sa 10–17 Uhr).

Neben dem Museum befindet sich Salvadors Hauptkathedrale, die mächtige **Catedral Basílica** 9. Nach der Vertreibung der Jesuiten aus Brasilien im Jahre 1759 wurde die Kirche zum Sitz *(Sé)* des Erzbischofs und damit ihre Stellung innerhalb der katholischen Kirche nachhaltig aufgewertet. Eine erste Jesuitenkirche wurde bereits 1549 eingeweiht.

Salvador da Bahia

Reich mit Gold verziert: São Francisco trägt den Beinamen ›Goldene Kirche‹

Als die Mönche 1657 mit dem jetzigen vierten Bau begannen, mangelte es vor allem an einem großen Architekten.

Schon am Missverhältnis der Proportionen zwischen der ominösen Vorderfront und den winzigen Türmen lässt sich dies erkennen. Doch man verfügte über enorme finanzielle Ressourcen. So konnte man sich im Jahr 1701 den bis dahin undenkbaren Luxus erlauben, die ganze Front mit weißem italienischem Marmor zu verkleiden – ebenso die Kanzel und die Innenwände des Schiffes. 1746 wurden über den drei Außenportalen noch die Statuen der drei Ordensheiligen Francisco Borja, Ignatius von Loyola und Francisco Xavier angebracht.

Insgesamt wirkt die Kirche jedoch vergleichsweise streng. Im Innern bestechen nur der goldene Hauptaltar, die kunstvollen Seitenaltäre und die ungewöhnlichen Malereien des französischen Jesuitenbruders Carlos Belleville. Man merkt, dass er einige Jahre in China verbrachte. Die himmelblaue Farbe musste er von dort bezogen haben, denn sie war zur damaligen Zeit in Europa noch nicht bekannt. Auch die Bildmotive unterscheiden sich deutlich von Althergebrachtem (Mo–Sa 8.30–11.30, 13.30–17 Uhr, Eintritt 2 R$).

Igreja e Convento de São Francisco 10

Nach dem Verlassen der Kirche überqueren wir den Terreiro-de-Jesus-Platz und gehen auf dem Cruzeiro de São Francisco direkt auf die wuchtige Fassade der **Franziskanerkirche** zu, errichtet 1708–13. Durch den rechten Seiteneingang gelangt man in die Portaria (Pförtnerei), an deren Decke eine Perspektivmalerei von José Joaquim da Rocha zu sehen ist. Die Kirche trägt den Beinamen ›Goldene Kirche‹, wie keine andere in Brasilien ist sie beladen – oder besser überladen – mit vergoldetem Schnitzwerk, Putten und Heiligenfiguren. Und an der Kanzel hängen vollbrüstige nackte Engel; schwer vorzustellen, wie die Franziskanermönche – zum großen

Außerhalb des historischen Zentrums

Teil auch heute noch Deutsche – hier in Frieden beten konnten (Mo–Sa 8–17.15, So 13–17 Uhr, Eintritt 3 R$).

Außerhalb des historischen Zentrums

Cityplan: S. 204/205

Elevador Lacerda und Plano Inclinado Gonçalves

Salvador besitzt die für viele Städte Brasiliens charakteristische Aufteilung in Ober- und Unterstadt, verbunden durch den berühmten **Elevador Lacerda** 11 (Aufzug von 1872, 1930 erneuert), eines der Wahrzeichen und Postkartenmotive der Stadt (24 Std. in Betrieb, Fahrzeit 20 Sek.). Von der oberhalb gelegenen **Praça Tomé de Souza** (auch Praça Municipal) bietet sich ein herrlicher Blick auf den Hafen, die Bucht und die Insel Itaparica.

Es gibt auch eine **Standseilbahn** 12 *(Plano Inclinado Gonçalves),* die von der Praça da Sé nach unten führt und wegen der schöneren Aussicht zu bevorzugen ist (Mo–Fr 7–19, Sa 7–13 Uhr). Die Unterstadt *(Cidade baixa),* früher und teilweise heute noch das kommerzielle Zentrum Salvadors, wurde allmählich dem Meer abgerungen und zieht sich daher ein Stück die Küste entlang.

Mercado Modelo 13

Unten angelangt, sind es nur ein paar Schritte bis zum ehemaligen Zollamt aus dem Jahr 1861, in dem seit 1912 Bahias größter **Markt für Kunsthandwerk** untergebracht ist. Dahinter finden auf einer kleinen Bühne häufig *capoeira*-Darbietungen statt, die Restaurants im 2. Stock empfehlen sich wegen des schönen Blicks auf die Bucht und den alten Hafen (Mo–Sa 9–18, So 9–14 Uhr).

Igreja N. S. da Conceição da Praia 14

Ganz in der Nähe, etwa 200 m rechts vom Aufzug Lacerda, befindet sich eine weitere sehenswerte Kirche. Sie wurde zwischen 1739 und 1870 errichtet und nach der Schutzheiligen der Stadt auch **Kirche der Unbefleckten Empfängnis** genannt. Deren Statue, geschaffen im Jahr 1855 von Domingos Pereira Baião, gehört ebenso zu den Sehenswürdigkeiten der Kirche wie die Deckengemälde (1773) des portugiesischen Malers José Joaquim da Rocha, vielleicht die beste brasilianische Perspektivmalerei überhaupt. Die Architektur und sparsame Dekoration des Innenraums weisen chinesische Stilelemente sowie solche des Spätbarock und Rokoko auf. Die Außenfassade hingegen fiel wegen des für Statuen wenig geeigneten portugiesischen Marmors dürftiger aus. Der Baumeister Manoel Cardozo Saldanha, Schüler des deutschen Architekten Johann Friedrich Ludwig aus Schwäbisch-Hall, half sich darüber hinweg, indem er in Anlehnung an deutsche Barockarchitektur die Kirchtürme etwas verdreht zueinander ausrichtete (Mo 7–12, 14–17, Di–Fr 7–17, Sa/So 7–11.30 Uhr).

Museu de Arte Moderna im Solar do Unhão

Etwa 1 km weiter, an der Küstenstraße Av. do Contorno in Richtung Barra, kommen wir zu einem **Museum der modernen Kunst** 15 mit wechselnden Ausstellungen (Di–So 13–19 Uhr, Anfahrt mit Taxi), untergebracht in dem sehenswerten **Solar do Unhão** 16, das aus einem Casa Grande (Herrenhaus) und vier Galpões (Schuppen) sowie Senzalas (Sklavenhütten) besteht.

Es ist eine der ersten Anlagen dieser Art in Brasilien, seit der ersten Hälfte des 16. Jh. von dem portugiesischen Kaufmann Gabriel Soares de Souza als Zuckersiederei genutzt. Später diente sie als Umschlagplatz für den Handel mit Portugal, 1816 entstand hier die erste Schnupftabakmanufaktur Amerikas, ab 1926 war es nur ein Lagerschuppen, seit dem Ende der 1940er-Jahre eine Kakaofabrik.

Weitere Museen

In der Nähe (jedoch schon nicht mehr zur Unterstadt gehörig) befinden sich noch drei weitere Museen. Vom Solar do Unhão aus gelangt man ebenfalls per Taxi zu dem in der Kirche von Santa Teresa untergebrachten

Salvador da Bahia

Museu de Arte Sacra [17] in der Rua do Sodré 276. Es enthält die größte bzw. bedeutendste Sammlung kirchlicher Kunst Brasiliens (Mo–Fr 11.30–17.30 Uhr, Eintritt 5 R$).

Von dort aus nimmt man am besten den Bus oder wiederum ein Taxi zur Av. Sete de Setembro 2340 im Stadtteil Vitória, um zu dem **Museu de Arte da Bahia** [18] zu gelangen, einem interessanten Museum für profane Kunst und eines der ältesten Museen Brasiliens (1918). Hier befinden sich Mobiliar, Porzellan, Keramik und Gemälde aus dem 17.–20. Jh. Viele Besucher kommen jedoch nur wegen des 4 m hohen Portals von 1674. Besonders beeindruckend sind das Schlangenmotiv am Portal – in der panamerikanischen Version als umfassendes Fruchtbarkeitsmotiv zu deuten – und die Maskenschnitzerei an der Holztür (Di–Fr 14–19, Sa/So 14.30–18.30 Uhr, Eintritt frei).

In derselben Straße (Nr. 2490) liegt weiterhin das **Museu Carlos Costa Pinto** [19]. Der umtriebige Sammler erwarb in einem Zeitraum von 25 Jahren mehr als 3000 Dekorationsgegenstände aus Porzellan, Silber, Bronze, Gold, Kristall und Elfenbein sowie Gemälde, Juwelen, Mobiliar etc., um damit den Lebensstil der wohlhabenden bahianischen Oberschicht über die Jahrhunderte hinweg zu dokumentieren. Es gibt Informationstafeln in englischer Sprache, nach dem Rundgang lädt ein nettes Café im Hof zu einer Pause ein (Mo, Mi–Sa 14.30–19 Uhr, 5 R$).

Boa Viagem und Bonfim

Cityplan: S. 214/215
Die anderen Sehenswürdigkeiten der Unterstadt liegen in entgegengesetzter Richtung, außer mit dem Taxi mit Bussen in die Stadtteile Boa Viagem und Bonfim zu erreichen (Abfahrt unten vor dem Lacerda-Aufzug).

Die Festung von Monte Serrat [20]
Erstes Ziel ist das etwas erhöht an der Praia de Boa Viagem liegende **Forte de Monte Serrat**. Es zählt zu den schönsten Festungen von Salvador und wurde zwischen 1583 und 1587 errichtet. Sein militärischer Ruhm ist jedoch bescheiden, zweimal, 1624 und 1638, fiel es in die Hände der holländischen Invasoren (tgl. 9–16 Uhr).

Die Kirche von Bonfim [21]
Nicht weit entfernt, eine halbe Stunde zu Fuß, erreichen wir die berühmteste Wallfahrtskirche von Salvador, die **Igreja de N. S. do Bonfim** (1745–1754). Von außen hat sie außer der prachtvollen Abendbeleuchtung wenig zu bieten. Im Innern sind bemerkenswert die Malereien von José Teófilo de Jesus in der Sakristei und in den Seitengängen sowie das Deckengemälde von Antônio Joaquim Franco Velasco. In einem Bild porträtierte er 1818 seine Ehefrau mit einem Jungen auf dem Schoß, was Anlass zu einem riesigen Skandal gab, galt es doch als höchst ungebührlich, lebende Modelle zu verwenden (tgl. 6.30–12, 14–18 Uhr).

Die eigentliche Bedeutung der Kirche liegt in ihrem Synkretismus, hier – so heißt es – vermählte sich Brasilien mit Afrika. Das herausragende Ereignis ist die jährlich nach dem Dreikönigsfest am zweiten Sonntag im Januar stattfindende *Lavagem do Bonfim,* die symbolische Waschung der Freitreppe, bzw. die am Donnerstag davor durchgeführte **Prozession** von der Igreja da Conceição da Praia bis zur Igreja do Bonfim (12 km), bei der in Weiß gekleidete Candomblé-Anhängerinnen das Bild beherrschen.

Überall rund um die Kirche bekommt man die verschiedenfarbigen **Bändchen** *(fitinhas)* des Senhor do Bonfim angeboten. Während sie um das Handgelenk geknüpft und mit drei Knoten verschlossen werden, darf man sich drei Dinge wünschen, die jedoch, so heißt es, nur dann in Erfüllung gehen, wenn man die Bänder so lange trägt, bis sie von selbst abfallen.

Strände und Strandbars
Salvador ist auch berühmt für seine Strände. Die in der Bucht von Todos os Santos gelegenen sind allerdings zum Baden wenig geeignet. Zu empfehlen ist nur der populäre

Boa Viagem und Bonfim

Strand von **Ribeira** nahe der Bonfim-Kirche in der *Cidade baixa*. Der Strand **Boa Viagem** beim Forte Monte Serrat bietet einen schönen Blick auf die Stadtsilhouette. Die attraktiveren Strände liegen – von Barra abgesehen – alle weiter entfernt im Nordosten der Stadt. Man erreicht sie über die Avenida Oceânica mit der Buslinie *Flamengo*.

Barra 22

Barra ist das touristische Nobelviertel von Salvador. Der Strand Porto da Barra ist stets gut besucht, sowohl von Einheimischen als auch von vielen brasilianischen und ausländischen Gästen, die sich hier auf einem recht schmalen Sandstreifen zusammendrängen. Das Wasser ist trotz der Nähe zum Zentrum erstaunlich sauber. Der Strand liegt unterhalb einer Festung, in der Nähe der berühmte **Leuchtturm** *(farol),* der den Eingang zur Allerheiligenbucht markiert und früher den Schiffen aus Portugal zur Orientierung diente. An diesem bedeutsamen Platz feiert die Stadt auch **Silvester,** etwa eine halbe Million Menschen kommen alljährlich, um dem Feuerwerk und Live-Konzerten beizuwohnen. Am folgenden **Neujahrstag** singen dann stets lokale Stars beim sog. Sonnenuntergangskonzert (gratis). Der nordöstlich an Barra angrenzende Küstenabschnitt bis Piatã besitzt keine empfehlenswerten Badestrände, dafür aber ein reges Nachtleben, besonders in **Rio Vermelho, Pituba** und **Boca do Rio.**

Piatã, Itapoã, Stella Maris, Flamengo

Diese weiter stadtauswärts gelegenen Strände kann man, abgesehen von stellenweise gefährlichen Strömungen, alle empfehlen. Bis auf einen verschmutzten Abschnitt beim Leuchtturm von Itapoã ist das Wasser relativ sauber, am Ufer sieht man immer mehr Palmen. Die großen und sehr beliebten Strandbars sind 2010 alle dem Abrissbagger zum Opfer gefallen, ob und wann sie wiedereröffnet werden, war bei Redaktionsschluss unklar. Dennoch kann man besonders an den Stränden Flamengo und Stella Maris einen schönen Badetag einlegen und auch etwas am Meer entlangwandern (Anfahrt mit Stadtbus Flamengo, ca. 1 Std.).

Die etwas weiter nördlich bereits zu Lauro de Freitas gehörenden Strände **Ipitanga, Vilas do Atlântico** und **Buraquinho** (noch mit Stadtbus erreichbar) sind ebenfalls sehr sehenswert. Im vornehmen Vorort Vilas do Atlântico gibt es Pousadas, Restaurants und Ausgehmöglichkeiten.

Infos

Saltur: Städtische Tourismusbehörde, Praça Municipal (neben dem Eingang zum Aufzug), Tel. 071-31 76 42 00, Mo–Fr 8.30–19.30, Sa 9–13 Uhr, sowie im Mercado Modelo, Mo–Sa 9–18, So 9–14 Uhr.

Bahiatursa: Tourismusamt des Bundesstaates, www.bahia.com.br, Büros im Pelourinho (Rua das Laranjeiras 1, Tel. 071-33 21 21 33, tgl. 8.30–21 Uhr), im Flughafen (tgl. 8–23 Uhr) und am Busbahnhof (tgl. 7.30–22 Uhr).

Übernachten

Koloniales Kleinod mit Stil ▶ **Hotel Villa Bahia** 1 **:** Cruzeiro de São Francisco 16/18 (Pelourinho), Tel. 071-33 22 42 71, www.lavillabahia.com. Das beste Hotel im Pelourinho liegt gleich neben der Igreja de São Francisco in einem geschmackvoll restaurierten Kolonialgebäude. 17 mit Antiquitäten bestückte Zimmer, kleiner Pool, exzellentes Restaurant. 460 R$.

Frühstück für Langschläfer ▶ **Hotel Casa do Amarelindo** 2 **:** Rua Portas do Carmo 6 (Pelourinho), Tel. 071-32 66 85 50, www.casadoamarelindo.com. Das Hotel in einem renovierten 5-stöckigen Kolonialhaus hat zehn hübsch dekorierte Zimmer mit schalldichten Fenstern, Fahrstuhl, Pool, Bar, Restaurant und eine Dachterrasse mit Blick über die Allerheiligenbucht. Frühstück wird jederzeit auch auf dem Zimmer serviert. 260–430 R$.

Hoch über der Bucht ▶ **Hotel Villa Santo Antônio** 3 **:** Rua Direita do Santo Antônio 130 (Santo Antônio), Tel. 071-33 26 12 70, www.hotel-santoantonio.com. Ansprechendes Hotel mit geräumigen Zimmern, die Inneneinrichtung wurde von Künstlern entworfen. Schön auch die Terrasse mit Bar/Pizzeria sowie

Großraum Salvador

Sehenswert
1–19 s. Cityplan S. 204/205
20 Fort Monte Serrat
21 Igreja de N. S. do Bonfim
22 Barra

Übernachten
1, 2 s. Cityplan S. 204/205
3 Hotel Villa Santo Antônio
4 Monte Pascoal Praia Hotel
5 s. Cityplan S. 204/205
6 Pousada Noa Noa
7 Pousada Eckerlino
8 Mansão Villa Verde
9 s. Cityplan S. 204/205

Essen & Trinken
1–7 s. Cityplan S. 204/205
8 Cabana da Cely
9 Ramma
10 Barra Filet

Abends & Nachts
1 s. Cityplan S. 204/205
2 Santo Antonio Botequim
3 Bohemia Music Bar
4 Pereira
5 Madrre

Aktiv
1 s. Cityplan S. 204/205
2 Salvador Bus
3 s. Cityplan S. 204/205

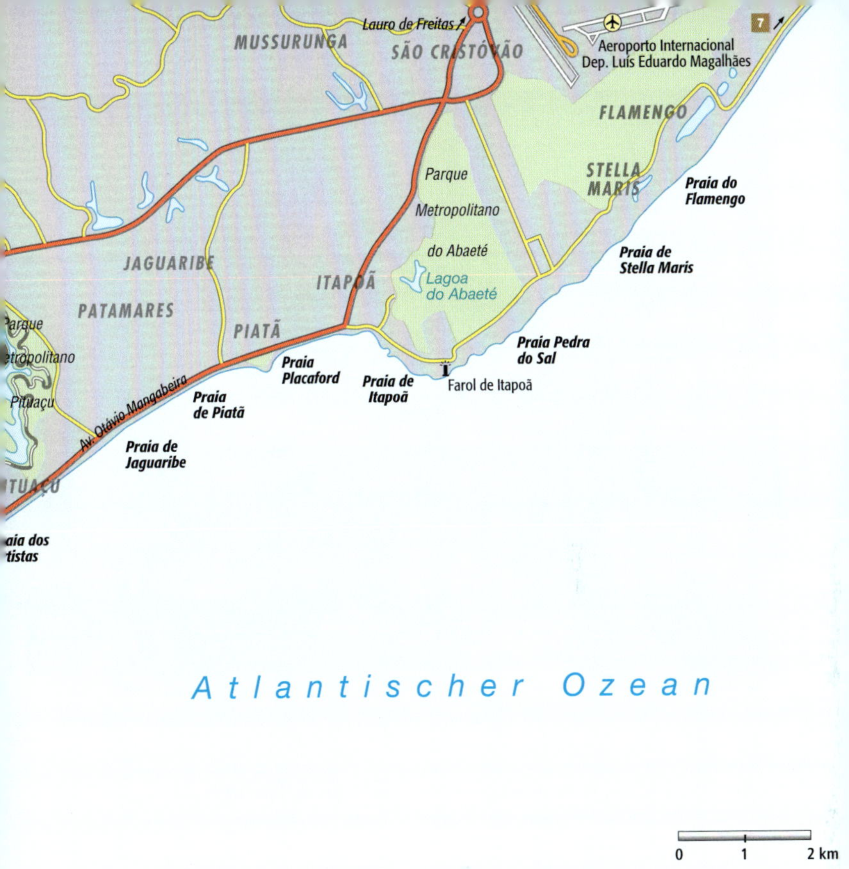

Bucht- und Hafenblick. Der deutsche Besitzer hilft bei Fragen zu Salvador und Umgebung. 195–325 R$.

Atlantik vor der Haustür ▶ Monte Pascoal Praia Hotel 4: Av. Oceânica 591 (Barra), Tel. 071-21 03 40 00, www.montepascoal.com.br. Das Kongress- und Businesshotel an der Uferpromenade von Barra liegt so schön, dass es auch oft und gerne von Touristen gebucht wird. 83 moderne Zimmer, z. T. mit großartigem Meerblick, Terrasse, Pool, Restaurant. Mo–Fr kostenloser Flughafentransfer. 170–290 R$.

Mit Café-Anschluss ▶ Bahia Café Hotel 5: Praça da Sé 22 (Pelourinho), Tel. 071-33 22 12 66, www.bahiacafehotel.com. Über einem schon seit vielen Jahren beliebten Stadtteil-Café hat der belgische Besitzer nun ein Hotel eröffnet. Die Zimmer sind recht klein, aber nett dekoriert und haben AC oder Ventilator. 165–245 R$.

Beste Lage beim Leuchtturm ▶ Pousada Noa Noa 6: Av. 7 de Setembro 4295 (Barra), Tel. 071-32 64 11 48, www.pousadanoanoa.com. Von der Frühstücksterrasse herrlicher Blick auf die Allerheiligenbucht, abends auch Barbetrieb und Restaurant. Der freundliche französische Besitzer spricht gut Englisch und kann bei der Organisation von Ausflügen in die Umgebung behilflich sein, z. B. nach Morro de São Paulo. Die Zimmer haben u. a. AC und WLAN (kostenlos). 150 R$.

In Flughafennähe, trotzdem ruhig ▶ Pousada Eckerlino 7: Rua Carlos Conceição 116 (Vilas do Atlântico, 20 Min. vom Flughafen, 35 km bis zum Pelourinho, Direktbus),

Salvador da Bahia

Am Abend im Pelourinho, dem lebendigen Altstadtviertel von Salvador da Bahia

Tel. 071-33 79 21 39, www.pousada-eckerlino.com. Schöne kleine Anlage mit Bungalows in tropischem Garten, ruhig. 200 m zu zwei Palmenstränden, dort viele Strandbars, am Wochenende recht belebt. Nette Betreuung, der Schweizer Besitzer ist Edelsteinspezialist und berät bei Kauf und Fassung der Steine. Ab 130 R$.

Persönlich, ruhig, strandnah ▶ **Mansão Villa Verde** 8 : Rua da Palmeira 190 (Barra), Tel. 30 11 35 97, www.salvador-apart.com. Apartmenthaus mit persönlicher Atmosphäre unter deutscher Leitung. Die komfortablen Zimmer haben eine kleine Küche, daher kein Frühstück. Zentrale, ruhige Lage, in Strandnähe. Informative Homepage. Je nach Zimmertyp und Dauer 70–170 R$.

Internationales Flair ▶ **Laranjeiras Hostel** 9 : Rua da Ordem Terceira (Pelourinho), Tel. 071-33 21 13 66, www.laranjeirashostel.com.br. Gepflegtes HI-Hostel mit DZ ab 90 R$, Dorms für 25–33 R$. Zentrale Lage, gutes Frühstück; englischsprachig.

Essen & Trinken
... im Pelourinho:

Für den besonderen Moment ▶ **Maria Mata Mouro** 1 : Rua da Ordem Terceira 8, Tel. 071-33 21 42 44, tgl. 12–23.30 Uhr. Hinsichtlich Charme und Atmosphäre ist dieses kleine Restaurant kaum zu schlagen. Sehr gute moderne Küche (um 50 R$). Reservierung abends empfohlen.

Typisch bahianisch ▶ **Uauá** 2 : Rua Maciel de Baixo 36 (1. Stock), Tel. 071-33 21 30 89, tgl. 11–23 Uhr. Ein bahianisches Lokal der alten Schule, sehr zu empfehlen sind die Moquecas. 42–48 R$ (für 2 Pers.).

Schlagwort ▶ **Dona Chika-ka** 3 : Rua João Castro Rabelo 10, Tel. 071-33 21 17 12, Mo–Sa 17–1 Uhr. Das typisch bahianische Lokal besteht schon seit 1988 und serviert gleichbleibend gute regionale Gerichte, z. B. *moqueca* für 42 R$.

Wie im Garten Eden ▶ **Jardim das Delícias** 4 : Rua João de Deus 12, Tel. 071-33 21 14 49, tgl. 12–16, 18–23.30 Uhr. Hier stim-

Adressen

men sowohl Ambiente (abends stimmungsvoll beleuchteter Garten) als auch die Qualität der Fischgerichte auf angenehme Weise überein. Um 35 R$.

Vatapá und Capoeira ▶ O Coliseu 5: Cruzeiro de São Francisco 9/13 (1. OG), Tel. 071-33 21 69 18, Mo–Sa 11–16, Mo/Di, Do, Sa 19–22 Uhr. Mittags bietet das bahianische Spezialitätenrestaurant ein fantastisches All-you-can-eat-Buffet an (33 R$ pro Pers.), abends – nur nach Reservierung – gibt es zum Buffet eine ca. 60-minütige Tanz- und Folkloreshow dazu (120 R$).

Klassisch italienisch ▶ La Figa 6: Rua das Laranjeiras 17, Tel. 071-33 22 00 66, Mo 16–23, Di–Sa 11–24, So 11–17 Uhr. Wer mal eine Pause von Fisch und bahianischer Küche braucht, ist hier bestens bedient: Exzellente hausgemachte Pasta, leckere Risottos und gute Weine. Zum Haus gehört auch eine Pizzeria in derselben Straße (Nr. 27). 20–26 R$ pro Pers.

Eis und heiß ▶ Le Glacier Laporte 7: Cruzeiro de São Francisco 21, Tel. 071-32 66 36 49, tgl. 10–20 Uhr. Sympathisches Café in der Altstadt, gleich neben der Francisco-Kirche. Es gibt Fruchteis ohne Konservierungsstoffe und sehr leckere Crêpes (7–12 R$), ideal für eine Pause während der Stadtbesichtigung.

... in Barra:

Hier brummt der Bordstein ▶ Cabana da Cely 8: Rua Alm. Marquês de Leão 183 (Barra), Tel. 071-32 64 02 50. Di–Sa 11–24, So 11–18 Uhr. Ausgezeichnete Atmosphäre, viele junge Leute, ganz hervorragende *moqueca*-Gerichte zum moderaten Preis von 49 R$ (reicht für 2–3 Pers.).

Vegetarier-Traum ▶ Ramma 9: Rua Lord Cochrane 76, Tel. 071-32 64 00 44, So–Fr 11.30–15.30 Uhr. Das beste vegetarische Restaurant Salvadors hat ein täglich wechselndes Mittagsbuffet (30 R$/kg) mit Anleihen aus der indischen und arabischen Küche. Filiale im Pelourinho (Cruzeiro de São Francisco 7, 1. Stock, Mo–Sa 11.30–16 Uhr).

Nicht immer Kaviar ▶ Barra Filet 10: Av. Marquês de Caravelas 58 (1. Stock), Tel. 071-32 64 50 10, Mo–Sa 11.30–15 Uhr. Hier geht man hin, wenn man das Portemonnaie schonen und trotzdem gut zu Mittag essen möchte. Buffet 20 R$/kg.

Einkaufen

Handeln erwünscht ▶ Mercado Modelo 1: Praça Visconde de Cairu 250 *(Cidade baixa)*, Tel. 071-33 27 29 90, Mo–Sa 9–19, So 9–14 Uhr. Bahias größter Kunsthandwerksmarkt mit über 300 Ständen, an denen hartnäckiges Verhandeln gefragt ist. Beliebtestes Souvenir ist der auch in koffergerechten Kleinformaten erhältliche *berimbau*, das Begleitinstrument zur *capoeira*. Im 2. Obergeschoss befinden sich zwei Restaurants (bahianische Küche, um 35 R$), von deren Veranda sich ein schöner Blick auf den alten Hafen bietet. Mo–Sa 10.30–19, So 10.30–14 Uhr.

Abends & Nachts

Pelourinho: Seit seiner Restaurierung hat das Nachtleben deutlich zugelegt. An mehreren Tagen in der Woche, besonders Dienstag und in den Sommermonaten, locken Open-Air-Konzerte das Publikum in die Altstadt. Zu den Highlights zählen die ›Olodum‹-Konzerte, die zwischen Sept. und Karneval Di ab 20 und So ab 18 Uhr auf der **Praça Tereza Batista 1** stattfinden, Karten in der Casa do Olodum, Mo–Sa 10–18 Uhr, 40–80 R$. Viele weitere, meistens kostenlose Musik- und Tanzshows unter freiem Himmel gibt es auf folgenden Plätzen: Largo do Pelourinho, Largo Quincas Berro D'Água, Praça Pedro Archanjo und Terreiro de Jesus. Informationen zum Programm auf www.pelourinho.ba.gov.br und im monatlichen Programmheft »Agenda Cultural« (erhältlich in der Tourist Info).

Barra: Die netteste Gegend ist der Bezirk Jardim Brasil; rund um die Rua Belo Horizonte gibt es ein gutes Dutzend beliebter Bars und Restaurants, z. B. **Santo Antonio Botequim 2** (Rua Recife 64, Mo–Do 17–1, Fr–Sa 12–3, So 12–24 Uhr) oder **Bohemia Music Bar 3** (Rua Belo Horizonte 177, Di–So ab 18 Uhr, ab 21 Uhr Live-Musik, Eintritt Mi–So 10–25 R$, Di 5 R$, vor 19 Uhr frei). Ein weiterer Anzie-

Salvador da Bahia

hungspunkt sind die Straßenbars in der Av. Alm. Marquês de Leão beim Leuchtturm, rings um das Bar-Restaurant **Cabana da Cely** `8`. Ein edles Bar-Restaurant mit bester Aussicht auf die Bucht ist das **Pereira** `4`, Av. 7 de Setembro 3559, Tel. 071-32 64 64 64, tgl. 18–1, Di–So auch 12–15 Uhr.

Rio Vermelho: Das bei den Einwohnern Salvadors beliebteste Ausgehviertel ist bei vielen Touristen kaum bekannt. Man trifft sich auf drei großen Plätzen (Largo de Santana, Largo da Mariquita, Mercado do Peixe), isst ein Acarajé – hier gibt es die besten der Stadt – und zieht dann weiter in eine der vielen Bars und Discos des Viertels.

Pituba: Madrre `5`: Av. Otávio Mangabeira 2471, tgl. ab 21 Uhr, Eintritt 15–25 R$. Nobeldisco mit wechselnder Musik von Axé bis House, beliebt bei Salvadors Mittelschicht.

Aktiv

Bootsfahrt zur Insel Itaparica: Abfahrt hinter Mercado Modelo `1` bis Mar Grande (mit dem Schnellboot *lancha* 40–45 Min.) oder ab Hafen-Terminal São Joaquim, Av. Jequitaia, bis Bom Despacho (mit der Autofähre 45 Min., 4–6 R$), s. auch S. 220.

Stadtrundfahrt ▶ **Salvador Bus** `2`: www.salvadorbus.com.br, Mo–Sa 2 Busse tgl.,

Tipp: Mit dem Autor privat durch Salvador

Nicolas Stockmann, der Autor dieses Du-Mont-Kapitels, hat Salvador zu seiner zweiten Heimat gemacht. Er bietet hier zusammen mit seinem deutschsprachigen Team ganz persönlich geführte City-Touren (bis 3 Pers.) an. Sie sollen ein authentisches Bild der Stadt vermitteln, indem sowohl die touristischen Highlights als auch populäre Orte und Treffpunkte gezeigt werden. Auch erfährt man im Gespräch viel über die Besonderheiten dieser afrikanischsten Region Brasiliens. Das genaue Tourprogramm und andere Details bitte per E-Mail erfragen: nicolas.stockmann@gmail.com.

z. B. 10 und 11 Uhr ab Farol da Barra, im Sommer öfter, 4 Std., 30 R$. Der doppelstöckige Panoramabus fährt durch mehrere Stadtteile (u. a. Rio Vermelho, Barra, Ribeira), Aus- und Wiedereinstieg möglich.

Bootstouren und authentische Candomblé-Besuche ▶ **Tours Bahia** `3`: Cruzeiro de São Francisco 4–6, Tel. 071-33 20 32 80, www.toursbahia.com.br. Deutschsprachiger Anbieter im Pelourinho, der Touren organisiert und auch Flugtickets verkauft.

Termine

Festa de N. S. dos Navegantes (1. Jan.): Meeresprozession zu Ehren des Schutzheiligen der Seefahrer, ab Kai bei der Igreja N. S. da Conceição da Praia (Unterstadt) bis zur Igreja da Boa Viagem in Itapagipe.

Festival de Verão (Jan. oder Febr.): Viertägiges Sommerfest mit Musik-Shows, große Bühne im **Parque de Exposições** (Av. Paralela, Taxi ab Barra/Pelourinho ca. 40–50 R$), Spitzen-Bands aus Salvador und Brasilien, bis zu 60 000 Besucher kommen jeden Abend auf das Festivalgelände.

Iemanjá-Festival (2. Febr.): Fest zu Ehren der Meeresgöttin Iemanjá, auch Schiffsprozession und Straßen-Party mit Spitzenbands (Praia Rio Vermelho).

Karneval (Ende Febr.): Laut Guinness-Buch der Rekorde größter Straßenkarneval der Welt. Umzüge vom Campo Grande bis zur Praça Castro Alves und zurück (7 km), vom Farol da Barra bis Ondina (4,5 km) sowie durch die engen Gassen der Altstadt (Pelourinho). In den Monaten vor dem Karneval finden überall in der Stadt sehenswerte öffentliche Proben *(ensaios)* statt, aktuelle Infos zu Veranstaltungsorten und -zeiten bei der Tourist Info oder über www.portaldocarnaval.ba.gov.br und www.carnaval.salvador.ba.gov.br.

Independência da Bahia (2. Juli): Umzug durch die Stadt mit *blocos* anlässlich des Unabhängigkeitstages von Bahia (von Lapinha durch das Pelourinho-Viertel bis Campo Grande).

N. S. da Conceição da Praia (8. Dez.): Farbenfrohe Prozession in der Unterstadt.

Adressen

Tipp: Vielseitigste Musikszene Brasiliens

Das schwarze, afrikanisch geprägte Salvador da Bahia ist das musikalische Herz Brasiliens. Wer hierher reist, kommt nicht nur wegen der Strände, sondern auch wegen der vielen Feste und Konzerte. Dass hier der größte Straßenkarneval der Welt stattfindet, steht bereits im Guinness-Buch der Rekorde. Zu dieser Zeit treten auf den Bühnen am Strand und auf den *trios elétricos* genannten Lautsprecherwagen die besten Bands des Landes auf, die meisten davon stammen aus Salvador. Vorherrschend ist die sehr rhythmische Axé-Musik, kreiert von Daniela Mercury, die neben Ivete Sagalo immer noch zu den größten Gesangsstars des Landes zählt.

Wer außerhalb des Karnevals hier ist, sollte in der Tagespresse die Konzertprogramme verfolgen, ein Besuch wird ein unvergessliches Erlebnis sein. Eine Option besteht zwischen September und Karneval: die jeweils am Dienstagabend ab 20 und Sonntag ab 18 Uhr (falls gerade keine Tournee) im Pelourinho auf der Praça Tereza Batista stattfindenden Auftritte der weltbekannten Rhythmus-Gruppe Olodum (s. S. 208, Karten z. B. in der Casa do Olodum, Mo–Sa 10–18 Uhr, 40–80 R$).

Doch Bahia und Salvador stehen nicht nur für Axé und heiße Percussion-Rhythmen, in der Stadt der 365 Kirchen hat auch die sakrale Musik bis heute überlebt und sogar Terrain zurückgewonnen. Letzteres ist dem deutschen Pater Hans Bönisch aus dem Bistum Mainz zu verdanken, der in Salvador im Stadtteil Saúde in der Rua Jogo do Carneiro 34 den Kulturverein ›Barroco na Bahia‹ gegründet hat (Tel. 071-32 41 60 31, www.barroconabahia.com.br) sowie im Nachbarhaus eine gleichnamige Pousada, deren Angebot sich besonders an kulturinteressierte Reisende richtet. Alle Zimmer und Suiten tragen Namen großer deutscher Komponisten (www.pousadabarroco.com.br). In der Kathedrale richtet der Kulturverein die beliebten Sonntagskonzerte aus (So 11 Uhr, Eintritt frei).

Verkehr

Flugzeug: Der Aeroporto Internacional Luís Eduardo Mahalhães liegt 30 km nordöstl. des Zentrums in São Cristóvão, Tel. 071-32 04 15 55; Verbindungen innerhalb Bahias nach Porto Seguro und Ilhéus; Direktflüge von/nach Europa, u. a. mit TAP (ab Lissabon) und Condor (ab Frankfurt). Transfer im Flughafenbus ›Praça da Sé‹ zum Pelourinho über Rio Vermelho, Barra und Vitória, bis 22 (Sa/So 20) Uhr alle 20–45 Min., Fahrtzeit 1–1,5 Std., 3 R$; oder mit dem Taxi (ca. 70 R$).

Bus: Der Busbahnhof (Rodoviária) liegt an der Av. António Carlos Magalhães (Iguatemi), Tel. 071-36 16 83 00; Auskunft am Eingang bei der Central de Informações, tgl. 6–22 Uhr; über dieser Auskunftsstelle Tafel mit Nummern der im 1. Obergeschoss befindlichen Verkaufsschalter.

Busverbindungen innerhalb Bahias: Ilhéus (*Águia Branca*, Tel. 071-40 04 10 10, 3 x tgl., 7 Std., 86–138 R$). Itacaré (*Águia Branca*, Tel. s. o., Direktbus nur Fr 22.45 und So 12 Uhr, 8 Std., 89 R$, sonst über Ilhéus). Lençóis (*Real Expresso*, Tel. 071-34 50 93 10, tgl. 7, 16.30 und 23.30 Uhr, 6–7 Std., 52 R$). Porto Seguro (*Águia Branca*, Tel. s. o., tgl. 20 Uhr, 12 Std., 130 R$). Praia do Forte (*Linha Verde*, Tel. 071-34 50 03 21, 11 x tgl., 1,5 Std., 12 R$); die meisten Busse verkehren nur bis zum Ortseingang Entrada Praia do Forte (2 km vom Zentrum, Anschluss mit Kleinbussen).

Nationale Busverbindungen: Belo Horizonte (*São Geraldo*, Tel. 071-34 50 44 88, 1 x tgl., 24 Std., 191 R$). Fortaleza (*Itapemirim*, Tel. 071-34 50 56 44, 1 x tgl., 21 Std., 186 R$). João Pessoa (*Bomfim*, Tel. 071-36 46 42 10, und *Progresso*, Tel. 071-36 46 42 08, So–Fr 19 Uhr, 14 Std., 134 R$). Maceió (*Bomfim*, 4 x tgl., 10–11 Std., 86–127 R$). Natal (*São Geraldo*, Tel. s. o., 2 x tgl., 20 Std., 160–199 R$). Recife (*Itapemirim*, Tel. s. o., 1 x tgl., 14 Std., 138 R$). Rio de Janeiro (*Itapemirim*, Tel. s. o.,

Salvador da Bahia

aktiv unterwegs

Bootsausflug zur Ilha de Itaparica

Tour-Infos
Start: Terminal Náutico (Terminal da França), hinter dem Mercado Modelo.
Fähren: Personenfähren bis 19 Uhr halbstdl. (im Sommer alle 15 Min.) nach Mar Grande, 35–40 Min., Mo–Fr 3,95 R$, Sa/So 5,20 R$, Tickets am rechten Eingang (Schalter 9/10). Rückfahrt bis 18.30 (Sommer bis 19) Uhr.
Dauer: 2–8 Std.

Ein sehr leicht selbständig durchzuführender Ausflug führt mit der Personenfähre von Salvador zur Ilha de Itaparica, der drittgrößten Meeresinsel Brasiliens (239 km²). Vom historischen Zentrum (Pelourinho) fährt man mit dem Aufzug hinab in die Unterstadt, wo sich gleich hinter dem Touristenmarkt Mercado Modelo der **Fähranleger** befindet. Der Reiz der Tour besteht vor allem darin, das Hochhauspanorama Salvadors einmal vom Wasser aus auf sich wirken zu lassen. Wer mehr Zeit zur Verfügung hat, kann von dem Hafenort Mar Grande aus noch ein wenig die Ilha de Itaparica erkunden.

Die Fahrt in dem einfachen Holzboot führt zunächst durch die riesige **Allerheiligenbucht** (Baía de Todos os Santos), die mit 1050 km² größte Bucht Brasiliens und drittgrößte der Welt. Sie wurde am 1. November 1501 von einer portugiesischen Expedition unter Amerigo Vespucci entdeckt und nach dem an diesem Tag begangenen kirchlichen Feiertag benannt. Mehr als 50 Inseln liegen hier verstreut, von denen knapp die Hälfte bewohnt ist. Die am meisten besuchte Insel ist Itaparica, wo viele Wohlhabende aus Salvador Wochenendhäuser besitzen. Trotz der Nähe zur Stadt stellt sie noch ein wahres ökologisches Reservat dar, mit reicher Flora und Fauna, einigen noch ursprünglichen Stränden und etwas Fischereiwirtschaft. Wie das Inselleben früher war, beschreibt der hier aufgewachsene Schriftsteller João Ubaldo Ribeiro in seinem brillanten Epochenroman »Brasilien, Brasilien« (s. »Lesetipps«, S. 67).

Auf der knapp 40-minütigen Überfahrt passiert man zunächst die 1650 auf einer Sandbank vor der Unterstadt errichtete Befestigungsanlage **Forte São Marcelo**, die Jorge Amado wegen Form und Lage einmal als den *umbigo* – Bauchnabel – von Bahia bezeichnet hatte. Schon hier eröffnet sich ein weiter Blick auf die Bucht und die vielen Hochhäuser, die aufgereiht auf den hohen Klippen imposant über dem Wasser thronen.

Die Fahrt endet am Steg des kleinen Ortes **Mar Grande**, wo man sich bereits wie in einer anderen Welt fühlt. Außer ein paar Geschäften und einfachen Strandbars gibt es hier nicht viel zu sehen oder tun. Man könnte hier nun einen Saft trinken und dann mit der nächsten Fähre zurückfahren.

Wer jedoch etwas Zeit hat, sollte auch noch den im Nordwesten gelegenen historischen Hauptort der Insel mit gleichem Namen besuchen: **Itaparica**. Er wurde im 17. Jh. von den Holländern gegründet, das älteste erhaltene Bauwerk ist die Kirche **Igreja São Lourenço** von 1610. Sie liegt an der schattigen Praça Tenente Botas, dem Hauptplatz in der Altstadt, wo sich auch einige Bars und Restaurants befinden. Sehenswert sind neben hübschen Kolonialhäusern aus dem 18. und 19. Jh. auch die schöne Uferpromenade sowie die beeindruckende, 1711 errichtete Festung **Fortaleza de São Lourenço**, die von den Portugiesen auf den Ruinen einer holländischen Festung (1647) errichtet wurde. Entlang der Strandpromenade erreicht man recht bald auch den Jachthafen (Marina), wo man in dem guten Fischrestaurant Portal das Águas (Av. 25 de Outubro, Di–So 11–23 Uhr) bei herrlichem Buchtblick etwas essen und trinken kann. Zu erreichen ist Itaparica von Mar Grande aus mit Kleinbussen, sogenannten *coletivos* (ca. 2 R$) oder etwas schneller mit Mototaxis (5 R$). Die Haltestelle befindet sich 50 m rechts vom Bootsanleger, die Fahrziele werden ausgerufen.

Die beste Bademöglichkeit besteht am schönsten und auch meistbesuchten Strand des Nordteils der Insel, an der **Praia Ponta de Areia** (sonntags sehr voll). Die Zufahrt zum Strand ist ein paar Kilometer hinter Mar Grande Richtung **Bom Despacho,** dem Hauptverkehrsort der Insel (Autofähren nach Salvador und Busse Richtung Süden). Die Uferpromenade an der Praia Ponta de Areia ist wesentlich lebendiger als in Itaparica, das Meer spiegelglatt und viele Strandbars sorgen für Churrasco, Bier, Musik und gute Laune. Hier gibt es auch Pousadas für längere Aufenthalte, z. B. **Pousada Claro de Luar,** Av. Beira Mar 200 (Ponta de Areia), Tel. 071-36 31 11 63, www.clarodeluar.com, um 75 R$.

Salvador da Bahia

Mo–Sa 1 x tgl., 28 Std., 212–240 R$; oder *Águia Branca*, Tel. s. o., 1 x tgl., 28 Std., 225–260 R$).
Mietwagen: Diverse Anbieter am Flughafen mit Sofortverleih, u. a. Localiza und Avis.
Boote: Verbindungen nach Morro de São Paulo (s. S. 225).
Öffentlicher Nahverkehr: Es gibt ein gut ausgebautes Netz von Linien- und klimatisierten Sonderbussen (2,30/3 R$). Einige der wichtigsten Linien verkehren ab Pelourinho/Praça da Sé (Aeroporto zum Flughafen, 60–90 Min., Iguatemi zum Busbahnhof, 40–50 Min.) sowie ab Av. da França gegenüber dem Lacerda-Aufzug in der *Cidade baixa* (in entgegengesetzter Richtung bis Ribeira und Bonfim). Boots- und Fährverbindungen zur Insel Itaparica s. S. 220.

Morro de São Paulo und Boipeba ▶ 3, D 7/8

Wer sich nach einigen Tagen Großstadt von den vielen Eindrücken erholen will, findet in der Nähe von Salvador viele Möglichkeiten. Da sind einmal die noch recht ursprünglichen Inselorte Morro de São Paulo und Boipeba, in der anderen Richtung das kleine Naturparadies Praia do Forte und im Hinterland *(Recôncavo)* die alten Tabakstädtchen Cachoeira und São Felix.

Morro de São Paulo

Der kleine Hauptort der Insel Tinharé, **Morro de São Paulo**, ist eines der ältesten Fischerdörfer Bahias. Heute leben die ca. 2000 Einwohner hauptsächlich vom Tourismus, der seit den 1980er-Jahren rasant anstieg. Es gibt viele Pousadas und Restaurants, im brasilianischen Sommer kann es recht voll werden (bei Ankunft auf der Insel ist eine einmalige Tourismussteuer von 10 R$ pro Pers. zu entrichten). Dennoch bieten die noch recht ursprüngliche grüne Natur der fast autofreien Insel sowie mehrere abgeschiedene Strände selbst in der Hochsaison genügend Raum für Ruhe- und Erholungsbedürftige. In den 1970er-Jahren war Morro de São Paulo noch

ein Geheimtipp für Hippies und Aussteiger aus aller Welt. Heute ist das Touristenprofil nicht mehr so einheitlich, sondern ähnelt in seiner Mischung aus Woodstock und Jet Set anderen internationalen Küstenorten Bahias wie z. B. Arraial d'Ajuda. Man könnte die Insel auch mit Ibiza vor 20–25 Jahren vergleichen. Ihre Geschichte begann mit der Entdeckung durch den Portugiesen Martim Afonso de Souza im Jahre 1531, später kamen holländische und französische Piraten und im 16. Jh. die Jesuiten.

Morro de São Paulo und Boipeba

Felsenküste bei Morro de São Paulo mit Blick auf den Leuchtturm (Farol)

Strände und Attraktionen

Die Strände sind zum Teil durchnummeriert, beginnen am Hauptort und werden dann zum Atlantik hin immer einsamer. Die **Primeira Praia** hat 500 m weißen Sand und ruhiges Wasser, ist jedoch recht zugebaut. Von dem dortigen Hügel mit dem Leuchtturm **Farol do Morro** (1835) kann man sich über ein Seil ins Meer gleiten lassen *(tirolesa)*. Ganz in der Nähe des Leuchtturms liegen die Festungsruinen der **Fortaleza de São Paulo** (1630). Am Nachmittag lassen sich von dort aus Delfine beobachten, abends bietet sich ein grandioses Sonnenuntergangsszenarium. Beim Hafen steht noch die kleine **Igreja da N. S. da Luz** (1845).

Ein Stück weiter folgt die **Segunda Praia**, sie ist im hinteren Bereich auch schon von baulichem Wildwuchs gezeichnet, aber beliebt als Partystrand mit Musikbars und Mondscheinfesten *(luaus,* Mo, Do ab 24 Uhr). Die durch Korallenriffe geschützten Naturpools verwandeln sich bei Niedrigwasser in ein einziges Aquarium. An der gern von Tauchern

Salvador da Bahia

aufgesuchten **Terceira Praia** wird es schon deutlich ruhiger, noch mehr an der **Quarta Praia** mit ihren fischreichen Naturpools. **Die Quinta Praia** (Praia de Encanto), ein weltabgeschiedener langer Palmenstrand, ist jedoch eine Idylle, während die angrenzende **Praia Garapuá** zwischen den Riffen von Schnorcheltouristen überfüllt ist. Auf der Nordseite der Insel befinden sich noch die sehr schönen naturbelassenen Strände Praia do Porto de Cima und Ponta da Pedra.

Ilha de Boipeba

Noch ruhiger als an den Stränden 3–5 (Terceira–Quinta) der Insel Tinharé ist es auf der benachbarten **Ilha de Boipeba**. Eine schöne Freizeitbeschäftigung sind dort Wanderungen an den herrlichen Stränden, so gelangt man vom Hauptort Velha Boipeba aus recht schnell zur einsamen und wunderschönen Praia Tassimirim, der Weg zum weiter entfernten Strand von Moreré ist ein lohnender Tagesausflug (dabei jedoch unbedingt die Gezeiten beachten).

Von Morro de São Paulo aus starten Tagesausflüge mit dem Boot. Manche Pensionen bieten einen Direkttransfer von Salvador im Katamaran, z. B. die Pousada ›Tassimirim‹ (s. rechts). Ab Valença fahren 4 x tgl. Linienboote (2,5 Std., 14 R$).

Lohnend ist auch ein Besuch der **Insel Cairu**, die dritte bewohnte von insgesamt 26 Inseln des Archipels vor der Mündung des Rio Una. Der Hauptort Cairu ist der zweitälteste Bahias und wird meist im Rahmen sog. Volta à Ilha-Bootsfahrten (›rund um die Insel‹) besucht (je nach Saison 60–85 R$ pro Pers.).

Übernachten

... in Morro de São Paulo:
Strand vor der Haustür ▶ **Pousada Villa dos Corais:** am Ende des 3. Strandes, Tel. 075-36 52 15 60, www.villadoscorais.com.br. Die wohl schönste Strandpousada der Insel. Man badet in den direkt vorgelagerten Meeresschwimmbecken oder legt sich mit einer Caipirinha an den herrlichen Pool. Restaurant, abends kostenloser Shuttleservice zum/vom Zentrum. 350–390 R$.

Schöne Anlage im maurischen Stil ▶ **Pousada Natureza:** Praça da Amendoeira 46, Tel. 075-36 52 10 44, www.hotelnatureza.com. Zehn Standard-, drei Luxus-Suiten und zwei Bungalows; nahe dem Dorf, aber ruhig; Hanglage mit herrlichem Blick. Der deutsche Besitzer verleiht u. a. Sport-Katamarane. 150–360 R$.

Traumhafte Lage in tropischer Vegetation ▶ **Portaló Hotel:** Ladeira da Igreja (direkt am Pier), Tel. 075-36 52 13 73, www.hotelportalo.com. Direkt am Fähranleger, vom Pool und den meisten der 23 Suiten und Bungalows bietet sich ein spektakulärer Meerblick. Hübsch dekorierte, klimatisierte Zimmer. Auch Wassersport (Wasserski, Segeln) ist möglich. 185–285 R$.

Fantastischer Meerblick ▶ **Pousada Colibri:** Tel. 075-36 52 10 56, www.pousada-colibri.com. Hübsche Bungalows mit Veranda und Apartments, Pool, Restaurant mit Bar, schöne ruhige Hügellage, sehr gastfreundliche deutsche Besitzer, Transferservice vom Bootsanleger mit Lastenesel, breites Sport- und Ausflugsangebot (z.B. Ausritte mit den besten Pferden der Insel). Ab 100 R$.

... auf der Ilha de Boipeba:
Einmalige Aussicht ▶ **Pousada Mangabeiras:** am Ende der Praia Boca da Barra (20 Min. vom Zentrum), Tel. 075-36 53 61 53, www.pousadamangabeiras.com.br. Die Pousada befindet sich auf einem Hügel und bietet sensationellen Panoramablick in alle Richtungen. Geschmackvolle, komfortable Bungalows, herrlicher Pool. Gepäcktragehilfe ab Hafen. 285–315 R$ (Juni–Mitte Juli geschl.).

Frühstück am Meer ▶ **Pousada Tassimirim:** Praia Boca da Barra (15 Min. vom Zentrum), Tel. 075-36 53 60 30, www.ilhaboipeba.org.br. Hübsche Anlage am Strandweg, 14 Zimmer (z. T. Meerblick), deutscher Besitzer, gutes Restaurant. 120–160 R$.

Essen & Trinken

Mit Blick auf die Praça ▶ **Bianco e Nero:** Rua Caminho da Praia (Zentrum), Tel. 075-36 52 10 97, Di–So 12–23.30, Mo 17–23.30 Uhr. Neben den guten Steaks sind hier besonders die Fischteller zu empfehlen. Nettes, rustikales Ambiente. Um 50 R$ (für 2 Pers.).

Beste Qualität ▶ **Mar dos Corais:** am Hauptplatz (Zentrum), Tel. 075-36 52 10 91, Di–Fr, So 17–23, Sa 12–23 Uhr (Sommer tgl. 8–23 Uhr). Das beste Restaurant der Insel bietet mediterrane Küche, Spezialität Fisch und Meeresfrüchte, z. B. Badejo mit Mango-Chutney und Auberginenstreifen. Nette Terrasse mit Blick auf die Praça. 35–40 R$.

Locker-flockig ▶ **Dice 10:** Rua da Fonte Grande (Zentrum), Tel. 075-91 72 46 85, Mi–So 18–23 Uhr (Bar länger). Eine günstige Alternative: Besitzerin Dice serviert verschiedene Tagesteller für nur 15 R$. Alles geht entspannt zu, man kann auf Sofas oder im Garten auf die Bestellung warten.

Aktiv

Raus aus dem Liegestuhl ▶ **Bonjour Bahia:** Rua da Praia 150, Tel. 075-36 52 11 65, www.bonjourbahia.com.br, tgl. 8–22 Uhr. Die Agentur veranstaltet Bootstouren (u. a. Volta à Ilha), Inselwanderungen etc. Auch Inselkarten erhältlich.

Verkehr

Boote: Vom Terminal Turístico Marítimo in Salvador erreicht man die Insel am besten mit dem Schnellboot *(lancha),* 2 x tgl., 2 Std., 75 R$, oder mit dem Katamaran, 3 x tgl., 2 Std., 75 R$. Wer empfindlich ist, sollte ggf. ein Mittel gegen Seekrankheit dabei haben.

Lufttaxi: Von/nach Salvador in Propellermaschinen (3–4 x tgl., 20 Min., ca. 230 R$), mit Addey, Tel. 071-32 04 13 93, www.addey.com.br, oder AeroStar, Tel. 075-36 52 13 12, www.aerostar.com.br.

Praia do Forte ▶ 3, E 7

60 km nordöstlich von Salvador kann man sich in dem kleinen Ort Praia do Forte – ähnlich wie in Morro de São Paulo – gut von der Großstadt erholen und einige Tage richtig entspannen. Am Wochenende und während der Hauptsaison ist es hier jedoch recht belebt. Der Weg dorthin führt über die neuere **Straße der Kokospalmen** *(Estrada de Coco)* parallel zur Küste.

Den 12 km langen Hauptstrand von Praia do Forte säumen Kokospalmen

Salvador da Bahia

Tipp: Von Schildkröten und Buckelwalen

Etwa 600 000 Besucher kommen alljährlich zur **Praia do Forte,** um die Meeresschildkröten zu sehen. **Tamar,** die staatliche Organisation zu deren Schutz und Rettung, hat hier ihren Hauptsitz, ingesamt gibt es an der brasilianischen Küste 23 solcher Projekte in 9 Bundesstaaten (auch im nahen Arembepe). Die Küste Bahias wird von fünf der sieben auf der Welt bekannten Schildkrötenarten aufgesucht, häufig jedoch nur zur Zeit der Fortpflanzung (September bis März). Im April schlüpfen die Kleinen und eilen in Scharen zum Meer. Auf dem Weg dorthin werden jedoch viele von Fressfeinden wie Raubvögeln und Krabben gefressen. Auch im Wasser lauern Gefahren, von 1000 erreicht nur ein Tier das Erwachsenenalter. Dieses kehrt dann nach 25 Jahren wieder genau an seinen Geburtsort zur Brutpflege zurück.

Meeresbiologen erteilen Interessierten fachkundige Auskünfte vor Ort. Außerhalb der Brutzeit wird das Tamar-Projekt fortgeführt, im Museum befinden sich mehrere Aquarien und Tanks mit Schildkröten, Fischen, Rochen und sogar Haien (www.tamar.org.br, Eintritt 12 R$). Zudem gibt es in Praia do Forte eine Filiale des **Instituto Baleia Jubarte** (Institut für Buckelwale). Zwischen Juli und Oktober kann man von Booten aus die nahe an der Küste vorbeiziehenden Tiere beobachten. Die Giganten der Meere sind bis zu 16 m lang und wiegen 35–40 t, es ist ein fantastisches Naturschauspiel.

Praia do Forte ist bekannt für eine gelungene Verbindung von Ökologie und Tourismus. Der kleine ehemalige Fischerort zählt nur etwa 7000 Einwohner, empfängt im Sommer jedoch ein Mehrfaches an Touristen. Besuchern stehen zahlreiche noble Unterkünfte zur Verfügung, aber auch einfache Pousadas für den Alternativtourismus.

Der 12 km lange, von Kokospalmen gesäumte Hauptstrand mit dem ruhigen Meer und Korallenriffen sowie die Lagunen gehören zu einer geschützten Landschaft, dank einer 1981 gegründeten privaten Stiftung, die mit zahlreichen Auflagen den Ort vor hässlichen Anlagen und Bauspekulation bewahrt haben. So müssen Hotels und Pensionen der örtlichen Architektur und Landschaft angepasst sein und dürfen nicht höher reichen als eine ausgewachsene Palme, im Falle notwendiger Abforstungsmaßnahmen sollen für jeden gefällten Baum vier neue gepflanzt werden. Die Einheimischen wiederum durften lange Zeit ihre Häuser nur innerhalb der Familie weitervererben. So blieb der alte Ursprung erhalten, daneben entstehen aber stets neue und immer noblere Komplexe mit Ferienwohnungen und Wochenendresidenzen.

Neben einer zauberhaften Landschaft kann Praia do Forte mit dem einzigen feudalen Schloss Amerikas aufwarten, dem besichtigenswerten **Castelo de Garcia D'Ávila** aus dem Jahre 1551, Hauptsitz des damaligen königlichen Verwalters. Die restaurierten und abends schön beleuchteten Ruinen der ehemals imposanten Anlage liegen auf einer Anhöhe über dem Meer (Di–So 8–17 Uhr, Eintritt 9 R$).

Benachbarte Strandorte

Schöne Tagesausflüge führen zu idyllischen Stränden und Dörfern der näheren Umgebung. Wer nach Ruhe und Abgeschiedenheit sucht, kann sich hier auch in einer Pousada einmieten.

Nur 5 km südlich von Praia do Forte liegt an einer Lagune der ruhige Ort **Itacimirim.** Neben vielen Ferienhäusern sind auch einige Strandpousadas vorhanden. Man erreicht das Dorf per Bus oder auf einer Strandwanderung (2 Std., nur bei Ebbe). Weiter südlich am Strand entlang, gelangt man nach ca. 40 Min. zur Ortschaft **Guarajuba,** wo man sich in einer der vielen Strandbars erfrischen kann.

Im Recôncavo

In der anderen Richtung liegt 10 km nördlich von Praia do Forte die charmante Ortschaft **Imbassaí** (per Bus erreichbar). Sie verfügt über gut 20 Pousadas sowie etliche Restaurants und Strandbars. Der besondere Reiz ist der kleine Fluss Rio Barroso, der hinter einer Düne parallel zum Meer verläuft. Da die Meereswellen hier etwas höher anbranden, bietet der ruhige Fluss eine willkommene Süßwasserabkühlung. Nach dem Strandbesuch sollte man auch einmal durch die teils noch nicht asphaltierten Sandstraßen des Ortes schlendern und dabei die üppige tropische Vegetation bewundern.

Infos
Bahiatursa: Infobüro am Ortseingang, tgl. 9–18 Uhr.
Internet: www.praiadoforte.org.br

Übernachten
Prima Garten ▶ **Porto Zarpa Hotel:** Rua da Aurora, Tel. 071-36 76 14 14, www.portozarpa.com.br. Das Hotel mit 30 großzügigen Zimmern liegt nur wenige Meter vom Strand, im Garten befindet sich ein einladender Pool. Restaurant. 200 R$.
Entspannen unterm Bananenbaum ▶ **Hotel-Pousada Tatuapara:** Praça dos Artistas 1, Tel. 071-36 76 10 15, www.tatuapara.com.br. 27 gemütliche, modern eingerichtete Zimmer in sehr guter Lage, nur ein paar Schritte zum Strand sowie zum Dorfzentrum. Hübscher Innenhof mit Pool. Hervorragendes Preis-Leistungs-Verhältnis (Preisnachlass bei längeren Aufenthalten in Nebensaison). Der Besitzer spricht Deutsch. Ab 165 R$.
Nette Betreuung ▶ **Montreux Pousada:** Rua da Aurora 22, Tel. 071-36 76 14 94, www.praiadofortepousada.com.br. Freundliche, saubere und preiswerte Pousada. Die Zimmer haben Ventilator oder Klimaanlage. Ab drei Tagen Aufenthalt Rabatt. Englisch. 85–120 R$.
Erste Hostel-Liga ▶ **Praia do Forte Hostel:** Rua da Aurora 3, Tel. 071-36 76 10 94, www.albergue.com.br. Sehr gutes HI-Hostel mit Dorms (ab 33 R$ pro Pers.) und DZ (ab 80 R$). Hilfe bei der Planung von Ausflügen.

... in Itacimirim:
Ideal zum Abschalten ▶ **Pousada Jambo:** Praia da Espera, Tel. 071-36 26 10 91, www.pousadajambo.com.br. Schöne Pousada mit tollem Pool direkt am Strand. Gutes Restaurant, Tourenangebot. Ab 275 R$.

... in Imbassaí:
Im Tropengarten ▶ **Vilangelim Eco-Pousada:** Alameda dos Angelins, Tel. 071-36 77 11 44, www.vilangelim.com.br. Rustikale Chalets inmitten eines tropischen Gartens, schöner großer Pool. Ab 200 R$.

Essen & Trinken
Die Restaurants im Dorf zählen fast durchweg zur gehobenen Kategorie, sind aber oft überteuert. Zu den besten Lokalen zählen **Sabor da Vila** und **Terreiro Bahia**, die beide auf der Richtung Strand führenden Straße Alameda do Sol liegen. Hier sind die etwas höheren Preise vollauf gerechtfertigt.

Verkehr
Bus: Von Salvador aus ins Zentrum von Praia do Forte mit der *Linha Verde,* Tel. 071-34 50 03 21, 11 x tgl., 1,5 Std., 12 R$; die meisten Busse fahren nur bis zum Ortseingang Entrada Praia do Forte (2 km vom Zentrum, Anschluss mit Kleinbussen).

Im Recôncavo

Cachoeira ▶ 3, D 7

116 km hinter Salvador, im Gebiet des fruchtbaren Recôncavo, liegt das kleine **Cachoeira** (34 000 Einw.), vom architektonischen Reichtum her eine der bedeutendsten Kleinstädte Lateinamerikas. In diesem musealen Ort, nach Salvador die zweitälteste Siedlung Bahias, ist alles Geschichte, Zeugnis einer blühenden Vergangenheit, als die Zucker- und Tabak-, vor allem aber Gold- und Diamantenstadt jahrhundertelang eine der reichsten Städte Brasiliens war. Der lange Zeit spürbare Stillstand in diesem Örtchen am Ufer des Rio Paraguaçu, umgeben von lieblicher Hügellandschaft, hat eine archaisch-idyllische Seite

Salvador da Bahia

hervorgebracht. Doch in letzter Zeit sind viele notwendigen Modernisierungsmaßnahmen in Angriff genommen worden.

Die vielerorts immer noch bröckelnden prachtvollen Barockfassaden werden nach und nach mit großen Anstrengungen instand gesetzt und restauriert. Nur die Mönchszellen des **Convento N. S. do Carmo**, des ersten Karmeliterklosters Brasiliens (17. Jh.), wurden schon früher renoviert und dienen nun als Unterkunft (Pousada do Convento). Die benachbarte **Capela da Ordem Terceira do Carmo** (1695–1745) war und ist das Prunkvollste, was Cachoeira an barocker Architektur zu bieten hat. Es gibt noch mehrere weitere Kirchen, unter den Profanbauten ragt die **Casa de Câmara e Cadeia** (1698–1712) heraus, ein repräsentativer Barockbau und heutiges Stadtparlament. Gegenüber sind im **Museu Regional de Cachoeira** alte Kolonialmöbel zu sehen (tgl. 8–12, Mo–Fr 14–18 Uhr, 2 R$). Eine Besonderheit ist das auf einem Hügel in São Felix gelegene **Museu Hansen Bahia**, es zeigt viele expressionistische Holzschnitte (oft mit Hafenmotiven) des Hamburger Künstlers Karl Heinz Hansen, der lange in Cachoeira lebte.

São Felix ▶ 3, D 7

Auf der anderen Uferseite sehen wir die Schwesterstadt **São Felix** (13 000 Einw.), mit Cachoeira verbunden durch eine prekäre, 365 m lange Brücke aus Holz und Stahl. Die **Ponte Dom Pedro II.** ist die älteste Eisenbahnbrücke Brasiliens, sie wurde 1885 von Kaiser Pedro II. eingeweiht. Auch Autos und Fußgänger dürfen sie (noch) überqueren.

São Felix hat eine besondere deutsche Geschichte. Der erste Bürgermeister der Stadt war 1889 **Gerhard Dannemann**, ein ausgewanderter Zigarrenunternehmer aus Bremen. Heute ist die Firma in vielen Teilen der Welt vertreten, mit Hauptsitz in Deutschland. Das 1873 in São Felix erbaute erste Handelshaus wurde 1989 nach historischen Plänen wiederhergestellt und dient seitdem als Kulturzentrum (Centro Cultural Dannemann). In der Zigarrenfabrik kann man dabei zuschauen, wie handgedrehte Zigarren in Einzelanfertigung hergestellt werden (Av. Salvador Pinto 29, Tel. 075-34 38 43 08, Di–Sa 8–17, So 13–17 Uhr).

Infos
Touristeninformation: Rua Ana Neri, Cachoeira, Mo–Fr 8–18, Sa/So 9–14 Uhr.

Im Recôncavo

Übernachten

Im Kloster ▶ Pousada do Convento do Carmo: Praça da Aclamação, Cachoeira, Tel./ Fax 075-34 25 17 16, pousadadoconvento@ hotmail.com. Klosterunterkunft mit teilweise komfortablen Zimmern, gutes Restaurant, Pool im Innenhof. 150 R$.

Verkehr

Bus: Busbahnhof in São Felix, Tel. 075-34 38 43 03, die Busse halten auch bei der Brücke in Cachoeira. Von und nach Salvador mit *Santana* 16 x tgl., 2 Std., 15 R$. Die Orte lassen sich in einem Tagesausflug erkunden.

Bahias legendäre *capoeira*: eine Mischung aus Tanz und Selbstverteidigung

Salvador da Bahia

›Mama Afrika‹ in Bahia — Thema

Bahia (561 000 km², 15 Mio. Einw.) ist vielleicht der touristisch interessanteste Bundesstaat Brasiliens. Es locken zahlreiche tropische Strände und Badeorte, die Feste von Salvador und vor allem ein Menschentyp, der noch am ehesten dem entspricht, was der europäische Mentalitätstourist auf der Suche nach dem Anderen von Brasilien erwartet.

Das sprichwörtliche Temperament der Brasilianer ist hier besonders stark ausgeprägt, historisch wahrscheinlich bedingt durch den jahrhundertelangen Einfluss der Sklaven aus Afrika. Bahia hat die meisten Mischlinge Brasiliens mit einer relativ dunklen Hautfarbe. Importiert wurden auch die reichen kulturellen und religiösen Traditionen der afrikanischen Herkunftsländer, in vielfältigen afrobrasilianischen Mischformen bis heute gegenwärtig. Dazu gehören z. B. der Kampftanz *capoeira*, die verschiedenen Candomblé-Kulte und zahllose Tanz- und Musikstile mit ausgeprägtem Percussion-Anteil. Der Karneval Bahias bzw. Salvadors ist zweifellos der lebendigste und musikalisch anspruchsvollste des ganzen Landes.

Im Gegensatz dazu gewinnt man jedoch gleichzeitig überall den Eindruck, dass die ›Entdeckung der Langsamkeit‹ in Bahia kein Problem zu sein scheint. Die Atmosphäre ist schlichtweg gelöst, und Gemächlichkeit ist oberstes Lebensprinzip, sei es im Restaurant, im Straßenverkehr oder bei der Arbeit. Wer hier rennt, so witzelt der Volksmund, ist entweder ein Taschendieb, oder ihm ist gerade etwas abhanden gekommen. Tatsächlich kommt das bahianische bzw. afrobrasilianische Temperament am ehesten in der Freizeit und vor allem bei Musikveranstaltungen zum Ausdruck.

Eine der Ursachen liegt in der bahianischen Geschichte. Notwendige Reformen wurden über Jahrhunderte verschlafen bzw. von den alten, konservativen Oligarchien verhindert. Dabei hatte das zu den armen und zurückgebliebenen Ländern des Nordostens gehörende Bahia die privilegiertesten Startbedingungen. Es wurde als Erstes entdeckt, war schon 1549 mit der Hauptstadt Salvador Herrschaftszentrum der portugiesischen Kolonialmacht in Brasilien und hatte schon bald eine florierende Zucker- und Viehwirtschaft. Die vertriebenen Indios wurden durch Millionen von Sklaven aus Afrika ersetzt. Die Wirtschaft verharrte jedoch im monokulturellen Latifundiensystem, fast ausschließlich kontrolliert von zwei großen Familien (D'Ávila und Guedes de Brito), die an der Modernisierung ihrer Betriebe nicht interessiert waren. Im 19. Jh. entwickelte sich dann eine bescheidene Tabak- und Wollwirtschaft, der erhoffte Goldsegen beschränkte sich aber auf die Chapada Diamantina und die Region um Cachoeira. Auch der Kakaoboom des 20. Jh. verhalf nur der Region um Itabuna und Ilhéus zu einigem Wohlstand. Erst seit den 1970er-Jahren macht sich Bahia erfolgreich daran, die verschlafenen Jahrhunderte stagnierender Feudalwirtschaft wieder wettzumachen. 40 % des Bruttosozialprodukts werden heute von der Industrie erwirtschaftet, vor allem durch das Petrochemie-Werk im Recôncavo, der größten Industrieanlage des Nordostens. Der ›plötzliche Reichtum der kleinen Leute‹ hat sich jedoch noch nicht eingestellt, und die meisten verdienen immer noch nicht mehr als den Mindestlohn.

Bahias Nationalparks

Ein Besuch der beiden wichtigsten Nationalparks von Bahia ist ein absolutes Muss. In der Chapada Diamantina locken gewaltige Cañons, Höhlen und Wasserfälle, sie ist ein ideales Gebiet zum Wandern. Unterwassersportler dagegen zieht es in das fischreiche Archipel des Parque Nacional Marinho dos Abrolhos.

Die Chapada Diamantina

Lençóis ▶ 3, C 7

Unser Ausgangsort, ein altes, seit 1973 unter Denkmalschutz stehendes Diamantensucherstädtchen mit 5000 Einwohnern, hat viel von seinem früheren Flair bewahrt, auch wenn der Diamantenabbau aus Umweltschutzgründen inzwischen stark eingeschränkt ist. **Lençóis** liegt an der Ostseite der Chapada und bietet noch manche Zeugnisse der Vergangenheit, so die **Ponte dos Arcos Romanos** (1860), die **Igreja Senhor dos Passos** (19. Jh.), den **Mercado Municipal** (ab Ende 19. Jh. erbaute Markthalle, heute Kulturzentrum), das **Antigo Prédio da Prefeitura** (altes Rathaus aus dem 19. Jh, restauriert) und die **Casa de Cultura Afrânio Peixoto** aus dem 19. Jh., Geburtshaus des bekannten brasilianischen Schriftstellers und Dichters mit kleinem Museum.

Parque Nacional da Chapada Diamantina ▶ 3, C 7

Dieser **Nationalpark,** Teil einer ausgedehnten cañonartigen Gebirgslandschaft, die ein Drittel Bahias einnimmt, liegt 425 km von Salvador entfernt bei Lençóis. Vor mehr als 600 Mio. Jahren war hier noch das Meer. Sand und Ablagerungen bildeten Sandsteine, aus denen später durch Erosion große zerklüftete Felsformationen entstanden.

Schon im 17. Jh. entdeckten die Bandeirantes aus São Paulo hier Gold, und ab 1820, forciert durch die Berichte des deutschen Expeditionsteams Spix und Martius, begann die Zeit der Diamantensuche, die ihren Höhepunkt zwischen 1844 und 1870 erreichte. Diese wirtschaftliche und kulturelle Blütezeit ist zwar längst vorbei, die Landschaft berauscht jedoch weiterhin durch ihre unbändige Natur. Kahle Hochebenen, tiefe Cañons, felsige Steilhänge und finstere Höhlen wechseln sich ab mit fruchtbaren Tälern und den vielen Bachläufen und Wasserfällen. Die meisten kommen hierher, um zu wandern und sich ein wenig wie im ›Wilden Westen‹ zu fühlen.Im Januar und Februar kann es zu starken lokalen Sommergewittern kommen, wodurch die Wasserfälle noch spektakulärer wirken.

Man kann schon von Salvador aus an einer mehrtägigen organisierten Tour teilnehmen, die eingesetzten Guides sind jedoch nicht immer ausreichend mit der Gegend vertraut. Empfehlenswerter (und auch günstiger) ist es, sich einem der zahlreichen Exkursionsangebote ab Lençóis anzuschließen.

Morro do Pai Inácio ▶ 3, C 7

Von Lençóis aus wird kaum jemand versäumen, diesen nur 25 km entfernten **Tafelberg,** das Wahrzeichen der Chapada Diamantina, zu besuchen. Er liegt nahe der Hauptstraße, aus der Höhe von 1170 m genießt man einen überwältigenden Panoramablick.

aktiv unterwegs

Von Lençóis zum Ribeirão do Meio

Tour-Infos
Start: Praça Aureliano Sé beim Mercado Municipal im Zentrum von Lençóis
Länge/Dauer: 4 km/ca. 1 Std.
Schwierigkeitsgrad: Leichte Wanderung mit wenigen Steigungen, geeignet für Leute jeden Alters und Fitnessgrades.
Wichtige Hinweise: Man sollte vor 14 Uhr losgehen und rechtzeitig vor Einsetzen der Dunkelheit den Rückweg antreten. Der Weg ist nicht beschildert, führt jedoch auf seiner Hauptstrecke nur geradeaus, sodass ein Verlaufen praktisch ausgeschlossen ist. Lediglich auf dem letzten Teilstück muss man sich ein wenig nach Gehör orientieren.

Der Spaziergang von Lençóis zum Ribeirão do Meio ist ein schöner Halbtagesausflug, den man leicht ohne Agentur und Guide durchführen kann. Er bietet sich zum Beispiel am Ankunfts- oder Abreisetag an, wenn keine Zeit für komplette Tagestouren vorhanden ist, oder einfach, wenn man es einmal etwas gemächlicher angehen lassen möchte.

Als **Ribeirão do Meio** wird der Mittellauf des Baches Ribeirão bezeichnet, der an einer idyllisch gelegenen Stelle unter Bäumen ein kleines natürliches Schwimmbecken bildet – herrliche Panoramasicht inklusive. Auf den umliegenden Felsen aalen sich sonnenbadende Touristen und Einheimische. Das über einen steilen Felsen herabfließende Wasser bildet eine Art Naturrutsche, auf der Jugendliche in atemberaubender Manier stehend herunterrasen, weniger Mutige bevorzugen die – empfehlenswertere – sitzende Variante.

Der Weg zu diesem kleinen Idyll ist von Lençóis aus kaum zu verfehlen. Start der Wanderung ist die **Praça Aureliano Sé** beim **Mercado Municipal.** Wir gehen zunächst die Rua das Pedras hinauf und dann links in die Rua da Baderna. Vorbei an der Praça do Rosário biegen wir am Ende der Straße bei der Igreja N. S. do Rosário rechts in die Rua São Benedito. Diese von einfachen Behausungen flankierte Straße führt uns aus der Stadt heraus.

Nachdem wir eine kleine **Brücke** überquert haben endet das Kopfsteinpflaster und geht in eine Piste über. Am Ende eines etwa 200 m langen Anstiegs halten wir uns rechts entlang der Hauptpiste und folgen von da an den Schildern zur **Pousada Canto no Bosque** (ca. 10 Min.). Rechts von der Pousada führt ein kleiner Pfad leicht abwärts in den Wald hinein – in etwa 30 Minuten gelangen wir auf diesem Wanderweg direkt zum Ribeirão do Meio.

Unterwegs besteht bei einer kleinen Holzbaracke die Möglichkeit, Getränke zu kaufen, auch der eine oder andere frisch geschürfte Diamant befindet sich im Sortiment. Am Flussbecken stehen meistens ambulante Händler, die (natürlich etwas teurer) Wasser, Cola und Bier anbieten. Von den Fleischspießen sollte man jedoch Abstand nehmen und sich lieber ein Lunchpaket mitnehmen! Viele Pousadas stellen ihren Gästen zu einem fairen Preis ein Päckchen aus Sandwich, Obst, Wasser und Müsliriegel zusammen.

Nachdem der Wanderpfad fast durchgängig schnurgerade durch bewaldetes Gebiet führt, verliert er sich gegen Ende auf einer felsigen Lichtung. Hier muss man dem Stimmengewirr der Badenden folgen. Es gilt die grobe Richtung: nach unten und tendenziell links. Auch wenn die Beschreibung eher dürftig wirkt, so hat sich doch noch niemand an dieser Stelle ernsthaft verlaufen.

Den Rückweg sollte man rechtzeitig vor Einbruch der Dunkelheit antreten. Sofern die Gaststätte der Pousada Canto no Bosque geöffnet hat (Hauptsaison 12–18 Uhr), kann man hier noch eine Pause einlegen und sich einen köstlichen Fruchtsaft mixen lassen oder auch sehr gut essen.

Die Chapada Diamantina

Höhlen

Unbedingt zu empfehlen ist ein Besuch der verschiedenen Höhlen, der Zutritt ist jedoch nur mit zugelassenen Führern erlaubt. Die **Gruta do Lapão** nahe bei Lençóis ist eine der größten Quarzsteinhöhlen Brasiliens, man kann sie auf einem Kilometer Länge durchwandern. Die meisten Höhlen finden sich jedoch beim 82 km entfernten Iraquara, auch ›Cidade das Grutas‹ genannt, vor allem **da Torrinha** (seltene Formationen), **Lapa Doce** (40 m hoher Tunnel und viele Labyrinthe), **Lapa do Sol** (frühzeitliche Felsmalereien) und **da Pratinha** (mit einem schwimmend zu erkundenden Fluss).

Bei Itaité, einer Region, die ungefähr 40 km von Andaraí entfernt liegt, befindet sich der 42 m tiefe Höhlensee **Poço Encantado**. Von April bis September zwischen 9 und 13 Uhr erleuchtet ein mächtiger Sonnenlichteinfall den Grund des Sees und bewirkt zauberhafte Reflexionen, von Dezember bis Februar zwischen 22 und 2 Uhr ereignet sich ein vergleichbares Schauspiel durch das Licht des Mondes. 67 km von Andaraí findet sich ein ähnlicher, nur kleinerer und flacherer Höhlensee, der **Poço Azul**, dessen verschiedene Felskorridore man schwimmend erkunden kann. Die beste Zeit ist zwischen Februar und Oktober von 12 bis 15 Uhr, Guide und Ausrüstung sind vor Ort erhältlich.

Der Fumaça-Wasserfall ▶ 3, C 7

Ebenso berühmt wie die Höhlen sind die zahlreichen Wasserfälle *(cachoeiras)*. Am beeindruckendsten ist die **Cachoeira da Fumaça** im Vale do Capão (von Capão in 2 Std. zu erreichen). Mit einer Fallhöhe von 340 m ist der Katarakt der zweittiefste Wasserfall Brasiliens (nach längeren Trockenperioden führt er kaum Wasser, aber ein Besuch lohnt sich wegen der Aussicht immer). Es entsteht ein dermaßen starker Sprühdunst, dass sich alles in Rauch aufzulösen scheint, woraus sich der Name *fumaça* erklärt. Oben robbt man sich bis dicht an den Abgrund heran und genießt einen herrlichen Weitblick auf den Canon und das Sumpfgebiet im nördlichen Teil der Chapada.

Wanderpfade

Von Lençóis aus kann man verschiedene **Kurztouren** mit lokalen Guides unternehmen. Körperlich recht fordernd ist der 6 Std. über Wanderpfade und Flussfelsen führende Weg zu der in einen kleinen Cañon eingeschnittenen **Cachoeira do Sossego** (ca. 100 R$) mit ihren rosafarbenen Felswänden. Auf dem Weg dorthin vergnügt man sich auf der natürlichen Rutschbahn von Ribeirão do Meio (s. auch Aktiv unterwegs links).

Etwas leichter ist eine 2-stündige Tour (ca. 50 R$), die zu den kleinen Wasserfällen **Cachoeirinha** und **Cachoeira da Primavera** führt. Unterwegs macht man einen Badestopp im Poço Halley, bevor man schließlich zum Salão das Areias Coloridas mit seinem farbigen Sand gelangt.

Die vielleicht faszinierendste Tour führt entlang der **Trilha do Vale do Pati** (Infos zu Führungen und Übernachtung in den Reisebüros). Der 50 km lange Pfad verbindet das **Tal von Capão** (Aussteiger-Enklave im Westen der Chapada) mit dem kleinen Ort **Andaraí** und gibt einen schönen Eindruck von den landschaftlichen Reizen des Gebiets. 13 km von Andaraí entfernt befindet sich die geheimnisvolle, halb verfallene frühere Diamantensucherkolonie **Xique-Xique do Igatu**. Viele der 400 verbliebenen Einwohner dieser Geisterstadt erinnern sich noch an abenteuerliche Geschichten aus der guten alten Zeit. Heute ist fast alles verlassen und verfallen, dennoch gibt es hier einige einfache Übernachtungsmöglichkeiten.

Infos

Bahiatursa: Mercado Cultural, Lençóis, tgl. 9–22 Uhr. Sehr informativ ist das 2004 erschienene **Buch** »A Visitor's Guide to the Chapada Diamantina Mountains«.
Internet: www.guialencois.com

Übernachten

Am rauschenden Bach ▶ **Hotel Canto das Águas:** Av. Senhor dos Passos 1 (Centro), Tel. 075-33 34 11 54, www.lencois.com.br. Charmante Komfortunterkunft in herrlicher Flusslage, 44 Zimmer, sehr schöner Pool,

Bahias Nationalparks

Die Tafelberge und Cañons der Chapada Diamantina

auch das gute Restaurant ist einen Besuch wert. 275–450 R$.

Feine Aussicht ▶ **Hotel de Lençóis:** Rua Altina Alves 747, Tel. 075-33 34 11 02, www.hoteldelencois.com. Noblere, jedoch schon etwas ältere Hotelanlage mit 50 Zimmern, die z. T. Veranda und Blick auf die Berge besitzen, Garten, Pool und Restaurant. 200–300 R$.

Persönliche Betreuung ▶ **Pousada Vila Serrano:** Rua Alto do Bonfim 8 (Centro), Tel. 075-33 34 14 86, www.vilaserrano.com.br. Wunderschöne Öko-Anlage mit viel Grün, hübschen Häuschen im Kolonialstil und geschmackvoll dekorierten Zimmern, unter schweizerisch-brasilianischer Führung. Hilfreiche Tipps zu Ausflügen in den Nationalpark. 165 R$, in der Nebensaison nach Ermäßigung fragen.

Aktiv

Zuverlässig ▶ **Chapada Adventure,** Av. 7 de Setembro 7, Lençóis, Tel. 075-33 34 20 37, www.chapadaadventure.com.br. Einer der empfehlenswertesten Anbieter, ein- und mehrtägige Touren zu allen Attraktionen, zu

Parque Nacional Marinho dos Abrolhos

Fuß oder in Geländefahrzeugen, englisch- oder deutschsprachige Guides auf Anfrage, sehr hilfsbereit. So–Fr 7.30–12, 13.30–22, Sa 7.30–12, 17–22 Uhr. Viele Ausflüge lassen sich auch über die Pousada organisieren.

Verkehr
Flugzeug: Lençóis wird jeden Samstag ab Salvador von *Trip* (www.voetrip.com.br) angeflogen.
Bus: Nach Salvador mit *Real Expresso*, Tel. 075-33 34 11 12, 3 x tgl., 7.30, 13.15 und 23.30 Uhr, 6 Std., 50 R$. Wer von Cachoeira oder von Bahias Südküste aus anreisen will, muss in Feira de Santana umsteigen; der aus Salvador kommende Bus trifft dort ungefähr 2 Std. nach Abfahrt ein (ca. 9, 18.30 und 1.30 Uhr).

Parque Nacional Marinho dos Abrolhos ▶ 3, D 7

Der 913 km² große und seit 1983 geschützte **Meeresnationalpark von Abrolhos** umfasst ein Gebiet mit fünf Inseln und liegt 70 km bzw.

Bahias Nationalparks

38 Seemeilen vor dem bahianischen Küstenort **Caravelas**, dem besten Ausgangspunkt für die Erkundung des Nationalparks. Von hier aus starten in der Hauptsaison täglich kleine Boote (in der Nebensaison nur bei genügend Anmeldungen), eine Lizenz der Umweltschutzbehörde ICMBio ist obligatorisch. Individualtouren ohne Anwesenheit von staatlich anerkannten Guides sind strengstens untersagt.

Man kann wählen zwischen Tagesausflügen (7.30–17 Uhr) in den schnelleren *lanchas* (5 Std. Anfahrt) und Touren mit Übernachtung an Bord der langsameren *saveiros* (5 Std. Anfahrt). Geankert und getaucht wird zwischen den Inseln Redonda und Siriba, Letztere darf als einzige betreten werden (1,6 km Inselpfad).

Entstehung und Namensgeschichte

Die Entstehung der Inselgruppe geht zurück auf Vulkanausbrüche vor etwa 50 Mio. Jahren, von denen bizarre Felsformationen, Steilküsten und Höhlen bis heute Zeugnis ablegen. Die portugiesischen Entdecker, allen voran Amerigo Vespucci, fürchteten die gefährlichen Riffs und warnten vor den Gefahren des Schiffbruchs mit dem Ausspruch *abre os olhos* (halte die Augen auf), woraus sich später der Name Abrolhos entwickelt haben soll.

Flora und Fauna

Die Vegetation ist recht spärlich und besteht hauptsächlich aus niedrig wachsenden Gräsern *(gramíneas)* und einigen Palmen. Die Hauptattraktion oberhalb des Wassers sind neben einigen wild lebenden Bergziegen *(cabras)* die zahlreichen Meeresvögel, vor allem die krummbeinigen *atobás*, Fregattvögel *(fregatas)* und Rotschnabel-Tropikvögel *(rabos de palha,* auch *grazina* genannt).

Unterwasserwelt

Das Interesse der meisten Besucher gilt dem Abenteuer unter Wasser. Neueste Studien belegen, dass es nirgendwo im südlichen Atlantik einen so großen Artenreichtum in der **Fauna** gibt, mehr als 1300 Arten soll es geben. Man muss nicht einmal Tauchprofi sein, um diese bewundern zu können. Die in Inselnähe nur 6 m tiefen Gewässer lassen sich leicht mit Schnorchel erkunden. Etwas schwieriger gestaltet sich ein Besuch der ›Rosalinda‹, ein 1955 2 km vor den Inseln gesunkenes und noch gut erhaltenes italienisches Frachtschiff.

Eine andere Attraktion sind die gewaltigen **Korallenriffe** *(mussismilia brasilensis),* gebildet von einer Korallenart, die es einzig hier gibt. Sie erheben sich pilzförmig – daher auch *chapeirões* genannt – und können bei einem Wachstum von 6 cm pro Jahrhundert (!) eine Höhe von 25 m und einen Durchmesser von 50 m erreichen. Einfachere Unterwasserkorallen findet man in **Recifes das Timbebas**, einem idealen Gebiet für Taucher, nur 11 km vor dem Küstenort Alcobaça gelegen. Insgesamt 18 verschiedene farbige Korallenarten wurden gezählt, was einen brasilianischen Rekord bedeutet. Am häufigsten findet man den kugelförmigen *Cérebro*-Typus der Spezies Mussismilia, die nur in Brasilien existiert. Von den Farben her am faszinierendsten ist die Feuerkoralle *(coral-de-fogos)*. Man muss jedoch nicht unbedingt tauchen, um diese Meeresbewohner bewundern zu können, vielfach sieht man sie auch so.

Am beeindruckendsten ist der **Fischreichtum**. Man begegnet Sardinenschwärmen *(sardinhas),* Silberbarschen *(meros),* Dorschen *(badejos-quadrados),* Papageienfischen *(peixes-papageio),* Engelsfischen *(peixes-anjo),* Muränen *(moréias)* sowie gelegentlich Grünen Meeresschildkröten. Leider werden die Naturschutzbestimmungen nicht konsequent eingehalten, sodass durch illegalen Fischfang ein Rückgang besonders der Großfische zu beobachten ist.

Eine Besonderheit der Region sind die Hundertschaften von seltenen **Buckelwalen,** die zwischen Juli und November aus der Antarktis in die wärmeren Gewässer Bahias kommen, um sich dort zu paaren. Jedes Jahr sind es mehr als im Vorjahr. Die Boote haben Anweisung, einen gewissen Abstand nicht zu unterschreiten, um die Tiere nicht zu stö-

Parque Nacional Marinho dos Abrolhos

Besondere Bewohnerin des P. N. Marinho dos Abrolhos: die Meeresschildkröte

ren. Dennoch ist es auch aus etwas größerer Distanz beeindruckend, diese 16 m langen und bis zu 30 t schweren Kolosse zu beobachten.

Die beste **Reisezeit** ist wegen der größeren Sichtweite unter Wasser (8–15 m) der Sommer. Will man jedoch auch die Wale noch antreffen, empfiehlt sich als bester Besuchsmonat der November.

Infos

Abrolhos Turismo: Reisebüro, Praça Dr. Emílio Imbassahy 8 (Centro), Caravelas, Tel. 073-32 97 11 49, www.abrolhosturismo. com. br, Mo-Fr 8–12, 14–18, Sa 8–12 Uhr. Auch Vermittlung von Unterkünften auf dem Festland und Touren.

Übernachten

Da man sich in Caravelas vermutlich nicht länger als für eine Nacht aufhalten wird, empfiehlt sich eine Unterkunft nahe dem Bootsanleger, z. B. in der noch recht akzeptablen **Pousada Liberdade,** Av. Adalício Nogueira 1551, Tel. 073-32 97 20 75, www.pousada liberdade.com.br. DZ im Chalêt ab 80 R$.

Aktiv

Bootstouren/Unterwassersport ▶ Angebote über **Horizonte Aberto,** Rua das Palmeiras 313 (Centro), Caravelas, Tel. 073-32 97 14 74, www.horizonteaberto.com.br, Mo-Sa 9–18 Uhr, Tagestour und mehrtägige Touren mit Übernachtung auf dem Boot (›Live aboard‹) zu den Abrolhos-Inseln.

Verkehr

Bus: Die Fernverkehrslinien führen nur bis Teixeira de Freitas, Anschluss nach Caravelas mit *Brasileiro,* Tel. 073-32 91 25 29, 5 x tgl., 2,5 Std., 12 R$. Von Teixeira de Freitas in nördlicher Richtung nach Ilhéus, Porto Seguro u. a. fährt ebenfalls *Brasileiro.* Von und zu den südlich liegenden Städten São Paulo, Belo Horizonte und Rio de Janeiro fährt *São Geraldo.*

Porto Seguro, Arraial d'Ajuda und Trancoso

In der Nähe von Porto Seguro, Arraial d'Ajuda und Trancoso haben die portugiesischen Entdecker unter Pedro Álvares Cabral am 22. April 1500 zum ersten Mal brasilianischen Boden betreten. Der gesamte Küstenstreifen wurde am 22. April 1996 zu einem ›Museum‹ erklärt. Die heutigen Besucher kommen aber eher wegen der schönen Strände und der vielen Partys hierher.

Porto Seguro ▶ 3, D 9

Dieser Ort hat sich in den letzten 10–15 Jahren zu der Touristenhochburg Bahias entwickelt. Nur gut zwei Flugstunden von São Paulo entfernt, fallen hier im Sommer scharenweise per Charter überwiegend jugendliche Paulistas und Cariocas ein sowie zahlreiche Besucher aus dem gesamten Süden Brasiliens. Auch gibt es diverse Direktflüge aus Europa. Entsprechend ausgebildet ist die Infrastruktur, der florierende Ort besteht eigentlich nur aus Pousadas, die ständig neu am Meer entlang aus dem Boden schießen. Immer mehr Zugezogene machen hier irgendetwas auf; hatte der Ort 1980 erst 5000 Einwohner, sind es heute schon 121 000. Der Massentourismus spielt sich vor allem an den etwas außerhalb gelegenen Stränden in der Unterstadt *(Cidade baixa)* ab, nur wenige interessieren sich für die Oberstadt *(Cidade alta)* mit einem äußerst sehenswerten alten Stadtkern.

Historisches Zentrum

Von der Kreuzung Trevo do Cabral in der Unterstadt (mit dem Cabral-Denkmal) ist man recht schnell zu Fuß über mehrere Treppen in der Oberstadt. Als Erstes entdecken wir neben den Ruinen der ersten Jesuitenschule der portugiesischen Ex-Kolonie die kleine, gut erhaltene **Capela de São Benedito** (1549–63), auch Igreja do Colégio dos Jesuitas genannt. Ein Stück weiter, an einem großen Platz, erhebt sich die **Igreja de N. S. da Pena** (1535, 1730–73 rekonstruiert, tgl. 9–12, 14–17 Uhr).

Gleich neben der Kirche steht der 1772 erbaute Paço Municipal, der ehemals auch als Gefängnis diente und heute das **Museu de Porto Seguro** beherbergt. Es dokumentiert die Geschichte der Entdeckung Brasiliens, insbesondere das Aufeinandertreffen indianischer und portugiesischer Kultur und Bräuche (Mo–Mi, Fr/Sa 9–17 Uhr, Sommer tgl. 8–18.30 Uhr, Eintritt für alle Museen der Oberstadt 6 R$). Am Rand des Platzes befindet sich das bedeutendste historische Denkmal der Stadt, der so genannte **Marco do Descobrimento** (Markstein der Entdeckung). Die Marmorsäule wurde entweder 1503 von Gonçalo Coelho oder 1526 von Cristóvão Jacques nach Brasilien gebracht.

Geht man ein Stückchen weiter, trifft man auf eine der ältesten noch erhaltenen Kirchen Brasiliens, die **Igreja N. S. da Misericórdia** aus dem 16. Jh., später jedoch im barocken Stil modifiziert. Im hier befindlichen Museu de Arte Sacra sieht man die älteste in Brasilien existierende Heiligenstatue des Franz von Assisi, im Jahre 1503 von Gonçalo Coelho aus Portugal mitgebracht. Ein Stück davor hat man von dem erhobenen Standpunkt des *Centro histórico* aus einen weiten Blick über das Meer und den Küstenabschnitt, an dem alles begann …

Porto Seguro

Unterstadt

Hier ist *festa* rund um die Uhr, wie man es sonst nur noch in Salvador findet, am Tage an den Stränden und abends vor allem in der **Passarela do Álcool** (eigentlich Av. Portugal), die nur aus Bars, Cocktail-Ständen und Kunsthandwerksläden besteht. Hier kommt niemand um eine *capeta* herum, ein ebenso kräftiger wie schmackhafter Cocktail aus Guaraná, Kondensmilch, Zimt, Ananas, Wodka und Eis. Nach einigen Gläsern meinen viele Gäste, dass sich in dieser Kleinstadt gar das animierteste Nachtleben der ganzen Küste Brasiliens abspielt. Für jeden Abend gibt es eine andere angesagte Adresse, um nach heißen Axé-Rhythmen zu tanzen und zu feiern (s. S. 240).

Strände

Am Tage zieht alles zu den riesigen *cabanas* am Strand, besonders zur 7 km entfernten **Praia de Taperapuã**, wo die Jugend in Reihen *lambaeróbica* oder andere Modetänze zelebriert, stets angefeuert von professionellen Vortänzern auf speziellen Bühnenpodesten. Ruhiger ist es dagegen an den schönen Stränden von **Rio dos Mangues** (9 km) und **Ponta Grande** (11 km).

Als schönster und ursprünglichster Strand etwas weiter in nördlicher Richtung gilt **Santo André**. Insgesamt reizvoller jedoch sind die südlichen Strände der Nachbarorte Arraial d'Ajuda und Trancoso. Sie sind von Porto Seguro aus mit der Fähre und anschließenden 4 km auf einer Asphaltstraße zu erreichen.

Infos

Touristeninformation: Av. Portugal 350, Tel. 073/32 88 37 08. tgl. 9–22 Uhr.
Internet: www.portoseguro.ba.gov.br

Übernachten

In der Hochsaison vom 23. Dezember bis Ende Februar ist eine Reservierung zu empfehlen.
Am Strand ▶ **Hotel Villaggio Arcobaleno:** Av. Beira-Mar, KM 67, Praia de Taperapuã (6 km vom Zentrum), Tel. 073-21 05 50 50, Reservierung 0800-2 84 52 22 (kostenlos), www.hotelarcobaleno.com.br. Großes Luxushotel in schöner Lage am belebtesten Strand von Porto Seguro. Mit eigenem Animationsprogramm. 210–300 R$.
Am Fluss ▶ **Hotel Estalagem:** Rua Marechal Deodoro 66 (Flussufer), Tel./Fax 073-32 88 20 95, www. hotelestalagem.com.br. Rustikales und farbenfrohes Hotel in schöner, ruhiger Lage am Fluss. Einige Zimmer mit Veranda. Ab 80–95 R$.
In der Stadt ▶ **Hotel Pousada Hamburgo:** Rua do Golfo 124 (Centro), Tel. 073-32 88 28 81, www.hotelpousadahamburgo.com.br. 30 Zimmer, zentrale Lage, deutschsprachiger Besitzer. 70 R$.
Zwischen Stadt und Stränden ▶ **Porto Seguro Hostel:** Rua Cova da Moça 720, Tel. 073-32 88 17 42, www.portoseguro hostel.com.br. Gepflegtes und großräumiges HI-Hostel nahe den Stränden, Dorms ab 30 R$ pro Pers., DZ ab 70 R$.
Außerhalb ▶ **Camping Mundaí Praia:** Av. Beira Mar, KM 4, Praia de Mundaí, Tel. 073-36 79 22 87. Sehr großer und bestens ausgestatteter Campingplatz, auch für Wohnmobile. Camping 15 R$ pro Pers., DZ 68 R$.

Essen & Trinken

Churrasco am Strand ▶ **Barraca do Gaúcho:** Praia de Taperapuã, Tel. 073-36 79 20 43, tgl. 8–22 Uhr. Großes Strandrestaurant in der Nähe der Mega-Barracas. Wem die quirligen Tanzshows zu laut und lebhaft sind, der findet hier ein entspanntes Ambiente mit Meerblick und gutem Churrasco (*All you can eat* für 30 R$) oder Beilagenbuffet (24 R$). Vom Axé Moi 15–20 Min. nach Norden, vom Barramares 10 Min. nach Süden.
Im Herzen der Stadt ▶ **Esquina do Mundo:** Passarela do Álcool 292, Tel. 073-32 88 21 39, Mo–Sa 17–23.30 (Sommer tgl. 12–24) Uhr. Familienfreundliches Restaurant, eins der besten in der Unterstadt. Serviert wird typisch bahianische Küche (Moqueca um 60 R$ für 2 Pers.), nettes Ambiente, abends Live-Musik.

Porto Seguro, Arraial d'Ajuda und Trancoso

Einkaufen

Nirgendwo in Brasilien gibt es so viele Läden mit bedruckten **T-Shirts;** ein besonders originelles Souvenir ist ein Fläschchen mit *dem* Cocktail der Region, *capeta,* erhältlich in der nächtlichen Vergnügungsmeile Passarela do Álcool.

Abends & Nachts

Die Hauptanziehungspunkte am Abend sind außer der **Passarela do Álcool im Zentrum** die folgenden großen (Strand-)Bars oder Vergnügungskomplexe, wo man sich besonders an bestimmten Abenden trifft: **Axé Moi** (Mo, nur Sommer), **Tôa-Tôa** (Di), **Barramares** (Mi) und **Ilha dos Aquários** (eine Insel auf dem Rio Buranhém, Fr). Die Reihenfolge kann sich ändern, den aktuellen Stand erfährt man in der **Estação dos Ingressos,** Praça da Bandeira 30, hier sind auch Tickets für die Feste erhältlich (Mo–Sa 15–23, So 18–22 Uhr).

Aktiv

Bootsausflüge im Schoner zu den Sandbänken und Korallenriffen von Recifes de Fora; mit Aufenthalt zum Baden und Schnorcheln (Zubehör 5 R$), Dauer 4 Std., 40 R$, zahlreiche Anbieter, Abfahrt: Av. 22 de Abril/Av. Portugal.

Öko- und Ausflugtouren ▶ Brazil Travel, Av. 22 de Abril 186, Tel. 073-32 88 42 85, www.braziltravel.com.br. Mo–Fr 9–18 Uhr. Umfangreiches und zudem umwelt- sowie sozialverträgliches Ausflugsprogramm, darunter Fluss- und Dschungeltouren oder der Besuch in einem Indianerreservat. Deutschsprachige Tourguides.

Termine

Festa do Descobrimento (19.–22. April): Feier der Entdeckung Brasiliens, Reinszenierung der ersten katholischen Messe auf brasilianischem Boden, Musikshows.

Verkehr

Flugzeug: Der Flughafen liegt 3 km nordwestl. des Zentrums, Tel. 073-32 88 18 80, Verbindungen in alle größeren Städte Brasiliens, Transfer mit dem Taxi zu den Stadtstränden ca. 30 R$.

Bus: Die Rodoviária befindet sich 2 km außerhalb des Zentrums; Verbindungen u. a. nach Belo Horizonte (*São Geraldo*, Tel. 073-32 88 11 98, 2 x tgl., 16 Std., 133–160 R$), Ilhéus (*Rota*, Tel. 073-32 88 37 91, 4 x tgl., 6 Std., 39–51 R$), Itacaré (*Rota*, Tel. s. o., 1 x tgl., 7 Std., 47 R$), Rio de Janeiro (*São Geraldo*, Tel. s. o., 2 x tgl., 18 Std., 154–177 R$), Salvador (*Águia Branca*, Tel. 073-32

Arraial d'Ajuda

Die Traumstrände bei Porto Seguro laden zur Muße und zum Genießen ein

88 10 39, 1 x tgl., 11 Std., 137 R$), Trancoso (*Águia Azul,* Tel. 073-36 68 13 47, tgl. 8 und 18 Uhr, 1,5–2 Std., 10 R$), Vitória (*Águia Branca,* Tel. s. o., 2–3 x tgl., 10 Std., 88–119 R$).
Fähren: Richtung Arraial d'Ajuda, Praça dos Pataxós, ständiger Fährbetrieb alle 15 Min., nach 19 Uhr alle 30 Min., ab 1 Uhr stdl., 10 Min., hin gratis. Von Arraial d'Ajuda fahren ca. alle 30 Min. Busse nach Trancoso (*Águia Azul,* 1 Std., 7 R$).

Arraial d'Ajuda ▶ 3, D 9

Wer heute nach Porto Seguro kommt, besucht fast immer auch Arraial d'Ajuda, wenige Kilometer südlich von Porto Seguro, nur getrennt durch den Rio Buranhém (Fähre). Der Name geht zurück auf die Schutzpatronin des Ortes, Nossa Senhora d'Ajuda, nach der auch die kleine **Jesuitenkirche** (1549–51) benannt ist. Das beim Bau benötigte Wasser schoss plötzlich aus einer nahe gelegenen

Porto Seguro, Arraial d'Ajuda und Trancoso

Quelle, der **Fonte Sagrada,** an einem Abhang unterhalb der Kirche hervor, seitdem ist das ›Água Santa‹ (geweihtes Wasser) Ziel einer jedes Jahr im August veranstalteten großen Wallfahrt. Wer von dieser Quelle trinkt, so besagt die Legende, komme immer wieder nach Arraial zurück.

Der noch vor nicht langer Zeit recht verschlafen wirkende Ort hat schnell aufgeholt und macht dem älteren Nachbarn Porto Seguro auf jedem Sektor schärfste Konkurrenz. Er hat nur 11 500 Einwohner, doch kommt jedes Jahr schon ein Mehrfaches dieser Zahl an Touristen. Im vielleicht buntesten Badeort Brasiliens überleben noch Hippiekulturen aus den 1970er-Jahren, drängen sich Rucksacktouristen in Bars, tummeln sich Sonnenanbeter und Ökos. Aber auch berühmte Musikgrößen wie Gal Costa, Caetano Veloso, Gilberto Gil oder weltbekannte Schauspieler wie Sophia Loren, Richard Gere und Robert de Niro gaben sich ihr Stelldichein in den schicken Pousadas mit Sauna und Pool, den französischen und japanischen Gourmetrestaurants oder der belebten **Praia de Mucugê.** Der Trend geht jedoch auch hier hin zum Exklusiveren und Schickeren.

Arraial d'Ajuda besteht fast nur aus Fremden, die aus anderen Teilen Brasiliens oder aus Europa hierher kamen und Pousadas, Bars und Restaurants oder Kunsthandwerksläden eröffneten. Besonders an der **Estrada do Mucugê,** dem Weg zum Hauptstrand (daher auch *caminho do mar* genannt, reiht sich ein Etablissement an das andere.

Nach wie vor belebt ist auch der **Broadway** zwischen der Igreja de N. S. d'Ajuda auf der einen und der brodelnden Praça São Brás auf der anderen Seite. Über diese 200 m lange Flaniermeile bewegt sich jeder jeden Abend mehrere Male, unschlüssig, ob er seine *caipirinha* stehend oder sitzend und vor einem Lautsprecher mit Blues-, Jazz- oder Reggae-Musik einnehmen soll. Da man jedoch überall alles gleichzeitig hört, macht es keinen Unterschied, wo man sich schließlich niederlässt. Hier ist die einzige Devise: sehen und gesehen werden.

Übernachten

Schick, schick ▶ **Maitei Hotel:** Estrada do Mucugê 475, Tel. 073-35 75 35 38, www.maitei.com.br. Sehr hübsches, modern designtes Hotel. Von der Veranda und aus den 14 geräumigen, äußerst komfortablen Suiten (mit Jacuzzi) bietet sich ein traumhafter Meerblick. Zwei Pools. Ab 400 R$.

Für Familien und Paare ▶ **Hotel Mar Paraíso:** Estrada do Mucugê 476, Tel. 073-35 75 44 00, www.mar-paraiso.com. Eins der wenigen Hotels direkt am Strand. Auf der großen Anlage befinden sich 55 Bungalows (bis 6 Pers.), rustikal und gemütlich zugleich, mit Küche und Terrasse. Toller großer Pool, Restaurant. Gutes Preis-Leistungs-Verhältnis. Um 200 R$.

Zentral auf der Meile ▶ **Pousada Erva Doce:** Estr. do Mucugê 200, Tel. 073-35 75 11 13, www.ervadoce.com.br. Sehr grüne, ruhige und doch zentral gelegene Pousada; 15 charmant gestaltete Apartments, zum Teil mit Balkon. 160–170 R$.

Familiär ▶ **Pousada Bemvirá:** Alameda dos Flamboyants 54, Tel. 073-35 75 11 84, www.bemvira.com.br. Freundliche, persönlich geführte Pousada mit kleinem Pool und 21 rustikalen und doch komfortablen Zimmern. Um 100 R$.

Hostel der Extraklasse ▶ **Arraial d'Ajuda Hostel:** Rua do Campo 94, Tel. 073-35 75 11 92, www.arraialdajudahostel.com.br. Exzellentes und sehr freundlich geführtes HI-Hostel mit nett gestalteten DZ (ab 60 R$) und Dorms (ab 25 R$ pro Pers.). Viele Extras, u. a. Pool und kostenloser Internetzugang.

Essen & Trinken

Apfelstrudel zum Dessert ▶ **Rosa dos Ventos:** Alameda dos Flamboyants 24, Tel. 073-35 75 12 71, Do–Di 16–24, So 13–22 Uhr. Gemütlich und romantisch mit schönem Garten, unter österreichisch-brasilianischer Leitung, exzellente Küche, z. B. *Filét de badejo ao molho de creme de abóbora e espinafre* (Fisch in Kürbis- und Spinatsoße) für 45 R$.

Traditionell ▶ **Manguti:** Estrada do Mucugê 99, Tel. 073-35 75 22 70, tgl. 13–24 Uhr. Größeres Lokal mit regionaler Küche, gern

bestellt wird *Nhoque com filé*. Gerichte zwischen 14 und 40 R$.
Dampfende Töpfe ▶ **Portinha:** Rua do Campo 1, Tel. 073-35 75 12 89, tgl. 12–22 Uhr. Eins der besten Selbstbedienungsrestaurants in Bahia, man wählt vom reichhaltigen Buffet, am Ende wird nach Gewicht bezahlt (30 R$/kg).

Aktiv

Wellness-Spaßbad ▶ **Arraial d'Ajuda Eco Parque:** Estrada da Balsa, KM 4,5, Tel. 073-35 75 86 00, www.arraialecoparque.com.br, 10–17 Uhr (nur an bestimmten Tagen geöffnet). Riesiges Bad mit Wellenbecken, künstlichem Fluss, Riesenrutschen und Hochseilgarten. Erw. 60 R$, Kinder von 1–1,30 m 30 R$, bis 1 m frei.

Tagesausflüge ▶ Am beliebtesten sind Trips zu den wunderschönen Stränden **Curuípe** und **Praia do Espelho** (57 R$, nicht tgl.), organisiert werden sie von den Reisebüros an der Estrada do Mucugê, z. B. Arco Íris Turismo, Tel. 073-35 75 16 72. Man kann die Umgebung auch gut alleine im Mietwagen erkunden, Autos gibt es bei **Robertinho Rent a Car,** Estrada do Mucugê 175, Tel. 073-35 75 16 93, robertinho.rentacar@hotmail.com.

Strandwandern ▶ Von Arraial d'Ajuda über Pitinga und Strand von Rio da Barra bis nach Trancoso, vorbei an einsamen Traumstränden mit Kokospalmen und rosa-violettfarbenen Felswänden, 2–3 Std. (nur bei Niedrigwasser).

Termine

Festa de Yemanjá (2. Febr.): Farbenprächtiger Umzug zu Ehren der Meeresgöttin des Candomblé, fast so opulent wie in Salvador.
N. S. d'Ajuda (15. Aug.): Religiöses Fest zu Ehren der Schutzheiligen des Ortes mit Wallfahrt.

Verkehr

Fähre: Von Porto Seguro fahren Auto- und Personenfähren (*balsa*), alle 15 Min., ab 19 Uhr alle 30 Min., ab 1 Uhr stdl., 10 Min., anschließend 4 km bis zum Ortskern (mit dem Bus oder mit einem der vielen privaten Kleinbusse, jeweils 2 R$).

Trancoso ▶ 3, D 9

Hier geht es bereits viel ruhiger zu, der 6000-Einw.-Ort besteht in seinem Zentrum eigentlich nur aus einem Fußballfeld, gesäumt von zwei Reihen bunt bemalten alten Häuschen mit zahlreichen Bars, Kunsthandwerksläden, Restaurants und Pousadas, davor die kleine Jesuitenkirche São João Batista von 1656. Dennoch ist dieser Platz, **Quadrado** genannt, ein ganz besonderer Touristenmagnet und einer der schönsten Orte an Bahias Küste.

Bei den Urlaubern ist der hohe Anteil von Szenegruppen auffällig, seien es homosexuelle Männer und Frauen, Freunde des Punks und Piercings, Nudisten u. a. Das Touristenprofil bestimmt sich auch durch die große Anzahl ausländischer Besucher, von denen nicht wenige den Ort so attraktiv fanden, dass sie geblieben sind und eine Pousada, ein Restaurant oder eine Bar aufgemacht haben.

Auf internationales Flair und einen gewissen Luxus auf der mit *jaqueiras* bewaldeten Anhöhe von Trancoso braucht man also nicht zu verzichten, wenn auch der ursprüngliche Charakter des früheren Fischerdörfchens bzw. der späteren Hippiekolonie der 1970er-Jahre noch bis in die Gegenwart spürbar erhalten geblieben ist. Vielleicht liegt in dieser Verbindung von weltabgewandtem Mythos der 1970er-Jahre mit dem kosmopolitischen Geist des 21. Jhs. das Geheimnis der erstaunlichen Anziehungskraft dieses magischen Plätzchens, auf dem sich jeden Abend in den Bars Fremde, Einheimische und Zugezogene unterschiedlichster Couleur und unterschiedlichsten Geldbeutels dicht zusammendrängen, jede Anonymität schnell über Bord werfend. Schließlich hat man sich schon oft gesehen, wahrscheinlich in einer der vielen Strandbars.

Spätestens hier muss man feststellen, dass auch die außergewöhnlich schönen **Strände** dieser Region große Anziehungspunkte für Touristen von nah und fern sind.

Porto Seguro, Arraial d'Ajuda und Trancoso

Der Ortsstrand, die Praia dos Nativos, ist recht belebt und voller Bars, inzwischen auch schon der etwas südlich gelegene Strand dos Coqueiros. Bedeutend ruhiger sind die südlichen Strände, wie Ponta de Itapororoca oder Ponta de Itaquena. Ein Erlebnis sind die Wattwanderungen (nur bei Ebbe) nach Arraial d'Ajuda (3 Std.) und Praia do Espelho (4 Std.).

Übernachten

Viel Grün ▶ **Mata N'ativa Pousada:** Estrada para Arraial s/n, Tel. 073-36 68 18 30, www.matanativapousada.com.br. Ein kleines Tropenurlaubsparadies mit hübschen Suiten in einem üppigen, 4500 m² großen Garten. 230–250 R$.

Traumhafte Lage ▶ **Pousada Mundo Verde:** Rua do Telégrafo 43, Tel. 073-36 68 12 79, www.pousadamundoverde.com.br. Exzellente Pousada mit schönen, bis zu 108 m² großen Suiten, gelegen auf einer Anhöhe inmitten eines Tropengartens. Vom Pool aus bietet sich ein fantastischer Ausblick aufs Meer. Gut geeignet für Familien mit Kindern. Der dänische Besitzer Lars spricht Englisch. 170–230 R$.

Entspannt ▶ **Pousada Raízes do Brasil:** Rua Nova 16, Tel. 073-36 68 13 43, www.pousadaraizesdobrasil.com.br. Sympathische, versteckt gelegene Pousada, viel Ruhe und Entspannung in angenehmem Ambiente. Um 100 R$.

Tolle Bungalows ▶ **Pousada Quarto Crescente:** Rua Principal, Tel. 073-36 68 10 14, www.quartocrescente.net. Freundliche, privat geführte Pousada mit Pool und Garten. Die Zimmer im Hauptgebäude sind recht klein, ein Tipp sind die schöneren Bungalow-Zimmer (Apartamentos Temáticos) mit Balkon und Hängematte. Der holländische Besitzer spricht Deutsch. Sehr gutes Preis-Leistungs-Verhältnis. 70–100 R$.

Essen & Trinken

Mit Ambiente ▶ **Capim Santo:** Praça São João (Quadrado), Tel. 073-36 68 11 22, Mo–Sa 17–23 Uhr. Eines der besten (Fisch-)Restaurants am Ort, rustikal, in schönem Garten. Gerichte ab 45 R$.

Unterm Mandelbaum ▶ **Portinha:** Praça São João (Quadrado), Tel. 073-36 68 10 54, tgl. 12–22, März–Juli bis 20 Uhr. Restaurant mit exzellentem Selbstbedienungsbuffet (32 R$/kg), man sitzt unter einem Mandelbaum und schaut dem Treiben auf dem Quadrado zu. Unbedingt die Nachspeisen probieren.

Spar-Pizza ▶ **Maluco Beleza:** Av. Principal, Tel. 073-36 68 21 76, Di–So 18–23 Uhr. Wer nicht nur in den guten, aber auch teuren Restaurants am Quadrado essen will, findet entlang der Av. Principal günstige Alternativen, wie z. B. diese kleine Pizzeria. 10–25 R$.

Abends & Nachts

Das Nachtleben von Trancoso reißt Besucher nur im Sommer von den Sitzen. Dann strömt alles in eine der Szenebars am Quadrado wie das **Pizzókkero** (Do–Di 20–2 Uhr) oder **São Brás**, tgl. ab 24 Uhr. Tagsüber erholt man sich von der durchtanzten Nacht in den Strandbars **Tostex Praia, Casa Timbó** oder **Pé na Areia** oder glüht schon für den nächsten Abend vor. In der Nebensaison schließen allerdings viele Amüsierbetriebe und die abendlichen Aktivitäten beschränken sich eher auf Restaurantbesuche

Verkehr

Bus: Ungefähr stdl. zwischen 6 und 19.30 Uhr Verbindung nach Arraial d'Ajuda (Zentrum/Fähre)/Porto Seguro, 1 Std., 7 R$.

Caraíva und Monte Pascoal ▶ 3, D 9

70 km südlich von Arraial d'Ajuda bzw. 42 km von Trancoso liegt auf einer Halbinsel **Caraíva**, ein archaisches 800-Seelen-Nest, in dem es weder Straßen noch Autos gibt, aber schon eine ganze Reihe Pousadas und einige einfache Restaurants (Übernachtung am besten in der Pousada Vila do Mar am südlichen Strandende, Tel. 073-36 68 51 11, www.pousadaviladomar.com.br, 150 R$, Dez.-Febr. teurer). Die Anfahrt ist recht beschwerlich, man kann eine organisierte Jeep- oder Buggytour buchen, es verkehren aber auch

Caraíva und Monte Pascoal

normale Linienbusse ab Arraial d'Ajuda (Águia Azul, Tel. 073-35 75 11 70, tgl. 7.20 und 15.10 Uhr, 2,5 Std., 13 R$) und Trancoso (tgl. 8 und 16 Uhr, 2 Std., 11 R$). Kurz vor dem Ziel muss man aussteigen, mit einem Boot oder Kanu noch den Rio Caraíva überqueren, um dann endlich in den Ort zu gelangen. Der Hauptplatz ist umgeben von Lehmhütten mit einer kleinen weißen Kirche, in der einmal jährlich zum Dorf-Geburtstag alle Hochzeiten und Taufen gleichzeitig abgewickelt werden. Reizvoll ist die üppige Mangrovenvegetation sowie ein schöner, einsamer Strand.

Südlich angrenzend befindet sich der **Parque Nacional de Monte Pascoal** mit dem 536 m hohen gleichnamigen Berg. Am dort befindlichen Strandabschnitt **Barra do Caí** haben die offiziellen Entdecker unter Cabral am 22. April 1500 um 10 Uhr zum ersten Mal brasilianischen Boden betreten und wurden dabei von den **Pataxós-Indios** in einer brüderlichen Zeremonie begrüßt.

Noch heute leben ihre Nachfahren, ca. 500 Familien, in der **Aldeia Barra Velha**. 25 traditionell bemalte und geschmückte junge Indios empfangen hier – nur nach Anmeldung – Touristen aus aller Welt, erzählen ihre Geschichte, tanzen, singen und bieten typische Gerichte an. Die Ausflugsagenturen überlassen ihnen dafür einen Teil des Tourpreises. Man kann alternativ auch mit einem Buggy dorthin fahren (60 R$ hin und zurück) oder 6 km am Strand entlang laufen.

Die fruchtbare Landschaft in der Umgebung von Monte Pascoal

Die Kakaoküste

Etwa in der Mitte zwischen Porto Seguro und Salvador liegt das nette Städtchen Ilhéus (220 000 Einw.) und 39 km weiter nördlich der touristische Newcomer Itacaré. Die an Traumstränden reiche Region war einst berühmt durch den Kakao und recht wohlhabend, heute setzt man immer mehr auf den Tourismus.

Ilhéus ▶ 3, D 8

1746 wurden die ersten Kakaopflanzen aus dem Amazonasgebiet hierher eingeführt, gediehen über Jahrhunderte prächtig und bescherten dem Ort einen gewissen Reichtum. In einer kleinen Fotoausstellung, untergebracht im neoklassizistischen **Palácio Paranaguá** (1898–1907) an der Praça J. J. Seabra, wird dies dokumentiert.

Im Jahr 1989 jedoch befiel ein sehr resistenter, aus Amazonien stammender **Pilz** *(Vassoura de bruxa)* fast die gesamte Ernte und verursachte eine schwere Krise. Mehr als 30 000 Familien wurden arbeitslos, die sozialen Probleme der einst so wohlhabenden Stadt nahmen gravierende Formen an, bis die Stadtväter endlich den **Tourismus** entdeckten und nun alles vermarkten, was sich um den Kakao und den Dichter Jorge Amado rankt, der hier einen Teil seiner Jugend verbrachte (1926–37).

Die Altstadt Jorge Amados

Seit 2002 wird die ganze Altstadt ›Quarteirão Jorge Amado‹ genannt. Das 1920 errichtete Wohnhaus der Familie Amado, Nr. 21 der schön restaurierten Rua Jorge Amado, nennt sich heute **Casa de Cultura Jorge Amado** und beherbergt ein kleines Museum mit Fotos, Dokumenten und seinen Büchern (Mo–Fr 9–12, 14–18, Sa 9–13 Uhr). Viel besucht wird auch Amados damaliges Stammlokal, die **Vesúvio-Bar** an der zentralen Praça Dom Eduardo.

Sie wurde vor wenigen Jahren nach einem Besitzerwechsel renoviert, besitzt aber nach wie vor ihren Charme. Fast jeder Ilhéus-Neuankömmling trinkt hier seine erste Caipirinha, auch das Essen ist vom Feinsten. Die frühere Konditorei von 1856 wurde ab 1919 zu einem Treffpunkt der Kakaobarone und fungierte als Schauplatz des berühmten Amado-Romans »Gabriela wie Zimt und Nelken«, es ist ein Porträt des Kakaobooms der 1920er-Jahre und vor allem eine mitreißende Liebesgeschichte zwischen dem Chef und der Köchin der Vesúvio-Bar (auf Deutsch erhältlich). Im Vesúvio, so bekannte der Dichter, habe alles für ihn angefangen, eine an die Wand gemalte Widmung sowie eine lebensgroße Statue des Autors am Eingang beschreiben noch heute seine Verbundenheit mit diesem Lokal.

Drei Kirchen

Von der Vesúvio-Bar blickt man auf die mächtige **Catedral de São Sebastião** (1931–67). Jedes Jahr im Januar findet hier am Tag des São Sebastião die *Lavagem da Igreja* statt, ein afrobrasilianisches religiöses Ritual, bei dem heute Feuerwehrmänner sowohl die Kirche als auch die tanzende Volksmenge bespritzen (Mo–Fr 8–12 und 14–18, Sa 8–11 Uhr, So Messen um 8 und 19 Uhr). Die älteste Kirche von Ilhéus ist die 1556 vollendete und später mehrfach restaurierte **Igreja de São Jorge** an der Praça Rui Barbosa. Sie beherbergt ein kleines Museum für sakrale Kunst.

Die dritte bedeutende Kirche ist die neogotische **Igreja N. S. da Piedade** aus dem

Ilhéus

Jahr 1916, abends wird sie stimmungsvoll angeleuchtet. Von hier oben (Alto do Ceará) genießt man einen sehr schönen Blick auf die Stadt, den Hafen und die Küste (tgl. 8–18 Uhr).

Strände und Naturquellen

Die stadtnahen Strände von Ilhéus, Praia da Avenida und Praia do Cristo sind alle recht verschmutzt. Die nördliche Küste hat zwar einen wunderschönen, 44 km langen Strand, die **Praia do Norte**, ist jedoch schwer zugänglich und wenig erschlossen. Gen Süden führt dagegen eine moderne Asphaltstraße dicht am Meer entlang, dort finden sich kilometerlange saubere Strände mit Kokospalmen und Musikbars.

Am belebtesten (z. T. auch abends) sind die **Praia dos Milionários,** die angrenzende **Praia Cururupe** sowie die Strände von **Batuba** und **Cai n'Água** beim 19 km entfernten Olivença. Eine besondere Attraktion dieses Nachbarortes ist das **Balneário de Tororomba,** ein durch eine Naturquelle gespeistes Frei- oder Spaßbad mit mineralhaltigem Wasser, dem heilende Eigenschaften nachgesagt werden (nur während der Saison geöffnet, Di–So 8–17 Uhr, Direktbusse von Ilhéus).

Die verzauberte Lagune

Ein lohnender Tagesausflug 34 km in entgegengesetzter, nördlicher Richtung führt zur **Lagoa Encantada,** einer sagenumwobenen, unter Naturschutz stehenden Lagune. Das 15 km^2 große Gewässer ist umgeben von 437 ha Atlantischem Urwald mit zahlreichen Wasserfällen und seltener Fauna und Flora. Bereits die zweistündige Anfahrt im Boot den Rio Almada hinauf ist ein kleines Abenteuer, soll es doch der Legende nach hier Maultiere ohne Kopf, Werwölfe und schwimmende Inseln geben.

Infos

Setur: Rua Antônio L. Lemos 33, Mo–Fr 9–12, 14–17 Uhr, Info-Kiosk neben der Kathedrale, Mo–Sa 8–18 Uhr, www.brasilheus.com.br, www.jorgeamado.org.br.

Übernachten

Wie Robinson ▶ Pousada Sukhavati: Praia de Serra Grande, Straße nach Itacaré KM 31,7, Tel. 073-32 39 60 46, www.sukhavati.net. An einem einsamen Strand, inmitten von atlantischem Regenwald, liegt die ruhige Pousada mit sechs Holz-Bungalows (Ventilator). Ideal, wenn man abschalten möchte (auf Wunsch Yoga-Stunden u. a.). Restaurant, Mietwagen, deutschsprachige Leitung. Reservierung. 250–380 R$.

Der Strand grüßt ▶ La Dolce Vita Hotel: Praia do Sul, KM 2 (6,5 km vom Zentrum), Tel. 073-32 34 12 12, www.ladolcevita.com.br. Nette Hotelanlage direkt an der schönen Praia do Sul, vom Pool und Restaurant Blick aufs Meer. Einige der größeren Zimmer haben Balkon und Hängematte. 180 R$.

Sehr gefragt ▶ Hotel Praia do Sol: Praia do Sul, KM 0 (4,5 km vom Zentrum), Tel 073-32 34 70 00, www.praiadosol.com. Ordentliche Hotelanlage direkt an der Praia do Sul mit 102 Zimmern, großem Garten und Pool. In der Hauptsaison ist eine Reservierung empfehlenswert. 120–160 R$.

Hübsche Pousada am Strand ▶ Pousada Vitória: Praia do Sul, Jardim Atlântico, Tel. 073-36 32 49 97, Fax 073-36 32 80 07, www.pousadavitoria.com.br. 5 km vom Stadtzentrum, mit 16 luftigen Apartments und Suiten sowie großem Garten und Pool. Schweizer Besitzer. 90–150 R$.

Essen & Trinken

Auf Jorge Amados Spuren ▶ Vesúvio: Praça Dom Eduardo 190, Centro, Tel. 073-36 34 21 64, tgl. 10–24 Uhr. Früheres Stammlokal von Jorge Amado, Innenbereich und Tische auf dem Bürgersteig; arabische und bahianische Küche (z. B. gute *moquecas* ab 44 R$); abends Live-Musik, im Sommer ab 21 Uhr Inszenierung der Liebesgeschichte aus Amados Roman.

Treff Nr. 1 ▶ Barrakítika: Rua Dom Pedro II 39, Tel. 073-32 31 83 00, Mo–Sa 10–2 Uhr. Uriges Straßenrestaurant mit Tischen auf dem Vorplatz (oft Live-Musik). Sehr gute Fischpfanne (Escabeche) zu anständigen Preisen (35 R$ für 2–3 Pers.), Mittagstisch

Die Kakaoküste

Jorge Amados Roman »Gabriela wie Zimt und Nelken«

Der bekannte Dichter Jorge Amado wurde 1912 auf einer Kakaoplantage in der Nähe von Ilhéus geboren. In »Gabriela wie Zimt und Nelken« setzt er seiner Heimat ein großes Denkmal. Es ist ein Roman über den Kakaoboom der 1920er-Jahre und zugleich eine Liebesgeschichte zwischen der Köchin und dem Chef der noch heute populären Vesúvio-Bar.

»In jenem Jahre 1925, als die idyllische Liebe der Mulattin Gabriela und des Arabers Nacib aufblühte, dauerte die Regenzeit bereits weit länger als üblich und notwendig war; die Farmer liefen wie aufgescheuchte Vögel durch die Straßen und fragten einander mit ängstlichem Blick und bebender Stimme: ›Will es denn gar nicht aufhören?‹

Seit Menschengedenken hatte man nicht so viel Wasser vom Himmel fallen sehen. Es regnete Tag und Nacht, ununterbrochen.

›Eine Woche noch, und alles ist hin.‹

›Die ganze Ernte …‹

›Mein Gott!‹

Dabei versprach die Ernte besonders gut zu werden, besser als alle früheren. Bei den ständig ansteigenden Kakaopreisen bedeutete das noch mehr Reichtum, Wohlleben, Überfluß, kurzum, Geld in Hülle und Fülle. Die Söhne der Großgrundbesitzer, der Obersten, würden die vornehmsten höheren Schulen in den großen Städten besuchen, prachtvolle Villen würden in neu angelegten Straßen gebaut werden, luxuriöse Möbel würden aus Rio eintreffen, in vielen Sälen würden Konzertflügel Platz finden, zahlreiche neue Geschäfte mit einem riesigen Warenangebot würden eröffnet werden, der Handel würde blühen, in den Nachtlokalen würde der Alkohol in Strömen fließen, mit den Schiffen würden Frauen eintreffen, in Bars und Hotels würde man eifriger pokern denn je – kurz, es bedeutete den Fortschritt, die vielgepriesene Zivilisation! […]

Die ›Vesuvbar‹ war die älteste in der Stadt. Das Eckhaus, in dem sie untergebracht war, stand dicht am Meer, an einem kleinen Platz, auf dem sich die São-Sebastião-Kirche erhob. Auf der anderen Seite des Platzes war kurz zuvor das Filmtheater ›Ilhéus‹ eröffnet worden. Die ›Vesuvbar‹ lag abseits der Geschäftsstraßen, in denen die drei größten Konkurrenten Nacibs ihr blühendes Gewerbe betrieben: das Café ›Ideal‹, die Bar ›Chic‹ und die Bar ›Zum goldenen Tropfen‹ des Plínio Araça. Wenn die ›Vesuvbar‹ heruntergekommen war, so war das die Schuld des früheren italienischen Eigentümers, der nur seine Kakaopflanzungen im Kopf hatte und nichts tat, um Gäste anzulocken. Er kümmerte sich nicht um die Bar und erweiterte das Getränkesortiment nicht. Das alte Grammophon, auf dem sonst Platten mit Opernarien gespielt wurden, funktionierte nicht mehr und war voller Spinnweben; Stühle und Tische waren krumm und schief, das Tuch des Billards hatte Risse. Sogar das Firmenschild mit den glutroten Buchstaben über einem feuerspeienden Vulkan war kaum noch zu entziffern. Diesen Laden hatte Nacib also für wenig Geld erworben. Der Italiener hatte lediglich das Grammophon und die Schallplatten mitgenommen.

Nacib ließ alles renovieren, kaufte neue Tische, Stühle, Puff- und Damespiele, verkaufte das Billard an eine Bar in Macuco und ließ eine besondere Ecke für die Pokerspieler herrichten. Er vergrößerte die Getränkeauswahl,

»Gabriela wie Zimt und Nelken«

Thema

führte Eis für die Familien, die nachmittags auf der neuen Avenida spazierengingen oder vom Strand und aus dem Kino kamen. [...]

Alles ging gut bis zu dem Tag, an dem die verrückte Filomena ihre Drohung wahr machte. Wer sollte nun für die Bar kochen – und für ihn, der eine Schwäche für gutes Essen, für würzige und pikante Gerichte hatte? Den Gedanken, die Schwestern Dos Reis für dauernd zu engagieren, musste er gleich wieder fallenlassen, da er absurd war. [...] Er musste unbedingt noch an diesem Tag eine perfekte Köchin ausfindig machen, sonst ... [...]

Nacib hatte Durst. Er ging in die Küche und trank Wasser aus dem Krug. Da bemerkte er das Paket mit dem Kleid und den Hausschuhen, die er im Laden seines Onkels für die neue Köchin besorgt hatte. Er nahm es auf und zögerte einen Augenblick. [...]

Das beste war, das Paket vor das Bett zu legen. Er nahm sich vor, ihr Vertrauen in den nächsten Tagen schrittweise, ganz allmählich zu gewinnen, bis er am Ziel war und sie sich erobern ließ.

Zitternd legte er das Paket vor das Bett. Da schreckte Gabriela hoch und öffnete die Augen. Sie erblickte Nacib, der sie anstarrte, und griff instinktiv nach der Decke, stieß sie jedoch – versehentlich oder aus Berechnung? – von dem Bett herunter. Gabriela setzte sich auf und lächelte schüchtern. Sie tat nichts, ihre Brust zu verhüllen, auf die jetzt das Licht des Mondes fiel. [...] Da verlor Nacib die Beherrschung. Er griff nach ihrer Brust. Sie zog ihn an sich. ›Schöner junger Mann ...‹

Nelkenduft füllte das Zimmer. Gabrielas Körper strahlte eine solche Wärme aus, daß Nacibs Haut wie Feuer brannte. Der letzte Schimmer des Mondes verblich auf dem Bett. Zwischen Küssen hauchte Gabriela: ›Schöner junger Mann ...‹«

Schauplatz von Amados Roman – die Vesúvio-Bar an der Praça Dom Eduardo

Die Kakaoküste

In der Kathedrale von Ilhéus werden auch afrobrasilianische Traditionen gepflegt

11 R$. Zum Haus gehört ein Kulturzentrum mit Theaterbühne.

Einkaufen

Likörproben ▶ Mercado de Artesanato: Rua Eustáquio Bastos 2, tgl. 9–19.30 Uhr (Sommer bis 21 Uhr). Die Markthalle mit ca. 80 Verkaufsständen ist der beste Ort in Ilhéus, um günstig regionale Handwerkskunst und Lebensmittel zu kaufen, z. B. Kakaomarmelade (geleia de cacau), Schokolade mit hohem Kakaoanteil und verschiedene Kakaoliköre (kostenlose Proben bei Delícias da Terra, Loja 80).

Süße Obszönitäten ▶ Die ›Kakao-Stadt‹ wirbt mit kleinen, allerdings recht obszönen Mitbringseln, die in ganz Brasilien bekannt und beliebt sind – man lasse sich überraschen. **Verkaufskiosk:** Praça Dom Eduardo, www.chocolatecaseiro.com.br, Öffnungszeiten tgl. 8–20 Uhr.

Aktiv

Ausflugs- und Abenteuertouren ▶ Das breiteste Angebot, auch mit englischsprachigen Guides, besitzt die Agentur **Encantur**, Rua Jorge Amado 102, Edifício Ilhéus Empresarial, Centro, Tel. 073-21 01 39 00, Fax 21 01 39 39, www.encantur.com.br; weiteres Büro am Flughafen, Loja 10, Tel. 073-36 34 36 00; auch Verkauf von Bustickets und Buchung von Flügen.

Bootstouren ▶ Zur **Lagoa Encantada** inkl. Baden unter Wasserfällen, 50–60 R$ (mit Bootsfahrt 85 R$) pro Pers. oder auf dem **Rio Engenho** vorbei an Mangrovenwäldern bis zu einem Dorf mit kleiner Kapelle, ca. 4 Std., 45 R$ pro Pers.

Verkehr

Flugzeug: Der Flughafen liegt 3,5 km südl. in Richtung Olivença, Tel. 073-32 34 40 00. Er wird u. a. angeflogen von TAM, Tel. Tel. 073-

Itacaré

32 34 52 59, und GOL, Tel. 073-36 33 78 62 (tgl. nach São Paulo/Rio und Salvador).
Bus: Die Rodoviária liegt 4 km westl. in Richtung Itabuna; u. a. Verbindungen nach Itacaré (*Rota*, Tel. 073-36 34 31 61, ungefähr stdl. bis 20.40 Uhr, 1,5–2 Std., 11 R$), Porto Seguro (*Rota*, Tel. s. o., 4 x tgl., 5,5 Std., 39–51 R$), Salvador (*Águia Branca*, Tel. 073-36 34 41 21, 3 x tgl., 7 Std., 91–143 R$).

Itacaré ▶ 3, D 8

Der kleine Badeort Itacaré (27 000 Einw.) ist erst in den letzten Jahren ›entdeckt‹ worden, in der Saison ist er voll mit jüngerem Surf-, Promi- und Öko-Publikum, selbst tot geglaubte Hippiekulturen leben in diesem Schmelztiegel der Szenen wieder auf. Der Ansturm wuchs so stark, dass rechtzeitig wieder die Notbremse gezogen wurde, um das ökologische Potenzial der Region nicht durch Hotelneubauten zu zerstören. Die lokalen Ämter und Agenturen setzen überwiegend auf den naturnahen Tourismus, auch wenn dieser meistens nicht der einträglichste ist. Man kann hoffen, dass der Ort seinen ursprünglichen Charakter bewahren wird.

Strände

Itacaré gilt mittlerweile bei vielen als Bahias bestes Surfgebiet, aber auch Liebhaber von Strandwanderungen kommen hier voll auf ihre Kosten. Die Einheimischen unterteilen die 15 Strände der Region in drei Gruppen. Zentral an der *orla* liegen die **Praias do Pontal, Coroinha** und **da Concha** (sehr belebt). Dort mündet auch der Rio de Contas, den man vom Kai aus mit Fischerbooten ein Stück flussaufwärts fahren sollte, auch Rafting ist möglich. Leicht über kurze Wege zu erreichen sind die urbanen Strände von **Resende** (Surfen), **Tiririca** (beliebtester Surf-Spot), **do Costa** (Surfen) und **Ribeira** (Riffe und Süßwasserlagune). Entfernter und ruhiger sind die restlichen bis zur Grenze nach Ilhéus reichenden Strände **Prainha, São José, Jeribucaçu, Engenhoca, Havaizinho, Camboinha** und **Itacarezinho,** die teilweise mit und teilweise ohne Guide zu erreichen sind (s. auch Aktiv unterwegs S. 254). Wunderschön ist die Urwaldstrecke von Ribeira bis Prainha (45 Min. mit Guide), der Zielstrand gilt zudem als einer der reizvollsten Bahias. Wer diese Paradiese aufsucht, wird sich oft wie Robinson noch selbst mit Proviant versorgen müssen, Bars und Restaurants sind bislang kaum vorhanden.

Infos

Internet: www.itacare.com.br (Infos zu Unterkünften, Restaurants, Attraktionen und Touren).

Übernachten

Im Grünen ▶ Pousada Vila do Dengo: Praia da Concha, Tel. 073-32 51 30 98, www.viladodengo.com.br. Hübsche Pousada in eleganter Holzbauweise, sehr schöner Garten, großer Pool, Whirlpool, Sauna, Squash-Platz. Die 23 Zimmer haben Balkon, gutes Preis-Leistungs-Verhältnis. 160–180 R$.
Bei Eddy ▶ Pousada Casa Zazá: Praia da Concha, Tel. 073-32 51 30 22, www.casazaza.com. Preiswerte, sehr nette Pousada unter persönlicher Führung des Holländers Edwin van der Lem. Saubere Zimmer, schöner Außenbereich mit vielen Hängematten, Pool und Liegemöglichkeiten. Um 100 R$.

Essen & Trinken

Bahia-Klassiker ▶ O Restaurante: Rua Pedro Longo 170, Tel. 073-32 51 20 12, Di–So 11–24 Uhr. Eines der traditionsreichsten Lokale im Ort. Schöne, luftige Veranda und köstliche, meist von der bahianischen Küche inspirierte Gerichte (um 52 R$ für 2–3 Pers.).
Beine hoch ▶ Cabana Ariramba: Praia da Concha, Tel. 073-32 51 31 39, tgl. 9–18 Uhr. Wunderbar entspanntes Strandrestaurant, wo man unter Palmen und bei Blick auf das tiefblaue Meer guten Fisch, ein Hühnerfilet oder auch nur einen frischen Salat essen kann (ab 18 R$).

Abends & Nachts

Itacaré ist landesweit bekannt für sein reges Nachtleben, das vor allem in den Sommer-

Am Palmenstrand von Itacaré

Die Kakaoküste

aktiv unterwegs

Strände in Itacaré

Tour-Infos
Start: Bushaltestelle an der BA-001, Zugang zur Praia Havaizinho
Dauer: Je nach Aufenthalt an den einzelnen Stränden 3–6 Std.
Schwierigkeitsgrad: Leichte Wanderung über Sandwege, Steine und Strand, am Ende ist eine längere Steigung zu bezwingen – Strandsandalen *(havaianas)* sind ausreichend
Wichtige Hinweise: Wasser und Snacks mitnehmen, dazu Sonnenschutz (Creme und Mütze).

Die von dichtem Regenwald umgebenen Badebuchten im südlichen Umland von Itacaré zählen zu den spektakulärsten Stränden Bahias, wenn nicht sogar ganz Brasiliens. Es lohnt sich, diese außerhalb des Ortes gelegenen Naturparadiese im Rahmen eines Tagesausflugs aufzusuchen. Während einige der Traumstrände wie Prainha oder Jeribucaçu nur mit einem lokalen Guide erreichbar sind, können andere auch recht einfach selbstständig gefunden werden. Die vorgeschlagene Tour führt zu den Stränden Havaizinho, Engenhoca und Itacarezinho.

Die erste Aufgabe besteht darin, die Anfahrt von Itacaré zur Praia Havaizinho, der ersten Station der Tour, zu organisieren. Sofern man kein eigenes Auto zur Verfügung hat, aber dennoch zeitlich unabhängig sein möchte, fährt man am besten mit dem Bus. Ab **Rodoviária** fahren etwa stündlich Fahrzeuge der Gesellschaften Rota und Araújo (3 R$). Vor der Fahrt muss dem Fahrer zu verstehen gegeben werden, dass man am Haltepunkt der Praia Havaizinho abgesetzt werden möchte. Im Sommer pendeln gelegentlich zusätzlich eingesetzte Minibusse hierher (aktuelle Infos dazu über die Pousadas im Ort). Die beste Alternative für einen reibungslosen Rückweg ist es, am Vortag einen Bring- und Abholservice zu festen Uhrzeiten zu vereinbaren, z. B. mit Fertur (35–40 R$, Av. Castro Alves 11, Tel. 073-32 51 34 63, www.fertur.com.br).

Von der Bushaltestelle an der Hauptstraße sind es bis zur bilderbuchschönen Praia Havaizinho nur 10 Minuten, der Panoramablick auf die schmale, rechts unterhalb des Weges liegende Bucht ist für viele schon den Ausflug wert und Anreiz für viele Erinnerungsfotos. Oft verkaufen hier Händler Getränke.

Anstatt nach rechts hinunter zur Praia Havaizinho gehen wir jedoch zunächst nach links und folgen einem leicht begehbaren **Wanderweg** etwa 20 Minuten nach Norden zur kaum weniger attraktiven **Praia Engenhoca**. Am Anfang des Strandes mündet hier der kleine Rio Borundanga ins Meer, daneben steht eine Baracke, in der sich Getränke und kleine Snacks kaufen lassen. Aufgrund seiner kleinen Wellen ist der Strand beliebt bei Surfanfängern, ansonsten kann man die grandiose

monaten die richtige Betriebstemperatur erreicht. Ganzjährig geöffnet ist das Musikrestaurant **Mar e Mel**, Praia da Concha, Tel. 073-32 51 23 58, 18–24 Uhr (Sommer ab 12 Uhr, NS ab 18 Uhr), Di, Do, Sa ab 21 Uhr Forró live. Ein weiterer Anziehungspunkt ist die Hafenpromenade, wo man z. B. im Restaurant **Casarão Amarelo** auf einer romantischen Terrasse hervorragend zu Abend essen und anschließend in der dazugehörigen Bar bei elektronischen Rhythmen das Tanzbein schwingen kann (Mi, Sa). Ein heißer Tipp sind die 1–2 x wöchentlich stattfindenden Strandpartys in der **Cabana Corais** (meist Mi und Fr ab 23 Uhr, Eintritt 10 R$, Frauen bis Mitternacht frei).

Aktiv
Strandwanderungen: Einige der entfernteren Strände sollten mit einem Guide oder

Itacaré

Szenerie weitgehend für sich alleine genießen und ein erfrischendes Bad im Meer nehmen.

Über denselben **Wanderpfad** gelangen wir zurück zum Aussichtspunkt und steigen nun hinunter zur **Praia Havaizinho**. Der von zwei weit ins Meer ragenden Felsen geschützte Strand bietet ruhiges Wasser, sodass auch hier bedenkenlos gebadet werden darf.

Wir folgen dem Weg weiter in südliche Richtung und kommen über einige kleinere Strände, verschlungene Pfade sowie abermalige spektakuläre Ausblicke in gut 20 Minuten schließlich zur **Praia Itacarezinho**. Den traumhaften Blick von dem vorgelagerten Hügel auf den 5 km langen Strand wird man so schnell nicht vergessen. Am Anfang des Strandes befindet sich das bekannte **Strandrestaurant Itacarezinho** (tgl. 9–16 Uhr), das vor allem an Wochenenden ein beliebtes Ausflugsziel ist. Wer es etwas einsamer bevorzugt, läuft einfach den von Palmen gesäumten Strand noch etwas weiter nach Süden.

Rückweg: Vom Restaurant Itacarezinho zur Hauptstraße muss zunächst eine ungemütlich **steile Straße** bezwungen werden (15 Min.). Oben an der Hauptstraße befindet sich eine **Bushaltestelle**, die Busse nach Itacaré kommen hier ca. stündlich vorbei. Wer auf eine mögliche längere Wartezeit verzichten möchte, kann versuchen, per Anhalter nach Itacaré zu kommen – oder hat bereits im Vorfeld einen Abholservice vereinbart (s. o.).

über eine Agentur besucht werden (Ausnahme s. Aktiv unterwegs, oben). Recht einfach ist noch der Strand Prainha zu erreichen, lokale Führer warten an der Praia do Ribeira (Hin- und Rückweg 15 R$). Der Guide Paulo César von der Agentur Land Tour, Tel. 073-32 51 24 28, bietet eine Tagestour zu den besten Stränden der Region (inkl. Wasserfall, 38 R$ pro Pers.). Kontakt auf Englisch möglich.

Verkehr

Bus: Ab Busbahnhof. Es gibt recht häufige Verbindungen nach Ilhéus (*Rota*, Tel. 073-32 51 21 81, ca. stdl. bis 19.30 Uhr, 1,5 Std., 10 R$).

Von Itacaré nach Salvador bestehen nur zwei Direktverbindungen wöchentlich (*Águia Branca*, So 20.40 und Mo 6 Uhr, 9 Std., 71–94 R$), von Ilhéus nach Salvador fahren die Busse aber 3 x tgl.

Die idyllisch gelegene Karmeliterkirche Igreja de N. S. do Carmo in Olinda

Kapitel 3
Der Nordosten

Die Küstenreiseziele des Nordostens sind beliebt. Hier gibt es sieben der zehn laut Reisemagazin »Viagem« schönsten Strände Brasiliens und all das, was die meisten von Brasilien erwarten: Palmen, Strand, Dauersonnenschein, sympathische Menschen und Folklorefeste.

Es ist zwar die ärmste Region des Landes, dennoch herrscht ein positives Lebensgefühl. Die touristische Infrastruktur ist gut entwickelt und ermöglicht einen Luxusurlaub in Resorts ebenso wie naturnahen Abenteuer-, Sport- und Öko-Tourismus.

Eine der beliebtesten Städte ist Fortaleza mit guter Infrastruktur und riesigen Strandbars. Kurzausflüge nach Canoa Quebrada und Jericoacoara führen in herrliche Dünenlandschaften. Auch Natal wird von vielen wegen seiner Dünen sowie des lebendigen Strand- und Nightlife-Viertels Ponta Negra besucht.

Die Metropole Recife bietet neben dem urbanen Strand von Boa Viagem auch eine interessante Altstadt sowie viel Geschichte und Kultur, vor allem in Verbindung mit der 6 km entfernten Nachbarstadt Olinda mit ihren historischen Gassen und alten Kirchen. 70 km südlich liegt das Ferienparadies Porto de Galinhas, eine Flugstunde entfernt die unter Naturschutz stehende Insel Fernando de Noronha.

João Pessoa und Maceió sind eher bei brasilianischen Urlaubern bekannt. Sie lohnen einen Besuch wegen der schönen Palmenstrände und des fast karibisch türkisblau schimmernden Meeres.

Besonders zu empfehlen ist ein Besuch des noch wenig touristischen São Luís mit seiner restaurierten Altstadt. Von hier aus gelangt man zum Nationalpark Lençóis Maranhenses, einer weitläufigen Dünen- und Lagunenlandschaft.

Auf einen Blick
Der Nordosten

Sehenswert

8 Olinda: Barockes Schmuckstück aus dem 16. Jh. mit vielen Kirchen, Museen und populären Festen (s. S. 273).

9 Natal: Endlose Dünenlandschaften, die man im heulenden Buggy durchstreift (s. S. 283).

10 Fernando de Noronha: Smaragd des Atlantiks, eine unter Naturschutz stehende Insel mit Delfinen, Meeresschildkröten und reicher Unterwasserwelt (s. S. 290).

11 Fortaleza: Weitläufige Strände, riesige Tanzbars am Meer und reizvolle Ziele in der Umgebung (s. S. 296).

São Luís: Die architektonisch und atmosphärisch reizvolle Altstadt säumen gut erhaltene Kolonialhäuser mit kunstvoll verzierten Azulejo-Fassaden (s. S. 307).

Schöne Routen

Von Maceió zur Rota Ecológica: Nördlich der Stadt gelangt man über einfache Fischerdörfer zur herrlichen Praia do Toque und weiter über einen Fluss bis nach Japaratinga (s. S. 261).

Von Recife nach Porto de Galinhas: 40 km südlich von Recife erreicht man mit dem Bus oder Buggy die schönen Strände von Gaibu und Calhetas (s. S. 268) und noch 30 km weiter das Strandparadies von Porto de Galinhas (s. S. 278).

Touren durch den Nationalpark Lençóis Maranhenses: Bootstouren und Wanderungen durch Brasiliens ausgedehnteste Dünenlandschaft am Meer mit vielen Lagunen und zahlreichen Seevögeln (s. S. 310)

Unsere Tipps

Strandviertel in Maceió: In Ponta Verde und Jatiúca liegen zwei der schönsten Stadtstrände des Nordostens, rund herum Bars und ein lebendiges Nachtleben (s. S. 260).

Altstadt von Recife: Das historische Zentrum lässt sich am besten zu Fuß erkunden: Besuchen Sie den quirligen Mercado São José, den pittoresken Pátio de São Pedro und die geschichtsträchtige Rua Bom Jesus mit ihren kunterbunten Häuserfassaden (s. S. 265).

Ausflüge in João Pessoa: Im Boot geht es hinaus zum Picãozinho-Riff und der Sandbank von Areia Vermelha, südlich der Stadt locken unberührte Traumstrände und an der Praia Tambaba fallen alle Hüllen (s. S. 280).

aktiv unterwegs

Mit Delfinen baden in Praia da Pipa: In dem charmanten Badeort bei Natal kann man in einsamen Badebuchten (mit etwas Glück) mit Delphinen schwimmen. Touren per Schoner, Kajak oder Buggy zeigen die grandiose Natur der Gegend (s. S. 288).

Strandwanderung auf Fernando de Noronha: Die „Perle des Atlantiks" besitzt die schönsten Strände Brasiliens – neun von ihnen lernt man auf einem einzigen Strandspaziergang kennen (s. S. 294).

Historisches Alcântara: Eine eindrucksvolle Zeitreise in die Vergangenheit führt per Tagesausflug nach Alcântara. Der langsam verfallende Ort hat nur zehn Straßen und drei Plätze, aber 300 historische Gebäude aus dem 17. und 18. Jh. (s. S. 312).

Maceió

Maceió liegt auf einem schmalen Landstreifen zwischen dem Atlantik und mehreren Lagunen, daher der Name ›Paraíso das Águas‹. An traumhaften Palmenstränden vor türkisblauem Meer mangelt es nicht. Es ist eine ordentlich und sauber wirkende Stadt, die gern von Angehörigen der brasilianischen Mittelschicht besucht wird. Entlang der modernen Küstenstraßen und Promenaden besteht eine gut entwickelte Infrastruktur.

Maceiós Zentrum
▶ 3, E/F 6

Maceió (885 000 Einw.), die Hauptstadt von Alagoas, entwickelte sich seit Errichtung der ersten Zuckersiederei im Jahre 1815. Die bis heute wichtige Zuckerwirtschaft (50 % des Bruttoinlandsproduktes von Alagoas) und der Export über den eigenen Hafen bewirkten einigen Wohlstand. Leider trifft man heute in dem recht reizlosen Zentrum nur noch auf wenige historische Bauten aus dieser Zeit.

Die älteste Kirche ist die **Igreja de N. S. do Rosário** (1829), die größte die **Catedral Metropolitana** (1859). Sehenswert ist jedoch lediglich die **Igreja Bom Jesus dos Martírios** (1881) am gleichnamigen Platz, vor allem wegen der Fassade aus portugiesischen Azulejos. Auch das dem Kunsthandwerk und der Volkskultur verschiedener Regionen von Alagoas gewidmete **Museu Théo Brandão** verdient einen Besuch (Di–Fr 9–17, Sa 14–17 Uhr).

Strände

Hauptattraktion des tropischen Maceió mit seinen durchschnittlichen Jahrestemperaturen zwischen 18 und 32 °C sind palmengesäumte Strände und Seen. Der vom Zentrum aus gesehen nächste Strand ist die zum Baden ungeeignete **Praia da Avenida,** in den 1950er-Jahren noch ein Modestrand, bis die zunehmende Verschmutzung durch den Hafen und die Einleitung von Abwässern dem ein Ende bereiteten. Die heute bevorzugt besuchten Stadtstrände liegen nördlich davon in der nobleren Nordzone. Der erste ist die **Praia de Pajuçara**, von der aus man bei Ebbe mit einer Jangada zu der 2 km vorgelagerten Korallen- und Sandbank fahren und in den flachen Naturpools baden kann.

Am Ende der Pajuçara-Bucht schließt sich die kleinere **Praia de Sete Coqueiros** an. Die nächsten Strände, **Ponta Verde** und **Jatiúca,** sind besonders attraktiv und zählen aus diesem Grund zu den beliebtesten der Stadt. Von dem früheren großen Palmenwald sind nur noch Reste übrig, dafür gibt es jetzt mehr Bars, Restaurants und Hotels.

Nördlich von Maceió
▶ 3, F 6

Für ein ruhigeres Kontrastprogramm muss man weiter in die Umgebung ausweichen. Eine der vielen angebotenen Bustouren in nördlicher Richtung führt zunächst nach **Garça Torta,** einem kleinen Fischerdorf 9 km von Maceió entfernt. 4 km weiter folgt die **Praia de Pratagi,** wegen einer Sirenenstatue auf einem Riff auch ›Mirante da Sereia‹ genannt. Sie ist neben der 20 km nordöstlich liegenden Sonho Verde und Garça Torta einer

Von oben hat man den vollen Überblick über die Strände von Maceió

der landschaftlich reizvollsten Strände von Alagoas, mit üppiger Palmenvegetation und riffgeschützten Naturpools. Wegen seiner kinderfreundlichen Bademöglichkeiten kommen sonntags scharenweise Familien aus der ganzen Stadt.

Knapp 106 km nördlich von Maceió befinden sich im Bezirk São Miguel dos Milagres einige unberührte, noch fast wilde Strände und einfache Fischerdörfer. Diese auch als **Rota Ecológica** (›ökologische Route‹) bekannt gewordene Region ist bis auf einzelne, oft sehr hochwertige und dem Umweltschutz zugewandte Pousadas touristisch kaum entwickelt. Besonders in der Nähe der Dörfer Porto da Rua, Porto de Pedras und Japaratinga laden ruhige, weit geschwungene Palmenstrände und durch Korallenbänke entstehende natürliche Schwimmbecken zu gemächlichen Strandspaziergängen ein. Am sehenswertesten sind die **Praia Tatuamunha, Praia do Riacho, Praia do Toque** und **Praia Patacho**. Durch das Gebiet fließt der Rio Tatuamunha, auf dem man bei Bootsausflügen noch einige der vom Aussterben bedrohten, bis zu 4,5 m großen und 600 kg schweren Seekühe antreffen kann.

Südlich von Maceió
▶ 3, E 6/7

Vom Zentrum aus in südlicher Richtung werden ebenfalls Touren angeboten. Nach 4 km erreicht man **Pontal da Barra**, Ausgangspunkt der traditionellen Schoner-Fahrt durch die 23 km² große **Lagoa Mundaú** mit dem charakteristischen dunkel gefärbten Wasser, vorbei an neun Inseln, mit Badeaufenthalt in Prainha oder Praia Verde. Die Lagunen von Maceió haben die Eigenschaft, wie große Wasserfilter zu wirken. Vor ihrem Eintritt ins Meer laufen alle Flüsse von Alagoas hier hin-

Tipp: Jangada-Fahrt in Maceió

Unverzichtbar ist ein kleiner Ausflug in einer **Jangada** – diese archaischen Floßboote sind schon eine Attraktion für sich. In der Regel fährt man von der Praia de Pajuçara zu einer Sandbank im Meer, dies jedoch nur bei Ebbe (1 Std., 15 R$).

Maceió

durch, woraus sich auch die auffällige Transparenz des Meerwassers erklärt. Dennoch sind die südlichen Stadtstrände recht verschmutzt, sodass sich das touristische Zentrum der Stadt von der Süd- in die nunmehr wohlhabende Nordzone verlagerte.

24 km südlich vom Zentrum erfreut sich die schöne **Praia do Francês** anhaltender Beliebtheit. Die von Palmenwäldern gesäumte Strecke dorthin über die Ilha de Santa Rita ist landschaftlich reizvoll und voller Lagunen und Flüsse. Am Straßenrand sieht man kleine Siedlungen mit den für diese Region typischen Lehmhütten im Baustil früherer Sklavenunterkünfte. Der herrliche Strand besteht aus einem belebteren Abschnitt mit Pousadas und Bars und einem ruhigeren, einsameren. Früher wurde hier von Franzosen der Schmuggel mit dem *Brasil*-Holz abgewickelt, woher der Name Praia do Francês herrührt.

Einige Kilometer weiter, in **Barra de São Miguel,** befindet sich ein 9 km langer Strand mit einfachen Bars und Naturpools. Durch das Dorf führt ein kleiner Fluss mit dunkelbraun gefärbtem Wasser, er ist jedoch recht sauber und ein beliebter Badeplatz der Einheimischen.

Infos
Secretaria de Turismo (Setur): Halbwegs verlässlich geöffnete Büros nur am Flughafen und am Busbahnhof, tgl. 9–18 Uhr.

Übernachten
Nobel mit Folklore-Touch ▶ Hotel Ritz Lagoa da Anta: Av. Brig. Eduardo Gomes 546 (Jatiúca), Tel. 082-21 21 40 00, www.ritzlagoadaanta.com.br. Bestes Hotel der Stadt in herrlicher Strandlage mit 196 sehr geschmackvoll eingerichteten Zimmern, stilvolles Ambiente, Restaurant, Pool und Spa. Ab 290 R$.

Design ▶ Hotel Ritz Coralli: Rua Eng. Mário de Gusmão 126 (Ponta Verde), Tel. 082-31 77 64 00, www.ritzcoralli.com.br. Neueres Designhotel mit 62 tadellosen Zimmern. Zentrale Lage, nur einen Häuserblock vom Strand. Ab 180 R$.

Tipp: Reise- und Zeitplanung im Nordosten

Selten besuchen Touristen ausschließlich den oberen Nordosten. Und selbst wenn, gibt es hier zu viele Städte, die man unmöglich alle kennenlernen kann. Reist man an der Küste entlang per Bus oder Flugzeug von jedem wichtigen Ort zum nächsten, braucht man inklusive Aufenthalten mindestens einen Monat. Wer eine Rundreise durch ganz Brasilien plant, sollte dieses Tropenparadies jedoch nicht ganz auslassen und wenigstens einer Küstenstadt für 3 bis 4 Tage die Ehre geben. Um das Wetter muss man sich dabei keine Gedanken machen – die Sonne scheint fast das ganze Jahr.

Bei den Jangadas ▶ Hotel Praia Bonita: Av. Dr. Antônio Gouveia 943 (Pajuçara), Tel./Fax 082-21 21 37 00, www.praiabonita.com.br. Modern designtes Hotel an der Strandstraße mit 39 Zimmern, ganz in der Nähe des Kunsthandwerksmarktes. 130–160 R$.

Gut und günstig ▶ Hotel Pousada Gogó da Ema: Rua Francisco Laranjeiras 97 (Ponta Verde), Tel. 082-33 27 03 29, www.hotelgogodaema.com.br. Preiswertes, dennoch ordentliches Hotel nahe der Strandpromenade. Reservierung empfohlen. 70–80 R$.

... an der Rota Ecológica:
Top 5 von Brasilien ▶ Pousada do Toque: Praia do Toque (Porto da Rua), Tel. 082-32 95 11 27, www.pousadadotoque.com.br. Gilt als eine der besten Pousadas Brasiliens. 14 Chalets in einem tropischen Garten, traumhafter Pool, direkter Strandzugang. Nur mit Reservierung. Nebensaison ab 450 R$, inkl. Halbpension (nach Rabatt fragen).

Traumhafter Garten ▶ Pousada do Caju: Praia do Toque (Porto da Rua), Tel. 082-32 95 11 03, www.pousadacaju.com. Toll gelegene Pousada in einem Palmenhain, 150 m vom Strand, schickes Design, großer Garten und Pool. Ab 270 R$, inkl. Halbpension.

Südlich von Maceió

... in Praia do Francês:
Freundlich ▶ **Pousada Capitães de Areia:** Rua Vermelha 13, Tel. 082-32 60 14 77, www.capitaesdeareia.com.br. Sehr gut geführte, saubere Pousada mit 21 Zimmern und Pool. Um 100 R$.

Essen & Trinken

Angesagter Treff ▶ **Divina Gula:** Rua Eng. Paulo B. Nogueira 85 (Jatiúca), Tel. 082-32 35 10 16, Di-Sa 12-2, So 12-24 Uhr. Sehr gutes Restaurant im rustikalen Fazenda-Stil, abends auch Bar. Viele Gerichte werden aus Öko-Zutaten zubereitet; um 45 R$ (für 2 Pers.).

Mit Meerblick ▶ **Lopana:** Av. Sílvio C. Viana (Ponta Verde), Tel. 082-32 31 74 84, Di–So 10–24 Uhr (Juni geschl.). Beste Strandbar in Maceió. Unter Palmen genießt man den Blick aufs Meer, dazu einen Cocktail oder einen guten Fischteller. Im Sommer tagsüber Strandpartys mit DJs.

Abends & Nachts

Das Nachtleben konzentriert sich in Jatiúca; ein absolutes Muss ist ein Besuch der Traditionsbar **Mai Kai,** Rua Alfredo G. de Mendonça, tgl. ab 17 Uhr. In der dazugehörigen Show Bar treten oft mehrere Bands an einem Abend auf (Mi 20–24, Do-Sa 23–4, So 20–1 Uhr, Eintritt ca. 15 R$).

Termine

Festas juninas (Ende Juni): Farbenfrohes Folklorefest, das im gesamten Nordosten Brasiliens begangen wird.

Verkehr

Flugzeug: Der Flughafen Zumbi dos Palmares liegt 20 km westl. der Stadt, Tel. 082-30 36 52 00. Transfer im Flughafenbus *Aeroporto* oder per Taxi (ca. 50 R$ bis Jatiúca oder Ponta Verde).

Bus: Der Bahnhof liegt im Stadtteil Feitosa 4 km westl. des Zentrums, Tel. 082-32 21 40 81; u. a. nach João Pessoa (*São Geraldo,* Tel. 082-32 23 35 60, je 1 x Di/Do/So, 6 Std., 54 R$), Natal (*São Geraldo,* Tel. s. o., tgl. 22.25 Uhr, 9 Std., 88 R$), Recife (*Real Alagoas,* Tel. 082-33 56 13 24, 11 x tgl., 4,5 Std., 34–58 R$) und Salvador (*Bomfim,* Tel. 082-33 36 11 12, 4 x tgl., 10 Std., 86–150 R$).

Auf ihren Jangadas bringen Fischer Touristen zu den Sandbänken von Maceió

Recife und Umgebung

Recife (1,6 Mio. Einw.) liegt über drei nur wenige Meter vom Festland entfernte Inseln verteilt inmitten der Flüsse Beberibe und Capibaribe. Die Stadt der 39 Brücken und 50 Kanäle möchte gern mit Venedig verglichen werden, allenthalben wird geworben mit dem Beinamen ›Veneza Brasileira‹. Lange Zeit war sie die von Ausländern meistbesuchte Stadt des Nordostens, bis Salvador und Fortaleza ihr diesen Rang streitig machten.

Recife ▶ 3, F 6

Cityplan: S. 266/267

Früher galt Recife als das Mekka ausländischer Sextouristen, bis die besorgten Stadtväter mittels einer Restaurierung der Altstadt neue Akzente setzen und ein anderes, eher kulturell und historisch interessiertes Publikum anlocken wollten. Die Kunst- und Musikszene der Stadt ist hoch entwickelt, und auch in den Altstadtvierteln Recife Antigo, Santo Antônio und Boa Vista findet man wieder viele Bars und Diskotheken.

Holländer und Portugiesen

Die früheste Notiz von der Existenz eines Fischerdorfes namens **Ribeira do Mar dos Arrecifes** (später Recife, also Riff) stammt vom 12. März 1537. Die Kolonisierung begann jedoch erst im Jahr 1630 mit dem Bau eines Forts durch die Holländer, die hier ähnliche geografische Bedingungen vorfanden wie in der Heimat und zudem einen Hafen an der Stelle Südamerikas hatten, die Europa am nächsten lag. Der neue Hauptstützpunkt der Holländer in Brasilien nannte sich nun nach ihrem Gründer Prinz Maurício (Moritz) de Nassau ›Maurcéia‹ und entwickelte sich in den 24 Jahren holländischer Herrschaft schnell von einem Dorf zu einer Kleinstadt mit 2000 Häusern und 8000 Einwohnern. Zahlreiche Brücken, Kanäle, Forts, öffentliche Gebäude und Regierungspaläste zeugen noch heute von dieser bewegten Epoche. Mit dem Verfall der Zuckerpreise auf dem Weltmarkt versuchten die Kolonialherren jedoch, ihre Verluste durch höhere Steuertribute auszugleichen, und bezahlten diese Provokation mit ihrer vollständigen Vertreibung aus Brasilien im Jahre 1654.

Fortan waren die Portugiesen auch hier wieder die Herren im Hause. Die Expansion der Hafenstadt setzte sich fort, bis Recife 1823 offiziell zur Stadt erklärt wurde. Vor allem während der Regierungszeit von Francisco de Rego Barros (1837–40) entstanden zahlreiche neue Brücken, Straßen, Hafenanlagen, der Palácio do Governo und später das neoklassizistische Teatro Santa Isabel (1850). Im 19. und 20. Jh. schließlich war das alte Zentrum von Recife, besonders das Viertel São José, wichtige Bühne intellektueller und politischer Bewegungen.

Forte das Cinco Pontas 1

Zum Ausgangspunkt unserer Besichtigung wählen wir Recifes wichtigste **Festung** – von den Holländern ursprünglich Forte Frederik genannt –, schließlich begann hier im Jahre 1630 die Kolonialgeschichte der Stadt. Bemerkenswert ist seine sternförmige Konstruktion und die Größe, bis zu 1000 Soldaten fanden darin Platz. Im ersten Stock befin-

Rundgang im Zentrum

det sich das **Museu da Cidade do Recife** 2 mit Fotografien und Karten zur Geschichte der Stadt (Di–Fr 9–17, Sa/So 13–17 Uhr).

Mercado São José 3

Nach Verlassen der Festung überqueren wir zunächst die Hauptstraße, gehen ca. 50 m nach rechts, biegen dann nach links in die quirlige Geschäftsstraße Rua das Calçadas ein und erreichen einen ca. 1000 m² großen Platz (Praça Dom Vital), unter dessen Schatten spendenden Bäumen reges Leben herrscht. Gleich daneben erhebt sich der Prachtbau des **Mercado São José,** eine der ersten und perfektesten Metallkonstruktionen Brasiliens aus dem Jahre 1875, heute Nationaldenkmal.

Inspiriert von der Markthalle von Grenelle und den Zentralhallen von Paris, wurden seine einzelnen Bauelemente fast vollständig aus Frankreich importiert. Trotz der Zerstörung durch einen Brand sind die dreiteilige Struktur und das aus Marseille stammende Dach noch im Original erhalten. Im Innern befinden sich ein Fisch- und ein Fleischmarkt sowie zahlreiche Verkaufsstände für Kunsthandwerk, welches hier günstiger zu erstehen ist als an den touristischen Verkaufsstellen (Mo–Sa 6–17, So 6–12 Uhr).

Pátio de São Pedro 4

Auf der anderen Seite des Platzes geht es in die kleine Travessa do Mercado, dann rechts in die Rua Direita und gleich wieder links in die Rua São Pedro bis zum **Pátio de São Pedro,** einem sehr populären und schönen, von Kolonialbauten gesäumten Platz mit der **Catedral de São Pedro dos Clérigos** (Mo–Fr 8–12 Uhr) in seiner Mitte und rundherum einer ganzen Reihe Straßenlokale sowie zwei kleine Kulturzentren, die sich mit den legendärsten Musikern Pernambucos befassen (Luiz Gonzaga und Chico Science). Dienstags ab 19 Uhr und samstags ab 21 Uhr sorgen hier Live-Bands auf Bühnen für Stimmung.

In der Oficina Brennand haben fast 2000 Keramikfiguren ihre Heimat gefunden

Recife

Sehenswert
1. Forte das Cinco Pontas
2. Museu da Cidade do Recife
3. Mercado São José
4. Pátio de São Pedro
5. Casa da Cultura
6. Capela Dourada
7. Ponte Maurício de Nassau
8. Rua Bom Jesus
9. Sinagoga Kahal Zur Israel
10. Torre Malakoff
11. Oficina Cerâmica Brennand
12. Museu do Homem do Nordeste
13. Boa Viagem

s. auch Cityplan S. 269

Abends & Nachts
1–3. s. Cityplan S. 269
4. Downtown Pub

Aktiv
1. Catamaran Tours
2. s. Cityplan S. 269

Casa da Cultura 5

Wir gehen nun durch eine kleine Gasse bis zur Hauptstraße Av. Dantas Barreto, bewegen uns ein Stück nach links und biegen an der ersten Ampel rechts in die Rua Tobias Barreto ein. An ihrem Ende gelangen wir zur **Casa da Cultura** am Rio Capibaribe. Es ist ein imposantes Gebäude in Form eines Kreuzes, das von 1855 bis 1867 erbaut wurde und fast ein Jahrhundert lang als Gefängnis diente. Seit 1975, nach einer Totalrestauration, befinden sich hier in den ehemaligen Zellen über drei Ebenen verteilt zahlreiche Läden mit Kunsthandwerk und Halbedelsteinen. Besonders beliebte Mitbringsel sind die bunten Tonfiguren des Keramikers Baé sowie der Fruchtlikör *jenipapo* (Mo–Sa 9–19, So 9–14 Uhr).

Capela Dourada 6

Wir treten auf der anderen Seite des Gebäudes wieder heraus, gehen dann weiter nach rechts immer am Flussufer entlang, danach auf der Höhe der schönen blauen Brücke da Boa Vista nach rechts durch die Rua Nova, überqueren die große Avenida Dantas Barreto, gehen weiter geradeaus über die Praça da Independência bis zur Rua Imperador Pedro II und dort nach links etwa 200 m bis zur **Capela Dourada** (Nr. 206). Die ›Vergoldete Kapelle‹ wurde zwischen 1696 und 1724 errichtet und gehört zum Ordem Terceira de São Francisco do Recife. Die Holzvertäfelung im Innern ist fast vollständig mit Blattgold überzogen, nur in Salvador und Ouro Preto gibt es Vergleichbares. Angrenzend an die Kapelle befindet sich das **Museu Franciscano de Arte Sacra** (Mo–Fr 8–11.30, 14–17, Sa 8–11.30 Uhr).

Altstadt

Nun gehen wir die Rua Imperador wieder 200 m zurück, biegen dann links in die Rua 1° de Março ein, überqueren die älteste Brücke der Stadt, die **Ponte Maurício de Nassau** (1643) 7, und gelangen in ihrer Verlängerung direkt in die Altstadt *(Recife antigo)*, die vor einiger Zeit restauriert wurde. Da ist zunächst die Avenida Marquês de Olinda. Fast am Ende dieser Straße, etwas schräg nach links, geht es in die noch traditionsreichere **Rua Bom Jesus** 8, deren Häuser beim Restaurationsprojekt ›Cores da Cidade‹ (Farben der Stadt) kunterbunt bemalt wurden. Ihre Entstehungsgeschichte reicht bis ins 17. Jh. zurück; während der Zeit der holländischen Okkupation (1630–34) hieß sie Rua dos Judeus, von der Iberischen Halbinsel vertriebene Juden hatten hier die erste jüdische Gemeinde Brasiliens gegründet. Die **Sinagoga Kahal Zur Israel** 9 (Hausnummer 197) war die erste Synagoge Amerikas. Ein paar hundert Meter weiter, auf der gegenüberliegenden Straßenseite, trifft man auf den **Torre Malakoff** 10, eine alte Sternwarte aus dem 19. Jh., in der heute gelegentlich auch Kunstausstellungen stattfinden. Um den Altstadt-Spaziergang abzuschließen, gehen wir noch bis ans Ende der Insel, wo wir das älteste Bauwerk der Stadt besichtigen können (1629), das **Forte do Brum** (Di–Fr 9–16, Sa/So 14–17 Uhr).

Oficina Cerâmica Francisco Brennand 11

1993 standen sie in der Kunsthalle von Berlin und machten den Künstler, der ein Jahr später den ›Internationalen Gabriela-Mistral-Preis‹ gewann, schließlich auch in Deutsch-

Recife und Umgebung

land bekannt. Wer diese Ausstellung verpasst hat, kann dies nun in Recife im Stadtteil Várzea nachholen. Dort hat Francisco Brennand, einer der bedeutendsten zeitgenössischen Bildhauer Brasiliens, sein Atelier und seine Heimstatt.

Die erste Aufmerksamkeit gilt einem großen exotischen Garten, vollgestopft mit Hunderten von Keramikarbeiten zwischen Brunnen und tropischen Pflanzen. Daneben steht eine ehemalige Ziegelfabrik mit zahllosen weiteren Werken. Wer nicht dorthin will, kann einige seiner Skulpturen auch von der Uferpromenade aus im Meer bewundern.

Die Motive lassen schnell Vergleiche mit Brennands großem Vorbild Antonio Gaudí aufkommen – Thema ist fast immer die Erotik des weiblichen wie männlichen Körpers mit obsessiver Betonung der Geschlechtsteile. Man wird Ähnliches auf der ganzen Welt nicht mehr sehen, das Lebenswerk eines vom Eros besessenen Künstlers, der seine starken Fantasien in fast 2000 Tonfiguren zum Ausdruck gebracht hat.

Seine Philosophie hat er selbst in wenigen knappen Sätzen zusammengefasst: »Ton ist ein ursprüngliches Material. Wer es bearbeitet, ist sofort in der Welt der Archetypen, mit allen ihren Mythen und Symbolen.« (Oficina Cerâmica Francisco Brennand, www.brennand.com.br, Av. Caxangá im Viertel Várzea, 16 km westl. des Zentrums, Mo–Do 8–17, Fr 8–16 Uhr, Eintritt 6 R$; Anfahrt mit Taxi, am besten mit dem Fahrer Preis für Hin- und Rückfahrt vereinbaren (ca. 45–50 R$).

Museu do Homem do Nordeste [12]

Das **Museu do Homem do Nordeste,** 10 km nordwestlich der Altstadt an der Av. 17 de Agosto 2187 (Casa Forte), gehört mit zum Interessantesten, was Recife zu bieten hat. Die Dauerausstellung umfasst verschiedene Bereiche der Geschichte des Zuckerrohranbaus sowie der Folklore und Religion des brasilianischen Nordostens.

So wurde Wert darauf gelegt, neben dem Produktionsprozess auch die früheren Produzenten, nämlich die Sklavenarbeiter, nicht zu vergessen. Neben ihren Arbeitswerkzeugen sind auch die Strafinstrumente zu sehen, unter denen sie zu leiden hatten. Ein weiterer Trakt ist der Folklore und Religion gewidmet, man sieht farbenprächtige Festwagen, Statuen und Kostüme afrikanischer Gottheiten (Orixás), populäre Spielzeuge, Keramikfiguren etc. Neben vielen Schulklassen ziehen hier Touristen aus aller Welt hindurch (Di–Fr 8.30–17, Sa/So 13–17 Uhr, Eintritt 4 R$, Führungen auch auf Englisch).

Boa Viagem [13]
Cityplan: rechts

Dieser Stadtteil ist so etwas wie Recifes Neustadt, hier konzentriert sich auch die touristische Infrastruktur mit den meisten Hotels, Restaurants, Bars und Nachtclubs. Der gleichnamige 8 km lange Strand wird häufig mit der Copacabana verglichen. Die Häuserfront, die bogenförmig geführte Avenida und der breite Sandstrand sind wirklich ähnlich, nur gibt es hier weniger Bars und Restaurants als in Rio. Beim Bad im Meer ist unbedingt darauf zu achten, nicht hinter den Riffen zu schwimmen, da es dort schon häufiger zu Haiangriffen gekommen ist. So lange man sich vor den Riffen aufhält, besteht jedoch keine Gefahr.

Gaibu und Calhetas ▶ 3, F 6

Von Recife aus 40 km südlich befindet sich der 3 km lange Sandstrand von **Gaibu** mit vielen kleinen Bars und Restaurants. Das ruhige Meer eignet sich gut zum Baden. Der Nachbarstrand von **Calhetas** ist ruhiger und wird häufig zu den zehn schönsten Stränden Brasiliens gezählt. Er liegt an einer einsamen, kleinen Bucht von nur 200 m Breite mit einem Fischerdorf, ein paar einfachen Strandbars und einer reizvollen Vegetation. Das saubere Meer hat eine tiefblaue Farbe und wird bevorzugt von Tauchern und Surfern aufgesucht. Noch 30 km weiter erreichen wir **Porto de Galinhas** (s. S. 278).

Infos

Es gibt in der Stadt gleich mehrere Info-Büros, u. a. am Flughafen (24 Std.), am Busbahnhof

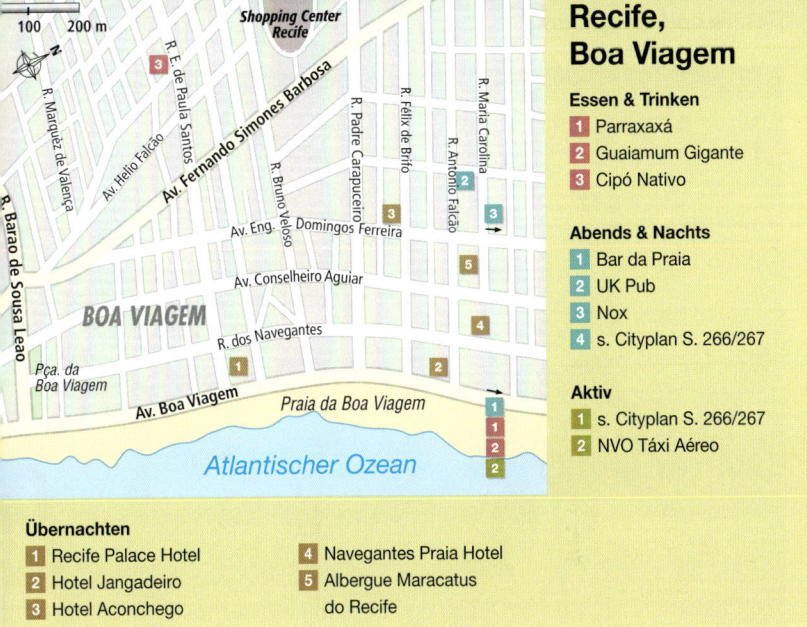

Recife, Boa Viagem

Essen & Trinken
1. Parraxaxá
2. Guaiamum Gigante
3. Cipó Nativo

Abends & Nachts
1. Bar da Praia
2. UK Pub
3. Nox
4. s. Cityplan S. 266/267

Aktiv
1. s. Cityplan S. 266/267
2. NVO Táxi Aéreo

Übernachten
1. Recife Palace Hotel
2. Hotel Jangadeiro
3. Hotel Aconchego
4. Navegantes Praia Hotel
5. Albergue Maracatus do Recife

(tgl. 7–19 Uhr), in der Altstadt/Rua da Guia (tgl. 9–21 Uhr) sowie an der Praça de Boa Viagem (tgl. 8–20 Uhr), Infotel. 081-32 32 84 09.

Übernachten

Markenzeichen der Stadt ▶ Recife Palace Hotel 1: Av. Boa Viagem 4070, Tel. 081-40 09 25 00, www.lucsimhoteis.com.br. Eines der besten Luxushotels der Gegend, schöne Strandlage. Ca. 300 R$,

Gleich mittendrin ▶ Hotel Jangadeiro 2: Av. Boa Viagem 3114, Tel. 081-30 86 50 50, www.jangadeirohotel.com.br. Älteres Mittelklassehotel am frequentiertesten Strandabschnitt. Ab 200 R$.

Im Wohngebiet ▶ Hotel Aconchego 3: Rua Félix de Brito e Melo 382 (Boa Viagem), Tel. 081-34 64 29 89, www.hotelaconchego.com.br. Recht einfache, aber saubere Anlage mit Innenhof, Pool, viel Grün und Gemälden; relativ ruhige Lage, ca. 400 m vom Strand. Um 180 R$.

Die Lage macht's ▶ Navegantes Praia Hotel 4: Rua dos Navegantes 1997 (Boa Viagem), Tel. 081/33 26 96 09, www.navegantespraiahotel.com.br. Einfaches, aber gepflegtes Hotel in guter Lage (ruhige Wohnstraße, nur einen Block vom Strand). 125 R$.

Eng, aber preiswert ▶ Albergue Maracatus do Recife 5: Rua Maria Carolina 185 (Boa Viagem), Tel. 081-33 26 12 21. Einfache Jugendherberge mit großen Dorms (6–12 Betten), günstige Lage. 6–12 R$ pro Pers.

Essen & Trinken

Die Küche des Sertão ▶ Parraxaxá 1: Rua Baltazar Pereira 32 (Boa Viagem), Tel. 081-34 63 78 74, Mo–Fr 11.30–22, Sa/So 6–22 Uhr. Recifes Vorzeigerestaurant für die typische Sertanejo-Küche des Nordostens. Auch wenn das üppige Buffet (30 R$/kg) wirklich verlockend ist, sollte man unbedingt noch etwas Platz für den Nachtisch lassen.

Feucht-fröhlich ▶ Guaiamum Gigante 2: Av. Boa Viagem (Segundo Jardim), Tel. 081-33 27 14 13, Mo–Di 17–1, Mi–Sa 12–1, So 12–23 Uhr. Ungezwungenes und fast immer volles Bar-Restaurant an der Strandpromenade. Besonders gerne zum Bier bestellt werden hier Caranguejos (Krebse) oder mit

Recife und Umgebung

Der große Strand bei Boa Viagem gilt als die Copacabana des Nordostens

Shrimps gefüllte Kürbisse. Um 50 R$ (für 2–3 Pers.).

Mit den Füßen im Sand ▶ Cipó Nativo 3: Rua Dr. João G. Sobrinho 245 (Boa Viagem), Tel. 081-33 28 39 99, tgl. 17.30–24 Uhr. Ähnlich wie in Natal gibt es auch in Recife eine große Pizza-Strandhütte mitten in der Stadt. Schon die exotische Dekoration ist den Weg dorthin wert. Leckere Pizza für ca. 35 R$ (für 2–3 Pers.) und gute Vorspeisen, z. B. mit Krabben gefüllte Empadas.

Abends & Nachts

Recife hat in puncto Nachtleben viel zu bieten. Viele interessante Clubs und Diskotheken befinden sich in Boa Viagem, einige auch im Recife Antigo. Weitere abendliche Anziehungspunkte sind die **Galeria Joana d'Arc** im Stadtteil Pina (Av. Herculano Bandeira 513), wo sich diverse nette Bars und Restaurants befinden, sowie der **Pátio São Pedro** in Santo Antônio, der vor allen Dingen dienstags und samstags bei Live-Konzerten einen Besuch lohnt.

Jetzt geht's los ▶ Bar da Praia 1: Av. Boa Viagem 760, Tel. 081-33 26 84 03, So–Do 11–24, Fr–Sa 11–3 Uhr. Schöne Lage an der Uferstraße, sehr belebt und gut zum ›Vorglühen‹.

Irgendwie unbritisch ▶ UK Pub 2: Rua Francisco da Cunha 165, (Boa Viagem), Tel. 081-34 65 10 88, Di–So ab 19 Uhr, Eintritt 5 R$. Edel-Kneipe mit Importbieren (u. a. Erdinger), Jazz, Blues und Rock (live), Di–So ab 18 Uhr, Eintritt Di 5 R$.

Adressen

Schön elektronisch ▶ **Nox** 3: Av. Eng. Domingos Ferreira 2422 (Boa Viagem), Tel. 081-33 26 8836, Do–Sa ab 22 Uhr, Eintritt 20–30 R$. Abtanzen für Freunde elektronischer Musik.

Tanz-Klassiker ▶ **Downtown Pub** 4: Rua Vigário Tenório 105 (Recife Antigo), Tel. 081-34 24 63 17, Mi–Sa ab 23 Uhr, Eintritt 15 R$. Ein wahrer Klassiker in Recife, jüngeres Publikum, am Wochenende oft mit Live-Musik.

Aktiv

Bootstour ▶ **Catamaran Tours** 1: Fahrt auf dem Rio Capibaribe, Tel. 081-34 24 28 45, www.catamarantours.com.br. Der Katamaran startet tgl. um 16 und 20 Uhr an den **Kais des Forte das Cinco Pontas** und fährt an vielen Sehenswürdigkeiten der Stadt vorbei, ca. 1 Std., 25 R$ pro Pers., Reservierung empfohlen.

Recife aus der Luft ▶ **NVO Táxi Aéreo** 2: Aeroclube de Pernambuco, Tel. 081-33 25 01 91, www.nvo.com.br. Panoramaflug im Kleinflugzeug über die Brücken und Inseln Recifes bis nach Olinda oder Itamaracá. Touren nach Absprache (25–60 Min., 150–300 R$ pro Pers. bei 3 Pers., inkl. Hoteltransfer).

Termine

Karneval (Febr.): Längster Karneval südlich des Äquators, bis zum Ende des Monats. Am Samstag 5-km-Umzug des Bloco Galo da Madrugada mit vielen *trios elétricos* und einer Gefolgschaft von 1,5 Mio. Menschen (Guinness-Buch der Rekorde). Die anderen Feste finden an ca. 50 Punkten statt, v. a. in *Recife antigo*.

Festa do Aniversário da Cidade (12. März): Straßenfest zum Geburtstag der Stadt, *Recife antigo*.

Iemanjá-Festival (1.–8. Dez.): Fest zu Ehren der Meeresgöttin Iemanjá.

Verkehr

Flugzeug: Der moderne Aeroporto Internacional do Recife Guararapes, Tel. 081-33 22 43 53, ist 11 km vom Zentrum entfernt; Transfer bis Boa Viagem im Flughafenbus *Aeroporto* (alle 20 Min.) oder per Taxi (ca. 10–20 R$).

Bus: Der Bahnhof TIP liegt in Curado 15 km südwestl. des Zentrums, Tel. 081-34 52 11 03; Verbindungen u. a. nach Fortaleza (*Guanabara,* Tel. 081-34 52 21 00, 3 x tgl., 12 Std., 125–180 R$), João Pessoa (*Progresso,* Tel. 081-21 21 90 90, oder *Bonfim,* 081-34 52 11 55, bis 19 Uhr halbstdl., 2,5 Std., 22–29 R$), Maceió (*Real Alagoas,* Tel. 081-34 52 15 11, 10 x tgl., 4,5 Std., 34–58 R$), Natal (*Progresso,* Tel. s. o., 9 x tgl., 4,5 Std., 60 R$) und Salvador (*Itapemirim,* Tel. 081-34 52 21 11, tgl. 18.45 Uhr, 12 Std., 135 R$).

Metro: Verbindung zwischen *Recife antigo* und Busbahnhof sowie Flughafen (ca. 800 m außerhalb), tgl. 5–23 Uhr.

Olinda

Sehenswert
1. Igreja N. S. das Neves
2. Igreja N. S. da Graça
3. Igreja da Sé
4. Museu de Arte Sacra
5. Igreja N. S. da Misericórdia
6. Museu do Mamulengo
7. Museu de Arte Contemporânea
8. Igreja de São Sebastião
9. Rua 15 de Novembro
10. Basílica de São Bento
11. Igreja de Santo Antônio do Carmo

Übernachten
1. Pousada do Amparo
2. Pousada dos Quatro Cantos
3. Olinda Hostel

Essen & Trinken
1. Oficina do Sabor
2. Patuá
3. Tapioca-Stände

Einkaufen
1. Rua do Amparo

Abends & Nachts
1. Bodega de Véio
2. Bar Aloma
3. Licoteria Noctívagos

Olinda

8 Olinda ▶ 3 F 6

Cityplan: links

Olinda (395 000 Einw.), nur 6 km von Recife entfernt, besitzt 22 gut erhaltene Kirchen, elf Kapellen und zahlreiche alte, meist zweigeschossige herrschaftliche Villen mit maurischen Balkonen und portugiesischen *Azulejos* – ein einziges Museum unter freiem Himmel, das 1982 von der UNESCO zum Welterbe erklärt wurde sowie 2006 den Titel der ›Kulturhauptstadt Brasiliens‹ erhielt. Nur in Ouro Preto (Minas Gerais) findet man Vergleichbares. Darüber hinaus bietet das bereits mit dem Pariser Bohème-Viertel verglichene ›Montmartre Brasiliens‹ noch eine Reihe von Kunstateliers, Galerien und Märkten sowie eine Vielzahl folkloristischer Ereignisse, besonders während des Frevo-Karnevals, der als der einer der farbigsten und kreativsten Straßenkarnevals in ganz Brasilien gilt.

Geschichte

Die erste Hauptstadt Pernambucos wurde 1537 von dem Portugiesen Duarte de Coelho gegründet, 1551 kamen die Jesuiten, 1577 die Franziskaner und 1580 die Karmeliter. Während der Zeit der holländischen Okkupation (1630–54) wurden viele Bauwerke niedergebrannt, später jedoch in teils erweiterter Form wiederhergestellt.

Im Jahr 1710 kam es zu einem bewaffneten Konflikt *(Guerra dos Mascates)* mit der benachbarten Hafenstadt Recife, bei dem die Zuckerbarone von Olinda den politischen Aufstieg der bürgerlichen Handelskaufleute *(Mascates)* mit aller Macht vereiteln wollten. Doch Olinda, ohne einen eigenen Zugang zum Meer wirtschaftlich benachteiligt, musste bald auch seine Hauptstadtrolle an das konkurrierende Recife abtreten und war fortan nur noch ein Denkmal vergangenen Glanzes.

Kleiner Rundgang durch den Ort

Am besten begeben wir uns per Taxi oder zu Fuß zu einem höher gelegenen Punkt der Stadt, um später nur noch bergab gehen zu müssen. Es geht also gleich die Travessa de São Francisco hinauf zu den ersten Sehenswürdigkeiten, dem **Convento de São Francisco** und der **Igreja N. S. das Neves** [1]. Die Anlage aus dem Jahre 1585 ist eine der ältesten und bedeutendsten des Franziskanerordens in Brasilien. Herausragend sind die Azulejos an den Kirchenwänden und im Innenhof des Konvents sowie zahlreiche Deckengemälde im Kirchenschiff (Mo–Fr 9–12 und 14–17, Sa 9–12 Uhr, Eintritt 2 R$).

Wir setzen nun unseren Aufstieg noch ein kurzes Stück fort bis zur Rua Bispo Coutinho und stoßen bald auf die schlichte Jesuitenkirche **N. S. da Graça** (1552) [2]. Die Pläne für das schön auf einer Anhöhe gelegene Gotteshaus entwarf Francisco Dias. Kurz darauf gelangen wir zu der Hauptkirche des Ortes, der alten **Igreja da Sé** [3] (1537, 1656 restauriert). Sie mutet sehr schlicht an, ist jedoch Sitz des Erzbischofs von Recife und Olinda (tgl. 8–12, 14–17 Uhr).

Von hier oben, dem **Alto da Sé,** genießt man den privilegiertesten Blick auf die Nachbarstadt Recife, kaum jemand wird hier nicht einhalten, um das obligatorische Foto zu schießen. Der Alto da Sé ist der zentralste Platz der *Cidade alta,* Austragungsort für die zahlreichen Feste und Feierlichkeiten, u. a. auch an jedem Sonntagabend.

Ein paar Schritte weiter sehen wir an der rechten Straßenseite den ehemaligen Bischofspalast mit dem **Museu de Arte Sacra** [4] (Mo–Fr 9–13 Uhr). Weiter geradeaus folgt nach einer Linkskurve die **Igreja N. S. da Misericórdia** [5] (1540, 1631 zerstört, ab 1654 restauriert) mit einer schönen Kanzel, vergoldeten Holzschnitzereien, Azulejos und farbenfrohen Deckengemälden in spätbarockem Stil (Mo–Sa 6.20–6.40, 12–12.30, 18–18.30, So 7.30–9, 10.45–12, 17.15–18 Uhr). Von hier oben genießt man ebenfalls einen sehr schönen Blick auf Olinda und Recife.

Wir gehen nun die Straße weiter hinunter und finden zwei Häuser nach dem Mercado Ribeira das **Museu do Mamulengo** [6], eine höchst interessante Ausstellung zahlreicher populärer Figuren des Puppentheaters, die

Die farbenfrohe Altstadt von Olinda

Recife und Umgebung

ältesten aus dem 19. Jh. (Di–So 10–17 Uhr, Eintritt 2 R$). Ein kleines Stück weiter und dann rechts in die Rua 13 de Maio folgt auf der linken Straßenseite das alte Gefängnis der ›Heiligen Inquisition‹, in dem sich heute das **Museu de Arte Contemporânea** 7, das Museum für zeitgenössische Kunst befindet (Di–Fr 9–13 und 14–17, Sa/So 14–17 Uhr).

Ein Stück gehen wir nun zurück und dann rechts in die Rua Henrique Dias, bis man am Ende links den Turm der **Igreja de São Sebastião** 8 sieht. Sie ist nur Sa von 17 bis 19 Uhr zur Messe geöffnet und von außen wenig interessant. Umso schöner sind jedoch die bunten Häuschen der **Rua 15 de Novembro** 9, die wir ein Stück hinaufgehen, bevor wir rechts in die Rua São Bento abbiegen. Dort erreichen wir mit dem prächtigen Benediktinerkloster aus dem Jahre 1582 eine der Hauptattraktionen Olindas.

Das **Mosteiro de São Bento** wurde nach der Inbrandsetzung durch die Holländer (1631) in der zweiten Hälfte des 17. Jh. neu aufgebaut, die jetzige Innenausstattung datiert aus der Zeit ab 1750. Die Chorkapelle gilt als eine der schönsten Brasiliens. Vom Eingang aus sehen wir beiderseits an den Wänden mehrere Heiligenbilder, die erst im Jahre 1908 aus München hierher kamen. Die **Basílica de São Bento** 10, die Klosterkirche von 1761, zählt wegen ihrer Gemälde und Verzierungen im Inneren zu den wichtigsten Beispielen des Spätbarock im Nordosten Brasiliens (Kirche tgl. 8–12, 14–17 Uhr, Kloster nicht zu besichtigen).

Unser Rundgang nähert sich dem Ende, nach einem Stück die Rua 27 de Janeiro hinunter bis zur Praça João Alfredo gehen wir nach rechts weiter durch die Avenida da Liberdade und sehen rechts auf einer Anhöhe die älteste Karmeliterkirche Brasiliens, die **Igreja de Santo Antônio do Carmo** 11. Sie stammt aus dem Jahre 1580, fiel ebenfalls dem von den Holländern verursachten gro-

Heiligendarstellung im bedeutenden Convento de São Francisco in Olinda

Olinda

ßen Brand zum Opfer und wurde 1720 restauriert. Lediglich der Altar aus dem 16. Jh. und das Renaissanceportal der Fassade zeugen noch von der ursprünglichen Konzeption (z. Zt. wegen Restaurierung geschl.). Danach stoßen wir auf die Praça do Carmo und beenden hier unseren Rundgang.

Infos

Casa do Turista: Rua P. de Morais 472, Tel. 081-33 05 10 60, Mo–Fr 8–18, Sa/So 9–19 Uhr.

Empetur: Av. da Liberdade, Tel. 081-34 29 02 44, tgl. 8–18 Uhr.

Übernachten

Kolonialer Charme ▶ **Pousada do Amparo 1:** Rua do Amparo 199, Tel. 081-34 39 17 49, www.pousadaamparo. Schmucke zweistöckige Kolonialvilla aus dem 18. Jh. mit 18 gepflegten und anheimelnden Zimmern, einige mit weitem Panoramablick; reich dekoriert mit Gemälden und anderen Kunstwerken, schöner tropischer Garten, Restaurant, Pool. 240–360 R$.

Reizende Altstadt-Villa ▶ **Pousada dos Quatro Cantos 2:** Rua Prudente de Morais 441, Tel. 081-34 29 02 20, www.pousada4cantos.com.br. Hübscher Altstadt-Villenkomplex aus dem 19. Jh. mit künstlerischer Dekoration, 15 gemütlichen Zimmern in unterschiedlicher Größe und Ausstattung, Pool, Bäumen, Panoramablick, familiärer Atmosphäre und englischsprachigem Service. 130–200 R$.

Internationales Flair ▶ **Olinda Hostel 3:** Rua do Sol 233 (Carmo), Tel. 081-34 29 15 92, www.alberguedeolinda.com.br. Nette Jugendherberge in kleinem Kolonialhaus, Garten mit Hängematten und schönem Pool. DZ 80 R$ und 4–8-Bett-Dorms 28–35 R$ pro Pers.

Essen & Trinken

Tropisch kreativ ▶ **Oficina do Sabor 1:** Rua do Amparo 335, Tel. 081-34 29 33 31, Di–Sa 12–16, 18–24, So 12–17 Uhr. Das beste Restaurant Olindas überzeugt mit kreativen regionalen Gerichten wie Fischfilet in Maracuja-Soße (47 R$ für 2 Pers.) sowie einer wunderbaren Terrasse mit Aussicht auf das Stadtpanorama von Recife. Reservierung empfohlen.

Gute Wahl ▶ **Patuá 2:** Rua Bernardo Vieira de Melo 79, Tel. 081-30 55 08 33, Di–So 12–16, Mi–Sa 17–23 Uhr. Gemütliches Restaurant mit folkloristischem Ambiente, exzellenten Fischtellern (25 R$) und erfrischenden Fruchtsäften.

Tapiocas: Die süß oder herzhaft gefüllten Pfannkuchen aus Maniokmehl gehören zu Olinda wie seine Kirchen. Jeden Tag ab 15 Uhr werden sie an kleinen Ständen am **Alto da Sé 3** frisch zubereitet.

Einkaufen

Einfach entlangschlendern ▶ **Rua do Amparo 1:** Kunstgalerienstraße im historischen Zentrum, u. a. Galerien für Gemälde, Keramik und Stoffmalereien.

Abends & Nachts

Einheimische Künstler und Touristen versammeln sich gern in der **Bodega de Véio 1**, Rua do Amparo 212, Mo–Sa 8–23, So 8–14 Uhr (Do, Sa Straßenfest mit Live-Musik). Beliebte Anlaufpunkte zu vorgerückter Stunde sind die **Bar Aloma 2**, Rua do Amparo 3, Mo–Sa 17–1, So 16–22 Uhr, sowie die gemütliche Kneipe **Licoteria Noctívagos 3**, Rua 13 de Maio 3, Di–So 16–21 Uhr. Überall bekommt man auch Snacks für den kleinen Hunger. Ein Erlebnis sind die Mondscheinfeste (*luar de Olinda*), Sammlung Fr ab 21 Uhr an der Praça João Alfredo, danach Serenadenumzug durch die Altstadtgassen.

Termine

Karneval (Febr.): Der eigenartigste Karneval in Brasilien mit Frevo- und Maracatu-Rhythmen, Blasorchester und einem Umzug mit riesigen Pappfiguren ab Largo de Guadalupe. Man geht besser tagsüber hin, abends trifft man sich eher in Recife.

Verkehr

Bus: Die Bushaltestelle liegt an der Praça do Carmo, häufige Busverbindungen von und nach Recife.

Recife und Umgebung
Porto de Galinhas ▶ 3, F 6

Porto de Galinhas ist eigentlich nur ein Strand und dennoch im Sommer der belebteste Ort der Südküste Pernambucos, ca. 70 km vor Recife. Im Allgemeinen sind die Ziele des brasilianischen Massentourismus nicht gerade identisch mit denen ausländischer Besucher, im Falle von Porto de Galinhas mag es jedoch Überschneidungen geben. Obwohl in der Saison hoffnungslos überfüllt, besticht die Region durch eine Landschaft, wie man sie höchstens in farbigen Südsee-Prospekten zu sehen bekommt.

Porto de Galinhas war früher offizielles und ab 1850 illegales Eintrittstor für den Import afrikanischer Sklaven in den Nordosten Brasiliens. Die Ankunft einer neuen Ladung wurde mit der Chiffre *galinha-d'angola* signalisiert, was nur Perlhühner heißt, verdeckt aber auf die verbotene schwarze Fracht aus Angola verwies.

Der Hauptstrand

Der 4 km lange Hauptstrand gilt als einer der schönsten von ganz Brasilien. Er besteht aus feinstem weißem Sand und liegt an einem Meeresabschnitt, dessen von Riffen durchzogenes Wasser ruhig, sauber und warm ist, ideal zum Baden und Tauchen. Etwas abseits vom Strand säumen Tausende von Palmen das Ufer, ein Bild, das schon zum Erkennungszeichen des Ortes geworden ist. Dazwischen verbirgt sich, wegen architektonischer Zurückhaltung kaum merklich, eine komplette Infrastruktur mit niedriggeschossigen Hotels und Restaurants gehobenen Stils. Alles ist hier jedoch weitläufig, und nicht wenige mieten gleich bei Ankunft einen Buggy (vorzugsweise mit Fahrer), um auch zu anderen Stränden zu gelangen oder den Nachbarort Nossa Senhora do Ó aufzusuchen.

Weitere Strände und Inseln

Südlich von Porto de Galinhas, zu Fuß in 40 Min. am Strand entlang erreichbar, liegt **Maracaípe**, der sehr reizvolle Haupt-Surferstrand von Pernambuco. Von dort fahren Jangadas zu einer kleinen Insel mit einer Bar, in der man bei Flut an Tischen mit den Füßen im Wasser sitzt. In nördlicher Richtung gelangt man zu den Stränden von Cupe und Gamboa. Sehr beliebt sind Buggyfahrten zur **Praia de Muro Alto** (3 Std., 120 R$ bis 4 Pers.); der früher sehr einsame Strandabschnitt besitzt heute viele Pousadas und luxuriöse Resorts. Ein anderer häufig gewählter Ausflug, diesmal per Boot, führt zur **Ilha de Santo Aleixo**. Unverzichtbar ist jedoch die traditionelle Fahrt mit einer Jangada zu den vorgelagerten Sandbänken (nur bei Ebbe bzw. Neumond, Dauer 1 Std., 10 R$).

Infos
Central de Informações Turísticas: bei der Bushaltestelle, 081-35 52 17 28, Mo–Sa 8–17, So 8–12 Uhr.

Übernachten
Palmenmeer ▶ **Pousada Tabapitanga:** Praia do Cupe (7 km vom Zentrum), Tel. 081-35 52 10 37, www.tabapitanga.com.br. 50 komfortable Bungalows mit Veranda, 100 m eigener Strand, 2000 Palmen, Pool, Restaurant, Buggy- und Jangada-Ausflüge, Citytouren nach Recife und Olinda. Um 200 R$.

Ökologisch ▶ **Pousada Ecoporto:** Praia do Borete (3 km vom Zentrum), Tel. 081-35 52 17 81, www.pousadaecoporto.com.br. Sehr hübsch dekorierte und liebevoll geführte Pousada, 26 Zimmer, freundliches Personal. Die Besitzer legen Wert auf Umweltschutz. 250–350 R$.

Idyllisch ▶ **Pousada Porto Verde:** Praça 1 (Zentrum), Tel. 081-35 52 14 10, www.pousadaportoverde.com.br. Eine ruhige Oase im Dorfzentrum. Kleine, aber sehr gepflegte Zimmer, rundherum viel Grün, mit Pool. 90–140 R$.

Terrasse mit Meerblick ▶ **Pousada Beira Mar:** Av. Beira Mar 12, Tel./Fax 081-35 52 10 52, www.pousadabeiramar.com.br. 12 Zimmer, sehr zentral, direkt am Meer, schweizerische Besitzer. Um 130 R$.

Essen & Trinken
Überregional bekannt ▶ **Beijupirá:** Rua Beijupirá, Tel. 081-35 52 23 54 (reservieren!),

Porto de Galinhas

Fischer ziehen eines der traditionellen Boote an den Strand

tgl. 12–24 Uhr. In Porto de Galinhas sollte man Fisch essen, so wie in diesem exquisiten Restaurant. Ausgefallene (Fisch-)Gerichte (süßsauer) ab 40 R$.

Fisch im Ziegel ▶ **Peixe na Telha:** Av. Beira Mar 40-B, Tel. 081-35 52 13 23, tgl. 11–22 Uhr. Auch hier gibt es köstlichen Fisch, er wird in einer Ziegelpfanne an den Tisch gebracht und man genießt ihn bei herrlichem Meerblick (45 R$ für 2 Pers.).

Mal kein Fisch? ▶ **Domingos:** Rua Beijupirá (Galeria Paraoby), Tel. 081-35 52 14 64, tgl. ab 12–23 Uhr. Wer etwas anderes als Fisch sucht, wird hier fündig: sehr gute internationale Gerichte in freundlicher Atmosphäre (35 R$ für 2 Pers.).

Abends & Nachts

Am Abend wird in Porto de Galinhas und Umgebung – zumindest in der Saison – viel geboten; die angesagtesten Lokale wechseln dabei ständig. Am besten man erkundigt sich im Hotel danach, was gerade läuft. Eine gute und konstante Adresse ist die Kneipe **Birosca da Cachaça,** Rua Beijupirá 5, Mo–Sa ab 22 Uhr, Eintritt 5–25 R$.

Aktiv

Die Preise aller Ausflüge sind tabelliert und im Touristenbüro zu erfragen. Am beliebtesten sind **Jangada-Ausflüge** und **Buggytouren** (Associação de Bugueiros, Tel. 081-35 52 19 30). Gefragt ist auch die **Katamaranfahrt** zur Ilha de Santo Aleixo und Praia dos Carneiros (6–7 Std., 90 R$ pro Pers., nur Okt.–Mai). Infos: Cavalo Marinho, Tel. 081-35 52 21 80.

Verkehr

Bus: Linienbusse verkehren im 30-Minuten-Takt nach Recife (2 Std., 7 R$, bis 20 Uhr) sowie nach Maracaípe (2 R$, bis 18.30 Uhr). Die zentrale Station für Busse und Kleintransporter befindet sich wenige Meter hinter der großen Tankstelle.

João Pessoa ▶ 3, F 5

Das 1585 gegründete João Pessoa (694 000 Einw.) wirbt u. a. mit dem Ruf der drittältesten Stadt Brasiliens. Abgesehen von einem Kirchenkomplex und einer restaurierten Altstadt gibt es jedoch wenig Historisches zu sehen. Dafür kann der Ort auf einige Traumstrände sowie einen ungewöhnlichen Reichtum an Grünflächen verweisen (30 m²/Einw.), die Einheimischen nennen sie daher ›Cidade Jardim‹ (Gartenstadt).

Stadtrundgang

Igreja de São Francisco und Convento de Santo Antônio

Dieser barocke Kirchenkomplex ist das einzige historisch-architektonische Prunkstück der Stadt und nimmt zugleich einen markanten Standort ein, nämlich an ihrer höchstgelegenen Stelle. Vom Parque Arruda Câmara aus ist man zu Fuß schnell dort, am Parkausgang überqueren wir die Hauptstraße, gehen weiter geradeaus, vor der Rechtsbiegung einige Meter nach links, dann nach rechts die Hauptstraße entlang bis zur Praça São Francisco auf der rechten Seite. Die Baugeschichte des **Centro Cultural São Francisco,** wie der Komplex heute heißt, begann im Jahre 1589, zog sich jedoch über 190 Jahre hin, der Konvent wurde zum Teil wieder zerstört, um als Wohnsitz für den ersten Bischof von Paraíba zu dienen. Heute sind in seinen Räumen zwei Museen untergebracht: das **Museu de Arte Popular** und das **Museu de Arte Sacra.** Die Kirche beeindruckt äußerlich durch die Fassadenarchitektur der Vorderfront und im Innern durch die perspektivischen Deckenmalereien – aus Naturfarben, gewonnen aus Pflanzen und Früchten –, durch die Azulejos an den Wänden und die Capela Dourada, die Goldene Kapelle mit blattgoldüberzogenen Schnitzereien (tgl. 9–12 und 14–17 Uhr, Eintritt 4 R$).

Die Parkanlagen

Eine der vielen grünen Postkartenansichten der Stadt ist der von Burle Marx entworfene **Parque Sólon de Lucena** mitten im Zentrum, mit einem See, künstlichen Gärten und hohen Palmen. Reizvoller bzw. wildwüchsiger ist der nur 2 km entfernte **Parque Zoobotânico Arruda Câmara,** im Volksmund ›Bica‹ genannt. Hier befindet sich auch ein kleiner Zoo mit etwa 300 Tieren bzw. 60 verschiedenen Arten, darunter tropische Vögel, Affen, Kaimane und Schlangen. Eine besondere Attraktion ist die **Fonte Tambiá,** eine natürliche Quelle mit einem unter Denkmalschutz stehenden Brunnen aus dem 18. Jh.

Die Strände

Die recht sauberen Strände zählen zu den besonderen Attraktionen der Stadt. Es heißt, João Pessoa sei die einzige Küstenhauptstadt Brasiliens, die keine Abwässer ins Meer leitet. Auch sieht man keine hässlichen Hochhäuser, im Bereich der strandnächsten Straßen ist die Errichtung von Gebäuden mit mehr als drei Stockwerken untersagt.

Selbst die **Praia Tambaú,** zentrumsnächster und belebtester Strand der Stadt mit vielen Hotels, Bars und Restaurants, wirkt trotz der Urbanisierung noch ein wenig wild- und urwüchsig. Das Meer hier wird – ganz besonders etwas weiter nördlich in Intermares – von Wind- und Kite-Surfern geschätzt.

Stadtrundgang

Von Tambaú aus in nördlicher Richtung folgt die ebenfalls recht belebte **Praia Manaíra** und 3 km weiter die **Praia do Bessa,** man kann dort surfen oder schön in einer Strandbar sitzen. Zum **Picãozinho-Riff** mit seinen Naturpools und Fischschwärmen sowie zu der 2 km² großen Sandbank von **Areia Vermelha** gelangt man per Boot.

Südlich von Tambaú befindet sich die schöne, ruhige **Praia do Seixas,** von Tambaú aus in einem lohnenden Spaziergang zu erreichen (knapp 2 Std.). Die Landspitze, Ponta do Seixas genannt, ist der Afrika am nächsten gelegene Punkt des brasilianischen Festlandes. Die Entfernung per Luftlinie beträgt 2250 km und entspricht genau der Entfernung zwischen João Pessoa und São Paulo. An dieser Stelle Brasiliens geht die Sonne am frühesten auf.

Etwa 1 km weiter folgt die **Praia da Penha,** einer der reizvollsten Strände João Pessoas mit ruhigem Meer, einfachen Bars unter Kokospalmen und einem kleinen Fischerdorf mit der malerischen Igreja da Penha von 1763.

João Pessoa wird gern von brasilianischen Touristen besucht. Eine Ausnahme stellt die **Praia Tambaba** dar (36 km entfernt im Distrikt von Conde, Zugang per Buggy oder Pkw). Sie wurde nicht nur wegen der Vegetation, wegen der Felsklippen und der riffgeschützten Naturschwimmbecken berühmt, sondern auch als erster offizieller Nacktbade-Strand (1989) im Nordosten Brasiliens (www.tambaba.com.br).

Infos
PBTUR: Av. Almirante Tamandaré 100 (Centro Turístico Tambaú), Tel. 08 00-2 81 92 29, www.pbtur.pb.gov.br, tgl. 8–19 Uhr; auch Büros am Flughafen und Busbahnhof.

Übernachten
Design und Umwelt vereint ▶ Verdegreen Hotel: Av. João Maurício 255 (Manaíra), Tel. 083-30 44 00 00, www.verdegreen.com.br. Das moderne Öko-Design-Hotel am Strand von Manaíra beeindruckt durch Eleganz und Komfort sowie eine konsequent umgesetzte Umweltphilosophie (z. B. Leihräder gratis).

Zuverlässig modern ▶ Imperial Hotel: Av. Almirante Tamandaré 612 (Tambaú), Tel. 083-21 07 77 77, Fax 083-21 07 78 78, www.imperialhoteis.com.br. Gutes Mittelklasse-Hotel mit 120 modernen Zimmern, direkt an der Strandavenida. Um 200 R$.

Familiär und freundlich ▶ Manaíra Hostel: Rua Major Ciraulo 380 (Manaíra), Tel. 083-32 47 19 62, www.manairahostel.com.br. Nette Jugendherberge in einem apart umgestalteten Wohnhaus (mit Pool). Dorms bis 8 Pers. (30–38 R$), auch DZ (60–75 R$).

Essen & Trinken
Krabbenvariationen ▶ Canoa dos Camarões: Av. João Maurício 121 (Tambaú), Tel. 083-32 47 20 55, tgl. 11–23 Uhr. Der beste Ort für frische Krabbengerichte. Besonders zu empfehlen ist das Rodízio de Camarão (30 R$ pro Pers.), bei dem verschiedene Variationen wie Krabben in Kartoffelsalat frisch an den Tisch gebracht werden.

Traum-Buffet ▶ Famiglia Muccini: Av. N. S. dos Navegantes 140 (Tambaú), Tel. 083-32 26 85 88, tgl. 12–15, 18–24 Uhr. Schickes italienisches Restaurant mit sanfter Pianomusik im Hintergrund. Alles ist frisch und aus eigener Herstellung. Besonders gut ist das Mittagsbuffet (40 R$/kg). Abends wechselnde Angebote (z. B. Pizza oder Fondue).

So kocht man auf dem Land ▶ Mangai: Av. Gen. Edson Ramalho 696 (Manaíra), Tel. 083-32 26 16 15, Mo–Sa 11–22, So 7–22 Uhr. Historisch das erste Selfservicelokal des Nordostens; groß, rustikal und folkloristisch dekoriert; langes Buffet mit mehr als 80 Speisen. 31 R$/kg.

Einkaufen
Folkore ▶ Mercado de Artesanato Paraibano (MAP): Av. Sen. Rui Carneiro 241 (Tambaú), Tel. 083-32 47 31 35, Mo–Sa 9–19, So 9–17 Uhr. In mehr als 100 Verkaufsläden finden sich folkloristische Stoffpuppen, Lederartikel, Hängematten, Spitzen u. a.

Abends & Nachts
Konzentriert in **Tambaú** in der Av. Olinda und ihren Seitenstraßen, gegenüber vom Tropical

João Pessoa

Hotel, z. B. **Empório Café** (tgl. ab 19 Uhr), und **John People** (lebendiges Bar-Restaurant mit Live-Musik, Di–So ab 18 Uhr). Sehr nett sitzt man auch ein paar hundert Meter weiter in der Freiluft-Bar **Bahamas Chopp**, Av. João Maurício, wo man bei schönem Meerblick ein frisch gezapftes Bier und auch gute Speisen genießen kann (tgl. 11–24 Uhr).

Termine

São João (Ende Juni): Wie überall im Nordosten werden auch hier die *festas juninas* prächtig und farbenfroh begangen. Das Hauptfest (mit viel Forró-Musik und Tanz) findet an wechselnden Orten statt, meist an verschiedenen Plätzen im historischen Zentrum.
Festa das Neves (5. Aug.): Prozession und Straßenfest zu Ehren der Schutzheiligen der Stadt.

Aktiv

Bus- oder Buggytouren entlang der südlichen Strände bis Tambaba oder nördlich bis Baía da Traição (z. B. Cliotur, Av. Alm. Tamandaré 310, im Bristol Victory Hotel, Tel. 083-32 47 44 60, www.cliotur.com.br, tgl. 8–18 Uhr).
Bootsausflüge nach Picãozinho, ab Praia de Tambaú (15 Min. Fahrt, 3 Std., 25 R$); nach Areia Vermelha, ab Praia de Camboinhas (10 Min. Fahrt, 4 Std., 42 R$); zum Flussstrand von Jacaré mit Sonnenuntergang (22 R$).

Verkehr

Flugzeug: Der Aeroporto Presidente Castro Pinto liegt 11 km westl., Tel. 083-30 41 42 09. Transfer im Bus (alle 20 Min. ab Rodoviária) oder per Taxi (ab Tambaú ca. 50 R$).
Bus: Terminal Rodoviário an der Rua Francisco Londres (Varadouro), Tel. 083-32 21 96 11. Verbindungen u. a. nach Fortaleza (*Nordeste,* Tel. 083-32 41 11 70, tgl. 20 Uhr, 10 Std., 96–151 R$), Maceió (*São Geraldo,* Tel. 083-32 41 14 64, Mo, Mi, Fr, im Sommer tgl., 9.30 Uhr, 6 Std., 52 R$), Natal (*Nordeste,* Tel. s. o., 8 x tgl., 3 Std., 26–31 R$), Recife: *Progresso,* Tel. 083/32 21 09 04, oder *Bonfim,* Tel. 083-32 21 45 07, halbstdl. bis 19.30 Uhr, 2–3 Std., 18–25 R$.

Praia do Seixas: der Afrika am nächsten gelegene Punkt in Brasilien

Natal ▶3, F5

Natal (800 000 Einw.), die Hauptstadt von Rio Grande do Norte, ist nicht gerade schön, bietet aber 300 Sonnentage im Jahr, angeblich das wärmste Wasser, die erfrischendste Brise und laut NASA die sauberste Luft Amerikas. Es gibt auch ein paar Sehenswürdigkeiten, viel Nachtleben, schöne Strände und vor allem die berühmte Dünenlandschaft von Genipabu.

Festungsarchitektur und Innenstadt

Forte dos Reis Magos

Hauptsehenswürdigkeit der Stadt ist die weithin sichtbare, an der Praia do Forte gelegene Festung **Forte dos Reis Magos** (1598, 1614 rekonstruiert). Sie gilt als die architektonisch schönste Brasiliens, besonders wegen des sternförmigen Grundrisses und der fünf Bastionen, die es ermöglichten, den Feind von mindestens zwei Seiten aus zu beschießen. In ihrer Kapelle wurde durch den Jesuitenmönch Gaspar de Saint Perez am ersten Weihnachtstag 1599 die erste Messe gelesen und die Stadt erhielt ihren Namen – Weihnachten heißt auf Portugiesisch *natal*.

Im Innern des Forts befindet sich das älteste Kolonialmonument Brasiliens, ein 1501 an der Praia de Touros von einer portugiesischen Expedition unter Amerigo Vespucci hinterlassener **Besitzmarkstein** (Marco de Touros). Die Legende besagt, dass die ungewöhnliche Erscheinung dieser 1,62 m hohen Marmorsäule die Indios damals dazu veranlasste, sie für wundertätig zu halten und von ihr abgekratzte Splitter medizinischen Tees beizumischen. Zudem spielte sie eine Rolle bei Hochzeits- und Scheidungszeremonien: Um einen Ehemann zu finden, stießen die Frauen dreimal mit dem Kopf gegen die Frontseite und vollzogen anschließend drei Umrundungen; bei einer Scheidung schlugen sie dreimal mit dem Kopf an die Rückseite und machten drei Runden in entgegengesetzter Richtung. Man achte darauf, an welcher Seite die Abnutzungserscheinungen stärker sind (tgl. 8–16.30 Uhr, Eintritt 3 R$).

Oberstadt und Hafengegend

Weitere Sehenswürdigkeiten befinden sich in der Oberstadt *(Cidade alta)*, u. a. die barocke **Igreja Santo Antônio** (1766) mit einem geschnitzten Holzaltar und einem **Museu de Arte Sacra** (Di–So 8–17 Uhr).

Recht häufig besucht wird das rosafarbene **Centro de Turismo** in der Rua Aderbal Figueiredo 980 (Petrópolis), früher Waisenhaus, Gefängnis und US-amerikanischer Verwaltungsstützpunkt, heute ein Besucherzentrum mit 36 Kunsthandwerksläden, Galerie und Restaurant mit Blick auf den Rio Potengi (tgl. 8–19 Uhr). In der Saison finden hier unter freiem Himmel häufig Shows, Partys und Folkloreveranstaltungen statt, jeden Donnerstag ab 22 Uhr tanzen Touristen und Einheimische bei der klassischen Forró-Nacht (www.forrocomturista.com.br).

Das alte Hafenviertel **Ribeira** wurde teilweise restauriert, am Wochenende ist es nun eine beliebte Gegend zum Ausgehen mit vielen Bars und Clubs und einer lebendigen (Alternativ-)Szene. Die ganze Meile wirkt jedoch

Natal

immer noch etwas heruntergekommen und düster. Entlang der **Rua Chile** befinden sich die ältesten Gebäude der Stadt (19. Jh.).

Strände und Dünen

Häufiger besucht als die stadtnahen Strände **do Forte**, **do Meio** und **dos Artistas** wird die 8 km südlich gelegene **Praia Ponta Negra** (Direktbusse und Vans). Das Meer ist dort sauberer und ruhiger, im Hintergrund erhebt sich markant die 120 m hohe Düne ›Morro do Careca‹ (Glatzberg). Die Infrastruktur ist hoch entwickelt, weshalb sich dieser Strand auch zu einem der beliebtesten ›Gringo‹-Treffs Brasiliens entwickelt hat. Zwischen Ponta Negra und Zentrum erstreckt sich der **Parque das Dunas**, mit 1172 m² Brasiliens zweitgrößte städtische Grünfläche. Einige Wanderwege führen durch das bewaldete Dünengebiet.

Ausflüge im Buggy

Sie sind bei einem Urlaub in Natal genauso obligatorisch wie ein Besuch des Zuckerhuts in Rio de Janeiro. Wählt man den eintägigen Südausflug, gelangt man bis zur belebten **Praia da Pipa**, einem der schönsten Strände Brasiliens, und besucht bei einigen Touren neben der Raketenabschussbasis ›Barreira do Inferno‹ noch **Pirangi do Norte** mit dem größten Kajubaum *(cajueiro)* der Welt. Seine 8500 m² einnehmende Krone bedeckt eine Fläche, auf der normalerweise 70 dieser Bäume Platz finden. Abenteuerlicher sind jedoch die Buggytouren in nördlicher Richtung zu und in den weltbekannten Dünen von **Genipabu**.

Die Frage des Fahrers, ob man »com ou sem emoção« (mit oder ohne Emotion) kutschiert werden möchte, bezieht sich ganz und gar nicht auf romantische Gefühle, sondern einzig und allein auf die persönliche Risiko- und Abenteuerbereitschaft bzw. die gewünschte Umdrehungszahl des Motors. Nach Überquerung des Rio Potengi geht es zunächst noch recht behäbig an der Praia da Redinha vorbei, bis man vor Genipabu die ersten großen Dünen auftauchen sieht. Da man sich nicht immer anschnallen kann, kralle man sich nur gut fest und vertraue auf die Fahrkünste des Einheimischen, der einen wie in der Achterbahn mal 30 m hinauf- und mal 30 m hinunterreißt. Nach Überquerung des Rio Ceará Mirim wird es bei Pitangui wieder etwas ruhiger, es sei denn, man setzt sich oberhalb des Jacumã-Sees auf ein schmales Holzbrett und stürzt sich 30 m tief die Düne hinab *(ski-bunda)*. Danach geht es zum Mittagessen an den Strand von Muriú, Endstation und letzter Halt vor der Rückfahrt. Wem es im Buggy zu schnell geht, der kann sich auch gemütlich von spanischen Dromedaren über die Dünen schaukeln lassen.

Infos

Setur: Av. Gov. Juvenal Lamartine 205 (Tirol), Tel. 084-32 32 25 19, www.brasil-natal.com.br; auch am Flughafen (tgl. 8–18 Uhr), am Busbahnhof (Mo–Sa 8–18 Uhr) und im Centro de Turismo (tgl. 8–18 Uhr).

Übernachten

Hotel mit Stil ▶ **Manary Praia Hotel:** Rua Francisco Gurgel 9067 (Praia de Ponta Negra), Tel. 084-32 04 29 00, www.manary.com.br. Sehr geschmackvolles Hotel direkt am Strand von Ponta Negra, an einem ruhigeren Strandabschnitt (viele Zimmer haben Meerblick). Die 23 Zimmer sind sehr schön dekoriert, romantische Stimmung, ideal für Paare. Mit ausgezeichnetem Restaurant. Ab 450 R$.

Blick aufs Meer ▶ **Praia Azul Mar Hotel:** Rua Francisco Gurgel 92, Tel. 084-40 05 35 55, www.praia-azul.com. Das Hotel weist zwar schon leichte Altersspuren auf, doch die schöne, ruhige Lage unmittelbar am Strand mit dem herrlichem Meerblick entschädigt hierfür ... Suiten mit Wohnzimmer und Küche 180–200 R$.

Klein, aber fein ▶ **Pousada Manga Rosa:** Av. Erivan França 240 (Praia de Ponta Negra), Tel. 084/32 19 05 08, www.mangarosanatal.com.br. Ansprechende Pousada an einem belebten Strandabschnitt von Ponta Negra, von der Dachterrasse bietet sich ein schöner

Strände und Dünen

Blick auf den Strand und die markante Düne ›Morro do Careca‹. Um 130 R$.
Im Ausgehviertel ▶ Lua Cheia Hostel: Rua Dr. Manoel A.B. de Araújo 500 (Ponta Negra), Tel. 084-32 36 36 96, www.luacheia.com.br. Architektonisch sehr auffälliges Hostel im Ritterburgstil, DZ (90–100 R$) und Dorms mit 4–6 Betten (38–48 R$).

... in Praia da Pipa:
Volles Verwöhnprogramm ▶ Pousada Toca da Coruja: Tel. 084-32 46 22 25, www.tocadacoruja.com.br. Zählt zu den besten Pousadas des Landes, sagenhafte Bungalows in einem tropischen Garten, zwei Pools, Restaurant. Ab 550 R$ (in der Nebensaison nach Rabatt fragen).
Ökologisch korrekt ▶ Pousada Mirante de Pipa: Rua do Mirante 1, Tel. 084-32 46 22 51, www.mirantedepipa.com.br. Kleine Chalets auf einer Düne, z. T. mit prächtigem Meerblick. 120–160 R$.

Essen & Trinken

Muss man probiert haben ▶ Camarões: Av. Eng. Roberto Freire 2610, Tel. 084-32 09 24 24, tgl. 11.30–15.30, Mo–Sa 18.30–24, So 18.30–23 Uhr. Sehr gutes Fisch- und Krabbenlokal mit freundlicher Atmosphäre und sehr aufmerksamem Service. Der beste Ort, um die für Natal typischen und landesweit bekannten Shrimpsgerichte zu probieren. Um 50 R$ für 2 Pers. 45 R$ für 2 Pers.
Exotisch ▶ Cipó Brasil: Rua Aristides P. Filho 3111 (Ponta Negra), Tel. 084-32 19 52 27, tgl. 18–24 Uhr. Die mitten in Ponta Negra gelegene Pizzeria erinnert an eine Strandbar. An Holztischen auf Sandboden, unter einem Dach aus Palmblättern und Lianen, bestellt man prima Frucht-Caipirinhas und Pizza, deren Rand mit geschmolzenem Käse gefüllt ist. 38 R$ (für 2 Pers.).

... in Praia da Pipa:
Beim Sternekoch daheim ▶ Camamo: Tibau do Sul, Tel. 084-32 46 41 95, tgl. 20–24 Uhr. Der berühmte Sternekoch Tadeu Lubambo lädt pro Abend höchstens vier Paare oder Familien auf seine Fazenda ein, wo auf der Veranda ein unvergessliches 6-Gänge-Menü serviert wird. Nur mit Reservierung (im Sommer oft ausgebucht). 150 R$ pro Pers. (ohne Getränke, inkl. Hoteltransfer, 10 % Trinkgeld).
Spanisch-brasilianisch ▶ Tapas: Rua Bem-Te-Vis 8, Tel. 084-94 14 46 75, Di–Sa 18.30–23.30 Uhr (Mai–Juli geschl.). Hervorragende spanische Tapas, die mit brasilianischer Kreativität verfeinert werden. 5–25 R$.

Einkaufen

Kunsthandwerk ▶ Centro de Turismo: Rua Aderbal Figueiredo 980 (Petrópolis), Tel. 084-32 11 61 49, tgl. 8–19 Uhr. Kunsthandwerk aus Leder und Keramik, auch mit verschiedenfarbigem Sand gefüllte Flaschen.
Shopping do Artesanato Potiguar: Av. Eng. Roberto Freire 2622, neben dem Einkaufszentrum Praia Shopping (Ponta Negra), Tel. 084-32 15 97 81, tgl. 9–22 Uhr. Ähnlich wie das Centro de Turismo, aber weniger touristisch, viele Läden über mehrere Stockwerke.

Abends & Nachts

Das Nachtleben konzentriert sich in **Alto de Ponta Negra** in den Straßen rings um die Rua Dr. Manoel A. B. de Araújo, z. B. in der Tapas-Bar Sancho Pub (Rua Aristides P. Filho 3163, Fr/Sa ab 22, So ab 20 Uhr). An der **Praia de Areia Preta** befindet sich der große Dance-Club Chaplin (Av. Pres. Café Filho 27, Do–Sa ab 22 Uhr, Eintritt 15–30 R$; auch Openair-Bar, Do–Sa ab 17 Uhr).

Aktiv

Buggytouren: Wahlweise gen Süden oder Norden, auch ganztägig; in Umweltschutzgebiete nur mit zugelassenem Fahrer, zahlreiche Anbieter, Buchung auch über die Pousadas, Preis tabelliert, z. B. Genipabu um 260 R$ für 4 Pers. (3 Std.), Praia da Pipa um 400 R$ (6 Std.).

Termine

Carnatal (erstes Wochenende im Dez.): großer außerordentlicher Karneval mit Straßenumzügen, Kostümprämierungen, Bällen und bunten Bootsfesten.

Natal

Buggyfahren: eine der Hauptattraktionen in den Dünen von Genipabu

Verkehr

Flugzeug: Der Aeroporto Internacional Augusto Severo liegt 15 km vom Zentrum entfernt, Tel. 084-30 87 12 70; Transfer nach Ponta Negra per Taxi (35–40 R$) oder im Flughafenbus *Natal A* bis Natal Shopping, dort Stadtbus oder Taxi.

Bus: Die Rodoviária liegt 6 km außer Zentrum

Strände und Dünen

(Cidade da Esperança), Tel. 084-32 32 73 12; u. a. Verbindungen nach Fortaleza (*Nordeste,* Tel. 084-32 05 61 61, 5–6 x tgl., 8 Std., 75–120 R$), João Pessoa (*Nordeste,* Tel. s. o., 6–8 x tgl., 3 Std., 25–40 R$), Maceió (*São Geraldo,* Tel. 084-32 05 48 58, tgl. 18.45 Uhr, 10 Std., 90 R$), Recife (*Progresso,* Tel. 084-32 05 68 81, 8–9 x tgl.,5 Std., 60 R$).

Natal

aktiv unterwegs

Mit den Delfinen baden in Praia da Pipa

Tour-Infos
Anfahrt: Bus ab Rodoviária in Natal mit Oceano, Tel. 084-32 05 36 56, 7–9 x tgl. bis 18 Uhr (So nur 8 und 16 Uhr), 2 Std., 11 R$. Rückfahrt Mo–Sa 8 x tgl. bis 18 Uhr, So nur 8, 13, 16 und 18 Uhr. Alternativ verkehren 3–4 x tgl. Kleinbusse (gleicher Preis).
Aufenthaltsdauer: 2–4 Tage
Wichtige Hinweise: Auf alle Ausflüge Sonnencreme, Kopfbedeckung, langärmlige T-Shirts und viel Wasser mitnehmen.
Übernachtung und Essen: s. S. 285

Der beliebteste Badeort bei Natal ist das 85 km südlich gelegene **Praia da Pipa** (4000 Einw.). Mit zahlreichen Hotels und Pousadas, Restaurants, Bars, Boutiquen und Kunstateliers sowie den von majestätischen roten Klippen umrahmten Stränden ist er besonders bei internationalen Touristen ein gerne besuchtes Ausflugsziel. Es empfiehlt sich ein mehrtägiger Aufenthalt mit Übernachtung in einer der vielen charmanten Pousadas. Abends bezaubert der Ort mit seinen in Kerzenlicht getauchten Restaurants, die sich entlang der kopfsteingepflasterten Hauptstraße aneinanderreihen. Dank vieler Bars und sogar einer Disco kommt auch der Partyspaß hier nicht zu kurz.

Die Hauptattraktion ist jedoch die spektakuläre **Landschaft**, die geprägt wird von einsamen Badebuchten, hohen Klippen, Regenwaldresten sowie einer großen Lagune. Einiges von dem lässt sich auf eigene Faust kennenlernen, in den meisten Fällen empfehlen sich aber organisierte Touren ortsansässiger Anbieter.

Recht einfach gelangt man zu Fuß zu den ortsnahen Stränden – allerdings nur bei Ebbe. Am schönsten ist sicherlich der eine halbe Stunde nördlich des Zentrums gelegene Strand **Baía dos Golfinhos** bzw. **Praia do Curral,** der oft (meist am Nachmittag) von Delfinen besucht wird, die mit etwas Glück sogar recht nah herankommen.

Eine der schönsten **Bootstouren** führt mit dem Schoner Maria Maria vom Hauptstrand von Pipa an der Küste entlang bis nach Tibau do Sul und dort hinein in die **Lagoa de Guaraíras.** Die 7 km lange und bis zu 2 km breite, einstmals reine Süßwasserlagune ist von Mangrovenvegetation gesäumt und bietet vielen Vogelarten Lebensraum, außerdem befinden sich hier einige Shrimp-Farmen. Bei einem Stopp besteht an einem Badestrand Gelegenheit zu einem erfrischenden Bad. Im Anschluss fährt das Boot zum kleinen Ort Senador Georgino Avelino, wo man einen Hügel erklimmt und in einer Bar den spektakulären Panoramablick auf die glitzernde Lagune und den Atlantik genießt. Zurück an Bord wartet ein von **Kapitän Galego** höchstpersönlich zubereitetes Mittagessen (Austern, grillter Fisch, Krabben, tropischer Fruchtsalat u. a.). Auf dem Rückweg durch die Lagune lassen sich zu späterer Stunde in den Mangroven blaue Reiher und weitere Vogelarten beobachten. **Kontakt:** Tel. 084-32 46 21 66, paseio.mariamaria@hotmail.com, 9.45–16 Uhr, 110 R$ pro Pers.

Die ökologischste und zugleich sportlichste Tour in Pipa führt im **Kajak** (Einer oder Zweier) vom Strand in Tibau do Sul hinein in die Lagoa de Guaraíras. Dabei besteht die Möglichkeit zu einem Bad und zu einer Wanderung in den Mangroven. Da bei der insgesamt 8 km langen Tour stets die Meeresströmung ausgenutzt wird, findet sie zu wechselnden Uhrzeiten statt. Zu buchen ist sie am Vortag über die Agentur **Bicho do Mangue,** Tel. 084-99 28 10 87, bichodomangue@yahoo.com.br, 2,5 Std., 30 R$ pro Pers., 1–20 Pers.

Die für Natal so typischen **Buggytouren** werden auch in Pipa angeboten. Hierbei geht es in erster Linie um schöne Ausblicke von

Mit Delfinen baden

Klippen und das Kennenlernen abgelegener Strandorte. Die attraktivste Route nennt sich **Litoral Sul da Pipa** (6–7 Std., 340 R$ bis 4 Pers.) und führt über **Barra do Cunhaú** und **Baía Formosa** bis zur **Praia do Sagi** an der Grenze zum Bundesstaat Paraíba. An der Praia do Sagi kann man eine Pause in der Cachaçaria Nativos einlegen und dort am Strand einen leckeren Pastel de Camarão und einen frisch gepressten Fruchtsaft probieren (inkl. gratis Cachaça-Probe). Bei der Reservierung einer Buggytour ist darauf zu achten, dass das offizielle Zertifikat »Buggy Turismo« am Wagen angebracht ist, und direkt bei den Fahrern zu buchen (bessere Preise). Die Route sollte zudem vorher abgesprochen werden, da einige Schwarze Schafe die Tour gelegentlich abkürzen. Einen schönen und bequemen Buggy besitzt der sehr zuverlässige Fahrer **Josinaldo,** Tel. 084-99 84 05 96.

10 Fernando de Noronha ▶3, F4

Die ökologisch interessanteste Naturschutzinsel Brasiliens stellt die Spitze eines 12 Mio. Jahre alten Vulkanfelsens dar, der unter Wasser noch 4000 m in die Tiefe reicht. Das vor allem wegen seiner Delfine bekannt gewordene Taucherparadies ist ein Archipel von 21 Inseln, dessen größte (17 km²) die einzig bewohnte ist.

Naturschutzinsel und Taucherparadies

Tourismus und Ökologie

Noch vor 15 Jahren lebten die Insulaner hier überwiegend vom Fischfang, mittlerweile sind fast alle Bewohner im Tourismusgeschäft tätig. Es gibt mehr als 100 Pousadas, ca. 20 Restaurants, 14 Bars, 18 Kunsthandwerksläden, 60 Autoverleihfirmen und drei Tauchschulen. Mit 60 000 Besuchern pro Jahr ist der Zustrom so groß, dass die Insel fast vor dem ökologischen Kollaps steht, in der Saison ist zudem die Wasser- und Energieversorgung gefährdet. Als gerade noch umweltverträglich gelten 3500 Personen. Diese Zahl wird aber schon durch die 2300 ständigen Bewohner überschritten, die meisten davon Neuansiedler, häufig ehemalige Touristen, die sich in den letzten Jahren hier niedergelassen haben.

Doch trotz ›Überfüllung‹ ist das Leben, ganz besonders in der Nebensaison, immer noch recht einsam auf Noronha, was auch in dem Spitznamen *neuronha* (Kombination aus Neurose und Noronha) zum Ausdruck kommt. Wegen der Euphorie mancher Neuankömmlinge hat sich jedoch ebenfalls der Begriff *euforonha* eingebürgert.

Um die Insel kennen zu lernen, ist es am einfachsten, an einigen der vielen organisierten Tagestouren teilzunehmen, was durchaus zu empfehlen ist. Wer individuelles Reisen bevorzugt, kann vor Ort u. a. Buggytouren um die Insel oder ökologische Wanderungen unternehmen (s. S. 292). Insgesamt ist ein Besuch wegen der Flüge und hohen Ökogebühren ein kostspieliges Unterfangen. Da alles vom Festland hertransportiert werden muss, auch das Trinkwasser, sind die Preise für Unterkunft sowie Essen und Trinken nicht gerade niedrig.

Die Erlaubnis zum Tourismus gab es paradoxerweise erst, als 1988 ein Teil der Insel geschützter Meeresnationalpark wurde. Vorher diente sie ganz unökologischen Zwecken, die eher mit ihrer strategischen Lage 360 km vor der Küste zusammenhingen.

Spannende Geschichte

Entdeckt wurde das Eiland am 10. August 1503 von einer Expedition unter Americo Vespúcio, gesponsert von dem portugiesischen Kaufmann Fernando de Noronha, der jedoch nie hier war. Ab 1556 kamen englische, holländische und französische Invasoren, ab 1737 dominierten die Portugiesen und errichteten zehn Festungen, von denen heute fast nur noch Ruinen übrig sind. Immer wieder versteckten auch Piraten ihre Schätze auf der Insel, beispielsweise im Jahre 1577 der gefürchtete Engländer Francis Drake.

1737–1938 stand hier eine Strafkolonie und 1938–42 ein politisches Gefängnis. Im Zweiten Weltkrieg wurde der Archipel dem Kriegsministerium unterstellt und diente als alliierter Luftwaffenstützpunkt, 1957–65 als Satelliten-Beobachtungsposten der NASA.

Naturschutzinsel und Taucherparadies

1988 wurde die Insel zum Naturschutzgebiet und 2001 von der UNESCO sogar zum Weltnaturerbe erklärt.

Vila dos Remédios

Im Hauptdorf der Insel sollte man sich die gut erhaltene, barocke **Igreja dos Remédios** (1772) ansehen, dann den imposanten Regierungssitz **Palácio de São Miguel** sowie die Ruinen des **Forte dos Remédios** (1737) mit den alten Kanonen. Der Ort bietet die beste Infrastruktur der Insel und hier starten auch viele Erkundungstouren.

Delfine

1 km weiter erreicht man die größte Strandattraktion des ganzen Archipels, die Enseada do Carreiro de Pedra, im Volksmund wegen der Delfine **Baía dos Golfinhos** genannt. Hier kann man fast jeden Morgen gegen 6 Uhr ein Schauspiel erleben, das keine andere Bucht auf der Welt in dieser Regelmäßigkeit bietet. (Die beste Besuchszeit ist frühmorgens, da man sich dann von den anwesenden Forschern und ICM-Bio-Mitarbeitern Auskünfte geben lassen und ein Fernglas ausleihen kann).

Der erste Bericht darüber datiert aus dem Jahr 1506, als die dritte portugiesische Expedition vor Ort das haufenweise Erscheinen von *porcos do mar* (Meeresschweinen) vermerkte. 1736, unter französischer Vorherrschaft, erhielt die Insel den Beinamen ›Isle Delphine‹. Knapp 350 Delfine kommen hier tagtäglich in der Frühe an, um sich auszuruhen oder den Nachwuchs zu betreuen.

Der vom Projeto Golfinho Rotador gezählte ›Besucher‹-Rekord waren 1000 Delfine an einem Tag. Am Nachmittag schwimmen die Tiere dann zwecks Nahrungssuche zurück auf die andere Seite der Insel bzw. hinaus in das offene Meer. Von einem Aussichtspunkt *(mirante)* auf der Anhöhe nahe der Bucht kann man mit einem Fernglas alles wunderbar beobachten.

Meeresschildkröten

Vom **Projeto Tamar** (Hauptsitz in Praia do Forte, Bahia) werden sowohl auf Fernando de Noronha als auch an der ganzen Landesküste große Anstrengungen unternommen, um die schon seit 150 Mio. Jahren existierenden *tartarugas marinhas* vor dem Aussterben zu retten.

Von 1000 geschlüpften Schildkröten erreicht nur eine das Erwachsenenalter und kommt dann immer wieder zum Brüten an den Geburtsstrand zurück, hier auf der Insel ist es vor allem die **Praia do Leão.** Eine Besichtigung ist schwierig bzw. mit vielen Einschränkungen verbunden, z. B. ist das Betreten des Strandes von Januar bis Juni zwischen 18 und 6 Uhr strengstens untersagt. Man kann jedoch zusammen mit einer Spende eine der Schildkröten symbolisch adoptieren und taufen.

Eldorado für Taucher und Schnorchler

Waren wir bisher eher über Wasser, geht es nun hinein in die überaus reiche Unterwasserwelt, wegen des recht konstant 26 °C warmen Wassers und einer Sichtweite bis 50 m Brasiliens Taucherparadies Nr. 1. Im Abrolhos-Archipel (Bahia) ist die Sicht schlechter. Um Fernando de Noronha finden sich ungefähr 230 Fisch-, über 100 Algen- und 15 der 18 in Brasilien existierenden Korallenarten.

Besonders beliebt zum Schnorcheln sind die **Praia da Atalaia** (Zugang nur bei Niedrigwasser, Begrenzung auf 25 Personen je Gruppe (max. 100 Pers. am Tag), Aufenthaltsdauer 30 Min., Sonnencreme auf der Haut verboten) sowie die **Baía do Sancho**, der wohl berühmteste Strand von Fernando de Noronha. Hier einmal zu schnorcheln gehört zum Schönsten, was die Insel überhaupt zu bieten hat. Ein weiterer geeigneter Ort ist die ruhige Bucht Baía do Sueste, wo sich oft Meeresschildkröten beobachten lassen. Der zum brasilianischen Kontinent gerichtete Inselteil (Mar de Dentro) bietet ruhigeres Wasser und ideale Tauchbedingungen zwischen April und November, geübte Taucher suchen vor allem das in 65 m Tiefe liegende Wrack der **Corveta Ipiranga** auf.

Vor dem anderen, zum afrikanischen Kontinent gerichteten Inselteil (Mar de Fora) ist

Fernando de Noronha

das Wasser unruhiger, am leichtesten ist die Navigation von November bis Juli und vor allem im Februar und März. Dort, bei **Pedras Secas,** ist das Mekka der ganz Professionellen. Viele tauchen nicht nur wegen der Flora und Fauna, um die Insel herum sind mehr als 20 Schiffe gesunken.

Infos
Setor de Turismo: Palácio São Miguel, Vila dos Remédios, Tel. 081-36 19 13 78, www.noronha.pe.gov.br, Mo–Fr 8–12 und 13–17 Uhr; auch Infostand am Hafen.

Übernachten
Unbedingt reservieren: In den brasilianischen Hauptreisemonaten Juli, Dezember und Januar sollte man möglichst frühzeitig eine Unterkunft reserviert haben.
In die Natur eingebettet ▶ **Pousada Teju-Açu:** Estrada da Alamoa (Boldró), Tel. 081-36 19 12 77, www.pousadateju.com.br. Wunderschöne Pousada in tropischem Garten, ebenso nobel und stilvoll wie Zé Maria, nur noch etwas persönlicher. Die 12 Bungalows wurden umweltfreundlich auf Stelzen errichtet. Schöner Pool, exzellentes Restaurant. Ab 700 R$.
Berühmt ▶ **Pousada Zé Maria:** Rua Nice Cordeiro 1 (Floresta Velha), Tel. 081-36 19 12 58, www.pousadazemaria.com.br. Schon mehrfach zur besten Pousada ganz Brasiliens gekürt. Sehr komfortable Bungalows, die schön in die paradiesische Landschaft integriert sind, Traumblick auf das Wahrzeichen der Insel, den Morro do Pico, großer Pool, Sauna. Ab 560 R$.
Ganz pragmatisch ▶ **Pousada Monsieur Rocha:** Rua D. Juquinha 139 (Vila do Trinta), Tel. 081-36 19 12 27, www.pousadamrocha.com. Zehn komfortable und großzügige Zimmer. Flughafentransfer 15 R$ pro Pers., Buggyverleih (120 R$/Tag), Vermittlung von Exkursionen zu Land und zu Wasser. 190 R$.

Essen & Trinken
Tolles Ambiente ▶ **Ecologiku's:** Estrada Velha do Sueste (Nähe Flughafen), Tel. 081-36 19 00 31, tgl. 19–22.30 Uhr. Entzückendes Restaurant mit kleinem Garten und Hängematten. Die frischen Meeresfrüchte sind die Anfahrt wert.
Rustikal, aber gut ▶ **Tartarugão:** Alameda do Boldró 238 (Boldró), Tel. 081-36 19 13 31, tgl. 12–23.30 Uhr. In dem stets gut besuchten Restaurant wird man mit fangfrischem Fisch in großen Portionen verwöhnt. Kostenloser Hoteltransfer.
Vornehm ▶ **Trattoria di Morena:** Rua Nice Cordeiro 2600 (Floresta Velha), 081-36 19 11 42, Mo–Sa 19–22.30 Uhr. Italienisches Restaurant, das ein bisschen auf vornehm macht – dies ist jedoch nicht störend, denn das Essen ist ausgezeichnet und auch die Klimaanlage an manchen Tagen sehr willkommen.
Essen am Strand ▶ Auch an den Stränden lässt es sich übrigens gut essen, z. B. in der wunderbaren **Bar Duda Rei** an der Praia da Conceição (tgl. 10–18 Uhr) oder in der fantastisch zwischen der Praia do Meio und der Praia da Conceição gelegenen **Bar do Meio** (Di–So 9–19 Uhr).

Abends & Nachts
Zu vorgerückter Stunde trifft man sich in der **Bar do Cachorro** in Vila dos Remédios, nahe dem gleichnamigen Strand, wo abends Forró aufgespielt wird; am Montag spielt eine Live-Band die für den Staat Pernambuco typische Maracatu-Musik. Stets gut besucht ist auch die **Bar-Pizzeria Feitiço da Vila,** ein rustikales Kneipenrestaurant neben der Kirche (Sa Live-Musik).

Aktiv
Bootsfahrten ▶ **Atalaia:** Rua Major Costa 7, Vila do Trinta, Tel. 081-36 19 13 28, 7.30–20 Uhr, englischsprachig.
Surfen: Von Dez. bis März erreichen die Wellen eine durchschnittliche Höhe von 2 m (max. 4 m) und ziehen viele Surfer an. Austragungsort internationaler Wettkämpfe ist im Februar die Praia da Cacimba do Padre.
Tauchen ▶ **Atlantis Divers:** Terminal Turístico do Cachorro, Tel. 81-36 19 13 71, www.atlantisdivers.com.br, tgl. 9.30–20 Uhr. Infos, Kurse und Ausflüge. Halbtägiger Ausflug (sog. *Batismo*) inkl. Ausrüstung und 30 Min. Tau-

Naturschutzinsel und Taucherparadies

Der Archipel von Fernando de Noronha ist ein Paradies für Taucher und Schnorchler

chen mit Lehrer ab 290 R$. Weitere Tauchschulen sind **Águas Claras** (www.aguasclaras-fn.com.br) und **Noronha Divers** (www.noronhadivers.com.br).

Wandern ▶ Neben einigen inoffiziellen Pfaden gibt es auf Fernando de Noronha sechs ausgewiesene Wanderwege, von denen drei nur mit einem Guide betreten werden dürfen (diese bieten sich an beim **TAMAR-Besucherzentrum,** Alameda Boldró). Am schönsten sind die Wege zu den **Buchten dos Porcos, do Sancho** und **dos Golfinhos** (nur mit Guide, telef. Kontakt 081-36 19 13 99, 20–22 Uhr). Ebenfalls sehenswert sind die *trilhas* **Caieira-Atalaia** (4,5 Std., 5 km, mittlerer Schwierigkeitsgrad) und **Capim-Açu** (6–7 Std., 8 km, hoher Schwierigkeitsgrad). Oft erhitzt sich das Vulkangestein sehr stark, sodass man festes Schuhwerk (z. B. Tennisschuhe) tragen sollte. **Strandwanderungen** sind eher bei Ebbe zu empfehlen. Unterwegs wird man kaum Bars finden, also an genügend Mineralwasser und etwas Proviant denken.

Verkehr

Flugzeug: Flughafen Tel. 081-36 19 16 33, zwei Flüge tgl. von Recife und einer von Natal, von beiden Städten fliegt die Fluggesellschaft *Trip,* Tel. 0300-789 87 47, www.voetrip.com.br. von Recife auch Gol (www.voegol.com.br).

aktiv unterwegs

Strandwanderung auf Fernando de Noronha

Tour-Infos

Start: Die Kirche am Hauptplatz in Vila dos Remédios.
Dauer: 2–3 Std. (ohne Pause)
Schwierigkeitsgrad: Einfache Wanderung mit einer längeren Passage über steiniges Geläuf sowie einem kurzen Kletterabschnitt.
Wichtige Hinweise: Ausreichend Sonnencreme und Wasser mitnehmen, dazu Schirmmütze, Sonnenbrille, Mückenschutz und Turnschuhe. An den Stränden do Boldró und do Bode sollte wegen oft starker Strömungen nicht gebadet werden. Auch an den anderen Stränden der Nordküste immer Vorsicht walten lassen, auch bei kleinen Wellen. Im Sommer erreichen die Wellen an manchen Stellen bis zu 4 m Höhe. Rund um die Insel gibt es Haie, dank intakter Natur ist es aber seit Jahrzehnten zu keinem Angriff mehr auf Menschen gekommen.

Von dem Hauptort Vila dos Remédios aus kann man auf einer leichten Wanderung (nur bei Ebbe) gleich neun der schönsten Inselstrände der **Nordküste (Mar de Dentro)** besuchen. Startpunkt ist die Kirche am Hauptplatz. Gleich gegenüber führt neben der Bar do Cachorro ein kleiner Weg hinunter zur **Praia do Cachorro,** des ersten einer Reihe von immer schöner werdenden Traumstränden.

Die Praia do Cachorro und die sich anschließende Praia do Meio sind wegen der Nähe zur Zentrum noch recht gut besucht. Dennoch wird man wahrscheinlich schon hier das erste Mal Lust verspüren, ins kristallklare Wasser zu springen und sich zu erfrischen. Am Ende der Praia do Meio stößt man auf einem kleinen Felsen auf die einfache **Bar do Meio.** Hier kann man, wenn man möchte, bereits die erste Pause einlegen und etwas trinken oder sich von Besitzer Beto einen leckeren Fischteller servieren lassen (56 R$ für 2 Pers., Di–So 9–19 Uhr). Die Rast lohnt sich alleine schon wegen der fantastischen Aussicht: zur Rechten auf die Praia do Meio, zur Linken auf die langgezogene **Praia da Conceição,** einen der berühmtesten Surfstrände der Welt.

Hat man sich von diesem Blick losgerissen, kommt man schon nach wenigen Metern zu einem weiteren, und vorläufig letzten Einkehrpunkt, der **Bar Duda Rei** (tgl. 10–18 Uhr). In der Strandbar läuft entspannte Musik und bei tollem Meerblick und einer Caipi in den Händen würde man eigentlich auch hier gerne noch etwas verweilen – zumal der nächste Streckenabschnitt etwas steinig ist und einen guten Gleichgewichtssinn und festes Schuhwerk erfordert. Am Ende der Praia da Conceição geht es nämlich um den 323 m hohen Morro do Pico, das Wahrzeichen der Insel, herum zur **Praia do Boldró.**

Von dort geht es auf einem kurzen Kletterstück weiter zur **Praia do Americano,** dem kleinsten und intimsten Strand der Insel, anschließend über dunkles Felsgestein vulkanischen Ursprungs zur **Praia do Bode** und dann über die winzige Praia da Quixaba weiter zum wichtigsten Surfstrand der Insel, der im Sommer Austragungsort von internationalen Surfmeisterschaften ist: der **Praia Cacimba do Padre** (von Nov.–März atemberaubend hohe Wellen, bis 4 m Höhe und mehr). Der Strand liegt gleich bei den Zwillingsfelsen **Morro dos Dois Irmãos,** einer der klassischen Postkartenmotive Noronhas. Hier befinden sich auch einige schattige Strandkioske, an denen Getränke erhältlich sind. Den besten Blick auf die Zwillingsfelsen hat man übrigens von den Ruinen der **Festung São Pedro do Boldró** oben am Strand von Boldró aus; zugleich lässt sich von hier der Sonnenuntergang am besten genießen

Strandwanderung

(ab 16 Uhr belebter Treffpunkt mit Live-Musik etc.).

Als Nächstes erreichen wir über einen leichten Felspfad eine der schönsten Buchten der ganzen Insel, die nur 100 m breite **Baía dos Porcos** (Schweinebucht). Geschützt durch einen großen und zahlreiche kleinere Vulkanfelsen sowie durch vorgelagerte Korallenriffe tummeln sich in dem klaren Wasser dieser Bucht Hunderte von bunt gescheckten Fischschwärmen sowie Meeresschildkröten und Rochen. Von mehreren der umliegenden Felsen aus lassen sich spektakuläre Erinnerungsfotos schießen.

Die als nächstes folgende **Baía do Sancho** gilt als die schönste Bucht Brasiliens. Sie ist jedoch zu Fuß nur schwer erreichbar, eher nähert man sich ihr per Boot im Rahmen einer Inseltour oder lässt sich von einem Buggyfahrer in der Nähe absetzen. Die letztere Variante ermöglicht mehr Zeit zum Schnorcheln und zum Genießen der einmaligen Szenerie. Tag und Nacht versammeln sich dort auf den Bäumen Tausende von Vögeln, und unter Wasser begegnet der Taucher endlosen Fischschwärmen (bei stark aufgewühltem Meer weniger). Eines der Highlights von Fernando de Noronha!

11 Fortaleza ▶ 3, E 4

Fortaleza gehört zu den meistbesuchten Städten Brasiliens. Hierher kommt man wegen der weiten Strände mit riesigen Strandbars und des tropischen Klimas mit steten Temperaturen zwischen 25 und 28 °C. Zudem bietet Fortaleza ein reges Nachtleben und viele Feste.

Das Touristenviertel Meireles

Cityplan: S. 298/299

Die meisten Besucher quartieren sich an der **Praia de Meireles** 1 ein, hier befinden sich die meisten Hotels und Restaurants. Dieser Teil der 2,5-Mio.-Stadt besteht aus modernen Hochhäusern, die in den letzten Jahren wie Pilze aus dem Boden geschossen sind. Der Anblick ist jedoch nicht hässlich, dank architektonischer Fantasie und harmonischer Farbgestaltung. Meireles ist der touristisch erschlossenste Teil der Stadt, an dessen Strand es nicht gerade ruhig zugeht. Dennoch sitzt man hier angenehm in komfortablen Holzstühlen unter großen, schattenspendenden Bäumen. Auch gibt es einige Strandbars, in denen man mit etwas Geduld sogar bedient wird. Nur das Wasser ist hier zum Baden kaum geeignet, auch wenn die Einheimischen damit weniger Probleme haben.

Der Hafen von Mucuripe 2

Cityplan: S. 298/299

Ein erster kleiner Strandspaziergang führt von Meireles aus die lebendige Avenida Beira Mar entlang bis zum **Hafen von Mucuripe**. Unterwegs wird man am Strand auf einen großen **Kunsthandwerksmarkt** treffen (tgl. 17.30–23 Uhr). Kurz vor dem Hafen sind die berühmten Jangadas zu sehen, mit Segeln versehene urtümliche Fischerboote, welche die nahen Restaurants mit frischer Ware beliefern. Beim dortigen **Fischmarkt** *(Mercado de peixe)* lassen sich die Einheimischen für 10 R$ ein Pfund Krabben abwiegen und gleich daneben frittieren, am späten Nachmittag sind alle Tischchen voll.

Im **Leuchtturm** *(farol)* befindet sich ein kleines **Museum** zur Geschichte der Stadt mit historischen Dokumenten und Fotografien. In entgegengesetzter Richtung gelangt man ebenfalls am Strand entlang bis zu dem benachbarten Stadtteil Iracema mit seinem gänzlich anderen Gesicht.

Das Bohème-Viertel Iracema

Cityplan: S. 298/299

Iracema ist einer der ältesten Stadtteile Fortalezas. Vor etwa 100 Jahren wohnten hier nur einfache Fischer, bis die Reichen der Stadt in den 1920er-Jahren an diesem Ort ihre Villen für die Sommerfrische bauten. Vieles aus der Zeit ist noch erhalten bzw. wurde in letzter Zeit restauriert, heute steht das ganze Viertel unter Denkmalschutz. Die Einwohner beklagen jedoch den neuerlichen Niedergang dieses Stadtteils, in dem sich immer mehr zwielichtige Spelunken und Kontakthöfe, sog. kleine Höllen *(inferninhos)* breit machen. Dort liegt auch die berühmte Pirata-Bar, ein nur am Montagabend geöffnetes Forró-Lokal mit gemischtem Publikum.

Atmosphäre hat das Viertel aber auf jeden Fall. Man schlendere einfach einmal durch

Rundgang im Zentrum

Fortaleza: die Fußgängerbrücke führt zum Centro Dragão do Mar de Arte e Cultura

einige der engen Straßen und lasse sich ein wenig treiben. Ihre Namen sind eine Reminiszenz an die Stämme der indianischen Ureinwohner, z. B. die Guanacés, die Tabajaras oder die Pacajus. Auch Iracema ist ein indianischer Name und erinnert an die romantische Liebesgeschichte zwischen der Indianerin Iracema und dem portugiesischen Kolonisator Martins Soares Moreno. Berühmt wurde sie jedoch erst 1865 durch den gleichnamigen Roman des Schriftstellers und Politikers José de Alencar, ein bedeutendes Werk der brasilianischen Romantik. Die Statue der Heldin befindet sich jedoch nicht hier, sondern am Strand von Mucuripe in der Nähe des Hafens.

Ponte dos Ingleses [3]

Die Hauptattraktion von Iracema ist die **Ponte dos Ingleses,** eine lange Brücke, die mit einem Aufwand von 600 000 US-$ ein völlig neues Gesicht bekam. Über den alten rostigen Eisenträgern wurde 130 m ins Meer hinein ein Holzsteg gebaut. Darauf befinden sich mehrere Kioske sowie Plakate und Fotos zur Geschichte der Brücke, die 1925 von einer englischen Firma als Anleger konstruiert wurde und von daher den offiziellen Namen ›Ponte dos Ingleses‹ erhielt. Zum Sonnenauf- bzw. -untergang ist die Brücke ein bevorzugter Treffpunkt von Liebespaaren. Am Tage hingegen gewinnt man hier einen weiten Panoramablick auf die Bucht von Fortaleza und die Praia de Iracema.

Dragão do Mar [4]

Von Iracema aus sind es nur 5 Min. zu Fuß zu einem riesigen Kultur- und Freizeitkomplex, dem **Centro Dragão do Mar de Arte e Cultura,** gern von einem etwas gehobeneren einheimischen Publikum aufgesucht. Der Name rührt von einem in Canoa Quebrada geborenen Fischerssohn, der ehemals die Kämpfe um die Befreiung der Sklaven in Ceará anführte. Viele Besucher kommen wegen der Bars und Restaurants. Zu empfehlen ist das etwas versteckte **Santa Clara Café Orgánico** (auf der über die Rua José Avelino führenden Fußgängerbrücke). Doch es gibt auch Kinos, ein Amphitheater, ein Planetarium sowie zwei Museen. Das eine hat seinen Schwerpunkt bei völkerkundlichen Exponaten, das andere widmet sich in erster Linie der zeitgenössischen Regionalkunst (Di–Do 9–19, Fr–So 14–21 Uhr, Eintritt 2 R$, So frei).

Fortaleza

Sehenswert
1. Praia de Meireles
2. Hafen von Mucuripe
3. Ponte dos Ingleses
4. Centro Dragão do Mar de Arte e Cultura
5. Fortaleza da N. S. da Assunção
6. Catedral da Sé
7. Centro de Turismo
8. Teatro Alencar
9. Praça do Ferreira
10. Praia do Futuro

Übernachten
1. Gran Marquise Hotel
2. Villa Mayor
3. Hotel Jardim
4. Hotel La Maison
5. Abolição Estúdios

Essen & Trinken
1. Cantinho do Faustino
2. Peixada do Meio
3. Colher de Pau
4. Arre Égua
5. L'Ô
6. Coco Bambu

Einkaufen
1. Centro de Turismo
2. Feira de Artesanato
3. Mercado Central

Abends & Nachts
1. Zug Choperia
2. Dragão do Mar
3. Pirata

Aktiv
1. Beach Park

Rundgang im Zentrum

Cityplan: S. 298/299

Am besten fährt man mit dem Taxi oder dem Bus mit der Aufschrift ›Circular‹ ins Zentrum.

Fortaleza da N. S. da Assunção 5

Man könnte einen Rundgang gut auch bei dieser **Festung** beginnen. Vorläufer war das holländische Fort ›Schoonenborch‹ (1649), das die Portugiesen im Jahre 1654 einnahmen und mit dem heutigen Namen versahen. Um das Fort herum entwickelte sich später die Besiedlung der Stadt. Bis heute ist es eine Militäranlage und daher nicht zu besichtigen.

Catedral da Sé 6

Schräg gegenüber der Festung, an der Praça da Sé, erhebt sich die mächtige **Kathedrale**. Sie entstand ab 1930 in neugotischem Stil nach Plänen des Architekten Francis George Maunier, wurde jedoch erst 1978 eingeweiht. Vorbilder sollen Notre Dame und der Kölner Dom gewesen sein. Die Türme sind 75 m hoch, das Innere bietet Platz für 5000 Menschen.

Centro de Turismo 7

Wir gehen nun wieder zurück zum Fort und von dort bis zum sog. **Tourismuszentrum** in der Rua Senador Pompeu 350. Es ist ein historischer Bau mit vielen kleinen Kunsthandwerksläden, in denen vor allem Produkte aus Ton, Keramik, Leder und Leinen angeboten werden. Auch die **Touristeninformation** ist hier untergebracht; im offenen Innenhof befindet sich zudem ein einfaches Restaurant Mo–Sa 10–17, So 8–12 Uhr).

Teatro Alencar 8

Vom Centro de Turismo geht es weiter die belebte Geschäftsstraße Rua General Sampaio entlang bis zur Praça José de Alencar mit dem **Stadttheater**. Es stellt die bedeutendste kulturelle Sehenswürdigkeit von Fortaleza dar. 1910 eingeweiht und 1991 nach einer Restaurierung neu eröffnet, besteht es aus einer prächtigen, aus Schottland importierten Eisenkonstruktion im Jugendstil mit farbigen Glasfenstern. An einen offenen, zwischen Foyer und Theatersaal angelegten Innenhof schließt sich eine von Burle Marx gestaltete Gartenanlage an (Mo–Fr 8–17, Sa 8–11.30 Uhr, Eintritt 4 R$, stdl. Führungen).

Geschäftszentrum

Nahe dem Theater liegt das trotz zahlreicher städteplanerischer Neuerungen nicht gerade schöne Geschäftszentrum. An der **Praça do Ferreira** 9, auf die die Einheimischen besonders stolz sind, kann man selbst die Probe darauf machen. Der Reiz eines Besu-

ches besteht eher darin, in den quadratisch angelegten engen Straßen einmal auf und ab zu gehen und das rege, fast asiatisch anmutende Geschäftstreiben zu beobachten. Hauptwirtschaftszweig sind Textil- und Lederwaren.

Die Praia do Futuro 🔟

Cityplan: 298/299

Dieser etwas außerhalb gelegene Strand mit seinem sauberen, klaren Wasser ist der beliebteste und schönste der Stadt. Sein Markenzeichen sind die vielen riesigen **Strandbars,** in denen sich auch abends zu Tanz und Musik halb Fortaleza trifft. Besonders am Donnerstagabend kommt man hierher, um zu feiern und Krebse zu essen.

Das Besondere der *barracas* von **Praia do Futuro** sind die gewaltigen Dimensionen. Eine wahre Mega-Barraca ist die **América do Sol,** in der man sich ein wenig wie in DisneyWorld fühlt. Die flirtbereite Jugend trifft sich in der **Crocobeach** oder im **Atlantidz.** Sehr zu empfehlen ist die nicht ganz so große Bar **Boa Vida.** Abends spielen DJs und Percussion-Gruppen zur After-Beach-Party auf (gute Club-/House-Musik), und alles zu anständigen Preisen.

Ein beliebter Treff der Surf- und Kitesurf-Szene ist die **Vira Verão,** man entspannt sich bei Fisch in Krabbensauce, trinkt ein Bier und schaut aufs Meer. Wer jedoch noch mehr Ruhe und Abgeschiedenheit sucht, sollte sich zu der eleganten und nicht ganz billigen Strandbar des Hotels Vila Galé begeben.

Infos

Setur: Büros im Centro de Turismo (Rua Sen. Pompeu 350, Mo–Sa 8–16, So 8–12 Uhr) und Av. Beira Mar in Meireles (tgl. 9–21 Uhr).

Setfor: Mercado Central (Mo–Fr 8–17, Sa 8–12 Uhr), am Flughafen und am Busbahnhof.

Geschäftsstraße im quirligen Fortaleza, der viertgrößten Stadt Brasiliens

Übernachten

Spitzenreiter ▶ **Gran Marquise Hotel 1**: Av. Beira Mar 3980 (Mucuripe), Tel. 085-40 06 50 00, www.granmarquise.com.br. Bestes Hotel der Stadt mit 230 modernen und renovierten Zimmern, etwa 50 davon haben frontalen Meerblick (Typ ›Luxo‹). Die Dachterrasse im 19. Obergeschoss bietet einen Pool und tolle Aussicht auf die Bucht. Zum Haus gehören drei ausgezeichnete Restaurants. Ab 400 R$.

Mal kein Hochhaus ▶ **Villa Mayor 2**: Rua Visconde de Mauá 151 (Meireles), Tel. 085-34 66 19 00, www.villamayor.com.br. Anheimelndes Hotel, dem Baustil des 19. Jh. nachempfunden, mit 94 modernen und renovierten Zimmern. Einen Block vom Strand, Pool. 165 R$.

Grüner Garten ▶ **Hotel Jardim 3** : Rua Ildefonso Albano 950 (Aldeota, nahe Iracema), Tel./Fax 085-32 26 97 11, www.hoteljardim.com.br. Komfortables und sicheres Anwesen (von außen nicht als Hotel zu erkennen), 16 gepflegte Zimmer, ruhige Lage, schöner Garten. Inhaber Bezerra spricht gut Deutsch. Wer das Hotel über dieses Buch entdeckt hat, erhält einen Rabatt von 20 %. Normalpreis ca. 150 R$ (ohne Frühstück).

Gut und günstig ▶ **Hotel La Maison 4**: Av. Desembargador Moreira 201 (Meireles), Tel. 085-32 42 70 17, www.hotelamaison.com.br. Gutes Hotel ganz in der Nähe der Strandpromenade von Meireles mit sauberen, gepflegten Zimmern, zum Teil sehr geräumig (z. B. Nr. 114 im Untergeschoss). Exzellentes Preis-Leistungs-Verhältnis. 90–120 R$.

Ferienwohnung ▶ **Abolição Estúdios 5**: Av. da Abolição 3049 (Meireles), Tel. 085-32 24 77 60, 085-99 59 68 71, samuel_bsjr@hotmail.com. In Fortaleza kann das Anmieten einer Ferienwohnung sinnvoll sein. Der freundliche Samuel Brito hat mehrere Apartments in Meireles, u. a. in dieser gepflegten Wohnresidenz nahe dem Strand. Pool und Fitnessraum auf dem Dach, Wäscheraum im Keller (Benutzung gratis). Rabatt je nach Saison und Aufenthaltsdauer möglich. Kontakt auf Englisch. Ab 100 R$.

Fortaleza

> ### Tipp: Hier schmeckt es nicht nur Einheimischen
>
> Viele Restaurants liegen an den Stränden von Meireles, Mucuripe und Iracema. Doch gehen Sie auch einmal dorthin, wo die Einheimischen essen, nämlich abseits der Küste im Viertel Varjota, 5 Taxi-Minuten von der Av. Beira Mar. Dort ist es billiger, oft besser und voller Leben. Rund um die Kreuzung der Straßen Frederico Borges und Ana Bilhar finden sich einige der beliebtesten Restaurants der Stadt, darunter das Fleischlokal **Assis**, o Rei da Picanha, oder das **Colher de Pau** (s. u.), wo exzellente regionale Küche serviert wird. Die Mengen sind reichlich und man isst gut und preiswert (25–45 R$ für 2 Pers.).

Nahe Umgebung:
Kite-Oase ▶ **Pousada Arco Mundial:** Praia da Taíba (65 km westl. von Fortaleza), Tel./Fax 085-33 15 61 17, www.arcomundial.com. Komfortable Pousada mit 13 Zimmern und gepflegtem Garten mit Pool; ruhig, familiär, strandnahe Lage in einem Fischerdorf mit Dünen. Restaurant mit regionaler und internationaler Küche. Der deutschsprachige Besitzer ist Ex-Weltenbummler und bietet ein umfangreiches Tourenprogramm an (s. Aktiv, S. 303), auch Transfers vom Flughafen bzw. Fortaleza (sonst Bus Litorânea ab Fortaleza, Ecke Av. Imperador/Rua Castro e Silva, 7 x tgl., 1,5 Std.), Mietwagen und Fahrradvermietung, Kite-Surfkurse etc. DZ ab 90 R$.

Essen & Trinken

Der Weg lohnt sich ▶ **Cantinho do Faustino** 1: Rua Frei Mansueto 1560 (Aldeota), Tel. 085-32 67 58 64, Di–Sa 12–24, So 12–22 Uhr. Eins der besten Restaurants der Stadt, hervorragende Fischgerichte (um 60 R$ für 2 Pers.).

Fisch satt ▶ **Peixada do Meio** 2: Av. Beira Mar 4632 (Praia de Mucuripe), Tel. 85-32 63 17 99, tgl. 11–24 Uhr. Gutes Fisch- und Meeresfrüchte-Restaurant an der Strandpromenade, der gegrillte Fisch in Krabbensoße kostet 43 R$ (für 2 Pers.).

Sonnengetrocknetes Fleisch ▶ **Colher de Pau** 3: Rua Ana Bilhar 1178 (Varjota), Tel. 85-32 67 37 73, tgl. 11–24 Uhr. Die beste Adresse für typische regionale und brasilianische Gerichte wie Baião de Dois (Reis, Bohnen und Käse vermischt) oder Carne de Sol (36 R$ für 2 Pers.). Schöner Garten mit Mangobäumen.

Toll dekoriert ▶ **Arre Égua** 4: Rua Delmiro Gouveia 420 (Varjota), Tel. 85-32 67 23 25, tgl. 11.30–15 und ab 20 Uhr. Sehr gutes Kilo-Restaurant (Mittagsbuffet 25–30 R$/kg) in origineller Nordost-Dekoration. Dienstags ab 21 Uhr mutiert das Lokal zu einer großen Forró-Tanzfläche.

Ausgehen mit Stil ▶ **L'Ô** 5: Av. Pessoa Anta 217 (Centro), Tel. 085-32 65 22 88, Mo–Sa 19–24, Fr, So 12–15 Uhr. Stilvoll designtes Restaurant mit wechselnden Kunstausstellungen, ganz in der Nähe des Centro Cultural Dragão do Mar. Im Schein der Lampions kann man sich auf der Terrasse gegrillte Meeresfrüchte mit Estragonsoße schmecken lassen oder im Chill-out-Zelt eine Caipirinha schlürfen.

Tapioca-Paradies ▶ **Coco Bambu** 6: Av. Canuto de Aguiar 1317 (Meireles), Tel. 085-32 42 75 57, So–Mi 17–24, Do–Sa 17–1 Uhr. Leckere, krosse Pizza mit extradünnem Teig und Tapiocas in 20 Geschmacksrichtungen.

Einkaufen

Kunsthandwerk und Souvenirs ▶ **Centro de Turismo** 1: Rua Senador Pompeu 350, Mo–Sa 10–17 Uhr. Großes Angebot an Kunsthandwerk im Gebäude einer früheren Haftanstalt, etwas teurer. **Feira de Artesanato** 2: Av. Beira Mar (Praia de Meireles), tgl. 17.30–23 Uhr. Offener Kunsthandwerksmarkt am Strand.

Schnäppchen ▶ **Mercado Central** 3: Av. Alberto Nepomuceno 199 (Centro), Mo–Fr 9–18, Sa 8–16, So 8–12 Uhr. Riesiger, über vier Stockwerke verteilter Markt für Kunsthandwerk, Souvenirs und preiswerte Bekleidung; ein Ort für Schnäppchenjäger.

Abends & Nachts

Viele der großen Strandbars an der **Praia do Futuro** bieten auch abends Live-Musik und sind gut besucht, Hauptabend ist der Donnerstag. Ansonsten finden sich die meisten Bars und Clubs im Stadtteil **Meireles** (z. B. die Openair-Musikbar **Zug Choperia** 1, Rua Prof. Dias da Rocha 579, Mo–Fr 17–3, Sa 12–3 Uhr) sowie im **Centro Dragão do Mar** 2 (z. B. O Chopp do Bixiga oder Amici's Sport Bar, tgl. ab 17 Uhr, ab 21 Uhr Live-Musik). Bereits seit Jahren unbestrittenes Highlight in Iracema ist das Forró-Tanzlokal **Pirata** 3, Rua dos Tabajaras 325, Tel. 085-40 11 61 61, www.pirata.com.br, nur Mo 20–4 Uhr, 30 R$.

Aktiv

Ausflüge ▶ Die **Pousada Arco Mundial** (s. Übernachten S. 302) bzw. der deutschsprachige Besitzer Michael bietet Touren im Buggy oder Auto u. a. nach Canoa Quebrada (3 Tage) und Jericoacoara (5 Tage); sonst auch per Linienbus.

Gigantisches Erlebnisbad ▶ **Beach Park** 1: Praia Porto das Dunas 2734 (29 km südostl. des Zentrums), Tel. 085-40 12 30 00, www.beach park.com.br. Viele Schwimmbecken und bis zu 41 m hohe Wasserrutschen, So zu voll. Fr–Di 11–17 Uhr (HS tgl.), 110 R$ pro Pers., Kinder unter 1 m Eintritt frei.

Historisch ▶ **Teatro José de Alencar** 8: Praça José de Alencar (Centro), Tel. 085-31 01 25 83. Häufige Vorstellungen, in der Regel um 21 Uhr, Karten an der Abendkasse, Infos über die Tageszeitungen.

Termine

Festas juninas (Juni/Juli): Großes Folklorefest des Nordostens.

Fortal (letztes Juli-Wochenende): Extra-Karneval (einer der lebendigsten des Nordostens).

Verkehr

Flugzeug: Der Aeroporto Internacional Pinto Martins liegt 6 km südl. des Zentrums, Tel. 085-33 92 10 30. Transfer im Bus, z. B. Linie 404 (Aeroporto/Benfica), bis zur Praça José de Alencar im Zentrum, oder per Taxi (ca. 25 R$).

Bus: Die Rodoviária liegt an der Av. Borges de Melo 1630 (Fátima), Tel. 085-32 30 11 11. Verbindungen u. a. nach João Pessoa (*Nordeste,* Tel. 085-32 56 23 42, 1 x tgl., 10 Std., 100–155 R$), Natal (*Nordeste,* Tel. s. o., 7 x tgl., 9 Std., 80–145 R$), Recife (*Guanabara,* Tel. 085-40 05 19 92, 3 x tgl., 12 Std., 114–176 R$).

Mietwagen: Die beste Agentur ist Localiza, Av. Abolição 2236, Tel. 085-34 77 50 50 (Meireles), auch am Flughafen.

Ausflüge in die nähere Umgebung

Canoa Quebrada ▶ 3, E 4

Canoa Quebrada (www.portalcanoaquebrada.com.br) besitzt eine ganz eigene Magie und ein nostalgisches Flair. In den 1970er-Jahren tummelten sich hier Hippies, Freaks und Rucksacktouristen aus aller Welt, die hier noch eines der letzten Paradiese ausgemacht hatten, wo man zudem unbehelligt Haschisch rauchen konnte. Es gab nämlich noch keine Zufahrtsstraße und somit auch keine Polizei. Als dann 1982 die neue Straße kam, wurde Canoa Quebrada auch zum Anziehungspunkt für andere Touristen. Zudem half die Weltbank bei der Reurbanisierung, alles ist nun sauber und durchorganisiert. Infolgedessen hat sich das Besucherprofil stark diversifiziert, ein Prozess, der auch in Arraial d'Ajuda oder Morro de São Paulo zu beobachten ist. Für einen Abstecher hierher ab Fortaleza sollte man zwei bis drei Tage einplanen (deutschsprachige Komplettangebote über die Pousada Arco Mundial, s. Unterkunft, S. 293; sonst auf eigene Faust per Bus *São Benedito,* Tel. 085-34 52 64 92, 5 x tgl., 4 Std., 17–19 R$; gute Pousadas sind u. a. Long Beach Village, Vale do Luar, Dolce Vita und LunaRosa).

Trotz der entwickelten Infrastruktur mit gepflasterten Promenaden, einem um das **Zentrum** herum angelegten Aussichtssteg, vielen besseren Pousadas, Bars und Res-

Die Strandlandschaft bei Canoa Quebrada, einst Paradies der Hippies

Fortaleza

taurants sowie der beginnenden Immobilienspekulation ist der ursprüngliche Charakter dieses kleinen, auf einer 40 m hohen, rötlich schimmernden Felsformation gelegenen Küstenortes noch nicht ganz verschwunden. Alles Leben konzentriert sich in fast einer einzigen Straße, dem sog. **Broadway**, mit Verkaufsläden, Telefon- und Postamt sowie der Bushaltestelle. Abends öffnen diverse *Forró*-Lokale, in den Bars hört man immer noch Jimi Hendrix wie zu alten Zeiten. Am Tage dagegen geht es im Ort sehr ruhig zu.

Die Hauptattraktion von Canoa Quebrada ist ein 13 km langer **Strand mit hohen Dünen**, feinem weißen Sand und dem grünlich schimmernden Meer. Er wird oft zu den zehn schönsten Brasiliens gezählt. Am ausgelassensten ist das muntere Treiben in den Bars unter dem großen Halbmond mit Stern, dem von Künstlern in den Felsen gehauenen Symbol der Flower-Power-Zeit.

Ein unvergessliches Naturerlebnis ist eine Buggytour (nur bei Ebbe) bis zum 30 km entfernten Küstenvorsprung von **Ponta Grossa**. Selten finden sich an einem einzigen Ort so viele verschiedenfarbige Sand- und Gesteinsschichten, von Gelb bis Violett. Zwölf Farbtöne sollen es sein, doch je nach Tageszeit, Licht- und Reflexionsverhältnissen wechselt das Szenarium ständig und hat schon so manche unheimliche Legende hervorgebracht (**Buggyvermietung** bei der Associação de Bugueiros de Canoa Quebrada, Tel. 085-34 21 71 75, 4 Pers. 220 R$, 2,5 Std.).

Die Dünen von Jericoacoara
▶ 3, D 3

312 km nördlich von Fortaleza, etwa auf halber Strecke nach São Luís, treffen wir auf einen Strand mit dem indianischen Namen Jericoacoara (»wo die Krokodile schlafen«). 2002 wurde die Region zum **Nationalpark** erklärt, insbesondere aufgrund der weitläufigen Dünenlandschaft.

Sie ist jedoch so abgelegen und schwer zugänglich, dass man sich am besten einer organisierten 3- bis 5-Tage-Tour ab Fortaleza anschließt (z. B. über die Pousada Arco Mundial, deutschsprachig, s. S. 303; sonst über Reisebüros oder auf eigene Faust per Bus *Redenção*, Tel. 085-32 56 19 73, 3x tgl., 6–7 Std., 38–50 R$; 7 Std., 36 R$; fährt bis Jijoca, der Anschluss mit dem Dünen-Shuttle, 1 Std., ist im Preis enthalten).

In dem noch recht authentischen **Fischerdorf** angelangt, wird man bald die beiden Hauptattraktionen sehen wollen, die **30 m hohe Düne** gleich neben dem Ortsstrand, die *duna do pôr-do-sol*, sowie nach einem knapp einstündigen Fußmarsch (bei Ebbe) die **Pedra Furada**, ein bizarrer Felsen im Meer mit einer Öffnung, hinter der im Juli reizvoll die untergehende Sonne erscheint. Fast immer steuern die Guides auch die **Lagoa do Paraíso** an, einen schönen Süßwassersee.

Abends geht man vorzugsweise in ein gutes Fischrestaurant am Strand und danach zur **Rua do Forró**, dem ›Broadway‹ der Einheimischen mit populären Bars und Forró-Lokalen. Hier und auf der Sandstraße wird immer noch viel Staub aufgewirbelt, doch auch ›Jeri‹ wird Jahr für Jahr spürbar schicker.

Übernachten

Frühstück am Strand ▶ **Hotel Mosquito Blue:** Rua Ismael, Tel. 088-36 69 22 03, www.mosquitoblue.com.br. Das geschmackvoll gestaltete Hotel wartet mit 80 Zimmern, zwei herrlichen Pools und einem Frühstücksbuffet am Strand auf. Zu empfehlen, da etwas ruhiger, sind die »Deluxe«-Zimmer im ersten Stock. Sehr freundlicher Service. 240–380 R$.

Geschmackvoll und persönlich ▶ **Hotel Villa Terra Viva:** Rua do Forró, Tel. 088-36 69 02 07, www.hotelterraviva.com.br. Sehr schönes Haus im Kolonialstil mit zauberhaftem grünen Garten, tollem Pool, Whirlpool und Aussichtsdeck mit Meerblick. Persönliche Atmosphäre, 12 geräumige, moderne Zimmer mit Balkon/Veranda und Hängematte. Zentrale, aber ruhige Lage, nur 80 m vom Strand. Nettes Restaurant. Kostenlose Laptopbenutzung. 175–360 R$.

São Luís und Umgebung

São Luís, die auf einer Insel gelegene Hauptstadt des Bundesstaates Maranhão mit ca. 1 Mio. Einwohnern, wird bei Brasilienreisen oft ›vergessen‹. Dabei hat sie einiges zu bieten: eine reizvolle historische Altstadt, die seit 1997 zum Welterbe zählt, eine reiche multikulturelle Hinterlassenschaft (portugiesisch, afrikanisch, holländisch und französisch), große Folklorefeste und viel Reggae.

São Luís ▶ 3, L 3

Schlendert man durch die autofreie Altstadt (Centro histórico) mit ihrem Kopfsteinpflaster, ihren im Schachbrettmuster angeordneten kleinen Gässchen, ihren Straßenbars und romantisch von gelben Laternen beleuchteten Plätzen, so glaubt man sich eher in einer weltabgeschiedenen Kleinstadt. Am beeindruckendsten sind die portugiesischen Kolonialhäuser mit ihren Balkonen und den schmiedeeisernen Geländern, den geschnitzten Holztüren und vor allem den kunstvoll gemusterten blauen Azulejos. São Luís war einmal eine reiche Stadt.

1612 entstand hier im Auftrag von König Louis XIII. – daher auch der Name São Luís – die einzige französische Provinzhauptstadt Brasiliens. Doch schon 1615 übernahmen die Portugiesen das Fort und blieben fortan, von einem holländischen Intermezzo zwischen 1641 und 1644 abgesehen, die eigentlichen Machthaber. Eine kulturelle und wirtschaftliche Blütezeit erlebte die Stadt im 18. und 19. Jh.: Zuckerexport und Wollhandel florierten und ließen um 1850 das sog. ›Athen Brasiliens‹ nach Rio, Salvador und Recife zur viertreichsten Stadt des Landes werden.

Mit dem Verbot der Sklaverei im Jahre 1888 begann jedoch eine Phase wirtschaftlichen Niedergangs, von der sich der heute fast ärmste Bundesstaat Brasiliens nie wieder erholt hat. Das architektonische Erbe vergangener Zeiten blieb jedoch weitgehend erhalten bzw. wurde seit 1989 restauriert, Hunderte von Gebäuden stehen unter Denkmalschutz.

Kleiner Stadtrundgang

Wir beginnen nicht gerade am schönsten, dafür aber am zentralsten und belebtesten Platz der Stadt, der **Praça João Lisboa** mit der schlichten Igreja do Carmo (1627). Linker Hand bzw. südlich verläuft die einzige Einkaufsstraße der Stadt, die Rua Grande. Wir gehen jedoch, aus der Kirche heraustretend, nicht nach links, sondern in die zweite Straße rechts von der Kirche (Rua do Sol).

Nun sehen wir gleich am Anfang rechts das **Teatro Arthur Azevedo,** das unter den in Betrieb befindlichen älteste (1817) und nach einer Restaurierung zugleich modernste Theater sämtlicher brasilianischer Landeshauptstädte. Die Karmelitermönche erwirkten damals, dass die Hauptfassade des Theaters zur Straße hin und nicht zur Igreja do Carmo ausgerichtet wurde, ein profanes Gebäude vor einer Kirche wäre einer Gotteslästerung gleichgekommen (Führungen Di–Fr 14–17 Uhr, 2 R$).

50 m weiter gehen wir nach links in die Rua do Ribeirão und sehen gleich nach 100 m einen kleinen Platz, erkennbar an dem blau-weißen Anstrich. Der dort befindliche Brunnen, die **Fonte do Ribeirão,** wurde 1796 errichtet, um die Stadt mit Wasser zu versorgen.

São Luís und Umgebung

Die mit Eisengittern versehenen drei Fenster markieren den Anfang unterirdischer Gänge, die zum historischen Zentrum hinführen.

Vom Platz bzw. von der Rua dos Afogados aus sehen wir schon einen der Türme der mächtigen **Catedral da Sé** (1690–99), eines der bedeutendsten Baudenkmäler der Stadt mit einem prunkvollen goldenen Hauptaltar (Di–So 8–18 Uhr). Wir gehen nun die Avenida Pedro II ein Stück hinunter und erblicken links den **Palácio da Justiça**, gegenüber das Gebäude der **Prefeitura Municipal** (Rathaus) und dahinter angrenzend den großen **Palácio dos Leões**, Sitz der Regierung des Bundesstaates Maranhão. Die neoklassizistische Fassade stammt aus dem Jahr 1926. An der Stelle des Palastes befand sich früher das Fort Saint Louis, die erste und einzige von Franzosen errichtete Festung Brasiliens.

Wir genießen an dieser Stelle noch kurz den schönen Blick aufs Meer und gehen dann, gegenüber dem Palast, die Rua Eng. Couto Fernandes hinunter, steigen nach einem kleinen Stück rechts die Treppen des Beco Catarina Mina hinab und befinden uns nun mitten in der Altstadt.

Centro histórico

Die historische Altstadt von Praia Grande, dem früheren portugiesischen Handelszentrum nahe beim Hafen, gilt als die Hauptattraktion im Zentrum von São Luís. Nach dem Treppenabstieg biegen wir gleich links in die **Rua Portugal** und sehen dort die größten und besterhaltenen Kolonialhäuser der Stadt mit den typischen *Azulejos*.

Der Rua Portugal in der Gegenrichtung weiter folgend, gelangen wir in der Rua Trapiche zur **Casa do Maranhão**, in deren Museum man vieles über die Wurzeln und Ausprägungen der hiesigen Volksfeste erfährt (Di–So 9–19 Uhr, derzeit wg. Renovierung geschl.). Nirgends werden die *Festas juninas* so variantenreich gefeiert wie in São Luís. Vor allem der *bumba-meu-boi* (›Ochsentanz‹) wird von den 100 Tanzgruppen der Stadt in zahlreichen Abwandlungen vorgeführt, z. B. *boi-de-matraca*, *boi-de-orquestra* oder *boi-de-zabumba*. Auch der afrikanische Einfluss ist hier noch sehr ausgeprägt, so etwa Trommelrhythmen aus Benin und Ghana oder Tänze wie der erotische *tambor de crioula*.

Zur Rechten befindet sich ein größerer Komplex aus ca. 30 restaurierten Lagerhäusern aus der Kolonialzeit (Casa das Tulhas). An der ersten Ecke nach rechts abbiegend gelangen wir nach ein paar Metern an den Eingang zum Innenhof dieses Häuserkomplexes mit einem exotischen **Markt** (Feira da Praia Grande). Wir gehen durch dieselbe Gasse wieder hinaus und stoßen an der nächsten Ecke auf das belebte Straßenrestaurant ›D'Antiga Mente‹, abends ein populärer Treffpunkt mit Live-Musik.

Gegenüber der Bar befindet sich ein kleiner, stimmungsvoller Platz, an dem wir links vorbeigehen bis zur Rua do Giz. Ziemlich weit am Ende dieser Straße gehen wir noch 50 m nach rechts bis zu einem kleinen blauen Haus aus dem 19. Jh., der **Cafua das Mercês**. Hier harrten ehemals die aus Afrika kommenden Sklaven ihrer Versteigerung, es ist wahrscheinlich das einzige noch erhaltene Gebäude dieser Art in Brasilien. Im Innern kann man sich im **Museu do Negro** einige hübsche handwerkliche Erzeugnisse ansehen (9–17.30 Uhr, 2 R$).

Rechts um die nächste Ecke sehen wir auf der anderen Straßenseite den **Convento das Mercês**, ein Kloster aus dem Jahre 1645, in dem heute das **Museu da Memória Republicana** mit Erinnerungsstücken des ehemaligen Präsidenten José Sarney untergebracht ist (Di–Fr 13.30–18 Uhr). Wir treten aus dem Haupteingang des Klosters wieder heraus und gehen ein kurzes Stück nach links, dann gleich rechts bis zur Rua da Palma, und folgen dieser rechts bis an ihr Ende. Hier können wir noch die **Igreja do Desterro**, das erste Gotteshaus von Maranhão aus dem 17. Jh. besichtigen.

Die Strände

Die Strände von São Luís liegen weiter außerhalb (Stadtbusse von der Praça Deodoro nach Ponta d'Areia, Calhau und Olho d'Água). Man erreicht sie über eine Brücke, die die Altstadt mit den Neubauvierteln von São Fran-

São Luís

cisco, Renascença und der Avenida Litorânea verbindet.

Charakteristisch ist, dass die Strände dieser Region sehr lang gezogen und breit sind, kleine, anheimelnde Buchten wird man vergeblich suchen. Das Wasser hat wegen zweier Flüsse eine trüb-bräunliche Färbung, ist jedoch bis auf wenige Ausnahmen recht sauber. Nirgendwo in Brasilien ist der Gezeitenwechsel so stark wie hier, der Meeresspiegel kann sich bis zu 7 m verändern, sogar Wattwandern ist möglich.

Der ortsnächste Strand **Ponta d'Areia** (3,5 km vom Zentrum) ist recht verschmutzt und hässlich. Die schöneren Strände liegen weiter weg an der kürzlich modernisierten Avenida Litorânea, zu empfehlen ist vor allem die **Praia do Calhau** (8 km vom Zentrum) mit ihren großen Bars und den Dünen im Hintergrund. Sonntagnachmittags kann man hier Live-Konzerten beiwohnen.

Beliebt ist auch die etwas entferntere **Praia Olho d'Água** (12 km), am Sonntag ist es dort noch belebter, das Publikum ist einfacher, gleichzeitig mangelt es jedoch nicht an Autos, die hier über den befahrbaren, harten Sand jagen. Ein absolutes Kontrastprogramm zu solch lebhaftem Treiben ist die sehr stimmungsvolle und deutlich einsamere **Praia do Araçaji,** 19 km von der Stadt.

Infos

Setur: Praça Benedito Leite, Tel. 098-32 12 62 11, www.turismo.ma.gov.br, Mo–Fr 8–19, Sa 8–16, So 8–12 Uhr; weitere Büros Flughafen (24 Std.) und Busbahnhof (tgl. 8–20 Uhr).

Übernachten

In Strandnähe ▶ **Pestana São Luís Hotel:** Av. Avicênia (Praia do Calhau), Tel. 098-21 06 05 05, www.pestanasaoluis.com.br. Bestes 5-Sterne-Resort außerhalb des Zentrums (10 Min.), 125 ausgesprochen komfortable Zimmer mit Veranda und schönem Blick ins Grüne, riesiger tropischer Garten am Strand, großzüge Poolanlage, zahlreiche Freizeit- und Sportangebote. Ab 300 R$.

Komfort im Zentrum ▶ **Grand São Luís Hotel:** Praça Dom Pedro II 299, Tel. 098-21 09 35 00, www.atlanticahotels.com.br. Das Hotel mit 211 Zimmern wurde erst kürzlich renoviert und unter neuem Namen wiedereröffnet. Sehr zentrale Lage, nur wenige Schritte von der Catedral da Sé. Pool. Um 200 R$.

Charmant ▶ **Pousada Portas da Amazônia:** Rua do Giz 129, Tel. 098-32 22 99 37, www.portasdaamazonia.com.br. Man logiert in liebevoll restaurierten Häusern aus dem 19. Jh., die stilvoll dekorierten Zimmer sind unterschiedlich groß. Gute zentrale Lage. 150–200 R$.

Kolonialstil ▶ **Pousada Colonial:** Rua Afonso Pena 112, Tel. 098-32 32 28 34, www.clickcolonial.com.br. Großzügiges, mit Azulejos verkleidetes Kolonialhaus im Zentrum mit 26 Zimmern, leicht morbider Charme, schöner Innenhof. 100 R$.

Essen & Trinken

All you can eat ▶ **Senac:** Rua de Nazaré 242 (Zentrum), Tel. 098-31 98 11 00, Mo–Sa 12–15, Do–Sa 19–23 Uhr. Gutes Selbstbedienungslokal. Buffet 29 R$, abends à la Carte.

Im Herzen der Altstadt ▶ **D'Antiga Mente:** Rua da Estrela 220 (Zentrum), Mo–Sa 10–1 Uhr. Schönes Ambiente, draußen Tische unter einem großen Mangobaum; gute regionale Küche, hervorragende Meeresfrüchte. Um 25–30 R$.

Abends & Nachts

São Luís ist zur brasilianischen Hauptstadt des Reggae geworden und trägt den Beinamen ›Jamaica brasileira‹. Neben einigen Bars im historischen Zentrum gilt die **Bar do Nelson** als bestes Reggae-Lokal der Insel, Av. Litorânea (Calhau), Sa ab 21 Uhr. Andere Musikstile wie MPB, Salsa oder Pop hört man im **Por Acaso,** einem Bar-Restaurant mit viel Atmosphäre an der wenige Kilometer außerhalb des Zentrums liegenden Lagoa da Jansen, auch umfangreiche Speisekarte. Di–Sa ab 18 Uhr.

Termine

Festa do Boi (Juni/Juli): Nirgendwo werden die **Festas juninas** so aufwendig und kreativ gefeiert wie in São Luís, viele Tanzvorführun-

São Luís und Umgebung

Ein Maler mit seinen Arbeiten in der Altstadt von São Luís

gen auf verschieden Plätzen und ständige große Festwiese.

Verkehr

Flugzeug: Aeroporto Marechal Cunha Machado in Tirirical (13 km östl. des Zentrums), Tel. 098-32 17 61 00. Transfer im Flughafenbus *Aeroporto* oder *São Cristóvão* bis Praça Deodoro (35 Min.) oder per Taxi (ca. 30 R$).
Bus: Die Rodoviária liegt 10 km östlich des Zentrums in Sto. Antônio, Tel. 098-32 75 98 86; u. a. Verbindungen nach Belém (*Transbrasiliana,* Tel. 098-32 43 20 77, tgl. 20 Uhr, 12 Std., 109 R$), Fortaleza (*Guanabara,* Tel. 098-81 22 68 45, 2 x tgl., 18–20 Std., 140–150 R$), Recife (*Progresso,* Tel. 098-32 53 91 64, 2 x tgl., 24 Std., 196 R$).

Der Dünenpark Lençóis Maranhenses ▶ 3, C 3

Der ausgedehnteste Nationalpark des Nordostens (1981 gegründet) liegt 280 km östlich von São Luís, erstreckt sich ca. 70 km an der Küste elang und reicht bis zu 50 km ins Landesinnere. Mit einer Fläche von 1550 km^2 Ausdehnung übertrifft er sogar den Großraum von São Paulo.

Das helle Weiß der Dünenlandschaft erinnert an Bettttücher *(lençóis),* woraus sich der Name der Region herleitet. In der einzigen ›Wüste‹ Brasiliens mit heißem, halbfeuchtem Klima (bis 50 °C) regnet es jedoch 300-mal so viel wie in der Sahara. Zwischen den bis 40 m hohen Wanderdünen bilden sich in der

Der Dünenpark Lençóis Maranhenses

In **Barreirinhas** wird man sich für eine Nacht einquartieren, um am nächsten Tag per Boot auf dem Rio das Preguiças tiefer in den Nationalpark vorzudringen.

Nach 3–4 Stunden wird das kleine Fischerdorf **Caburé** erreicht und nur 15 Minuten später die winzige Fischersiedlung **Atins** direkt an der Mündung des Rio Preguiças. Überall sieht man endlose Dünen und zahlreiche Lagunen. In der Dürrephase ab Oktober trocknen die Seen jedoch wieder aus, die ›Betttücher‹ bedecken erneut die Oasen und alles Leben wird vom Winde verweht.

Übernachten
Komfortabel ▶ Pousada do Buriti: Rua Inácio Lins (Centro), Tel. 098-33 49 18 00, www. pousadadoburiti.com.br. 33 großzügige Zimmer, Restaurant, Angebot von Jeep- und Bootstouren. 200 R$.

Etwas außerhalb im Grünen ▶ Pousada Encantes do Nordeste: Rua Boa Vista (Boa Vista, 4 km vom Zentrum), Tel. 098-33 49 02 88, www.encantesdonordeste.com.br. 15 saubere, klimatisierte Zimmer in hübschen Doppelhaus-Chalets; in ruhiger Lage im Grünen (mit Flusszugang, wo sich eine abends oft gut besuchte Bar befindet). Mit Mototaxi 5 Min. bis Zentrum. 140 R$.

Essen & Trinken
Am Fluss ▶ Marina Tropical: Av. Beira Rio, Barreirinhas, Tel. 098-33 49 11 43, tgl. 11.30–24 Uhr. Herrlich am Flussufer gelegenes Lokal, in dem man schön draußen sitzt. Mittags Selfservice, große Auswahl an regionalen Gerichten. Meeresfrüchte und Pizza kosten 25–35 R$ (reicht für 2 Pers.), dazu Live-Musik.

Aktiv
Bootsfahrt nach Caburé: Diverse Anbieter, u. a. São Paulo Turismo, www.turismopt.com. Büro in Barreirinhas: Rua Antônio Dias 3, Centro, Tel. 098-33 49 00 79; Abfahrt tgl. 8.30 Uhr, Rückankunft 16 Uhr, 60 R$ pro Pers. Günstiger ist ein Linienboot, 3 Std., tgl. ca. 10 Uhr, 8 R$ (am Tag zuvor erkundigen).

Regenzeit (Jan.–Juni) zahlreiche Seen und Flüsse in blau-grünen und gelb-braunen Farben, alles blüht auf, viele Vögel kommen und man fühlt sich wie in einem einzigen *Showroom* der Natur.

Ein Besuch ist besonders von Juni bis September, also ab dem Ende der Regenzeit zu empfehlen. Die **Anreise** ist am kostengünstigsten per Bus von São Luís aus bis Barreirinhas (Gesellschaft *Cisne Branco,* Tel. 098-32 43 28 47, 4 x tgl., 4 Std., 29 R$), oder alternativ mit einem Kleinbus der Firma Br Tour, Tel. 098-30 82 88 25 (Abholung vom Hotel um 7 Uhr morgens, Rückfahrt 17 Uhr). Eine teurere Alternative ist die Anreise auf dem Luftweg (*Operatur,* Tel. 098-32 17 62 44, Mo, Mi, Fr, 300 R$ pro Pers.).

aktiv unterwegs

Historisches Alcântara

Tour-Infos
Anfahrt: Fähren legen am Hafen São Luís ab (Hidroviária, Tel. 098-32 11 00 53), Abfahrt je nach Wasserstand meist zwischen 7 und 9.30 Uhr (am Vortag erkundigen, da manchmal auch größere Abweichungen!) Rückfahrt 8.30 und 16 Uhr (plus/minus 2 Std., teilweise nur bis Ponta d'Areia und von dort Shuttlebus). Fahrtdauer 1–1,5 Std., 24 R$ (hin und zurück).
Dauer: 1–3 Tage
Wichtige Hinweise: Wer bei evtl. rauerem Seegang empfindlich ist, sollte ein Mittel gegen Seekrankheit mitnehmen.
Übernachtung: Pousada dos Guarás, Praia da Baronesa, Tel. 098-33 37 13 39, pousada dosguaras@terra.com.br. Schöne Lage am Strand. 75 R$.
Essen: Palácio dos Nobres, Rua Direita 1, tgl. 8–24 Uhr, 15–25 R$ (für 2 Pers.) oder Restaurante da Josefa, Rua Direita 33, tgl. 7–22 Uhr, 38–45 R$ (für 2 Pers.).

Ein sehr interessanter Tagesausflug führt von São Luís über die Baía de São Marcos in die frühere Hauptstadt von Maranhão, dem einstmals florierenden, heute jedoch immer mehr dem Verfall preisgegebenen Alcântara (7000 Einw.). Der Ort liegt etwas mehr als eine Bootsstunde entfernt auf dem Festland und hat nur zehn Straßen und drei Plätze, aber 300 historische Gebäude aus dem 17. und 18. Jh.

Am besten, man flaniert einmal kreuz und quer durch das kleine Städtchen. Die meisten Attraktionen befinden sich an der **Praça da Matriz,** darunter die letzte noch im Original erhaltene **Strafsäule** *(pelourinho)* Brasiliens, dann der **Palácio do Imperador,** Repräsentationsbau einer reichen Familie, in der man den Kaiser empfangen wollte (der jedoch nie erschien), und schließlich das **Museu Histórico** (Di–So 8–14 Uhr). Sehenswert sind auch die Häuserreihe der doppelstöckigen *Sobrados* mit ihren Azulejos in der Rua Grande und die Ruinen des alten Sklavenmarkts **Palácio Negro.** Die **Igreja N. S. do Carmo** von 1784 ist das insgesamt noch am besten erhaltene Bauwerk (tgl. 8–15.30 Uhr).

Der kulturelle Reichtum der Stadt kommt nicht von ungefähr. Das 1648 gegründete Alcântara war als Hauptstadt von Maranhão wichtiger Umschlagplatz für Zucker, Wolle, Reis und Salz. Die reichsten Familien der Provinz, einige mit über 8000 Sklaven, hatten hier ihren Aristokratensitz.

Mit der Sklavenbefreiung begann auch hier der wirtschaftliche Niedergang. Viele Gebäude sind nur noch als Ruinen erhalten und zeugen neben den verfallenen Hütten von der großen Armut. Seit 1948 fällt der gesamte Ort unter Denkmalschutz. Im krassen Gegensatz dazu steht im Norden der Stadt das modernste **Raumfahrtzentrum** Lateinamerikas. Über die – wenn auch eher bescheidenen – Weltraumprojekte Brasiliens informiert die **Casa de Cultura Aeroespacial** an der Praça N. S. do Rosário (tgl. 9.30–15 Uhr).

In der Umgebung von Alcântara gibt es noch weit über 100 ehemalige Sklavendörfer (Quilombos), in denen mehr als 3000 Familien leben. Wer sich dazu entscheidet, einige Tage in Alcântara zu bleiben, kann einen interessanten Ausflug zu einem dieser Dörfer unternehmen, dem 28 km entfernten **Mamuna.** Hier kann man bei der traditionellen Verarbeitung von Maniok zu Maniokmehl in der alten Casa da Farinha oder bei der Gewinnung von Babaçu-Öl zuschauen. Im Anschluss lockt ein schöner Badestrand, während Frau Fátima in einer einfachen Hütte ein Huhn oder frischen Fisch zubereitet. Eine weitere reizvolle Tour führt ins 62 km entfernte **Itamatatiua,** wo die Bewohner Keramik und Musikinstrumente für regionale Feste herstellen. Organisation der genannten Ausflüge

Alcântara

über die Pousada Bela Vista (Rua Jericó 5, Tel. 098-33 37 15 69, nach Danilo fragen).

Ein weiterer schöner Nachmittagsausflug führt zur **Ilha do Livramento** und anderen Inseln. Die am Hafen von Alcântara angebotene Tour sollte man möglichst mit einem Besuch der Insel **Cajual** oder dem **Igarapé da Tainha** verbinden, wo man die vom Aussterben bedrohten roten Ibisse (Guarás) beobachten kann (50 R$ pro Boot). Weitere Sehenswürdigkeiten der Region sind einige abgelegene Strände, wie die nur per Kanu erreichbare **Praia de Itatinga** (ab Praia da Baronesa).

Wer zufällig an einem August-Vollmond in der Nähe ist, sollte sich die 3-tägige **Festa de São Benedito** in der Igreja de Rosário dos Pretos ansehen. Fast durchgängig wird hier der Rhythmus des nur in Maranhão vorkommenden Tambor de Crioula getrommelt. Noch immer wird das alte Sklavenfest in originalgetreuer Form durchgeführt, bei der sich die Frauen in einen tranceähnlichen Zustand tanzen. Bekannter, aber auch schon etwas überlaufen, ist die 12-tägige **Festa do Divino** (40 Tage nach Ostern), die vor allem an den Abschlusstagen einem großen Spektakel gleicht.

Als kulinarische Besonderheit gelten übrigens die **Doces de espécie**, eine Süßigkeit aus Kokosnuss, die nur in Alcântara hergestellt wird. Die besten soll es bei Antônio in der Rua das Mercês 401 geben (0,60 R$).

Alcântara: Leider ist die ehemals florierende Stadt dem Verfall preisgegeben

Die von Flüssen durchzogene Dünenlandschaft von Lençóis Maranhenses

Die Ilha de Marajó im Amazonas-Delta

Kapitel 4
Der Norden

Dieser Georaum Brasiliens macht fast die Hälfte der Landesfläche aus, ist aber extrem dünn besiedelt. Sein Reichtum ist die Natur mit den meisten Pflanzen- und Tierarten der Welt. Von Amazonien zu berichten erfordert den Gebrauch vieler Superlative: Auch ist der mächtige Amazonas nach neuen Vermessungen mit 6992 km sogar länger als der Nil (6670 km). Ab dem Dreiländereck mit Peru und Kolumbien heißt er zunächst Rio Solimões, nach dem Zusammentreffen mit dem Rio Negro bei Manaus Rio Amazonas. Er besitzt ca. 1000 Nebenflüsse.

Der wasserreichste Fluss der Erde hat eine durchschnittliche Breite von 4–5 km, im Mündungsgebiet bei Belém sind es gar 250 km. Dort entlässt er 85-mal so viel Süßwasser ins Meer wie der Hochwasser führende Rhein. Von der sehenswerten Metropole Belém bis Manaus sind es 1480 km, für die man mehrere Tage braucht. In der Dschungelhauptstadt Manaus ist das Treiben am Hafen ein besonderes Erlebnis, doch am meisten beeindruckt das große Opernhaus bzw. die verrückte Idee, mit der die Kautschukbarone dereinst ihre Carusos mitten in den Urwald locken wollten.

Um tief in die Natur einzutauchen, empfiehlt sich eine Bootstour oder eine Urwald-Lodge. Auf diese Weise kommt man dem Reichtum Amazoniens und besonders seiner Flora am nächsten. Über 60 000 Pflanzenarten wachsen hier, auf einem Quadratkilometer konzentrieren sich mehr Arten, als in ganz Europa wachsen.

Im Amazonas-Gebiet leben auch etwa 80 % der Indianer Brasiliens nach alten Traditionen: Sie jagen, fischen und sammeln Früchte im Wald. Verschiedene Indianerdörfer werden im Rahmen von Amazonas-Flusstouren angesteuert.

Auf einen Blick
Der Norden

Sehenswert

Belém: Ein exotischer Markt, stimmungsvolles Hafenambiente, eine sehenswerte Altstadt, Museen, Parks, von Mangobäumen gesäumte Alleen, Kultur und Nachtleben ... Belém gilt zu Recht als schönste und spannendste Amazonasmetropole (s. S. 320).

Teatro Amazonas: Die Hauptattraktion von Manaus steht zwar nicht im Dschungel. Dafür ist die Architektur des Prachtbaus von erhabener Schönheit und im Innern präsentiert sich ein gesamt-europäischer Luxustempel (s. S. 331).

12 Amazonas-Touren: Der Strom aller Ströme – mehrstündige oder mehrtägige Bootstouren z. B. ab Manaus (s. S. 336).

Alter do Chão: Das idyllische Amazonasdorf betört mit herrlichen Flussbadestränden und eignet sich wunderbar für Ausflüge in nahegelegene Naturschutzgebiete (s. S. 340).

Schöne Routen

Von Manaus zum Encontro das Águas: Das Mindeste, was man vom Amazonas gesehen haben sollte, ist das spektakuläre Nebeneinanderfließen der unterschiedlich gefärbten Rio Solimões (gelblich) und Rio Negro (fast schwarz), die auf 20 km Länge eine klar erkennbare Trennlinie bilden (s. S. 343).

Von Manaus den Rio Negro oder Rio Solimões hinauf: Längere Touren führen von Manaus entweder ein Stück den Rio Negro oder den Rio Solimões hinauf, z. B. zu der Anavilhanas-Inselgruppe mit 400 Eilanden in einem 90 km langen Netz von Wasserläufen, oder zum Parque Nacional do Jaú, dem größten Waldreservat Südamerikas (s. S. 343).

Unsere Tipps

Hafen von Manaus: Hunderte von Menschen, die Waren ein- und ausladen, umwimmeln im Hafen von Manaus alte, schrill bemalte Flussdampfer (s. S. 331).

Wohnen in der Urwald-Lodge: Schon die Anfahrten zu den Urwald-Quartieren stimmen auf das Dschungelabenteuer ein, wie z. B. zu den Ariaú Amazon Towers, dem berühmtesten der Dschungelhotels (s. S. 341).

Mamirauá-Reservat: In der größten geschützten Flussaue Brasiliens gleitet man im Kanu durch überschwemmten Urwald und sieht mit etwas Glück den seltenen weißen Uakari-Affen (s. S. 341).

aktiv unterwegs

Die Büffelinsel Marajó: Wer erwartet schon Büffel in Brasilien? Auf Marajó gibt es Hunderttausende. Die Farmen kann man besichtigen, oft auch mit Übernachtung. Und Büffelfleisch sowie -käse sind ebenfalls nicht zu verachten. Ferner finden sich auf der Insel historische Zeugnisse der präkolumbianischen Zivilisation der Marajó-Indios sowie eine Reihe sehenswerter Strände (s. S. 326).

Belém ▶4, E 1

Das reizvolle Belém (Bethlehem), Hauptstadt des Bundesstaates Pará und sehenswerteste Stadt der Amazonasregion, liegt nur einen Grad südlich des Äquators an der Bucht von Guajará, dem Mündungstrichter der Flüsse Rio Tocantins und Rio do Pará, 130 km vom Atlantik entfernt. Diese geografisch günstige Lage am Südrand des Amazonas-Deltas machte die Stadt zum wichtigsten Zwischenhandelsplatz im Norden Brasiliens, besonders zur Zeit des Kautschuk-Booms.

Um 1910 erlebte das damals mit 100 000 Einwohnern noch kleine, aber reiche Belém (heute 1,4 Mio. Einw.) seine Blütezeit. Es gab Elektrizität, Telefone, Straßenbahnen; alles wirkte recht europäisch. Viele erhalten gebliebene Belle-Époque-Bauwerke erinnern an diese glanzvolle Vergangenheit, auch entstanden schöne Prachtbauten wie das Teatro da Paz und der Palácio Antônio Lemos.

Nach der Krise des Gummihandels blieb die Stadt weiterhin das Tor zum Hinterland, alles wirtschaftliche Leben sowie die Hauptsehenswürdigkeiten sind zum Wasser bzw. zum Hafen hin ausgerichtet. Auch die Altstadt, der Markt und die wichtigsten Kirchen liegen in der Nähe der Baía do Guajará.

Rundgang im Zentrum

Cityplan: S: 322/323

Forte do Presépio 1

Von der Festung **Forte do Presépio** an der Praça Frei Caetano Brandão in der Altstadt genießt man den besten Blick auf den Hafen und den angrenzenden Markt. Hier gingen am 12. Januar 1616 die ersten portugiesischen Kolonisatoren unter Kapitän Francisco Caldeira Castelo Branco an Land und errichteten dieses erste Bauwerk der Stadt. Man wollte den Attacken französischer, englischer und holländischer Piraten Einhalt gebieten und sich den Zugang zum gesamten Amazonas-Gebiet sichern (Di–So 10–16 Uhr, Eintritt Fort und Museum 2 R$, Di frei).

Catedral da Sé 2

Gegenüber dem Fort erhebt sich die gewaltige weiße Fassade der **Catedral da Sé** (1748–71), Ausgangspunkt der jährlich stattfindenden großen Prozession do Círio de Nazaré. Der stilistisch vom Barock und der Neoklassik geprägte Bau beherbergt u. a. Werke des Malers Domenico de Angelis. In der schräg gegenüberliegenden Igreja Santo Alexandre ist das **Museu de Arte Sacra** mit mehr als 320 kirchlichen Objekten untergebracht (Di–So 10–16 Uhr, Eintritt 4 R$, Di frei).

Zwei Museen

Aus der Kirche heraustretend erreicht man über die Praça Dom Pedro II. zwei große Museen. Das **Museu Histórico do Estado do Pará** 3 im 1771 gebauten Palácio Lauro Sodré war lange Zeit Sitz der Bundesregierung von Pará und dokumentiert heute die Geschichte dieses Bundesstaates (Praça Dom Pedro II., Di–So 10–16 Uhr, Eintritt 2 R$, Di frei). Interessanter ist das links angrenzende **Museu de Arte de Belém** 4 im schönen Palácio Antonio Lemos (1883), in dessen prunkvollen Sälen zahlreiche Kunstwerke und

Rundgang im Zentrum

Dokumente aus der Vergangenheit Beléms aufbewahrt werden (Praça Dom Pedro II., Tel. 091-32 83 46 87, Di–Fr 10–18 Uhr, Sa/So 9–13 Uhr).

Markthallen

Die markantesten Zeugnisse der früheren Blütezeit der Stadt sind jedoch zwei große Markthallen am Hafen. Das erste Gebäude mit seinen Türmen sieht man schon vom Museum aus, es ist das ehemalige Fiskalisationshaus von 1688, der **Mercado Ver-o-Peso** 5 (›das Gewicht sehen‹). Die Halle, deren schmiedeeiserne Stützkonstruktionen aus England importiert wurden, dient heute als riesiger Fischmarkt, umgeben von ca. 2000 Verkaufsständen mit Kunsthandwerk, Keramik, typischen Gerichten der Region, Früchten, Heilpflanzen, Gewürzen, Badesalzen u. v. m. Genauso exotisch wie die angebotenen Produkte ist die Atmosphäre des Marktes, geprägt durch das rege Treiben der Händler und Fischer, das Ein- und Auslaufen der vielen Boote und nicht zuletzt durch die Tatsache, dass man hier am Eingangstor zum riesigen Amazonas-Gebiet steht (tgl. 6–14 Uhr, die umliegenden Verkaufsstände sind ständig geöffnet, gegen Abend sollte man ein wenig aufpassen, da die Gegend dann nicht mehr überall sicher ist).

Hafenpromenade

Am Hafen führt eine 540 m lange Uferpromenade an der **Estação das Docas** 6 vorbei – drei erst im Jahre 2000 umgebaute Lagerhallen, in und vor denen sich abends in über 30 Etablissements die halbe Stadt versammelt. Es gibt einige gute Bars (z. B. Amazon Beer) und Restaurants (z. B. Lá em Casa), aber auch Läden, Theater und einen Bootsanleger für Ausflüge in die nähere Umgebung.

Hauptattraktion ist jedoch eine bewegliche **Bühne mit Live-Musik**, die an der ganzen Promenade entlangfährt und von jedem Lokal aus gesehen werden kann. Das lobenswerte Revitalisierungsprojekt wurde inspiriert von ähnlich gelungenen Aktionen in New York, San Francisco und Buenos Aires (Mo–Mi 10–24, Do–Sa 10–3, So 9–22 Uhr).

Tipp: Oase der Entspannung

Ein Ruhepol mitten in der Stadt ist das schön renovierte Kunsthandwerkszentrum **Pólo Joalheiro São José Liberto** an der Praça Amazonas (Di–Sa 9–19, So 10–19 Uhr, Eintritt 4 R$, Di frei). In dem ehemaligen Kloster und Gefängnis befindet sich ein Edelsteinmuseum (man kann bei der Schmuckherstellung zuschauen) sowie die **Casa do Artesão,** eine Halle, in der Kunsthandwerk, Kleidung und weitere Amazonas-Souvenirs verkauft werden. Der hübsch hergerichtete Innenhof mit Brunnen und Palmen ist eine Oase der Entspannung.

Teatro da Paz 7

In der Nähe der Kirche verbindet die Avenida Presidente Vargas die Altstadt mit der Neustadt (Cidade Nova). Sie gilt als die Hauptgeschäftsstraße Beléms und führt zur Praça da República, dem Zentrum der Neustadt. Dort befindet sich am Ende des Platzes das mächtige neoklassizistische **Teatro da Paz** von 1878 mit seinen imposanten Marmorsäulen sowie im Innern mit großen Spiegeln und Leuchtern aus venezianischem Kristall. Zur Zeit des Kautschuk-Booms fanden hier bedeutende Aufführungen von internationalem Rang statt, nach dem Teatro Amazonas in Manaus ist es das zweitwichtigste Prunkstück aus der Blütezeit des Kautschukbooms (Rua da Paz, Tel. 091-40 09 87 54, Führungen stdl., geöffnet Di–Fr 9–13, Sa 9–12 Uhr; ab 20 Uhr häufig Theater- und Tanzvorstellungen sowie Konzerte, seltener Jan./Febr., oft auch gratis, Programm s. Tageszeitung ›O Liberal‹, Karten an der Abendkasse).

Basílica de N. S. de Nazaré 8

Hinter dem Theater zweigt die Avenida Nazaré ab, an der die **Basílica de N. S. de Nazaré** liegt. Der mächtige Bau in romanischem Stil (1909–23) wurde nach dem Vorbild der römischen Basilika St. Paul errichtet, die Standortwahl geht zurück auf eine im Jahr 1700

Belém

Sehenswert
1. Forte do Presépio
2. Catedral da Sé
3. Museu Histórico do Estado do Pará
4. Museu de Arte de Belém
5. Mercado Ver-o-Peso
6. Estação das Docas
7. Teatro da Paz
8. Basílica de N. S. de Nazaré
9. Museu Paraense Emílio Goeldi
10. Parque da Residência

Übernachten
1. Hilton Belém
2. Hotel Machado's Plaza
3. Hotel Regente
4. Hotel Le Massilia
5. Belém Soft Hotel

Essen & Trinken
1. Estação das Docas
2. Boteco das Onze
3. Manjar das Garças
4. Dom Giuseppe
5. Avenida

Abends & Nachts
1. Estação das Docas
2. Roxy Bar

Aktiv
1. Valeverde

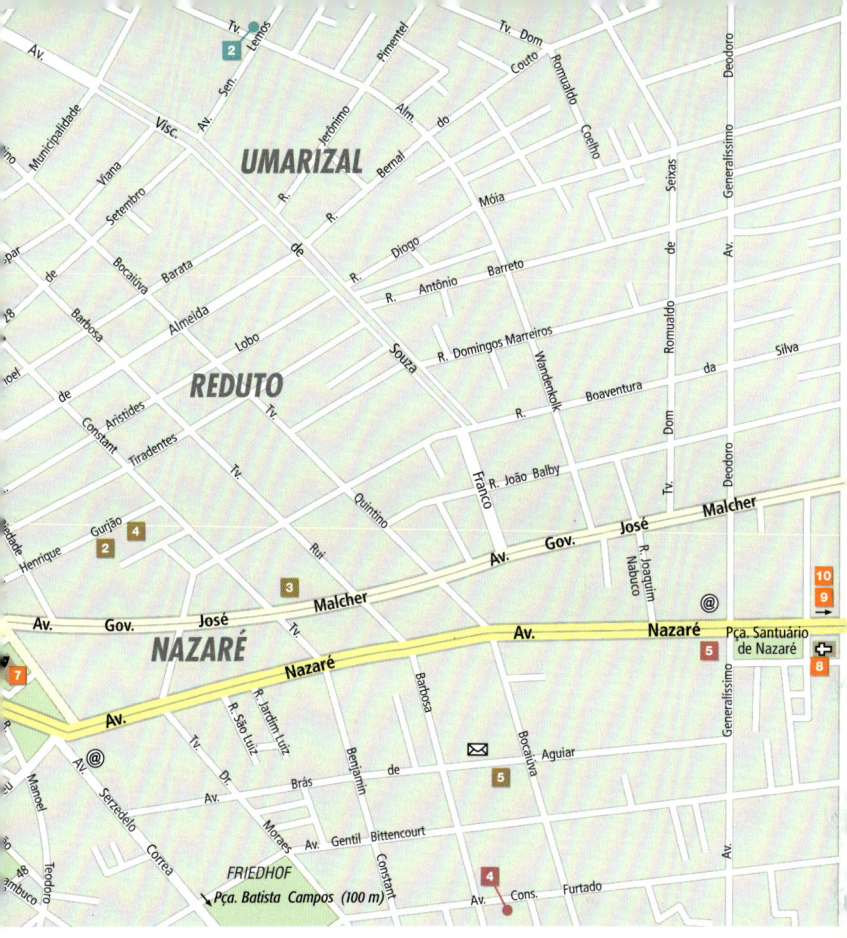

hier gefundene Statue der hl. Muttergottes von Nazaré (tgl. 8–12, 15–19 Uhr).

Alljährlich am zweiten Sonntag im Oktober findet ihr zu Ehren die berühmte **Prozession do Círio de Nazaré** statt, das größte religiöse Fest Brasiliens mit einer mehr als 200-jährigen Tradition und jeweils ca. 1,8 Mio. Pilgern. Die Gläubigen schreiten bei diesem feierlichen Umzug von der Catedral da Sé über den Boulevard Castilho França (Hafen und Mercado Ver-o-Peso), die Avenida Presidente Vargas und die Avenida Nazaré bis zur Basílica (5 km). Die Geschichte der Prozession ist im **Museu do Círio** dokumentiert (gegenüber der Praça Dom Pedro II in der Cidade Velha, Di–So 10–16 Uhr, Eintritt 2 R$, Di frei).

Museu Paraense Emílio Goeldi

Ebenfalls an der Avenida Nazaré befindet sich das **Museu Paraense Emílio Goeldi,** das naturhistorische Museum Beléms. 1866 von dem Naturforscher Domingos Soares Ferreira Pena gegründet und 1900 von Emílio Goeldi erweitert, ist es in seiner Art einzigartig in Amazonien. Es beherbergt neben zahlreichen archäologischen Objekten und Ausstellungsstücken indianischer Herkunft noch einen zoologisch-botanischen Garten mit mehr als 1000 Tieren (Av. Magalhães Barata 376, Di–So 9–17 Uhr).

Nur einen Straßenblock weiter befindet sich der **Parque da Residência**, ein wei-

Belém und Umgebung

Der Mercado Ver-o-Peso ist Beléms bedeutendste Sehenswürdigkeit

teres gepflegtes parkähnliches Anwesen (ehemaliger Gouverneurssitz). Hier lässt sich der Stadtrundgang bei einem Mittagessen in einem guten Restaurant (Restô do Parque, Di–So 12–15.30 Uhr) oder bei einer Kugel Eis abschließen.

Infos

Paratur: Praça Waldemar Henrique, Ecke Av. Assis de Vasconcelos, Tel. 091-32 12 06 69, www.paraturismo.pa.gov.br, Mo–Fr 8–14 Uhr. Kompetente und hilfreiche Touristeninformation für den ganzen Bundesstaat Pará; auch ein Kiosk am Flughafen (Mo–Fr 8–22, Sa/So 8–20 Uhr).
Internet: www.belemdopara.de. Gute deutsche Auskunftsseite.

Übernachten

Das Aushängeschild ▶ Hotel Hilton Belém 1: Av. Pres. Vargas 882 (Praça da República), Tel. 091-40 06 70 00, 0800-728 08 88 (kostenlos), www.hilton.com. Eines der besten Hotels der Stadt, 361 Zimmer, zentrale Lage. Im Erdgeschoss befindet sich ein sehr gutes Restaurant (42 R$). 300 R$ (im Internet häufig Sonderangebote).
Sauber und adrett ▶ Hotel Machado's Plaza 2: Rua Henrique Gurjão 200 (Reduto), Tel. 091-40 08 98 00, www.machadosplazahotel.com.br. Ordentliches Mittelklasse-Hotel mit schönen, modernen Zimmern. Fitnessraum und kleiner Pool. 200 R$ (nach Rabatt fragen).
Tradition in guter Lage ▶ Hotel Regente 3: Av. Gov. José Malcher 485 (Nazaré), Tel. 091-31 81 50 00, www.hotelregente.com.br. Schon etwas älteres, aber gepflegtes Hotel mit 216 geräumigen Zimmern in zentraler Lage. 175 R$ (nach Rabatt fragen).
Französisch angehaucht ▶ Hotel Le Massilia 4: Rua Henrique Gurjão 236 (Reduto), Tel./Fax 091-32 22 28 34, www.massilia.com.br. Recht hübsches, kleines Hotel in der Nähe der Praça República (5–10 Min.), große Zimmer, in einem grünen Innenhof befindet sich ein Pool. Frühzeitig reservieren. Der französische Besitzer vermittelt Tagestouren und Ausflüge. 130 R$ (nach Rabatt fragen).

Rundgang im Zentrum

Preiswert ▶ Belém Soft Hotel 5: Av. Brás de Aguiar 612 (Nazaré), Tel. 091-33 23 34 00, www.belemsofthotel.com.br. Günstiges Mittelklassehotel in guter Lage im Ausgehviertel Nazaré, saubere Zimmer. Ab 90 R$.

... auf der Ilha de Marajó:
Die meisten Pousadas gibt es in Soure, beispielsweise:
Deutschsprachig ▶ Casa Alemã: Rua 8, Nr. 1975, Tel. 091-37 41 12 34, www.bernardo-pe.com. Nette Pousada mit großem Garten und tropischen Obstbäumen. Zimmer teils mit AC und eigenem Bad (90 R$), teils mit Ventilator und Bad auf dem Flur (ab 55 R$). Der deutsche Besitzer kann alle Ausflüge organisieren.

Französisch charmant ▶ Pousada O Canto do Francês: Rua 6, Ecke Trav. 8, Tel. 091-37 41 12 98, thcarliez@ig.com.br. Freundlich gestaltete Zimmer (90 R$), hübsches Haus mit Garten und Hängematten.

Essen & Trinken

Moderne Gastronomiemeile ▶ Estação das Docas 1: An der neuen Vergnügungsmeile am Hafen findet sich ein Lokal neben dem anderen, besonders empfehlenswert sind **Lá em Casa** (beste Adresse Beléms zum Probieren der Amazonas-Küche: Flussfische wie Pirarucu, Wels, Fischsuppen, Ente in Manioksauce etc., 33–45 R$) und **Point do Açaí** (cremig-frische Regionalspeise, die süß oder als Beilage zu salzigen Gerichten gegessen wird).

Tipp: Happy Hour in der Casa das Onze Janelas

Der Palast aus dem 18. Jh. beherbergt ein interessantes Kulturzentrum sowie ein Bar-Restaurant mit Terrasse und sagenhaftem Blick auf die Guajará-Bucht – der Renner zur Happy-Hour. Exzellente, moderne Küche, Mittagsmenü 36 R$, abends 70 R$ für 2 Pers. **Boteco das Onze 2**: Casa das Onze Janelas (Largo da Sé), Tel. 091-32 24 85 99, Di–So 12–1, Mo 18–24 Uhr.

Tipp: Marajoara-Keramiken

Die berühmten, einst von der indianischen Urbevölkerung angefertigten Marajoara-Keramiken werden heute in großer Anzahl in der Kleinstadt **Icoaraci** nachgebildet (25 km von Belém, Anfahrt mit Stadtbus). In über 200 Fertigungsstätten kann man bei der Produktion zuschauen und die schönen, bunten Stücke gleich vor Ort kaufen bzw. sich nach Hause schicken lassen, z. B. bei **Mestre Anísio** in der Tv. Soledade 740, www.anisioartesanato.com.br, Mo–Fr 8–12, 14–18, Sa 8–12 Uhr.

Schön romantisch ▶ Manjar das Garças 3: im Parque Ecológico Mangal das Garças (3 km vom Zentrum), Tel. 091-32 42 10 56, Di–So 12–16, Di–Sa 20–1 Uhr. Ein Stelzenhaus aus Holz und Glas inmitten von Mangroven. Romantisches Ambiente mit Flussblick, schön bei Sonnenuntergang (Barbetrieb 16–20 Uhr). Mittagsbuffet (all you can eat 38 R$ inkl. Nachtisch), abends à la Carte. Der Park ist mit Schmetterlingshalle, Vogelhalle, Museum und Aussichtsturm auch für sich einen Ausflug wert.

Szene-Italiener ▶ Dom Giuseppe 4: Av. Cons. Furtado 1420 (Batista Campos), 091-40 08 00 01, Mo–Sa 18.30–24, So 12–16 Uhr. Bester Italiener der Stadt, hervorragender Service mit mitternächtlichen Ständchen der Kellner für ›Geburtstagskinder‹. Große Lasagne-Teller (32 R$), sehr gute Weinkarte.

Authentische Amazonasküche ▶ Avenida 5: Av. Nazaré 1086, 1. OG (Nazaré, nahe der Basílica), Tel. 091-32 23 40 15, Di–So 12–16, Mi–So 20–24 Uhr. Seit 1945 serviert man hier gute regionale Küche nach dem Slow-Food-Ansatz. Fr und So Mittag offenes Buffet (31–34 R$), sonst à la Carte.

Abends & Nachts

Erste Anlaufstelle ▶ Estação das Docas 1: Der beste Ort, um in den Abend zu starten: viele Bars, eine verschiebbare Live-

aktiv unterwegs

Die Büffelinsel Marajó

Tour-Infos

Anreise mit Fähre: Ab Terminal Hidroviário in Belém (Mo–Sa 6.30, 14.30, So 10 Uhr, 3 Std., 16 R$) bis Camará, von dort mit Minibus Edgar nach Salvaterra und Soure (30–40 Min., 10 R$). Rückfahrt: Fähren ab Camará Mo–Sa 6.30 und 15, So 15 Uhr, 3 Std., 16 R$. Mit Minibus Edgar von der Pousada zum Hafen in Camará – früh reservieren!

Anreise mit Lufttaxi: Kleinflugzeuge (bis 3 Passagiere) fliegen von Belém – Lokalflughafen Júlio César – nach Soure, z. B. Táxi Aéreo Cândido (Tel. 091-32 44 78 88, Mo–Fr 6.30 Uhr, 25 Min., 150 R$, früh reservieren). Rückflug Mo–Fr 16 Uhr.

Aufenthaltsdauer: 2–4 Tage
Übernachtung: s. S. 325

Ein größeres ökologisches Ausflugsprogramm ist ein Besuch der Büffelinsel Marajó. Die Reisebüros in Belém bieten Komplettprogramme mit Transfers, Unterkunft und Besuch der Büffelfarmen. Doch spannender – manchmal auch unwägbarer – ist eine Tour ›auf eigene Faust‹.

Umgeben von den Flüssen Amazonas und Tocantins sowie vom Atlantischen Ozean, ist Marajó die größte Flussinsel der Welt mit einem Terrain von der Größe der Schweiz. Von den Indios wurde sie ihrer Lage wegen auch ›Meeresbrecher‹ genannt. Hier scheint die Zeit stehen geblieben zu sein. Die noch weitgehend unberührte Inselvegetation besteht im östlichen Teil aus Grassavannen und im westlichen Teil aus tropischem Regenwald, der während der Regenzeit (Jan.–Juni) regelmäßig überflutet wird.

Berühmt ist die Insel vor allem wegen der Wasserbüffelzucht, es gibt hier mehr Büffel (600 000) als Einwohner (250 000). Ursprünglich stammen sie wahrscheinlich von einem gestrandeten Schiff, das in Richtung Französisch-Guyana unterwegs war. Der Besuch einer dieser Büffelfarmen gehört inzwischen zum touristischen Standardprogramm. Eine Mahlzeit aus Büffelfleisch oder eine Kostprobe des Büffelkäses ist in den örtlichen Restaurants möglich. Außer Büffeln existieren auf der Insel noch unzählige exotische Vogelarten (Rote Ibisse, Reiher, Tukane, Greifvögel, Sittiche, Kuckucksarten u. a.) sowie Kaimane, Affen, Tapire und Panther. Die Flüsse sind außerordentlich fischreich mit riesigen Wels- und Barscharten.

Geeignetster Ausgangsort mit der besten Infrastruktur für Inselerkundungen ist **Soure** (24 000 Ew.). Von hier pendeln Personenbarken sowie eine Autofähre über einen Fluss zum Nachbarort **Salvaterra** (8000 Ew.). Von Soure aus lassen sich – auch per Leihfahrrad – attraktive, meist feinsandige **Flussstrände** besuchen. Die 3 km entfernte **Praia Barra Velha** wird über einen Holzsteg durch Mangroven erreicht und ist einer der typischsten Strände der Region. Einige Strandhütten verkaufen Getränke und gegrillten Fisch.

Zur Linken liegt vor einem Mangrovenwald die **Praia de Araruna** (keine Bewirtschaftung). Bei Niedrigwasser kann man zusehen, wie die Roten Ibisse sich von im Schlamm auftauchenden Krustentieren ernähren. Weiter entfernt ist die von Dünen und Strandbars gesäumte **Praia do Pesqueiro** (11 km), an der es an Wochenenden und im Juli hoch hergeht. Unter der Woche ist es hier jedoch meist ruhig.

Die berühmten **Büffelfarmen** sind am besten im Rahmen eines Tagesausflugs zu besuchen – alle Pousadas der Insel können dies organisieren. Es ist schon beeindruckend, einem bis zu 800 kg schweren Wasserbüffel gegenüberzustehen. Eine Kombination aus einem Büffelritt, einer Kanufahrt und einer Wanderung zum Strand bietet die **Fazenda São Jerônimo** (5 km von Soure, Tel. 091-37

Ilha de Marajó

41 20 93, www.marajo.tk, Tagestour 100 R$, 2–3 Std. 40–50 R$, Reservierung notwendig).

Hinsichtlich der Herstellung von Büffelleder kann man sich in der Gerberei **Curtume Marajó** in Soure (Bairro Novo, Rua 1, Nr. 450, Mo–Sa 8–20, So 8–13 Uhr) den Fertigungsprozess von der Tierhaut bis zum Endprodukt zeigen lassen. Hochwertige Taschen, Schuhe und Gürtel sind hier günstig erhältlich.

Auch andere Orte und Strände der Ostküste lassen sich auf **Tagesausflügen** erkunden. Nahe Salvaterra liegt der vor allem im Juli sehr belebte Strand **Praia Grande,** im Ort gibt es einige Geschäfte, Restaurants und Hotels. Noch abgeschiedener ist es 32 km südlich im Fischerdorf **Joanes** (1500 Ew.). Neben einem Fischrestaurant und einer Pousada weist der Ort einen entzückenden Strand auf. Der Besuch muss jedoch geplant sein, denn der Van zwischen Salvaterra und Joanes verkehrt nur zweimal täglich (6 R$).

Marajó ist auch bekannt für die Pflege des kulturellen Erbes der präkolumbianischen Zivilisation der **Marajó-Indios** (5.–14. Jh.), die älteste und am weitesten entwickelte Hochkultur des Amazonas-Beckens. Die meisten Überreste der alten Lehmhütten sowie kunstvoll bemalte Keramiken wurden westlich von Soure um den nur schwer zugänglichen Lago Arari gefunden. Die Keramik-Reproduktionen werden auch heute noch angefertigt, auch die traditionellen Volkstänze wie *carimbó* oder *lundú* werden in jedem Ort auf Marajó praktiziert und weiterentwickelt. Wer am Prozess der Keramikherstellung interessiert ist, kann sich von Töpfer Ronaldo erklären lassen, wie die kunstvollen Werke entstehen und welche Symbolik ihnen innewohnt – empfehlenswert (Trav. 23, zw. Rua 11/12, Soure, tgl. 8–12, Mo–Sa 14–18 Uhr).

Die Restaurants auf der Ilha de Marajó sind recht einfach, eine Ausnahme bildet das **Paraíso Verde** in Soure (Trav. 17, Ecke Rua 10, tgl. 10–22 Uhr). Dies ist genau der richtige Ort, um einmal in idyllischem Ambiente – man speist in einem üppigen tropischen Garten – mageres Büffelfleisch zu probieren (kein Geschmacksunterschied zum Normalrind). Auf der Karte stehen Gerichte wie *Filé Marajoara,* in Käse überbackenes Büffelfilet in einer tropischen Fruchtsoße aus Mango oder Cupuaçu – unbedingt probieren!

Belém und Umgebung

Heilpflanzen und Kräuterextrakte aus dem Regenwald – Marktstand in Belém

Bühne und schöne Atmosphäre mit Blick auf den Strom. Am besten, man setzt sich ins **Amazon Beer** (Halle 1), eine Kneipe, die ihr eigenes Bier braut, oder ins **Marujos** (beim Terminal Fluvial): gute Speisekarte und eigene Live-Musik.

Im Szeneviertel ▶ **Roxy Bar** 2: Av. Senador Lemos 231 (Umarizal), Tel. 091-32 24 45 14, tgl. 19.30–1 Uhr, Fr/Sa bis 3 Uhr und länger. Eine von vielen netten Bars in Umarizal, einem Stadtteil in Zentrumsnähe, der Abend für Abend die Nachtschwärmer anzieht.

Aktiv

Bootstouren: Valeverde, am Ende der Estação das Docas, Di–So 10–22 Uhr), sowie in der Rua Alcindo Cacela 104, Tel. 091-32 18 73 33, und am Flughafen, www.valeverdeturismo.com.br. U. a. Sonnenaufgangstouren zur Ilha dos Papagaios (Stelzenhäuser der Caboclos, 4 Std., 100 R$ p. Pers.).

Ausflüge zur Ilha do Mosqueiro: Valeverde, s. o. Hauptnaherholungsgebiet von Belém, auf der 70 km entfernten Insel finden sich zwei Dutzend schöne Süßwasserstrände.

Ausflug zur Ilha de Marajó: Valeverde, s. o. Organisierte Touren, z. B. 2–5 Tage Marajó inkl. Hotel-Transfers, Überfahrt, Unterkunft und Frühstück (s. auch S. 326).

Verkehr

Flugzeug: Der Aeroporto Internacional Val-de-Cans liegt 12 km vom Zentrum, Tel. 091-32 10 60 39. Tgl. Flüge in die großen Städte Brasiliens. Transfer per Taxi ins Zentrum ca. 25–30 R$.

Bus: Der Busbahnhof liegt 3 km westl. des Zentrums an der Praça do Operário (São Brás), Tel. 091-32 66 26 25; zahlreiche Stadtbusse halten hier; Fernverbindungen mit *Transbrasiliana* (Tel. 091-32 26 12 19 42) und B*oa Esperança* (Tel. 091-32 28 31 07) nach São Luís (4 x tgl., 12 Std., 115 R$).

Boote: Die Abfahrtszeiten der Schiffe zur Ilha de Marajó und nach Manaus ändern sich häufig; vor Abfahrt entsprechende aktuelle Informationen in den Reisebüros oder direkt am Anleger einholen; bei längeren Linienstrecken der meist einfachen Schiffe frühzeitig einen guten Platz sichern.

Bedrohter Regenwald

Waldsterben auf Brasilianisch — Thema

Fast 15 % der natürlichen Waldfläche Amazoniens, das sind 740 000 km² oder mehr als die Fläche Frankreichs, sind bereits zerstört. Bis ins Jahr 2004 hinein fielen jede Stunde 700 Bäume und belasteten jährlich 200 Mio. Tonnen CO_2 aus Brandrodungen die Atmosphäre – die klimatischen Folgen sind bekannt. Internationale Proteste bewirkten nur Teilerfolge. Seit 2005 wird immerhin von Jahr zu Jahr weniger Fläche gerodet.

Der Kahlschlag begann in den 1960er-Jahren, als die damalige Militärregierung Anreize für die Land- und Viehwirtschaft schuf. Wachstum um jeden Preis war die Devise, Umweltschutz fast noch ein Fremdwort. Das Ausland half kräftig mit, 1968 zahlte die deutsche Kreditanstalt für Wiederaufbau 130 Mio. Dollar für ein Erzabbau-Projekt in der Serra dos Carajás in Pará. Mit dem Geld der Weltbank wurde u. a. die Erschließung bzw. Vernichtung Rondônias finanziert, ihr damaliger Präsident James Wolfensohn entschuldigte sich später für die angerichteten Schäden. Straßenbauprojekte, die den Zugang in die noch unberührten Waldgebiete erleichterten, trugen ebenfalls zur Zerstörung bei.

Nach dem Abtreten der Militärs 1985 hatten internationale Proteste größeren Erfolg, doch ab 1995 führte die verstärkte in- und ausländische Nachfrage nach Edelholz und Fleischprodukten zu einer weiteren Verschlimmerung. 1999 war bis heute das Rekordabholzungsjahr, gefolgt von der Periode August 2003 bis August 2004. Rund 2500 Unternehmen, die meisten ausländischer Herkunft, sind an dem überwiegend illegalen Holzhandel beteiligt, ein Drittel geht ins Ausland, vor allem in die USA, nach Japan und Europa. Auch die Profite bleiben überwiegend im Ausland, am Verkaufserlös partizipiert das Erzeugerland mit weniger als 40 %, bei Fleischexporten sieht es ähnlich aus.

Eine Wende beim Abholzungsboom kam erst 2005. Gegenüber dem Vorjahr wurde ein Rückgang der Abholzungen um 31 % registriert, großenteils bedingt durch eine rigidere Umweltschutzpolitik der Regierung. Im Vergleich von 2009 zu 2004 konnte die jährlich gerodete Fläche sogar um 74 % verringert werden. Dennoch sind Waldbrände nach wie vor für einen Großteil (75 %) des brasilianischen CO_2-Ausstoßes verantwortlich. Hoffnung macht ein – auch von Greenpeace begrüßtes – Gesetz von 2006, das die nichtzerstörerische (private) Nutzung der öffentlichen Wälder regelt *(Lei de Gestão Florestal)*.

Ein großes Problem beim Schutz der Regenwälder ist auch die Überwachung, für ganz Brasilien stehen viel zu wenige Kontrollbeamte zur Verfügung und nur ein kleiner Teil davon für das Gebiet Amazonien. Doch selbst dort, wo Kontrollen und harte Bestrafungen stattfinden, werden die großen Rinderfarmen, die für den größten Teil der Waldrodung verantwortlich sind, häufig durch Korruption gedeckt oder durch jahrelange Gerichtsverfahren begünstigt.

Es gibt jedoch noch einen Hoffnungsschimmer: Immer mehr wird man sich bewusst, dass das wahre Profitpotenzial Amazoniens nicht im Holz- und Fleischhandel liegt, sondern in der Medizin. Vielleicht rettet sogar die Pharmaindustrie eines Tages dieses größte Labor der Erde.

Manaus ▶4, C2

Manaus ist nicht mehr die blühende exotische Dschungelmetropole, als die sie lange Zeit galt. Dennoch ist es faszinierend, sich in dieser Millionenmetropole mitten im Bauch des größten Regenwaldes der Erde aufzuhalten. Industrie und schnelles Wachstum haben ihr romantisch verklärtes Gesicht seit dem Kautschukboom stark verändert. Herausragende Sehenswürdigkeiten sind der Hafen und das weltberühmte Theater. Für Amazonien-Reisende ist Manaus der Ausgangspunkt für Touren in die ›grüne Hölle‹ und zu den Urwald-Lodges.

Kautschuk, den wichtigen Gummirohstoff für die nordamerikanische und europäische Autoindustrie, gab es zunächst nur im Urwald rund um Manaus, bis im Jahre 1906 der Konkurrent Malaysia auf den Plan trat. Wenig später war es dann vorbei mit dem Reichtum, eine der wohlhabendsten Städte der Welt, damals das ›Paris der Tropen‹ genannt, verfiel rasch in Agonie. In Manaus gingen regelrecht die elektrischen Lichter aus, an deren

Im Teatro Amazonas sangen schon Carreras und Pavarotti

Stelle wieder die alten Öllampen angebracht werden mussten.

1967 kam zwar die wirtschaftliche Erholung, in die neu geschaffene Freihandelszone (Zona Franca) zogen wegen der Steuererleichterungen zahlreiche Firmen aus aller Welt und machten aus der ehemaligen Kautschuk-Metropole eine große Hightech-Industriestadt mit 1,6 Mio. Einwohnern, doch schöner wurde sie dadurch nicht gerade. Viele alte Kolonialhäuser mussten modernen Geschäftsbauten weichen, historische Gassen wurden in Einkaufs- und Fußgängerzonen umgewandelt, Elektronikläden verdrängten das gemischte Warenangebot im Zentrum und der ansteigende Transportverkehr verstopfte die Straßen. Die Bevölkerungsexplosion macht sich zusätzlich negativ bemerkbar, viele Menschen wohnen in den Armenvierteln der Peripherie oder in primitiven Pfahlhaussiedlungen an den Flussufern.

Tipp: Reise- und Zeitplanung

Die meisten Besucher fliegen bis Manaus und erkunden von dort aus die Umgebung, oft auch von nahe gelegenen Urwald-Lodges. Die Sehenswürdigkeiten von Manaus hat man an ein bis zwei Tagen besichtigt. Je nach Reiseziel und Zahl der Flüsse braucht man für die **Erkundungsfahrten** ab Manaus zwischen einem und sieben Tagen. Ein kleines Abenteuer kann die Schiffsreise von Belém nach Manaus darstellen, sie kostet allerdings viel Zeit und ist nicht besonders komfortabel.

einlassen. Erst nach einer Gesangsprobe durfte der anonyme Gast hinein und schmetterte vor leeren Stühlen eine kleine Arie (Largo São Sebastião, Tel. 092-36 22 18 80, Führungen auf Englisch Mo–Sa 9–17 Uhr, 10 R$).

Rundgang im Zentrum

Cityplan: S: 332/333

Teatro Amazonas [1]

Das bedeutendste Zeugnis aus der Blütezeit des 1870 einsetzenden Kautschuk-Booms ist das **Teatro Amazonas**. Nach dessen Ende 1906 war auch die große Zeit des Theaters vorbei. Während des Zweiten Weltkrieges wurde es als Benzin- und Reifenlager benutzt und auf der Bühne spielte man Fußball.

Im Jahr 1990 wurde das Gebäude (1884–1896) – stilistisch eine Mischung aus Barock, Renaissance, Neoklassik, Jugendstil und orientalischen Einflüssen – aufwendig restauriert. Es ist reich bestückt mit italienischem Marmor, französischem Dekor, schottischer Kuppelverzierung, lothringischen Ziegeln, englischem Schmiedeeisen, brasilianischem Edelholz und 700 roten Samtsitzen.

1996 trat hier der spanische Tenor José Carreras auf und weckte Erinnerungen an glorreiche alte Zeiten. Als Luciano Pavarotti ein Jahr vorher an die Pforte des Theaters klopfte, wollte ihn der Portier zunächst nicht

Am Hafen [2]

Am **Porto Flutuante**, dem von englischen Ingenieuren errichteten schwimmenden, 1313 m langen Kai liegen zahlreiche Boote vor Anker. Wer auf dem Luftweg nach Manaus gekommen ist und hier zum ersten Mal den Rio Negro sieht, wird glauben, sich an einem Meereshafen zu befinden, so weit ist das andere Ufer entfernt. Ähnliches wird man empfinden bei einem Besuch des 18 km entfernten Strandes von Ponta Negra, sonntags der beliebteste Treffpunkt der Stadt.

In der Nähe des Hafens befindet sich noch das alte, 1906 errichtete Zollhaus **Alfândega** [3] sowie in der Rua dos Barés 46 der interessante **Mercado Municipal Adolpho Lisboa** [4], eine unter Denkmalschutz stehende Markthallenkonstruktion aus dem Jahre 1882 (z. Zt. wegen Renovierung geschl.). Das Eisengerüst wurde bei Gustave Eiffel in Paris hergestellt, die bunten Glasfenster sind den Pariser ›Les Halles‹ nachempfunden. Genauso sehenswert wie seine Architektur ist jedoch der Markt selbst. In drei Hallen werden Fleisch, Gemüse, Obst und Heilkräuter zum Verkauf angeboten und vor allem wahre

Manaus

Sehenswert
1. Teatro Amazonas
2. Porto Flutuante
3. Alfândega
4. Mercado Municipal Adolpho Lisboa
5. Palacete Provincial
6. Museu do Índio
7. Museu do Homem do Norte
8. Museu de Ciências Naturais da Amazônia

Übernachten
1. Hotel Tropical
2. Hotel Saint Paul
3. Hotel do Largo
4. Hotel Dez de Julho
5. Hostel Manaus

Essen & Trinken
1. Canto da Peixada
2. Churrascaria Búfalo
3. Castelinho

Abends & Nachts
1. Teatro Amazonas
2. Ponta Negra
3. Fellice

Rundgang im Zentrum

Prachtexemplare von Flussfischen aus dem Rio Negro (tgl. 8–18 Uhr).

Museen

Cityplan: links
Das **Museu do Índio** 6 in der Rua Duque de Caxias 356 im Zentrum zeigt mehr als 1000 Ausstellungsstücke aus dem Gebiet Alto Rio Negro, v. a. Keramiken, Kostüme und Jagdwaffen. Im Museumsshop kann man indianisches Kunsthandwerk erstehen (Mo–Fr 8.30–11.30, 14–16.30, Sa 8.30–11.30 Uhr, 10 R$).

Die Geschichte der Bewohner Amazoniens und ihre wirtschaftlichen Aktivitäten veranschaulicht das **Museu do Homem do Norte** 7 in der Av. 7 de Setembro 1385 (vorübergehender Umzug in die Av. Quintino Bocaiúva 626). Interessante Erläuterungen zu Guaraná, Gummi und Jute (Mo–Fr 9–17 Uhr, 3 R$).

Mitten im Zentrum befindet sich auf der hübschen Praça Heliodoro Balbi (Praça da Polícia) das sehenswerte Kulturzentrum **Palacete Provincial**. Der renovierte Palast (ehemaliges Polizeigebäude) beherbergt verschiedene Ausstellungsräume und Museen, eine Pinakothek und ein Café (Di–Do 9–19, Fr–Sa 9–20, So 16–21 Uhr, Eintritt frei).

15 km östlich der Stadt liegt das **Museu de Ciências Naturais da Amazônia** 8, ein naturkundliches Museum mit vielen Schmetterlingen, Insekten und Fischen der Region (Colônia Cachoeira Grande, Mo–Sa 9–12, 14–17 Uhr, 10 R$).

Infos

Amazonastur: Infokioske in der Rua Eduardo Ribeiro 666 (Tel. 92-21 23 38 00, Mo–Fr 8–17, Sa 8–12 Uhr) und am Flughafen (Tel. 092-31 82 98 50, 24 Std.).
Manaustur: Av. 7 de Setembro 384 (Centro), Tel. 092-32 15 34 70.
Internet: www.visitamazonas.am.gov.br

Übernachten

Komfort am Rio Negro ▶ **Hotel Tropical** 1: Av. Coronel Teixeira 1320 (12 km nördlich des Zentrums, 5 km vom Flughafen), Tel. 092-21 23 50 00, www.tropicalhotel.com.br. Schönste Anlage von Manaus, 594 Zimmer mit Kolonialmöbeln, Park, zwei Pools, beim populären Strand von Ponta Negra. Auf dem selben Gelände befindet sich das moderne **Hotel Tropical Business** mit Pool sowie großartiger Aussicht auf den Rio Negro. Angebote im Internet ab 200–250 R$.

Komfort im Zentrum ▶ **Hotel Saint Paul** 2: Rua Ramos Ferreira 1115 (Centro), Tel. 092-21 01 38 00, www.manaushoteis.tur.br. Sehr gute Lage nahe dem Opernhaus. Modern ausgestattete Zimmer (AC, Kabel-TV, Safe usw.). Eins der besten Hotels der Stadt. Um 200 R$.

Passabel ▶ **Hotel do Largo** 3: Rua Mons. Coutinho 790 (Centro), Tel. 092-33 04 47 51, www.hotelolargomanaus.com.br. Recht neues, zentral gelegenes Mittelklassehotel mit einfacher, aber ansprechender Einrichtung. 150 R$.

Hafen für Backpacker 1 ▶ **Hotel Dez de Julho** 4: Rua 10 de Julho 679 (Centro), Tel. 092-32 32 62 80, www.hoteldezdejulho.com.br. Einfaches, aber gut geführtes Hotel beim Opernhaus. Schlichte Zimmer mit Ventilator, z. T. auch AC und Warmwasser. Im Haus mehrere Touranbieter. 60–90 R$.

Hafen für Backpacker 2 ▶ **Hostel Manaus** 5: Rua Lauro Cavalcante 231 (Centro), Tel. 092-32 33 45 45, www.hostelmanaus.com. Gepflegtes HI-Hostel in Kolonialhaus mit grünem Innenhof. Einige Schlafräume haben Klimaanlage und es gibt auch DZ. Eigene Agentur für Ausflüge. 35–65 R$.

Essen & Trinken

Feinster Flussfisch ▶ **Canto da Peixada** 1: Rua Emílio Moreira 1677 (Praça 14), Tel. 092-32 34 30 21, Mo–Sa 11–15.30, 18–22.30, So 11.30–16 Uhr. Auf Fisch spezialisiertes Lokal, in dem man unbedingt *tambaqui* vom Rost oder gekocht probieren sollte. Es handelt sich dabei um einen äußerst delikaten Flussfisch, der sich nur von Pflanzen ernährt. 40–60 R$ (reicht für 2 Pers.).

Picanha & Co ▶ **Churrascaria Búfalo** 2: Av. Rua Joaquim Nabuco 628 A (Centro), Tel. 092-36 33 37 73, tgl. 11–15 Uhr, Mo–Sa

Manaus

18.30–23 Uhr. Beste Adresse für endlose Fleischmassen am Spieß *(rodízio)*, dazu ein reichhaltiges Buffet mit Fisch, Pasta und Sushi. Fixpreis mittags und abends nur 36 R$.
Anlaufstelle für die Mittagspause ▶ **Castelinho 3**: Rua Barroso 317, Tel. 92-36 33 31 11, Mo–Sa 11–15 Uhr. Gutes Buffet (24 R$/kg) in urigem Ambiente.

Abends & Nachts
Das Aushängeschild ▶ **Teatro Amazonas 1**: Largo São Sebastião (Centro), Tel. 092-32 32 17 68. Tanz-, Konzert-, Theatervorführungen, April–Mai Festival de Ópera, Programm s. Tageszeitungen, Karten an der Abendkasse.
Beliebt ▶ **Ponta Negra 2**: Die Uferstraße am Flussstrand nahe dem Hotel Tropical ist abends ein beliebtes Ausflugsziel, auch für Familien mit Kindern. Hier reihen sich belebte Bars, wie **O Laranjinha** (tgl. 21 und 23 Uhr Folkloreshows), Imbissstände, Spielplätze und Sportanlagen aneinander. Ganz in der Nähe, an der **Estrada do Turismo**, liegen viele Bars und (Forró-)Tanzschuppen (Anfahrt mit Taxi).
Mittelschicht-Treff ▶ **Fellice 3**: Av. Rodrigo Otávio 3555 (Studio 5 Festival Mall), Tel. 092-32 16 34 00, Mo–Fr ab 11.30, Sa/So ab 17 Uhr. Die älteste Bierbrauerei Brasiliens liegt 25 Min. außerhalb im Distrito Industrial (jeder Taxifahrer kennt sie). Ein italienischer Mönch namens Fellice soll um 1590 ein Weihenstephaner Bierrezept in den Dschungel gebracht und dort eine Brauerei errichtet haben. Mit Live-Musik und mehrmals wöchentlich Tanz (u. a. So ›Pagode do Amigo‹).

Aktiv
Fluss- und Dschungeltouren: Es gibt viele registrierte und erfahrene Touranbieter vor Ort, s. Amazonas-Touren ab Manaus S. 343.
Kreuzschiff-Fahrten ▶ **Iberostar:** www.iberostar.com.br. Mit der ›Grand Amazon‹ von Iberostar kann man ab Manaus mehrtägige Touren (3, 4 oder 7 Nächte) auf dem Amazonas, Rio Negro und Rio Solimões buchen, 3 Nächte ab 1800 R$ pro Pers. in Doppelkabine (Mahlzeiten und Getränke inkl.).

Termine
Karneval (Febr.): Einer der lebendigsten Karnevals Brasiliens.
Festival Amazonas de Ópera (April/Mai): 3-wöchiges Opernfestival, bis zu 10 000 Zuschauer bei der Abschlussfeier am Largo de São Sebastião.
Festival Amazonas Jazz (Juli): 3-tägiges Festival mit kostenlosen Konzerten und Workshops.
Film-Festival (Nov.): Eine Woche brasilianische und internationale Filme, Vorträge und Seminare.
São Pedro (29. Juni): Bootsprozession auf dem Amazonas.

Verkehr
Flugzeug: Der Aeroporto Internacional Eduardo Gomes liegt 13 km nördl. des Zentrums, Tel. 092-36 52 12 12; City-Transfer im Bus 306 oder 813 für 2,50 R$. Taxis kosten um 50 R$ (etwas weiter weg vom Taxi-Stand aus ist es billiger).
Bus: Rodoviária, Rua Recife 2784, Tel. 092-36 42 58 05. Ferntransporte sind jedoch äußerst eingeschränkt, nach Manaus fliegt man oder kommt per Schiff.
Nahverkehrsbus: Das am zentralsten gelegene Busterminal liegt an der Praça da Matriz (nahe der Kathedrale), von dort startet u. a. Bus 120 zur Praia da Ponta Negra (30–55 Min.), dem etwas außerhalb gelegenen Flussstrand von Manaus.
Boote: Fast alle Passagierschiffe *(gaiolas)* legen vom Porto Flutuante ab, dem schwimmenden Pier. Tickets kann man an den Schaltern in der Estação Hidroviária do Amazonas erwerben, dort sind auch Informationen zu den sich häufig ändernden Abfahrtszeiten erhältlich, ansonsten findet man sie auch tgl. in der Ortszeitung ›A Crítica‹. Es gibt diverse Strecken (z. B. nach Tabatinga, Porto Velho, Parintins), am wichtigsten ist die Verbindung nach Belém, Mo, Mi, So, 4,5 Tage/Nächte, mit Hängematte 250 R$.

Wichtiges Verkehrsmittel –
Passagierschiff im Hafen von Manaus

12 Amazonas-Touren

Meistens beginnt das Amazonas-Abenteuer am Hafen der Stadt Manaus, die schon mitten im Urwald liegt. Viele Boote warten am schwimmenden Pier, um auf den beiden Hauptflüssen oder unzähligen Nebenarmen tiefer in den Dschungel vorzudringen. Wer länger auf dem Rio Amazonas verweilen möchte, kann sich schon in Belém einschiffen und von dort aus die weite Reise bis Manaus antreten.

Um tief in die Natur einzutauchen, empfiehlt sich eine Bootstour oder eine Urwald-Lodge. Allein die bizarren Lichteinfälle und die vielen geheimnisvollen Geräusche aus dem dichten Dschungel sind schon aufregend genug, auch wenn man längst nicht so viele Tiere sieht wie im Pantanal. Die Fauna besticht eher durch die Vielfalt als die Häufigkeit der Arten. 1500 verschiedene Vogelarten wurden gezählt (ein Fünftel aller weltweit existierenden), 1500 Fischarten (Süßgewässer Europa: 60), und auf einem einzigen Baum finden sich bis zu 100 Arten von Insekten, die 80 % der gesamten tierischen Biomasse ausmachen.

Der Reichtum der ›Grünen Hölle Amazoniens‹ liegt vor allem in der Flora. Über 60 000 Pflanzenarten soll es hier geben, auf einem einzigen Quadratkilometer konzentrieren sich mehr Arten, als in ganz Europa wachsen. In einer gigantischen Staffelung von bis zu sechs Stockwerken begegnet man über 2500 verschiedenen Baumarten, gekrönt von den bis zu 60 m langen Lianen, in den Tümpeln und Seen wachsen Wasserhyazinthen und Seerosen.

Per Schiff von Belém nach Manaus ▶ 4, E 2–C 2

Wer genügend Zeit hat und die Strecke Belém – Manaus nicht per Flugzeug zurücklegen will, kann auch in Belém das Boot nehmen, Amazoniens Verkehrsmittel Nr. 1. An einer Vielzahl privater Linien mangelt es nicht, dass Angebot reicht von der Fähre *(balsa)* über den Flussdampfer *(gaiola)* zum schweren Amazonas-Katamaran (s. S. 340).

Wer mit dem Schiff reist, muss mit einigen Unbilden rechnen. Nicht immer wird planmäßig abgelegt und die Abfahrtszeiten ändern sich ständig. Da muss Rücksicht genommen werden auf Niedrigwasserperioden oder die zweimal im Monat bei Mondwechsel gegen das Flusswasser auflaufende Meeresflut, die eine bis zu 5 m hohe Gezeitenwelle *(pororoca)* erzeugt und kleinere Boote leicht zum Kentern bringt. In der Regenzeit (Dez.–Mai) behindern zudem weggespülte Baumstämme das Manövrieren. Mancher Passagier fällt bei deren Aufprall am Schiffsbug fast aus der Hängematte. Hinzu kommen die zu dieser Zeit überaus lästigen Moskitos, allerdings nur in Ufernähe. Alles in allem ist die Reise in den einfacheren, meist überfüllten und in sanitärer Hinsicht prekären Booten nicht gerade ein komfortables Unterfangen, zumal bei ständiger schwüler Hitze. Auch von der Natur sieht man weniger, als man denkt.

Auf dem Rio Amazonas

Nur selten ist der Rio Amazonas auf dieser Strecke unter 5 km breit. Fahren die Boote in seiner Mitte, sind die Ufer kaum zu erkennen. Interessanter ist es lediglich an den Streckenabschnitten bei Breves, kurz hinter Belém, wo

Per Schiff von Belém nach Manaus

Indianisches Team beim Peladão-Fußballturnier in Manaus

es durch einen schmalen Gezeitenkanal geht, und bei Óbidos, kurz hinter Santarém, wo der Fluss nur 2,5 km breit ist. Um der Gegenströmung etwas auszuweichen, fahren viele Boote hier dichter am Ufer entlang. Da sieht man dann häufiger kleine Pfahlbausiedlungen, nicht selten nähern sich Kinder im Holzkanu und kommen zu einem Kurzbesuch an Bord. Auch Indios im Einbaum begleiten oft ein Stück die Boote und sammeln Kleider- und Geldspenden. Krokodile tauchen auf, Papageien und bunte Riesenschmetterlinge.

Santarém und Alter do Chão

Etwa auf halber Strecke legen fast alle Boote einen kurzen, etwa zweistündigen Zwischenstopp in Santarém ein. Die 1661 von Jesuiten gegründete Stadt verdankt ihren Aufschwung dem Hafen am Zusammenfluss des Rio Tapajós mit dem Rio Amazonas (Encontro das Águas). Hier mischt sich das klare, blaugrüne Wasser des Tapajós mit den braungrauen Fluten des Amazonas. Manche Boote fahren auch ein Stück den Tapajós hinauf und ermöglichen ein Bad an einem der schönen sauberen Strände.

Die heutige Industriestadt Santarém (275 000 Ew.) ist eine der ältesten Siedlungen des Amazonas-Beckens, das Ortsbild ist geprägt von zahlreichen alten Kautschukbäumen, Zeichen vergangenen Glanzes aus der Blütezeit des Kautschukhandels. In den 1920er-Jahren entstand 200 km südlich die erste große Gummibaumplantage Amazoniens, wegen ihres Gründers Henry Ford auch Fordlândia genannt. Heute lebt die Stadt außer von Kautschuk und Goldverarbeitung noch von Holz, Textilindustrie und Viehzucht. Sehenswert ist vor allem das **Museu de Santarém** (Centro Cultural João

Das Wasser des Amazonas hat eine geringe Fließgeschwindigkeit

Amazonas-Touren

Fona), Praça Barão de Santarém, mit jahrtausendealten Keramik- und Kunsthandwerkserzeugnissen der Tapajós-Indios (Mo–Fr 8–17 Uhr, Eintritt frei).

Ab Santarém sind die Boote meist leerer, nachdem die immer noch zahlreichen Goldgräber an Land gegangen sind. Größtes Naturschauspiel auf dieser Strecke ist der Zusammenfluss des schwarzblauen Rio Negro mit dem lehmgelben Rio Solimões (Encontro das Águas), nur 20 km vor dem Ziel.

Wer die Reise in Santarém unterbrechen möchte, sollte 32 km flussaufwärts (per Bus oder Boot) bis **Alter do Chão** fahren – einer der idyllischsten Orte des gesamten Amazonasgebiets. Das türkisfarbene Klarwasser des Rio Tapajós bildet hier bei Niedrigwasser (Juli–Febr.) zahlreiche Inseln, Sandbänke und Strände, und über Agenturen lassen sich spektakuläre Ausflüge in nahegelegene Naturschutzgebiete unternehmen (Mãe Natureza Ecoturismo, Praça 7 de Setembro, Tel. 093-35 27 12 64, www.maenaturezaecoturismo.com.br, Areia Branca, Trav. Lago Verde, Tel. 093-35 27 13 17, www.areiabrancaecotour.com.br). Für längere Aufenthalte stehen gute Unterkünfte zur Verfügung (s. u.).

Auf der Weiterfahrt Richtung Manaus erreicht man nach gut 20 Stunden **Parintins**. Dieser Ort hat in den letzten Jahren in Brasilien wegen eines einzigartigen Folklorefestes Berühmtheit erlangt (Festival Folclórico de Parintins). Das Fest wird bereits seit einigen Jahrzehnten an drei Tagen gegen Ende Juni/Anfang Juli gefeiert, doch trotz seines ungewöhnlichen Charakters blieb es lange Zeit recht unbemerkt und wurde erst seit den 1990er-Jahren eine touristische Attraktion. Es handelt sich um eine Mischung aus Karneval, den Bumba-meu-boi-Festen des Nordostens und indianischen Ausdrucksformen und Tänzen. Jedes Jahr kommen etwa 90 000 Gäste in die Stadt – fast so viele Besucher wie der Ort Einwohner hat (106 000). 40 000 gehen in das moderne Bumbódromo-Stadion, um die farbenprächtigen Umzüge zwei konkurrierender Teilnehmerblöcke (blocos) zu verfolgen. Es gewinnt die Gruppe, welche die Menge mit fantasievollen Präsentationen am meisten zum Toben bringt. In jeweils drei Stunden ziehen zweimal 4000 Menschen hindurch. Die eifrigen Fan-Gemeinden werden getrennt platziert, ein Auspfeifen des Gegners ist jedoch verboten. Der bloco Boi Garantido outet sich durch rote und der bloco Boi Caprichoso durch blaue Kostüme. Die indianischen Gruppen tragen statt farbiger Gewänder häufig auch Federn und Kopfschmuck. Es ist ein berauschendes Spektakel, das es mit jedem Karnevalsfest aufnehmen kann. Da es im Ort nur wenige Hotels gibt, schlafen die meisten Gäste auf Booten in Hängematten, unter Bäumen oder machen gleich die Nächte durch. Wer während des Festivals nicht auf ein Bett verzichten möchte, muss sehr früh reservieren, z. B. im **Amazon River Hotel** (Tel. 092-35 33 13 42).

Übernachten

Blick auf die Liebesinsel ▶ **Hotel Mirante da Ilha:** Rua Lauro Sodré 369, Alter do Chão, Tel. 093-35 27 12 68, www.hotelmirantedailha.com.br. Freundliches und gepflegtes Hotel an der Uferpromenade. 170 R$.

Zimmer und Tourenvermittlung ▶ **Agualinda Hotel,** Rua D. Macedo Costa 777, Alter do Chão, Tel. 093-35 27 13 14, www.agualindahotel.com.br. Persönlich geführte, ordentliche Herberge. 90–100 R$.

Aktiv

Boote ab Santarém: Fast alle Passagierschiffe (gaiolas) Richtung Manaus legen von den Docas do Pará am Hafen von Santarém ab. Die Tickets kauft man dort an kleinen Verkaufsboxen, z. B. bei **Navegação Sousa,** Tel. 093-35 22 60 61. Abfahrtszeit der Boote nach Manaus Mo–Fr 13 Uhr (möglichst einen Tag vorher bestätigen lassen) 2,5 Tage, mit Hängematte 90–100 R$.

Amazonas-Touren ab Manaus ▶ 4, C 2

Bei Amazonas-Exkursionen sollte man gleich zu Anfang eine Erwartung etwas herunterschrauben, nämlich in der Umgebung von

Tipp: Wohnen in der Urwald-Lodge

Sie werden immer häufiger und beliebter, die komfortablen, oft schwimmenden oder auf Pfählen errichteten Öko-Lodges mitten im Urwald. Die meisten dieser Dschungelhotels sind so großzügig ausgestattet, dass man selbst in der Wildnis auf gewohnten Komfort nicht verzichten muss. Neben der Unterkunft bieten sie auch Kurse und naturkundliche Führungen.

Die größte und berühmteste Anlage sind die **Ariaú Amazon Towers** (2 Bootsstunden bzw. 60 km von Manaus an einem Nebenarm des Rio Negro, Lago Ariaú, Iranduba, Tel. 092-21 21 50 00, www.ariau.tur.br. 269 Zimmer. DZ für 2 Tage/1 Nacht um 2000 R$.). Hier wohnten bereits Roman Polanski, Kevin Costner, Olivia Newton-John, Jacques Cousteau und Helmut Kohl. Die acht hölzernen Wohntürme sind durch 8 km lange und bis zu 15 m hohe Plankenwege miteinander verbunden, außerdem gibt es eine 35 m hohe ›Tarzan-Baumhütte‹ und einen 40 m hohen Aussichtsturm. Die auf Baumhöhe am Wasser angelegte Lodge bietet den Vorteil, dass man aus nächster Nähe die Tierwelt beobachten kann, hauptsächlich Affen, die dicht herankommen, um sich am Frühstücksbuffet zu bedienen. In den umliegenden Regenwald gelangt man bequem über einen Laufsteg.

Ein Geheimtipp ist die vom Preis-Leistungs-Verhältnis kaum zu schlagende **Pousada Amazônia** in der Nähe des Ariaú Amazon Tower (Lago Ariaú, Iranduba, kurze Bootsfahrt ab Manaus auf dem Rio Negro, Büro in Manaus: Rua Silva Ramos 861, Tel. 092-32 31 10 21, www.pousadaamazonia.com.br. DZ für 2 Tage/1 Nacht 900 R$. Die hölzernen, auf hohen Stelzen angelegten Bungalows sind sehr gemütlich und besitzen alle einen Balkon mit Blick auf den Urwald. Die Pousada ist nicht so überbucht wie die anderen Urwald-Lodges und wird mehr von brasilianischem Publikum aufgesucht. Das Personal ist sehr freundlich, das Essen reichhaltig. Geboten werden diverse Bootsexkursionen (u. a. zu einer Insel im Rio Negro mit einem herrlichen Sandstrand) und der Besuch eines Dorfes der Sahu-Ape-Indios mit Vortrag durch die Medizinfrau, Singen und Tanzen.

Eine Option für Reisende mit wenig Zeit, aber dem Wunsch nach Komfort ist das **Tiwa Amazonas Ecoresort** (Tel. 092-99 95 78 92, www.tiwa.com.br, 2 Tage/1 Nacht 1000 R$). Die Lodge mit 52 komfortablen Bungalows und Pool liegt nur 6 km Luftlinie von Manaus entfernt und ist mit Motorboot in 15 Min. vom Pier des Hotel Tropical aus erreicht. Halb ist man raus aus der Großstadt, ein bisschen drin im Urwald – so etwas wie der Vorgeschmack auf den Dschungel.

Wer tiefer in den Urwald einsteigen möchte, dem empfiehlt sich die **Mamirauá Jungle Lodge/Pousada Uacari** (1 Flugstunde oder 13 Std. mit Schnellboot bis Tefé, von dort 1,5 Std. mit Außenborder, Tel. 097-33 43 41 60, www.mamiraua.org.br, www.pousadauacari.com.br). Die Lodge liegt im spektakulären Mamirauá-Reservat, der größten geschützten Flussaue von ganz Brasilien. Dieser zyklisch überschwemmte Urwald ist Teil eines der weltweit größten Schutzgebiete tropischen Regenwaldes. Hier betreibt das Mamirauá- Institut ein Musterprojekt nachhaltiger Entwicklung, wozu auch die Pousada Uacari zählt. Dank der intakten Fauna sind Tierbeobachtungen hier noch einfacher als anderswo in Amazonien. In der Trockenzeit von September bis März sind geführte Dschungelwanderungen möglich, während des Hochwassers (April bis August) gleitet man im Kanu nah an den Baumkronen vorbei und bekommt Faultiere und Affen zu Gesicht, mit Glück auch den seltenen weißen Uakari (Scharlachgesicht). Die Lodge besteht aus einfachen, geräumigen Zimmern und einem Haupthaus mit Bibliothek, Deck und Naturpool. Im Preis enthalten sind der Transfer ab Tefé, drei tägliche Mahlzeiten und sämtliche Touren. Frühe Reservierung wird empfohlen!

Amazonas-Touren

Manaus einer reichen Tierwelt zu begegnen. Die tierreichen Gebiete Südamerikas befinden sich weit entfernt an den Rändern des Regenwaldes, an den Hängen der Anden, in den Savannen am Orinoco und besonders im Pantanalgebiet (s. S. 359). Dort sind die Nahrungsbedingungen günstiger, letztendlich wegen der höheren Niederschlagsmengen. Dass dennoch in Amazonien mehr Tiere leben als in irgendeinem anderen zusammenhängenden Naturraum der Welt, liegt an der riesigen Ausdehnung dieses Gebietes.

Die Fauna ist also schwerer auszumachen und oft auch durch Tarnfarben gedeckt. Die einheimischen Guides sind jedoch große Meister im Anlocken der Tiere. Nachts leuchten sie die Flüsse mit einem Handscheinwerfer ab, bis zahlreiche rote Kaiman-Augen auffunkeln und viele Fische ins Boot springen.

In den frühen Morgenstunden tauchen die Guides eine Hand ins Wasser, schlagen diese kräftig hin und her, und schon schnappt ein langer, schmaler, mit ansehnlichen Zahnreihen versehener Schnabel eines rosafarbenen Delfins nach der vermeintlichen Beute. Häufig sieht man auch den Rücken der schwarzen Flussdelfine elegant aus dem dunklen Wasser herausragen. Weniger vertrauenerweckend sind die Piranhas mit ihren messerscharfen Zähnen. Mit kundiger Unterstützung wird man noch Schwarze Brüllaffen sehen können (die gar nicht brüllen), Riesenfaultiere, gewaltige grüne Baumleguane, Vögel jeder Art (häufig die schillernd bunten Eisvögel, seltener Aras und Tukane), Riesenschmetterlinge, seltener Giftschlangen (weniger als im Mittelmeerraum), dafür aber Legionen von Ameisen und Moskitos.

Mit dem Boot über den Amazonas: ein Erlebnis der besonderen Art

Amazonas-Touren ab Manaus

Fahrtziele

Die meisten Touren führen in drei verschiedene Gebiete nahe bei Manaus, entweder ein Stück den Rio Negro oder den Rio Solimões hinauf oder zum 20 km entfernten **Encontro das Águas.** Hier treffen sich die unterschiedlich gefärbten Flüsse, ohne sich jedoch zu vermischen. Gelbes, vier Grad kühleres Solimões-Wasser stößt auf das fast schwarze, vier Grad wärmere Wasser des Rio Negro. Durch den Temperaturunterschied und die unterschiedlichen Fließgeschwindigkeiten fließen beide Flüsse auf einer Strecke bis 20 km haarscharf nebeneinander her und bilden eine klar erkennbare Trennlinie.

Weiter oben im Rio Negro trifft man auf die **Anavilhanas-Inselgruppe** mit 400 Eilanden in einem 90 km langen Netz von Wasserläufen und Seen. Der Wasserreichtum dieses Ökosystems zieht zahlreiche Tiere an, die man sonst sehr selten sieht. Während der Regen- bzw. Hochwasserzeit kommen Tukane, Reiher, Kaimane und Schildkröten, danach sogar Jaguare, Pumas und Tapire.

250 km bzw. 12 Bootsstunden von Manaus entfernt liegt der **Parque Nacional do Jaú,** das größte Waldreservat Südamerikas mit einer relativ reichen Tierwelt. Das entfernteste Ziel (ab Manaus 750 km den Rio Negro hinauf) wird eher den passionierten Bergsteiger reizen. Dort befindet sich im gleichnamigen Nationalpark der 3014 m hohe **Pico da Neblina,** Brasiliens höchster Berg.

Aktiv

Fluss- und Dschungeltouren: In Manaus gibt es viele Touranbieter, man sollte jedoch nicht über Händler auf der Straße buchen, die registrierten Büros sind sicherer und meist auch preiswerter. Die meisten **Veranstalter** bieten Amazonas-Touren inklusive Übernachtungen, Mahlzeiten, Getränken an Bord bzw. in der Lodge sowie Ausrüstungen, Guide usw. an. Man kann zwischen unterschiedlichen Transportmitteln wählen wie dem traditionellen Fluss-Schiff mit Hängematten bzw. Tagesbetten (Schlafmatten) und dem komfortableren und teureren Hausboot mit klimatisierten Kabinen. Bei längeren Touren ist, falls gewünscht, auch ein Aufenthalt in einer Urwald-Lodge inbegriffen (man kann also Boots- mit Lodge-Übernachtungen kombinieren). Das Schiff und die Lodge dienen dabei als Heimstätten und Ausgangspunkte für diverse Exkursionen. Neben den Flussfahrten sind weitere in die Touren integrierte Aktivitäten möglich, z. B. Kanufahrten, Trekking, Sportfischen, Schnorcheln, Klettern, Besuch bei Indios, Kennenlernen von medizinischen Pflanzen etc.

Engagiert und individuell ▶ **Amazon Gero Tours** 4: Rua 10 de Julho 695 (im Hotel Dez de Julho), Tel. 092-32 32 47 55, www.amazongerotours.com. Individuelle Touren mit Übernachtung in der einfachen, aber netten Ararinha Jungle Lodge. Abenteuerlustige können bei Einheimischen oder im Dschungelcamp übernachten. Besitzer Gero engagiert sich sehr für die Flussbewohner, z. B. hilft er beim Schulbau und bei der medizinischer Versorgung.

Großer Tourenanbieter ▶ **Amazon Explorers:** Büros am Hafen und am Flughafen, Tel. 092-32 32 30 52, www.amazonexplorers.com.br. Alle gängigen City- und Flusstouren, z. B. 6 Std.-Tour zum Encontro das Águas, mehrtägige Bootstouren auf dem Rio Negro oder Rio Solimões, Kaimansichtung, Dschungelhotels.

Tipp: Geheimnisvolle Dunkelheit

Bei einer **nächtlichen Bootsexkursion** fühlt man sich dem Dschungel noch näher. Geheimnisvolle Geräusche aus dem dunklen Wald lassen jeden erschauern. Durch Lampen angestrahlt, tauchen rote Augenpaare aus dem Wasser, sie gehören den überall lauernden Kaimanen. Auch springen schmackhafte Süßwasserfische ins Boot, die man vielleicht am nächsten Tag in seiner Lodge zubereiten lassen kann. Vor dem Ausflug zu einem Dschungelhotel sollte man sicherstellen, dass Nachtexkursionen im Programm enthalten sind.

Amazonas-Touren

João Ubaldo Ribeiro:
»Ein Brasilianer in Berlin«

»Ein Brasilianer in Berlin«, das sind die Innenansichten eines Außenseiters: João Ubaldo Ribeiro erzählt in 15 Kolumnen wunderbar leicht und liebevoll-ironisch von seinen Eindrücken, Beobachtungen und Erfahrungen mit den Deutschen, die er während eines einjährigen Aufenthalts 1990 in Berlin machte – im ersten Jahr nach der deutschen Wende.

Eins habe ich während meines Aufenthaltes hier in Berlin gelernt: Ich werde erst wieder in Deutschland antreten, nachdem ich einen Kurs über Amazonien belegt und mindestens eine grundlegende Biographie über die brasilianischen Indianer gelesen habe. Es kann hier nämlich ganz schön schwierig werden für Brasilianer wie mich, die nichts von Amazonien und den Indianern verstehen. Wenn sie von meiner Unwissenheit erfahren, sind einige Deutsche derart empört, dass sie sofort jedes weitere Gespräch mit mir aufgeben. Andere, vielleicht ist das die Mehrheit, wollen mir das schlichtweg nicht abnehmen, hören nicht auf meine abschlägigen Antworten und reden einfach weiter, sodass die Unterhaltung schizophrene Züge annimmt.

»Amazonien ist bestimmt faszinierend, nicht wahr?«
»Ja, bestimmt, aber sicher.«
»Ich verstehe, was Sie sagen wollen. Für einen wie Sie, der direkt von dort kommt, ist es sicher schwer, so fasziniert davon zu sein wie ein Ausländer. Wer von außen kommt, der ist jedenfalls …«
»Ganz so ist es eigentlich nicht, ich habe Amazonien nämlich nie gesehen.«
»Leben Sie seit Ihrer Kindheit außerhalb Brasiliens?«
»Nein, ich lebe in Brasilien. Aber ich habe Amazonien nie gesehen.«
»Mein Gott, was sagen Sie denn da. Das ist ja schrecklich!«
»Ja also … Ich …«
»Ich wusste ja gar nicht, dass die Zerstörung schon so weit fortgeschritten ist, wie furchtbar! Und Sie haben Amazonien gar nicht gekannt. Als Sie geboren wurden, war das Gebiet schon zum großen Teil zerstört, niedergebrannt, verwüstet! Finden Sie nicht, dass das ein schreckliches Verbrechen gegen die Natur, gegen unseren Planeten ist?«
»Natürlich. Aber das ist es gar nicht, denn ich …«
»Würden Sie nicht auch sagen, dass man auf jeden Fall die Zerstörung von Amazonien aufhalten muss?«
»Aber sicher.«
»Ich hatte auch keine andere Haltung von Ihnen erwartet. Helga, komm mal her und hör dir an, was unser brasilianischer Freund mir über Amazonien erzählt, keiner kann uns besser als ein Brasilianer die Wahrheit über Amazonien zeigen, und was er gerade erzählt hat, ist wirklich grauenhaft, noch viel schlimmer, als wir gedacht haben! Stell dir vor, er ist in Brasilien aufgewachsen und hat Amazonien nie gesehen! Die Zerstörung war schon so weit fortgeschritten, dass er gar nichts mehr vorgefunden hat! Kommen Sie, mein treuer Freund, erzählen Sie der Helga hier, was Sie mir gerade erzählt haben, das ist wirklich schrecklich. Helga, er hat gesagt …«

Bei Lesungen, Vorträgen und ähnlichen Anlässen ist es noch schlimmer, weil da ein

»Ein Brasilianer in Berlin«

Thema

kollektiver Druck herrscht. Ich habe gerade ausgeredet, da erhebt sich ein Herr, gibt sich erstaunt vorwurfsvoll und sagt:

»Ich habe hier in einer Zeitung gelesen, dass Sie noch nie einen Indianer gesehen haben. Stimmt das?«

Gemurmel im Publikum. Ist das weiße Ding da in der Hand des Jungen mit der Punkfrisur ein Ei, das gleich in meine Richtung fliegt, wenn ich die falsche Antwort gebe? Ob die Frau in der ersten Reihe mit ihrem Regenschirm losstochern wird? Ob die Studenten dahinten sich gerade anschicken, sich zu erheben und in wildes Buhen auszubrechen? Bei einer internationalen Krise dieses Ausmaßes muss man einige Kreativität an den Tag legen.

»Natürlich nicht«, sage ich zuvorkommend. »Das ist eine Lüge der Zeitung, Zeitungen lügen viel. Ich sehe jeden Tag Indianer. Als ich klein war, kamen die Indianer immer aus dem Urwald von der anderen Straßenseite an und sprangen über die Mauer in unseren Hof, um die Hühner mit Pfeilen zu erlegen. In der letzten Zeit habe ich allerdings in Rio gelebt, wo es relativ wenig Indios gibt, aber trotzdem trifft man so auf zwei- bis dreihundert am Tag.«

Allgemeine Erleichterung. Lächeln, man wirft sich zufriedene Blicke zu, ein Meer erhobener Hände, Fragen über Fragen.

»Und ihre Bräuche behalten sie in Rio bei?«

»Das hängt vom Stamm ab. Einige sind mehr oder weniger assimiliert. Andere nicht, sodass es schon vorkommen kann, dass man in einem Bus sitzt und ein kleiner, nackter, ganz bemalter Indio neben einem Platz nimmt.«

»Und der Kannibalismus?«

»Der wird praktisch nicht mehr ausgeübt, obwohl einige Gruppen von Umweltschützern gegen die weiße Unterdrückung dieses jahrtausendealten indianischen Brauches protestiert haben. Aber hin und wieder hört man, dass sie einen verspeist haben, im Allgemeinen einen von ihren eigenen Leuten.«

»Und wie stehen Sie zur Auslöschung der Indianer?«

»Ich bin natürlich radikal dagegen. Weil das für mich selbst ja praktisch auch Selbstmord bedeuten würde. Wie Sie klar an meinem Äußeren erkennen können, habe ich Indianerblut in mir. Ein Viertel. Meine Großmutter mütterlicherseits war vom Stamm der Caeté, die berühmt sind, weil sie im 17. Jahrhundert einen portugiesischen Bischof verspeist haben.«

Beifall, viele Male ein herzlicher Händedruck, großer Erfolg. Und zwar so groß, dass ich denke, ich werde diese Art von Erörterung nun in allen Lebensbereichen anwenden, solange ich noch in Berlin bin. Nein, wenn ich es recht überlege, tue ich das schon. Gestern ging meine Frau ans Telefon und bat den Anrufer am anderen Ende der Leitung nach einem kurzen Wortwechsel, er möge bitte einen Augenblick warten.

»Da ist ein sehr netter Deutscher«, sagte sie, »der ein Hörspiel über Amazonien produziert und Stimmen von Amazonas-Kindern braucht. Er hat erfahren, dass wir zwei kleine Kinder haben, und möchte wissen, ob die beiden diese Stimmen im Stück spielen können. Soll ich ihm erklären, dass unsere Kinder nicht aus Amazonien sind und auch nie dort waren?«

»Nein«, sagte ich, »frag ihn, wie viel er bezahlt. Und sag ihm, wenn er jemanden für die Rolle des Häuptlings braucht, dann übernehme ich das.«

345

Seerosen (Victória régia) im Pantanal

Kapitel 5

Der zentrale Westen

Der zentrale Westen setzt sich zusammen aus den drei Bundesstaaten Mato Grosso (MT), Mato Grosso do Sul (MS) und Goiás (GO) sowie dem Distrito Federal (Brasília). Landschaftlich überwiegen wellenförmige Hochplateaus, eine der wenigen Ausnahmen bildet das tiefer gelegene Pantanal.

Mitten in dieser Wildnis entstand zwischen 1958 und 1960 die neue Hauptstadt Brasília, deren Konturen der Form eines Flugzeuges gleichen. Touristen bestaunen hier v. a. den Regierungsbezirk mit dem Nationalkongress, den Ministerien und dem Präsidentenpalast. Sämtliche Bauwerke stammen von dem berühmten Architekten Oscar Niemeyer, die Landschaftsgestaltung von Burle Marx.

Westlich von Brasília befindet sich eine der faszinierendsten Naturlandschaften Brasiliens, der Pantanal. Er ist das größte Feuchtsavannengebiet der Erde. Wer sich für die brasilianische Fauna interessiert, sollte nicht Amazonien, sondern den Pantanal ansteuern, nirgendwo sieht man so viele Tiere wie hier.

Der Pantanal gliedert sich in einen nördlichen und südlichen Teil. Der Süden (Ausgangsorte Campo Grande oder Corumbá) ist tierreicher und besser erschlossen. Zudem liegt ganz in der Nähe das kleine Ökoparadies Bonito mit seinen kristallklaren Flüssen, das sich mit einem Pantanalbesuch bestens kombinieren lässt.

Der Norden (Ausgangsort Cuiabá) ist noch etwas ursprünglicher und bietet ebenfalls hervorragende Tourmöglichkeiten mit Übernachtung auf traditionellen Fazendas. 67 km nordöstlich von Cuiabá liegt der Nationalpark Chapada dos Guimarães, eine felsige Hochebene mit Schluchten, Höhlen, Flüssen und Wasserfällen.

Auf einen Blick
Der zentrale Westen

Sehenswert

Brasília: Die am Reißbrett entworfene Hauptstadt ist ein einzigartiges Ensemble avantgardistischer Monumentalbauten – lebendige Kneipen und Restaurants mit Live-Musik lockern die von Beton geprägte Architektur auf (s. S. 350).

13 Pantanal: Die größte Feuchtsavanne der Welt besitzt eine einzigartige Fauna und ist ein Paradies für Tierbeobachtung (s. S. 359).

Chapada dos Guimarães: Das bis zu 800 m hohe Gebirgsplateau mit zahlreichen Schluchten und Wasserfällen ist neben dem Pantanal die Hauptattraktion von Mato Grosso (s. S. 362).

Bonito: Das landschaftlich faszinierende Gebiet der Grotten, Flüsse und Wasserfälle südlich des Pantanal ist zu einem Mekka des Ökotourismus geworden (s. S. 365).

Schöne Routen

Transpantaneira und Estrada Parque: Die beiden schnurgeraden Straßen durch das Sumpfgebiet des Pantanal führen auf roten Lehmpisten mitten hinein in die Wildnis. Unterwegs sind unzählige wacklige Balkenbrücken zu überqueren und manchmal auch einige Kaimane zu verscheuchen, die sich auf dem warmen Holz abgelegt haben – schon die Fahrt an sich ist ein Abenteuer (s. S. 364 und S. 365).

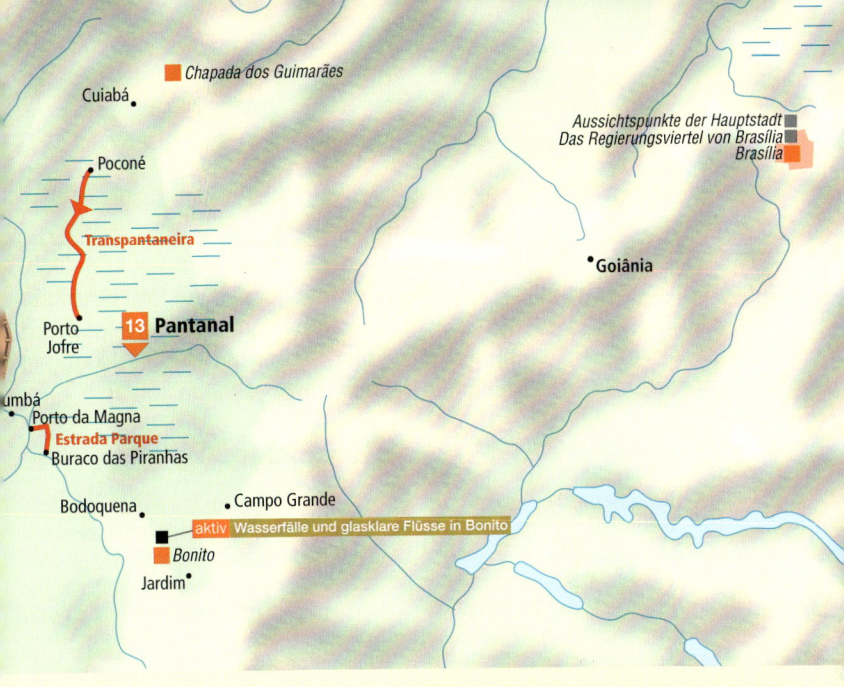

Unsere Tipps

Aussichtspunkte der Hauptstadt: Brasília erhielt die Form eines Flugzeuges. Um einen perfekten Überblick zu bekommen, sollte man gleich zu Beginn auf die Aussichtsplattform des Fernsehturms fahren (s. S. 352) und zum Abschluss der Besichtigungtour die Stadt noch von der Dom-Bosco-Anhöhe überschauen (s. S. 355).

Das Regierungsviertel von Brasília: Fast alles Sehenswürdige der Stadt konzentriert sich in diesem Viertel. Pflichtprogramm ist die Besichtigung des Nationalkongresses und der Catedral Metropolitana (s. S. 352).

aktiv unterwegs

Wasserfälle und glasklare Flüsse in Bonito: Die türkisblauen, fischreichen Flüsse rund um Bonito sind ein Paradies für Schwimmer und Schnorchler. Auf Wanderungen gelangt man zu unzähligen Wasserfällen mit Naturschwimmbecken, und unterirdische Seen in Grotten und Höhlen laden zu unvergesslichen Tauchausflügen ein (s. S. 368).

Brasília ▶1, M 1

Brasília ist unter den Retortenstädten der Welt einzigartig: künstlich, ungewöhnlich, gewagt und gewaltig. Der maßgeblich am Bau beteiligte Architekt Oscar Niemeyer (s. S. 52 f.) schwärmte immer wieder: »Ihr könnt die Paläste von Brasília mögen oder nicht. Aber nie werdet ihr sagen können, dass ihr etwas Ähnliches schon vorher gesehen habt.«

Als der Stadtplaner Lúcio Costa die natürlichen Gegebenheiten der noch ganz ursprünglichen Landschaft studierte und überlegte, wie in dieses Niemandsland die modernste Hauptstadt der Welt hineingesetzt werden könnte, entstand eher unbeabsichtigt ein futuristisch anmutender Grundriss, der stark an die Form eines Flugzeuges erinnert, mit zwei leicht nach hinten gekrümmten Flügeln, vorne und seitlich von einem großen künstlichen See gesäumt.

Die Stadtbebauung gliedert sich in deutlich voneinander abgegrenzte *setores* (Sektoren) bzw. Verwaltungs-, Geschäfts-, Hotel- und Wohnbereiche, die sehr großräumig angelegt und in sich wiederum in *quadras* oder *superquadras* (Quadrate) und dann in *blocos* (Blöcke) unterteilt sind. Statt Straßennamen gibt es meist verwirrende Nummern- und Buchstabenfolgen. Nirgendwo sonst auf der Welt ist so viel planerische Rationalität oder futuristische Zweckmäßigkeit anzutreffen. Das Praktische mit dem Demokratischen und Natürlichen zu verbinden war die Leitidee der vom Modernismus geprägten Stadtschöpfer.

Tipp: Viel trinken!

Im höher gelegenen Brasília (1000 m) kann es im brasilianischen Winter ungemütlich kühl (um 10 °C) und sehr trocken (unter 30 % Luftfeuchtigkeit) werden – im Sommer dagegen sehr heiß. Auf jeden Fall sollte man stets sehr viel Flüssigkeit zu sich nehmen.

Geschichte

Die Militärs mochten die neue, am 21. April 1960 eingeweihte ›Cidade da Esperança‹ (Stadt der Hoffnung) zunächst nicht, war sie doch wenige Jahre vor dem Putsch aus der Idee einer vernunftbestimmten und egalitären Gesellschaft erwachsen und mit dem Stempel der 1950er-Jahre versehen, einer Zeit offener Auseinandersetzungen und experimenteller architektonischer Konzepte. Dennoch veranlasste der Bau dieser modernen Retortenstadt den französischen Schriftsteller und Kulturminister André Malraux zu der Bemerkung, dass es doch höchst erstaunlich sei, wie solch ein gigantisches Werk unter einer demokratischen Regierung möglich sein konnte, ist doch Derartiges normalerweise nur unter einer Diktatur vorstellbar. In der Tat waren die Schwierigkeiten enorm, die Polemiken zahlreich, und die Vorgeschichte über Hundert Jahre alt.

Die Idee, die Hauptstadt von der Küste ins Landesinnere zu verlegen und damit zugleich mit der Tradition der Kolonialzeit zu brechen, tauchte erstmals im Jahre 1789, dem Jahr der Französischen Revolution, auf. Anhänger der mineirischen Unabhängigkeitsbewegung erklärten São João del Rei in Minas Gerais zum zukünftigen Standort. 1823 kam von dem einflussreichen Politiker José Bonifácio der Vorschlag, die künftige neue Hauptstadt wirklich mehr ins geografische Zentrum zu rücken und diese ›Brasília‹ zu nennen. Den fast exakten späteren Standort auf einer zen-

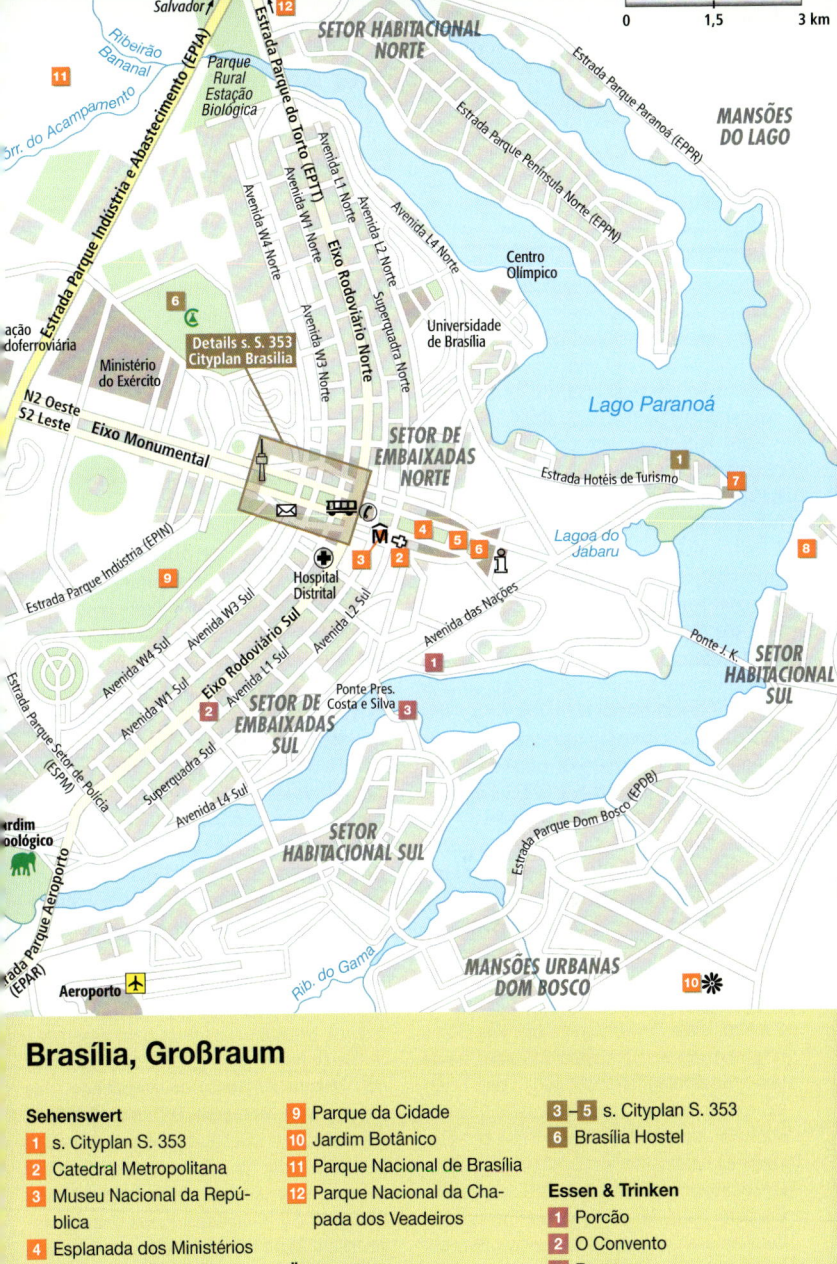

Brasília, Großraum

Sehenswert

1. s. Cityplan S. 353
2. Catedral Metropolitana
3. Museu Nacional da República
4. Esplanada dos Ministérios
5. Congresso Nacional
6. Praça dos Três Poderes
7. Palácio da Alvorada
8. Ermida Dom Bosco
9. Parque da Cidade
10. Jardim Botânico
11. Parque Nacional de Brasília
12. Parque Nacional da Chapada dos Veadeiros

Übernachten

1. Royal Tulip Brasília Alvorada
2. s. Cityplan S. 353
3. – 5. s. Cityplan S. 353
6. Brasília Hostel

Essen & Trinken

1. Porcão
2. O Convento
3. Bargaço

Brasília

tralen Hochebene in 1100 m Höhe machte schließlich der Historiker und Diplomat Francisco Adolfo de Varnhagen schon im Jahre 1877 aus. In Artikel 3 der ersten Verfassung Brasiliens aus dem Jahre 1891 stand, dass im Planalto Central auf einer Fläche von 14 400 km^2 irgendwann die künftige Hauptstadt zu errichten sei, ein Jahr danach wurde das Gebiet vermessen. Fünf Jahre später hatte der italienische Pater Dom Bosco die ›Vision‹, dass genau dort die ›Terra Prometida‹ (Das verheißene Land) entstehen würde. Doch dann geschah, bis auf eine Grundsteinlegung im Jahre 1922, lange nichts.

1956 entschloss sich der neue Präsident Juscelino Kubitschek, die Stadt wirklich zu bauen und damit in die Geschichte einzugehen. Seit 1981 ist ihm auf der zentralen Achse (Eixo Monumental) ein Denkmal und Museum gewidmet, das berühmte Memorial JK. Neben ihm waren es drei große Künstler der Zeit, die der Stadt ihren kreativen Stempel aufdrückten: der Stadtplaner Lúcio Costa, der Landschaftsarchitekt Burle Marx und der Architekt Oscar Niemeyer. Lúcio Costa verdankt die Stadt ihren futuristischen Grundriss in Form eines Flugzeuges, Burle Marx die Gärten und Oscar Niemeyer die Gebäude.

Die Bauarbeiten, an denen bis zu 30 000 Arbeiter beteiligt waren, begannen im Jahre 1957. Sämtliche Materialien wurden per Luftbrücke eingeflogen. Nach 1000 Tagen schon konnte die Stadt am 21. April 1960 eingeweiht werden. Ursprünglich war sie für höchstens 500 000 Menschen (bis zum Jahr 2000) konzipiert, heute sind es jedoch bereits 2,6 Mio. Viele Einwohner kamen aus Goiás oder dem armen Nordosten und leben heute unter miserablen Bedingungen in den Ghettos der Peripherie. Obwohl Brasília fast das höchste durchschnittliche Pro-Kopf-Einkommen Lateinamerikas besitzen soll, ist die Einkommensverteilung hier extrem ungleich. Die zehn Satellitenstädte zählen gar zu den ärmsten des Landes. Auch in dieser Hinsicht und nicht nur als Hauptstadt repräsentiert Brasília das gegenwärtige Brasilien. Dennoch wurde die Stadt 1987 zum UNESCO-Welterbe erklärt.

Der Regierungsbezirk

Cityplan: S. 351; rechts

Blick von Westen

Bevor man auf Besichtigungstour geht, sollte man sich Brasília von oben nähern. Von der 75 m hohen Aussichtsplattform der **Torre de Televisão** [1] (Fernsehturm) gewinnt man einen fantastischen Überblick über das ganze Regierungsviertel. Der Turm steht genau auf der zentralen Achse (Eixo Monumental) und stellt mit 224 m die höchste Konstruktion Brasílias dar (tgl. 8–20 Uhr). Um den Turm herum findet jedes Wochenende die ›Feira da Torre‹ statt, Brasílias beliebtester Kunsthandwerksmarkt.

Catedral Metropolitana [2]

Auf dem Weg vom Fernsehturm zur Esplanada dos Ministérios fällt gleich am Anfang rechts die moderne **Catedral Metropolitana** ins Auge. Von Oscar Niemeyer entworfen, wurde sie nach 12 Baujahren erst 1967 eingeweiht. Architektonisch ungewöhnlich sind der kreisförmige Grundriss des Kirchenschiffs und die Dominanz farbiger Glasfenster in der Kuppel, die viel natürliches Licht einfallen lassen. Solch ungewöhnliche Erleuchtung erklärt der Schöpfer so: »Ich wollte nicht eine Kathedrale wie die anderen, die düsteren, die gleich an Sünde erinnern.« Unter den Kunstwerken im Innern ragen drei schwebende Engelsfiguren hervor, geschaffen von Alfredo Ceschiatti (Mo 8–17, Di–So 8–18 Uhr; unterirdischer Zugang; Besichtigung in Shorts untersagt, Minirock auch nicht gern gesehen).

Gleich neben der Kathedrale erhebt sich das **Museu Nacional da República,** das jüngste Werk Niemeyers in Brasília (2006). In dem auffälligen Gebäude mit seiner weißen Kuppel und der überdimensionalen, weit geschwungenen Rampe werden wechselnde Kunst- und Fotoausstellungen gezeigt. Eigentliche Attraktion jedoch ist das Gebäude selbst. Gemeinsam mit der benachbarten Nationalbibliothek ist das Ensemble auch als Conjunto Cultural da República bekannt. Di–So 9–18.30 Uhr, Eintritt frei.

Brasília, Zentrum

Sehenswert
1 Torre de Televisão
2 – 12 s. Cityplan S. 351

Übernachten
1 s. Cityplan S. 351
2 Kubitschek Plaza
3 Naoum Plaza Hotel
4 Hotel Casablanca
5 Monumental Bittar Hotel
6 s. Cityplan S. 351

Essen & Trinken
1 – 3 s. Cityplan S. 351

Ministerien

An der **Esplanada dos Ministérios** 3 liegen regelmäßig angeordnet 17 identische Regierungsgebäude. Nur der **Palácio Itamaraty**, Sitz des Außenministeriums, weicht architektonisch ab. Er ist von einem künstlichen See und Gartenanlagen umgeben. Sein Inneres birgt einen der größten Säle der Welt ohne Stützen. Spektakuläre Lichteinfälle sorgen hier für eine besondere Atmosphäre. Die Räume haben die Anmutung einer Kunstgalerie, mit Werken u. a. von Pedro Américo (»O grito do Ipiranga«), Franz Weissmann, Candido Portinari (www.mre.gov.br, Führungen – auch englischsprachig – nach Anmeldung unter Tel. 061-34 11 80 51, Mo–Di 4 x tgl., Mi–Fr 6 x tgl., Sa/So 10 x tgl.).

Auf der anderen Seite der Esplanada befindet sich das zweite architektonisch abweichende Gebäude, der **Palácio da Justiça**, Sitz des Justizministeriums, mit mehreren kleinen Wasserfällen an seiner Fassade.

Congresso Nacional 4

Schon von weitem erblickt man die Konturen des **Congresso Nacional**, der eigentlich aus zwei Teilen besteht: dem Senado Federal (Senat) und der Câmara dos Deputados (Abgeordnetenhaus). Den Komplex aus beiden Gebäuden hält Oscar Niemeyer für sein eigentliches Meisterwerk. Hier lässt sich sein architektonisches Konzept besonders gut nachvollziehen: Die konvexen und konkaven Linien bzw. das utopische Element der ›fliegenden Untertassen‹ verkörpern seine Gegenposition zur rigiden Bauhaus-Architektur sowie zur rationalistischen Postmoderne.

Im Innern befinden sich zahlreiche Kunstwerke und Kostbarkeiten: Azulejos von Athos Bulcão, ein Wandgemälde von Di Cavalcanti, eine Engelsplastik und eine Frauenstatue von Alfredo Ceschiatti, Sitzmöbel von Le Corbusier, Wintergärten von Burle Marx u. v. m.

Jeder Besucher erhält eine große Ansichtskarte, die – in den dortigen Briefkasten eingeworfen – gratis in alle Welt verschickt

Brasília

werden kann (www.camara.gov.br, www.senado.gov.br, tgl. 9–17 Uhr, halbstdl. Führungen auf Englisch, Eintritt frei, kein Zutritt in T-Shirt oder kurzen Hosen).

Praça dos Três Poderes [5]

An der **Praça dos Três Poderes,** dem Platz der drei Gewalten, hat Oscar Niemeyer neben dem Nationalkongress als Sitz der Legislative zwei weitere Staatsgewalten versammelt. Als Sitz der Exekutive dient der **Palácio do Planalto,** der Regierungspalast (www.presidencia.gov.br, So 9.30–14.30 Uhr, nach tel. Voranmeldung unter 061-34 11 23 17, wegen Renovierung vorübergehend keine Besichtigung möglich). Auf der anderen Seite des Platzes befindet sich das Gebäude des Obersten Bundesgerichts, des **Supremo Tribunal Federal,** Sitz der Judikative (www.stf.gov.br, Sa/So 10–17 Uhr).

In der Mitte zwischen diesen Gebäuden liegt das **Centro Cultural Três Poderes.** Es umfasst den Panteão da Pátria Tancredo Neves, eine Gedenkstätte zu Ehren des Ex-Präsidenten Tancredo Neves, ein Stadtmuseum mit Fotos und Dokumenten und im Untergeschoss den Espaço Lucio Costa mit einem interessanten 170 m² großen Modell von Brasília (tgl. 9–18 Uhr, Eintritt frei).

Auf dem Platz stehen noch zwei 8 m hohe Bronzeskulpturen von Bruno Giorgi (Os Candangos), welche die früheren Bauarbeiter und ersten Bewohner der Stadt symbolisieren. Hinter dem Panteão ragt gewaltig ein 100 m hoher Fahnenmast in den Himmel mit der einstmals größten Staatsflagge der Welt (20 x 14,3 m = 286 m²).

Palácio da Alvorada [6]

Um zum **Palácio da Alvorada,** dem Präsidentenpalast mit dem viel versprechenden Namen ›Palast der Morgenröte‹, zu gelangen, sollte man ein Taxi nehmen. Das als erstes Bauwerk Brasílias 1958 eingeweihte Gebäude dient als Privatresidenz des Bundespräsidenten. Am schönsten präsentiert es sich am Spätnachmittag, wenn die Strahlen der untergehenden Sonne sich zusammen mit den berühmten Säulen in den Glasfassaden und Wasserbecken spiegeln. Der 110 m lange und 30 m breite Palast wurde von Oscar Niemeyer in den Dimensionen alter Kolonialvillen mit großen Sälen nachempfunden. Alles ist großzügig, sparsam möbliert und transparent, mit einem ständigen Blick auf die umliegenden künstlichen Gärten und Seen.

> ## Tipp: Lichter der Großstadt
>
> Wegen der Besichtigungszeiten wird man die Attraktionen des Regierungsviertels eher am Tage aufsuchen, sollte sich aber zusätzlich wegen der schönen und großzügigen Beleuchtung sowie der vielen Lichter der Büros auch einmal am Abend hindurch fahren lassen. Die Stimmung ist von außerordentlichem Reiz (s. Foto oben).

Der Regierungsbezirk

Abendliches Lichtermeer in Brasília

Trotzdem scheint das Urteil von André Malraux, der Palast sei das nach den griechischen Säulen bedeutendste Werk der Weltarchitektur, etwas übertrieben. Von den Präsidenten fühlten sich hier nur Fernando Henrique Cardoso sowie der Gründer Kubitschek zu Hause. Collor wohnte hier nie, ebenso wenig der Militärgeneral Figueiredo. Figueiredos Vorgänger Geisel nannte den Palast einen Schwitzkasten (erst 2006 installierte man eine Klimaanlage), seine Frau verglich ihn mit einem Aquarium. Sarney bekam allergische Anfälle, andere fühlten sich wie in einem verlassenen Luxushotel, und der letzte Präsident Lula zog 2008 wieder aus, um den ganzen Bau gründlich renovieren zu lassen.

Blick von Osten

Zum Abschluss einer Brasília-Rundtour empfiehlt sich noch die kurze Weiterfahrt zum Aussichtshügel **Ermida Dom Bosco** 7. Der Blick über das Regierungsviertel ist ähnlich faszinierend wie vom Fernsehturm aus, diesmal jedoch aus der Gegenrichtung. Die Anhöhe liegt nicht weit vom Präsidentenpalast, die Fahrt dorthin führt über die schöne Brücke **Ponte JK.** Genau von dort oben soll der italienische Heilige Dom Bosco, Schutzpatron von Brasília, 1883 eine Vision von der künftigen Lage der Stadt gehabt haben.

Stadtparks

Brasília ist außerordentlich reich an Grünflächen. Die zentralste Parkanlage ist der rechts neben dem Fernsehturm beginnende **Parque da Cidade** 8. Er wurde von Burle Marx angelegt, umfasst 420 ha und bietet diverse Sport-, Freizeit- und Vergnügungsanlagen sowie einige Restaurants. Hier treffen sich gern Familien mit Kindern.

Im noch recht zentral gelegenen **Jardim Botânico** 9 kann man auf einem 800 m lan-

Brasília

Congresso Nacional mit Abgeordnetenhaus und Senat

gen Pfad südlich des Lago do Paranoá mehr als 200 Cerrado-Pflanzenarten (beschildert) kennenlernen (Di–So 9–17 Uhr, 2 R$). Die karge Cerrado-Vegetation ist typisch für die 1172 m ü. d. M. gelegene Region um Brasília. Der Bewuchs dieser savannenähnlichen Landschaft ist gekennzeichnet von niedrigen, krüppeligen Baum- und Straucharten, die eine dicke Rinde, harte Blätter und einen unterirdischen Stamm besitzen und damit gut gegen die häufigen Brände geschützt sind.

Sehenswert ist auch der **Jardim Zoológico** 10 (Via L-4 Sul, Tel. 061-33 45 36 22, Bus 870 ab Rodoviária für Nahverkehr, Di–So 9–17 Uhr, Eintritt 2 R$). Der weitläufige Zoo zählt zu den besten des Landes und lässt sich auch mit dem Auto oder per Fahrrad erkunden. Zu sehen sind etwa 300 Spezies, darunter eine Vielzahl südamerikanischer Affen (u. a. Nachtaffen), Jaguare, Tapire, Capivaras (Wasserschweine), Riesenottern, Mähnenwolf, Ara Azul und Giftschlangen.

Parks außerhalb der Stadt

Cityplan: S. 351

Im 10 km von der Stadt entfernten großen **Parque Nacional de Brasília** 10 (im Volksmund besser bekannt als Parque Água Mineral) sieht man sowohl viele Cerrado-Pflanzen als auch zahlreiche der in dieser Vegetation beheimateten Tiere. Dazu gehört z. B. der Große Ameisenbär, der reichlich Termitenhügel vorfindet und sich mit seiner bis zu 40 cm langen Zunge mal an dieser, mal an jener Kolonie beköstigt. Viele Gürteltierarten, ent-

Parks außerhalb der Stadt

den Flüssen Amazonas, Rio Paraná und Rio São Francisco ist (Anreise von Brasília nach Alto Paraíso de Goiás über die GO 118, von dort 36 km bis Vila de São Jorge).

Infos
Airport Tourist Center: www.setur.df.gov.br, www.brasiliatur.com.br.

Übernachten
Unter der Woche (Mo–Do) sind fast alle Hotels in Brasília belegt und es ist schwer, günstige Zimmer zu finden. Am Wochenende (Fr–So) dagegen leert sich die Stadt und sämtliche Hotels werben mit attraktiven Preisnachlässen.

Designtempel ▶ Royal Tulip Brasília Alvorada 1: Setor de Hotéis e Turismo Norte, trecho 1, Lago Norte, Tel. 061-34 24 70 00, www.royaltulipbrasiliaalvorada.com. Die meisten Hotels von Brasília sind recht gleichförmige Zweckbauten. Eine rühmliche Ausnahme ist das von Ruy Ohtake designte Royal Tulip in Nähe des Präsidentenpalastes. Das wie ein rotes Raumschiff wirkende Hotel bietet Blick auf den Lago Paranoá sowie eine herrliche Anlage mit riesigem Pool. Der Luxus hat seinen Preis, doch auf der Homepage gibt es Rabattmöglichkeiten. Ab ca. 460 R$.

Stilvoll ▶ Kubitschek Plaza 2: Setor Hoteleiro Norte, quadra 2, bloco E, Tel. 061-33 29 33 33, www.plazabrasilia.com.br. Exzellentes 5-Sterne-Hotel mit modern gestalteten Zimmern. 190–400 R$.

Grundsolide ▶ Naoum Plaza Hotel 3: Setor Hoteleiro Sul, quadra 5, bloco H, Tel. 061-33 22 45 45, www.naoumplaza.com.br. Sehr nobel, 187 Zimmer. 180–320 R$.

Alte Schule ▶ Hotel Casablanca 4: Setor Hoteleiro Norte, quadra 3, bloco A, Tel. 061-33 28 85 86, www.casablancabrasilia.com.br. Älteres Mittelklassehotel mit 58 Zimmern in zentraler Lage, möglichst Zimmer zum Parkplatz hin wählen, da ruhiger. 160–180 R$.

Schön preiswert ▶ Monumental Bittar Hotel 5: Setor Hoteleiro Norte, quadra 3, bloco B, Tel. 061-37 04 40 00, www.hoteisbittar.com.br. Solides Mittelklassehotel mit gutem Preis-Leistungs-Verhältnis. Gepflegte

fernte Verwandte des Ameisenbären, sind hier ebenfalls zu Hause. Zahlreich sind auch Vogelarten vertreten, vor allem Greifvögel wie der Aplomadofalke und der Savannenbussard. Auffällig sind die bis zu 70 cm großen Seriemas, Kranichvögel, die meist im Duo umherstolzieren und trompetenartige Signale ausstoßen. Auch den großen, flugunfähigen Nandu wird man antreffen können. Eine besondere Freizeitattraktion innerhalb des Parks, bei dem trocken-heißen Klima von Brasília sehr willkommen, sind zwei große, von Mineralquellen gespeiste Freibäder (tgl. 8–16 Uhr, Eintritt 3 R$).

Knapp 200 km nördlich von Brasília befindet sich der **Parque Nacional da Chapada dos Veadeiros 11**. Der 60 000 ha große Nationalpark befindet sich auf einer Hochebene, die zugleich Teil der Wasserscheide zwischen

Brasília

Zimmer, eine der besten preiswerten Optionen der Stadt. 105–145 R$.
Ab vom Schuss, aber günstig ▶ Brasília Hostel 6: Setor de Áreas Isoladas Norte, quadra 2, Tel. 061-33 43 05 31, www.hostel.org.br. Einfache HI-Jugendherberge außerhalb, Anfahrt ab Rodoviária mit Bus 143. DZ 80–100 R$, Dorms 35–46 R$ pro Pers.

Essen & Trinken

Fast alle netten Restaurants befinden sich in den Quadras der südlichen ›Tragfläche‹ Asa Sul, v. a. in **109** und **210**. Eigentlich sind die Quadras Wohnblocks, die wie Trabantenstädte anmuten, doch dazwischen finden sich zahlreiche nette Lokale. Ein gutes Angebot zum Essen und Ausgehen gibt es zudem am Seeufer in zwei Freizeitkomplexen, dem **Pier 21** und dem **Pontão**, beide in der Nähe der Brücke Costa e Silva. Weitere Tipps:
Fleischpalast ▶ Porcão 1: SCES, trecho 02, conjunto 35, Tel. 061-32 23 20 02, Mo–Do 12–24, Fr/Sa 12–1, So 12–23 Uhr. Lokaler Ableger der landesweit vertretenen Churrascaria-Kette, die inzwischen als die beste Brasiliens gilt. Zum Fixpreis von 72 R$ kann man unbegrenzt (Fleisch) essen. Ergänzend gibt es ein großes Salat- und Beilagenbuffet.
Etwas schräg ▶ O Convento 2: Asa Sul, quadra 208/209, Tel. 061-34 43 31 04, tgl. 12–15.30, Mo–Sa 19–24 Uhr. Restaurant im Kloster-Stil, in dem ›Mönche‹ brasilianische und internationale Gerichte servieren; als Hintergrundmusik gregorianische Gesänge; etwas schräg und verrückt, aber doch interessant. 30–65 R$.
Schöne Lage ▶ Bargaço 3: Pontão do Lago Sul, QL-10, Tel. 061-33 64 60 91, tgl. 12–24 Uhr. Edles Lokal, das auf Meeresfrüchte und bahianische Küche spezialisiert ist und idyllisch am Seeufer liegt. 60 R$ (für 2 Pers.).

Termine

Aniversário da Cidade (21. April): Feierlichkeiten zum Geburtstag der Stadt mit Show auf der Esplanada dos Ministérios, Sinfonie-Orchester, Feira de Música Independente (Teatro Nacional) u. a. kulturellen Darbietungen. Ähnliches geschieht am 7. Sept., dem Tag der Grundsteinlegung.

Verkehr

Flugzeug: Der Aeroporto Internacional liegt 17 km westlich, Tel. 061-33 64 90 00. Er liegt auf der Route Rio/São Paulo–Manaus (in der Regel Zwischenlandung). Internationale Direktflüge gibt es seit 2008 (von Lissabon mit Tap). Die Ladengalerie vor dem Hotel Nacional beherbergt Büros mehrerer Airlines, u. a. TAM. **City-Transfer** mit **Flughafenbus 102 Aeroporto-Rodoviária** bis zum städtischen Busbahnhof (alle 20 Min.) oder mit **Mikrobus 30** halbstdl. bis zur Hotelzone (alle 30 Min., ca. 25 Min.).sonst per Taxi (ca. 40 R$).
Bus: Der Fernbusbahnhof (Rodoferroviária) liegt am westlichen Ende des Eixo Monumental, vom lokalen Busbahnhof (Rodoviária) erreichbar mit den Bussen 108.5 und 108.6 (1,50 R$). Fernstrecken u. a. nach Belo Horizonte (*Itapemirim,* Tel. 061-33 61 45 05, 2 x tgl., 12 Std., 105 R$), Rio de Janeiro (*Itapemirim,* Tel. s. o., 1–2 x tgl., 18 Std., 163–191 R$), Salvador (*Real Expresso,* Tel. 061-21 06 51 00, 2 x tgl., 22 Std., 202 R$), São Paulo (*Real Expresso,* Tel. s. o., 6 x tgl., 14 Std., 146–218 R$).
Mietwagen: Alle wichtigen Verleihfirmen wie Localiza, Hertz, Avis und Unidas sind vertreten (z. T. am Flughafen).

Tipp: Fahrt im Panoramabus

Die entspannteste Art die Stadt kennenzulernen ist auf einer Fahrt im offenen Doppeldeckerbus (Brasília City Tour, Tel. 061-93 04 26 10). Die knapp 90-minütige Tour führt an vielen Sehenswürdigkeiten vorbei, darunter Nationalkongress, Kathedrale und Palácio da Alvorada. Erklärende Infos kommen unterwegs vom Band (u. a. auf Englisch). Abfahrt ist vor dem Fernsehturm (Di–So 5 x tgl. zwischen 10–17 Uhr, 20 R$), Aus- und Wiedereinstieg ist möglich an der Catedral Metropolitana, an der Praça dos Três Poderes und beim Memorial JK.

13 Pantanal

Der Pantanal ist das größte Feuchtsavannengebiet der Erde. Nirgendwo sonst in Brasilien lassen sich so viele Tiere beobachten wie hier. Am häufigsten tummeln sich Kaimane in den Flüssen und Tümpeln, besonders reich vertreten ist auch die Vogelwelt. Man nähert sich dem Pantanal von drei am Rande liegenden Großstädten aus. Je nach Klimaperiode, also Regen- oder Trockenzeit, geht es im Boot oder Jeep tiefer hinein, auch gibt es Fazenda- und Lodge-Unterkünfte mitten in der Wildnis.

Die Einheimischen lieben den Pantanal weniger, dieses größte Sumpfgebiet der Erde mit der größten Dichte beobachtbarer Tiere in Brasilien. Ginge es nach deren Mehrheit, könnte man die ganze *bicharada,* das ganze ›Viehzeug‹, ruhig weiter aussterben lassen. Doch der in letzter Zeit stark angestiegene Öko-Tourismus aus aller Welt (etwa 300 000 Besucher jährlich) lässt den Pantanal auch Brasilianern allmählich wieder wertvoller erscheinen, selbst wenn die meisten nur zum Fischen hierher kommen.

Der Pantanal erstreckt sich über ein Gebiet von etwa 230 000 km² (knapp die Fläche Rumäniens) in den südwestlichen Bundesstaaten Mato Grosso und Mato Grosso do Sul an der Grenze zu Paraguay. Der Name ist abgeleitet von dem portugiesischen Wort *pântano,* das Sumpf oder Morast bedeutet. Ganz exakt beschreibt er die Gegebenheiten nicht, denn überschwemmt-sumpfig ist es hier nur in der Regenzeit (Nov.–April), wenn der gefällearme Rio Paraguay bzw. Flussläufe von insgesamt 4000 km Länge das ganze Gebiet überfluten. Dann suchen viele Tiere, selbst einander feindlich gesonnene wie Reiher, Kaimane, Wasserschweine, Hirsche und Affen, gemeinsam Zuflucht auf den wenigen trockenen Landflecken (*cordilheiras*). Während der Trockenzeit (Mai–Okt.) hingegen versammeln sich die Tiere sehr zahlreich um die wenigen Wasserstellen herum und sind so besonders gut zu beobachten. Im Oktober können jedoch selbst die letzten Tümpel austrocknen, was Piranhas, Anakondas oder Kaimanen ein qualvolles Ende bereitet. Der Spiegel des Rio Negro kann so weit sinken, dass die Boote stellenweise geschoben werden müssen.

Der größte Zoo Amerikas

Die Ursache für den einmaligen Artenreichtum im Pantanal liegt in der engen Aufeinanderfolge verschiedenster Lebensräume, die eine regelrechte Massenmigration von Tieren aus den benachbarten Regionen bewirkt hat. Baumarten des Cerrado im Süden, trockene Pflanzen der Caatinga sowie Amazonas-Vegetation im Norden – so finden sich hier kaum Arten, die ursprünglich aus dem Pantanal selbst stammen, zumal es sich um ein recht junges Naturgebiet handelt, das in Urzeiten noch vom Meerwasser bedeckt war (darauf deuten die Reste versteinerter Muscheln, die man immer wieder im roten Lehm entdeckt).

Die Hauptattraktion im Pantanal stellen die bis zu 2,5 m langen Brillenkaimane (*jacarés*) dar. Trotz vieler Wilderer, die besonders in den 1970er und 1980er-Jahren rund 1 Mio. Tiere pro Jahr abschossen, bevölkern heute noch ca. 35 Mio. Kaimane die Flüsse und Lagunen. Ebenfalls im feuchten Element tummeln sich

Pantanal

die biberähnlichen Wasserschweine *(capivaras),* mit bis zu 50 kg Gewicht die größten Nagetiere der Welt. Dazwischen winden sich Respekt heischend die bis zu 10 m langen und vom Aussterben bedrohten Riesenanakondas *(sucuris),* die allerdings nicht giftig sind. Gefährlicher sind schon die vielen Piranhas, die sich wegen der allmählichen Ausrottung ihrer größten Feinde, der Kaimane, lange Zeit ungehindert vermehren konnten und dadurch den natürlichen Fischreichtum der Region stark dezimierten. Auch richteten sie großen Schaden an, wenn von Oktober bis November kilometerlange Fischschwärme flussaufwärts zogen, um dort zu laichen. Aber auch die Fischer tragen zur Verringerung des Fischreichtums bei, wenn sie mit feinmaschigen Netzen arbeiten und nach Aussortieren der besseren Speisefische den Rest des Fangs einfach verenden lassen. Trotzdem überleben hier immer noch ca. 230 verschiedene Fischarten.

Der Tierreichtum auf dem Land steht dem im Wasser jedoch in nichts nach. Häufig zu sehen sind der Schwarze Brüllaffe *(bugio-preto),* der Sumpfhirsch *(cervo-do-pantanal),* Nasenbären *(quatis),* recht aggressive Wildschweinhorden *(pekaris),* Riesenottern *(ariranhas),* seltener Ameisenbären *(tamanduás),* Tapire *(antas),* Jaguare *(onças)* und Pumas. Am meisten beeindruckt jedoch die Vogelwelt mit ca. 650 verschiedenen Arten. Besonders auffallend ist der in Gruppen auftretende *tuiuiú* (auch *jabirú* genannt), der größte Storch der Welt, leicht erkennbar an seiner knallroten Halsschärpe. Anzutreffen sind auch der Manguari-Storch und der kleinere Waldstorch, ferner der Emu, mit 1,70 m der größte Vogel Brasiliens, dann Mönchsittiche und Eisvögel sowie im ganzen Pantanal die Hyazinth-Aras *(arara-azul-grande),* mit bis zu 1,10 m Länge die größten Papageien der Welt.

Zeichen der Zerstörung

Gäbe es nicht den Öko-Tourismus, wäre von den Naturreichtümern des Pantanal womöglich bald nichts mehr übrig. Nicht wenige Tou-

Wasserschweine sind ausgezeichnete Schwimmer

Zeichen der Zerstörung

Lauert im trüben Wasser – Brillenkaiman

risten jedoch, besonders aus Brasilien und aus den lateinamerikanischen Nachbarländern, tragen immer noch kräftig zur weiteren Umweltzerstörung bei. Da werden Schreckschüsse losgelassen, um die Vögel aus ihren Schlupfwinkeln aufzuscheuchen, und Plastiktüten verstreut, die neben der Verschandelung der Landschaft schon manchem Tier den Erstickungstod bereitet haben. Der Respekt vor der Natur ist bei den meisten Lateinamerikanern noch wenig ausgeprägt und geht nur in seltenen Fällen über eine modische Attitude hinaus.

Verheerender wirken jedoch handfeste materielle Interessen, vor allem von Fazenda-Besitzern und Wilderern. Lange Zeit fanden trotz strengsten Verbots regelrechte Massaker an Kaimanen statt, ein einziger Wilderer brachte es bis auf 200 erlegte Echsen pro Nacht. Die wertvollen Häute gingen illegal nach Europa und Nordamerika und wurden dort als Zuchtware deklariert, um das Käufergewissen nicht allzu sehr zu belasten. Seit einiger Zeit gibt es die gesetzlich erlaubte Zucht, ein gelungener Versuch, das hemmungslose Wildern einzudämmen. Wenn man in einem Restaurant von Campo Grande oder Cuiabá Kaimanfleisch bestellt, kann man inzwischen davon ausgehen, dass es aus Zuchtbetrieb stammt. Ebenfalls zur Ausrottung zahlreicher Tierarten trugen Zehntausende von Gold- und Diamantensuchern *(garimpeiros)* bei, die seit den 1970er-Jahren hier einströmten und die Flussläufe des Rio Paraguai und São Lourenço mit giftigem Quecksilber verseuchten. Die Kontamination von Fischen und Vögeln in der Region übersteigt bereits die von der Weltgesundheitsorganisation angegebene Toleranzgrenze von 0,5 mg pro Kilogramm. Zusätzlich empfangen die Flüsse giftige Abwässer aus den Álcool-Werken sowie aus den umliegenden Städten und schließlich von den an ihren Ufern entstehenden großen Touristenhotels.

Last but not least bewirkt – neben der Ausweitung der Viehzucht – der staatlich geförderte Anbau von Soja, Brasiliens drittwichtigstem Exportprodukt, eine zunehmende Zerstörung der ursprünglichen Vegetation. Satellitenaufnahmen zeigten, dass bereits

Pantanal

Tipp: Die besten Pantanal-Guides

Im Nordpantanal führt der einheimische Guide **Pedro Paulo Dias da Silva** für die Agentur Pantanal-Tours durch die Wildnis, im Südpantanal leitet Kadiwéu-Indianer **Marcello Yndio** für die Agentur Explore Pantanal Besuchergruppen. Die beiden erfahrenen Naturführer zählen zu den besten Pantanal-Guides und können alles über die Tierwelt oder Heilwirkung der Pflanzen erklären. Im Dickicht versteckte Tiere erspähen sie in Sekundenschnelle, die Namen der meisten Tier- und Pflanzenarten kennen sie inzwischen schon auf Deutsch. Sollten die beiden einmal ausgebucht sein, keine Sorge: Bei beiden Agenturen kommen weitere versierte deutsch- oder englischsprachige Reiseführer zum Einsatz (s. S. 364 und S. 366).

knapp 20 % der Bäume im Pantanal abgeholzt sind. Wenn es in diesem Rhythmus weitergeht, wird schon im Jahr 2050 hier kein Baum mehr wachsen. Damit verschwinden auch die Lebensräume vieler Tiere.

Touren durch den Pantanal

Karte: rechts

Dem Pantanal nähert man sich entweder von den südlich gelegenen Städten Corumbá oder Campo Grande aus oder von dem nördlich gelegenen Cuiabá. Der Südteil der Feuchtsavanne bietet etwas mehr Tiere und eine entwickeltere Infrastruktur, dafür ist der Nordteil ursprünglicher, ruhiger und preiswerter. Die drei Ausgangsorte sind alle per Fernbus oder Flugzeug erreichbar, im Reisegepäck sollte helle Kleidung und Moskitoschutz nicht fehlen. Im Pantanal verkehren Busse zwischen allen größeren Orten, auch während der Regenzeit. Ein einheimischer lokaler Guide ist unverzichtbar, dem Slogan ›*No Pantanal siga o Pantaneiro*‹ (›Folge im Pantanal dem Einheimischen‹) sollte man unbedingt Rechnung tragen.

Reisezeit im Pantanal

Der Pantanal hat sowohl in der Regenzeit als auch in der Trockenzeit seine Reize – je nachdem ob man sich mehr für **Pflanzen** oder für **Tiere** interessiert. In der tieferen Region des Pantanal ist der Wechsel zwischen einer kühlen Trockenzeit (Mai–Okt.) und einer heißen Regenzeit (Nov.–April) charakteristisch.

Als Reisezeit für einen Besuch des Pantanal empfiehlt sich besonders der Übergang von der Regen- zur Trockenzeit im April/Mai. In diesen Monaten kommen sowohl Tier- als auch Pflanzeninteressierte auf ihre Kosten.

In der Trockenzeit (Mai–Okt.) sieht man beim Besuch des Pantanal zwar sehr viele Tiere, dafür ist die Pflanzenwelt verdorrt. In der Regenzeit (Nov.–April) lassen sich weniger Tiere blicken (aber immer noch genug), dafür blüht die Flora in ihrer ganzen Pracht. Im brasilianischen Winter (Juni–Aug.) können die Temperaturen im Pantanal durch Kaltwinde aus Patagonien auf 10 °C sinken, meistens werden aber 20 °C nicht unterschritten. Im brasilianischen Sommer (Dez.–März) wird es hier schwül-heiß (bis 40 °C), es regnet jeden Tag und die Luft ist voller Moskitos.

Ausgangsort Cuiabá (Norden)
▶ 1, B/C 1

Cuiabá **1** (545 000 Einw.), Hauptstadt von Mato Grosso, ist das Tor zum nördlichen Pantanal. Der Ort selbst ist als Reiseziel nicht sonderlich interessant. Er liegt am Ufer des gleichnamigen Flusses und florierte 1717–30 infolge des Zustroms von Goldsuchern, noch heute ist dieses Flair nicht ganz verschwunden. Einzige Sehenswürdigkeit ist die über dem Ort thronende Igreja Bom Jesus dos Passos. Die touristische Infrastruktur ist bescheiden, es gibt jedoch ein paar komfortable Hotels, bessere Fischrestaurants und gute Einkaufsmöglichkeiten. Der kleine Flughafen im Vorort Várzea Grande (10 km) bietet Souvenirshops und Autovermietungen.

67 km nordöstlich von Cuiabá liegt der 1989 gegründete und 33 000 ha einneh-

Pantanal

Pantanal

mende **Nationalpark Chapada dos Guimarães** 2. Von dessen höchstem Punkt bietet sich ein herrlicher Panoramablick über eine weite Cañonlandschaft mit den wegen ihrer rötlichen Färbung auffälligen Felswänden. Die Luft ist kühl und klar und man kann endlich wieder einmal tief durchatmen. An den Wegen sieht man Eulen, im niederen Bewuchs der Hochebenen Hirsche und am Himmel öfter Ara-Pärchen. Sehr beliebt sind Ausflüge zu den zahlreichen Wasserfällen, besonders zu den sieben Fällen des Rio Sete de Setembro, häufig verbunden mit einem erfrischenden Bad. Die Gegend ist touristisch schon recht gut erschlossen, Ausflüge in die Natur sollte man aber trotzdem nur mit einem Guide unternehmen (Pantanal-Tours, s. u.).

Ca. 8 km vom Ort entfernt befindet sich neben der Straße der **geodätische Mittelpunkt Südamerikas** (Centro Geodésico). Von seiner erhöhten Lage auf einem Felsplateau blickt man in eine endlos erscheinende Ebene mit großen und kleinen Seen, Busch- und Bauminseln sowie Viehherden und Farmen, ein majestätisches Panorama.

100 km südwestlich von Cuiabá gelangt man auf einer asphaltierten und gut ausgebauten Straße nach **Poconé** 3 (ca. 34 000 Einw.). In dem netten Ort leben sehr (gast-) freundliche Menschen, die gerne und häufig feiern. Bei den zahlreichen Folklorefesten gibt es reichlich regionale Köstlichkeiten, z. B. Pacu, einen Süßwasserfisch aus dem Pantanal, oder Piranhas mit Maniok und Reis. Poconé ist auch ein idealer Ausgangspunkt zum Fischen im Rio Cuiabá sowie im Rio Piraim und im Rio Pixaim.

Vor allem beginnt in Poconé die weit in den Pantanal hineinführende **Transpantaneira** ›Straße‹. Nur 2 km sind asphaltiert, danach geht es 143 km auf einer roten, gewalzten Lehmpiste bis Porto Jofre. Gebaut vom brasilianischen Heer, zieht sie sich schnurgerade durch den Sumpf. Während der Fahrt muss man ca. 100 prekäre Holzbrücken überqueren und dabei häufiger die lockeren Planken auf den richtigen Radabstand hin zurechtrücken. Oft sind auch erst einige Kaimane zu verscheuchen, die sich auf dem warmen Holz abgelegt haben. Auch andere Tiere wie Wasserschweine, Reiher oder Ottern sieht man zur Genüge, zur Trockenzeit vor allem um die zurückgebliebenen Tümpel herum, zur Regenzeit auf den wenigen Landflecken oder gar der Straße selbst, die jedoch stellenweise auch überschwemmt sein kann.

Infos
... in Cuiabá:
Sedtur: Rua Voluntários da Pátria 118, Tel. 065-36 13 93 00, www.mt.gov.br, Mo–Fr 8–12, 14–18 Uhr; auch Infostand am Flughafen, tgl. 8–12, 14–18 Uhr.
Internet: www.pantanal-pocone.net

Übernachten
... in Cuiabá:
Sehr schick ▶ **Hotel Deville:** Av. Isaac Póvoas 1000, Tel. 065-33 19 30 00, www.deville.com.br. Eines der besten Hotels der Stadt mit 174 geschmackvoll eingerichteten Zimmern und Swimmingpool. 260 R$.
Zentral mit Pool ▶ **Amazon Plaza Hotel:** Av. Getúlio Vargas 600, 065-21 21 20 00, www.hotelamazon.com.br. Eine pragmatische Wahl, wenn man im Zentrum von Cuiabá übernachten möchte. Die an Naturthemen angelehnte Dekoration stimmt auf anstehende Expeditionen ein. 180 R$.
Pousadas und Fazendas ▶ Auf der Internetseite **www.pantanal-pocone.net** finden sich Beschreibungen und Fotos zu den Pousadas Rio Clarinho, Rio Claro, Piuval, Pouso Alegre, Canto do Arancua, Carandá, Baguari, Puma Lodge, Curicaca Lodge, Araras Lodge u. a.

Essen & Trinken
... in Cuiabá:
Guter Fisch und Kaimanfleisch ▶ **Lélis Peixaria:** Av. Lava Pés (Duque de Caxias), Di–So 11–15, 18–24 Uhr. Rustikales Lokal, in dem man mittags für 55 R$ unbegrenzt Fisch und Meeresfrüchte essen kann (rodízio).

Aktiv
Pantanal-Touren ▶ **Pantanal-Tours:** Günter Stysch, Tel. 030-83 10 89 68, Handy 0173-

899 25 14, www.pantanal.de. Empfehlenswerte Tourenagentur für den nördlichen Pantanal und Umgebung mit Repräsentanz in Berlin; individuelle Tourenplanung mit Fazenda-Aufenthalten, fachkundige englisch- und deutschsprachige Guides und neue, klimatisierte Fahrzeuge. Die Agentur hat in Poconé ein Büro mit kleiner Lounge, wo Gäste sich duschen, ausruhen, etwas trinken, das Internet nutzen, Informationen einholen oder Touren buchen können.

Verkehr
... in Cuiabá:
Flugzeug: Der Aeroporto Marechal Rondon liegt 10 km südl. des Zentrums, Tel. 065-36 14 25 00; Transfer zur Stadtmitte per Taxi (35–40 R$) oder Bus (Aufschrift Jardim Marajuara oder Cohabacanela oder Imperial), Abfahrt gegenüber Hotel Las Velas am Flughafen.

Bus: Die Rodoviária liegt im Stadtteil Alvorada 3 km nördl. des Zentrums, Tel. 065-36 21 15 15; Citytransfer per Bus (alle Busse mit Aufschrift ›Centro‹, u. a. 504, 204, 302, ca. alle 10 Min., 6–23 Uhr, 15 Min. Fahrzeit, 2,30 R$). Fernbuslinien u. a. nach Brasília (*Expresso São Luiz,* Tel. 065-36 21 50 52, 5 x tgl., 19 Std., 140 R$), São Paulo (*Motta,* Tel. 065-36 21 11 59, 2 x tgl., 26 Std., 185 R$, und *Andorinha,* 4 x tgl., 28 Std., 215 R$), Campo Grande (*Motta* und *Andorinha,* Tel. s. o., 8 x tgl., 11 Std., 90 R$), Chapada dos Guimarães (*Expresso Rubi,* Tel. 065-36 21 17 64, 13 x tgl., 1,5 Std., 11 R$).

Ausgangsort Campo Grande (Süden) ▶ 1, D/E 6
Campo Grande 4 (750 000 Einw.) bietet wenige nennenswerte touristische Attraktionen, ausgenommen das **Museu das Culturas Dom Bosco** in der Av. Afonso Pena 7000 (ca. 4 km vom Zentrum im Parque das Nações Indígenas). Es beherbergt ca. 5000 Ausstellungsstücke der Bororo-, Karajá-, Xavantes- und Moro-Indianer sowie in temporären Ausstellungen mehr als 2000 ausgestopfte Vögel und Säugetiere (überwiegend aus dem Pantanal) und ca. 12 000 Muscheln aus aller Welt.

Touren durch den Pantanal

Die Erkundung des südlichen Pantanal führt oft über den kleinen Ort Miranda und von dort zur **Estrada Parque** 5, eine kilometerlange Lehmstraße, die ähnlich wie die Transpantaneira im Nordpantanal mitten durchs Pantanal hindurchführt. Die südliche Kreuzung mit der BR 262 ist als Buraco das Piranhas bekannt, das nordwestliche Ende ist von Corumbá aus zu erreichen.

Sehr reizvoll ist das 174 km von Aquidauana bzw. 250 km südwestlich von Campo Grande gelegene **Bonito** 6 (18 000 Einw.). Der Ort liegt schon recht weit außerhalb des Pantanal, lohnt aber einen Abstecher. Wegen der vielen kleinen Flüsse, z. B. Rio Sucuri und Rio Olho D'Água, ist die Region ein wahres Paradies für Taucher (s. S. 368).

Infos
Centro de Informações ao turista (CAT): Morada dos Baís, Av. Noroeste 5140, Campo Grande, Tel. 067-33 14 99 68, Di–Sa 8–19, So 9–12 Uhr; weitere Büros am Flughafen und am Busbahnhof.

Übernachten
... in Campo Grande:
Hohe Qualität im Zentrum ▶ **Jandaia Hotel:** Rua Barão do Rio Branco 1271 (Centro), Tel. 067-33 16 77 00, www.jandaia.com.br. Eines der besten Hotels vor Ort von 1977, 140 Zimmer, Restaurant, Bar, Pool, Fitnesscenter. Ab 210 R$ (am Wochenende nach Sonderangeboten fragen).

Prima Frühstück ▶ **Indaiá Park Hotel:** Av. Afonso Pena 354, (Amambaí), Tel. 067-21 06 10 00, www.indaiahotel.com.br. Komfortables Mittelklassehotel von 1988 mit 127 Zimmern, Restaurant und Pool. 160 R$.

... in Bonito:
Charmant mit Garten ▶ **Hotel Águas de Bonito:** Rua 29 de Maio 1679, 067-32 55 23 30, www.aguasdebonito.com.br. Charmante Pousada mit großen, freundlichen Zimmern, Garten Pool, Sauna und Tennisplatz. Tourenvermittlung. 180–200 R$.

Deutschsprachig ▶ **Pousada Gira Sol:** Rua Pércio Schamann 710, Tel. 067-32 55

Pantanal

12 97, www.girasolbonito.com.br. Pousada im Zentrum mit 12 ordentlichen Zimmern und Pool. Die deutschsprachige Besitzerin hilft bei der Organisation von Touren. 150–175 R$.

... an der Estrada Parque:
Tadellose Qualität ▶ **Fazenda Xaraés:** 29 km vom Buraco das Piranhas, 067-99 06 92 72, www.xaraes.com.br. Großzügige Fazenda mit ansprechend dekorierten Zimmern und Aufenthaltsräumen. Das Tourenangebot umfasst u. a. Kanufahrten, Reitausflüge, Nachtsafari und Wanderungen. Tennisplatz und Pool. DZ inkl. Vollpension 540 R$ (ohne Transport).

... am Rio Negro:
Familiär und ökologisch engagiert ▶ **Hotel Barra Mansa:** 250 km nördlich von Campo Grande im schönen Gebiet des Rio Negro gelegen, Tel. 067-33 52 79 20, www.hotelbarramansa.com.br. Familiär geführtes Haus, im Preis enthalten sind geführte Öko-Touren: Ausflüge mit Pferd, Boot, Kanu und zu Fuß. Die Fazenda ist sehr im Umweltschutz engagiert. DZ ca. 890 R$ inkl. Vollpension. Anreise in der Trockenzeit mit Jeep (1000 R$ bis 4 Pers.), in der Regenzeit mit Kleinflugzeug ab Campo Grande (2100 R$ one way bis 5 Pers.) oder ab Aquidauana (ca. 1100 R$ bis 5 Pers., 30–50 Min.), zu buchen über Agenturen oder die Fazendas.
Auf dem Pferderücken ▶ **Fazenda Baía das Pedras:** Tel. 067-33 82 12 75, www.baiadaspedras.com.br. Komfortable, persönlich geführte Pousada. Angeboten werden alle üblichen Touren, sehr empfehlenswert sind Reitausflüge durch die überfluteten Schwemmgebiete (Febr.–März). DZ inkl. Vollpension 600 R$, englischsprachiger Guide 180 R$/Tag. Anreise s. o. (Flugpreise ca. 200–300 R$ teurer).

Essen & Trinken
... in Campo Grande:
Tolle Regionalküche ▶ **Fogo Caipira:** Rua José Antônio 145 (Centro), Tel. 067-33 24 16 41, Do–Fr 19–24, Sa 11–24, So 11–16 Uhr. Regionale Spezialitäten von 25–80 R$, besonders gut ist das *Carne-de-Sol* (alles frisch zubereitet, man wartet etwa 30 Min.), nettes Ambiente, nach hinten schöner Garten.

Einkaufen
... in Campo Grande:
Souvenirs ▶ **Casa do Artesão:** Av. Calógeras 2050, Tel. 067-33 83 26 33, Mo–Fr 8–18, Sa 8–12 Uhr. Kunsthandwerksmarkt mit indianischer Keramik, Holzschnitzereien und Spirituosen der Region.

Aktiv
... in Miranda:
Pantanal-Touren ▶ **Explore Pantanal:** Pantanal Ranch Mandovi, BR 262, KM 553, Tel. 067-92 92 33 42, www.explorepantanal.com. Die Agentur unter schweizerisch-brasilianischer Führung bietet u. a. mehrtägige Offroad-Touren in touristisch wenig erschlossene Gebiete (Fischen, Wandern, Reiten, Nachtwanderungen etc.). Weiterhin Jaguar-Tracking (mind. 4 Tage) oder mehrtägige Bootstouren auf dem Rio Miranda. Auch können Fazenda-Aufenthalte im Südpantanal organisiert werden (inkl. Transport). Alle Guides sprechen Englisch. Buchung von Europa aus möglich, möglichst früh kontaktieren.

... in Bonito:
Das volle Programm ▶ **Ygarapé Tour:** Rua Cel. Pilad Rebuá 1853, Tel. 067-32 55 17 33, www.ygarape.com.br. Wanderungen und organisierte Ausflüge zu Höhlen, Grotten, Quellen und Naturparks rund um Bonito.
Beliebt bei Gringos ▶ **Muito Bonito Turismo:** Rua Cel. Pilad Rebuá 1444, Tel. 067-32 55 16 45, www.hotelmuito bonito.com.br. Große Auswahl an Touren rund um Bonito, angeschlossene Pousada.

Verkehr
... in Campo Grande:
Flugzeug: Der Aeroporto Internacional de Campo Grande liegt 7 km westlich des Zentrums, Tel. 067-33 68 60 00; die günstigsten Flüge bietet Gol, sonst TAM (tgl. mehrere Verbindungen nach São Paulo); City-Transfer per Taxi (ca. 20 R$).

Touren durch den Pantanal

Bus: Die neue Rodoviária liegt in der Av. Gury Marques, Bairro Universitário, BR 163, Tel. 067-30 26 67 89. Verbindungen u. a. nach Corumbá (*Andorinha,* Tel. 067-33 82 37 10, 16 x tgl., 6 Std., 75 R$), Cuiabá (u. a. *Andorinha,* Tel. s. o., und *Motta,* Tel. 067-40 09 98 98, 14 x tgl., 10–14 Std., 85–94 R$), Foz do Iguaçu (u. a. *Unesul,* Tel. 067-33 82 18 98, und *Medianeira,* Tel. 067-33 82 72 35, 4 x tgl., 12–14 Std. 95–110 R$), São Paulo (*Andorinha* und *Motta,* Tel. s. o., 11 x tgl., 14 Std., 125–175 R$).

Mietwagen: u. a. Localiza (am Flughafen), Tel. 067-33 63 14 01.

Ausgangsort Corumbá (Westen) ▶ 1, A 5

Die Hafenstadt **Corumbá** 7 (ca. 96 000 Ew.) liegt direkt am Rio Paraguai und an der Grenze zu Bolivien. Um 1840 war hier der größte Flusshafen der Welt – bis die Eisenbahn kam und alles verfiel. Die Hafenpromenade ist dennoch reizvoll und von der Oberstadt aus hat man einen herrlichen Blick in die Pantanalsümpfe. Meist nimmt man von hier aus an organisierten Touren teil, die bis in das **Nhecolândia**-Gebiet im Herzen des Pantanal führen. Führer mit Jeep bieten sich gleich bei Ankunft an der Rodoviária zahlreich an, aus Sicherheitsgründen empfiehlt sich aber eine Buchung über Reisebüros (z. B. Pantur, s. u.). Eintagestouren lohnen kaum, da man nicht weit genug in die artenreicheren zentralen Regionen vordringt. Übernachtet wird meist in einfachen Fazenda-Hotels.

Infos

Fundcultur Pantanal: Rua 15 de Novembro 659, Tel. 067-32 31 28 86, Mo–Fr 8–18 Uhr.
Internet: www.corumba.ms.gov.br

Übernachten

Hier stimmt der Komfort ▶ Nacional Palace Hotel: Rua América 936 (Centro), Tel. 067-32 34 60 00, www.hnacional.com.br. Bestes Komfort-Hotel am Ort, 130 teilweise schön renovierte Zimmer, geräumige Suiten für Familien/Kleingruppen, zentrale Lage, Pool, Bar, Restaurant. 150 R$.

Akzeptabel ▶ Santa Mônica Palace Hotel: Rua Antônio Maria Coelho 345, Tel. 067-32 34 30 00, www.hsantamonica.com.br. Das Hotel ist nicht gerade modern, aber eine akzeptable Alternative in Corumbá. Die höher gelegenen Zimmer haben schönen Blick in den Pantanal. Pool. 130 R$.

Essen & Trinken

Traumaussicht ▶ Vivabella: Rua Artur Mangabeira 1, Tel. 067-32 32 67 29. Besitzer Franco serviert Fisch, Fleisch und Pizza (30–45 R$/2 Pers.), der Trumpf ist dabei die herrliche Aussicht auf den Pantanal von der Terrasse des Restaurants. Besonders schön zum Sonnenuntergang (Happy Hour ab 17 Uhr), oft von Live-Musik begleitet. Mo–Sa 17–24 Uhr (und länger).

Fleisch satt ▶ Laço de Ouro: Rua Frei Mariano 556, Tel. 067-32 31 73 71, tgl. 11–24 Uhr. Rustikale Rodízio-Churrascaria, unbegrenzt Fleisch zum Fixpreis von 22 R$ (Mittagsbuffet 15 R$).

Aktiv

Pantanal-Touren ▶ Pantur: Rua Frei Mariano 1013, Tel. 067-32 31 20 00, www.pantur.com.br. Verschiedene Touren durch den Pantanal, Tauchtrips in den Zuflüssen des Rio Paraguai, Wochenend-Angebote für mind. 4 Pers. inkl. Transfer, Unterkunft, Verpflegung, Boot und Tauchausrüstung.

Verkehr

Flugzeug: Der Aeroporto Internacional, 3 km nördlich des Zentrums, wird von Trip angeflogen, Tel. 067-32 32 18 76 (Flüge nach Campo Grande, es besteht keine Direktverbindung nach Cuiabá).

Bus: Busbahnhof in der Rua Porto Carrero, 5 Automin. vom Zentrum am Südrand der Stadt; Verbindungen mit *Andorinha,* Tel. 067-32 31 20 33, nach Campo Grande (10 x tgl., 7 Std., 75 R$), Cuiabá (5 x tgl., 18 Std., 170 R$), São Paulo (2 x tgl., 22 Std., 200 R$).

Mietwagen: Localiza, Rua Edu Rocha 969 (Centro), Tel./Fax 067-32 31 60 00, www.localiza.com.br, Mo–Fr 8–18, Sa 8–13 Uhr.

Pantanal

aktiv unterwegs

Wasserfälle und glasklare Flüsse in Bonito

Tour-Infos

Anfahrt: Mit Busgesellschaft Cruzeiro do Sul von Campo Grande (6 x tgl., 4–5 Std., 40–52 R$), Miranda (Mo–Sa 6 Uhr, 3 Std., 25 R$) oder Corumbá (Mo–Sa 6 Uhr, 6 Std., 60 R$). Flüge mit Trip (www.voetrip.com.br) u. a. ab Campo Grande (Do, So).
Aufenthaltsdauer: 2–4 Tage
Übernachtung: s. S. 365
Tourenanbieter: s. S. 366
Touren: Die angegebenen Preise sind ohne Transport und gelten für die Nebensaison (Dez.–Febr., Juli bis zu 30 % teurer).
Touristeninformationen: Centro de Atendimento ao Turista (CAT), Rodovia Bonito–Guia Lopes, KM 0, Tel. 067-32 55 18 50, Mo–Sa 7–17 Uhr.

In den letzten 15 Jahren ist Bonito zu einem der beliebtesten Treffpunkte von Tauchern und Schnorchlern in Brasilien aufgestiegen. Ein weit verzweigtes Netz von **Flüssen** mit kristallklarem Wasser, in dem tausende von Fischen schwimmen, lädt dort zu kilometerlangen Schnorcheltrips, eine Vielzahl **von Grotten und Höhlen** mit unterirdischen Seen zu ausgedehnten Tauchausflügen ein. Die außerordentliche Klarheit des Wassers und die geologischen Besonderheiten der Landschaft um Bonito sind auf die verkarsteten Böden am Fuß der Serra da Bodoquena zurückführen. Darüber hinaus besitzt die Region unzählige kleinere und große Wasserfälle, die sich auf verschlungenen Urwaldpfaden zu Fuß erwandern lassen.

Man kann jedoch nicht spontan in irgendeinen Fluss springen, denn in der Region um Bonito wird Umweltschutz großgeschrieben. Die Besucherzahl ist beschränkt und die meisten Ausflugsziele dürfen nur in Begleitung eines Führers aufgesucht werden. Um zu den natürlichen Sehenswürdigkeiten zu gelangen, wendet man sich an eine der zahlreichen Agenturen in Bonito, die über 30 verschiedene **geführte Exkursionen** im Programm haben. Die Touren sollten spätestens am Vortag gebucht werden, man erhält dabei einen Voucher, der zu Beginn des Ausflugs vorzulegen ist. Schnorchel- und Tauchausrüstung sind in der Regel im Preis inbegriffen, nicht jedoch die An- und Abfahrt (kann von der Agentur organisiert werden).

Die geradezu klassische Aktivität in Bonito ist die *flutuação,* bei der man sich mit Schnorchel, Maske, Neoprenanzug und Flossen fast ohne Kraftanstrengung die kristallklaren Flüsse hinabtreiben lässt. Dabei begegnet man unzähligen Fischen wie Piraputangas, Dourados und Pintados, die einem praktisch vor der Taucherbrille herschwimmen. Am schönsten ist der Ausflug zum Gelände des **Recanto Ecológico Rio da Prata** (56 km von Bonito). Nach Ankunft auf der Fazenda wandert die Gruppe zunächst knapp 50 Min. durch ein Waldstück, wo es viele Orchideen und Bromelien zu bewundern gibt. Im Anschluss treibt man im 24 °C warmen Wasser den Rio Olho D'Água mit der Strömung 2400 m flussabwärts. Die gesamte Tour dauert etwa 4 Std. und kostet 135 R$ pro Person (inkl. Mittagessen). Im Anschluss ist Reiten auf der Fazenda möglich (kostet extra).

Wer nicht ganz so weit fahren möchte, kann ein ähnliches Programm auch auf dem Fluss **Rio Sucuri** erleben, der durch das Gelände der Fazenda São Geraldo (18 km von Bonito, www.riosucuri.com.br) fließt. Nach einem kurzen Spaziergang durch den Wald gelangt man zur Quelle, von wo aus man sich 1800 m den Fluss hinabtreiben lässt (ca. 50 Min.). Die Halbtagestour kostet 90 R$ pro Person, ein Mittagessen ist optional (18 R$).

Nachdem man am ersten Tag die Flüsse der Region vom Wasser aus kennengelernt hat, empfiehlt sich am zweiten Tag eine Wan-

Touren durch den Pantanal

derung. Besonders schön ist die geführte Tour **Trilha Ecológica** auf dem Gelände der **Fazenda Boca da Onça** (58 km von Bonito, www.bocadaonca.com.br). Auf einem sehr gepflegten, von Wald umgebenen Naturwanderpfad, 5 km am Rio Salobra entlang, gelangt man in knapp 4 Std. zu einer ganzen Reihe wunderschöner Wasserfälle, wie dem 30 m hohen Cachoeira da Anta oder dem 11 m hohen Buraco do Macaco, zu dem man durch eine flache, von Fledermäusen bewohnte Höhle hindurch tauchen muss (bei Hochwasser gesperrt). Auch an heißen Tagen wird die Wanderung nicht zur Tortur, denn gleich an vier Stellen gibt es unterwegs Möglichkeit zu einem erfrischenden Bad. Den krönenden Abschluss bildet der 156 m hohe Wasserfall **Cachoeira Boca da Onça**, der höchste Wasserfall des Bundesstaates Mato Grosso do Sul. Unmittelbar davor lädt ein Sonnendeck mit Liegestühlen dazu ein, das Panorama auf sich wirken zu lassen, ein natürliches Schwimmbecken sorgt für Abkühlung. Die Tagestour kostet 120 R$ pro Person (inkl. Mittagessen), am Ende der Tour besteht eine Abseil-Möglichkeit.

Die leichtere und kürzere (3 km) Wanderung **Estância Mimosa** (24 km von Bonito) führt auf einem gut präparierten Waldpfad am Rio Mimoso entlang, vorbei an acht kleineren Wasserfällen mit Naturpools (Bademöglichkeit). Abenteuerlustige können ihren Mut bei einem Sprung von einem 7 m hohen Turm ins glasklare Wasser unter Beweis stellen. Ein besonderes Plus dieses Ausflugs sind die beiden hervorragenden regionalen Mahlzeiten, die vor und nach der Tour auf der Fazenda serviert werden (63 R$ pro Person für Tour inkl. Mahlzeiten).

Wer noch einen dritten Tag in Bonito hat und etwas ausspannen möchte, sollte noch das schöne Naturfreibad **Balneário Municipal** (7 km von Bonito, tgl. 8–17 Uhr) besuchen. An- und Abfahrt sind unkompliziert (Mototaxi ab Zentrum 15 R$) und der Eintritt ist mit 15 R$ vergleichsweise günstig. In Zentrum des Geländes befindet sich eine von Bäumen umstandene Liegewiese mit Volleyballfeld, rundherum laden kleine Café-Imbisse zu einem Snack ein. Schwimmen kann man im kristallklaren Wasser des Rio Formoso, in dem besonders viele Piraputangas zu sehen sind. Kleine Holzwege führen durch einen Wald zu Badestegen, von denen aus man sich flussabwärts treiben lassen kann. Schnorchelzubehör wird vor Ort verliehen (10 R$/Tag, 4 R$/Std.).

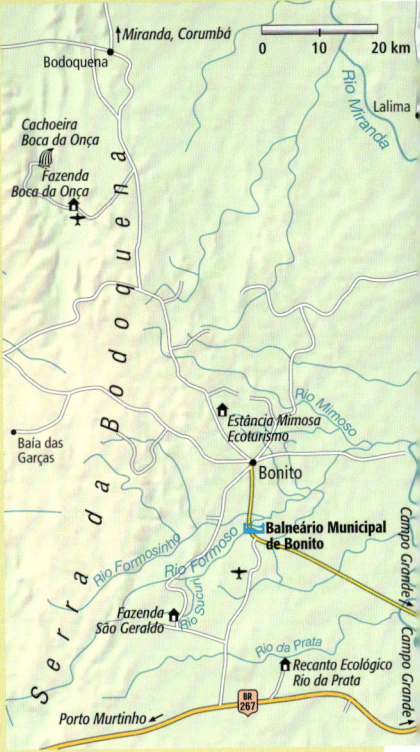

Die Ponte Hercílio Luz verbindet das Zentrum von Florianópolis mit der Ilha de Santa Catarina

Kapitel 6
Der Süden

Brasiliens Süden umfasst die Bundesstaaten Rio Grande do Sul, Santa Catarina und Paraná. Die vielerorts an Süddeutschland erinnernde Landschaft besteht aus Hügeln, Tälern, Flüssen, Wäldern und Wiesen, selbst das Klima ähnelt dem in der Heimat, im Winter kann sogar Schnee fallen. Kaum jemand kommt hier zum Baden her, die Reize der Region sind andere.

Die meistbesuchte Stadt ist Foz do Iguaçu mit dem einmaligen Naturspektakel der mächtigsten Wasserfälle der Welt. Lohnend sind auch der Nationalpark, der Vogelpark und der Stausee. Das 986 km entfernte Porto Alegre ist nur einen Besuch wert, wenn man von dort Abstecher zu Weinorten, ›Blumenstädten‹ oder Nationalparks plant.

Die schönste Stadt Südbrasiliens mit Insellage, viel Grün und 42 Stränden ist Florianópolis. Als Badeurlaub eignet sie sich jedoch nur im Sommer. In der Umgebung locken die kleinen Badeorte Laguna und Garopaba, Camboriú ist dagegen in der Saison recht überlaufen. Von Florianópolis sind es nur wenige Kilometer bis nach Blumenau, neben Pomerode und Joinville die bekannteste ›deutsche‹ Stadt in Brasilien mit einem Oktoberfest nach Münchener Art.

Weiter nördlich im Landesinneren liegt Curitiba, Brasiliens angebliche ökologische Musterstadt. Sie bietet schöne Parks und ein gepflegt wirkendes Zentrum mit modernem Nahverkehrssystem. Von dort lohnt sich ein Tagesausflug mit einer alten Gebirgsbahn bis zu dem Kolonialstädtchen Morretes. Am weiter östlich gelegenen Paranaguá fahren Boote zur Ilha do Mel. Auf dieser kleinen Insel bekommt man leicht Kontakt zu den Fischern und findet reichlich Muße.

Auf einen Blick
Der Süden

Sehenswert

14 Foz do Iguaçu: Als ›große Wasser‹ bezeichneten die Tupi-Guarani-Indianer, die einstigen Bewohner dieses Gebietes, diese mächtigsten Wasserfälle der Welt am südlichen Dreiländereck. Auf argentinischer und brasilianischer Seite kann man 150–270 verschiedene Fälle bestaunen (s. S. 374).

15 Florianópolis: Das Flair der modernen, attraktiven Küstenstadt wird von 42 Stränden und einer Lagune inmitten von Bergen verschönt. In Floripa ist der Jet-set zuhause – es heißt also sehen und gesehen werden (s. S. 392).

Schöne Routen

Rota Romântica: Unternimmt man eine Tour über die ›Rota Romântica‹, die durch elf Städtchen führt, fühlt man sich fast wie im Schwarzwald oder auf der süddeutschen Weinstraße. Am schönsten sind Canela und Gramado (s. S. 386).

Weinstädte: Die ›Tour, die in den Kopf steigt‹ (mit Weinproben und -festen) führt durch das etwa 120 km von Porto Alegre entfernte Hauptweinbaugebiet des Landes, die Region Vale dos Vinhedos, bzw. zu den Orten Bento Gonçalves und Garibaldi (s. S. 389).

Unsere Tipps

Churrascarias: Der Süden ist das Land der Viehzüchter, nirgends sonst ist das Fleisch so gut, wie man sich in Porto Alegre vergewissern kann (s. S. 385).

Die besten Austern essen: … geht man in Florianópolis! Hier verkostet man die besten aus ganz Brasilien, hier gibt es so viele und so gute. Diverse Restaurants sind darauf spezialisiert (s. S. 396).

Die Honiginsel: Auf der unter Naturschutz stehenden Ilha do Mel kann man inmitten üppiger Vegetation herrlich entspannen. Es gibt 27 km Strände sowie die Fortaleza de N. S. dos Prazeres, eine bedeutende alte Festung, und die Gruta Encantada, eine ›verzauberte‹ Höhle (s. S. 413).

aktiv unterwegs

Cañons – Rausch der Tiefe: Ab Cambará do Sul kann man die faszinierenden Bergschluchten von Itaimbezinho und Fortaleza besuchen (s. S. 391).

Radtour durch »süddeutsche« Täler: 30 km von der deutschen Kolonie Blumenau entfernt beginnt (und endet) in Timbó eine Radtour durch neun Gemeinden. Der Weg führt entlang der ruhigen und schönen Forststraßen durch üppigen Regenwald, liebliche Täler, an Wasserfällen und Flüssen vorbei bis zu einem höher gelegenen Stausee (s. S. 405).

Mit der Gebirgsbahn nach Morretes: Ein ebenso schönes wie schwindelerregendes Abenteuer mit herrlichen Ausblicken in die Landschaft (s. S. 414).

14 Foz do Iguaçu ▶1, E/F 12

Alles ist gigantisch in Foz do Iguaçu – die gewaltigsten Wasserfälle der Welt, das zweitgrößte Wasserkraftwerk und ein riesiger Nationalpark. Auch die vom Tourismus lebende 320 000-Einwohner-Stadt, die außer den Naturattraktionen wenig zu bieten hat, stellt Rekorde auf: Die Besucherzahlen von einigen Millionen jährlich, die Hälfte aus dem Ausland, werden nur noch von denen Rio de Janeiros übertroffen.

Rund um die Cataratas do Iguaçu

Karte: S. 376
Die meisten Gäste, *camelôs* genannt, kommen weder zum Übernachten noch zum Bestaunen der Naturattraktionen nach Foz do Iguaçu. Ihr einziges Interesse gilt der Durchreise und dem Kauf von Billigwaren in Paraguay und der schnellstmöglichen Rückkehr zu einem der unzähligen Straßenstände in Rio de Janeiro oder São Paulo, immer getrieben von der Angst vor Zollkontrollen und Taschendieben. Dabei trägt die 552 m lange Grenzbrücke zwischen Ciudad de Este in Paraguay und Foz do Iguaçu in Brasilien den so schönen Namen ›**Brücke der Freundschaft**‹ **1**. Täglich wird sie von 30 000 armen Händlern überquert, alle voll behangen mit Taschen, Beuteln und Rucksäcken.

Die brasilianische Seite **2**
Von den *cataratas* liegen nur 19 bzw. 30 % auf der brasilianischen Seite (www.cataratas doiguacu.com.br, Infos auch auf Deutsch, Zutritt 22 R$). Der Vorteil ist jedoch, dass man von hier aus das Gesamtszenarium besser überschauen kann. Die Brasilianer sagen, Argentinien hat die Bühne, aber wir das Privileg, das Stück zu sehen. Ein 1 km langer Weg mit reizvollen Panoramaaussichten führt den vor kalten Duschen kaum gefeiten Besucher ganz nah an das 120 Mio. Jahre alte Naturschauspiel heran. Man sieht den 2700 m breiten Cañon und zahlreiche Wasserfälle, deren größter **Garganta do Diabo** (›Teufelsrachen‹) genannt wird; hier stürzt das Wasser 90 m in die Tiefe. (Zum Vergleich: Die Niagarafälle in Nordamerika fallen nur 47 m tief und haben eine Breite von 1300 m).

Die argentinische Seite **3**
Ein Besuch der **argentinischen Seite,** für den man einen ganzen Tag verwenden kann, ist ein Muss (Infos unter Tel. 00 54-0 37 57-42 07 22, www.iguazuargentina.com; Pass nicht vergessen, 60 AGR $, nur mit Maestro). Es gibt mehr Stege (5 km) und Aussichtspunkte als auf der brasilianischen Seite, sowohl unterhalb als auch oberhalb der Fälle. Über einen 1,2 km langen unteren Pfad kommt man so nahe heran, dass man die herabstürzenden Wasser des gewaltigen Garganta do Diabo fast berühren kann. Der leichteste Pfad mit 650 m ohne Treppen führt oben entlang und erlaubt, den Absturz der Fälle direkt von der Kante aus zu erleben. Zwischen den einzelnen Wegen fährt eine offene Kleinbahn. Auch Bootstouren werden angeboten, sogar preiswerter als auf der brasilianischen Seite (s. 379).

Dichtung und Wahrheit
Bevor die Wasserfälle 1542 von dem Spanier Dom Alvarez Nuñez entdeckt wurden, rank-

ten sich schon zahlreiche indianische Legenden um diesen ungeheuerlichen Ort. In der Sprache der Ureinwohner bedeutet Iguaçú *água grande* (großes Wasser) und wurde mit der Vorstellung von großer Gefahr verknüpft. Nach dem Glauben der Caingangues-Indianer soll sich hier ein verzweifelter Gott Luft verschafft haben: Die schöne Indianerin Naipi war bereits M'Boy, dem Sohn des Gottes Tupã, versprochen, als ein junger Krieger namens Tarobá am Tage der Hochzeit mit der Braut die Flucht ergriff. M'Boy, in seiner Wut und Enttäuschung, vergrub sich bis zum Kopf in die Erde und bewirkte durch bloßes Anspannen der Muskeln seines schlangenförmigen Körpers eine derartige Erdbewegung, dass sich eine gewaltige Grube öffnete, in die sich alsdann die Wasser des vorher so ruhig dahinfließenden Flusses hineinstürzten. Das Kanu des flüchtigen Liebespaares ging in den Fluten unter, Tarobá verwandelte sich in eine Palme am Ufer des Rio Iguaçú und Naipi in einen großen Felsen, auf ewig durch den Wasserfall geschützt.

Die wissenschaftliche Erklärung ist indes reichlich ernüchternd: Zur Kreidezeit bildeten Lavaströme eine bis zu 1600 m dicke Basaltschicht über dem alten Gestein. Diese neue Schicht war unterschiedlich stark zerklüftet und wurde so auch unterschiedlich schnell vom Wasser abgetragen, sodass sich in den Wasserfällen mehrere Stufen bildeten.

Macuco Safari [4]

Die nicht gerade preiswerte Safaritour (s. S. 379) von **Macuco Safari** ist wegen ihrer relativen Bequemlichkeit und Kürze (1,45 Std.) eine beliebte Option, um die Natur sowie die Wasserfälle mit etwas mehr Adrenalin zu erleben. Die Idee stammt von einem Amerikaner, der seinen Wohnort von Chicago nach Foz do Iguaçu verlegte, als Vorreiter des *turismo ecológico* eine Nutzungskonzession für einen Teil des Parks erhielt und dort seine Safaris durchführt.

An der Rodovia das Cataratas KM 25 geht es los (Mückenschutz auftragen!), man fährt zunächst mit einem elektrisch betriebenen Wagen 3 km durch den Urwald, wobei zwecks Erläuterungen der Flora und Fauna mehrmals kurz angehalten wird. Weiter geht es dann 600 m zu Fuß über Steinstufen steil bergab bis zum Ufer des Rio Iguaçú. Dort entledigt man sich aller Dinge, die nicht nass werden dürfen, steigt in ein Schlauchboot für 20 Personen und fährt im Zickzack mit Vollgas (zwei Motoren mit je 200 PS) dicht an die Fälle heran und schließlich mitten hinein in die tosende Gicht. Total durchnässt, wird es dann auf der rasanten Rückfahrt etwas kühl. Eine empfehlenswerte Alternative oder Ergänzung sind die etwa ein Drittel preiswerteren Bootsfahrten zu den Wasserfällen auf der argentinischen Seite.

Der Nationalpark von Iguaçu [5]

Karte: S. 376

Der Weg zu den Cataratas führt durch den **Parque Nacional do Iguaçu,** ein unter Naturschutz stehender subtropischer Regenwald. Er wurde 1939 gegründet und erstreckt sich auf der brasilianischen Seite über eine Fläche von 185 000 ha (Argentinien: 55 000). Außer einem üppigen Palmen- und Kiefernwald mit über 2000 Pflanzenarten bietet er eine reichhaltige **Fauna.**

Es gibt 348 Vogelarten (auch Tukane), viele davon vom Aussterben bedroht, Riesenschmetterlinge, viele Affen und Nasenbären, Wasserschweine, Wildschweine und sogar frei lebende Jaguare. Letztere, von denen es noch etwa 30 geben soll, greifen, außer bei Bedrohung, keine Menschen an, während die Wildschweinrudel allgemein gefürchtet sind. Auf jeden Fall sollte man nicht allein ohne Guide herumlaufen.

Der Nationalpark wurde nach einer Phase des Niedergangs seit dem Jahre 2000 mit einem Kostenaufwand von 30 Mio. US-$ revitalisiert. Das dafür verantwortliche private Unternehmen namens Cataratas do Iguaçu erhielt als Gegenleistung eine 15-jährige Nutzungslizenz. Der Deal hat sich gelohnt. Während früher viele Besucher von Foz do Iguaçu fast nur die Wasserfälle besichtigten, machen

Foz do Iguaçu

heute etwa 1 Mio. pro Jahr auch eine längere Rundtour durch den Park.

Vom neuen **Besucherzentrum** (Centro de visitantes) fahren in kurzen Abständen spezielle umweltschonende und mit Tiermotiven bemalte **Doppeldeckerbusse** ab, Pkws sind untersagt. Sie sind recht komfortabel, klimatisiert und der Gast erhält Infos in drei Sprachen. Die Fahrt führt über die ›Trilha das Cataratas‹, vorbei an den Ticketschaltern des neueren, an der Rodovia das Cataratas KM 27 gelegenen Abenteuerparks ›Campo de desafios‹ (s. S. 379). Danach geht es weiter zum ›Espaço Naipi‹ mit ho-

Wasserkraftwerk und Stausee von Itaipu

hen Aufzügen und Panoramadeck. Daneben liegt das Restaurant »Espaço Porto Canoas«, in dem man mit Blick über die Cataratas vom Büfett speisen kann (Tel. 045-35 21 44 00, tgl. 9–17, Europäer bezahlen 37 R$).

Vogelpark 6

Sehr zu empfehlen ist ein Besuch des **Parque das Aves** an der Rodovia das Cataratas KM 11 (15 km vom Zentrum), er liegt nur 500 m vor dem Eingang zum Nationalpark, lässt sich also gut mit dem anderen Ausflugsprogramm verbinden. Etwa 900 Vögel bzw. 160 Arten sind hier anzutreffen. In der großzügig gestalteten Anlage, die man in zwei Stunden durchstreift, werden Fauna und Flora auf Tafeln erklärt. Von einem asphaltierten Weg aus sieht man zunächst viele Vögel in riesigen Käfigen. Später folgen Freigehege, in denen getrennt voneinander sowohl Vögel des Nationalparks von Iguaçu *(viveiros da floresta)* als auch des Pantanal, Neu-Guineas und Nordaustraliens zu sehen sind.

In besonderen Gehegen werden zudem Kaimane, Schlangen, Schildkröten sowie Schmetterlinge gehalten. Es ist also fast ein richtiger zoologischer Garten, doch mit dem ehrenwerten Anspruch, die vom Aussterben bedrohten Arten zu zeigen und zu schützen, z. B. Aras und Nandus (Tel. 045-35 29 82 82, www.parquedasaves.com.br, auch Deutsch, tgl. 8.30–17.30 Uhr, 25 R$).

Wasserkraftwerk und Stausee von Itaipu

Karte: links

Die **Usina Hidrelétrica da Itaipu Binacional** 7, ein Gemeinschaftsprojekt von Brasilien und Paraguay, wird gespeist von einem 1400 km² großen **Stausee** (Lago de Itaipu) und erzeugt 14 000 MW, nur das neuere chinesische Werk (18 200 MW) übertrifft diese Kapazität. Itaipu deckt ca. 20 % des gesamten brasilianischen und 91 % des paraguayischen Energiebedarfs.

Baugeschichte

Das Kraftwerk entstand zwischen 1975 und 1984. Die Standortwahl rührte von besonders günstigen Bedingungen des Wasserzulaufs her. Der Rio Paraná, ein Fluss der Hochebene, kommt aus Minas Gerais und bildet bei Foz do Iguaçu die Grenze zwischen Brasilien und Paraguay.

Die Baukosten betrugen 18 Mrd. US-$, der verwendete Zement entsprach der Masse von 210 Maracanã-Stadien, der Stahl dem Gewicht von 380 Eiffeltürmen. Alles hier ist gigantisch, die Staumauer mit einer Höhe von 196 m und einer Länge von 8 km, die 390 m breite ›Schöpfkelle‹, die 62 200 m³ Wasser pro Sekunde hindurchlässt (40-mal mehr als die Cataratas), sowie die etwa 120 m hohe Dunstglocke, die dieser grandiose künstliche Wasserfall zu bilden vermag.

Der ökologische Preis

Solcher Gigantismus, typisch für das Denken der Militärgeneräle, forderte natürlich seine Opfer, z. B. den Verlust der **Sete Quedas de Guaíra** (Sieben Fälle von Guaíra), ehemals Postkartenmotiv Nr. 1 des Rio Paraná. Kritiker hatten damals den Bau kleinerer, dezentraler Kraftwerke mit weniger umweltzerstörerischen Auswirkungen gefordert. Der heutige brasilianische Generaldirektor des Stauwerks, Jorge Samek, nahm als Student an den Protestaktionen gegen den Stausee teil.

In einem Interview von 2004 verteidigt er jedoch das Projekt als äußerst erfolgreich, auch in ökologischer Hinsicht. Mit den künstlichen Stränden (Santa Terezinha oder Bairro de Três Lagoas) und den vielen Wassersportmöglichkeiten ist hier ein neues Ferienparadies entstanden. Jetzt will Herr Samek um den See herum auch noch »Gärten anlegen wie im französischen Versailles«.

Besichtigung

Eine Besichtigung des Stauwerks beginnt am Besucherzentrum *(Centro de Visitantes),* Av. Tancredo Neves 6702, Tel. 0800-645 46 45, www.itaipu.gov.br, tgl. zu jeder vollen Stunde zwischen 8 und 16 Uhr, Dauer 1,5 Std., Ein-

Foz do Iguaçu

Das Kraftwerk von Itaipu ist weltweit eines der größten

tritt 19 R$. Zuerst wird ein 15-minütiger Dokumentarfilm gezeigt, dann geht es per Bus zu einem Aussichtspunkt mit Blick auf die Staumauer. Während der Fahrt werden Erläuterungen in drei Sprachen gegeben (Portugiesisch, Spanisch, Englisch).

Fr und Sa um 20 bzw. 21 Uhr (Sommerzeit) besteht auch die Möglichkeit, die stürzenden Wasser 10 Min. lang von 519 Scheinwerfern angestrahlt zu bewundern (30 Min. vor Beginn erscheinen, Eintritt 12 R$), am Tage sieht man jedoch besser und mehr. Zudem gibt es gleich beim Kraftwerk ein **Öko-Museum**, in dem die Flora und Fauna der Region gezeigt, aber auch zahlreiche Informationen über Wasser und Energie vermittelt werden (Ecomuseu de Itaipu, Tel. 045-35 20 66 76, Di–So 8.30–17.30 Uhr, 8 R$).

Infos

Secretaria de Turismo: Praça Getúlio Vargas 69, Tel. 045-35 21 14 55, www.fozdoiguacu.pr.gov.br, tgl. 7–23 Uhr; auch Büros am Flughafen und an der Rodoviária.

Übernachten

Hinweis: In Foz do Iguaçu, also auf der brasilianischen Seite der Wasserfälle, gibt es genügend Hotels, sodass man nicht auf die argentinische Seite ausweichen muss. Dort, z. B. im Sheraton, klagen insbesondere die Gäste aus Europa häufig über die recht lauten argentinischen Touristen(-gruppen), die offenbar nicht gerade zu den rücksichtsvollsten gehören.

Dicht bei den Fällen ▶ **Hotel das Cataratas:** Parque Nacional do Iguaçu, Tel. 045-21 02 70 00, www.hoteldascataratas.com.br. Große Resortanlage von 1958 (kürzlich renoviert) mit 300 Zimmern, die einzige nahe den Fällen. Von einigen Zimmern kann man sie ausschnitthaft sehen, zu hören sind sie jedoch überall. Überwiegend von zahlungskräftigen Gästen aus Europa besucht, meistens ausgebucht; für kurzfristige Reservierungen Agenturen bemühen. 685–805 R$.

Resort ▶ **Bourbon Cataratas:** Rodovia das Cataratas 6845, Tel./Fax 045-35 21 39 00, www.bourbon.com.br. Noble Anlage von

Wasserkraftwerk und Stausee von Itaipu

1997 in großem Park mit 70 Zimmern und 4 Bungalows, auch Fitnessstudio, Pool und Golfplatz. Ab 580 R$.

Preiswert ▶ Hotel Florença: Rod. das Cataratas, 8,5 km südöstl. des Zentrums, Tel. 045-35 29 77 55, Fax 045-35 29 88 77, www.hotelflorenca.com. 64 Zimmer, moderne Anlage in architektonisch ansprechendem Niedrigbaustil. Großer Hotel-Pool und Tennisplatz. 132 R$.

Backpacker ▶ Hostel Paudimar Campestre (HI): Rodovia das Cataratas, KM 12,5, Tel. 045-35 29 60 61, www.paudimar.com.br. Große Anlage mit Pool, Bar, Fußballplatz und Campingmöglichkeit; nahe Flughafen und Wasserfällen. DZ 75 R$ und Dorms 25 R$.

Camping ▶ Clube do Brasil: Av. das Cataratas KM 17, Tel. 045-35 23 85 99, www.campingclube.com.br. Rasenplatz mit Bäumen gleich neben dem Besucherzentrum des Nationalparks. 20 R$ pro Pers.

Essen & Trinken

Restaurantmeile ▶ Avenida Jorge Schimmelpfeng: Ein Lokal neben dem anderen, zu empfehlen sind Jardim da Cerveja, Refain Chopp, Bier Garten und Pizza Park.

Barbecue ▶ Búfalo Branco: Rua Eng. Rebouças 530, Tel. 045-35 23 97 44, tgl. 12–23 Uhr. Top-Churrascaria *(rodízio)*, mittlere Größe, an den Wänden Landschaftsbilder der Region. Fixpreis 46 R$.

Für Fischliebhaber ▶ Trapiche: Rua Marechal Deodoro 1087, Tel. 045-35 72 39 51, Di–So 11.30–23.30 Uhr. Gutes Fischrestaurant. 40–60 R$.

Terrasse am Fluss ▶ Porto Canoas: Ende der Rodovia das Cataratas, KM 25, Tel. 045-35 21 44 43, tgl. 12–16 Uhr. Ausgezeichnetes Self-Service-Buffet zu mittleren Preisen. Herrliche Flussuferlage kurz vor Cataratas..

Aktiv

Wasserfälle Argentinische Seite: Auf der brasilianischen Seite kann man alle Sehenswürdigkeiten leicht selbst finden, für die argentinische Seite sollte man sich u. a. wegen der Grenzformalitäten einer organisierten Tour anschließen, Buchung z. B. über das Hotel. Der Deutschbrasilianer Reinaldo Kunkel spricht gut Deutsch, ist freundlich und zuverlässig, Handy 045-91 03 51 99. Auch gibt es Bootsfahrten, die ein Drittel preiswerter sind als die brasilianischen, z. B. über Iguazu Jungle Explorer, Tel. 00 54-0 37 57-42 16 96.

Schlauchboot-Tour ▶ Macuco Safari: Zu Wasser und zu Lande durch den Nationalpark, Tel./Fax 045-529 79 76, www.macucosafari.com.br, Mo–So 8–17 Uhr, Start alle 10 Min., Tickets innerhalb des Parks bei der 2. Haltestelle des Touristenbusses. 140–180 R$ pro Pers. (s. S. 359).

Extremsport ▶ Campo de desafios: Hier besteht die Möglichkeit zu *rapel, rafting, escalada, arvorismo* und *tirolesa,* Rodovia das Cataratas KM 27 (nahe Macuco Safari), Tel. 045-35 29 60 40, www.campodedesafios.com.br, tgl. 9–17 Uhr. Jede Aktivität um 90 R$ pro Pers., 3er-Aktiv.-Paket um 220 R$ pro Pers., Pfade *(trilhas)* 110–140 R$; inkl. englischsprachigem Lehrer und Ausrüstung.

Hubschrauber-Rundflüge ▶ Helisul: gegenüber Parque das Aves, Tel. 045-35 29 74 74, tgl. 9–18 Uhr. Wegen Lärmschutz müssen die Helicopter inzwischen höher fliegen, sodass man die Fälle nicht mehr aus nächster Nähe sieht. Dennoch sind diese Flüge ein Erlebnis. Der günstigste und beliebteste Flug (Wasserfälle und Nationalpark) dauert 10 Min. und kostet 150 R$ pro Pers. (mind. 3 Pers.).

Verkehr

Flugzeug: Der Aeroporto Internacional liegt 15 km von der Stadt entfernt auf dem Weg zur brasilianischen Seite der Wasserfälle, Tel. 045-35 21 42 00; City-Transfer im Flughafenbus *Centro* (alle 20–30 Min.) oder per Taxi (Tel. 045-35 29 88 21, 45 R$).

Bus: Die Rodoviária liegt 4 km nordöstl. des Zentrums, Tel. 045-35 22 25 90; Verbindungen u. a. nach Curitiba (*Catarinense,* Tel. 0300-147 04 70, 7–9 x tgl., 9 Std., 98 R$), Florianópolis (u. a. *Catarinense,* Tel. s. o., nur 17.30 Uhr, 14 Std., 132 R$), Porto Alegre (*Unesul,* Tel. 045-35 22 20 70, 15 x tgl., 16 Std., 107–164 R$), Rio de Janeiro (u. a. *Kaiowa,* 3 x tgl., 22 Std., 214 R$), São Paulo (u. a. *Kaiowa,* 5 x tgl., 15 Std., 153 R$).

Die größten Wasserfälle der Welt: Cataratas do Iguaçu

Porto Alegre und Umgebung

Wer hierher kommt, wird selten bloß von den Sehenswürdigkeiten dieser Stadt angezogen. Sie unterscheidet sich klimatisch und kulturell zu wenig von dem, was man bereits aus Deutschland und Europa kennt, und gehört auch nicht zu den touristischen Highlights Brasiliens. Dennoch lohnt sich ein Besuch, wenn man von hier aus auch Abstecher in die nähere Umgebung plant.

Porto Alegre ▶ 2, H/I 17

Cityplan: S. 384/385
Die Hauptstadt von Rio Grande do Sul (1,4 Mio. Einw.) im Herzen des Gaúcho-Landes versucht sich mit aller Macht als eigenständiges Touristenziel zu profilieren. An gewagten Vergleichen mit San Francisco und der Golden Gate Bridge mangelt es nicht, die an einem See liegende Stadt wird gar als Geschenk des **Rio Guaíba** bezeichnet, so wie Ägypten ein Geschenk des Nils sein soll. Es kommen jedoch mehr Geschäftsleute als Touristen, liegt Porto Alegre doch zentral im **Mercosur,** Südamerikas Wirtschaftsverbund. Auch bedeutende politische Veranstaltungen fanden hier statt, z. B. bereits mehrmals das **World Social Forum,** das Gegenevent zu den Gipfeln der Welthandelsorganisation. Es gibt eine für Brasilien recht große Intellektuellenszene und viele Studenten. Nirgendwo im Land wird mehr gelesen als hier, und im November findet hier alljährlich Brasiliens bedeutendste **Buchmesse** statt. Dass der Bevölkerung von Porto Alegre ein kritisches politisches Bewusstsein nachgesagt wird, mag nicht zuletzt auch mit ihrer Weltoffenheit zusammenhängen.

Die ersten **Einwanderer,** 60 Ehepaare von den Azoren, kamen 1752 hier an und gründeten an der Mündung des Rio Guaíba Porto Alegre, ›Fröhlicher Hafen‹. Ab den 1820er-Jahren folgten viele Deutsche und Italiener. Heute leben hier Menschen aus 51 Nationen. Das historische Zentrum lässt sich gut zu Fuß erkunden. Für eine ausgedehnte Rundfahrt empfiehlt sich die **Linha Turismo,** ein oben offener Doppeldeckerbus, der auf 28 km an 17 Sehenswürdigkeiten vorüberfährt (Erläuterungen auf Englisch, Abfahrt in der *Cidade baixa,* Trav. do Carmo 84, Tel.051-32 89 67 44, Di–So 9 und 15.30 Uhr, Dauer 1 Std. 20 Min., 8 R$ unten, 10 R$ auf dem Oberdeck).

Catedral Metropolitana 1

Nahe den Hotels der Rua Fernando Machado erhebt sich die mächtige **Kathedrale,** erbaut zwischen 1929 und 1986 nach dem Vorbild italienischer Renaissancebauten. Sie beeindruckt jedoch mehr von außen als von innen. Ihre weiße Marmorkuppel hat einen Durchmesser von 18 m, die Spitze liegt 74 m über der Erde, die beiden Türme erreichen eine Höhe von 50 m. An der Frontfassade befinden sich drei farbenfreudig gestaltete Mosaikgemälde, die in den Werkstätten des Vatikans hergestellt wurden (Mo–Sa 8–19 Uhr).

Regierungspalast 2

Direkt daneben steht der **Palácio Piratini,** das prunkvolle Empfangs- und Versammlungsgebäude der Regierung des Bundesstaates. Der Palast wurde zwischen 1896 und 1921 erbaut und ist innen reich mit italienischem Marmor aus Carrara, Kristallleuchtern aus der Tschechoslowakei, Treppengelän-

Tipp: Fleisch und Bier am Abend

Porto Alegre ist berühmt für seine ausgezeichneten **Churrascarias**. Zu verdanken ist die hiesige Fleischbegeisterung den Viehzüchtern der nahe gelegenen Pampa. *Gaúchos* nennt man sie, und sie haben die charakteristische Angewohnheit, ständig bitteren Tee *(chimarrão)* zu schlürfen und *churrasco* zu essen, Stiefel, Schlaghosen, ein rotes Halstuch und einen Cowboyhut mit Kinnriemen zu tragen sowie geschickt das Lasso zu schwingen.

Die früher eher verspötteten Viehtreiber, nicht selten auch Viehdiebe, machten sich im 19. Jh. als die eigentlichen Verteidiger brasilianischen Bodens gegen die argentinischen und uruguayischen Nachbarn verdient und werden heute landesweit geachtet. In der Stadt sieht man sie nur selten, aber die Kellnertracht der touristischen Churrascaria ›Galpão Crioulo‹ z. B. vermittelt zumindest einen Eindruck von ihrer äußeren Erscheinung.

Eine zweite Ausgeh-Empfehlung bezieht sich auf das Trinken, besser gesagt auf ›deutsches‹ Bier im absoluten *In*-Lokal **Dado Bier** (s. S. 385). Den Namen teilt es mit seinem deutschstämmigen Besitzer Eduardo Bier. »Ich bin Bier«, so stellt er sich vor und verweist stolz auf die 1995 endgültig gelungene Verwirklichung eines alten Traums, die Kombination einer eigenen kleinen Brauerei mit einem Restaurant, einem Biergarten, einer Bar und einer Diskothek. Bis zu 2000 Gäste, vorwiegend aus der Mittelschicht, kommen allabendlich hierher, um sich im Ambiente aus New Wave, High Tech, rustikalen Steinmauern und Alpengemälden zu vergnügen.

---

dern aus Frankreich und kostbaren Möbeln aus Buenos Aires im Stil Ludwigs XV. ausgestattet. In dem von Versailles inspirierten Hauptsaal erzählen 18 Gemälde von Aldo Locatelli die Legende des Negrinho do Pastoreio, im angrenzenden Nebensaal dokumentiert ein großes Werk desselben Malers die Kolonialgeschichte von Rio Grande do Sul (Mo–Fr 9–11 und 14–17 Uhr).

Theater, Museen und Kulturzentrum

Nach der Besichtigung des Palastes überqueren wir den davor liegenden Platz und sehen an seinem unteren Ende links das 1858 in portugiesischem Barockstil erbaute **Teatro São Pedro** 3, in dessen Innenraum ein 600 kg schwerer Kronleuchter zu bewundern ist. Das unter Denkmalschutz stehende Gebäude wurde auf Initiative der deutschstämmigen Theaterenthusiastin Eva Sopher 1984 sorgfältig restauriert und unter Denkmalschutz gestellt (Di–Fr 12–18.30, Sa/So 16–18 Uhr). Danach geht es die rechts daneben verlaufende Rua General Câmara hinab bis zur Praça da Alfandega, Porto Alegres Museumsmeile (alle Eintritte frei).

Dort befinden sich das **Museu de Arte do Rio Grande do Sul** 4 mit Gemälden u. a. von Di Cavalcanti, Candido Portinari (Di–So 10–19 Uhr), daneben das im alten Postgebäude von 1914 untergebrachte **Memorial do Rio Grande do Sul** 5 mit 50 000 Ausstellungsstücken zur Geschichte des Landes (Di–Sa 10–18 Uhr).

Hafen

200 m weiter stoßen wir auf den Haupteingang zum **Hafen**. Größere Frachtschiffe sieht man nur noch selten, die Blütezeit des größten Binnenseehafens von Brasilien ist längst vorbei. Den freien Blick stört eine fast 3 km lange und 3 m hohe Mauer, die 1971 zum Schutz vor Überschwemmungen errichtet wurde, ihre Nützlichkeit jedoch nie unter Beweis stellen musste.

Gaswerk 6

Weiter nach links gehend, immer an der Mauer entlang, sieht man bald die **Usina do Gasômetro** von 1928 mit ihrem 117 m hohen Schornstein. Das frühere Gaswerk ist seit 1974 außer Betrieb und wurde 1995 in ein heute allseits sehr beliebtes Kulturzentrum

umgewandelt, dass am Ufer des Sees gelegen ist. Im Sommer zieht es Scharen von Besuchern magisch an, so als gäbe es dort einen wirklichen Strand. Sehr reizvoll ist es, den Sundowner auf der Dachterrasse der Bar Pôr-do-Sol (Di–So 9–21 Uhr) zu genießen. Vor dem Gaswerk beginnen auch **Bootstouren** auf dem Rio Guaíba mit der Noiva do Caí (s. S. 386).

Aussichtspunkt

Zum Abschluss unserer Rundtour nehmen wir irgendwo an der Uferstraße, eventuell bereits am Gaswerk, ein Taxi und fahren ein paar Kilometer am schönen Parque Harmonia vorbei bis zum **Morro de Santa Teresa** 7. Von dort genießt man den besten Panoramablick auf die Stadt und den See, besonders stimmungsvoll ist der Ort bei Sonnenuntergang.

Porto Alegre

Sehenswert
1. Catedral Metropolitana
2. Palácio Piratini
3. Teatro São Pedro
4. Museu de Arte do Rio Grande do Sul
5. Memorial do Rio Grande do Sul
6. Usina do Gasômetro
7. Morro de Santa Teresa

Übernachten
1. Sheraton Hotel
2. Plaza Catedral
3. Ponte de Pedra

Essen & Trinken
1. Churrascaria Galpão Criolo
2. Al Dente

Einkaufen
1. Mercado Público

Abends & Nachts
1. Dado Bier
4. Dado Pub
5. Mercatto d'Arte

Aktiv
1. Noiva do Caí

Infos

Touristeninformation: Kostenlose Hotline 0800-51 76 86 (man spricht Englisch), www.portoalegre.rs.gov.br/turismo (auch auf Englisch); Informationsbüros am Flughafen (tgl. 8–22 Uhr), an der Usina do Gasômetro (Di–So 9–18 Uhr), im Mercado Público (Mo–Sa 9–18 Uhr) und in der *Cidade baixa* bei der Linha Turismo, Trav. do Carmo 84 (tgl. 8–18 Uhr).

Übernachten

Top-Adresse ▶ Sheraton Hotel 1: Rua Olavo Barreto Viana 18 (Moinhos de Vento), Tel. 051-21 21 60 15, www.sheraton-poa.com.br. Bestes Hotel vor Ort, 171 Zimmer, kosmopolitische Dekoration, ideale Lage nahe dem Zentrum, einem Park und der Ausgehmeile Calçada da Fama. Ab 449 R$.

Zentrale Lage ▶ Plaza Catedral 2: Rua Fernando Machado 741, Tel./Fax 051-32 25 15 79, www.plazacatedral.com.br. Apartmentanlage mit Hotelservice; 28 hübsche Studios mit voll ausgestatteter Küche und Veranda, nahe der Kathedrale. 115 R$.

Komfortabel ▶ Ponte de Pedra 3: Rua Fernando Machado 828, Tel. 051-32 26 21 88, Fax 051-32 26 21 88, www.hotelpoutedepedra.com.br. Freundliches kleines Hotel mit 24 Zimmern, in zentraler Lage nahe der Kathedrale, äußerlich eher unscheinbar, innen schön und ruhig. 100 R$.

Essen & Trinken

Folkloristisch ▶ Churrascaria Galpão Crioulo 1: Av. Loureiro da Silva (Parque da Harmonia), Tel. 051-32 26 81 94, 11.30–15.30, 19–24 Uhr. Gute Rodízio-Churrascaria, rustikaler Stil, ab 20.30 Uhr Musik- und Folklore-Programm, etwas touristisch. Fixpreis abends 40 R$ plus 5 R$ für die Show.

Guter Italiener ▶ Al Dente 2: Rua Mata Bacelar 210 (Auxiliadora), Tel. 051-33 43 18 41, Mo-Sa 19.30–24 Uhr (Fr/Sa reservieren). Stimmungsvoll beleuchtetes Ambiente, beliebter Treffpunkt für Paare. Große Auswahl an interessanten und preislich noch im Rahmen liegenden Nudelgerichten (um 25 R$), die *massa* ist natürlich hausgemacht.

Einkaufen

Schmuck aus Fischschuppen ▶ Dieser alternative Modeschmuck ist eine berühmte regionale Besonderheit. 24 Frauen schlossen sich zusammen und recycelten aus dem Abfallprodukt Fischschuppen modische Accessoires; sie werden mittlerweile in ganz Brasilien verkauft und sogar ins Ausland exportiert.

Markthalle ▶ Mercado Público 1: Praça 15 de Novembro (nahe beim Hafen), Mo–Sa 7.30–19.30 Uhr. Traditioneller Einkaufsmarkt der Einheimischen mit 117 Ständen; Bars und Restaurants; Lebensmittel, Leder- und Wollprodukte, Reitausrüstungen etc.; angenehm untouristische Atmosphäre.

Abends & Nachts

Das Nachtleben konzentriert sich auf die Stadtteile Moinhos de Vento und Calçada da Fama sowie in der Cidade Baixa. Eine ganz besondere Adresse ist **Dado Bier** 1, Rua Túlio de Rose 80 (im Shopping Bourbon Country), Tel. 051-33 78 30 00, www.dadobier.com.br, Mo–Sa ab 19.30 Uhr Restaurant, ab 22 Uhr nebenan Disco, Eintritt 25–30 R$

Porto Alegre und Umgebung

(s. S. 383). Zum Flirten noch besser geeignet ist **Dado Pub** 2, Rua Fernando Gomes 80 (Moinhos de Vento), Tel. 051-33 95 14 68. Für den romantischen Abend zu zweit empfiehlt sich **Mercatto d'Arte** 3, Rua João Alfredo 399 (Cidade Baixa), Tel. 054-32 24 94 41, tgl. ab 20 Uhr.

Termine
Porto Verão Alegre (Jan./Febr.): Theaterfestival mit Gruppen aus ganz Brasilien.
N. S. dos Navegantes (2. Febr.): Flussprozession zu Ehren der Schutzgöttin der Seefahrer.
Semana de Porto Alegre (letzte Märzwoche): Feste zum Stadtgeburtstag (26. März) mit Musik, Folklore und Marktständen.
Porto Alegre em Cena (Sept.): Internationales Schauspielfest (zwei Wochen) in Theaterhäusern und auf der Straße (Tanz, Musik, Theater, Workshops).

Aktiv
Bootsfahrt ▶ Mit der **Noiva do Caí** ab Usina do Gasômetro, Tel. 051-32 11 76 62, Di–Fr 15.45, Sa stdl. zwischen 11.30 und 17.30 Uhr, Dauer 1 Std., 10 R$. Ähnliche Fahrten mit der *Cisne Branco* ab Hafen.

Verkehr
Flugzeug: Der Aeroporto Internacional Salgado Filho liegt 6 km nördl. des Zentrums, Tel. 051-33 58 20 00, Transfer mit der Metro oder dem Taxi.
Bus: Die Rodoviária liegt eine Station vom Mercado, Tel. 051-32 10 01 01, www.rodoviaria-poa.com.br.
Ziele innerhalb Rio Grande do Sul: Bento Gonçalves (*Bento*, Tel. 051-32 86 82 30, 15 x tgl., 2–3 Std., 20–30 R$), Canela/ Gramado (*Citral*, stdl. zwischen 6.30 und 20 Uhr, 2 Std., 21–29 R$), Torres (*Unesul*, Tel. 051-32 28 00 29, stdl. zwischen 6.30 und 19 Uhr, 3 Std., 31–46 R$).
Ziele außerhalb Rio Grande do Sul: Buenos Aires (*Pluma*, Tel. 0800-6 46 03 00, tgl. 17 Uhr, 18 Std., 220 R$), Curitiba (u. a. *Pluma*, Tel. s. o., 4 x tgl., 12 Std., 90–140 R$), Florianópolis (u. a. *Santo Anjo*, Tel. 051-32 25 65 00, 3 x tgl., 6,5 Std., 66–70 R$), Foz do Iguaçu (*Unesul*, Tel. s. o., 10 x tgl., 13 Std., 107–134 R$).
Mietwagen: Für die Erkundung der umliegenden Wein- und Blumenstädte ist ein Pkw zu empfehlen, die Straßen sind hier auch wesentlich besser als im restlichen Brasilien. Eine sehr gute und zudem preisgünstige Firma ist Localiza, Av. Carlos Gomes 190 (Moinho de Ventos), Tel. 051-21 08 15 55 (auch Büro am Flughafen); ferner gibt es Filialen von Hertz, Unidas u. a.
U-Bahn: 15 Stationen bis in die nahe Umgebung, der Flughafen und Busbahnhof sind ideal angebunden. Die Züge verkehren von 5 bis 23.30 Uhr etwa alle 10 Min.

Die Blumenstädte an der Rota Romântica

Die Serra Gaúcha ist ein Hochplateau, das ein Drittel von Rio Grande do Sul einnimmt. Auf der Rota Romântica, die durch elf Städtchen führt, fühlt man sich wie im Schwarzwald oder auf der süddeutschen Weinstraße. Am schönsten ist es in Canela und Gramado, wegen der dort betriebenen Hortensienzucht auch ›Blumenstädte‹ genannt.

Gramado ▶ 2, J 16

In diesem 32 000-Einwohner-Ort, Brasiliens Winterurlaubsziel Nr. 1 mit jährlich 2,5 Mio. Gästen hat sich deutscher Perfektionismus mit italienischer Spontaneität vereinigt, alles ist gut organisiert und dennoch verspielt. Da gibt es im Zentrum auf 3000 m^2 eine ganze **Welt im Miniaturformat** (*O Minimundo*) mit mehr als 100 detailgenauen Miniaturrepliken (24-fach verkleinert) von europäischen Schlössern (inklusive Neuschwanstein), typischen Häusern und Dörfern, Eisenbahnen (Rua Horácio Cardoso 291, Tel. 054-32 86 40 55, www.minimundo.com.br, tgl. 10–17 Uhr, 14 R$).

Weitere Attraktionen sind der 72 km^2 große **Parque Knorr** mit der Aldeia do Papai Noel (Dorf des Weihnachtsmanns), dem sehr reizvollen **Lago Negro** (Schwarze Lagune) und

Die Blumenstädte an der Rota Romântica

Nur in den Vierteln Moinhos de Vento und Calçada da Fama ist nachts etwas los

dem **Lago Joaquina Rita Bier** mit einer kleinen Insel in der Mitte (9–17 Uhr). Recht neu ist der **Gramadozoo** mit mehr als 1500 Tieren, viele davon vom Aussterben bedroht (9–17 Uhr).

Zum Schlendern begebe man sich zur **Rua Coberta** mit den meisten Läden, Cafés und Restaurants. Und nachts sollte man der **Bill Bar** (Av. das Hortênsias 3617, Di-Sa 21–5 Uhr) einen Besuch abstatten.

Das kulturelle Hauptereignis ist das **Festival de Cinema Latino e Brasileiro**, Brasiliens traditionsreichstes Film-Festival; verliehen wird der brasilianische Oscar mit Namen *Kikito* (eine Woche in der 1. Augusthälfte, Hauptpavillon: Palácio dos Festivais, Centro). Ein anderes großes Spektakel nennt sich **Natal Luz**. Es ist die älteste Weihnachts-Show Brasiliens mit Feuerwerk, Lichter- und Klangspielen, großen Umzügen und Tausenden von Besuchern (Mitte Nov. bis Mitte Jan., Av. das Hortênsias, Rua Coberta und Lago Joaquina Rita Bier).

Im 20 km entfernten Três Coroas befindet sich ein tibetanischer **Buddhistentempel**, der Chagdud Khadro Ling (Tel. 051-35 46 82 00, Di–Fr 9–12, 13–17, Sa/So 9–17 Uhr).

Zwischen Gramado und Canela ▶ 2, J 16

Kurz hinter Gramado liegt das **Museu do Automóvel**, auch *Hollywood Dream Cars* genannt, eine Ausstellung mit 27 gut erhaltenen Oldtimern und 15 Harley-Davidson-Maschinen, Av. das Hortênsias 4151, Tel. 054-32 86 45 15, 9–19 Uhr, 20 R$. Auf dem weiteren Weg kommen wir zur **Mundo a Vapor** (Dampfmaschinenmuseum). Mit einem winzigen Zug fährt man hinein und kann dort zahlreiche Dampfmaschinen und -fabriken in Miniaturausgabe besichtigen, die Exponate reichen von kleinen Lokomotiven bis zu Zie-

Porto Alegre und Umgebung

geltöpfereien; europäische Schlösser fehlen auch hier nicht (Av. D. Luiz Guanella 1177, Tel. 054-32 82 11 25, Do–Di 9.15–17 Uhr, 14 R$).

Canela ▶ 2, J 16

Canela (40 000 Einw.) liegt nur 8 km von Gramado entfernt. Nach einer kurzen Ortsbesichtigung einschließlich der architektonisch interessanten **Igreja Matriz de N. S. de Lourdes** (Catedral de Pedra) im Stil der englischen Gotik aus dem Jahr 1953 wird man bald zu den diversen Parks in der Umgebung eilen. Auf dem Weg dorthin kommt man am **Castelinho do Caracol** (1913–1915) vorbei, einem der ersten Häuser des Ortes; es wurde ohne einen einzigen Nagel aus ineinander gesetzten Tannenholzbalken errichtet und beherbergt ein sehenswertes kleines Museum zur deutschen Kolonialisierung (tgl. 9–13 und 14.20–17.40 Uhr).

Der 8 km vom Ort entfernte **Parque do Caracol** ist ein herrlicher Naturpark mit reicher Flora und Fauna (Araukarienbäume, viele Vogelarten, Gürteltiere und Wildschweine). Ein knapp einstündiger Spaziergang führt durch den ganzen Park, in seiner Mitte befindet sich ein 131 m hoher Wasserfall (**Cascata do Caracol**), über 927 Stufen geht es sogar bis ganz nach unten (10 R$, Panoramaaufzug 5 R$). Nur 500 m entfernt liegt der **Parque Floresta Encantada,** hier bietet eine Fahrt mit dem Sessellift herrliche Ausblicke auf den Wasserfall (tgl. 9–17 Uhr, 18 R$). 15 km von Canela entfernt befindet sich der **Parque da Ferradura** mit einem 420 m tiefen Cañon.

Übernachten

... in Gramado:

Schloss am See ▶ **Estalagem St. Hubertus:** Rua Carrieri 974 (Planalto), Tel. 054-32 86 12 73, www.sthubertus.com. Sehr charmante Anlage von 1990 mit 30 komfortablen Zimmern (7 davon mit Whirlpool), Sauna, Pool und herrlichem Blick auf den Lago Negro vom Frühstücksraum. Ab 290 R$.

Alpin-rustikal ▶ **Hotel das Hortênsias:** Rua Bela Vista 83 (Centro), Tel. 054-32 86 10 57, Fax 054-32 86 31 38, www.hoteldashortensias.com.br. 16 Zimmer, landschaftlich reizvolle Lage mit schöner Aussicht, wirkt wie ein Alpenhotel, deutsch-österreichische Eigentümer. Ab 170–220 R$.

... in Canela:

Resort im Grünen ▶ **Laje de Pedra:** Rua das Flores 222, Tel. 054-32 78 90 00, www.lajedepedra.com.br. Resorthotel in reizvoller Parklandschaft, 250 Zimmer mit herrlicher Aussicht. 3 Swimmingpools, Sauna, Fitnessbereich und Sportplätze. Bar und Panoramarestaurant. Ab 140 R$.

Parkhotel ▶ **Alpes Verdes:** Rua Gilda Tanello Bolognese 1001 (3 km südl. des Zentrums), Tel./Fax 054-32 82 11 62, www.alpesverdes.com.br. 5 DZ und 2 Chalets, auf dem höchsten Hügel Canelas in einem grünen Park gelegen, sehr ruhig. DZ 125 R$, Chalet 155–175 R$.

Essen & Trinken

... in Gramado:

Fondue bei Kerzenschein ▶ **Le Petit Clos:** Rua Demétrio Pereira dos Santos 599 (nahe Lago Negro), Tel. 054 32 86 19 36, 19–24 Uhr. Kleines, heimeliges Restaurant, auch hier ist die Spezialität Fondue, z. B. mit Käse 85 R$ für 2 Pers.

Gutbürgerlich ▶ **Gasthaus Edelweiß:** Rua da Carrière 1119 (Lago Negro), Tel. 054-32 86 18 61, tgl. 12–15 und 19–23 Uhr. Rustikales Ambiente, schöner Wintergarten, gutbürgerliche deutsche und schweizerische Küche, auch Forellen und hervorragende Fondues, z. B. Käsefondue 80 R$ für 2 Pers., Rodízio 120 R$ für 2 Pers.

... in Canela

Edles Bistro ▶ **Le Monde:** Av. José Luis Correa Pinto 235, Abendessen Fr/Sa, nur mit Reservierung. Viel frequentiertes kleines Bistro, abends 7-Gänge-Überraschungsmenü für 80 R$.

Aktiv

... in Gramado:

Rafting ▶ **Brasil Raft Park:** Estr. Geral de Linha Café, Três Coroas, Tel. 051-35 46 10 66. 3 Std. bzw. 8 km (oder nur die halbe Stre-

Weinstädte

Durch das Stadttor von Gramado zur Welt im Minaturformat ›O Minimundo‹

cke) den Rio Paranhana hinab, tgl. 9, 11, 13 und 15 Uhr, 50 R$ pro Pers. inkl. Ausrüstung und Lehrer, 75 R$ inkl. Transport.

Klettern ▶ Rapel: Três Forquilhas, Tel. 054-32 82 63 05. Von 40 m Höhe seilt man sich ab, ohne Berührung des Felsens, 65 R$ pro Pers. inkl. Transport.

Verkehr

... in Gramado:

Bus: Der Bahnhof liegt in der Av. Borges de Medeiros 2100, Tel. 054-32 86 13 02; stdl. von 6.15 bis 19.15 Uhr Verbindung nach Porto Alegre (*Citral*, 2 Std., 25 R$). Zwischen Gramado und Canela verkehren von 6.40 bis 23 Uhr regelmäßig Nahverkehrsbusse (*Circular*, tagsüber alle 20 Min., abends seltener, 15 Min., 2,50 R$).

... in Canela:

Bus: Die Rodoviária, Tel. 054-32 82 13 75, wird von Bussen der Gesellschaft *Citral* bedient, z. B. nach Porto Alegre (stdl. von 6 bis 19 Uhr, 22–29 R$). Zu den Parks rund um Canela nur relativ teure Taxi-Transfers, oft billiger mit organisierter Tour.

Weinstädte

Brasilianische Weine zählen nicht zu den besten, doch manche Marken wie Miolo sind beachtenswert. 1875 begannen die italienischen Einwanderer in Rio Grande do Sul mit dem Weinbau, heute werden hier 90 % aller brasilianischen Weine und Sekte hergestellt. Unsere kleine ›Tour, die in den Kopf steigt‹, führt nach Bento Gonçalves und Garibaldi in der Region Vale dos Vinhedos (www.valedosvinhedos.com.br).

Bento Gonçalves ▶ 2, H 16

Der 106 000-Einwohner-Ort liegt 130 km von Porto Alegre entfernt. Jede Stunde fährt von dort ein Bus (s. Verkehr), zu empfehlen sind auch Leihwagen, um mehrere Kleinstädte der egion besuchen zu können.

Bento Gonçalves ist die bedeutendste Winzergemeinde Brasiliens. Neben 90 großen Kellereien gibt es viele kleine Familienbetriebe, deren Besuch zumindest atmosphärisch, oft auch qualitätsmäßig lohnender ist. Die ältesten Weinstöcke Brasiliens besitzt die **Vinícula Casa Valduga,** man wird von den

Porto Alegre und Umgebung

Nachkommen der alten italienischen Familie persönlich herumgeführt und zum Probieren animiert (6 km südl. des Zentrums, Tel. 054-21 05 31 22, www.casavalduga.com.br, tgl. 9–17 Uhr, tgl. 9.30, 10.30, 11.30, 14.30, 15.30 Uhr, 10–15 R$ pro Pers. inkl. Proben).

Wer dabei zu tief ins Glas schaut, kann sich anschließend gleich in der nahen Pousada des Hauses einquartieren (**Villa Valduga:** Tel./Fax 054-21 05 31 54, www.casavalduga.com.br, mehrere Gästehäuser von rustikal bis modern, schön in der Natur gelegen, auch Restaurant; ab 260 R$). Noch charmanter ist die **Pousada Borghetto Sant'Anna** (www.borghettosantanna.com.br, ab 200 R$)

200 m entfernt befindet sich die größte lokale Kuriosität, die **Capela N. S. das Neves**. Wegen akuten Wassermangels verwendete man beim Bau 1907 für die Mörtelmasse statt Wasser mehrere hundert Liter Wein.

Wer mehr darüber erfahren möchte, wie Wein hergestellt wird, sollte die große **Cooperativa Vinícola Aurora** besichtigen. Der gesamte Prozess wird hier audiovisuell erläutert und probiert wird natürlich auch (Rua Olavo Bilac 500, Cidade alta, Tel. 054-34 55 20 00, www.vinicolaaurora.com.br, Mo–Sa 8.15–17.15, So 8.30–11.30 Uhr, ständig Führungen, Eintritt frei).

In Sichtweite liegt das noble Wellness-Hotel **Villa Europa** mit dem ersten Wein-Spa der französischen Caudalie-Kette in Südamerika, hier badet man sogar im Wein (www.villaeuropa.com.br oder www.spadavinho.com.br. Höhepunkt der örtlichen Weinseligkeit ist das alljährliche **Nationale Weinfest** im Parque da Fenavinho (Ende Jan./Anfang Febr.).

Von Bento Gonçalves nach Garibaldi ▶ H 16

Für diesen Ausflug sollte man zumindest für den Hinweg die **Maria Fumaça,** eine alte Dampflok von 1941, nehmen; während der Fahrt werden Wein und Käse gereicht und Musikanten ziehen von Wagen zu Wagen (ab Estação Ferroviária, Reservierung Tel. 054-34 55 27 88 oder www.mfumaca.com.br, Mi/Sa 9 und 14 Uhr, in Stoßzeiten Sonderfahrten, 2 Std., 55 R$ inkl. Proben und Rücktransport per Bus).

In Garibaldi wird der meiste Sekt Brasiliens produziert – 70 % der einheimischen Wirtschaft dienen der *Champanhe*-Herstellung, die hier im Jahre 1913 mit der Niederlassung der Familie **Peterlongo** begann (Rua Manoel Peterlongo 216, Tel. 054-34 62 13 55, www.peterlongo.com.br, Besichtigung mit Führung und Proben tgl. 9–17 Uhr, Eintritt frei).

Die zweite bedeutende Sektmarke Brasiliens ist **Chandon**. Auch die Besichtigung dieses Hauses ist möglich (RST-470 5 km in Richtung Bento Gonçalves, Tel. 054-34 62 24 99, Mo–Fr 8–11.30, 13–16.30 Uhr, Sa 9.30–14.30 Uhr, mit Führung und Verkostungen, Eintritt frei).

Aparados da Serra und Serra Geral ▶ 2, J/K 16

An der Grenze zwischen Rio Grande do Sul und Santa Catarina erstrecken sich in der Nähe des kleinen Badeortes Torres an der Küste der **Parque Nacional Aparados da Serra** und der **Parque Nacional da Serra Geral,** deren Hauptattraktion mehrere große Cañons sind. Ihre Entstehung geht auf gewaltige Erd- und Lavabewegungen vor ungefähr 130 Mio. Jahren zurück.

Der Cañon **Faxinal** ist wegen der dichten Vegetation schlecht einsehbar und daher wenig besucht. Die Cañons **Três Irmãos** und **Malacara** eignen sich eher für Gäste mit bergsteigerischer Erfahrung. Am interessantesten und berühmtesten sind die Cañons Itaimbezinho und Fortaleza (s. rechts).

Bisweilen sind die Wetterverhältnisse sehr unberechenbar und wegen der schwierigen Anreise empfiehlt sich die Teilnahme an einer der organisierten Gruppentouren, am besten von Gramado aus über die Agentur **Rota Sul** (Gramado, Av. Borges de Medeiros 2875, Tel. 054-32 95 13 00, www. rotasul.tur.br; Tagesfahrt zum **Cañon Itaimbezinho** für 75 R$ pro Pers.).

aktiv unterwegs

Cañons – Rausch der Tiefe

Tour-Infos
Start: Cambará do Sul; entweder im Leihwagen oder im Jeep mit Fahrer und Guide
Dauer: 30 Min. zum Cañon Itaimbezinho; 1 Std. zum Cañons da Fortaleza
Wichtige Hinweise: Im Winter kann es sehr kalt werden, im Sommer kann dichter Nebel die Sicht behindern und plötzliche Regengüsse können die Täler überschwemmen.

Die Fahrt zu und durch die Cañons führt durch wunderbare subtropische Vegetation. Der **Cañon Itaimbezinho** im Parque Nacional de Aparados da Serra ist von Cambará do Sul aus in 30 Min. mit dem Auto ohne Guide zu erreichen. Er ist 720 m tief und 6 km lang. Oft eröffnen sich atemberaubende Teileinblicke. Oberhalb der Schlucht gibt es noch viele Araukarienwälder *(pinherais)*, in denen man häufig den Corucaca, einen sehr typischer Vogel dieser Region, erspähen kann.

Eine Autotour von Cambará do Sul zum **Fortaleza-Cañon** im Parque Nacional Serra Geral wird, wenn man die Höhe erreicht hat, belohnt mit einem sowohl weiten Panoramablick bis zum Meer als auch einem schwindelerregenden Blick in die 900 m tiefe Schlucht.

Zum Abschluss empfiehlt sich ein Abstecher zum kleinen Badeort **Torres** (Türme), wo man die gesammelten Eindrücke verarbeiten kann. In der Saison recht belebt ist es sonst aber eher zu ruhig. Der Name rührt von drei Basaltfelsen am Strand her, bekannt als Guarita, Torre Sul und Torre do Meio. Den Letzteren sollte man besteigen, er bietet eine schöne Aussicht auf die Stadt. Die Strände heißen von Norden nach Süden: **Praia dos Molhes** (beim Rio Mampituba), **Praia Grande** (Promenade mit vielen Bars und Live-Musik, hier konzentriert sich das Nachtleben), **Prainha** (klein, sympathisch), **Praia da Cal** (Surfspot) und Itapeva (mit Dünen).

Durch die Serra Geral schlängelt sich eine großartige Gebirgsstraße

Florianópolis und Ilha de Santa Catarina

Florianópolis ist die schönste Stadt Südbrasiliens, von den Einheimischen im Anklang an Florida *Floripa* genannt. Trotz der 402 000 Einwohner wirkt die Hauptstadt von Santa Catarina eher provinziell und fasziniert durch ihre geteilte Lage auf dem Festland und einer vorgelagerten Insel, verbunden durch zwei große Brücken.

Florianópolis ▶ 2, L 14

Karte: S. 393

Die zwischen 1922 und 1926 erbaute **Ponte Hercílio Luz** (s. S. 370), eines der Postkartenmotive der Stadt, ist mit 819 m Länge und zwei 75 m hohen Türmen die größte Hängebrücke Brasiliens. Bis zum Ende der 1970er-Jahre war sie die einzige Verbindung zwischen Festland und Insel. Heute wird sie nicht mehr befahren, stattdessen erreicht man die **Ilha de Santa Catarina** über eine andere, 500 m lange Brücke. Die Insel ist 18 km breit und 54 km lang. Wegen ihrer grünen Hügellandschaft, die zu 40 % unter Naturschutz steht, der vielen Seen und 42 Strände ist sie ein wahres Paradies, in dem jegliche Industrieansiedlungen verboten sind. Im Sommer kann es jedoch etwas eng und laut werden, wenn zahlreiche Touristen aus Argentinien und dem Süden Brasiliens hier massenhaft einfallen. Doch Invasionen ist die Insel gewohnt, die Geschichte ihrer Kolonisation erinnert wie kaum eine andere in Brasilien an einen Abenteuerfilm voller Action und Gräuel.

Bandeirantes, Piraten und Azoreaner

Entdeckt wurde die von den Carijó-Indios bewohnte Insel zwar schon im Jahre 1503 durch den portugiesischen Seefahrer Gonçalo Coelho, doch ihre Kolonisierung begann erst um 1675 mit der Ankunft des Bandeirante Francisco Dias Velho aus Santos (São Paulo), zusammen mit seiner Frau, drei Töchtern, zwei Söhnen, einer weiteren Familie, zwei Pastoren und 500 Indios. Zunächst verlief alles reibungslos. Als Erstes wurde natürlich eine kleine Kirche errichtet – heute steht dort die Catedral de Florianópolis, dann baute man Häuser und begann mit dem Ackerbau.

Doch war die Insel schon länger ein Zufluchtsort für Piraten. Als ein korsisches Piratenschiff unter dem Kommando von Robert Lewis mit reicher Silberbeute aus Peru in **Canasvieiras** vor Anker ging, gelang es Dias Velho noch, die unliebsamen Gäste überraschend zu schlagen und die gesamte Ladung zu erbeuten. Die grausame Rache ließ jedoch nicht lange auf sich warten. Ein Jahr später kam derselbe Korse zurück, ermordete Dias Velho, vergewaltigte seine drei jungen Töchter und bemächtigte sich des ihm entwendeten Silberschatzes. Verständlich, dass der Rest der Familie Dias Velho die Insel verließ, doch in den anderen 27 Dorfbehausungen ging das Leben weiter, in Nachbarschaft mit einigen indianischen Ureinwohnern und auf die Insel verbannten Sträflingen.

Die eigentliche Entwicklung von Florianópolis begann jedoch erst mit einer groß angelegten Umsiedlungsaktion, als zwischen 1747 und 1756 auf Anweisung der portugiesischen Krone mehr als 5000 Bewohner des überbevölkerten und von Naturkatastrophen geplagten Azorenarchipels auf die Ilha de Santa Catarina kamen. Die ersten Immigranten ließen sich in der Nähe der Kirche nieder, der heutigen Rua dos Ilhéus. Ihre Arbeit be-

Ilha de Santa Catarina

stand ursprünglich in der Errichtung von vier noch heute zu besichtigenden Festungen (Fortaleza de Santa Cruz, de São José da Ponta Grossa, de Santana und Santo Antônio dos Ratones), um die Insel vor den Attacken spanischer, belgischer und holländischer Piraten zu schützen. Doch bald drückten sie der Region unverkennbar den Stempel ihrer Kultur, Sitten und Gebräuche auf, heute noch deutlich vor allem in der Architektur der Inselörtchen Santo Antonio de Lisboa und Ribeirão da Ilha.

Ein Samstag im Zentrum

Einen Spaziergang durch **Florianópolis** kann man natürlich jederzeit unternehmen, am besten eignet sich jedoch ein Samstag. Es ist der Tag der Öffentlichkeit und der Straßenfeste, eine gute Gelegenheit, die kulturell interessantesten Punkte von Florianópolis zugleich als Treffpunkte der Bevölkerung zu erleben. Ohne dass es irgendjemand geplant oder organisiert hätte, ist seit einigen Jahren der Samstag ein Festtag, und zwar von früh bis spät. Selbst eine gewisse Reihenfolge der Treffpunkte hat sich eingebürgert.

Praça 15 de Novembro

Am Vormittag trifft sich alles um diesen Platz, mit einem gewaltigen, 1891 gepflanzten Feigenbaum in der Mitte und einem Markt für Kunsthandwerk eines der Haupttouristenziele im Zentrum. Gleich am Platz befindet sich der durch seinen rosafarbenen Anstrich auffallende **Palácio Cruz e Souza** von 1770, er war bis 1984 Regierungssitz. Sein Name ist eine Hommage an den 1861 als Kind von Sklaven geborenen Dichter João da Cruz e Souza, einer der bedeutendsten Symbolisten Brasiliens, der sich auch im Kampf für die Abschaffung der Sklaverei hervortat. Daneben ist das **Museu Histórico de Santa Catarina** untergebracht, man sieht Möbel und persönliche Gegenstände früherer Gouverneure (Di–Fr 10–18, Sa/So 10–16 Uhr).

Die angrenzende **Catedral Metropolitana** von 1773 ist weniger schön und wegen zahlreicher baulicher Veränderungen eher ein Beispiel für stilistischen Eklektizismus.

Markthallenfest

Gegen Mittag verlassen wir ebenso wie die Einheimischen den Hauptplatz im Zentrum, gehen ein Stück durch die verkehrsberuhigte Rua Felipe Schmidt, die Hauptgeschäftsstraße der Stadt, und begeben uns dann nach links zum alten **Mercado Público,** einer typischen Markthallenkonstruktion im Kolonialstil aus dem Jahre 1898. Tische und Stühle sind aufgebaut und 144 kleine Läden, so genannte Boxen, bieten Kunsthandwerk, Kleidung, kulinarische Happen und kühles Bier. Am besten setzt man sich einfach in den Innenhof.

Außer Samba-Livemusik hört man typische Klänge der Region und kann gelegentlich dem Volkstanz *boi de mamão* beiwohnen, gewissermaßen die südbrasilianische Version des *bumba-meu-boi* aus dem Nordosten. Es versammeln sich zuweilen über 1000 Menschen, singend, tanzend und flirtend, ein Beweis dafür, dass auch die eher als reserviert geltenden Südbrasilianer besonders ausgelassen feiern können (Mo–Fr 9–22, Sa 9–16 Uhr).

Ilha de Santa Catarina
▶ 2, L 14

Karte: S. 393
Die Insel, wegen ihrer landschaftlichen Reize auch *Ilha da Magia* genannt, ist mit 412 km^2 eine der größten Brasiliens. Von ihren über 40 Stränden sind die folgenden drei, alle an der Nordspitze der Insel gelegen, die touristisch erschlossensten, jedoch nicht unbedingt die schönsten.

Der 3 km lange, aber schmale Strand von **Canasvieiras** 1 besitzt die beste Infrastruktur und ist im Sommer recht überfüllt. Er bietet flaches, ruhiges Wasser, jedoch – wie allgemein in Florianópolis – kaum tropisches Flair, man sieht keine Palmen und Live-Musik wurde verboten. Neben Canasvieiras liegt das kleinere **Jurerê** 2 mit seinem Promenadenlaufsteg der Eitelkeiten (2 km) und den Parador genannten Strandclubs für das Party-Nightlife der Schickeria.

Ein wenig ruhiger geht es trotz der auch hier zahlreichen Argentinier in **Ingleses** 3 zu, dessen Name von einem gestrandeten englischen Schiff herrührt. Hier kann man sich statt in Hotels oder Pousadas auch in privat angebotenen Bungalows und Apartments einquartieren. Der Strand ist breiter als der von Canasvieiras und hat eine Ausdehnung von 5,2 km mit einer großen Düne im Hintergrund.

Inseltouren
Von den Hauptstränden aus werden Inseltouren angeboten, bei denen vor allem die sehenswerte **Lagoa da Conceição** 4 angesteuert wird, dann der für Sandboarder und Surfer interessante Strand von **Joaquina** *(Joaca)* 5, im südlichen Teil der Insel der **Morro das Pedras** 6 mit seiner ungestümen Brandung. Die Fahrt geht anschließend weiter zum archaisch anmutenden Fi-

Ilha de Santa Catarina

Die Markthalle von Florianópolis

scherdorf **Armação** 7 mit seiner eigentümlichen kleinen Kirche von 1772 und schließlich werden auf dem Rückweg noch die beiden an der kontinentalen Seite der Insel gelegenen ersten Azoreanersiedlungen **Ribeirão da Ilha** 8 (Austern im Strandrestaurant Porto do Contrato) und **Santo Antonio de Lisboa** 9 mit ihren charakteristischen kleinen Reihenhäuschen und Kirchen angesteuert. Von Santo Antonio aus genießt man zugleich einen der schönsten Blicke auf die Bucht von Florianópolis mit den Silhouetten der Avenida Beira Mar und den Lichterketten der Ponte Hercílio Luz, dem Wahrzeichen der Ilha da Magia.

Der ökologische Süden

Im Gegensatz zum Inselnorden bietet der ursprünglichere Süden einen ›sanften‹ Tourismus an. Nicht umsonst befindet sich hier die **erste ökologische Pousada,** gegründet von Deutschen (Pousada Sitio dos Tucanos). Die Berge reichen mitunter bis ans Meer, versteckte Strände und Wasserfälle lassen sich nur zu Fuß erreichen, traditionelle Wanderpfade führen durch reizvolle Naturschutzgebiete. Die über 4000 Jahre alten **Höhlenzeichnungen** auf der kleinen Insel **Ilha do Campeche** 10 gehören ebenso zu den Besucherattraktionen wie die **Wale,** die man zwischen Juni und Oktober von einer Observationsstation aus vor der Küste beobachten kann. An den **Stränden** von Campeche 11 und **Armação** 12, die schönsten Flecken sind **Pântano do Sul** 13 und **Lagoinha do Leste** 14.

Infos

Portal Turístico: auf dem Festland direkt vor der Hercílio-Luz-Brücke, Tel. 048-32 48 33 67, tgl. 7–20.30 Uhr.
Internet: www.guiafloripa.com.br

Florianópolis und Ilha de Santa Catarina

Tipp: Sport-und Abenteuer-Tourismus

Der südliche Bundesstaat Santa Catarina bietet mit die besten Optionen für den naturnahen und sportlich-radikal ausgerichteten Ökotourismus. An der 500 km langen Küste mit vielen ruhigeren Buchten finden sich günstige Bedingungen für Segler, Surfer, Kitesurfer und Windsurfer. Ein Paradies für Taucher ist die Reserva Biológica Marinha do Arvoredo nahe Florianópolis.

Von Juni bis November kann man an den meisten Küstenabschnitten vorbeiziehende Wale *(baleias Franca)* beobachten, besonders an der Praia do Rosa. An vielen Stellen gibt es Möglichkeiten zum Drachenfliegen, Paragliding und Mountainbiking. Im Hinterland, einer Region mit zahlreichen Tälern, Flüssen und Wasserfällen mitten in reicher Natur, sind neben Wanderungen und Radtouren auch extreme Sportarten wie *rapel*, *canyoning*, *cascading* und *rafting* möglich. Der Rio Itajaí-Açu ist einer der besten Flüsse Brasiliens für Wildwasserfahrten im Kanu.

Hügellandschaften mit Erhebungen bis zu 2000 m locken Kletterer, Wanderer und Reiter. Einquartieren kann man sich auch in Hotel-Fazendas, die ökologische Ausflüge und vielerlei andere Aktivitäten anbieten (s. S. 397).

Übernachten

Apartments: Auf der Insel werden häufig private Apartments oder Bungalows zu günstigen Preisen angeboten, vor allem im Norden bei Ingleses und Canasvieiras.

Abseits vom Trubel ▶ **Pousada Pénareia:** Rua Hermes Guedes da Fonseca 207 (Praia da Armação), Tel. 048-33 38 16 16, www.pousadapenareia.com.br. Anheimelnde Anlage von 2003 in Strandlage mit 12 Zimmern, auch bekannt für ein hervorragendes Frühstück, Fahrräder, Kajak gratis. 160–200 R$.

Ökologisch ▶ **Pousada Sitio dos Tucanos:** Rua Rosália Paulina Ferreira 2776, Costra de Dentro (im Süden der Insel), Tel./Fax 048-3237 50 84, www.pousadasitiodostucanos.com. Ökologische Pousada mit 8 Zimmern, 1 Suite und 1 Chalet, am Berghang mit Blick auf den Atlantik, ideal für Ruhesuchende, familiär, unter deutscher Leitung. 130 R$.

Am Hauptstrand ▶ **Canasvieiras Praia:** Rua Hipólito Gregório Pereira 700 (Praia de Canasvieiras), Tel./Fax 048-32 66 13 10, www.canasvieiraspraiaho tel.com.br. 55 Zimmer, modernes und architektonisch schönes kleines Hotel. 110–157 R$.

Backpacker ▶ **Hostel Ilha de Santa Catarina:** Rua Duarte Schutell 227, Tel. 048-32 25 37 81, www.floripahostel.com.br. Gepflegtes HI-Hostel, noch zentral, mit Gästeküche, DZ 65 R$ und Dorms 30 R$.

Essen & Trinken

Austern ▶ Florianópolis ist Brasiliens größter Austern-Fangplatz, hier ist die Meeresspezialität stets frisch. Recht günstig ist **Cantinho da Ostra,** Rua 15 de Novembro 240, Tel. 048-32 35 22 96, eher teuer – auch wegen der schönen Uferlage – **Ostradamus,** Rodovia Baldicero Filomeno 7640, Tel. 048-33 37 57 11, Di–Sa 12–23, So 12–18 Uhr.

Folklore und Lounge ▶ **Confraria das Artes:** Rua João Pacheco da Costa 31 (Lagoa da Conceição), Tel. 048-32 32 22 98, Di–So ab 21 Uhr. Urigstes Lokal der Stadt, nicht nur Restaurant, auch Antiquitätenladen, Modeboutique und Lounge mit DJ und elektronischer Musik, historisches Gemäuer, folkloristisches buntes Mobiliar. Gerichte 35–50 R$.

Italiener ▶ **Macarronada Italiana:** Av. Rubens de Arruda Ramos 2458 (Beira-Mar Norte), Tel. 048-32 23 26 66, www.macarronada.com.br, tgl. 11–1 Uhr. Eines der beliebtesten italienischen Restaurants der Stadt. Mittlere Pizza (reicht für 2 Pers.) um 30 R$.

Zettelbar ▶ **Bar do Arante:** Rua Abelardo Otacílio Gomes 254 (Praia do Pântano do Sul), Tel. 048-32 37 70 22, tgl. 11.30–24 Uhr. Einfaches Strandlokal aber berühmt wegen der 75 000 Zettel an den Wänden. Früher war die Bar ein Campertreffpunkt, wo man mit Infozetteln darüber informierte, wer gerade auf welchem Platz auf wen wartete.

Ilha de Santa Catarina

Abends & Nachts

Laut »The New York Times« ist Floripa die heißeste Party-Destination Lateinamerikas, man muss nur schön, berühmt oder reich sein. Der Jetset trifft sich vor allem an der Praia de Jurerê und zwar im **Parado 12,** im **Cafe de la Musique,** im **Pacha,** im **Taikô** und im **Posh.** Normaleres Publikum begegnet sich um die **Lagoa da Conceição** (z. B. **Jinga Bar,** Av. das Rendeiras 1046, Samba, Bossa Nova und Rock live; **Vecchio Giorgio,** Av. Afonso Delambert Neto 103, Loja 7, für den gemütlichen Abend zu zweit; **John Bull Pub,** Av. das Rendeiras 1046, Mi–Sa 21.30–4 Uhr, Rock'n'Roll und Blues.

Termine

Semana de Florianópolis (2. Märzhälfte): Folklore-Fest mit Musik und Tanz.

Festa da Taínha (Juni/Juli): Volksfest rund um den Fisch als Basis der regionalen Küche, mit Tanz (*boi-de-mamão* u. a.) und Musik-Shows.

Aktiv

Die Insel bietet viele Möglichkeiten für den naturnahen Tourismus, ökologische Aktivitäten und Abenteuersport (Klettern, Rafting, Trekking). Weitere angebotene Aktivitäten sind:

Drachenfliegen ▶ **Good Fly:** www.voolivre-sc.com.br. Tandemflüge an vielen Stellen der Insel.

Segeltouren ▶ Bei zahlreichen Reisenden erfreut sich der Törn zur Ilha de Anhatomirim vorbei an der Baia Norte und zwei kleineren Inseln großer Beliebtheit, Start bei der **Brücke Hercílio Luz** oder am Strand von Canasvieiras, Reservierung: Agência Scuna Sul, Tel. 048-32 25 18 06, www.scunssul.com.br, 40 R$ pro Pers.

Tauchen ▶ Die besten Reviere befinden sich bei den östlich gelegenen Inseln, vor allem bei Arvoredo, Deserta, Calhau de S. Pedro, Xavier, Campeche, Três Irmãs und Moleques. Infos: **Acquanauta,** Tel. 048-32 66 11 37, www.acquanautafloripa.com.br; **Sea Divers,** Tel. 048-32 84 15 35, www.seadivers.com.br.

Wind- und Kitesurfen ▶ **Open Winds:** Av. das Rendeiras 1672, Tel. 048-99 62 37 78, www.openwinds.com.br. Kurse für Anfänger und Fortgeschrittene auf der Lagoa da Conceiçao.

Surfen ▶ Vor allem an der **Praia Joaquina** und der **Praia Brava,** ganzjährig fast tgl. 0,5–3 m hohe Wellen, alle Infos über www.nomadsurfers.de

Verkehr

Flugzeug: Der Aeroporto Hercílio Luz liegt 11 km südl. des Zentrums auf der Insel, Tel. 048-33 31 40 00. Transfer im Flughafenbus (bis 24 Uhr alle 15 Min., Aufschrift: Correador Sudoeste) oder per Taxi.

Bus: Die Rodoviária Rita Maria liegt ganz nahe der Innenstadt, Tel. 048-32 12 31 00. Verbindungen u. a. nach Blumenau (u. a. *Catarinense,* Tel. 048-40 02 47 00, alle 1–2 Std. zwischen 8 und 22 Uhr, 2,5 Std., 31–34 R$), Curitiba (*Catarinense,* Tel. s. o., alle 1–2 Std. zwischen 5.15 und 1.15 Uhr, 4 Std., 44–69 R$), Foz do Iguaçu (u. a. *Catarinense,* Tel. 0300-147 04 70, 13.25, 16.30, 16.45 Uhr, 16 Std. 121–137 R$), Porto Alegre (u. a. *Eucatur,* Tel. 048-39 01 16 30, 3 x tgl., 6,5 Std., 60–85 R$), Rio de Janeiro (u. a. *Itapemirim,* Tel. 048-32 23 36 97, tgl. 14 Uhr, 18 Std., 120–175 R$), São Paulo (u. a. *Auto Viação 1001,* Tel. 048-32 23 77 66, mehrmals tgl. abends, 11 Std., 90–145 R$).

Busverbindungen zu den Küstenorten von Santa Catarina: Ab Rodoviária Rita Maria nach Balneário Camboriú (u. a. *Catarinense,* Tel. s. o., stdl., 1,5 Std., 24 R$), Garopaba (*Paulo Tur,* Tel. 048-32 44 27 77, alle 1–2 Std. zwischen 6.20 und 22.30 Uhr, 2 Std., 22 R$), Laguna (*Santo Anjo,* bis zu 8 x tgl., 2 Std., 27 R$).

Stadtbusse: Man spart mit der Mehrfahrten-Buskarte *Passe Rápido Turista,* erhältlich am Hauptbusbahnhof im Zentrum.

Mietwagen: Wegen der Größe der Insel sind Leihwagen durchaus zu empfehlen, Niederlassungen in Florianópolis unterhalten u. a. Avis, Tel. 048-33 31 41 76 (auch Büro am Flughafen) und Hertz, Tel. 048-32 36 99 55 (Büro am Flughafen).

Die Umgebung von Florianópolis

In der Umgebung von Florianópolis locken noch einige kleine Badeorte. Am belebtesten ist das Balneário Camboriú, etwas ruhiger ist Garopaba. In Laguna gibt es außer Stränden auch geschichtliche Monumente, die auf die Freiheitskämpfer Anita und Giuseppe Garibaldi zurückgehen. Recht deutsch dagegen geht es im Hinterland in Blumenau zu.

Laguna ▶ 2, L 15

Dieser 49 000-Einwohner-Ort liegt 121 km bzw. 2 Busstunden südwestlich von Florianópolis, sein Name stammt von drei Lagunen in der Nähe. Als die Spanier und Portugiesen sich 1494 im Vertrag von Tordesillas über die Aufteilung ihrer künftigen Kolonien einigten, markierte Laguna die südliche Scheidelinie auf dem neuen Kontinent.

Den ›Grenzstein‹ an der Praça de Tordesillas kann man noch heute besichtigen. Die Portugiesen hielten sich jedoch später nicht mehr an das ihm zugrunde liegende Abkommen und nahmen den 1676 gegründeten Ort Laguna zum Ausgangspunkt ihrer Eroberungszüge durch das weiter südlich gelegene Rio Grande do Sul.

Seiner herausragenden strategischen Bedeutung verdankt Laguna auch die reiche Ausstattung mit historischen Bauwerken (bemerkenswerte 600), die heute unter Denkmalschutz stehen. Besonders hervorzuheben ist dabei die dem Schutzheiligen der Stadt gewidmete **Igreja Santo Antônio dos Anjos** von 1696 an der Praça Vidal Ramos mit einem barocken Hochaltar florentinischer Prägung. Das Deckengemälde aus dem Jahr 1856 stammt von dem weit über die Grenzen Santa Catarinas hinaus bekannten und geschätzten Maler Victor Meirelles.

Neben der Kirche befindet sich die **Casa de Anita Garibaldi** von 1711 mit Ausstellungsstücken der Epoche (tgl. 8–18 Uhr). Das Haus erinnert an die große, 1839 begonnene Liebesgeschichte zwischen dem Italiener Giuseppe Garibaldi und Ana Maria de Jesus Ribeiro (nach der Heirat Anita Garibaldi), ebenso wie das **Museu de Anita Garibaldi** (1747) an der Praça República Juliana (tgl. 8–18 Uhr). Auf diesem Platz wurde 1839 die República Catarinense ausgerufen, ein schon nach vier Monaten gescheiterter Versuch, Laguna bzw. Santa Catarina vom Imperium loszureißen. Anita hatte, als Mann verkleidet, bei diesem Guerra da Farropos genannten Freiheitskrieg mitgekämpft. Sie starb 1849 in Italien.

Will man Laguna von oben besichtigen, lohnt ein kleiner Ausflug per Fähre (10 Min.) ab Rua da Balsa zum alten **Farol de Santa Marta** (1891); es ist der größte Leuchtturm Lateinamerikas mit der drittstärksten Reichweite der Welt (92 km). Von seiner 29 m hohen Spitze hat man einen schönen Blick auf die Strände do Farol, da Cigana und do Cardoso. Noch weiter ist der Blick vom ortsnahen **Morro da Gloria**, der mit 126 m höchsten Erhebung von Laguna.

Von den zwölf **Stränden** ist Mar Grosso der städtischste und meistbesuchte mit der besten touristischen Infrastruktur. Landschaftlich reizvoll sind Itapirubá (12 km lang, mit Dünen), die Praia do Gi (6 km lang, viel von Jugendlichen und Surfern frequentiert; Aussichtspunkt Ponta do Gi, dort berühmter Felsen, die Pedra do Frade) und die Praia do Iró (ideal zum Tauchen und Fischen).

Garopaba ▶ 2, L 15

Nur 28 km nördlich von Laguna bzw. 96 km südlich von Florianópolis (von dort 2 Busstunden) liegt der je nach Saison mehr oder weniger kleine Ort **Garopaba**. Der Name geht zurück auf den zusammengesetzten Begriff *Y-Gara-Paba* aus der Sprache der Carijó-Indios und bedeutet wörtlich ›viel Wasser, viel Fisch, viele Berge‹. Im 17. Jh. ursprünglich eine Azoreanersiedlung, dann ein Fischerdorf, nahm der touristische Aufschwung in Garapaba mit den Hippies und Rucksacktouristen der 1970er-Jahre seinen Anfang und hörte fortan nicht mehr auf.

Von der einstigen Idylle ist heute – zumindest in der Saison – allerdings nicht mehr viel übrig geblieben, wenn der 17 000-Einwohner-Ort vorübergehend um ein Vielfaches anwächst. Allein der alte Dorfkern mit der kleinen Kolonialkirche besitzt wohl noch etwas Ursprüngliches, doch um ihn herum machen zahllose Restaurants und Bars den Ort zu einem belebten Vergnügungszentrum.

Die Strände

Garopaba besitzt zahlreiche schöne Strände. Von Norden nach Süden sind es die entferntere Praia da Gamboa (einsam wegen des schwierigen Zugangs, allerdings gibt es dort gefährliche Untiefen und Strömungen), Praia do Siriú (5 km lang beim Rio Siriú, Fischreichtum), Praia de Garopaba (städtisch und belebt, viele Bars, Restaurants und Pousadas), Praia da Vigia/Prainha (100 m lang, ruhiger), Praia do Silveira (wegen der hohen Wellen einer der beliebtesten Surfer-Strände Santa Catarinas), Praia da Ferrugem (Nightlife-Treff der Jugend), Praia da Barra (mit einer denkmalgeschützten ehemaligen Grabstätte der Carijó-Indios), Praia do Ouidor (1 km lang, starke Wellen, gefährliche Untiefen), Praia Vermelha (sehr reizvoll).

Und schließlich liegt, 18 km von Garopaba entfernt, die Praia do Rosa; der nur 2 km lange Strand zählt zu den schönsten Exemplaren in Südbrasilien. Reizvoll erstreckt er sich zwischen grünen Hügeln und blauen Lagunen.

Balneário Camboriú
▶ 2, L 14

84 km nördlich von Florianópolis (1,5 Busstunden) liegt das Strand-Eldorado vorwiegend argentinischer Badegäste. Vielen reicht ein Blick auf das bunte Meer der lückenlos aneinander gereihten Sonnenschirme, um so schnell wie möglich wieder die Flucht zu ergreifen. Andere kommen jedes Jahr wieder, um Ferien à la Teneriffa oder Mallorca zu verbringen. In der Hochsaison vergnügen sich hier etwa 2 Mio. Besucher.

Der Badeort wurde erst 1964 gegründet, expandierte aber in exzessiver Weise und zählt heute 100 000 Einwohner, die Skyline beim Hauptstrand erweckt den Eindruck einer Millionenstadt. Selbst Rio will man schon Konkurrenz machen, auch hier gibt es eine **Cristo Luz** genannte Christus-Statue, sie ist 33 m hoch und wird abends beleuchtet (ab Zentrum kostenloser Transfer, tgl. 10–1 Uhr, NS Do–Fr 16–24, Sa/So 10–24 Uhr, 10 R$ am Tag, ab 19 Uhr 18 R$).

Fast alles Leben konzentriert sich an der **Avenida Atlântica bzw. Beira-Mar,** einer bogenförmigen, 7 km langen Hauptstraße mit modernen Apartment-Hochhäusern, Hotelketten, Bars, Disco-Clubs, Restaurants, Läden und Boutiquen. Vieles erinnert an die Copacabana, es ist nur moderner, voller und belebter. Im Sommer ist richtig etwas los; wer Rummel, Kontakte und Nightlife sucht, kommt hier bestimmt auf seine Kosten. Dort liegt auch der während der Saison stets überfüllte Hauptstrand des Ortes, die **Praia Central.** Der Sandstreifen ist jedoch sehr schmal, der Boden hart und dunkel und das Meerwasser besitzt eine verdächtig trübe Farbe. Tag und Nacht verkehrt ein **Touristenbus** *(bondindinho,* alle 15 Min. ab Barra Sul über die Av. Atlântica, Pontal Norte, Av. Brasil und Via Gastronômica, in der HS tgl. 24 Std., NS tgl. 6–24 Uhr, 2 R$).

Parque Unipraias

Sehr beliebt ist die Fahrt mit einer neueren Kabinen-Drahtseilbahn *(teleférico),* ab Praia

Die Umgebung von Florianópolis

Neben den viel besuchten Stränden gibt es bei Florianópolis auch ruhige Dünen

de Barra Sul an der Av. Atlântica 6006 (Tel. 047-34 04 76 00, www.unipraias.com.br, 9.30–18 Uhr, 30 R$ hin und zurück/3,2 km, Fahrtunterbrechungen möglich). Erster Halt ist die **Estação Mata Atlântica** mit kleinen Wanderpfaden, Aussichtspunkten und dem nahen Hochseilgarten des **Parque de Aventuras** (12 verschiedene Aktivitäten, 1,5 Std., 20 R$). Danach führt die Seilbahn bis zur **Praia das Laranjeiras**, sie liegt an einer bezaubernden kleinen Bucht umringt von atlantischem Regenwald. Das ruhige Meer mit seinem sauberen, grün schimmernden Wasser eignet sich ideal zum ungefährlichen Baden, Fischen und Tauchen. Neben einigen Bars und Restaurants gibt es auch einen Campingplatz.

Weitere Strände

Die nächsten Strände, **Taquaras** und **Taquarinhas,** sind ebenfalls landschaftlich reizvoll, jedoch wegen der hohen Wellen zum Baden weniger geeignet. Dahinter liegt die **Praia do Pinho,** der erste offiziell anerkannte brasilianische FKK-Strand mit ruhigem und sehr sauberem Wasser, einem Restaurant und zwei Campingplätzen. Schön liegen auch die Strände, **do Estaleiro** und **Estaleirinho,** nur behindert hier starker Wellengang oft das Badevergnügen. In nördlicher Richtung, kurz vor der Grenze zu Itajaí, ist die einsamere **Praia dos Amores** am reizvollsten. Wer sich dorthin zurückziehen will, nehme die charmante Pousada Felíssimo (www.pousadafelissimo.com.br).

Blumenau

Blumenau ▶ 2, K 14

Cityplan: S. 402

In 2,5 Busstunden ist man in der deutschesten Kolonie ganz Brasiliens, 40 % der 299 000 Einwohner halten sich für deutschstämmig. Ohne Übertreibung kann man sagen, dass nirgendwo auf der Welt – Deutschland mit eingeschlossen – überkommene germanische Traditionen so kultiviert werden wie hier, besonders das berühmte Oktoberfest.

Man wirbt mit der alten Heimat (www.blumenau.sc.gov.br). Die wenigen ›deutschen‹ Fachwerkhäuser, vor allem die **Prefeitura Municipal** (Rathaus) **1**, sieht man auf jeder Postkarte, auch das **Castelinho do Turismo** **2** darf nicht fehlen. Die Restaurants bieten typische deutsche Kost wie Eisbein mit Sauerkraut, und zum Oktoberfest spielen die Kapellen von über 30 Schützenvereinen zum Tanz auf. Nicht selten hört man noch ein paar deutsche Sprachbrocken, und sei es auch nur ein »Prosit!« Die Bierrechnung der cleveren Stadtverordneten ging jedenfalls auf.

Der Anfang ...

Dabei fing alles sehr beschwerlich an. Am 2. September 1850 kam eine Gruppe von 17 Pionieren, um das Land zu besiedeln, das die Kolonialregierung dem deutschen Pharmazeuten Hermann Bruno Otto Blumenau aus Hassefelde zugebilligt hatte. Sein früheres Wohnhaus in der Alameda Duque de Caxias 78 mit dem damaligen Mobiliar kann man besichtigen, es nennt sich heute **Museu da Familia Colonial** **3** (Di–Fr 9–17, Sa/So 10–16 Uhr). Die deutschen Pioniere waren so anständig, dass sie von Anfang an auf den damals noch üblichen Einsatz von Sklaven verzichteten, ein Reisender mit Sklaven durfte höchstens 24 Stunden in Blumenau verweilen. 30 Jahre später erhielt der Ort schon das Stadtrecht und zugleich den ersten, jedoch vorerst einzigen Webstuhl.

Und heute ...

Heute besitzt Blumenau den zweitgrößten Textilpark Brasiliens. Ein wichtiger Wirtschaftszweig sind auch die hiesigen Kristallerzeugnisse, die man u. a. bei einem Gang durch die Hauptgeschäftsstraße Rua XV de Novembro immer wieder sieht. Im 9 km entfernten Salto Weissbach befinden sich in der Rua Rudolf Roedel 147 die Fabrik Glaspark und das **Museu do Cristal** mit Demonstrationen der hiesigen Glasbläserkunst, Infos zu den verschiedenen Kristallarten und Verkauf (Mo–Sa 9–18 Uhr). Blumenau besitzt einen der höchsten Lebensstandards in Brasilien. Stolz verweisen die Einheimischen darauf, dass auf zwei Einwohner ein Auto kommt. Auch auf kulturellem und wissenschaftlichem Gebiet kann man glänzen: Die Stadt besitzt ein Theater (Carlos Gomes), zwei Museen, eine Universität, eine große Bibliothek und das beste Kammerorchester Brasiliens.

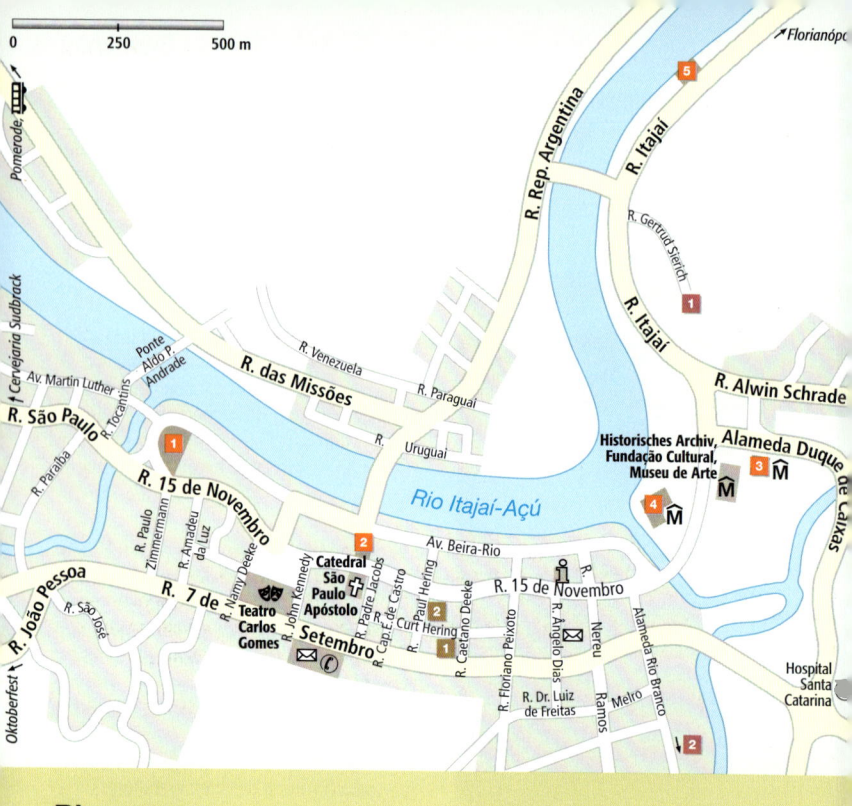

Blumenau

Sehenswert
1. Prefeitura Municipal
2. Castelinho do Turismo
3. Museu da Familia Colonial
4. Museu da Cerveja
5. Museu Ecológico Fritz Müller

Übernachten
1. Hotel Plaza
2. Hotel Ibis

Essen & Trinken
1. Restaurante Frohsinn
2. Trattoria di Mantova

Oktoberfest

Die geschäftstüchtigen Blumenauer haben jedoch erst richtig von sich reden gemacht durch ihr großes Oktoberfest, heute eines der größten Volksfeste Brasiliens. Die gigantische Vermarktung deutscher Trachten-, Hymnen- und Humpenkultur bedurfte allerdings erst zweier großer Überschwemmungen (1983 und 1984), welche sowohl die Stadt wie vor allem auch die Stadtkasse so gut wie ruiniert hatten. Rettung bringen sollte die Etablierung eines riesigen Bierfestes nach der bewährten Art des Münchner Oktoberfestes: Im ersten Jahr flossen gleich 103 000 l Bier, heute sind es schon 500 000 l. Dazu werden 28 000 Teller Eisbein mit Sauerkraut verspeist. Beim größten Deutschstämmigen-Fest Lateinamerikas mit ca. 1 Mio. Besuchern werden jährlich etliche Mio. US-$ umgesetzt. Man setzt dabei verstärkt auf Münchner Know-how, Delegationen besuchen und beraten sich gegenseitig.

So werden mehrere Blaskapellen eigens aus Deutschland eingeflogen, um zusammen

Pomerode und Joinville

mit weiteren 30 Musikgruppen die Stadt 17 Tage lang jeden Morgen an allen strategisch wichtigen Punkten aus dem Schlaf zu reißen. Der traditionelle Bierwagen verteilt Freibier zum Frühstück und zum Feierabend. Und danach geht es zum Parque Vila Germânica, wo sich die Feierlichkeiten konzentrieren. Ein Höhepunkt des Festes ist der Wettbewerb der ›Meter-Trinker‹: Wer zuerst – ohne abzusetzen – sein langes Bierglas leert, hat gewonnen. Ein berauschter Teilnehmer lüftete uns das letzte Geheimnis solchen Kults: »Hier vergisst man alles. Wir trinken, bis wir umfallen, und schlafen, bis wir Durst haben.«

Wem es nicht vergönnt ist, zur rechten Zeit hier zu sein, kann in der **Brauerei Eisenbahn** (Rua Bahia 5181) oder im **Museu da Cerveja** 4 gleich beim Biergarten an der Praça Hercílio Luz zumindest einiges Theoretische über das für Blumenau so segenspendende Bier erfahren.

Ökologie

Umweltbewusstsein wird groß geschrieben im grünen Tal von Blumenau, was angeblich einem der ersten Einwanderer (und Mitarbeiter Charles Darwins), Fritz Müller, zu verdanken ist. In seinem früheren Wohnhaus in der Rua Itajaí 2195 (Vorstadt) befindet sich heute das **Museu Ecológico Fritz Müller** 5 mit einer der größten Insektensammlungen der Welt (Mo–Fr 8–11.30, 13.30–17.30 Uhr).

Im 15 km entfernten **Ecológico-Spitzkopf-Park** gibt es leicht begehbare Wanderwege zu drei Wasserfällen und einem Gipfel mit schönem Blick ins Tal (tgl. 7–18 Uhr), im 21 km entfernten **Ecológico-Artex-Park** kann man ebenfalls wandern (Eingang: Fábrica Artex, Rua Progresso 150, Mo–Fr).

Infos

Touristeninformation: Rua Itajaí 34/35, Tel. 047-32 22 31 76, www.blumenau.sc.gov.br, tgl. 8–20 Uhr.

Übernachten

Die Nr. 1 ▶ **Hotel Plaza** 1: Rua 7 de Setembro 818, Tel. 047-32 31 70 00, www.plazahoteis.com.br. Bestes Haus vor Ort, aus dem Jahr 1976, sehr zentral gelegen. 253–329 R$.

Gute Preisleistung ▶ **Hotel Ibis** 2: Rua Paul Hering 67, Tel. 047-32 21 47 00, www.accorhotels.com.br. Weiteres Haus der weltbekannten Kette von 2003, 110 Zimmer, DZ ab 95 R$, Frühstück für 10 R$ optional.

Nachhaltig reisen

Die Umwelt schützen, die lokale Wirtschaft fördern, intensive Begegnungen ermöglichen, voneinander lernen – nachhaltiger Tourismus übernimmt Verantwortung für Umwelt und Gesellschaft. Die folgenden Webseiten geben Tipps, wie man seine Reise nachhaltig gestalten kann.

www.fairunterwegs.org: »Fair Reisen« anstatt nur verreisen – dafür wirbt der schweizerische Arbeitskreis für Tourismus und Entwicklung. Außerdem ausführliche Infos zu Reiseländern in der ganzen Welt.

www.sympathiemagazin.de: Länderhefte mit Infos zu Alltagsleben, Politik, Kultur und Wirtschaft; Themenhefte zu den Weltregionen, Umwelt, Kinderrechten und Globalisierung.

www.zukunft-reisen.de: Das Portal des Vereins Ökologischer Tourismus in Europa erklärt, wie man ohne Verzicht umweltverträglich und sozial verantwortlich reisen kann.

Außerdem: forumandersreisen.de, verträglich-reisen.de, respect.at,

Brasilien »nachhaltig«: Das Umweltbewusstsein der Brasilianer hat sich zwar verbessert, aber viele Bewohner werfen Abfall einfach auf die Straße. Seien Sie ein Vorbild und benutzen Sie die vorhandenen Mülleimer. Bierdosen geben Sie am besten den Sammlern. Kaufen Sie ihre Produkte möglichst bei lokalen Händlern, also z. B. eine Wasserflasche am Straßenrand anstatt eine Cola bei McDonald's. Fast selbstverständlich sollte sein, auf den Kauf von Souvenirs zu verzichten, die z. B. aus geschützten Tierarten oder Korallen hergestellt wurden.

Die Umgebung von Florianópolis

Auf der Antiga Wurststraße in Blumenau fühlt man sich wie zu Hause

Essen & Trinken

Gutbürgerliches ▶ **Restaurante Frohsinn** 1: Rua Gertrud Sierich 940 (1 km nördlich des Zentrums), Tel. 047-33 26 60 50, tgl. 11.30–0.30 Uhr. Großes Lokal in rustikalem Stil, deutsche und internationale Küche, schöner Blick auf die Stadt, abends Pianomusik. 35–55 R$ pro Pers.

Italiener ▶ **Trattoria di Mantova** 4: Al. Rio Branco 833, Tel. 047-30 41 83 83, Di–Sa 18–24, So 12–16 Uhr. Nettes italienisches Lokal. 20–30 R$

Pomerode und Joinville
▶ 2, K 14

32 km von Blumenau entfernt, liegt in reizvoller Hügellandschaft das 26 000 Einwohner zählende **Pomerode**, ab 1861 von Pommern besiedelt. Die Konkurrenz zu Blumenau ist groß, auch hier wird ein Bierfest organisiert *(Festival Pomerano)*. Es gibt mehr Fachwerkhäuser und prozentual mehr Deutsch sprechende, blondschöpfige und blauäugige Bewohner als in Blumenau, ›Deutsch‹ ist hier sogar Schulfach. Erschließen lässt sich der Ort leicht per Pferdekutsche *(charrete),* natürlich mit einem deutschsprachigen Guide.

Als letzte der drei wichtigsten deutschen Kolonien bleibt noch das größere **Joinville** (497 000 Einw.) zu erwähnen, geprägt von Einwanderern aus Hamburg und der Schweiz. Auch hier darf natürlich ein Bierfest nicht fehlen, ebenfalls im Oktober kommen ca. 300 000 trinkfeste Besucher zur *Feira Nacional do Chope (Fena Chope)*. Vom Stadttor abgesehen erinnert sonst jedoch wenig an die fremden Vorfahren, außer dass in diesem Städtchen eben alles sauber, aufgeräumt und gut organisiert ist. Aber das hat man in Deutschland ja auch.

›Süddeutsche‹ Täler

aktiv unterwegs

Radtour durch ›süddeutsche‹ Täler

Tour-Infos
Start: Timbó, 30 km von Blumenau (SC)
Länge: 300 km
Dauer: 7 Tage
Wichtige Hinweise: mittelere Radsporterfahrung und gute physische Kondition sind erforderlich
Infos/Organisation: Circuito Vale Europeu, www.circuitovaleeuropeu.com.br/al (auch auf Deutsch), 1750 R$

Die Region um Blumenau ähnelt landschaftlich und klimatisch stark süddeutschen Gefilden. Es ist ein Gebiet, das sich gut für sportliche Aktivitäten eignet (Rafting, Rappel, Wanderungen und Radtouren).

Eine ganz besondere Tour führt per Fahrrad durch **neun Gemeinden,** immer abseits der asphaltierten Autostraßen. Man bekommt Tuchfühlung zu den Einwohnern und lernt die kulturellen Traditionen der deutschen und italienischen Einwanderer kennen, besonders in den Bereichen Architektur (Fachwerkhäuser), Gastronomie (Weinproben, Käseherstellung), Folklore, Musik und Sport. Radfahren ist sehr verbreitet und gern gesehen, die Bewohner der Bauerndörfer freuen sich über jeden Besucher.

Die ersten drei Tage geht es über **Pomerode** bis **Rodeio** ohne größere Steigungen auf schönen ruhigen Forststraßen an Flusstälern entlang. Oft werden Bäche auf knarrenden Holz- oder Hängebrücken überquert. Danach führt die Strecke durch höhere Lagen bis 700 m zu diversen Staudämmen, gleich am Anfang sind stärkere Steigungen zu bewältigen, meist jedoch von Bäumen beschattet. Die Besiedlung wird geringer, die Naturerfahrung intensiver: Die Fahrt geht durch ausgedehnte Araukarienwälder, in denen auch viele Vögel zu beobachten sind. Am letzten Tag geht es von **Palmeiras** überwiegend auf Gefällstrecken wieder nach **Timbó** zurück.

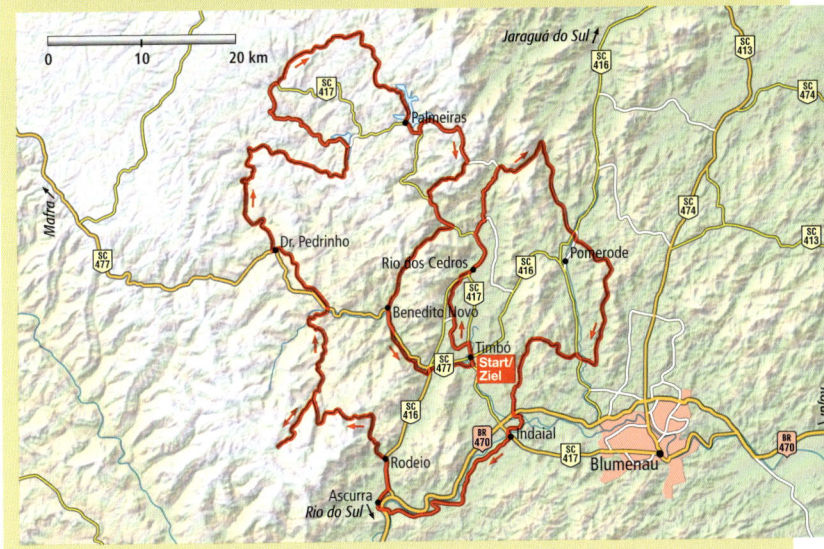

Die Umgebung von Florianópolis

Millionen von Immigranten aus Deutschland und Österreich

Brasilien hat die meisten deutschstämmigen Einwohner Südamerikas, mehrere Millionen sollen es sein. Im südlichen Rio Grande do Sul macht deren Anteil an der Gesamtbevölkerung 20 % aus. Obwohl die meisten Einwanderer schon vor 150 Jahren hierher kamen, sind die kulturellen und ethnischen Auswirkungen bis heute unverkennbar.

Im Süden Brasiliens sieht man noch viele blonde und blauäugige Kinder, die jedoch immer seltener ein deutsches Wort verstehen. Dafür besteht die teutonische Tradition ungebrochen fort in Architektur und Folklore, das bekannteste Beispiel ist Blumenau mit seinem berühmten Oktoberfest (s. S. 402).

Am Anfang stand ein **Dekret von Dom João VI.** aus dem Jahre 1808, welches Ausländern den Besitz von Land erlaubte. Brasilien musste sich modernisieren, viel unkultiviertes Land harrte der Erschließung und europäisches Know-how sollte dabei helfen. Neben diesem ökonomischen Interesse war die **neue Besiedlungspolitik** auch militärstrategisch (Grenzsicherung durch ›wehrhafte Bauern‹ im unsicheren Mittelgebirge Südbrasiliens) sowie rassenpolitisch motiviert (Erhöhung des Weißenanteils an der Bevölkerung).

Der entscheidende Impuls kam jedoch mit einer **Hochzeit.** Am 13. Mai 1817 verheiratete sich der spätere brasilianische **Kaiser Dom Pedro I.** mit **Maria Leopoldina von Habsburg,** Tochter des österreichischen Kaisers Franz I. Diese Ehe sowie die Freundschaft zwischen den beiden Männern beschleunigten den Öffnungsprozess Brasiliens für die deutschsprachigen Länder. Am 21. August 1822 wurde der deutsche Generalleutnant in brasilianischen Diensten, Johann Heinrich Böhm, damit beauftragt, im großdeutschen Raum für eine verstärkte Einwanderung nach Brasilien zu werben. In Übereinstimmung mit der preußischen Regierung sollte der **Immigrantenstrom** künftig ausschließlich **in den Süden Brasiliens** dirigiert werden, nachdem 1816 deutsche Pioniere in Bahia schlechte Erfahrungen sowohl mit dem ungewohnten Klima als auch mit tropischen Krankheiten wie dem Gelbfieber gemacht hatten.

Und so kamen im Jahre 1824 die ersten Deutschen ins heutige São Leopoldo im Bundesstaat Rio Grande do Sul, diesen 1261 Einwanderern folgten weitere Gruppen, die sich auf der Suche nach besseren Lebens- und Arbeitsbedingungen in Santa Catarina & Co. ansiedelten. 1825 kam auch eine Gruppe von Schweizern, die im Hinterland von Rio die Kolonie Nova Friburgo (Neu-Freiburg) gründeten. In Europa war das Leben noch geprägt von den Folgen der Napoleonischen Kriege; Verwüstung, Hunger und Elend, Arbeitslosigkeit und Überbevölkerung ließen viele nach einer Alternative in ›Amerika‹ suchen.

Eine weitere **Auswanderungswelle um 1846** stand im Zusammenhang mit dem sich abzeichnenden Umbruch von der Feudalordnung zum Kapitalismus. Insgesamt kamen statt der erwarteten erfahrenen und ›wehrhaften‹ Bauern eher arme Köhler und Saisonarbeiter, u. a. aus Westfalen und dem Hunsrück, die von einem besseren Leben in Übersee träumten. Kurzfristig waren erst einmal zahlreiche Hemmnisse zu überwinden, die nicht wenige in den Selbstmord trieben. Die Siedler etwa, die 1846/47 aus dem Hunsrück nach Santa Isabel im Bundesstaat Espírito Santo kamen, wären beinahe über Dünkirchen in

Immigranten aus Deutschland und Österreich

Thema

Frankreich nicht hinausgekommen. Erst mit Einsatz aller finanziellen Reserven ließ sich noch in letzter Minute ein Segelschiff auftreiben, das die 39 Familien 70 Tage später schließlich in Rio absetzte. Zunächst orientierungslos und ohne offizielle Unterstützung, wurden sie nach einigem Hin und Her auf den Weg nach Vitória geschickt, wo im bergigen Hinterland ein dem Süden Brasiliens ähnliches Klima herrscht. Von Vitória ging es dann zu Fuß weiter durch unerschlossenes Waldgebiet, nur Frauen und Kinder wurden auf dem Flusswege befördert. Am Ziel angelangt, waren Bohnen mit Maniokmehl die einzige Nahrung, 54 Menschen starben in den ersten Jahren an Typhus, Malaria und Gelbfieber.

Die **Schwierigkeiten der deutschen Siedler** im Süden Brasiliens, wo die **Überschwemmungen des Rio Itajaí Açu** immer wieder alles vernichteten, waren kaum geringerer Natur. Vielfach wurden Anwerbeversprechen der brasilianischen Behörden nicht eingelöst und bürokratische Schikanen behinderten den Neuanfang. Viele Einwanderer zogen sich in die Einsamkeit der Berge zurück, gründeten kleine Familienbetriebe und mieden alle Kontakte zu Brasilianern. Um die Identität der Gruppe zu schützen, entstanden bald **Schützenvereine, Kirchengemeinden und deutsche Schulen,** insgesamt also das klassische, in Brasilien bis dahin unbekannte und eher belächelte typisch deutsche Dorf. Schon bald jedoch drückten die Immigranten aus Deutschland und Italien den unterentwickelten Bundesstaaten Rio Grande do Sul, Santa Catarina und Paraná deutlich ihren Stempel auf, nicht nur in der Landwirtschaft, sondern auch im Bereich des Kunsthandwerks und der Industrie: Eisenerzeugung und die Produktion von Textilien, Möbel und Leder wurden die neuen blühenden Wirtschaftszweige.

Der Immigrantenstrom aus Deutschland ging jedoch ab 1870 infolge der neuen Prosperität der Gründerjahre im Deutschen Reich deutlich zurück. Erst nachdem 1888 in Brasilien die Sklaverei abgeschafft wurde und daher Bedarf an Arbeitskräften entstand, führte eine neuerliche soziale Krise in Deutschland zu einer weiteren Auswanderungswelle. 1934 jedoch wurde die Einwanderung von der brasilianischen Seite aus erschwert. Die autoritäre Regierung Vargas legte trotz der politischen Willfährigkeit der häufig NSDAP-nahen deutschen Siedler und Immigranten ein jährliches Limit zur **Begrenzung der Einwandererzahlen** fest. Ein Jahr zuvor allerdings, am 13. Oktober 1933, konnte sich 500 km von der Küste entfernt in Santa Catarina die bedeutendste **österreichische Kolonie** etablieren, das ›o **Tirol brasileiro**‹ genannte **Treze Tílias** (Dreizehn Linden). Andreas Thaler, damaliger Landwirtschaftsminister Österreichs, hatte die Idee, einige durch die Weltwirtschaftskrise ruinierte Landwirte ihr Glück in Südamerika suchen zu lassen. So kam eine erste Gruppe von 84 Bauern aus Tirol, gefolgt von zwei weiteren Schiffen aus anderen Regionen, bis dann 1938 die Nazis die österreichischen Grenzen dicht machten. Doch weder die isolierte Lage noch der Mangel an Geräten vermochte die rührigen Tiroler zu entmutigen. Seit 1963 ist Treze Tílias ein wohlhabendes Städtchen, ganz ohne Analphabeten und ohne Arbeitslose. Alles ist fast so wie in der Heimat, vom Tiroler Haus mit Gockel auf dem Turm bis hin zum Schuhplattler und dem unverzichtbaren Wacholderschnaps. Gefeiert wird nicht wenig, ob beim ›Winter-Bier-Fest‹ oder im Oktober auf dem ›Tirolerfest‹. Die Gastfreundlichkeit der Bewohner ist auf dem Ortseingangsportal festgehalten: *Komm bald wieder* (www.trezetilias.sc.gov.br).

Curitiba und Umgebung

Viele Europäer kennen den Namen dieser Stadt aus der Weltpresse. Erfolgreich wurde die Mär verkündet, hier gebe es ein Stück Europa oder ›Erste Welt‹ im sonst zurückgebliebenen Brasilien. Und so kommen viele Besucher aus dem Ausland, sei es aus Neugier oder auch aus ›Heimweh‹. Manche sind entzückt, andere enttäuscht. Aber man muss ja nicht in der Stadt bleiben. Eine Gebirgsbahn führt über Schluchten und Steilhänge, und Ruhe findet man auf der kleinen Meeresinsel Ilha do Mel.

Curitiba ▶ 1, K 12

Cityplan: S. 410/411

Hier gibt es keinen Strand, keine Palmen und keinen Dauersonnenschein. Die Hauptstadt von Paraná (1,8 Mio. Einw.) lockt durch den Ruf einer ökologischen Modellstadt. Internationale Auszeichnungen scheinen dies zu bestätigen, manche Bewohner sprechen jedoch von einer großen Politikerlüge.

Wie in Hannover

Der erste Eindruck erinnert an gepflegte Städte im flachen Norddeutschland, man fühlt sich fast wie in Hannover. Es gibt Fußgängerzonen, zahlreiche Fahrradwege, ein modernes Nahverkehrssystem, viele Grüngürtel und Parks und ein Recyclingsystem, das 1991 sogar einen Preis der Vereinten Nationen gewann. Im brasilianischen Vergleich wird man solche Fortschrittlichkeit suchen müssen. Das städteplanerische Umdenken begann nach einem rasanten Bevölkerungswachstum, das die Stadt in den verkehrstechnischen und ökologischen Kollaps zu führen drohte.

Musterstadt oder Politikerlüge

Das 1693 von Goldsuchern gegründete Curitiba empfing im 18. Jh. noch viele Viehzüchter und ab 1867 die Immigranten aus Italien, Polen und Deutschland. Doch bis 1940 lebten hier nicht mehr als 140 000 Einwohner. Erst die nachfolgende beschleunigte Industrialisierung (Eisen, Chemie, Möbel und Nahrungsmittel) ließ die Bevölkerung in nicht mehr als 50 Jahren um ein Zehnfaches anwachsen – ein brasilianischer Rekord. Als die Stadtentwicklung somit in eine kritische Phase eintrat, begann man sich an ausländischen Vorbildern zu orientieren und zumindest dem Zentrum einen zeitgemäßen Anstrich zu geben.

Manche Bewohner sehen jedoch in alldem lediglich eine grandiose Marketingkampagne der Stadtväter, angeführt von den Politikern Rafael Greca und Jaime Lerner. Ein in Curitiba lebender Deutscher kritisiert: »Musterstadt schon gar nicht und ökologische noch weniger! Luftverschmutzung, Wasserverschmutzung, Bodenverunreinigung sind hier in Curitiba genauso zu beobachten wie in anderen Städten Brasiliens ... Kläranlagen für Trinkwasser gibt es auch hier nicht, Abwässer werden einfach in die Flüsse geleitet, und Trinkwasser muss immer wieder neu bereitgestellt werden. Deshalb fehlt auch sehr oft Wasser in Curitiba, trotz des vielen Regens. Und deshalb sind auch die Flüsse und Bäche, die durch die Parks fließen, alle verschmutzt.«

Sicherlich sind in Curitiba nicht alle ökologischen Probleme gelöst, aber alle Welt schaut auf diese Stadt und zwingt sie fast, das propagandistische Image immer mehr in die Tat umzusetzen.

Curitiba

Traditionspflege

Über jede Kritik erhaben ist jedoch die Pflege der kulturellen Traditionen. Ganz besonders das Erbe der europäischen Einwanderergruppen wird sorgsam gepflegt und ist deutlich spürbar in Architektur, Folklore, Kunstgewerbe und Gastronomie.

Der italienische Einfluss zeigt sich am deutlichsten im quirligen Stadtteil **Santa Felicidade**. Häufig findet man auch deutsche, polnische, japanische und portugiesische Restaurants. Einzigartig in Brasilien im Sinne der Traditionspflege ist das **Folklore Festival Paraná**, das jedes Jahr in der zweiten Augusthälfte die ausländischen Kulturgruppen zusammenführt und von zahlreichen Touristen besucht wird.

Citytour im Touristenbus

Seit 1994 bietet Curitibas Stadtverwaltung die *Linha turismo,* eine 2,5 Std. dauernde Rundtour in grünen Doppeldeckerbussen. Sie starten Dienstag bis Sonntag alle halbe Stunde zwischen 9 und 17.30 Uhr von der **Praça Tiradentes** [1], man steigt einfach ein und zahlt im Bus (20 R$). Der Abfahrtspunkt ist ein Platz von besonderer historischer Bedeutung. Hier wurde am 29. März 1693 Curitiba gegründet. Heute befinden sich hier ein kleiner Park mit restaurierten alten Laternen und dahinter die mächtige **Catedral Basílica Menor de N. S. da Luz** [2]. Nur der Busterminal beeinträchtigt das ansprechende historische Szenarium.

Auf einer Strecke von 45 km geht es vorbei an 24 Sehenswürdigkeiten, die in Zahl und Reihenfolge wechseln können (aktuelle Route unter www.urbs.curitiba.pr.gov.br/PORTAL/linha–turismo/). Während der Fahrt erhält man Informationen per Lautsprecher, das Englisch ist jedoch schwer verständlich. Man kann an jeder Station aussteigen (maximal viermal) und den nächsten Bus 30 Minuten später nehmen.

Im Folgenden geben wir eine Übersicht der interessantesten Attraktionen (die meisten liegen an der *Linha turismo*) und Hinweise, wo man aussteigen sollte. Wer im Dezember hier ist, kann zusätzlich mit der *Linha natal* herumfahren; ein weihnachtlich geschmückter Bus fährt nachts durch die am schönsten beleuchteten Straßen und Parks der Stadt, die sich mit Gramado in einem harten Wettstreit um den Titel der Weihnachtshauptstadt Brasiliens befindet.

Altstadt und beliebte Viertel

In der kleinen **Altstadt** *(Parte histórica)* befinden sich noch die meisten Bauwerke aus dem 19. Jh., überwiegend deutscher Provenienz. Hier konzentriert sich auch mit zahlreichen Bars, Restaurants und Biergärten das Nachtleben Curitibas, vor allem am **Largo da Ordem** unterhalb der gleichnamigen Kirche **Igreja da Ordem** [3]. In der Nähe befindet sich die interessanteste Fußgängerzone der Stadt, die **Rua das Flores** (Blumenstraße), die erste Brasiliens (1972).

An Beliebtheit etwas verloren hat die **Rua 24 Horas.** Es handelt sich dabei um eine 116 m lange und 12 m hohe Galerie aus Glas und Stahl, mit Läden, Bars, Restaurants und Livemusik.

In der Nähe der Altstadt sieht man die **Ruínas de São Francisco,** wo es unterirdische, von Piraten genutzte Gänge gegeben haben soll. Das **Portal Italiano** markiert den Eingang zum italienischen Viertel **Santa Felicidade.** Das 1878 entstandene Viertel zeichnet sich durch seine Architektur und seine vielfältige Gastronomie aus.

Theater und Museen

Der Parque das Pedreiras vereint die Ópera de Arame und die Pedreira Paulo Leminski, zwei Theater mitten in einem 108 000 m² großen Park. Die **Pedreira** [4] mit dem Namen des bedeutendsten Poeten Curitibas dient vor allem als großes Freilichttheater und Konzertbühne für bis zu 70 000 Gäste. Die 1992 eingeweihte **Ópera de Arame** [5] ist wegen ihrer transparenten Glas- und Stahlarchitektur und ihrer idyllisch in die Natur eingebetteten Lage oberhalb eines kleinen Sees eine der faszinierendsten Sehenswürdigkeiten der Stadt. Im April ist sie eine der Bühnen des Theaterfestivals von Curitiba (2400 Plätze), ansonsten gibt es nur wenige Aufführungen.

Die Akustik lässt allerdings zu wünschen übrig (Di–So 8–22 Uhr).

Das **Teatro Guaíra** 6 ist eines der größten Theater Lateinamerikas und Wiege des Balletts Teatro Guaíra, das zu den besten Brasiliens zählt. Am Sonntagvormittag finden hier kostenlose Sinfoniekonzerte statt. Stadtauswärts gelangt man, vorbei am Centro de Convenções, zu einem Gelände für Ausstellungen und Veranstaltungen, zum **Teatro Paiol** 7, einer zum Arena-Theater umfunktionierten Pulverkammer von 1874, die in den Jahren 2005/06 vollständig restauriert wurde.

Das **Museu Paranaense** 8 (Museum von Parana) an der Praça Generoso Marques zeigt neben archäologischen Fundstücken auch Exponate, die in ethnologischer Hinsicht von Interesse sind, u. a. der Guarani- und Caigangues-Índios (Di–Fr 9–17, Sa/So 11–15 Uhr).

Das **Museu Oscar Niemeyer** 9 ist die neueste Attraktion der Stadt, erst 2003 eröffnet und von dem berühmten Architekten selbst entworfen. Es besteht aus zwei Komplexen, der ältere von 1960 war vorher ein öffentliches Verwaltungsgebäude, der andere Teil wurde neu errichtet und in Form eines

Curitiba

Sehenswert
1. Praça Tiradentes
2. Catedral Basílica Menor de N. S. da Luz
3. Igreja da Ordem
4. Pedreira
5. Ópera de Arame
6. Teatro Guaíra
7. Teatro Paiol
8. Museu Paranaense
9. Museu Oscar Niemeyer
10. Passeio Público
11. Parque Barigüi
12. Bosque do Papa
13. Parque São Lourenço
14. Bosque Alemão
15. Bosque Gutierrez
16. Parque Tanguá
17. Parque Tingüi
18. Universidade Livre do Meio Ambiente
19. Jardim Botânico
20. Torre das Mercês

Übernachten
1. Centro Europeu Tourist
2. Grand Hotel Deville Rayon
3. Lancaster
4. Hotel Ibis

Essen & Trinken
1. Zea Mais
2. Batel Grill
3. Schwarzwald

Einkaufen
1. Feira de Artesanato

Auges konstruiert. Dieses *olho* ist auch von der inneren Gestaltung her sehenswert, es beherbergt u. a. eine kleine Ausstellung zu Niemeyer. Hier lohnt es sich also auch, einmal auszusteigen (Di–So 10–18 Uhr).

Parks und Botanische Gärten

Der **Passeio Público** 10 ist der alte Botanische Garten aus dem 19. Jh. Er hat einen kleinen Zoo, einen See zum Tretbootfahren und ein Restaurant, das in früheren Zeiten ein Treffpunkt von Schriftstellern und Journalisten gewesen sein soll. Erholung verspricht der **Parque Barigüi** 11, von den insgesamt 16 Parks der Stadt ist er der größte und an Wochenenden auch der belebteste (tgl. 8–18 Uhr). Der **Bosque do Papa** 12, der ›Wald des Papstes‹, wurde berühmt durch einen Besuch von Papst Johannes Paul II. anlässlich der Einweihungszeremonien 1980. Der kleinste und anheimelndste Park der Stadt ist zugleich Gedenkstätte der polnischen Einwanderer. Ruhe und Idylle bietet auch der schön an einem See gelegene **Parque São Lourenço** 13. Dort wurde in einer stillgelegten Fabrik das Kreativitätszentrum Curitibas geschaffen.

Im **Bosque Alemão** 14, der an die deutsche Einwanderung ab 1833 erinnert, gibt es einen Gebrüder-Grimm-Pfad, ein Bach-Oratorium und einen Philosophenturm mit schöner Aussicht auf die Stadt (tgl. 9–17 Uhr). In einem weiteren Waldgelände, dem **Bosque Gutierrez** 15, befindet sich eine Gedenkstätte für den ermordeten Umweltschützer Chico Mendes. Einen Besuch lohnen zudem der **Parque Tanguá** 16, ein 1996 eingeweihter Freizeitpark am Rio Barigui, und der **Parque Tingüi** 17. Er erinnert an die Ureinwohner der Region, die Tingüis vom Stamm der Guarani (Di–So 8–17 Uhr).

Eine Fahrtunterbrechung wert ist auch die **Universidade Livre do Meio Ambiente** 18, eine inmitten eines Parks an einem See angelegte Umweltuniversität mit einem Aussichtspunkt auf der Spitze. Die spiralförmige Holzkonstruktion soll mit ihren Farben auf die vier Grundelemente der Natur – Erde, Wasser, Luft und Feuer – verweisen und sie zusammenführen. An der 1991 gegründeten Universität widmet man sich intensiv der Erforschung umweltschonender Entwicklungsprojekte.

Der **Jardim Botânico** 19 wurde im Jahr 1991 nach französischem Muster angelegt und beeindruckt vor allem durch sein prachtvolles Gewächshaus aus Glas und Stahl, eine Replik des Londoner Kristallpalastes (tgl. 6–20 Uhr).

Rundblick

Will man sich einen guten Blick über die Stadt verschaffen, besteige man den **Torre das Mercês** 20, den mit 95 m höchsten Punkt des in einer Ebene liegenden Curitiba. 1991 eingeweiht, dient er als Sender und Empfänger für das in Brasilien so geliebte *celular* (Handy) und entwickelte sich zugleich zu einer Touristenattraktion, was an den ständigen Warteschlangen vor dem viel zu kleinen Aufzug erkennbar ist.

Curitiba und Umgebung

Der 2003 eröffnete Teil des Oscar-Niemeyer-Museums hat die Form eines Auges

Infos
Postos de Informação Turística: Flughafen (tgl. 7–23 Uhr), Rodoferroviária (Mo–Fr 8–18, Sa 8–14 Uhr), Rua 24 Horas (Mo–Fr 8–24, Sa/So 8–22 Uhr); die zentrale Infonummer ist 041-33 52 80 00, www.viaje.curitiba.pr.gov.br.

Übernachten
Modern ▶ **Centro Europeu Tourist** 1: Praça General Osório 61, Tel./Fax 041-32 22 66 69, www.centroeuropeu.com.br/hotel. Komfortable Option in zentraler Lage, 48 Zimmer. 216–233 R$.

Luxus ▶ **Grand Hotel Deville Rayon** 2: Rua Visc. de Nacar 1424, Tel. 041-21 08 11 00, Reservierung Tel. 0800-703 18 66, www.deville.com.br. 136 Zimmer, eines der besten Hotels der Stadt mit großen Zimmern. 178–208 R$.

Gediegen ▶ **Lancaster** 3: Rua Vol. da Pátria 91, Tel. 041-33 01 89 53, www.lancasterhoteis.com. Gutes, preiswertes Hotel von 1972 mit 106 Zimmern, verdient fast vier Sterne, freundlicher Service, hervorragendes Frühstück, günstige Lage beim zentralen Busbahnhof. 150 R$.

Günstig ▶ **Hotel Ibis** 4: Rua Mateus Leme 358, Tel. 041-33 24 04 69, Fax 041-33 23 34 04, www.accorhotels.com.br. Weiteres Hotel der erfolgreichen Budgetkette von Accor; kleine Zimmer, aber modern und günstig. Ab 105 R$.

Essen & Trinken
Nobles Ambiente ▶ **Zea Mais** 1: Rua Barão do Rio Branco 354 (Centro), Tel. 041-32 32 39 88, Mo–Sa 20–24 Uhr. Gute internationale Küche in einer Villa von 1917 mit einem Deko-Mix aus Holzstühlen der 1950er-Jahre und Bistro-Tischen, Hauptgerichte um 30–50 R$.

Churrascaria ▶ **Batel Grill** 2: Av. N. S. Aparecida 78 (Verlängerung der Av. Batel), Tel. 041-33 42 81 01, Di–So 18.30–23 Uhr. Schicke Churrascaria mit bestem Fleisch zu günstigen Preisen (NS 35 R$)

Heimatgefühle ▶ Schwarzwald 3: Lg. da Ordem 63 (Altstadt), Tel. 041-32 23 25 85, tgl. 11–2 Uhr. Rustikal mit Biergarten, viele deutschstämmige Gäste, seit 1979 eine Institution in der Altstadt, gute deutsche Küche. Um 30 R$.

Einkaufen

Kunsthandwerk ▶ Feira de Artesanato 1: Kunsthandwerksmarkt am Largo da Ordem/ Praça Garibaldi (Setor Histórico), So 9–14 Uhr.

Termine

Oficina de Música (Jan.): Musikfest an verschiedenen Orten, Interpreten der Música Popular Brasileira und lateinamerikanische Stile.

Festival de Teatro (2. Märzhälfte): An elf Tagen Präsentationen zeitgenössischer Schauspielkunst in verschiedenen Theatern sowie auf Plätzen und Straßen.

Festival Paraná (2. Augusthälfte): Folklorefest mit Tanz- und Musikprogramm.

Natal (ab Anfang Dez.): Mehrere große Weihnachtsfeste mit Chorälen in der Rua XV, Programm: www.natalcuritiba.com.br.

Verkehr

Flugzeug: Der Aeroporto Afonso Pena 17 km südöstlich des Zentrums bedient entferntere Ziele, Tel. 041-33 81 15 15. City-Transfer im Flughafenbus *Aeroporto Executivo* (alle 20 Min., 6–2 R$, 8 R$) per Taxi (100 R$). Der Flughafen von Bacacheri liegt 6 km westlich des Zentrums und bedient Nahziele, Tel. 041-32 56 14 41.

Bus: Busbahnhof und Bahnhof sind am Rande des Zentrums zur Rodoferroviária zusammengelegt, Tel. 41-33 20 30 00; Verbindungen u. a. nach Foz do Iguaçu (u. a. *Catarinense,* Tel. 0300-147 04 70, 8 x tgl., 9 Std., 98 R$), Florianópolis (*Catarinense,* Tel. s. o., alle 1–2 Std. zwischen 5.15 und 1.15 Uhr, 4 Std., 44–69 R$), Porto Alegre (u. a. *Pluma,* Tel. 0800-6 46 03 00, 4 x tgl., 12 Std., 90–140 R$), Rio de Janeiro (*Penha,* 4 x tgl., 13 Std., 122–169 R$).

Mietwagen: Localiza, Tel. 041-38 88 87 88; Interlocadora, Tel. 041-33 32 43 22.

Stadtbusse: Es gibt ein großes Liniennetz, neben der *Linha turismo* empfiehlt sich noch die Buslinie *Circular centro*, die allerdings nur das Stadtzentrum abfährt (nicht Sa/So).

Ilha do Mel ▶ 1, L 12

Sie ist wirklich süß, die mit üppiger Vegetation und 27 km Strand ausgestattete Ilha do Mel. Der Name soll aber vom deutschen Wort Mehl kommen, die Indios produzierten hier frühe Maniokmehl.

Das Eiland steht unter **Naturschutz,** nur 200 der insgesamt 2785 ha dürfen genutzt werden. Es gibt weder Autos noch Straßen, nur gut ausgeschilderte Pfade *(trilhas)* für Fußgänger und Radfahrer. Es ist ein Ort der Ruhe und Muße, täglich sind nur 500 Besucher zugelassen. Meistens kommen jedoch viel weniger. Die wichtigsten Dörfer sind Vila das Encantadas und Nova Brasília (2 Std. zu Fuß voneinander entfernt, per Boot für 12 R$ nur 10 Min.). Dort quartiert man sich in einfachen Pousadas, oft direkt bei Fischern, ein. Die Stille ist ein wahrer Genuss, man hört weder Motoren noch Musik, die im Freien verboten ist. Nur eine aggressive Mückenart stört im Sommer die paradiesische Idylle.

Wer drei Tage Zeit mitbringt, wird leicht die ganze Insel erkunden können. Von Nova Brasília aus erkundet man am ersten Tag den Nordteil der Insel mit dem Fort, am zweiten die ortsnahen Strände und am dritten den Südteil mit einer sagenumwobenen Höhle.

Zunächst geht es also in den Norden zur Besichtigung des Forts. Die zwischen 1766 und 1770 von Sklaven errichtete und inzwischen mehrfach restaurierte **Fortaleza de N. S. dos Prazeres,** auf Anordnung des portugiesischen Königs Dom João V. zur Verteidigung der Bucht von Paranaguá bestimmt, ist eine der größten aus der Kolonialzeit Brasiliens und steht heute unter Denkmalschutz.

Das Fort ist teilweise in die natürliche Gesteinsformation hineingebaut. Aufmerksamkeit erregt außer dem Portal mit den beiden Masken und Ornamenten das Kanonenarsenal aus zwei verschiedenen Epochen. Der

aktiv unterwegs

Mit der Gebirgsbahn nach Morretes

Tour-Infos
Start: Curitiba
Länge: insgesamt 110 km
Dauer: 3 Std.
Wichtige Hinweise: Zurück nach Curitiba nimmt man besser den schnelleren und zugleich preiswerteren Bus mit *Viação Graciosa* ab Rodoviária Morretes, alle 1,5 Std., 15 R$.

Das 73 km von Curitiba entfernte Morretes ist ein hübsches altes Kolonialstädtchen, das eine Stippvisite lohnt – die eigentliche Attraktion ist jedoch die ebenso schöne wie schwindel erregende Fahrt mit einer Gebirgsbahn, dem **Serra Verde Express**. Die ursprünglich bis nach Paranaguá (110 km) angelegte Pionierstrecke, eingeweiht von Kaiser Pedro II., gilt als ein mit Blut bezahltes Meisterwerk. Bei ihrem Bau (1880–1885) ließen ca. 5000 Männer durch Unfälle wie Schlangen- und Insektenbisse ihr Leben. Die meisten Arbeiter, durch Höchstlöhne angelockt, gaben schon nach kurzer Zeit wieder auf. 420 Streckenabschnitte mussten gebaut, 13 Tunnel gegraben und 41 Brücken und Viadukte konstruiert werden. Der alte Zug, mit 20 Wagen für je 50 Personen, wirkt nicht weniger abenteuerlich als die Strecke selbst.

Nach 20 Min. Fahrt wird das urbane Umfeld durch die **Serra do Mar** abgelöst. Die Fahrt an Steilhängen entlang dicht über dem Abgrund verschlägt einem nicht selten den Atem, doch die fantastischen Ausblicke in die Natur lassen bald jedes Gefühl der Beklommenheit vergessen. Ein üppiger Waldteppich, reich an tropischen Baumarten und farbenprächtigen Blütenpflanzen, bedeckt die Hügellandschaft, durch die Täler schlängeln sich Bäche, von den Felshängen rauschen Wasserfälle, und in der Ferne ragen bis zu 1539 m hohe Berge auf, die **Montanhas do Marumbi**. Der Zug hält an mehreren Punkten, die eine besonders schöne Aussicht gewähren, u. a. beim **Garganta do Inferno** in 700 m Höhe oder am **Santuário de N. S. do Cadeado**.

Das einzige ›Unglück‹, das häufiger vorkommt, ist die Beeinträchtigung der freien Sicht durch den tief in den Bergkuppen hängenden Nebel, besonders auf dem höchsten Punkt der Strecke (955 m). Zuweilen steigen auch Dunstwolken aus den Niederungen auf, z. B. unterhalb des 58 m hohen **Viadukts von São João**.

Sobald es bergab geht, kündigt sich die Ankunft in **Morretes** an. In dem kleinen Kolonialstädtchen am Rio Nhundiaquara mit seinen bunt bemalten Häuschen sollte man ein wenig herumlaufen und dann irgendwo *barreado* probieren, eine zarte lokale Fleischspezialität (12 Std. gekocht).

Eine andere Option (nur So) ist die Weiterfahrt bis **Paranaguá**. Der Küstenort ist der älteste des Bundesstaates (17. Jh.) und besitzt auch die älteste Kirche, die Catedral Basílica N. S. do Rosário von 1741. Das sehenswerte kleine historische Zentrum beginnt an der Uferpromenade Rua da Praia, von wo aus man gleich zum Museu de Arqueologia e Etnologia gelangt. Kurz dahinter liegt der interessante Mercado Municipal do Café und gegenüber der Mercado do Artesanato.

Tickets/Abfahrt: Estação Rodoferroviária, Tel. 041-38 88 34 88, www.serraverdeexpress.com.br, Mo–Sa 8.15–11.15 Uhr. Es gibt zwei Arten von Zügen, den tgl. um 8.15 Uhr startenden **Normalzug** (*Trem*) mit drei Klassen: *Economic* (39 R$, kein Service), *Touristic* (66 R$, mit Service, nur portugiesische Infos) und *Executive* (96 R$, mit Service und englischsprachigem Zugbegleiter). Er fährt am So auch bis **Paranaguá** (Ankunft 13.15 Uhr). Nur Sa/So um 9.15 Uhr startet der luxuriöse **Litorina-Zug** mit Klimaanlage, Getränkeservice, zweisprachigen Führern und großen Panoramafenstern (270 R$).

Ilha do Mel

In der Umgebung von Curitiba: die bizarr geformten Felsen von Vila Velha

Weg dorthin führt zu Fuß 4 km an zwei ebenso schönen wie einsamen Stränden entlang, kurz vor der Ankunft kann man noch in einem der beiden ältesten Pousada-Restaurants der Insel Rast machen, entweder bei **Dona Quinota** oder nebenan im **Recanto da Fortaleza.** Die **Praia da Fortaleza** ist einer der belebtesten Strände, mit feinem Sand und ruhigem Meer.

Am zweiten Tag bleiben wir in der Nähe unseres Dorfes und begeben uns an zwei Strände, die zu den schönsten der Insel zählen. Die belebte **Praia do Farol** hat ihren Namen von dem 60 m hohen Leuchtturm, dem **Farol das Conchas.** Dieser wurde 1870 auf Anordnung des Barons von Cotegibe, dem damaligen Marineminister, mit aus Glasgow importierten Bauteilen errichtet und ist nach wie vor in Funktion. Der andere, ruhigere Strand namens **Praia Grande** ist der größte der Insel, er hat die Form eines Hufeisens und zieht wegen der bis zu 3 m hohen Wellen vor allem Surfer an.

Am dritten Tag geht es tiefer in den **Süden** der Insel hinein. Eine Route (nur bei Ebbe) führt direkt am Meer entlang: Praia do Miguel (einsamer Klippenstrand, gefährliche Strudel), Morro do Sabão (Asa-Delta-Flüge) und Praia de Fora (vegetationsreich, bevorzugter Camper-Strand). Der andere Weg ist der **Caminho do Belo,** ein Fußgängerpfad, der ein Stück durch den naturgeschützten, schattigen Inselwald führt. Beide Wege steuern je-

Auf der Ilha do Mel bei Prainhas

Ilha do Mel

doch auf die **Grutas das Encantadas** zu, die verzauberte, 20 m hohe Höhle am gleichnamigen Strand, wo der Legende nach noch heute Sirenen locken und die Fischer der Insel sich sträuben, des Nachts vorbeizufahren (Besuch bei Ebbe!). Am Tage sieht man hier häufig Kletterer, die die Vorderwand des Höhlenfelsens zu bezwingen versuchen. Natürlich kann man von Nova Brasília auch per Boot kommen. vom Anleger sind es nur noch 600 m bis zur Grotte.

Übernachten

Bezaubernd ▶ **Pousada das Meninas:** Praia do Farol das Conchas, Tel. 041-34 26 80 23, www.pousadadasmeninas.com.br. Herrliche rustikale Anlage mit viel Grün am Strand. DZ 120, Suiten 180, Chalets 220 R$.

Rustikal ▶ **Pousada Praia do Farol:** Praia de Nova Brasília, Tel./Fax 041-34 26 82 22, www.praiadofarol.com.br. 15 Zimmer, zentral bei Nova Brasília, einfach-rustikal mit viel Grün, sehr schöner Strand beim Leuchtturm das Conchas. 80–160 R$ auch Chalets ab 150 R$.

Camping ▶ Zahlreiche kleinere Plätze, vor allem an der **Praia das Encantadas.**

Essen & Trinken

Praia das Encantadas ▶ Auf der Insel isst man am besten in den Pousadas. Die Lokale **Fim da Trilha,** bestes Restaurant der Insel-Tel. 041-34 26 90 17, tgl. 12–16 und 20–22.30 Uhr, sowie **Estrela do Mar,** Tel. 041-34 26 90 13, nur Nov.–Febr. 12–23.30 Uhr, liegen beide an der Praia das Encantadas auf dem Weg zur Grotte, beide bieten Fisch und Meeresfrüchte für 25–50 R$.

Verkehr

Bus: Von Curitiba bis nach Pontal do Sul/Hafen fahren 5 x tgl. Busse der Gesellschaft *Graciosa* (2 Std., 25 R$), nur sonntags kann man auch die Gebirgsbahn bis Paranaguá nehmen (5 Std.), bzw. tgl. bis Morretes (3 Std.) und von dort einen Direktbus (20 R$) nach Pontal do Sul. In Pontal do Sul oder in Paranaguá Boot nach Nova Brasília.

Boote: Die Linie *Abaline,* Tel. 041-34 55 26 16, verkehrt sowohl von Pontal do Sul (in der NS stdl., in der HS halbstdl. 8–18 Uhr, 30 Min., 16–20 R$ hin und zurück) als auch von Paranaguá (zuerst nach Brasília und dann weiter nach Encantadas, NS 2 x tgl., HS 7 x tgl., 2 Std., 27 R$ hin und zurück).

Das Klima im Blick

Reisen verbindet Menschen und Kulturen. Wer reist, erzeugt auch CO_2. Der Flugverkehr trägt mit bis zu 10 % zur globalen Erwärmung bei. Wer das Klima schützen will, sollte sich – wenn möglich – für eine schonendere Reiseform entscheiden. Oder die Projekte von *atmosfair* unterstützen: Flugpassagiere spenden einen kilometerabhängigen Beitrag für die von ihnen verursachten Emissionen und finanzieren damit Projekte zur Verringerung des CO_2-Ausstoßes in Entwicklungsländern *(www.atmosfair.de).* Auch der DuMont Reiseverlag fliegt mit *atmosfair*!

nachdenken • klimabewusst reisen

atmosfair

Register

Verwendete Abkürzungen brasil. Bundesstaaten

Alagoas AL
Amazonas AM
Bahia BA
Ceará CE
Distrito Federal DF
Espírito Santo ES
Maranhão MA
Mato Grosso MT
Mato Grosso do Sul MS
Minas Gerais MG
Pará PA
Paraíba PB
Paraná PR
Pernambuco PE
Rio de Janeiro RJ
Rio Grande do Norte RN
Rio Grande do Sul RS
Santa Catarina SC
São Paulo SP

Alcântara (MA) 259, **312**
Aldeia Barra Velha 245
Aleijadinho (Antônio Francisco Lisboa) 50, **183**, 185
Alexander VI. 32
Amado, Jorge 55, 207, 220, **246**, 248
Amazonas 16, 21, 27, 318, **336**
Amazonien 16, 28, 31, **336**
Anavilhanas-Inselgruppe (AM) 343
Andaraí 233
Angra dos Reis (RJ) 139, 147
Aparados da Serra 390
Aquidauana (MS) 365
Archipel von Abrolhos (BA) 235
Arembepe (CE) 226
Armação dos Búzios s. Búzios
Arraial d'Ajuda (BA) 200, 222, **241**
Arraial do Cabo (RJ) 144
Atlantischer Küstenregenwald **18**, 21, 179, 192
Axé 54

Bahia, Bundesstaat 15, 18, 38, 46, 47, 60, **198**
Baía da Guanabara (RJ) 33, 52
Balas Nova (PA) 173
Balneário Camboriú (SC) 397, 399
– Parque Unipraias 399
Balneário de Tororomba 247
Baptist Spix, Johann 28, 231
Bardot, Brigitte 143
Barra 203, 213
Barra de Sao Miguel (AL) 262
Barretos (SP) 173
Batuba 243
Belém (PA) 16, 22, 50, **320**
– Basílica de N. S. de Nazaré 321
– Catedral da Sé 320
– Estação das Docas 321
– Forte do Presípio 320
– Mercado Ver-o-Peso 321
– Museu da Cidade e Museu de Arte de Belém 320
– Museu do Estado do Pará 320
– Museu Paraense Emílio Goeldi 323
– Teatro da Paz 50, 321
Belo Horizonte (MG) 178
– Bibliotéca Pública 178
– Edifício Niemeyer 178
– Igreja de São Francisco de Assis 179
– Jardim Zoológico e Botânico 179
– Mineirão-Stadion 179
– Museu de Arte da Pampulha 178
– Museu de Mineralogia 178
– Palácio da Liberdade 178
– Pampulha 178
– Parque Ecológico Francisco 179
– Praça da Liberdade 178

Bento Gonçalves (RS) **389**
– Capela N. S. das Neves 390
Bloco Afro 208
Blumenau (SC) **401**
– Castelinho do Turismo 401
– Ecológico-Artex-Park 403
– Ecológico-Spitzkopf-Park 403
– Museu da Cerveja 403
– Museu da Família Colonial 401
– Museu do Cristal 401
– Museu Ecológico Fritz Müller 403
– Oktoberfest 402
– Prefeitura Municipal 401
Blumenstädte **386**
Boa Viagem (BA) 212, 268
Boca do Rio (BA) 213
Bonfim (BA) 212
Bonito (MS) 348, 365, **368**
– Balneario Municipal 369
– Cachoeira Boca da Onça 369
– Estância Mimosa 369
– Fazenda Boca da Onça 369
– Recanto Ecológico Rio da Prata 368
Brandão, Ignacio de Loyola 58
Brasília (DF) 34, 37, 51, 52, 348, **350**
– Catedral Metropolitana 352
– Congresso Nacional 353
– Ermida Dom Bosco 355
– Esplanada dos Ministérios 353
– Jardim Botânico 355
– Palácio da Alvorada 354
– Palácio da Justiça 353
– Palácio do Itamaraty 353
– Parque da Cidade 355
– Parque Nacional de Brasília 356

Der Haupteintrag ist **fett** hervorgehoben.

– Praça dos Três Poderes 354
– Torre de Televisão 352
Brennand, Francisco 266,268
Burle Marx, Roberto 51, 113, 125, 178, 280, 298, 347, 352, 355
Búzios (RJ, Armação dos Búzios) 98, **142**

Caatinga 17
Cabo Frio (RJ) 144
Cabral, Pedro Álvares 26, 32, 36
Caburé 311
Cachoeira (BA) 222, 227, 230
Cachoeira da Fumaça (BA) 233
Cai n'Água 247
Calhetas 268
Cámara Pessoa, Dom Hélder 45
Camboriú 371, 399
Campo Grande (MS) 361, 365, 368
Candomblé 202
Canela (RS) 388
– Castelinho do Caracol 388
– Igreja Matriz de N. S. de Lourdes 388
– Parque da Ferradura 388
– Parque do Caracol 388
– Parque Floresta Encantada 388
Canoa Quebrada (CE) 297, 303, 306
Capão 233
Capoeira 211, 217, **230**
Caraíva (BA) 200, 244
Caravelas 236
Cardoso, Fernando Henrique 15, 24, 35, 37
Carolina Leopoldina, Prinzessin 28
Caruaru (PE) 173
Cascata do Caracol 388

Cerrado 17
Chapada Diamantina (BA) 200, 201, 203, 230, **231**
Coelho, Paulo 55
Collor de Mello, Fernando 35, 37
Congonhas (MG) 172, 183
Cook, James 28
Corumbá (MS) 362, 365, **367**
Costa Verde (RJ) 19, 98, **147**
Costa, Lúcio 350, 352
Cuiabá (MT) 361, **362**
Curitiba 356, 357, **408**
– Bosque do Papa 411
– Bosque Gutierrez 411
– Catedral Basílica Menor de N. S. da Luz 409
– Igreja da Ordem 409
– Jardim Botânico 411
– Museu Paranaense 410
– Museu Oscar Niemeyer 410
– Pedreira 409
– Ópera de Arame 409
– Passeio Público 411
– Parque Barigüi 411
– Parque São Lourenço 411
– Parque Tanguá 411
– Teatro Guaíra 410
– Teatro Paiol 410
– Universidade Livre do Meio Ambiente 411

Da Costa Ataíde, Manuel 50
Da Costa Silva, Heitor 105
Da Silva Xavier, Joachim José (Tiradentes) 33, 36, 184
Da Silva, Luiz Inácio Lula 15, 24, 35, 37
Dannemann, Gerhard 228
Darwin, Charles 28
De Assis, Machado 55
Diamantina (MG) 190
Dumont, Santos 115, 125, 139 142
Dutra, Enrico Caspar 37

Eckhout, Albert 26
Encontro das Águas (AM) 318, 337, 340, 343
Espírito Santo, Bundesstaat 60, **192,** 402
Estrada de Coco (BA) 200, **225**

Fernando de Noronha 258, 259, **290,** 294
– Baia do Sancho 291, 295
– Baia dos Porcos 295
– Cacimba do Padre 294
– Morro Dois Irmãos 294
– Pedras Secas 292
– Praia da Atalaia 291
– Praia da Conceição 294
– Praia do Americano 294
– Praia do Bode 294
– Projeto Tamar 291
Festas juninas 49
Feuchtsavannen 17
Florença, Hercule 28
Florianópolis (SC) 372,373, **392**
– Catedral Metropolitana 392
– Mercado Público 394
– Museu Histórico de Santa Catarina 393
– Palácio Cruz e Souza 393
– Ponte Hercílio Luz 392
– Praça 15 de Novembro 392
Fortaleza (CE) 203, 252, 253, 258, **296**
– Catedral da Sé 298
– Centro de Turismo 298
– Dragão do Mar de Arte e Cultura 297
– Fortaleza da N. S. da Assunção 298
– Iracema 296
– Meireles 296
– Mucuripe 296
– Ponte dos Ingleses 297
– Praça da Ferreira 298

Register

- Praia do Futuro 301
- Teatro Alencar 298

Foz do Iguaçu 372, **374** (PR)
- argentinische Seite 374
- brasilianische Seite 374
- Brücke der Freundschaft 374
- Macuco Safari 375
- Öko-Museum 378
- Parque das Aves 377
- Parque Nacional do Iguaçu 375
- Usina Hidrelétrica da Itaipu Binacional 377

Franco, Itamar 35
Freiherr von Langsdorff, Georg Heinrich 28

Gaibu (PE) 268
Garopaba (SC) 356, 385
Geisel, Ernesto 35
Genipabu (RN) 279
- Igreja Santo Antônio 277

Gomes, Luciano 208
Goulart, João 34
Gramado (RS) 386
- Buddhistentempel 387
- Festival de Cinema Latino e Brasileiro 387
- Lago Negro 387
- Mundo a Vapor 388
- Museu do Automóve 387
- Natal Luz 387
- Parque Knorr 387

Gruta da Lapinha (MG) 183
Gruta de Maquiné (MG) 183
Gruta do Lapão (BA) 233
Gruta Rei do Mato (MG) 183

Hasse, Christian 28
Hatoum, Milton 58

Ilha de Boipeba (BA) 224
Ilha de Santa Catarina (SC) 394
- Armação 394
- Canasvieiras 394
- Ilha do Campeche 395
- Ingleses 394
- Joaquina 394
- Jurerê 394
- Lagoa da Conceição 394
- Lagoinha do Leste 395
- Morro das Pedras 394
- Pântano do Sul 395
- Ribeirão da Ilha 395
- Santo Antonio de Lisboa 395

Ilha do Marajó (PA) 326
Ilha do Mel (PR) 373, **413**
- Farol das Conchas 415
- Fortaleza de N. S. dos Prazeres 413
- Grutas Encantadas 415
- Praia da Fortaleza 415
- Praia do Farol 415
- Praia Grande 415

Ilha Grande (RJ) 148
Ilhabela (SP) 174
Ilhéus (BA) 246
Immigration 406
Indios 29, 30
Itacaré (BA) 254
Itacuruçá (RJ) 147
Itaparica (BA) 201, 218, **220**
Itapoã (BA) 213
Itaúnas (ES) 99, 195

Jericoacoara (CE) 303, 306
João III. 32, 36
João Pessoa (PB) 22, 259, **280**
- Areia Vermelha 281
- Convento de Santo Antônio 280
- Igreja de São Francisco 280
- Parque Arruda Câmara 280
- Parque Sólon de Lucena 280
- Picãozinho-Riff 281
- Praia da Penha 281
- Praia do Bessa 281
- Praia do Seixas 281
- Praia Manaíra 281
- Praia Tambaba 281
- Praia Tambaú 280

João VI. 15, 33, 36, 128
Joinville (SC) 403

Karneval 46, 117, 208
Klassizismus und Jugendstil 50
Kolonialbarock 50
Kubitschek, Juscelino 34, 37, 159, 178
Küche 60

Lagoa Encantada (BA) 247, 250
Laguna (SC) **398**
- Farol de Santa Marta 398
- Igreja Santo Antônio dos Anjos 398
- Morro da Gloria 398
- Museu de Anita Garibaldi 398

Landowski, Paul 105
Lençóis (BA) 201, **231**
Lençóis Maranhenses (MA) 258, **310**
Léry, Jean de 26
Lévi-Strauss, Claude 29, 68
Lins, Paulo 58
Lisbôa, Antônio Francisco (Aleijadinho) 50, **183**, 185
Lispector, Clarice 58
Literatur 55, 58

Maceió (AL) 18, 259, **260**
- Barra de São Miguel 262
- Catedral Metropolitana 260
- Garça Torta 260
- Igreja Bom Jesus dos Martírios 260
- Igreja de N. S. do Rosário 260
- Jatiúca 260
- Lagoa Mundaú 261
- Museu Théo Brandão 260
- Ponta Verde 260
- Praia da Avenida 260
- Praia da Pratagy 260
- Praia de Pajuçara 260

Der Haupteintrag ist **fett** hervorgehoben.

- Praia de Sete Coqueiros 260
- Pontal da Barra 261
- Praia do Francês 262

Manaus (AM) 16, 50, 318, **330**
- Alfândega 50, 331
- Mercado Municipal Adolpho Lisboa 331
- Museu de Ciências Naturais da Amazônia 333
- Museu do Homem do Norte 333
- Museu do Índio 333
- Palácio Rio Negro 333
- Porto Flutuante 331
- Teatro Amazonas 50, 318, 331

Mangaratiba (RJ) 147
Mann, Thomas 153
Maracaípe 278
Maranhão 49
Maria de Jesus, Carolina 58
Mariana (MG) 187
Mariano Rondon, Cândido 28
Martius, Friedrich Philipp 28, 231
Mato Grosso do Sul, Bundesstaat 359, 368
Maximilian zu Wied, Prinz 28
Minas Gerais, Bundesstaat 19, 36, 50, **178**
Miranda, Ana 58
Modernismus 50
Monte Pascoal (BA) 201, **244**
Morretes (PR) 373, 414
Morro de São Paulo (BA) 222
Morro do Pai Inácio (BA) 231

N'golo-Tanz 202
Nassau, Maurício de 26
Natal (RN) 258, **283**
- Centro de Turismo 283
- Forte dos Reis Magos 283
- Museu Câmara Cascudo 283
- Parque das Dunas 284

- Praia Ponta Negra 284
- Ribeira 283
- Rua Chile 284

Nhecolândia (MS) 367
Niemeyer, Oscar 51, **52,** 116, 168, 173, 178, 350, 352, 410
Nossa Senhora do Ó (PE) 278

Olinda (PE) 32, 49, 258, **273**
- Basílica de São Bento 276
- Convento de São Francisco 273
- Igreja de Santo Antônio do Carmo 276
- Igreja de São Sebastião 276
- Igreja N. S. da Misericórdia 273
- Igreja N. S. das Neves 273
- Museu de Arte Contemporânea 276
- Museu de Arte Sacra 273
- Museu do Mamulengo 273
- N. S. da Graça 273
- Rua 15 de Novembro 276

Olodum 202, 208
Ouro Preto (MG) 33, 50, 98, **184**
- Casa dos Contos 186
- Igreja de N. S. das Mercês e dos Perdões 185
- Igreja de São Francisco de Assis 186
- Igreja Matriz de N. S. da Conceição de Antônio Dias 186
- Igreja Matriz de N. S. do Pilar 186
- Mina de Ouro da Passagem 187
- Mina do Chico Rei 187
- Museu da Inconfidência 185
- Museu de Sciência e Técnica 185

- Museu do Aleijadinho 186
- Praça Tiradentes 184

Pacheco Pereira, Duarte 32
Pantanal (MS/MT) 17, 348, **359**
Parati (RJ) 19, 98, **152**
- Casa da Cultura 153
- Defensor Perpétuo 155
- Igreja de N. S. das Dores 154
- Igreja de Santa Rita 154
- Igreja do Rosário 154
- Igreja Matriz de N.S. dos Remédios 154
- Praça da Matriz 153, 154
- Rua do Fogo 153

Parintins (AM) 340
Parque Estadual de Itaúnas (ES) 195
Parque Nacional Chapada dos Guimarães (MT) 362
Parque Nacional da Chapada Diamantina (BA) 18, 200, 201, **231**
Parque Nacional da Chapada dos Veadeiros (DF) 357
Parque Nacional da Serra Geral (RS) 19, **390**
Parque Nacional de Aparados da Serra (RS) 19, **376**
Parque Nacional de Brasília (DF) 17
Parque Nacional de Monte Pascoal (BA) 245
Parque Nacional do Jaú (AM) 318, **343**
Parque Nacional do Pantanal Matogrossense (MS/MT) 17
Parque Nacional dos Lençóis Maranhenses (MA) 18, **310**
Parque Nacional Marinho dos Abrolhos (BA) 235
Pedro I. 15, 28, 33, 36, 140
Pedro II. 15, 33, 36, 115, 123
Pelourinho 203, 207

Register

Petrópolis (RJ) 140
Pico da Neblina (AM) 343
Pico da Tijuca (RJ) 127
Pierre Marie Bos 104
Pituba 213
Poconé (MT) 364
Pomerode 403, 405
Ponta Negra 284
Porto Alegre (RS) 18, 19, 373, **382**
– Catedral Metropolitana 382
– Hafen 383
– Memorial do Rio Grande do Sul 383
– Morro de Santa Teresa 384
– Museu de Arte do Rio Grande do Sul 383
– Palácio Piratini 382
– Teatro São Pedro 383
– Usina do Gasômetro 383
Porto de Galinhas 258, 278
Porto Jofre (MT) 364
Porto Seguro (BA) 201, **238**
Praia do Forte (BA) 200, 283, **225,** 291
– Castelo de Garcia D'Ávila 226
– Praia de Guarajuba 226
– Tamar 201, 226

Recife (PE) 22, 32, 47, 258, 259, **264**
– Boa Viagem 268
– Capela Dourada 265
– Casa da Cultura 265
– Mercado São José 265
– Museu do Homem do Nordeste 268
– Oficina Cerâmica Francisco Brennand 266
– Pátio de São Pedro 265
– Ponte Maurício de Nassau 265
– Rua do Bom Jesus 266
– Sinagoga Kahal Zur Israel 266
– Torre Malakoff 266
Recifes das Timbebas 236
Recôncavo 227
Religion und Kulte 44
Restaurant-Typen 60
Ribeira do Mar dos Arrecifes 264
Riedel, Ludwig 28
Rio de Janeiro (RJ) 22, 28, 33, 36, 46, 50, 98, 99, **100**
– Baía de Guanabara 113
– Bibliotéca Nacional 119
– Brücke Rio–Niterói 115
– Casa do Pontal 110
– Catedral Metropolitana 119
– Charitas 116
– Cidade de Samba 115
– Confeitaria Colombo 122
– Copacabana Palace Hotel 112
– Corcovado und Christus-Statue 104
– Dona Marta 105
– Favela Rocinha 130
– Feira de São Cristóvão 132
– Fortaleza de Santa Cruz 116
– Igreja da Ordem Terceira de São Francisco da Penitência 121
– Igreja de N. S. da Candelária 122
– Igreja do Mosteiro de São Bento 123
– Igreja de N. S. da Glória do Outeiro 115
– Igreja e Convento de Santo Antônio 120
– Ilha de Paquetá 117
– Jardim Botânico 128
– Jardim Zoológico 132
– Jurujuba 116
– Lapa 125
– Largo da Carioca 120
– Maracanã-Stadion 132
– Mercado São Pedro 116
– Museo de Arte Contemporanea 116
– Museu Histórico Nacional 115
– Museu Nacional 132
– Museu Nacional de Belas Artes 119
– Niterói 116
– Palácio da Ilha Fiscal 115
– Pão de Açúcar (Zuckerhut) 101
– Parque da Cidade 116
– Parque do Flamengo 113
– Parque Nacional da Tijuca 126
– Praça 15 de Novembro 123
– Praça Floriano 117
– Praça Tiradentes 122
– Praia da Barra 110
– Praia de Grumari 110
– Praia de São Conrado 107
– Praia do Abricó 110
– Praia do Leblon 107
– Praia do Leme 106
– Praia de Copacabana 106
– Praia de Arpoador 106, 110
– Praia de Ipanema 106
– Praia de Icaraí 116
– Prainha 110
– Real Gabinete Português de Leitura 122
– Rua da Carioca 122
– Santa Teresa 125
– São Francisco 116
– Theatro Municipal 117
Rio Grande do Sul, Bundestaat 19
Rio Paraíba 19
Rio São Francisco 19
Rio Sete de Setembro (PA) 364

Rio Tapajós (PA) 337
Rio Tocantins (PA) 320
Rodrigues Ferreira, Alexandre 27
Roosevelt, Theodor 28
Rota Romântica 372, **386**
Rubstov, Nester 28
Rugendas, Moritz 28

Salles, Walter 59
Salvador da Bahia (BA) 22, 32, 36, 47, 50, 54, 55, 56, 200, **202**
 – Barra 213
 – Casa de Jorge Amado 207
 – Convento do Carmo 207
 – Elevador Lacerda 211
 – Forte de Monte Serrat 212
 – Igreja N. S. do Rosário dos Pretos 207
 – Igreja da Ordem Terceira do Carmo 207
 – Igreja e Convento de São Francisco 210
 – Igreja N. S. da Conceição da Praia 211
 – Igreja de N. S. do Bonfim 212
 – Largo do Pelourinho 207
 – Mercado Modelo 211
 – Museu Afro-Brasileiro 209
 – Museu de Arte Moderna 211
 – Museu de Arte Sacra 212
 – Museu de Arte da Bahia 212
 – Museu Carlos Costa Pinto 212
 – Plano Inclinado Gonçalves 211
Santarém (PA) 337
São Felix (BA) **228**
São João del Rei (MG) 189
São Luís (MA) 22, 258, **307**
 – Cafua das Mercês 308
 – Casa do Maranhão 308
 – Catedral da Sé 308
 – Markt 308

 – Museu da Memória Republicana 308
 – Palácio da Justiça 308
 – Palácio dos Leões 308
 – Ponta d'Areia 309
 – Praia do Calhau 309
 – Praia Olho d'Água 309
 – Prefeitura Municipal 308
 – Rua Portugal 308
São Paulo (SP) 33, 34, 36, 50, **158**
 – Avenida Paulista 164
 – Basílica de São Bento 162
 – Capela de Anchieta 162
 – Catedral da Sé 162
 – Edifício Itália 159
 – Edifício Martinelli 162
 – Jardim Botânico 168
 – Jardim Zoológico 171
 – Liberdade 165
 – Museu de Arte (MASP) 165
 – Museu Paulista 163
 – Palácio do Anhangabaú 162
 – Parque do Ibirapuera 168
 – Pinacoteca do Estado 163
 – Praça da República 159
 – Schlangenmuseum 171
 – Teatro Municipal 50, 159
 – Viaduto do Chá 159
 – Vila Madalena 167
 – Zoô Safári 171
São Paulo, Bundesstaat 19
Sarney, José 35, 37
Serra da Mantiqueira 19
Serra da Tijuca (RJ) 128
Serra do Espinhaço (MG) 19, 190
Serra do Mar 19
Serra Gaúcha (RS) 386
Serra Geral (RS) 390
Sklaventänze 202
Souza, Márcio 58
Surubim (PE) 173

Taunay, Adrien 28
Tinharé 222, 224

Tiradentes (Joachim José da Silva Xavier) 33, 36, 184
Tiradentes (MG) 189
Todos os Santos 203
Tomé de Souza 32, 203
Torres 390, 391
Torres, Antônio 58
Trancoso (BA) 200, 201, 234, **243**
Transpantaneira 348, 364
Trindade (RJ) 157
Tupinambás 203

Ubaldo Ribeiro, João 58, 344
Uruguaiana (RS) 173

Vargas, Getúlio 34, 36
Várzea Grande (MT) 362
Vertrag von Tordesillas 32, 36
Vespucci, Amerigo 203
Vila Velha (ES) 192, **195**
Vitória (ES) 192

Weinstädte 372, 389

Xique-Xique do Igatu 233

Zweig, Stefan 111, 140

Zitatnachweis

S. 111, aus: Stefan Zweig, Brasilien – Ein Land der Zukunft, Insel-Verlag, Frankfurt a. M. 1983, 2. Aufl. 1995, S. 172

S. 248, aus: Jorge Amado, Gabriela wie Zimt und Nelken, Rowohlt-Taschenbuch-Verlag, Reinbek bei Hamburg, 1966, S. 9, 46–49, 151–153

S. 344, aus: João Ubaldo Ribeiro, Ein Brasilianer in Berlin, Suhrkamp Taschenbuchverlag, Frankfurt a. M. 1994, S. 57–61

Abbildungsnachweis/Impressum

Abbildungsnachweis
Fotoarchiv Argus, Hamburg: S. 194
Bildagentur Huber, Garmisch-Partenkirchen: S. 3 u., 98 l., 184/158; Gräfenhain: S. 3 o., 4 o., 56/57, 82, 94/95, 98 r., 104, 206; Kreder: S. 225; Scatá: 314/315
Bilderberg/Avenue Images, Hamburg: Ende: S. 39, 40/41, 45, 141, 159, 164/165, 169, 191, 337, 348 l., 354/355; Giraudou: S. 35
Michael Ende, Rio de Janeiro: S. 200 l., 228/229
f1 online, Frankfurt/M.: Aflo: S. 372 r., 380/381
Das Fotoarchiv, Essen: Babovic: S. 18/19; Euler: S. 249, 250; Meyer: S. 1 l., 21, 30, 31, Umschlagrückseite o.
Getty Images, München: Aleruaro: S. 387; Allofs: S. 1 r., 346, Umschlagrückseite u.; Assis: S. 328; Cavalli: S. 216; Lucking: S. 416; Lyra: S. 6 u., 372 l., 394/395, 400/401; Moreira: S. 7 M., 412; Mascaro: S. 53; Veiga: S. 200 r., 252/253; McIntyre: S. 6 o., 338/339
Helga Lade Fotoagentur, Berlin: S. 415
Jo Holz, Mönchengladbach: S. 182
DuMont Bildarchiv, Ostfildern: Piepenburg: S. 234/235, 245, 279, 391

Ricardo Kötter, Frankfurt: S. 7 u., 77, 263, 348 r., 360, 361
laif, Köln: Back: S. 222/223; Hahn: S. 2 o., 13, 42, 48; Heeb: S. 1 r., 5 u., 10/11, 64/65, 123, 198, 210, 237, 256, 258 l., 261, 276, 274/275, 297, 300, 304/305, 310/311, 316, 324, 335;
hemis.fr: S. 3 M., 4 u., 146/147, 240/241;
hemis.fr/Doelan: S. 318 l., 342; Kirchgessner: S. 81; Knechtel: S. 404; Kreuels: S. 128/129;
Meyer: S. 102/103, 124; Piepenburg: S. 7 o., 54, 88, 107, 118/119, 131, 286/287, 370, 389;
RAPHO: S. 79, 196/197; REA/Delettre: S. 313;
Steets: S. 73; Tophoven: S. 5 M., 318 r., 330
Look-Foto, München: Hoffmann: S. 2 u., 61;
Pompe: S. 8 (2x), 85, 112, 151, 209, 270/271
Mauritius, Mittenwald: Higuchi: S. 378
Plainpicture, Hamburg: Titelbild
Helmuth Taubald, Rio de Janeiro: S. 5 o., 9, 96, 152, 157, 265, 356/357
Wildlife, Hamburg: Bärtschi: S. 176

Kartografie
DuMont Reisekartografie, Fürstenfeldbruck
© DuMont Reiseverlag, Ostfildern

Umschlagfoto
Titelbild: Blick von der Christusstatue auf die Copacabana von Rio de Janeiro

Über die Autoren:
Helmuth Taubald kehrte 1990 Deutschland den Rücken und tauschte seinen Beruf als Lehrer und Dozent gegen einen gewagten Neuanfang in Brasilien. Seitdem schreibt er Reiseführer über seine neue Wahlheimat. In Rio de Janeiro, wo er lebt, begleitet Helmuth Taubald europäische Gäste als Reiseleiter auf ungewöhnlichen Stadttouren (Infos unter www.rio-insider.com).
Nicolas Stockmann schreibt seit 2004 über Brasilien, u. a. ist er Autor des Stefan Loose Travel Handbuchs. Er hat in dieser Zeit alle Regionen des Landes intensiv bereist. Für die vorliegende Auflage des Reise-Handbuchs hat er die Kapitel Bahia, Nordosten, Norden und Westen überarbeitet und aktualisiert.

Lektorat: Kirsten Erler, Bärbel Döring, Susanne Schleußer

Hinweis: Autoren und Verlag haben alle Informationen mit größtmöglicher Sorgfalt geprüft. Gleichwohl sind Fehler nicht vollständig auszuschließen. Alle Angaben erfolgen ohne Gewähr. Bitte schreiben Sie uns! Über Ihre Rückmeldung zum Buch und über Verbesserungsvorschläge freuen sich Autoren und Verlag:
DuMont Reiseverlag, Postfach 3151, 73751 Ostfildern, E-Mail: info@dumontreise.de

1. Auflage 2011
© DuMont Reiseverlag, Ostfildern
Alle Rechte vorbehalten
Grafisches Konzept: Groschwitz, Hamburg
Printed in Germany